郁贤皓先生八十华诞纪念文集

张采民 编

中华书局

图书在版编目(CIP)数据

郁贤皓先生八十华诞纪念文集/张采民编. - 北京:中华书局,
2011.12
ISBN 978 - 7 - 101 - 08284 - 5

Ⅰ. 郁… Ⅱ. 张… Ⅲ. 郁贤皓 - 纪念文集 Ⅳ. K825.46 -
53

中国版本图书馆 CIP 数据核字(2011)第 218661 号

书　　名　郁贤皓先生八十华诞纪念文集
编　　者　张采民
责任编辑　俞国林
出版发行　中华书局
　　　　　（北京市丰台区太平桥西里 38 号　100073）
　　　　　http://www.zhbc.com.cn
　　　　　E - mail:zhbc@zhbc.com.cn
印　　刷　北京天来印务有限公司
版　　次　2011 年 12 月北京第 1 版
　　　　　2011 年 12 月北京第 1 次印刷
规　　格　开本/700 × 1000 毫米　1/16
　　　　　印张 35½　插页 4　字数 560 千字
印　　数　1 - 800 册
国际书号　ISBN 978 - 7 - 101 - 08284 - 5
定　　价　180.00 元

郁贤皓先生

郁贤皓先生与夫人卢美玲女士参观俄罗斯彼得大帝金马车

1993年4月6日在香港中文大学讲学时拜见前辈学者饶宗颐先生

1989年6月南京大学博士论文答辩会
后排左起：周勋初教授、郁贤皓教授、程千帆教授、孙望教授、章培恒教授、
吴新雷教授
前排左起：张伯伟博士、张宏生博士、曹虹博士

1995年6月1日在日本早稻田大学作学术讲演后，与该校部分先生合影
前排左二为松浦友久教授，左三为郁贤皓教授

1995年3月15日至5月31日在美国访问讲学期间，由美国唐代学会会长艾
龙(Elling O. Eide)先生(左二)、宾夕法尼亚大学梅维恒(Victor. H.
Mail)教授(右一)及其夫人(左一)陪同郁贤皓先生(右二)游览奥兰多
"锦绣中华"、"世界奇观"等景区

郁贤皓先生（中）和博士生段承校（左一）、薛亚军（左二）、高永年（右二）、赵荣蔚（右一）合影

郁贤皓先生（前中）与部分弟子合影
前排左起：潘百齐、丁晓昌、郁先生、张采民、孙立
后排左起：倪培翔、高永年、胡可先、党银平、吕华明、尹楚兵、朱崇才、刘立志、程杰

郁贤皓先生部分著作书影

目　录

序

张采民

南京师范大学已经历了百年沧桑,其前身可追溯至 1902 年由清末两江总督张之洞所创办的三江师范学堂。而后历经两江师范学堂、南京高等师范学校、国立东南大学、第四中山大学、江苏大学、国立中央大学等时期。1949 年南京解放后,国立中央大学更名为国立南京大学。1952 年全国高等院校院系调整时,南京大学师范学院与金陵大学的有关系科合并,在原金陵女子文理学院校址上组建了南京师范学院。1984 年南京师范学院又改名为南京师范大学。南京师范大学文学院中国古代文学专业不仅是学校的优势学科,在海内外也享有盛誉,被称为江南文枢,东南重镇,以人才荟萃著称,形成了以实证研究为特色的优良学风。已故的著名学者孙望先生、唐圭璋先生、段熙仲先生、钱仲联先生、杨白桦先生、徐铭延先生等,都曾在本专业任教过。1981 年本专业成为全国首批博士点之一,词学大师唐圭璋教授成为第一批博士生导师。薪火相传,几年后又涌现出一批学术精湛、各有专攻、成果丰硕的中国古代文学研究专家,郁贤皓先生就是其中最突出的代表。1990 年他被国务院学位评审委员会评定为中国古代文学博士生导师。其年 11 月,唐圭璋教授不幸仙逝,于是郁贤皓先生当时就成为南京师范大学文学院唯一的博士生导师。当时他不仅自己在学术研究上获得巨大的成功,而且在学科建设上也做出了特殊的贡献。在他的带领下,南京师范大学中国古代文学学科于 1994 年被评为江苏省政府首批重点学科,1996 年又被评为江苏省优秀学科梯队。现在已成为江苏省优势学科、文学院博士后流动站、一级学科博士学位授权点、国家文科基地、"211 工程"重点建设项目的骨干学科。

郁贤皓先生 1945 年就进上海光华电业制造厂做工成为产业工人，上海解放后就参加革命，曾主持两个乡的土改试算工作。1951 年任中共三林区委文书。1953 年 1 月任中共上海县委宣传部通讯干事，新华日报上海县通讯站负责人，解放日报特约通讯员，1955 年 1 月任江苏农民报驻松江专区记者。先后从事新闻工作四年，曾在解放日报、新华日报等报刊杂志上发表通讯及新闻报道百馀篇。1957 年以调干生的身份考入南京师范学院中文系。凭借自己的勤奋好学和刻苦努力，学习成绩优异，1961 年毕业后留校担任古代汉语的教学。1963 年曾应邀参加在上海浦江饭店的《辞海》修订工作，是年又转入为高年级学生开古代韵文选的教学，直到文化大革命。1973 年，周恩来总理指示《辞海》要继续修订，郁先生作为语词分册负责人之一，参加"示"部至"羊"部的修订和审定工作。后来《辞海》每十年修订一次，郁先生都作为编委兼分科主编参加修订工作。改革开放以后，我国迎来了学术研究的春天，郁先生如鱼得水，发表了一系列研究李白的文章，1982 年出版了自己的第一部学术专著《李白丛考》，获得江苏省首届哲学社会科学优秀成果二等奖、在海内外学术界产生很大影响。接着，十年磨一剑，1987 年出版了大型唐代文史工具书《唐刺史考》（全五册，后又增补为《唐刺史考全编》，全六册），获得 1987 年度中国图书奖荣誉奖、全国首届古籍优秀图书一等奖、江苏省政府第二届哲学社会科学优秀成果二等奖、江苏出版界最高奖——精品奖。1988 年被江苏省政府授予有突出贡献的中青年专家的称号。郁贤皓先生 1990 年被国务院评定为中国古代文学博士生导师，任南京师范大学古文献研究所所长。1991 年起享受国务院颁发的"政府特殊津贴"，又被聘为国务院古籍整理出版规划小组成员。后又被选任中国李白学会会长、中国唐代文学学会副会长。曾先后被邀请赴香港中文大学、美国哈佛大学、宾夕法尼亚大学、美国唐代学会、日本早稻田大学、明海大学等地访问讲学。郁先生不仅在学术研究上呕心沥血数十年，辛勤笔耕，从而著作等身，享誉海内外，而且作为一名教师，他兢兢业业，诲人不倦，从而弟子遍天下。1993 年和 1996 年曾两次被江苏省教委评为"江苏省优秀研究生导师"，1997 年又被授予"江苏省普通高等学校优秀学科带头人"称号，可以说是天道酬勤，当之无愧。

郁贤皓先生是享誉海内外的唐代文史研究专家，迄今已出版学术著作 30 馀种，涵盖文学与史学的诸多方面。他长期从事唐代文史研究，治学严谨，学风朴实；重视实证，不尚空谈，是其学术研究的主要特征。他提倡"竭泽而渔"式的研究方法，反对打一枪换一个地方;对所研究的课题,必定穷尽所能,毕其功于一役。他提倡原创性研究,反对沿用现成的材料和已有的结论,敷衍成篇;而是每有论著发表,必有创见与发明,决不人云亦云,拾人牙慧。他提倡用材料事实说话,反对凭空臆测推断;他思虑缜密,擅长考据,每得出一种结论,必定言之有据(特别重视运用前人没有发现或没有注意到的新材料),论证充分,成为铁案,具有不可辩驳的说服力。郁先生的李白系列研究与唐代史学研究就是明证,受到海内外学术界赞誉,说他"开创了新局面"、"对唐代研究作出了巨大的贡献"。李白研究在20世纪取得了较杜甫研究更为重大的成就,郁先生的《李白丛考》、《李白选集》、《天上谪仙人的秘密——李白考论集》及李白研究的一系列论文,则是新时期以来李白研究的标志性成果。像李白这样伟大的诗人,无论是其作品艺术,还是生平事迹、思想背景,需要研究的问题很多。如对李白交游的考证,是郁先生研究李白过程中用力最勤,用功最深,也是创获最多的领域,解开了李白生平中许多的谜,取得了重大的突破。郁先生不仅在李白的生平考证与交游的探讨方面达到了推陈出新的境界,取得了举世瞩目的成就,而且在文本研究与艺术探讨方面也一定程度上开了风气,如李白思想形成过程的研究,李白乐府诗特点及其与歌行的区别的研究,李白诗的时代特征与艺术个性的研究等,都有重要的成果。郁先生有关唐代文史方面的的著作如《唐刺史考全编》、《唐九卿考》、《元和姓纂》(整理),填补了唐代文史研究领域的重要空白,已成为唐代文史研究者不可或缺的传世之作。郁先生目前正从事新校注本李太白全集,已经引起学术界、出版界的极大关注。郁先生在学术研究领域不仅取得了学术界公认的成就,也形成了自己的鲜明的学术个性。

特别值得一提的是郁先生在学术研究领域辛勤耕耘的同时,还主编了一套部编教材《中国古代文学作品选》(简体字本和繁体字本各六卷、简编本上下两册、《中国古代文学教程》一册),受到了专家的高度评价和各兄弟院校师生的欢迎,为中国古代文学课程的教学和改革作出了重要的贡献。

在近五十年的教师生涯中,郁贤皓先生先后培养了数以千计的大学生,真可以说是桃李满天下,还培养了5名硕士生,28名博士生(包括1名日本博士生和1名台湾博士生),4名博士后,8名高级进修生(包括2名日本高级进修生)。郁先生以其人格魅力及严谨朴实的学风影响弟子们,使得学术薪火,传承不断。他的弟子大多成就斐然,已成为全国著名高校中国古代文学学科及文化学术机构的中坚力量,成为许多著名大学的教授、博士生导师,或有关领域的专家。

如今,正值郁先生的八十华诞将至,在南京工作的弟子们及郁先生的好友建议大家各撰学术论文一篇为郁先生祝寿,这个倡议得到郁先生的海内外好友及弟子的赞成,我们特别感谢郁先生的好友陈允吉先生、陶敏先生、市川桃子先生、内山精也先生、王晋光先生、贾晋华先生、戴伟华先生、竺岳兵先生等很早就惠赐大作,于是使我们很快地编就了这本纪念文集。本文集所收论文的内容涉及面较广,从先秦至明清都有,但大多集中在唐代文史研究领域;论文的学术性也较强,多有创见,由此也可见出郁先生对弟子们的影响之大。我忝为郁先生最早的博士生弟子,又长期在郁先生身边工作,大家推举我负责纪念文集的编纂事务工作,不胜惶恐,于是不揣浅陋,将郁先生的好友及弟子的文稿汇成一册。所收论文的内容一如原貌,序次则以所论内容的时代为先后。最后附录一篇郁先生的博士后胡可先教授撰写的关于郁先生学术研究的述评,介绍其学术贡献之大端。由于时间仓促,纪念文集在编纂过程中,可能有疏漏不妥之处,尚祈郁师的好友及我同门和广大读者不吝指正。

2011 年 5 月 6 日于南京师范大学

《诗序》作者考辨

今吾人所见之《毛诗序》,其作者究属何人,争论由来已久,百千年间,异说纷纭,犹如聚讼,四库馆臣称之为治经者第一争诟之端,良有以也。观乎众说,各布方圆,所得有浅有深,持论或然或否,推之者尊为圣人不刊之言,抑之者诋为村野妄人所作。乃至采摭片语,立异求胜,管中窥天,难睹全豹,徒使后之读者,愈增困惑迷离。予之于《诗》,无所知识,盖读有关《诗序》作者之众说,较其得失疑似,于纠葛纷烦之中,稍具一得之见,不敢以发明自期,特聊申一说以俟博达者鉴焉。故稽索其争论始末,诠次其有关论述,作一考辨云尔。

一 两种不同记载及争论之引起

寻本溯源,关于《诗序》作者之记载,有史可征者,始自郑玄,其《诗笺》释《南陔》云:"孔子论《诗》,雅颂各得其所,时俱在耳,篇第当在于此,遭战国及秦之世而亡之,其义则与众篇之义合编,故存,至毛公为《诂训传》,乃分众篇之义各置其篇端云。"又梁代沈重按郑玄《诗谱》义云:"《大序》是子夏作,《小序》是子夏毛公合作,卜商意有不尽,毛更足成之。"郑氏此说,今未见汉代其它资料足以佐证。班固《汉书》论及《毛诗》,谓其"自云子夏所传",可见《毛诗》子夏所传一说,班固尚且存疑,则子夏作《序》云云固不待论矣。其后王肃《孔子家语》注,亦云《诗序》为子夏所作。迨至梁代,萧统编纂《文选》,以《毛诗序》一篇,题为子夏作。然而"毛诗"之名,始于汉河间献王时,子夏生当东周,《诗》无齐鲁韩毛之分,即令此序真为子夏所作,何得名之谓"毛诗序"乎?观其所题,已见其抵牾之迹矣。

卫宏作《毛诗序》一说,论者多援《后汉书·儒林传》为本,《范书》云:"卫宏字敬仲,……少与河南郑兴俱好古学。初,九江谢曼卿善《毛诗》,乃为其训。宏从曼卿受学,因作《毛诗序》,善得风雅之旨,于今传于世。"其实有关卫宏作《序》之记载,并非始于范晔,三国吴人所撰《毛诗草木鸟兽虫鱼疏》早有详述,前人于此多见疏略。(《陆疏》一书,未为争诟者所援引,此处暂且不论,将于后篇详谈)今观《后汉书·儒林传》所言,至为简单,卫宏所作之《毛诗序》,果即郑玄所笺之《诗序》乎?蔚宗未尝明言。大抵三国晋宋之间,谓子夏作《序》及卫宏作《序》两种记载并存,本无互相驳诘争诟,云子夏作《序》者,未曾言卫宏作《序》之非;以卫宏作《序》者,亦无片词驳子夏作《序》之论,两种记载原不干犯。

洎于《隋书·经籍志》,始云:"后汉有九江谢曼卿善《毛诗》,又为之训,东海卫敬仲受学于曼卿。先儒相承谓之《毛诗序》,子夏所作,毛公及敬仲又加润益。"《隋志》所云敬仲润益之词,与《范书》所载卫宏作序明显不合,征引前代史料,更无确实根据。谅此辈于原无争论之两说中,滥作调人,随情分合,强以己意附会,遂将两说串联一处。《隋志》所说,本不可靠,郑振铎先生《读毛诗序》已加指出,观其所谓"先儒"之言,无虑梁陈间人所言。盖八代之季,社会崩析,兵燹屡起,典籍荡然,卫宏所作之《序》,固即郑玄所言之《序》否,至此益发难明。一无资料可供查证,二有儒生牵混扯合之因,《诗序》作者之争诟,实始于此。

有唐中叶,韩愈以维护道统自任,然其见解,与汉儒并不一致,始疑《诗序》非子夏所作。其云:"子夏不序《诗》有三焉。知不及,一也;暴扬中薵之私,《春秋》所不道,二也;诸侯犹世,不敢以云,三也。"又云:"察夫《诗序》,其汉之学者欲自显立其传,因借之子夏。"上述两语,见于宋代李樗、黄櫄之《毛诗集解》及明代杨慎《经说》之中,仅存片言残语,未知其将《诗序》作者归之卫宏否?韩愈以为汉世治《诗》儒生,欲显立其学,以《序》托名子夏借以自重,揭示根本,不失为有识之见。然观其列举子夏不序《诗》理由者三,似亦未能切中要害,宋程大昌《考古编》及清范家相《诗瀋》,均谓其所持论据不足说明问题。

唐时论列《诗序》,韩愈而外,复有成伯玛《毛诗指说》,以为整篇《大序》及各篇《小序》之首句均为子夏所作。彼之议论颇详,于兹撮要录之。言云:"今学者以为《大序》皆是子夏所作,未能无惑。如《关雎》之序,首尾相结,冠束二南,故昭明太子亦云《大序》是子夏全制，编入文什。其余众篇之《小序》，子夏惟裁初句耳，至'也'字而至。《葛覃》后妃之本也，《鸿雁》美宣王也，如此之类是也。其下皆是大毛（公）自以诗中之意而系其辞也。"又云："毛公作《传》之日，汉兴，已亡其六篇，但据亡篇之《小序》惟有一句，毛既不见诗体，无由得措其辞也。又高子是战国时人，在子夏之后。当子夏之世，祭皆有尸，灵星之尸，子夏无为取引，一句之下，多是毛公所加，非子夏明矣。"成氏以子夏作《序》，于《小序》仅止首句，而将《小序》首句与以下申续之词分别论之，抉疑苏隐，深有得矣，其后苏辙、李樗、程大昌之论，实由成氏首发其端。成氏以《大序》全篇及《小序》首句归属子夏，拘泥成见，未能尽脱旧说藩篱，至于定《小序》首句以下申续之词为后人所作，可谓切中理实，见识自属精到，此点拟于后篇再行论述，于兹不赘。

概而言之，关于《诗序》作者问题，自汉迄于三国晋宋间，原有两种不同记载，一云子夏作，一云卫宏作，所云《序》者，未必专指一篇，当时两说并行不悖，本无论争可言。至于《隋志》，乃取梁陈间人旧说，将两说串联一处，以调停者自居，强古人以就我。由是误作羼厕，问题旋生，后世争诟，即此造端。此中情形，吾侪宜加留意焉。

二 宋代关于《诗序》作者之争论

爰及赵宋，时迁事异，统治阶级力求改造经学，以适应其现实政治需要。是故宋世儒生，一变汉学旧风，习尚专守，渐见不同，时人论《诗》宗旨，多与汉儒乖异，简而论之，乃一反《诗序》之潮流也。

北宋欧阳修负一代文宗之誉，所作《诗本义》，开始摆脱《诗序》之羁縻，专以己意求取诗义。唐五代间，尚不敢明白非议《传》、《笺》，而至宋世，异说渐多，指斥汉学，蔚为风尚，推其本源，实为此书首先发难。欧阳修论《诗序》作者，未有明确判断，以为"子夏亲受学于孔子，宜其得《诗》之大旨。其（指《诗序》）言风雅有变正，而论《关雎》、《鹊巢》，系之周公、召公，使子夏而序《诗》，不为此言也。"又云："今考《毛诗序》语，与孟子说《诗》多合。"推其论旨，大略以为《诗序》出于孟子之后。

北宋论《诗序》之作者，其影响较著当推苏辙。苏氏以为《小序》反复繁重，类非一人之辞，惟发端之句，为古之序也。以故苏辙所撰《诗集传》，于《序》只存发端一语，其余悉从删汰。其论《诗序》作者云："今《毛诗》之《序》……世传以为出于子夏，予窃疑之。子夏尝言《诗》于仲尼，仲尼称之，故后世之为《诗》者附之。要之岂必子夏为之，其亦出于孔子或弟子之知《诗》者欤。然使诚出于孔氏也，则不若是详矣。孔氏删《诗》三百十一篇，今其亡者六焉，诗之序未尝详也。《诗》之亡者，经师不得见矣，虽欲详之而无由，其存者将以解之，故从而附益之，以自信其说，是以其言时有反复烦重，类非一人之辞。凡此皆毛氏之学，而卫宏所集录也。"

　　苏辙以《小序》发端一语出自古序，与成伯玙论旨可以互相证发。盖苏氏之前，丘光庭《兼明书》对此亦有涉及，指出《郑风·出其东门》，《传》意与《序》不同，足资补证《小序》首句当在毛公作《传》之前。苏辙取成氏之说，因加发挥，具论更详，按其论点，与郑玄释《南陔》所云，不无相合之处，厥后王得臣、李樗、程大昌辈，皆以辙说为祖本。《四库总目提要》言及苏氏《诗集传》，云："案《礼记》曰，《驺虞》者乐官备也，《狸首》者乐会时也，《采蘋》者乐循法也，是足见古人言《诗》，率以一语括其旨。《小序》之体，实肇于斯。王应麟《韩诗考》所载，如《关雎》刺时也，《芣苢》伤夫有恶疾也，《汉广》悦人也，《汝坟》辞家也，《螽斯》刺奔女也，《黍离》伯封作也，《宾之初筵》卫武公饮酒悔过也。刘安世《元城语录》亦曰，少年尝读《韩诗》，有《雨无极》篇序云，正大夫刺幽王也，首云雨无其极，伤我稼穑云云，是《韩诗序》亦括以一语也。又蔡邕书石经悉本《鲁诗》，所作《独断》，载《周颂序》三十一章，大致皆与《毛诗》同，而但有其首句，是《鲁诗序》亦括以一语也。辙取《小序》首句为毛公之学，不为无见。"由此言之，苏氏之论大致可信矣。然而苏辙以《诗序》为卫宏所集录，《四库总目提要》亦赞同此说，《提要》云："史传言《诗序》者，以《后汉书》为近古，辙以为卫宏所集录，亦不为无征。"殊不知关于《诗序》作者问题，于《后汉书》之前百余年，《毛诗草木鸟兽虫鱼疏》早有详尽明确之记载，更不辨卫宏所作之《毛诗序》，果即为郑玄所笺之《毛诗序》否？而范晔所云"今传于世"，果至苏辙当时亦传于世间欤。凡此种种，四库馆臣不加考察，遽而信从，岂非失于偏乎！

　　迨及南宋，理学大行，统治阶级意识形态改弦更张，当时儒生排斥汉学之风弥炽。王质《诗总闻》摒弃《诗序》，专以己意逆诗。郑樵作《诗辨妄》，以为《序》乃村野妄人所作，攻击《诗序》不遗余力。朱熹继起，乃作《诗序辨说》，按《诗序》逐条指摘诘难。盖南宋反对《诗序》思潮之中，郑朱二人实为最力者，而渔仲则尤甚。

　　郑樵《诗辨妄》谓："《诗》、《书》可信，然不必字字可信。"言《诗》力主不为古说所泥,以为"事无两造之辞,则狱有偏听之惑",诋斥《诗序》,锋芒毕露。然细按其论,并非旨在真正摆脱儒学束缚,举其大端言之,实乃迎合统治阶级改造儒学之需要,故其持论,常多武断之处。譬如其论《诗序》非子夏所作云:"设有子夏所传之《序》,因何齐鲁间先出,学者皆不传,返出于赵也?《序》既晚出于赵,于何处而传此学。"又云:"诸风皆有言当代之某君者,惟魏桧二风无一篇指言某君者("魏"疑当为"曹"),以此二国《史记》世家年表书传不见有所说,故二风无指言也。若《序》是春秋前人作,岂得无所一言?"樵谓《序》非出于子夏,其结论或是,而详其论据,则甚为偏颇。其谓《毛诗》不出于齐鲁,由是以为《诗序》必非出于子夏,然曷不可言子夏至于毛公,师相授受历时甚久,人事变迁,殊难详悉,安能以一方之地而限之?况子夏又尝教授西河,为魏文侯师,赵魏近邻,《毛诗》之出于赵,未尝不可,郑氏以此诘难,岂非隔靴搔痒乎?复观其以魏(曹)桧二风无言指某君,遽而断定《诗序》出于《史记》之后,此亦似是而非之论。盖曹桧二国,小国也,古史记载多所从略,《左传》称季札观乐,至桧而无讥焉,《诗序》作者未详其事,亦在情理之中。郑樵必谓《诗序》附会《史记》而成,盖自身失于偏从之惑,吾侪何尝不可反唇相讥,而言《史记》参照《诗序》耶?

郑樵《六经奥论》又曰:"宏《序》作于东汉,故汉世文字未有引《诗序》者,惟黄初四年有曹共公远君子、近小人之语,盖魏后于汉,而宏之《序》至是而始行也。"郑氏所诋村野妄人,大概即指卫宏。上引郑氏此论,后世诋《序》学者常为援用,乃不知此亦出于郑氏一孔之见,徒造臆说也。王先谦《后汉书集解》引申惠栋《九经古义》驳之曰:"栋案,《左传》襄二十九年,季札见歌秦曰,美哉,此之谓夏声。服虔《解谊》云,秦仲始有车马礼乐之好,侍御之臣,戎车四牡田守之事,与诸夏同风,故曰夏声。此秦风《车邻》序也。太尉杨震疏云,朝无《小明》之晦,此小雅《小明》序也。李尤《漏刻铭》云,挈壶失职,刺流在诗,此《齐风·东方未明》序也。……当时已用《诗序》,何尝至黄初时始行邪?"惠氏所用季札观乐一条,诚如梁启超云,乃是出于偶合,不足以为援据,然以下诸条,可见东汉时已有用《诗序》之文,虽此未能证实《诗序》必非出于卫宏,然郑氏臆说之不确,于此昭然可见矣。郑樵极力排诋《诗序》,以为《诗序》决非子夏所作,其论证虽多疏阔,然其批驳汉儒附会之说,自有可取之见,《诗序》至于郑樵,尊奉之习日益废弛矣。

周孚《非诗辨妄》一书,专与《诗辨妄》相诘难。周孚以郑樵所谓《诗》、《书》未必字字可信,实非《六经》之福,斯论颇涉卫道。然而周氏立论,并非完全秉承汉儒,质其渊源,实多本于苏辙。周孚驳难郑樵之论,自身常有支吾之处,对于同题症结所在,时而采取回避态度。顾颉刚先生《非诗辨妄跋》,于孚颇多批评。平心论之,《非诗辨妄》枝蔓虽多,然亦不乏可取之见。其论《诗序》之作者云:"郑子之所疑者似矣,而说非也。吾以为不若苏子之言,曰是诗也,言是事也,昔孔氏之遗说也。其反覆烦重,类非一人之辞者,毛氏之学,而卫宏之所集录也。"可见孚于郑樵并非一笔抹杀,以为"郑子之所疑者似矣",对于《诗序》全出子夏之手亦抱怀疑态度。然彼言《诗序》为卫宏所集录,亦本于《隋志》与苏辙《诗集传》,未可以为笃论也。

至于朱熹,集宋学论《诗》之大成。观朱氏论《诗》之大要,一为反对汉儒之说,一为反对东莱吕祖谦之《吕氏家塾读诗记》,极力将《诗经》纳入其理学思想体系。其所作《诗序辨说》,受郑樵影响颇深,黄震《黄氏日抄》云:"晦庵先生因郑公之说,尽去美刺,探求古始,其说颇惊俗,虽东莱不能无疑焉。"《诗序辨说》于前人尊奉《诗序》之习,则竭尽其抨击之能事,曰:"于是读者转相尊信,无敢拟议。至于有所不通,则必为之委曲迁就,穿凿而附合之。宁使经之本文缭戾破碎,不成文理。"

朱熹论《诗序》作者,云:"《诗序》之作,说者不同,或以为孔子,或以为子夏,或以为国史,皆无明文可考。唯《后汉书·儒林传》以为卫宏作《毛诗序》,今传于世,则《序》乃宏作明矣。然郑氏(玄)又以为诸《序》本自合为一编,毛公始分以置诸篇之首。则毛公之前,其传已久,宏特增广而润色之耳。故近世诸儒,多以《序》之首句为毛公所分,而其下推说云云者,为后人所益,理或有之。但今考其首句,则已有不得诗人之本意而肆为妄说者矣,况沿袭云云之误哉!"朱氏以《诗序》首句已不得诗人之本意,即谓首句亦非古序,此说无乃失于私断欤?盖古人之见解,与宋人不同,时隔千载,学风迥异,宋人心目中诗之本意,古人未必以为如此也。况古人治《诗》,何能语语皆中?不得诗之本意,此亦常见之现象,何能以此即言首句非古序耶?《小序》首句为秦火前语,斯时去诗人作诗之日亦已邈远,《序》中所云有不合本意者,势所难免,恶可由此断定彼必出于汉人之手?朱熹论《诗序》作者,牴牾之迹颇多。《诗序辨说》云,《诗序》为卫宏所作;而《朱子语类》又云:"某又看得亦不是卫宏一手作。"而范晔所云卫宏之《序》"于今传于世",指蔚宗当时也,朱氏漫无辨别,误以为赵宋时亦传于世,观其立论根据,已觉不甚周密矣。

郑樵《诗辨妄》出,则周孚作《非诗辨妄》;朱熹《诗序辨说》问世,而后马端临

《文献通考》曾详加诘难,以为朱熹"恶《序》之意太过,而所引援指摘,似亦未能尽出于公平。"其论《诗序》作者,谓:"盖作《序》之人,或以为孔子,或以为子夏,或以为国史,皆无明文可考。然郑氏(玄)谓毛公始以寘诸诗之首,则自汉以前,经师传授,去其作诗之时盖未甚远也。"宋元之间,非议郑樵朱熹者,亦与汉儒之说不同,对于子夏作《序》旧说,一般都不信从,而以为《诗序》非一人一时所作。顾及《诗经》师承流传实际情况,吾以为斯言亦近之矣。

程大昌《考古编》,有《诗论》十七篇,以为《小序》不出于子夏,然《序》首发端之语,为古序无疑,以下续缀之辞,出于卫宏。又云《关雎》序首以下之辞,与《论语》言《诗》之旨不类,当亦为卫宏所作。其《诗论十》云:"谓序《诗》为子夏者,毛公、郑玄、萧统辈也。谓子夏不序《诗》之道,而疑其为汉儒附托者,韩愈氏也。《诗》之作,托兴而不言其所从兴,美刺虽有指著,而不斥其为何人。子夏之生,去《诗》亡甚远,安能臆度而补著之欤?韩氏所谓知不及者,至理也。范晔之传卫宏曰,九江谢曼卿善《毛诗》,宏从受学,作《毛诗序》,……于今传于世。……则今传之《序》,为宏所作何疑哉。然以子夏而较卫宏,其上距古诗年岁远近,又大不侔,既子夏不得追述,而宏何以能之?曰,晔固明言所序者《毛传》耳,则《诗》之古序非关宏也。古《诗》之与宏《序》,今混并无别。然有可考者,凡诗发序两语,如《关雎》后妃之德也,世人之谓《小序》者,古序也。两语而外续而申之,世谓《大序》者,宏语也。"

又《诗论十三》云:"班固之传毛也,曰,毛公之学自谓出于子夏,则亦以古《序》之来,不在秦后,故以子夏名之云耳。""若夫郑玄直指古《序》以为子夏,则实因仍毛语,无可疑也。子夏之在圣门,固尝因言《诗》而得褒予矣,曰,起予者商也。则汉世共信古《序》之所由出者,必以此也。"程氏继韩愈之后,指出汉儒以《诗序》托名子夏之原因,是可少补前人所未备言者欤。

程大昌之论《序》,大旨本于成伯玙、苏辙。观程氏《诗论》,其中思绪颇乱,时有模棱两端之见,含糊苟且之处,不知其所从裁。其论《诗序》之作者,既如前语所云,又见其《诗论九》曰:"大抵疑其(指《诗序》)传授,或出圣门焉耳,然则不能明辨著《序》者之主名,则虽博引曲喻,深见古诗底蕴,学者亦无敢主信也矣。"其意晦而不显,真令读者无敢主信矣。《诗论十三》以班固之语随意引申,以为古《序》之来不在秦后,亦属牵强附会。程氏又以子夏不序《诗》者,因其知不及。倘论卫宏不序首句,则诚如斯理,而其所云发端之古《序》,如为"知及"之人所作,则斯人当出于子夏之前矣,可谓遇处乱说,至于大谬。盖《诗经》齐鲁韩毛,各自树立,分道驰骤,四说互异,由此观之,《诗序》定是子夏后世之人所作,岂能出于"知及"之人乎?程大昌以《序》首以下之词为宏语,大抵沿袭宋人之通病,前论已详,毋用于此复辨矣。

宋世学者,处于社会思想变动时期,尤以好立己见为尚,故两宋之际论《诗序》之作者,意见纷纭不一,繁杂众多。上所述举,仅其大端而已。除此之外,王安石、程颢、王得臣、曹粹中、叶梦得、李樗、黄櫄、范处义诸家,各自为说,其间亦颇有可采者。然宋人立说,时有根据不足之病。王安石以为《诗序》为诗人自作,不知根据何在?晁公武《郡斋读书志》驳之云:"《序》若诗人所自制,《毛诗》犹《韩诗》也,不应不同若是。况文意繁杂,其不出一人之手甚明,不知介甫何以言之,殆臆论也。"又王得臣以为《诗序》首句非孔子作不可,此论全然无据,更不足论辨矣。如是诸说,各持一孔之见,固为平庸牵强之论耳。曹粹中《放斋诗说》、李樗《毛诗集解》,其说与苏辙大同小异,中间不无可取之处,不复于此引录。

元明之间,理学盛行,士子科举,必以《朱传》为准,关于《诗序》之作者问题,大多秉承朱熹之说。虽有杨升庵《经说》为汉学张目,张次仲《待轩诗记》、朱朝瑛《读诗略记》继苏辙、程大昌之余踪,然其间论争,大抵未能越出宋人门限,故略而不论。

三 清代《诗序》作者问题争论概况

爰及清代,处于封建社会末期,各种矛盾日益尖锐,统治阶级为维护其统治,尤重尊崇儒术,倡言复古,经学与政治关系最为密切,理学思想体现至此已不能适应需要,当时治经家学风习尚又为之一变。至于晚清,改良思潮渐起,强调托古改制,上溯秦汉今文,寻找思想武器。故有清一代,关于《诗序》作者问题,论争复起,异说之多,益甚于宋。今以其议论大旨,归纳三派分别略而述之:(一)倡言反宋复古之汉学家;(二)经今文学家;(三)受郑樵朱熹影响之一派。

(一)清初诸儒治经,反宋之见渐见端倪,阎若璩《毛朱诗说》、毛奇龄《白鹭洲主客说诗》、陈启源《毛诗稽古篇》、惠栋《九经古义》接踵而起,倡言反宋复古。毛奇龄务与朱熹立异,陈启源致力驳宋而申毛,攻击宋学,尤为激烈。后陈奂《诗毛氏传疏》问世,集合清代汉学《诗》古文之大成,其论《诗》倾向,亦偏于复古,必欲将《诗经》一归于《毛传》,乃至郑玄尚且有所非议,况于后世之学者哉?王鸣盛《蛾术编》、钱大昕《十驾斋养新录》、赵翼《陔余丛考》，论及《诗序》之作者，大旨亦与之相同。清代汉学家论《诗》之旨，标榜追求古义，诚如翁方纲《范家相〈诗瀋〉序》云："言《诗》者，薪合于圣人而已。"其间非宋之论，往往抱残守阙，然于经史文辞，音韵训诂，考订缜密之处，实非宋儒所能及也。

清代汉学家论《诗序》之作者，多归之于子夏。陈奂云："卜子子夏亲受业于孔子之门，遂櫽括诗人本志，为三百十一篇作序，数传至六国时，鲁人毛公依《序》作《传》，其《序》意有不尽者，《传》乃补缀之，而于诂训特详。"

清儒将《诗序》归之于子夏，意在重新确立《序》、《传》权威，而其论据则不可靠。如钱大昕《十驾斋养新录》云："孟子说《北山》之诗云，劳于王事，而不得养父母，即《小序》说也。惟《小序》在孟子之前，故孟子得引之，汉儒谓子夏所作，殆非诬矣。"翁方纲《诗附记》因之而云："钱大昕引孟子，谓劳于王事，而不得养父母，用《北山》篇序语。愚按小雅《北山》序云，《北山》，大夫刺幽王也。役使不均，劳于从事，而不得养其父母焉。……孟子用《序》语无疑也。……钱氏援据孟子，以见此《序》在孟子前，足以证《诗序》是子夏作。"又有以为孟子所云之高子，即徐整所云"子夏授高行子"之高行子。予以为此事绝不足以证明《诗序》出于孟子之前，更不足以说明《诗序》为子夏所作。殆钱氏云孟子论《诗》与《序》说相同，即谓孟子取引《序》说，安能言之成理乎！吾侪何以不可反言《诗序》引孟子之说乎？况孟子自云论《诗》之旨，乃"以意逆志"，未尝言及本于《诗序》也。至于以高子为子夏所授之高行子，其说尤为不伦。借令子夏确曾手作《诗序》，高子果为子夏所授，则高子言《诗》，谅必本于《诗序》矣，何于《小弁》一篇，竟称之为"小人之诗"，其说与《诗序》全然不同，而使孟子谓其论《诗》为"固"哉？钱氏此论亦失之于固，可谓显而易见。

清代汉学家为子夏作《序》之论张目，大都失之于固，然咸以为今传之《诗序》决非卫宏所作，其论颇可参稽。朱彝尊治经虽不独宗汉学，但生值清初，颇受时风影响，其《曝书亭集》云："论者多谓《序》作于卫宏，夫《毛诗》虽后出，亦在汉武时，《诗》必有《序》，而后可授受，韩鲁皆有序，《毛诗》岂独无序，直至东汉之世俟宏之《序》以为序乎？"其《经义考》又云："蔡邕书石经，悉本《鲁诗》，今《独断》所载《周颂》三十一章，其序与《毛诗》虽繁简微有不同，而其义则一。意者《鲁诗》、《毛诗》风之序有别，而颂则同也。"诚哉是言，考陆玑《毛诗草木鸟兽虫鱼疏》云，毛亨受学于荀卿；又《汉书·儒林传》云，浮丘伯受学于荀卿，盖《诗经》鲁、毛两家初分之时，其意相乖必不甚远,竹垞以此推订《诗序》之出,必非迟至卫宏之时,斯为是矣。

又翁方纲《诗附记》云:“《后汉书·儒林传》,卫宏敬仲从九江谢曼卿受学,因作《毛诗序》,善得风雅之旨,今传于世,故论者有谓《诗序》是卫宏作。……沈重谓《序》是卜子、毛公合作;陆德明谓卜子作《序》,毛公足成之。……而卫敬仲之《序》,在《后汉书》谓今传于世,又岂得以今所读《诗序》当之乎?”

翁氏以为卫宏所作之《序》,非吾人今日所读之《诗序》,《后汉书》所谓“今传于世”之“今”,非后世读者之“今”也。斯说于王鸣盛《蛾术编》中更有详述,云:“《后汉书·儒林传》言,卫宏作《毛诗序》。汉人解经,名称甚繁,安知宏《序》非章句训释之书,而郑樵辈据此,遂以为宏序。……愚谓《序》若系宏所作,康成焉肯作《笺》?宏于康成虽云先进,然宏为光武议郎,究系同代之人,辈行相望,相去不为甚远,宏若附益《小序》,康成亦必能辨。若云明知而姑徇之,康成一代大儒,名且出宏之上,即或推重而援引其言亦可矣,何至尊之与经相配,而退处于传注之列?郑于毛公尚多别异,未尝专从,宏之去毛,地望卑矣,时代近矣,何反推以配经乎?”又云:“若谢曼卿《训》、卫宏《序》、马融《传》,皆已不传,后人无由知其书为何语,赵宋妄徒突出指《序》为出自卫宏。”

黄以周《经说略》云:“《诗序》之作,纷纷不一,说厥《序》者曰,《序》系卫宏作,九江谢曼卿善《毛诗》,宏从受学,遂作《诗序》,……《郑志》云,《丝衣》序高子之言,非毛公后人著之。据此,《诗序》在毛公之前其传已久,而卫宏晚出,其《诗序》岂毛公所及见乎?抑郑君与卫宏时代不甚远,岂卫宏作《序》,郑君有不及知,而妄为斯说乎?且《范书》言宏作《序》,别为之《序》耳,非即今之《诗序》也。是犹郑君序《易》,非即《十翼》之《序卦》;马融《书序》,非即百篇序也。”

翁方纲等此论,虽未提出更加确凿之证据,然比诸郑樵朱熹辈以《范书》不甚明确之一语,即断言今存《诗序》为卫宏所作者,较为合于情理,此将在后文详加论述。顾自梁、陈间人,暨《隋志》以来,将卫宏之《序》与郑玄所笺之《序》混为一谈,浑而莫辨,而翁、王诸人,起而疑之,考其源流而不迷途径,为解决问题提供一条重要线索。近世顾实所订《重考古今伪书考》,驳姚际恒以《诗序》为卫宏所作之论,全引《经说略》文字,不可不谓为有见地也。

(二)清代经今文学家论《诗》,俱宗鲁、齐、韩三家,动辄指斥《毛诗》,对于《诗序》,更是其非议之焦点。今文家论《诗序》之作者,可以魏源《诗古微》、康有为《新学伪经考》、皮锡瑞《诗经通论》为代表。

魏源《诗古微》，为今文家论《诗》之重要著作，其中排诋《毛诗》殊为激烈。魏源于清初汉学家，颇多抨击，谓陈启源《毛诗稽古篇》为"墨守帚享之学"；对宋儒郑朱等辈亦有不满之词，观其论旨，实乃处处为三家《诗》张目。关于《诗序》之作者，魏源未尝直接表示明确之结论，然《诗古微·毛诗传授考》中引《后汉书》卫宏作《序》之说，而引《经典释文》之时，则删去子夏作《序》之文，推究其意，大概主张《诗序》为卫宏所作。

康有为《新学伪经考》，以为《序》之首句为刘歆所作，其余则为卫宏所补。彼云："《毛诗》伪作于歆，付嘱于徐敖、陈侠，传授于谢曼卿、卫宏，《序》作于宏，此传（指《后汉书·儒林传》）最为实录。然首句实为歆作，以其与《左传》相合也。宏《序》盖续广歆意，然亦有时自相矛盾者。"康氏论古文之伪，多出臆断。其以《左传》为刘歆伪作，梁启超尚且以为失之太过，而论刘歆伪造《诗序》，更属不可信从。大抵康氏以刘歆为箭垛，每有问题纠结无法解释之处，一皆归咎于歆，盖其立说自有政治意图，非致力于史料考据也。而近人张西堂氏，一秉康氏遗说，于《诗经六论》中断言刘歆作《序》自是铁案，不容置疑。嗟夫！何其自信如此耶，何乃颛守门户若是耶？以他人观之，则不知其所以矣。

皮锡瑞《诗经通论》虽亦排诋《诗序》，然能汇集诸说，广征博引，故其立论证据颇为丰富，对子夏作《序》之说，辨疑极详。顾皮氏以《诗序》为卫宏所作，亦惟以《后汉书·儒林传》一语为依据。而今文学家断《毛传》、《诗序》为伪，以为《史记》记载不及于《毛诗》，故《毛传》、《诗序》当是伪作无疑。其说貌若有理，细按则难于成立，章炳麟《春秋左传读叙录》尝辨之曰："案史公涉猎既广，或有粗疏，不必为讳。《三家诗》之先师，韩婴于孝文帝时尝为博士，后至常山太傅，与董仲舒论于上前；申公尝以弟子见高祖于鲁南宫，至武帝时受聘为大中大夫；辕固亦为孝景博士，与黄生争论上前，后复拜为清河太傅，此三人皆显名汉朝。而大毛公则素未仕宦，小毛公亦仅为河间博士，踪迹既隐，汉廷未知其人。故史公著三家而不著毛公，直由隐显使然，初无他故。《史记》所不见，而见于《汉书》者多矣，……悉可指为班生妄造邪？"文学家论《诗序》之作者，除辨子夏作《序》之非而外，其它论述则可取者鲜矣！

（三）清儒讨论关于《诗序》作者问题，继郑樵朱熹之轨辙，或受其影响较深者，可以姚际恒、崔述为代表，观其议论主旨，无非断定《诗序》为卫宏所作。

姚际恒《古今伪书考》云:"其谓子夏作者,徒以孔子有起予者商也一语,此明系附会,绝不可信。谓毛公作者亦妄也,毛公作《传》,何尝作《序》乎?郑玄又谓《诗序》本一篇,毛公始分以置诸篇之首,则亦信《序》而为此说,未必然也。世又谓'大序'(按:此处"大序"指首句下续申之词)自是宏为之,'小序'(序首发端之语)则系古序。案汉世未有引《序》一语,魏世始引之。及梁萧统《文选》直以为子夏作,固承前人之误也。……大抵小大《序》皆出于东汉,范晔既明指卫宏,自必不谬。其'大序'固宏为之,'小序'亦必汉人所为。何以知之?《序》于《周颂·潜》诗曰,'季冬献鱼,春鲔献',全本《月令》之文,故知为汉人也。"姚氏以汉世文章未有用《诗序》者,不过拾宋人牙慧,前文已加驳正,于兹无复多辨。其又以《潜》序证《小序》首句亦非古序,而必出于卫宏,亦无根据。何则?古代典章制度,本为客观存在,《月令》可以载之,《诗序》何不可载?《序》语虽与《月令》同,但仅寥寥数言,讵可即以证实《诗序》必出于《月令》之后而至汉人始能为之?姚氏采摭片言,冀以立说,凿空架言,实不足数。

清代除今文学派之外,非薄《诗序》最力者当推崔述。彼以朱熹攻《序》之论尚不够痛快,遂从而加甚焉。崔氏之识力,自是姚际恒辈所不及,其论子夏作《序》之非是,颇为精当。《读风偶识》云:"嗟夫,《本草》、《内经》世以为神农、黄帝之所作矣;《六韬》世以为太公之所作矣;《山海经》明明载西汉之郡县,而公然以为出于禹益;《月令》明明载战国之躔度,而公然以为作自周公。彼术数之徒,浅学之士,苟欲尊其所传以欺当世,亦不足多怪,不料儒者亦蹈是习也。"崔氏此论,虽将后代窜入之词与《山海经》原文混糅不分,然所云汉人好为托古之病,实亦适中要害。《读风偶识》进而论述《诗序》托古之社会根源,乃在朝廷敦重经术,设置学官,诸家角立,务期相胜,以致傅会时尚,尽力托古。崔氏指出此点,为宋儒所未道。由此观之,则《诗序》非子夏所作益明矣。

崔氏于成伯玙、苏辙以《小序》首句为古序之说,亦相非难。《读风偶识》云:"余按《序》之首句,与下所言相为首尾,断无止作一句之理。至所云刺时刺乱者,语意未毕,尤不可无下文,则其出于一人之手疑也。况宏果续前人之《序》,蔚宗岂得归功于宏,而谓今所传者为宏作乎?"同书又云:"《诗序》乃后汉卫宏作,……惟《后汉书·儒林传》称谢曼卿善《毛诗》,乃为其训,宏从曼卿受学,因作《毛诗序》,善得风雅之旨,于今传于世,则《序》为宏所作,显然无疑。其称子夏毛公作者,特后人猜度言之，非果有所据也。记曰，无征不信，不信民弗从。今卫宏作《诗序》，现有《后汉书》明文可据；如谓子夏毛公所作，则《史》、《汉》传记，从无一言及之，不知说者何以不从其有征者，而惟无征之言之是从也。"

崔氏所言《小序》首尾一贯，不见续缀之迹，此说与事实不符。陈澧《东塾读书记》云："今读《小序》，显有续作之迹。如《载驰》序云，许穆夫人作也，闵其宗国颠覆，自伤不能救也。此已说其事矣。又云卫懿公为狄人所灭，国人分散，露于漕邑，许穆夫人闵卫之亡，伤许之小，力不能救，思归唁其兄，又义不得，故赋是诗也。以上文三句简略，故复说其事，显然是续也。《有女同车》序云，刺忽也，郑人刺忽不婚于齐。此亦已说其事矣。又云，太子忽尝有功于齐，齐侯请妻之，齐女贤而不娶，卒以无大国之助，至于见逐，故国人刺之。此以上文两句简略，故亦复说其词，显然是续也。"陈澧之论，对于《小序》原文与以下续申之词，概念较为混淆，但未始不可证明现存之《诗序》非一人所作也。康有为《新学伪经考》云：《将仲子》、《椒聊》二篇，《序》首与以下之文互有牴牾，可见崔氏之论《序》语首尾一贯之不确。按《后汉书·儒林传》之云卫宏作《诗序》，具体指意本不甚明，翁方纲、王鸣盛、黄以周等已疑其当别为一篇。而早在《范书》之前，陆玑之《毛诗草木鸟兽虫鱼疏》，对《诗序》作者问题早有明确之记载。崔氏无暇顾及，惟取《范书》一语片面理解，颛固自信若是，吾人孰不可执其辞而返问曰，不知崔氏"何以不从其有征者"乎？

四 区分《序》首与以下续申者之进一步论述

如上述三派而外，清代论《诗序》者，继踵成伯玙、苏辙、程大昌者颇多，大抵不专主汉宋，参酌诸说择善而从，故其论较为持平。今举朱鹤龄、王崧、黄中松、范家相及《四库总目提要》分别条具论列之。

朱鹤龄为陈启源莫逆之交，而治《诗》学风倾向于淹博通达，不若陈氏专主《毛传》，颇有调和汉宋而兼采之旨。关于《诗序》作者，朱氏云："大约首句为诗根柢，以下则推而衍之，推衍者间出于汉儒，首句则最古不易，观于《六亡诗》之序，止系以一言，则后序多汉儒所益明矣。"

王崧《说纬·诗大小序》云："有一诗即有一序，以著作诗之由，程氏所谓古序是也。诗既见录，播之于乐，而复用以造士，其《序》与之并传。孔子正乐，取而订之，以授子夏,递传至毛公。惟其有序,始知指意之所归,不然孔子距作者已远,安能臆断于数百载之下? 然则发篇两语为古序,出于国史,确然无疑。郑氏所谓古尝合编,毛公分冠者,殆即此也。《关雎》一序或经孔子节裁,其余各序续而申之者,由子夏以至毛公,又由毛公以至郑氏,相传解释,各有润益。”此说实为采掇诸说而成,彼所谓国史、孔子作《序》,则本于程颢、王得臣,其说诚不足据信。黄以周《经说略》云:“如《诗序》出自国史、孔圣,则齐鲁二家当与正经并传,不应删削《序》说,韩序亦当与毛合一,不应别生异议。何以《关雎》一篇,《毛诗序》以为美,而三家皆以为刺乎?《芣苢》、《汝坟》诸篇,韩毛两序说不归于一乎? 谓《诗序》出于国史、孔圣者,可以知其非矣。”复观《关雎》序论《诗》之旨,与《论语》全然不类,宋时程大昌已加指出,故王崧所云《关雎》序经孔子删节之说,乃属无稽之谈。王崧又谓《诗序》自毛公直至郑玄各有润益,盖亦出于推想,并无事实根据。

　　黄中松《诗疑辨证》,于《诗序》亦有论述,其云:“今观《维天之命》序有孟仲子之言,《丝衣》序有高子之言,皆子夏后人,则《序》不全为子夏作矣。若果太史所题,则变雅中刺厉刺幽之诗,家父凡伯辈当厉幽在位作耳。太史近在同朝,随作随可采,何由即称厉幽乎? 若在后王之时,太史追题,则方作时何所称据乎? 然使《序》至东汉时始有,则孔子教门人学《诗》,而未明《诗》所由作,浑然读之,何由取益乎? 孟子言颂(即“诵”字)《诗》读《书》,必知人论世,则《诗》之有《序》久矣!《序》与《诗》同出,不可尽废,但其中鄙浅附会者不少,则自汉以前经师传授,所闻异词,不免乖舛耳。”黄氏所论,谓孟子之时已有《诗序》,其讹误正与钱大昕相同,前已辨之。至谓《序》、《诗》出于同时,更属荒谬。然黄氏举出《序》中高子、孟仲子之言,证明《序》必非子夏全作;又以变雅篇章,证明《序》非国史所记,颇为有见。《诗疑辨证》对于《诗序》作者之论述,不免含混其词,未尝有明确之结论也。

　　范家相《诗瀋》于《诗序》作者,论述颇为可观。范氏受学于毛西河,而其说与西河殊不相同。顾镇称其说《诗》以《注疏》、《集传》为两大枢纽,惟其合者从之,间出新义。关于《诗序》作者,范氏之论大要本诸成伯玙、苏辙,而不尽相同。《诗瀋》以《汉书·艺文志》但言《毛诗》云出于子夏,未尝言及子夏作《序》;即为毛公,亦未睹其有子夏作《序》之论。以为“其曰‘传’者,不过经师之递相传授云尔也。其间闻见异词,记录舛误,故得失时见,岂子夏笔之于书以授学者哉? 如毛公谓是子夏所作,何不于《序》首明标子夏之名,如标孟仲子、高子之文乎? 是非特《小序》非子夏所作,即《大序》亦非出于西河(指子夏)之手无疑。"又云:"盖圣人述而不作,信而好古,……未闻有自作一书,自注一经以垂后世者。《论语》、《孝经》、《礼记》皆记述之言,又其门弟子之所录也。子夏在孔门年为最少,晚而设教西河,其尊所闻以传经于来学则有之矣,作《序》则未之闻也。"

范家相虽疑子夏作《序》之说,而又不蹈宋人之弊,未将《诗序》遽然归于卫宏。《诗瀋》云:"《毛序》行于新莽之世,去敬仲已百数十年,立之学官流传天下久矣。敬仲以一人之私见,起而更益之,其谁肯信?且汉时最重师传,敬仲乃苌之七传之子弟,岂敢擅更古《序》乎?盖孟喜传《易》,诈言王孙之枕膝,而梁丘贺疾起以证之矣,宏乌能明目张胆以诈伪哉?况毛公本古《序》以作传,使宏伪《序》,宁不与《传》相左?若云《传》亦为宏伪作,则《郑笺》具在,何并不一字及宏乎?"观范氏上述论列,于理甚惬,然其所作之结论,只是指出一个大概轮廓,其云:"今详其文义,牵合联缀,实杂出于秦汉经师之手,非一人所作也。"

《四库提要》参稽众说,作出总结,比诸《诗瀋》,其论证更为确实详明。其云:"案《诗序》之说,纷如聚讼。以为《大序》子夏作,《小序》子夏毛公合作者,郑玄《诗谱》也。以为子夏所序《诗》即今《毛诗序》者,王肃《家语注》也。以为卫宏受学谢曼卿,作《诗序》者,《后汉书·儒林传》也。以为子夏所创,毛公及卫宏又加润益者,《隋书·经籍志》也。以为子夏不序《诗》者,韩愈也。以为子夏惟裁初句,以下出于毛公者,成伯屿也。……自元明以至今日,越数百年,儒者尚各分左右祖也,岂非说经家第一争诟之端乎?考郑玄之释《南陔》曰,子夏序《诗》,篇义各编。遭战国至秦,而《南陔》六诗亡,毛公作《传》,各引其序,冠之篇首,故诗虽亡而义犹在也。程大昌《考古编》亦曰,今六序两语之下,明言有义无辞,知其为秦火之后见序而不见诗者所为。朱鹤龄《毛诗通义》又举《宛丘》篇序首与《毛传》异词,其说皆足为《小序》首句原在毛前之明证。丘光庭《兼明书》举《郑风·出其东门》篇,谓《毛传》与《序》不符。曹粹中《放斋诗说》亦举《召南·羔羊》、《曹风·鳲鸠》、《卫风·君子偕老》三篇,谓《传》意与《序》意不相应,《序》若出于毛,安得自相违戾?其说又足为续申之语出于毛公后之明证。观蔡邕本治《鲁诗》,而所作《独断》载《周颂》三十一篇之序,皆只有首两句,与《毛序》文有详略而大旨略同。……今参考诸说,定《序》首两句,为毛苌以前经师所传;以下续申之词,为毛苌以下弟子所附。"

《提要》承接成伯玙、苏辙、程大昌、范家相之论,参合众说,论证充实,其所作结论,大体可信。然将《序》首之语及以下续申之词以毛苌为分,则犹不免未达一间,窃以为失诸疏略。何则?盖《提要》以《毛传》之作者较论《序》首及以下续申之词,则论《诗序》之作者,无疑亦当以《毛传》之作者为分。关于《毛传》之作者,班固惟言毛公,后人遂误以为毛苌,实为传讹。观郑玄《诗谱》云,大毛公作《诂训传》,小毛公传其学,河间献王立为博士。大毛公者,毛亨也。陆玑《毛诗草木鸟兽虫鱼疏》明言毛亨作《诂训传》,以授赵国毛苌。徐整亦云大毛公作《诂训传》。皆未有毛苌作《传》之说。果如《提要》所云以毛苌为分,则《序》首之语,亦可能为毛亨所作矣,俞正燮《癸巳类稿》虽有此说,然亦臆测之词,与郑玄释《南陔》之论不合。若续申之词为毛苌以下经师所附,则无异排斥毛苌续《序》之可能,于理未安。故《提要》之结论,不若改成"《序》首二句为毛亨以前经师所传,以下续申之词,为毛亨以下弟子所附。"如此,则毛苌亦囊括于续申《序》说之弟子之列矣。

关于卫宏作《序》问题,《提要》于此未有明言,但苏辙《诗集传》之提要中云:"史传言《诗序》者,以《后汉书》为近古,而《儒林传》称谢曼卿善《毛诗》,乃为其训,卫宏从曼卿受学,因作《毛诗序》,辙以卫宏所集录,亦不为无征。"乃知《提要》所指毛苌以下子弟,实隐包卫宏于内,盖四库馆臣对于《后汉书·儒林传》之记载无法解释,乃至调和折中,俯为迁就,如此则何以使人抉别疑似哉!

五 考辨与结论

关于《诗序》作者之论争,反映出深刻之政治背景,其意义诚非一具体问题所能概括。顾自汉武排黜百家,独尊儒术,二千年之中国封建社会,经学乃统治思想之重要组成部分。当是时也,君臣诏旨奏章,士庶行事进业,无不引用经义,依傍孔教,舍此而几无以自立。至于历朝替代,政情变化,风动波震,影响所及,意识形态,与世推移,而经学固首当其冲焉!综观历代经义解释,纷纭竞繁,枝蔓滋多,各持极端,较衡异同,考据某一问题,竟成百世悬案,虽大体不离名教,亦轨迹时出殊途,推求其间原因,亦与当时政治之关系所致也。古人论《诗》,尊之为经。而《诗序》者,盖经古文家提挈三百篇之要旨,流传千数载之旧籍,秦汉之际论《诗》之著作,详具完整者所存唯此一编,故由来涉及《诗经》之评价看法,时以《诗序》为其争讼焦点,论者或誉或毁,言贬言褒,自有其不同政治目的,体现出各种思潮特征。由此言之,关于《诗序》作者问题之争,非特一纯粹材料考据问题,实与时政风尚密切相关,此乃治《诗》者诚不宜忽视者也。

既如前文论列,所谓《诗序》为子夏所作者,驳斥之论甚多,实属不可据信,良由汉儒欲崇其学,托名子夏所致。按汉儒托古之习,为一种社会现象,非惟某人偶尔妄言而成。汉世统治者尊崇儒术,欲兴经学,则非导以利禄不可,治经之务,成为博取名利之捷径。《汉书·韦贤传》载,当时邹鲁谚语云:"遗子黄金满籝,不如一经。"又《汉书·夏侯胜传》云:"始胜每讲授,常谓诸生曰,士病不明经术,经术苟明,其取青紫如俯拾地芥耳。"是以通晓经义,致身显贵,即为当时儒生群趋之鹄的。诸儒所传之学,苟得立于学官,则黄金紫绶,何须更言?而汉时之争请立学者,各怀其私,一家增置,余家怨望,故求名期利之儒生,常托其所治之学为古之某"圣贤"所作,以此抬高身价,排斥异己。汉人最重师法,师之所传,弟之所受,一字无敢出入,于本师之言,必宗信无疑,遂使谬种流传,托古之风,盛行当世,甚至托言《易卦》为文王所演,《尔雅》为周公所作,古代伪书之多,殆先由此。观夫当时以《毛诗序》为子夏所作者,与曩时熟肉铺自号"陆稿荐",剪刀铺托名"张小泉",可以相为比喻,斯说之不足信从,此不待烦言而可解者。然而汉儒托古之风,断非一二人巧施小慧,信口雌黄,实反映出政治经济于学术思想之制约关系,学风习尚既成,乃至笼罩一切,于儒生中鲜能有例外者,故自大小毛公以来,终于汉世,云《诗序》出于子夏,绵世授受,主信不疑,虽云郑玄之类"鸿儒耆硕",亦不能觉其为妄也。

汉魏晋宋之间,迄数百年,治《毛诗》者于子夏作《序》之说,未见敢以为疑者。侯至有唐,韩昌黎、成伯玙以异论辨难,对《诗序》作者问题乃独抒己见,固以时隔地远,旧学形势衰微,唐时政治对学术影响之表现方式特点,比诸汉世,亦渐有异。逮于赵宋,风习变古,自庆历年间始,经学出现一大转折,当时儒士,议论横生,拨弃传注,标新立异,汉学之权威至此而完全动摇。盖宋儒心目中之《诗序》,已非汉儒心目中之《诗序》,是以欧阳修断《诗》间出己意,晁补之于《序》屡加贬黜,而后郑樵朱熹之辈,竞起诋斥《诗序》。而苏辙、程大昌等议论虽较持平,然其论旨亦与汉人迥异。以此可见,宋人对于子夏作《序》之说多加否定,实乃时势所必然也。由是指摘其疑窦,揭示其矫诬,天下翕然,旧说渐废。虽云清代陈奂、钱大昕等,于材料考据号称精严,标榜寻坠绪而继宗风,力图恢复汉学地位,以先入之见,重新主张《诗序》为子夏所作,观其立论所据,则殊不足称道,而响应者已寥寥无几矣。

于此返顾本文前列诸家之论,则《诗序》非出于子夏之手,已无疑问。但《诗序》非为子夏所作,未必即可归之卫宏。郑樵朱熹直至姚际恒崔述及今文诸家,论及《诗序》作者,皆以为出于卫宏无疑,乃至訾骂有异此论者俱为"妄信"。按其所据,惟《后汉书·儒林传》一语耳,对于《范书》所记之具体指意,彼亦不甚了了,其訾人"妄信",已亦何能免于妄信哉!盖《诗序》作者一案,争纷延续千祀,论者或指子夏,或归卫宏,互相论难,各持一端,考察两造之辞,俱难自圆其说,实由问题本来复杂,非二者择一即可解决也。极可注意者,翁方纲、黄以周等,已怀疑卫宏所作之《序》,当是别成一篇,与见存之《毛诗序》不应牵混。予以为彼实指出问题关键,自是独到之见,请略作辨析,证明于下:

观乎汉魏晋宋之间,未尝有所谓《诗序》作者之争。郑玄谓《诗序》为子夏毛公所作,未尝言卫宏不作《毛诗序》;而范晔云卫宏作《毛诗序》,亦无只字辨子夏作《序》之非是。倘郑玄所笺之《序》与卫宏所作之《毛诗序》并非各自为篇,岂能若此两说并行不悖,互不攻讦,而待数百年之后始争讼蜂起乎?可见传云子夏所作之《序》,与卫宏所作之《序》,当为不同之两篇,曩时本无争执。此为今存《毛诗序》与卫宏所作之《毛诗序》无关之一证也。

若郑玄所笺之《诗序》果为卫宏所作,郑玄将宏《序》尊之为子夏所作,范晔能知之,当时人谅必亦有能知之者。况汉之末世,宗法废弛,经师说《毛诗》者异论渐多,何故当时士人,于此咸守缄默,乃无一词与之争辩,必待百余年而后范蔚宗始能规正之耶?又王肃说《诗》,旨在申毛驳郑,专以攻诋郑玄为事,视之几若仇敌。倘郑玄所笺之《序》为卫宏所作,则毛亨以及西汉经师,时出宏前,是时既无《诗序》存在,当亦无所谓子夏作《序》云云,而郑玄以为《诗序》作于子夏,何王肃亦不发一词,反而翕然从之,以为子夏作《序》耶?此见存郑玄所笺之《序》与卫宏无关之二证也。

又范晔所云之《毛诗序》,若即郑玄所笺自云子夏所作之《序》,范晔必能知之,何以未发一言加以辨正?若晔明知玄以宏《序》归于子夏,于玄岂能不置微词?观《后汉书·郑玄传》,称玄经传洽孰,以为纯儒。其传论又云:"郑玄括囊大典,网罗众家,删裁繁诬,刊改漏失,自是学者略知所归。王父豫章君每考先儒经训,而长于玄,常以为仲尼之门不能过也,及传授生徒,并专以郑氏家法云。"可见蔚宗于玄,深为推挹。若郑玄所尊为子夏所作之《序》,果是卫宏所作,蔚宗何能称其"删裁繁诬,刊改漏失",而推崇如是乎?况范晔《后汉书》品评人物,颇少溢美之辞。以其所传儒生而论,贾逵不拘小节,好为附会,马融阿附梁冀,骄贵自态,蔚宗尚且不满,岂独谅解于郑玄乎！此郑玄所笺之《序》与宏《序》无关之三证也。

所谓"序"者,即释题之义也。隋唐以前,解释《诗》题之作颇多,《经典释文·叙录》载,宋徵士雁门周续之、豫章雷次宗、齐沛国刘瓛并为《诗义序》,此类均以"序"名之。《汉魏遗书钞》中辑录周续之《诗义序》数条,论旨与今所见存《毛诗序》绝不相类,由此可以推想,当时《诗序》一类著作,决不止于吾人今日所见之《诗序》一编也。黄以周《经说略》,尝言郑君序《易》,非即《十翼》之《序卦》;马融《书序》,非即百篇序也。斯论是已。譬如马融所作之《毛诗传》,自是不能与今所见之《毛传》相混,恶可一见"毛诗序"三字,即遽然断定必出于卫宏之手无疑。唐以后人一见"诗序"之称,多即以为所见之《诗序》即出于卫宏,张冠李戴,浑漫无辨,反而振振有辞,动辄诋人为妄,其不达事理如此！由此可知,卫宏之《序》自是别为一编。此为郑玄所笺之《序》与宏《序》无关之四证也。

《后汉书·儒林传》尝明言,九江谢曼卿善《毛诗》,乃为其训,卫宏从曼卿受学,因作《毛诗序》。乃知宏《序》实因曼卿之学所作,卫宏之《毛诗序》,当与谢曼卿之《毛诗训》有密切关系。谢曼卿之《训》,于今渺不可考,所能肯定者,当与吾人所见之《毛传》各自为编,并无纠葛。按理推之,卫宏所作之《序》,理当与郑玄所笺之《序》有别。此郑笺之《序》与宏《序》无关之五证也。(按廖平《古学考》,以今存《毛传》,即是谢曼卿之《训》,此说实属无稽,比诸何焯以《毛传》即马融之《毛诗传》更其荒诞,章炳麟已加驳斥,故兹文不再旁及。)

又崔述《读风偶识》云,汉世朝廷敦尚濡术,经学益重,于是诸家树立,务期相胜,此言是也。西汉之时,《毛诗》未得立于学官,立学者止有鲁、齐、韩三家,考《鲁诗》、《韩诗》,当时咸有两语檃括题意,即所谓"序"者也。而《毛诗》立学最晚,治《毛诗》者欲期胜于三家,师徒授受,自当有序,非惟有序,犹比三家抑或加详,岂可传授历世而无序,而于立为学官之后,俟卫宏为之序乎？倘如崔述所谓《序》为卫宏始作,西汉之时原无《序》文,则《毛诗》何以期胜于三家？何得于西汉之末立于学官？崔述此论,实乃自相矛盾而不自察。《毛诗》于平帝时立为学官之前,自当有《序》,即郑玄所笺之《序》。此郑笺之《序》与宏《序》无关之六证也。

《毛诗》一家,于西汉平帝时列于学官之后,乃为显学,其学说自当公开于世,流传经传文字,亦当有明文可据,而为世人所共知者。卫宏之学,显于东汉之初,与

《毛诗》立学之时，年代相距殊近，卫宏岂能以其所作之《序》，遮掩世人耳目，厕于经传文字之间与之并存，而为其后学者据为典要哉？此郑笺之《序》与宏《序》无关之六证也。

根据以上七证，及前文之所论列，愚以为郑玄所笺之《序》，即今见存之《毛诗序》，与卫宏所作之《序》，本系不同之两篇。卫宏所作之《毛诗序》，虽见称于范晔当时，然已亡佚于南北朝季世，至今流传于世之《毛诗序》，决非卫宏所作。关于卫宏之《序》自为别编，于陆玑《毛诗草木鸟兽虫鱼疏》中更有明文可足依据。

陆氏《毛诗草木鸟兽虫鱼疏》，尝条辨《毛诗》师承授受源流，其云："孔子删《诗》，授卜商，商为之《序》，以授鲁人曾申。申授魏人李克，克授鲁人孟仲子，仲子授根牟子，根牟子授赵人荀卿，荀卿授鲁国毛亨，亨作《诂训传》，以授赵国毛苌，时人谓亨为大毛公，苌为小毛公，以其所传故，名其《诗》曰《毛诗》。苌为河间献王博士，授同国贯长卿，长卿授阿武令解延年，延年授徐敖，敖授九江陈侠，为新莽讲学大夫，由是言《毛诗》者悉本之徐敖。时九江谢曼卿亦善《毛诗》，乃为其训，东海卫宏从曼卿受学，因作《毛诗序》，得风雅之旨，世祖以为议郎。"陆玑字元恪，三国时为吴太子中庶子、乌程令，今所能见言卫宏作《序》之资料，当以此书为最早，《范书》自在其后。《陆疏》所云授受源流，未必全部可信。然观其所具列，既云子夏作《序》，又云卫宏作《毛诗序》，一段文字之中，两说俱存，其为不同之两篇，昭昭然黑白分焉。传云子夏所作之《序》，即吾人所见郑玄所笺之《序》，卫宏所作之《序》，今已亡佚，盖陆玑、范晔之时，必能两《序》同见也。

《陆疏》一书，出于三国时，本无疑问。《隋书·经籍志》有《毛诗草木虫鱼疏》二卷，注云，乌程令陆玑撰。陆德明《经典释文》及成伯玙《毛诗指说》，于此书均已援及，彰彰然有明文可考。然至宋时陈振孙《直斋书录解题》，乃称《陆疏》有引《尔雅郭注》之文，于是认为《陆疏》当出郭璞之后。明代毛晋以为"玑"或作"机"字，言陆机本不治《诗》，断言"此书为唐人陆玑字元恪者所撰无疑"。《四库提要》虽曰此书出于三国之时，而云原书已佚，现存之书为后人从《毛诗正义》中辑录而成。陈直斋所提出之疑问，姚士粦已予澄清，姚氏云其所藏《陆疏》，并未引用郭璞之文。况《陆疏》果有与《尔雅郭注》雷同之处，曷不可云《郭注》引《陆疏》之文，而必云《陆疏》引《郭注》之文耶？再则，即如毛晋所言，《陆疏》之作者果名为机，此"陆机"亦非陆平原也。以海内人口之众，有姓名重复雷同，史籍屡见，事属寻常。故两汉之间,有两张敞,皆知名于世;李唐一代,有两韦应物,论《唐诗》者以为疑案。何能以玑机一字之差,而信口断言《陆疏》为唐人所作耶?《陆疏》明为《隋志》所载,而毛晋犹言出于唐人之手,疏阔如是,惟令人捧腹而已。《四库提要》谓今存《陆疏》为后人辑成,此说亦不可靠,余嘉锡《四库提要辨正》,已加指出。又丁晏、罗振玉于《陆疏》精加校订,断定此书为三国时原作无疑。丁晏《毛诗草木鸟兽虫鱼疏叙》云:"《隋书·经籍志》:《毛诗草木虫鱼疏》二卷,乌程令吴郡陆玑撰。《唐书·艺文志》:陆玑《草木鸟兽虫鱼疏》二卷。……今所传二卷,即玑之原书,后人疑为掇拾之本,非也。《尔雅邢疏》引陆玑《义疏》;《齐民要术》、《太平御览》并称《义疏》,兹以《陆疏》之文证之诸书所引,仍以此《疏》为详。《疏》引刘歆、张奂诸说,皆古义之仅存者,故知其为原本也。"至于书中所列四家《诗》授受源流,宋时王柏《诗疑》、王应麟《困学纪闻》已经提及,《四库提要》亦云为陆玑原文,惜乎历代治《诗》诸公,于此未遑留意焉!故论争讻讻,历世不绝,观《陆疏》此文,岂非真相大白乎!近人蒙文通对《陆疏》此条记载有所涉及,然其自有先入之见,故其《经学抉原》云:"陆玑《疏》云,孔子删《诗》授卜商,商为之《序》。又云东海卫宏从曼卿受学,因作《毛诗序》,得风雅之旨。一篇之内,义有两歧,知有一误。……则陆之云卫宏作《序》,文之误也。自范蔚宗不察,全袭陆氏之文,以入《儒林传》,遂谬说流传千载也。"蒙氏云"义有两歧,知有一误",以为取《诗序》为名者,只能一篇,不能有二,徒以主观臆测,乃谓陆玑文误,斯说拘矣。又张心澂《伪书通考》,以《诗序》归于卫宏,认为《疏》中子夏作序一句,系陆玑误载,与蒙文通各持一端,其所共同者,在于对材料缺乏客观分析之态度,乃从可靠之原始材料中得出错误之结论也。今以《陆疏》参证黄以周、王鸣盛、翁方纲之论,可知专据《后汉书·儒林传》以今存《毛诗序》为卫宏所作者诚不足信,卫宏所作之《序》,自当与见存郑玄所笺之《序》分别而论,不可混为一谈。

今所见之《毛诗序》,既非子夏所作,又不出于卫宏,其作者究为何人?综上所述,吾以为《诗序》实非一人之作,乃秦汉间《毛诗》经师传授联缀而成。此说自成伯玙首揭其端,苏辙、程大昌因而发挥,乃至范家相、四库馆臣进而完具,虽具体论述间有殊异,但谓《诗序》非一人一时之作,则大抵相同。观其论据,可谓翔实,不惟符合三代两汉旧籍,而亦深中历史实状委曲。《四库提要》所作之总结,除将卫宏隐包于续申之列而外,余者不为无见。《小序》首句所出最早,以后续申之词,为后儒联

缀而成,当是确论。于此,关于《诗序》作者之争,可得出两点结论:

(一)《诗序》非一人一时之作。论其大概:《序》首二语,为毛亨以前经师所传,以下续申之词,为其后治《毛诗》者补缀而成。于西汉末年平帝时《毛诗》立于学官之前,今所见《毛诗序》基本规模,大抵已具。

(二)卫宏所作之《毛诗序》,当为另外一篇,已在南北朝后期亡佚,与见存郑玄所笺之《毛诗序》无关。

一九六三年五月初稿

一九七三年三月二稿

一九七八年二月三稿

【附记】本文写作过程中,得到陈子展先生的指导和精心阅改;在修改时,又承其他前辈老师热忱指点,于此一并志谢。

(作者单位:复旦大学中文系)

《诗·大雅·瞻卬》、《抑》系年辑证

——春秋诗歌系年辑证之十六 *

　　《诗》的断代研究,至迟从《诗序》产生的时代已经开始了。我们可以从《国语》、《左传》、《论语》等战国以前的文献中看到,春秋时期人们赋《诗》、引《诗》、论《诗》时,往往会提到《诗》中具体篇目的作者,自然亦明白某一诗篇的创作年代。因为,在《诗》之传播与接受过程中,要了解某首诗歌的思想内容与艺术形式,首先必须了解其创作背景、创作缘由;也只有准确了解某一诗篇的创作背景、创作缘由及其创作年代,《诗》之研究方可做到"知人论世",方可把握其时代特征,方可进一步考察诗歌创作流变的基本状况及其艺术规律。这就是自汉代以降至今人们依然关注《诗》的断代研究的基本缘由,亦是我们进行"春秋诗歌系年辑证"课题研究的初衷。①《诗·大雅》凡三十一篇,大多为先周时期与西周前期文王、武王、成王之世(约前1099年–前1027年)作品,少数为春秋初期平王之世(前771年–前720年)作品。本文拟以先哲时贤已有的研究成果为基础,提出我们对春秋初期所作《诗·大雅·瞻卬》、《抑》两篇创作年代的一孔之见,以求教于方家。

---

*　教育部哲学社会科学研究后期资助重点项目"春秋文学系年辑证"【项目批准号:07JHG0009】阶段性成果。

① 　所谓"系年",就是尽可能准确地考订作品的创作年代,将作品按照创作年代之序重新进行排列,为研究春秋时期不同阶段诗歌创作的基本特征奠定可靠的文献依据,从而探求每一个社会阶段政治、经济、文化与诗歌创作的互动关系,并在此基础上总结出春秋时期诗歌创作发展、兴盛、衰亡的社会的外在因子与艺术的自身因子,归纳出春秋诗歌创作流变的一般规律。所谓"辑证",就是尽最大可能地搜集、整理、归纳先哲时贤关于《诗》断代研究的诸种"异说",并在此基础上,将诗与史结合、传统方法与现代方法结合,或自立新说,或补证旧说,或择善而从,从而排定出一个比较可信的诗歌创作年代"谱系"来。

一、周凡伯作《瞻卬》

关于凡伯其人，先哲时贤主要有二说：一为周厉王、幽王之世（约前879年–前771年）二凡伯说，《板》毛《序》："《板》，凡伯刺厉王也。"①《瞻卬》毛《序》："《瞻卬》，凡伯刺幽王大坏也。"②《召旻》毛《序》："《召旻》，凡伯刺幽王大坏也。"③二为周厉王、宣王、幽王之世（约前879年–前771年）同一凡伯说，明何楷《诗经世本古义》卷十八："《瞻卬》，凡伯刺幽王大坏也。……凡伯作《板》诗在厉王末，历共和摄政十二年，宣王在位四十六年，至幽王三年嬖褒姒，八年立伯服，九年王室始骚，中间相距六十余年。此诗之作在幽王时，计凡伯当为八九十岁间人矣。老臣见国事之非日甚一日，不辟祸怨，愤激而言。故《序》于此诗及《召旻》皆以为刺大坏也，合《正月》、《小旻》四诗，疑皆为凡伯所作。诗中语意俱互为出入，见幽王之时褒姒擅权于内，皇父石父之辈朋应于外，所用者小人，所信者谗言，所任者刑罚，所事者尅剥，饥馑荐臻，戎狄窥伺，驯致骊山之祸，非大坏而何？"④笔者以为，何氏《板》、《召旻》、《瞻卬》三诗作者为同一凡伯之论可谓破的之语。⑤ 兹补证有二：

其一，关于周桓王大夫凡伯及其国被灭之年代，隐七年《春秋》："冬，天王使凡伯聘。戎伐凡伯于楚丘以归。"⑥《左传》："初，戎朝于周，发币于公卿，凡伯弗宾。冬，王使凡伯来聘。还，戎伐之于楚丘以归。"⑦则凡伯乃凡国之君仕于王室为卿士者，周桓王四年（前716年）戎执凡伯且胁迫他与之同归后，《春秋》及三《传》凡伯

---

① 孔颖达［唐］《毛诗正义》，中华书局影印阮刻十三经注疏本，1980年。下引版本同。又，宋朱熹《诗序辨说》无说。朱熹［宋］《朱子诗序辨说》，《朱子全书》，上海古籍出版社、安徽教育出版社点校四部丛刊三编日本东京岩崎氏静嘉文库藏宋本，朱杰人等点校，2002年。下引版本同。

② 朱熹［宋］《诗序辨说》无新说。

③ 朱熹［宋］《诗序辨说》卷下："'旻，闵也'以下不成文理。"

④ 何楷［明］《诗经世本古义》，清嘉庆二十四年（1819）溪邑谢氏文林堂刊本。下引版本同。

⑤ 何氏认为《板》诗作于周厉王时，《召旻》、《瞻卬》均作于周幽王时，笔者存疑。据何氏所论，凡伯周厉王末期作《板》诗时，当为二十岁左右，可诗中明言"老夫灌灌"、"匪我言耄"，诗人正值青春年少之时而在诗中自称"老夫"，显系讹论；何氏以为《瞻卬》和《召旻》两诗均为"为刺大坏"之说可从，然《召旻》写即将亡国之象，《瞻卬》写既已亡国之象，明为异时之作。说详：邵炳军《周大夫凡伯〈瞻卬〉创作时世考论》，《西北师大学报》，2002年第1期，第48–52页。

⑥ 隐七年《春秋》杜《注》："凡，周卿士；凡国，伯爵也。"

⑦ 孔颖达［唐］《春秋左传正义》，中华书局影印阮刻十三经注疏本，1980年。下引版本同。

均不再见；盖此时凡国始灭，成为卫国之凡邑。此为戎所执之周桓王卿士凡伯乃凡国之君仕于王室为卿士者，当为周幽王、平王卿士凡伯之后。

其二，关于凡伯国之都邑，隐七年《春秋》杜《注》："汲郡共县东南有凡城。"宋郑樵《通志·氏族略二》："袁崧云：'凡在共县西南。'今卫州城西南二十二里有凡城。"①清高宗敕撰《大清一统志·曹州府》："楚邱故城，在曹县东南，春秋时己氏邑，《左传·哀公十一年》，卫侯入于戎州，己氏，杜预注，戎邑，己氏，戎人姓。汉置己氏县，属梁国，后汉属济阴郡，晋属济阳郡，后魏末改属沛郡，北齐郡县俱废，隋开皇六年改置楚邱城，属梁郡，唐属宋州，宋属应天府，金属归德府，后改隶单州，元属曹州，明洪武初省入。又《春秋》、《左传·隐公七年》戎伐凡伯于楚邱，《僖公二年》诸侯城楚邱以封卫，又《诗·卫风·定之方中》作于楚宫，《汉志》成武县有楚邱亭，齐桓公所城，迁卫于此。《元和志》：楚邱故城在楚邱县北三十里。"②顾祖禹《读史方舆纪要·河南四》："凡城，在(辉)县西南二十里，周公子凡伯国。……唐初因析共城置凡城县，属共州，寻省。王莽城，在县西北八十五里，三城如鼎足。"③则凡伯之国都邑凡城，乃春秋时己氏邑，即今河南省辉县西南二十里之故凡城。

据上引文献及其笔者补正可知，凡伯，姓姬，氏凡，伯爵，为周公旦次子凡伯之后，生卒年未详，历仕周幽王、平王为卿士。④ 其敢于直面现实，愤世嫉俗，忧国忧民，怨天尤工，善于辞令，富有文才，为春秋前期周王室著名政治家与贵族诗人，传世有《板》、《召旻》、《瞻卬》三诗。⑤

---

① 郑樵[宋]《通志二十略》，中华书局点校乾隆间汪启淑重刻正德间陈宗夔刻本，王树民点校，1995 年。下引版本同。

② 高宗[清]敕撰《大清一统志》，上海古籍出版社四部丛刊续编影印清史馆藏进呈写本，2008 年。又，据此，楚丘城在今山东省成武县西南、曹县东南三十里，其当为戎州己氏之邑，地界曹国与宋国之间。又，卫侯入于戎州事，见哀十七年《左传》，《大清一统志》误作哀十一年《左传》。

③ 顾祖禹[清]《读史方舆纪要》，上海书店出版社影印江宁何瑞瀛校刊本，1998 年。

④ 《后汉书·李杜列传》(中华书局点校南宋绍兴本，宋文彬等点校，1965 年)载李固《对策》引《鲁诗序》泛言《板》诗为"刺周王"之作；清魏源《诗古微·大雅答问下》(岳麓书社点校修吉堂刻本，何慎怡等点校，1989 年)认为《板》诗作者凡伯即共伯和；方玉润《诗经原始》卷十四(中华书局点校鸿蒙室丛书本，李先耕点校，1986 年)认为《诗·大雅·民劳》与《板》出自一人手笔，笔者皆不取。又，伪申培《诗说》以《瞻卬》、《召旻》皆为尹伯奇所作，明何楷《诗经世本古义》卷十八上、清毛奇龄《诗传诗说驳义》卷五(清康熙间萧山陆氏西河集刻本)皆详辩伪《诗说》之谬，可参。又，隐七年《春秋》聘鲁之凡伯是作《瞻卬》之凡伯的子孙辈。详见：邵炳军《〈板〉、〈召旻〉、〈瞻卬〉三诗作者为同一凡伯考论》。又，关于周凡氏之族属，说详：僖二十四年《左传》。

⑤ 《板》、《召旻》二诗，皆属今《诗·大雅》。据毛《序》，此二诗皆为周大夫凡伯所作。

　　《瞻卬》为周大夫凡伯刺幽王听信谗言以灭国之作(邵炳军《周大夫凡伯〈瞻卬〉创作时世考论》)。其创作年代,先哲时贤主要有三说:一为周幽王之世(前781年-前771年)说,见上引《瞻卬》毛《序》,宋朱熹《诗集传》卷十八①、明季本《诗说解颐正释》卷二十五②说大同,三家诗无异义,伪《申培诗说》③同,伪《子贡诗传》④阙。⑤ 二为阙疑说,宋王质《诗总闻》卷十八:"聪明才略之君,不以再倾为惧,而以再得为难,所谓'懿厥哲妇'也。"⑥三为周平王之世(前770年-前720年)说,清范家相《诗渖》卷十七:"此诗作于骊山亡国之后。……(幽王)亲恶远忠,自取乱亡之故。"⑦笔者以为范家相《诗渖》"周平王之世"说近是。我们认为《瞻卬》一诗当作于骊山之难后,即周平王元年(前770年)顷。其证有四:

　　其一,诗人所写为骊山之难后的亡国之象。明孙矿《批评诗经》卷三:"篇中语,特多新陋,然又有率意处。此起章,则极其雄肆,勃勃如吐不罄,语尽而意犹未止。……(四章)似是谓行潜,而又反背不肯认。此其用意岂不极恶! 然又谓曾作何事,总是变幻莫测意。……(五章)'何以'、'何不'并下,煞是险劲。"⑧的确,诗之首章以对苍天亡国的哀怨开篇,"孔填不宁"谓周幽王末世天灾人祸,动乱日久;"降此大厉"谓周幽王骊山之难、西周覆亡。五章"人之云亡,邦国殄瘁"言周幽王时夷狄入侵,贤者离居,致使国家灭亡。六、七两章及卒章"不自我先,不自我后"两句,皆言诗人面对周幽王时天灾人祸、离乱无居的忧国伤时之情,正是对首章亡国之象的回应之笔。

　　其二,诗人反映了西周末期土地关系的转变——土地兼并现象。明孙矿《批评

---

① 朱熹[宋]《诗集传》,岳麓书社点校四部丛刊三编日本东京岩崎氏静嘉文库藏宋本,夏祖尧点校,1989年。下引版本同。

② 季本[明]《诗说解颐》,明嘉靖四十一年胡宗宪刻本。下引版本同。

③ 丰坊[明]《申培诗说》,钟惺[明]《古名儒毛诗解十六种》,齐鲁书社四库全书存目丛书影印明拥万堂刻本,1997年。下引版本同。

④ 丰坊[明]《子贡诗传》,钟惺[明]《古名儒毛诗解十六种》,齐鲁书社四库全书存目丛书影印明拥万堂刻本,1997年。下引版本同。

⑤ 朱《传》疑此诗为凡伯所作,《诗说解颐正释》认为此诗当属《小雅》,伪《诗说》认为乃尹伯奇忧乱之作,然其作世皆与毛《序》同。

⑥ 王质[宋]《诗总闻》,中华书局丛书集成初编据咸丰元年钱仪吉刻经苑本排印本,1985年。下引版本同。

⑦ 范家相[清]《诗渖》,范氏遗书家刻本。下引版本同。

⑧ 孙矿[明]《孙月峰先生批评诗经》,齐鲁书社四库全书存目丛书影印明末天益山刻本,1997年。下引版本同。

诗经》卷三:"(二章)指四事,太明白,经中鲜如此直遂者。"诗之二章曰:"人有土田,女反有之。人有民人,女覆夺之。"这是诗人对西周末期宗族土地所有制向国家授田制和土地私有制转变的真实写照。

其三,诗人所刺之"哲夫"为周幽王,所刺之"哲妇"为周幽王宠妃褒姒。明孙矿《批评诗经》卷三"(三章)'艳妻'意浅,'哲妇'意精。说到'哲'处,可谓透入骨髓。"诗之三章曰:"哲夫成城,哲妇倾城。"此言褒姒使西周皇祖基业倾覆,亦即使宗周覆亡了。三章又曰:"懿厥哲妇,为枭为鸱",此以"枭""鸱"两恶鸟名连文为义,均承上文比喻哲妇,亦即褒姒。诗之三章曰:"妇有长舌,维厉之阶。乱匪降自天,生自妇人。匪教匪诲,时维妇寺。"指出哲妇倾国的直接原因是周幽王听信谗言而废申后黜太子。

其四,诗人指出周幽王友戎狄、仇诸侯是"邦国殄瘁"的根本原因。诗之五章曰:"天何以刺?何神不富?舍尔介狄,维予胥忌。"言宗周之亡非上天神灵之过,而是周幽王友戎狄、仇诸侯所致。

二、卫武公作《抑》

关于卫武公其人,《史记·周本纪》司马贞《索隐》[1]、陆德明《经典释文·庄子音义下》[2]并引《竹书纪年》:"共伯和干王位。"宋李昉等《太平御览》卷八百七十九引《史记》:"共和十四年,大旱,火焚其屋,伯和篡位立,故有火旱。其年周厉王莽彘而死,立宣王。"[3]《史记·卫世家》:"(釐侯)四十二年,釐侯卒,太子共伯余立为君。共伯弟和有宠于釐侯,多予之赂;和以其赂赂士,以袭攻共伯于墓上,共伯入釐侯羡自杀。卫人因葬之釐侯旁,谥曰共伯,而立和为卫侯,是为武公。武公即位,修康叔之政,百姓和集。四十二年,犬戎杀周幽王,武公将兵往佐周平戎,甚有功,周平王命武公为公。五十五年,卒,子庄公扬立。"笔者以为作《青蝇》、《宾之初筵》、《抑》三诗之"卫武公",即《史记·周本纪》司马贞《索隐》引《竹书纪年》"共伯和干王位"

---

① 司马迁[汉]《史记》,上海古籍出版社点校宋黄善夫刊刻三家注本,郭逸、郭曼点校,1997 年。下引版本同。

② 陆德明[唐]《经典释文》,上海古籍出版社影印宋刻本,1985 年。

③ 李昉[宋]等《太平御览》,中华书局影印宋刻本,1960 年。又,清朱右曾辑《汲冢纪年存真》(修绠堂铅印本)及王国维《古本竹书纪年辑校》(《王国维遗书》,第 7 册,上海古籍出版社,1983 年)皆以此《史记》即《竹书纪年》。

之"公伯和",《太平御览》引《史记》之"伯和",亦即清顾炎武《日知录》卷二十五所谓在周厉王流彘期间践王位以"摄行天子事"之"共伯和",①亦即《诗·卫风·淇奥》毛《序》所谓周平王时期"入相于周"之"卫武公"。其证有三:

其一,《师毁簋》之"白穌父"当即《竹书纪年》之"公伯和"。宋王俅辑《啸堂集古录》卷下著录《周簋敦》(即《师毁簋》)铭文有"白穌父"②,郭沫若《两周金文辞大系图录考释》③、杨树达《积微居金文说》④、《积微居金文余说》⑤、屈万里《西周史事概述》⑥、许倬云《西周史》⑦、晁福林《夏商西周的社会变迁》⑧均认为,《师毁簋》铭文"正月初吉丁亥"为共和元年(前841年)正月八日或七日,此"白穌父"有可能即为周厉王流彘期间执政称王之"共伯和"。⑨ 笔者可补充以下四证:其一,"白"为"伯"之假借字,当为爵称;"穌"为古"和"字,如《国语·周语下》"其终也,广厚其心以固穌之"即是;⑩"父"即"甫",男子之称,用为表字。则"白穌父"即"伯和甫"。其二,《史记·卫世家》称釐侯太子余为共伯余,其弟和亦可曰共伯和。⑪ 则"伯和甫"即"共伯和",亦即"卫武公和"。其三,从铭文内容看,伯和甫拥有广大的土地,众多的仆驭、百工、奴隶,并有专人管理,有如此规模籍田者非天子、诸侯及执政卿莫属。其与金文《令鼎》⑫、《免簋》⑬、《庚午父已鼎》、《柞仲》、《南宫柳鼎》、《杨簋》⑭诸铭

① 黄汝成[清]《日知录集释》,岳麓书社点校道光十四年嘉定黄氏西溪草庐重刊本,秦克诚点校,1994年。
② 王俅[宋]《啸堂集古录》,中华书局影印宋淳熙三年前刻本,1985年。
③ 郭沫若《两周金文辞大系图录考释》,增订本,科学出版社,1958年,第114页。
④ 杨树达《积微居金文说》,中华书局重排科学出版社增订本,1996年,第119-120页。
⑤ 杨树达《积微居金文余说》,附《积微居金文说》后,中华书局重排科学出版社增订本,1996年,第232页。
⑥ 屈万里[中国台湾]《西周史事概述》,《屈万里先生文存》,第2册,联经出版事业公司民国七十四年(1985),第581-620页。
⑦ 许倬云《西周史》,三联书店,1994年,第203-231页。
⑧ 晁福林《夏商西周的社会变迁》,北京师范大学出版社,1996年,第150-152页。
⑨ 此杨氏《积微居金文余说》之说,晁氏《夏商西周的社会变迁》认为此器作于共和元年(前841年)正月初六日。
⑩ 韦昭[三国吴]注《国语》,上海古籍出版社校点清嘉庆二十三年黄丕烈刻士礼居仿宋刻明道本,上海师范大学古籍整理研究所校点,1998年。下引版本同。
⑪ 共伯余,《诗·邶风·柏舟》毛《序》作"共伯",《史记·卫世家》司马贞《索隐》作"恭伯"。
⑫ 《令鼎》,见清吴大澄《愙斋集古录》著录,上海古籍出版社续修四库全书影印民国六年上海涵芬楼影印原拓本,2002年,第12页。下引版本同。
⑬ 《免簋》,见朱善旂《敬吾心室彝器款式》下册著录,清光绪三十四年石印本,页83。
⑭ 《庚午父已鼎》、《柞仲》、《南宫柳鼎》、《杨簋》诸铭,参见:田昌五、臧知非《周秦社会结构研究》,西北大学出版社,1996年,第77-79页。下引版本同。

所载周王籍田和《诗·大雅·韩奕》、《崧高》所记诸侯籍田事相类。其四,伯和父称毁为"佳(惟)小子",同九年《卫鼎》之"小子"、"卫小子"称谓相类,均为王室的小宗或臣家小宗之称。故可以断定,"伯和甫"即为"干王位"之"共伯和"。另外,《竹书纪年》"共伯和干王位"说,与昭二十六年《左传》载王子朝给诸侯的命辞中所谓"诸侯释位,以间王政"之说相合,亦与《庄子·让王篇》及《庄子·让王篇》郭象《注》引《鲁连子》①、《史记·周本纪》张守节《正义》引《鲁连子》、《吕氏春秋·察贤篇》②、宋李昉等《太平御览》卷八百七十九引《史记》诸说相合。故宋罗泌《路史·发挥二》、清顾炎武《日知录》卷二十五及顾颉刚《古史论文集》③、郭沫若《中国史稿》④皆主共伯和践王位以摄行天子事之说。

其二,《竹书纪年》所谓"共伯和干王位"之"共伯和"即卫武公。据《尚书·虞书·尧典》、《舜典》⑤、《国语·周语下》、《淮南子·天文训》⑥、《史记·五帝本纪》等文献记载,共人为中国北方一个具有悠久历史的古老氏族部落,共国则为由共工氏族部落逐渐发展而形成的一个方(邦)国,在夏、商、周三代均独立存在。⑦ 那么,共国何时成为卫之别邑的呢? 恐怕与周公旦(周文公)封康叔于邶、鄘、卫有关。⑧ 据《逸周书·作雒解》⑨、《史记·卫世家》、《汉书·地理志下》⑩等历史文献及有关金文资料可知,邶、鄘、卫本为周武王灭商后所封殷畿内相邻的三个诸侯方国,至周武王崩,三监畔,周公东征三年而诛之,封其弟康叔于卫,封卫康叔世子仲旄父于庸(鄘)。⑪ 此后,周公旦举卫康叔入周王室为司寇,仲旄父将卫与庸(鄘)合并,仍称

① 郭庆藩[清]《庄子集释》,中华书局新编诸子集成点校清光绪间长沙思贤讲舍刊本,王孝鱼点校,2004年。
② 许维遹《吕氏春秋集释》,中华书局新编诸子集成本,1988年。
③ 顾颉刚《顾颉刚古史论文集》,中华书局,1988年,第347-348页。下引版本同。
④ 郭沫若《中国史稿》,第1册,人民出版社,1976年,第287页。下引版本同。
⑤ 孔颖达[唐]《尚书正义》,中华书局影印阮刻十三经注疏本,1980年。下引版本同。
⑥ 刘文典《淮南鸿烈集解》,中华书局新编诸子集成本,1989年。下引版本同。
⑦ 共人旧地在今河南省辉县境内。说详:徐旭生《中国古史的传说时代》,文物出版社,1985年,第47-48页。
⑧ "卫"在今之河南省淇县为中心的豫北地区,"邶"在今漳河以北之河北省境内,"墉"或"东"在今之豫北东部至于鲁境。参见:刘起釪《古史续辨》,中国社会科学出版社,1991年,第527页。
⑨ 黄怀信、张懋镕、田旭东《逸周书汇校集注》,上海古籍出版社,1995年。下引版本同。
⑩ 班固[汉]撰、颜师古[唐]注《汉书》,中华书局校点颜注本,傅东华等点校,1962年。
⑪ 卫康叔初封采邑于康,即今汝水流域之河南省临汝与禹县间,故以封邑曰康叔。周公旦伐三监之乱后,陟封其于卫,亦称曰康叔;其世子仲(伯)旄父,初封于庸(墉),称"庸(墉)伯",又称康伯牟、康伯髦。均以初封采邑曰"康"。参见:刘起釪《古史续辨》,页531-538。

卫，共国或当在此时为卫国吞并。又，《汉书·古今人表》有"共伯和"，次于周厉王之世（约前857年-约前842年）；那么，在周厉王时共已为卫之别邑。又，《史记·卫世家》，卫僖侯卒时已有太子共伯余，则共至迟在卫僖侯之世（约前854年-前812年）已为卫之共邑。可见，"共伯和"之"共"，本为国邑之名，在卫武公即位之前早已为卫之邑名。① 又，《诗·鄘风·柏舟》毛《序》："《柏舟》，共姜自誓也。卫世子共伯蚤死，其妻守义。父母欲夺而嫁之，誓而弗许。故作是诗以绝之。"郑《笺》："共伯，僖侯之世子。"《史记·卫世家》："釐侯卒，太子共伯余立为君。"可见，毛《序》、郑《笺》之"共伯"，即《卫世家》之卫釐（僖）侯"太子共伯余"。卫僖侯世子曰"共伯"，其妻曰"共姜"，足见其采邑为共邑，以采邑名而称共伯。故"共伯和"之"共"是卫僖侯世子之采邑。此与卫康叔世子仲旄父封于庸（鄘）而称庸（鄘）伯同例。但卫武公何以世子称共伯和呢？这恐怕亦与共伯余早死而不得立为卫君有关。卫世子共伯余死后，卫武公和继兄为世子仍封于共为采邑，故亦可曰共伯，自然同共伯余一样有共伯和之称。而"共伯和"之"伯"是卫君与卫世子之通称，卫世子共伯和继位为卫君后仍称共伯，卫武公之"武"乃其谥号，故"共伯和"即卫武公。②

其三，卫武公在周"二王并立"时为周平王司寇。③《国语·楚语上》载楚左史倚相徵公子亹曰："昔卫武公年数九十有五矣，犹箴儆于国，曰：'自卿以下至于师长、士，苟在朝者，无谓我老耄而舍我，必恭恪于朝，朝夕以交戒我，闻一二之言，必诵志而纳之，以训导我。'在舆有旅贲之规，位宁有官师之典，倚几有诵训之谏，居寝有亵御之箴，临事有瞽史之导，宴居有师工之诵。史不失书，矇不失诵，以训御之，于是乎作《懿》诗以自儆也。及其殁也，谓之睿圣武公。"从这段史料中我们可知，它

---

① 隐元年《左传》所谓"太叔出奔共"时（前722年），"共"早已成为卫之别邑，且此时上居《竹书纪年》所谓"共伯和干王位"时（前841年）已一百十七年。

② 范文澜《中国通史》（页95）认为，"卫康叔封世子中旄父为庸伯，康叔死后，庸伯继位。自后卫国世子有受封称伯的惯例。卫僖侯封世子余为共伯。"案：卫康叔子仲旄父排行老二，受封为世子称伯；那么，卫僖侯子和继余而受封为世子，亦应称共伯。又，《国语·楚语上》："及其没世，谓之睿圣武公。"则卫武公谥"武"为美谥。又，卫康叔之"康"、卫康叔世子中旄父亦曰庸伯之"康"，则皆为以其封邑于康而曰"康"，非谥号。

③ 关于卫武公"入相于周"为周王室三公之一的具体时间，前人主要有二说：一为"周幽王（前781年-前771年在位）末年"说，见《宾之初筵》毛《序》。一为"周平王（前770年-前720年在位）初年"说，见《史记·卫世家》。笔者此从《史记·卫世家》"周平王初年说"。

记载的是卫武公卒年的言行,卫武公求谏语表明其时为周平王执政尊官,卫武公向周王室卿士、旅贲、宫师、诵训、亵御、瞽史等求谏,其当仕于王室。然《史记·卫世家》谓"周平王命武公为公",却未明何时所命。我们可据周平王元年(前770年)命晋文侯为公与三年(前768年)命郑武公为公的史实推断,当时卫武公已为九十多岁高龄之老臣,若周平王在命郑武公为公之后才命卫武公为王朝公卿,恐与事理与史实均不大相合。① 因此,卫武公当与郑武公同时被命为王朝公卿,或在命晋文侯之后至命郑武公之前被命为王朝公卿。那么,卫武公被周平王命为三公之后,其所任具体官职为何呢?定四年《左传》:"武王之母弟八人,周公为太宰,康叔为司寇,聃季为司空。五叔无官,岂尚年哉?"《史记·卫世家》:"成王长,用事,奉康叔为周司寇。"此两说相合,均以卫康叔为司寇。则卫武公袭祖职为周平王司寇,与郑武公袭父职为周平王司徒同例。《周礼·秋官司寇》:"大司寇之职,掌建邦之三典,以佐王刑邦国,诘四方。"②《青蝇》斥责周幽王听信谗言,伤贤害忠,亡身丧国;《抑》以一位老臣身份劝告周平王潜心修德,谨慎箴信,治国安邦,中兴周室;两诗所刺所谏,正合卫武公为周平王司徒之职掌。则卫武公(前861年-前766年),姬姓,名和,谥武,爵公,帝喾高辛氏元妃姜嫄子后稷弃之裔,季历(公季)之孙、文王昌庶子康叔封之后,顷侯之孙,釐侯之子,共伯余之弟,庄公扬之父,僖侯五十三年(前812年)继立为君,厉于十六年(前842年)摄政称王,共和十四年(前828年)归政宣王静,平王初年袭祖职为司寇,在位凡五十五年(前821年-前766年)。③ 其忠于王事,勤于治国,诚王儆身,素有令名,善于辞令,富有文才,为春秋前期卫国著名政治家与贵

---

① 据《尚书·周书·文侯之命序》、今本《竹书纪年》,晋文侯仇于周平王元年(前770年)被命为侯伯;而此时晋侯会卫侯、郑伯、秦伯,则其位必尊于卫侯。故周平王元年(前770年)时平王当尚未命卫武公为王室三公之一。据《诗·郑风·缁衣》毛《序》、《史记·郑世家》、《国语·郑语》韦《注》、今本《竹书纪年》,周平王三年(前768年)平王命郑武公掘突继父职入为周王朝司徒,位居三公。

② 贾公彦[唐]《周礼注疏》,中华书局影印阮刻十三经注疏本,1980年。下引版本同。

③ 《国语·楚语上》仅谓卫武公享年九十五岁,而不言其生卒年;卫武公在位五十五年,其年世《史记·十二诸侯年表》、《卫世家》系于周宣王十六年至周平王十三年(前812年-前758年)。笔者以为,卫武公卒年当在平王五年(前766年),其生年当在周夷王七年(前863年)。说详:邵炳军《〈青蝇〉、〈宾之初筵〉、〈抑〉作者卫武公生平事迹考论》,《文史》,2000年第2辑,第155-164页。又,关于卫公室之族属与春秋时期卫君之世系,说详:《史记·十二诸侯年表》、《卫世家》、《管蔡世家》。

族文士,传世有《青蝇》、《宾之初筵》、《抑》、《求谏之箴》诸诗文。①

《抑》为卫武公献给周平王之诫勉诗(邵炳军、赵逵夫《卫武公〈抑〉创作时世考论》)。其创作年代,先哲主要有五说:一为周平王之世(前770年-前720年)说,《国语·楚语上》:"昔卫武公年数九十有五矣,犹箴儆于国,……于是乎作《懿》戒以自儆也。"②二为周厉王之世(约前857年-前842年)说,毛《序》:"卫武公刺厉王,亦以自警也。"③三为周宣王之世(前827年-前782年)说,《抑》孔《疏》:"《史记·卫世家》:武公者,僖侯之子,共伯之弟,以宣王三十六年即位。则厉王之世,武公时为诸侯之庶子耳。未为国君,未有职事,善恶无豫于物,不应作诗刺王。必是后世乃作追刺之耳。"四为周幽王之世(前781年-前771年)说,宋李樗、黄櫄《毛诗集解》卷三十四:"则知此诗只是刺幽王。然诗无明文,未敢以为必然也。"④五为阙疑说,宋朱熹《诗集传》卷十八:"卫武公作此诗,使人日诵于其侧以自警。"笔者此从《国语·楚语上》韦《注》"周平王之世"说。兹补证有三:

其一,《抑》为卫武公在周平王未除丧时所献之诗。诗中"尔"凡十一见,"女"凡一见,"予"凡一见,"小子"凡四见。郑《笺》:"天子未除丧称'小子'。"考之《诗》、《书》、《逸周书》、《礼记》及《师毁簋》、《小子盨鼎》等,周人称未除丧之王为"小子"在传世文献与金文中均多见。⑤ 则诗中"小子"及"尔"、"女"、"予"均指称周王。又,诗之十章曰:"借曰未知,亦既抱子。"七章曰:"相在尔室,尚不愧于屋

① 《青蝇》、《宾之初筵》,皆属今《诗·小雅》。《求谏之箴》,文见《国语·楚语上》。说详:邵炳军、赵逵夫《卫武公〈抑〉创作时世考论》,《河北师大学报》,2000年第1期,第64-67页;邵炳军《卫武公〈青蝇〉创作时世考论》,《西北师大学报》,2000年,第3期,第25-29页;《卫武公〈宾之初筵〉创作年代考》,《甘肃高师学报》,2001年第6期,第11-17页。又,在春秋时期,不惟"士大夫"阶层中所谓"士"称之曰"士",周天子及诸侯国君亦可称之曰"士",如《诗·小雅·都人士》之四"彼都人士"即皆指周平王。故笔者在作者简介中,皆以"文士"泛称包括周天子、诸侯国君、卿、大夫、士、家臣、平民等各阶层之作者。

② 《国语·楚语上》韦《注》:"《懿》,《诗·大雅·抑》之篇也。"则《国语》以为《抑》作于周平王之世时,此当为齐《诗》说所本。《抑》孔《疏》引汉侯包《韩诗翼要》、《淮南子·缪称训》高《注》、魏徐干《中论·虚道》(辽宁教育出版社点校清咸丰年间钱培名精校本,龚祖培点校,2001年)说同,则韩《诗》、鲁《诗》与齐《诗》说合。

③ 宋朱熹《诗序辨说》卷下:"此诗之《序》,有得有失。盖其本例以为非美非刺,则诗无所为而作。又见此诗之次适出于宣王之前,故直以为'刺厉王'之诗;又以《国语》有左史之言,故又以为亦'自警'。以诗考之,则其曰'刺厉王'者失之,而曰'自警者'得之也。"

④ 李樗[宋]、黄櫄[宋]《毛诗集解》,上海古籍出版社影印清人别集丛刊通志堂集本,1979年。下引版本同。

⑤ 据《论语·尧曰篇》(邢昺[宋]《论语注疏》,中华书局影印阮刻十三经注疏本,1980年)、《尚书·商书·汤诰》、《周书·康诰》、《酒诰》、《逸周书·程寤解》、《武儆解》、《芮良夫解》记载,帝舜、商人与周人称未除丧之王为"小子",亦称未除丧之王世子、执政卿或诸侯国君为"小子"。

漏……神之格思，不可度思，矧可射思。"可见，诗人所言为新继位周王新丧未逾年时祭祖之事，故此诗所谏为一位年轻而未除丧之王。周平王继位时正为成婚生子之年，此亦与《诗·小雅·都人士》所载平王由西申归宗周时已有王后之事相合。故《抑》当作于幽王卒后平王尚未除丧之时。

其二，诗歌反映了周幽王使宗周覆亡的历史悲剧。诗之三章曰："其在于今，兴迷乱于政。颠覆厥德，荒湛于酒。"诗人在此以酒借代荒淫纵乐之生活，描写了周王荒湛败德以致乱政误国的史实。四章曰："肆皇天弗尚，如彼泉流，无沦胥以亡。……修尔车马，弓矢戎兵，用戒戎作，用逷蛮方。"诗人在此描写了周王无道乱政而亡国丧命的史实。卒章曰："天方艰难，曰丧厥国。取譬不远，昊天不忒。"诗人此以周王之丧命而指代周王之亡国，且所写周王丧身亡国为新近发生之事。诗中所写周王丧命而亡国事，正与周幽王身死戏水而宗周覆亡史实相合。故诗人诫勉周平王以宗周覆亡历史悲剧为鉴。

其三，《抑》是卫武公献给周平王的诫勉诗。就《抑》之诗旨而言，全诗主要是为王者言，个别文句中或有自儆之意，实以自儆而儆王；或有刺幽王之意，实以史为鉴而诫平王；或寓刺平王之意，实以逆耳忠言来谏平王：潜心修德、敬慎威仪、乐闻善言、政令中理。当然，诗人所诫勉者毕竟为即将正式继位为天王者，用语自然较为婉转。

故《抑》诗当作于周幽王十一年（前771年）至周平王三年（前768年）之间，与《青蝇》、《宾之初筵》均为一时之作，且当作于《青蝇》和《宾之初筵》之后。

综上所考，《瞻卬》为周大夫凡伯刺幽王听信谗言以灭国之作，当作于骊山之难后，即周平王元年（前770年）顷；《抑》为卫武公献给周平王之诫勉诗，当作于周幽王十一年（前771年）至周平王三年（前768年）之间。

（作者单位：上海大学文学院）

周公作《诗》传说的文化分析

刘立志

　　两周秦汉文化史上,周公绝对称得上是一位箭垛式的人物,摄政、东征的辉煌政治业绩之外,系于其名下的文化成果颇多。马融、陆绩等以为《周易》之爻辞乃周公所作。《史记·鲁周公世家》云:"周公佐武王,作《牧誓》"。继又谓其作《大诰》,作《嘉禾》,作《多士》,作《毋逸》,作《周官》,作《立政》等。《孔丛子》卷上云:"周公以成王之命作《康诰》,称述文王之德。"张揖《上广雅表》曰:"昔在周公,六年制礼以道天下,著《尔雅》一篇,以释其意义。"陆德明《经典释文·序录》曰:"《尔雅》,周公,复为后人所益。"又云:"《释诂》一篇,盖周公所作。"①蔡邕所撰《琴赋》与《琴操》皆谓周公作《越裳操》。《诗经》三百篇之中,也有不少作品被战国秦汉学者指实出于周公之手,但世易时移,学风迁转,这些看法引发了后人长期的争论,内中盘络纽结,牵涉颇广,迄今尚无学人进行全面系统的梳理与析论。今不揣谫陋,就此问题谈谈个人粗浅之见解,祈请方家指教。

一、周公创作的统计与争议

　　三百篇中,战国秦汉学者将著作权归诸周公名下的,计有《豳风·七月》、《豳风·鸱鸮》、《小雅·常棣》、《大雅·文王》、《周颂·清庙》、《周颂·时迈》、《周颂·酌》诸篇。

---

① 　陆德明《经典释文》第 1 页、第 17 页,中华书局 1983 年。

《豳风·七月》一诗的主旨，毛诗序云："陈王业也。周公遭变，故陈后稷、先公风化之所由，致王业之艰难也。"郑玄笺云："周公遭变者，管蔡流言，辟居东都。"古代学者大多赞同此说。又，《左传·襄公二十九年》记载季札观乐，"为之歌《豳》，曰：美哉荡乎！乐而不淫，其周公之东乎？"《孔丛子》记载孔子语曰："吾于《七月》，见豳公之造周也。"这两条资料未明言《七月》的作者，隐约似也含有此意。有清以来，尤其是民国之后，世风丕变，否定周公作《七月》之说逐渐盛行。崔述《丰镐考信录》云："读《七月》，如入桃源之中，衣冠朴古，天真烂熳，熙熙乎太古也。然则此诗当为大王以前豳之旧诗。盖周公述之以戒成王，而后世因误为周公所作耳。"①方玉润《诗经原始》卷八曰："《豳》仅《七月》一篇，所言皆农桑稼穑之事，非躬亲陇亩久于其道者，不能言之亲切有味也如是。周公生长世胄，位居冢宰，岂暇为此？且公刘世远，亦难代言。此必古有其诗，自公始陈王前，俾知稼穑艰难并王业所自始，而后人遂以为公作也。"②近人倡言此论者颇多，或以为被剥削阶级（农奴或奴隶）倾诉自己的悲哀与痛苦之诗，或以为小奴隶主的生活赞歌，或以为反映农村公社生活风习之诗篇。③

此诗行文之中，有两点与周公作诗之说相悖离，构成无法调和的矛盾。一是历法混用，二是叙述视角的问题。诗中杂用周历与夏历，而其内容实乃叙写一年十二月中的物候及农作生活，并非贯串夏商周三代之长篇史诗；诗篇内容前后杂乱，不相联系，既有劳动者的歌唱，也有贵族的吟哦，视角并不固定，如为一人一时之作，这两种情形都令人百思不得其解。就此而言，崔述、方玉润所主豳地旧歌之说，不为无见。今人或主张《七月》一诗的作者非一人或同一类人，蒋见元先生以为其诗是一份最后经人将多年流传在社会上的农谚民谣、小诗等汇集、编纂的集合品。④赵明主编《先秦大文学史》以为《七月》可能是周王朝乐官在豳地农奴所作歌谣的基础上进行再创作的代言诗体，"《七月》非一时之作，它的胚胎出于西周农奴之手，而

① 崔述《丰镐考信录》第 68 页，《丛书集成初编》本。
② 方玉润《诗经原始》第 303—304 页，中华书局 1986 年。
③ 详参曹础基主编《先秦文学集疑》，271—186 页，广东高等教育出版社 1988 年 7 月。此外，相关专题论文主要有张国淦《读〈豳风·七月〉》，收入杜春和编《张国淦文集》；刘操南《〈豳风·七月〉所咏的历史社会现实释证》，收入氏著《诗经探索》；郭令原《〈七月〉新解》，收入氏著《先秦两汉文学流变研究》。
④ 蒋见元《也谈〈诗经·七月〉的作者——与赵民乐同志商榷》，《南京师院学报》1981 年第 1 期。

最后定型则完成于春秋时期周王朝的乐官，使《七月》既保留了西周初期农业生产生活的历史原貌，又具有春秋时期的艺术特征"。① 此说通达、公允，可为定论。周公和《七月》的关联，大概只是"陈述"而已，依据传世的文献史料，我们不能排除周公曾用此诗来教诲成王的说法。

《豳风·鸱鸮》一诗，毛诗序云："周公救乱也。成王未知周公之志，公乃为诗以遗王，名之曰《鸱鸮》焉。"《尚书·金縢》云："武王既丧，管叔及其群弟乃流言于国，曰：'公将不利于孺子。'周公乃告二公曰：'我之弗辟，我无以告我先王。'周公居东二年，则罪人斯得。于后，公乃为诗以贻王，名之曰《鸱鸮》，王亦未敢诮公。"《史记·鲁周公世家》言周公兴师东伐，"东土以集，周公归报成王，乃为诗贻王，命之曰《鸱鸮》。"陆德明《经典释文·毛诗音义》袭用前人之说，曰："周公遭流言之难，居东都，思公刘大王为豳公，忧劳民事，以比叙己志，而作《七月》、《鸱鸮》之诗。成王悟而迎之，以致太平。故大师述其诗为豳国之风焉。"有《尚书》文字作为先导，司马迁取《尚书》撰作《鲁周公世家》，源流明了，周公作《鸱鸮》之说似无可疑。民国以来，学者一般把《鸱鸮》解作最早的一首禽言诗。傅斯年《周颂说》云："《鸱鸮》本是学鸟语的一首诗，在中国文学中有独无偶，而《金縢》中偏偏把他解作周公、管、蔡间事，必是《鸱鸮》之歌流行之地与《金縢》篇产生之地有一种符合，然后才可生这样造作成的'本事'。"② 顾颉刚解读《鸱鸮》，认为"这是一个人借了禽鸟的悲鸣来发泄自己的伤感。……读了这首诗，很可见得这是作诗的人在忧患之中发出的悲音"。③ 赵俪生也认为《鸱鸮》"从自然主义角度来看，它是一只鸟自述其苦难。用比拟的眼光看，它像是贫苦人民的一篇诉苦"。④ 禽言诗之说从者虽多，或不能推翻周公的著作权，但有两重证据于周公作诗之说构成反证，极为有力。一是《孟子》对《七月》的征引，一是《尚书·金縢》篇的时代。

《孟子·公孙丑上》曰："国家闲暇，及是时，明其政刑，虽大国，必畏之矣。《诗》云：'迨天之未阴雨，彻彼桑土，绸缪牖户。今此下民，或敢侮予。'孔子曰：'为此诗者，其知道乎！能治其国家，谁敢侮之？'"按照孔子对周公的崇拜与理解来说，

① 赵明主编《先秦大文学史》第 208 页，吉林大学出版社 1993 年。
② 傅斯年《周颂说》，《国立中央研究院历史语言研究所集刊》第一本第一分。
③ 顾颉刚《〈诗经〉在春秋战国间的地位》，《古史辨》第三册第 316 页，上海古籍出版社 1982 年。
④ 赵俪生《说〈鸱鸮〉及〈金縢〉》，《齐鲁学刊》1992 年第 1 期。

如果此诗出于周公之手,孔子不应不知道,言谈之中也必会拈出其名,大书特书。今文《尚书》二十八篇之中,《金縢》是唯一被认为是伪作的一篇,宋代程颐即已怀疑其非圣人之言。其产生年代,顾颉刚以为《尚书》中包括《甘誓》、《金縢》在内的十二篇或是后世伪作,或是史官追记,或是真古文经过翻译,肯定是东周时期的作品①;张西堂认为《金縢》"出于孟子之后,至早当在战国之中世"②。赵光贤也认为《金縢》之中言及《鸱鸮》本事的这一段可断言非西周文字,非周初史官记录,乃是后人追述往事传说信笔写成附录于后。③ 刘起釪认为:"《金縢》的故事是真实的,《金縢》文字的主要部分(大体是前半部)也基本是可靠的,但其叙事部分则可能是后来东周史官所补充进去的。"④只有杨朝明认为《金縢》"应该是一篇完整而可靠的西周文献"⑤,但证据乏力,迄今尚未见到学人的附和之声。东周时期的文字记载周公的事迹,相隔久远,来源不明,《金縢》的可信度是很值得怀疑。

《小雅·常棣》一诗的主旨,毛诗序曰:"燕兄弟也。闵管、蔡之失道,故作《常棣》焉。"似乎指实作者为周公。郑笺云:"周公吊二叔之不咸,而使兄弟之恩疏。召公为作此诗,而歌之以亲之。"与毛传持论有异。《左传·僖公二十四年》记载富辰谏语之中曾经征引此诗,云:"昔周公吊二叔之不咸,故封建亲戚以蕃屏周……召穆公思周德之不类,故纠合宗族于成周而作《诗》,曰:'常棣之华,鄂不韡韡。凡今之人,莫如兄弟。'其四章曰:'兄弟阋于墙,外御其侮。'如是,则兄弟虽有小忿,不废懿亲。"此说当为郑玄所本。富辰以为召穆公作《常棣》。杜预注则以为周公作之,召公歌之,重歌此周公所作之诗以亲之耳。《国语·周语中》亦记载富辰谏语征引《常棣》诗句,云:"古人有言曰:'兄弟谗阋、侮人百里。'周文公之《诗》曰:'兄弟阋于墙,外御其侮。'"韦昭注语曰:"文公之《诗》者,周公旦之所作《棠棣》之诗是也,所以闵管、蔡而亲兄弟。此二句,其四章也……其后周衰,厉王无道,骨肉恩阙,亲亲礼废,宴兄弟之乐绝,故邵穆公思周德之不类,而合其宗族于成周,复循《棠棣》之歌以亲之。郑、唐二君以为《棠棣》穆公所作,失之,唯贾君得之。穆公,邵康公之后穆

① 顾颉刚《论今文尚书著作时代书》,《古史辨》第一册第 200–206 页,上海古籍出版社 1982 年。
② 张西堂《尚书引论》第 192 页,陕西人民出版社 1958 年。
③ 赵光贤《说〈尚书·金縢〉篇》,《中华文史论丛》1980 年第 3 期。
④ 刘起釪《〈尚书·金縢〉校释译论》,《尚书研究要论》第 622 页,齐鲁书社 2007 年。
⑤ 刘起釪《〈尚书·金縢〉校释译论》,《尚书研究要论》第 622 页,齐鲁书社 2007 年。

公虎也,去周公历九王矣。"同一富辰而说解《常棣》一诗之作者有异,遂引发争论,韦昭、杜预以为周公作《常棣》,召穆公重歌之,唐代孔颖达亦无异辞。此解弥缝富辰两说,思路不可谓不巧妙,但今人多以为《小雅》诸诗是西周后期和东周初期的作品,与周公时代明显不相符合,《常棣》周公所作说难成定论。

《大雅·文王》一诗的主旨,毛诗序曰:"《文王》,文王受命作周也。"只说诗篇乃歌颂周文王,未言明其作者。《吕氏春秋·古乐》云:"周文王处岐,诸侯去殷三淫而翼文王。散宜生曰:'殷可伐也。'文王弗许。周公旦乃作诗曰:'文王在上,於昭于天。周虽旧邦,其命维新。'以绳文王之德。"诗语出自《文王》,指明周公撰作《文王》。《世说新语·言语》第七则记载荀慈明答袁阆语云:"公旦《文王》之诗,不论尧、舜之德而颂文、武者,亲亲之义。"显系袭用《吕览》之说。《汉书·翼奉传》记载翼奉言及"周公犹作诗书深戒成王……其《诗》则曰:'殷之未丧师,克配上帝;宜监于殷,骏命不易。'"同样把《文王》视为周公之作。朱熹亦以为《文王》乃周公所作。《吕氏春秋》首倡此说,但其书出于众手,时代较晚,出于入秦之前夜,且其说渊源不明,或为后人杜撰亦未可知。

《周颂·清庙》一诗,毛诗序曰:"《清庙》,祀文王也。周公既成洛邑,朝诸侯,率以祀文王焉。"未指实为周公之作。今人皆认同《清庙》为祭祀文王之乐歌。西汉王褒《四子讲德论》云:"昔周公咏文王之德而作《清庙》,建为颂首。"①此说一空依傍,横空出世,不知所自。

《周颂·时迈》一诗,毛诗序言:"《时迈》,巡守告祭柴望也。"未言明作者。《左传·宣公十二年》云:"武王克商,作颂曰:'载戢干戈,载櫜弓矢。我求懿德,肆于时夏,允王保之。'又作《武》,其卒章曰……。"以为《周颂·时迈》出于周武王之手。《国语·周语上》记载祭公谋父征引周文公之颂曰:"载戢干戈,载櫜弓矢。我求懿德,肆于时夏,允王保之。"刘勰《文心雕龙·颂赞》:"《时迈》一篇,周公所制,哲人之颂,规式存焉。"则皆以为周公所作。《时迈序》孔颖达疏云:"周公既致太平,追念武王之业,故述其事而为此歌焉。"孔颖达调和两说,以为武王巡行,至于方岳之下,乃作告至之祭,为柴望之礼,周公述其事而为此歌。王先谦《诗三家义集疏》云:"《时迈》虽作于周公,要为颂武王克殷后巡守诸侯之事甚明……武王克殷,周公始

────────

① 萧统《文选》第715页,中华书局1977年。

作此歌以颂武王,及成王巡狩,乃歌此诗以美成王。"①所论堪称圆通,不过与《左传》原文之意并不吻合。《左传》《国语》各自立说,都难逃主观臆断的嫌疑。

《周颂·酌》一诗,毛诗序曰:"告成《大武》也。言能酌先祖之道以养天下也。"汉人或谓其诗出于周公之手。《春秋繁露·三代改制文》曰:"周公辅成王受命,作宫邑于洛阳,成文武之制,作《汋乐》以奉天。"《白虎通·礼乐》引录《礼记》语云:"周乐曰《大武象》,周公之乐曰《酌》,合曰《大武》。"同篇又曰:"周公曰《酌》,武王曰《象》……合曰《大武》者,天下始乐周公之征伐行武。"《汉书·礼乐志》云:"武王作《武》,周公作《勺》。勺,言能勺先祖之道也。"《风俗通义·声音》云:"武王作《武》,周公作《勺》。《勺》,言能斟勺先祖之道也;《武》,言以功定天下也。"但先秦典籍之中又有周公撰作《大武》之说。《庄子·天下篇》云:"武王、周公作《武》。"《吕氏春秋·古乐》:"武王即位,以六师伐殷,六师未至,以锐兵克之于牧野,归,乃荐俘馘于京大室,乃命周公为作《大武》。"《周颂·武》诗序之下郑笺曰:"《大武》,周公作乐所为舞也。"《大武》产生于西周初年,学者对于其乐章的具体构成论述不一,但公认《大武》涵盖不同乐章,非止一篇,先秦时人或谓周公只作《酌》,或谓《大武》皆出其手,当是出于传闻异辞,难得确解。

后世学者对诗篇作者也提出过不少新见,与周公相关的也有几篇,如宋戴溪《续吕氏家塾读诗记》、朱熹《诗集传》、严粲《诗缉》、清方玉润《诗经原始》皆以为周公作《东山》;何楷《诗经世本古义》以为《绵》乃"周公追述大王始迁歧周以开王业,而文王因之以受天命也"。但诸说缺乏上古文献依据,只能作为一家之言而已,在此皆置之不论,

二、真善错杂的《诗》本事

先秦两汉学者指实为周公所作的七篇作品之中,可信度较高的只有《酌》之一篇。《七月》极可能为豳地旧歌,《常棣》《时迈》作者并有两说,《文王》《清庙》《鸱鸮》周公撰作之说晚出,难以取信于人。尤其需要注意的是,载录诸说的典籍皆属于战国至于两汉之际,此前赋诗风气盛行,人们对诗篇作者并未稍加注目,问题

---

①　王先谦《诗三家义集疏》第 1012 页,中华书局 1987 年。

在于,经过一段历史时期之后,这些后出的诗篇作者本事之说究竟在多大程度上是可信的,其真实性是否毋庸置疑?

本事的真实性与其载录典籍的可信度密切相关。战国至于两汉典籍的真实性问题可以分为两个层面,一是典籍自其产生之日起,是否能够始终如一的保存原貌?二是典籍始终保存了原貌,丝毫未加改动,但其载录的内容是否即完全符合历史的真实?

就第一个问题来说,答案是否定的,先秦两汉典籍主要以抄本、写本方式流通,在传播过程之中其文本不是凝定不变的,而是始终处于变化的动态之中,其原貌很难保持。先秦时代多数典籍文本原本杂乱无序,至于刘向、刘歆父子校理整编始有定本流通于世,这一点已为学人熟知,先秦两汉时代同一种书的不同版本之间的差异可以为此提供最富说服力的证据。传世文献《老子》与出土简帛本如郭店楚简本、马王堆汉墓帛书本相比,既有具体语句的出入,也有虚词的增删改换。如帛书甲、乙本皆是先《德篇》后《道篇》,同于韩非《解老》、《喻老》所言,而郭店楚简甲、乙、丙三种皆不分《德》、《道》之篇。再如第19章的文字差别:

王弼本作:“绝圣弃智,民利百倍。绝仁弃义,民复孝慈。绝巧弃利,盗贼无有。”

帛书甲作:“绝声弃知,民利百负。绝仁弃义,民复畜兹。绝巧弃利,盗贼无有。”

帛书乙本作:“绝圣弃知,而民利百倍。绝仁弃义,而民复孝兹。绝巧弃利,盗贼无有。”

郭店简本作:“绝智弃辩,民利百倍。绝巧弃利,盗贼乌有。绝伪弃诈,民复慈孝。”

这些差异是出于祖本的不同,还是源于流通中的改窜,我们不得而知,但可能性最大的是后者。因为在古书产生和流传的过程中,有一种情况与今迥异,即古书传流多赖师传,有时仅由口传,没有书于竹帛,因而弟子常据所见,加以修改,其文本是一个历史累积渐次生成的产品。又如《孙子兵法・用间》曰:“昔殷之兴也,伊挚在夏;周之兴也,吕牙在殷。”银雀山汉简本此段文字后增有“燕之兴也,苏秦在齐”诸字,苏秦之事后出,时间明显与孙子生平相抵牾,此语当为后人所增,大概是战国末期齐人作为用间的典型事例而掺入的。这种增改在古人看来,是极其自然,无可厚非的,但在今人看来,则是大谬,影响了文本的真实性。古籍文本的变动历时颇久,即使在二刘校书之后,很多典籍的文本也没有自此即稳定下来,其文字亦时有增减。如《春秋》之字数,《史记·太史公自序》曰:"《春秋》文成数万,其指数千。"张晏注云:"《春秋》万八千字。"而宋人王观国《学林》卷三"春秋经字数"条曰:"今世所传《春秋经》,一万六千五百字。"①可见在三国之后遗漏了一千多字。典籍文本趋于稳定,大概要迟至唐宋时代雕版印刷盛行之时。

　　第二个问题涉及叙事的真实性。严谨的典籍之中也会有想象之辞,如《左传·宣公二年》载鉏麑刺杀赵盾,"晨往,寝门辟矣。(赵盾)盛服将朝,尚早,坐而假寐。麑退,叹而言曰:'不忘恭敬,民之主也。贼民之主,不忠;弃君之命,不义。有一于此,不如死也。'触槐而死"。鉏麑临死所思所言何由而为人知? 史官据何史料而载录其言? 此处当是史家逻辑联想的成果。钱钟书云:"史家追叙真人实事,每须遥体人情,悬想事势,设身局中,潜心腔内,忖之度之,以揣以摩,庶几入情合理。盖与小说、院本之臆造人物、虚构境地,不尽同而可相通。"②号称纪实的史书之中也不免会存在歧异之说。如《史记·殷本纪》记载纣王淫乱,微子数谏不听,乃去,比干继之强谏被杀,箕子惧,佯狂为奴;而《史记·宋微子世家》则云商纣淫逸,箕子谏而不听,乃被发佯狂而为奴,比干继之直言强谏被杀,微子乃去。两处记载事实出入较大。想象之辞不难辨别,歧异之说则难言是非,其可信性都一例值得怀疑。历史的真实性如何得以保存与呈现,这迄今仍是困扰史学家的难题。

　　就毛诗来说,上述两个问题同样有效。而毛诗序的问题主要集中于第二点。经过古今学者尊序与废序的反复辩难与论证,今人业已达成共识,认为毛诗序叙述诗篇本事不可尽信。究其本根,影响毛诗序本事真实性与可信度的因素有两点,一是毛诗说解本身的缺陷,二是毛诗序的史料来源。

　　毛诗序解诗的特色是重视诗歌的教化功用,以美刺为手段,将诗篇道德化、政治化和历史化。《汉书·艺文志》谓三家诗"或取春秋,采杂说,咸非其本义",毛诗其实亦不例外。这种做法主题先行,其致命点在于主观性太强,过度重视道德善恶与优劣,而虚置或忽略真假是非的评定标准,诗本事联系的人物或事实未免皮傅,

---

① 王观国《学林》第 67 页,中华书局 1988 年。
② 钱钟书《管锥编》第 166 页,中华书局 1986 年。

它的注意力全部集中在解决"诗篇应该是怎样"而不是"诗篇实际是怎样"的问题之上,其说解的终极目的是"求善"而非"求真"。汉世同一诗篇不同主旨的说解之所以能够并行不悖,流通于世,根源即在于它们的道德指向并无二致。如《关雎》一诗所叙,毛诗序认为是"后妃之德也",《汉书·杜钦传》注、《后汉书·皇后纪》皆引鲁诗以为诗人叹伤周康王逸乐,《后汉书·显宗孝明帝纪》注引薛君《韩诗章句》以为大人内倾于色,贤人见其萌而咏《关雎》以刺时。《初学记》卷一九、《艺文类聚》卷三五皆引东汉张超《诮青衣赋》云:"周渐将衰,康王晏起,毕公喟然,深思古道,感彼关雎,德不双侣。但愿周公,好以窈窕,防微诮渐,讽谕君父,孔氏大之,列冠篇首。"赞美意在使人发扬优良传统,讥刺意在使人有则改之而至于善。张超关注的孔子删编三百篇的意旨,是把孔子视为道德高尚、毫无瑕疵的圣人,与班固在《汉书·古今人表》把孔子列为上上之圣人心意相通,而作为世人楷模的圣人是专意教人弃恶向善的。

毛诗序的说解过于简略,不象标准诗歌本事人、时、地、事内容四要素俱全,在细节方面存在不少疏失,致使遵从毛诗说的学者也辩难纠结,进而影响到对其真实性的认定。如《豳风·鸱鸮》一诗,毛诗序云:"周公救乱也。成王未知周公之志,公乃为诗以遗王,名之曰《鸱鸮》焉。"《尚书·金縢》以为武王过世,管叔及其群弟散步流言,"周公居东二年,则罪人斯得。于后,公乃为诗以贻王,名之曰《鸱鸮》"。《史记·鲁周公世家》以为周公兴师东伐,归报成王而为诗贻王。马融、郑玄以为居东是避居东都,王肃解为东征。郑玄以为"罪人"即指周公之徒党,《鸱鸮》作于东征之前,乃周公伤其属党无罪被诛而作;王肃以为"罪人"指管、蔡等叛乱者,《鸱鸮》作于东征诛杀管、蔡之后。欧阳修《诗本义》力辟毛郑之说,曰:"周公既诛管蔡,惧成王疑己戮其兄弟,乃作诗以晓谕成王。"①《鄘风·载驰》,诗序以为许穆夫人闵其宗国覆灭,自伤而作。许穆夫人思归唁其兄,但她最终成行与否,其诗究竟是作于赴卫中途还是归卫以后,诗序都没有言明,使得后人议论纷纭,难解难分。同样,诗序所言《关雎》吟咏之后妃时代不明,身份模糊,亦启后人之争端。类似的例证还有不少,兹不赘言。

至于毛诗序的史料来源,绕不过战国这一重要环节。今本《诗序》应是综合先

---

① 欧阳修《诗本义》第 215 页,《四库全书》本。

秦诸家说《诗》的成果编辑而成,其中战国《诗》说为数不少,取材于《左传》、《孟子》诸书,或沿袭不改,或稍加变动。如《小雅·北山》诗序"己劳于从事而不得养父其母"诸语皆本于《孟子·万章上》所载咸丘蒙与孟子问答之语;《周颂·丝衣》诗序引"高子曰灵星之尸也",而《孟子》书中高子凡两见,很可能即为一人;《周颂·潜》序:"季冬荐鱼,春献鲔也。"陈奂以为本之《礼记·月令》。但战国《诗》说未必皆可信从,原因有二,一是战国时代诗篇阐释层次较为混杂,尚不能将赋诗义、作诗义、用诗义、乐章义等不同层面的诗篇意旨区别开来,社会最流行的是著述之中征引诗句,但多是断章取义,为我所用,而不顾及全篇的主旨,虽然孟子有针对性地提出了"以意逆志"与"知人论世"的创见,但即便他本人也未能将这一原则始终坚持贯彻到位,其现实影响是相当有限的。二是战国时代的文化氛围决定了诗篇本事臆造的可能性。胡平生曾经谈及对于《孔子家语》所记孔子言行不能太当真,"阜阳双古堆木牍和《说类》简、定县八角廊《儒家者言》简、《家语》、《说苑》、《新序》中所记载的许多孔子故事,是由战国时的儒家'说客'们创作而成的,这反映了时代的新形势下,儒家学派为求取发展而进行的一种自我改造"。① 这种与时俱进的改造,实质就是为求其用,主观臆造。从《汉书·艺文志》中也不难看出,战国时代涌现出了一批假托古圣贤之名的伪书,较为明确的如《力牧》,班固自注云:"六国时所作,托之力牧。"《神农》,班固自注云:"六国时,诸了疾急于农业,道耕农事,托之神农。"这同样是有为而作。黄帝君臣是时人依托最多的古圣贤,如《黄帝君臣》,班固自注云:"起六国时,与《老子》相似也。"《杂黄帝》,班固自注云::"六国时贤者所作。"《黄帝泰素》,班固自注云:"六国时韩诸公子所作。"晚清文廷式慧眼独具,曾撰有《黄帝政教考》长文,稽考极为详备,可供参考。上海博物馆藏战国楚竹书有《中弓》一篇,记载孔子的思想与《论语》颇有不同,有学者指出"《家语》等书中记载的很多孔子事迹及其言论在战国时期已经被人加工过,有时由于加工者的不同,以及流传中的形变,会产生不同的版本",正与《孔子家语》孔安国后序所谓"六国之世,儒道分散,游说之士各以巧意而为枝叶"相合。② 《孔丛子·答问》也曾记载陈涉语云:"好事者为之辞,将欲成其说以诬愚俗也。"战国及后世突兀出现的《诗》本事文字,大多应作

① 　胡平生《阜阳双古堆汉简与〈孔子家语〉》,《国学研究》第七辑第 651–652 页。
② 　王化平《上博简〈中弓〉与〈论语〉及相关问题探讨》,《北方论丛》2009 年第 4 期。

如是观,如张超以《关雎》为毕公作。南朝新出的一则《关雎》本事可作为最佳例证,《艺文类聚》卷三十五引《妒记》曰:"谢太傅刘夫人,不令公有别房。公既深好声乐,后遂颇欲立妓妾。兄子外生等微达此旨,共问讯刘夫人,因方便称《关雎》、《螽斯》有不忌之德。夫人知以讽己,乃问:'谁撰此诗?'答云:'周公。'夫人曰:'周公是男子,相为尔,若使周姥撰诗,当无此也。'"《太平御览》卷五二一、《古今事文类聚》后集卷十五亦有引征,以《关雎》为周公之作。余嘉锡曰:"自古未闻有以《关雎》、《螽斯》为周公撰者。谢氏子弟不应发此无稽之言。且夫人为真长之妹,孙绰就谢公宿,言至亵杂,夫人谓'亡兄门未有此客'(见《轻诋篇》)。何至出辞鄙倍如此?疑是时人造作此言,以为戏笑耳。然亦可见其以妒得名,乃有此等传说矣。"①

在此值得一提的还有清华简载录的《唐风·蟋蟀》本事。清华大学于2008年7月收藏一批战国竹简,2008年12月,受清华大学委托,北京大学加速器质谱实验室、第四纪年代测定实验室对清华简无字残片样品做了AMS炭14年代测定,经树轮校正的数据是:公元前305+30年,即相当于战国中期偏晚,与古文字学观察的估计一致。② 清华简中记载,周武王八年,武王伐黎得胜回到周朝,在文王宗庙举行"饮至"典礼,周公在"饮至"典礼上喝酒时,听到了蟋蟀的叫声,于是作了《蟋蟀》一诗,表达的是打胜仗后,对将士的慰问之情。③ 李学勤先生后来又撰文介绍说,简文"周公秉爵未饮酒,蟋蟀造降于堂",内中已经拼缀好的《蟋蟀》第二章为:"蟋蟀在石(席,上竹子头),岁矞(聿)员(云)落,今夫君子,不喜不乐。日月其蓦(迈),从朝及夕,毋已大康,则终以作。康乐而毋忘(荒),是惟良士之瞿(惧)。"与今本《唐风·蟋蟀》文字大体相同,"周公作这首《蟋蟀》,是含有深意的,要旨在于告诫大家,不可耽于欢乐,忘记前途的艰难"。李先生认为黎国与唐有一定关系,"揣想《蟋蟀》系勘者(黎)时作,于是在那一带流传,后来竟成为当地的诗歌了"。④《唐风·蟋蟀》一诗,毛诗序云:"《蟋蟀》,刺晋僖公也。俭不中礼,故作是诗以闵之,欲其及时以礼自虞乐也。"与清华简所言不同。此诗战国秦汉典籍之中多有论及,上博简《孔子诗论》曰:"《蟋蟀》智难。"马承源以为指日月难以淹留,胡平生以为应指知世事

---

① 余嘉锡《世说新语笺疏》第695页,上海古籍出版社1993年。
② 国忠《清华大学"出土文献研究与保护中心"成立》,《光明日报》2009年5月4日第12版。
③ 李茜、蒋昕捷《李学勤:"清华简"首份学术报告力争明年出炉》,《中国青年报》2009年5月5日第9版。
④ 李学勤《清华简〈郘夜〉》,《光明日报》2009年8月3日第12版。

之艰难,黄怀信以为戍边将领知道为将之不易。① 当以马氏所言为是。《孔丛子·记义》载孔子语曰:"于《蟋蟀》,见陶唐俭德之大也。"《盐铁论·通有》曰:"昔孙叔敖相楚,妻不衣帛,马不秣粟。孔子曰:'不可,大俭极下。'此《蟋蟀》所为作也。"张衡《西京赋》云:"独俭啬以龌龊,忘《蟋蟀》之谓何。"诸书引征皆以《蟋蟀》一诗刺俭不中礼,清华简之本事凭空而出,于古无征,当为战国时新说,应为后人拟撰附会。

（作者单位:南京师范大学文学院）

---

① 详见黄怀信《上海博物馆藏战国楚竹书诗论解义》第 69–72 页,社会科学文献出版社 2004 年 8 月。

由先秦至唐代:汉语叙事诗之成熟

高永年

一、汉语诗有"诗史"而无"史诗"

中国文化基因中的历史意识十分发达,无论是史家、诗家、小说家、戏剧家,还是政治家,他们往往执着于对历史的浏览、审视和沉思。朝朝修史,代代"接力",此乃举世所罕见。中国有悠久的历史,中国人的意识里大写着"历史"二字。

但是,在文学创作领域,中国却是缺乏"史诗"的。所谓"史诗",是指古代叙事诗中,反映具有重大意义的历史事件或以古代传说为内容,塑造著名英雄形象,结构宏大,充满幻想和神话色彩的长篇作品,如古希腊的《伊里亚特》和《奥德赛》。从世界范围看,最古老的中国、印度、希腊和以色列,均从上古年代起就开始歌诗,但后来印度、希腊是歌唱着讲述故事,而中国和以色列则是着重于用歌诗来抒情(参见闻一多《文学的历史动向》)。为什么会有如此分野? 就中国的实际情况来看,可能有以下几方面的原因:

第一,中国尽管推崇"诗、史相得",但是在实际"分工"上,"诗"、"史"却较早地"独当一面"了。诗,主要致力于"言志"和"缘情";史,主要致力于纪传英雄和评说分合。这样一来,诗人就鲜以历史传说、时代风云和英雄业绩为叙写对象,如杜诗之叙事,虽亦关乎时事、人生,但尚未形成规模,尚未展示英雄风采,故可以称为"诗史"而不能称之为"史诗"。

第二,中国的"散文思维"成熟得比较早。甲骨文是我国较早的文字,它有音、有形、有义,可以因形见义;加之当时人们书写困难,只能尽可能用极少的字去表达最多的义,故所记之事十分简约,不能虚饰和夸张。易卦爻辞中的一些记载,如"履霜,坚冰至"(《坤·初六》)、"羝羊触藩,不能退,不能遂"(《大壮·上六》)、"得敌。或鼓,或罢,或泣,或歌"(《中孚·六三》)等等,皆是极其精炼、平实、井井有条的记叙,来不得更多的想象、敷演和描画。我国最早的散文集《尚书》,也同样以条理清晰的简约记录见长。这一种"散文思维"几乎与早期的"诗性思维"同步成长发育,故从一开始起就制约了诗歌迈向"史诗"的步伐。黑格尔从旁看得十分真切,他说:"中国人却没有民族史诗,因为他们的观照方式基本上是散文性的,从有史以来最早的时期就已形成一种以散文形式安排得井井有条的历史实际情况,他们的宗教观点也不适宜于艺术表现,这对史诗发展也是一个大障碍。"①

第三,中国的小说成熟得比较晚,它的"面向大众"的价值观念到很迟才作用于诗歌创作。小说的一个显著特征是自觉面向大众,小说必须写给人看,用今天的话说即必须进入"流通渠道",甚至带有某种"商品"品格。古往今来,很少找到自己写给自己看的"小说"。中国的诗歌,特别是文人诗歌就不同了。屈原可以"带长铗"、"冠切云",独自吟哦,"吾方高驰而不顾"。李白可以"我歌月徘徊"、"对影成三人",只要一壶酒、一片月,便可以诗兴大发,慷慨歌咏了。中国诗人的个体经营色彩相当浓重,比之"从众"、"从俗"的小说家,他们更重视独家抒情。他们的作品,往往略去"本事"而直抒喜怒哀乐,根本不在乎读者将费心猜详。这就严重束缚了"史诗"的成长发育。这种情形,直至"有意为之"的唐人小说诞生之后,直至注重"流通"、面向芸芸众生的唐传奇问世之后,才得到了观点性的改变。

第四,中国诗艺强调"空灵",对物象造成距离。宗白华曰:"艺术心灵的诞生,在人生忘我的一刹那,即美学上所谓'静照'。静照的起点在于空诸一切,心无挂碍,和世务暂时绝缘。这时一点觉心,静观万象,万象如在镜中,光明莹洁,而各得其所……所谓万物静观皆自得。这自得的、自由的各个生命在静默里吐露光辉。苏东坡诗云:静故了群动,空故纳万境。"②这种"和世务暂时绝缘"的"自得"精神,使诗歌对"人"、"事"的叙写变得十分淡薄和俭省,最终致使"史诗"的"群动"和"万

① 〔德〕黑格尔:《美学》第三卷下册,〔北京〕商务印书馆1981年版,第170页。
② 宗白华:《美学与意境》,〔北京〕人民出版社1987年版,第228页。

境”一齐消融在“光明莹洁”的心灵之“镜”中了。

第五，近体诗的成熟，在一定程度上制约了“史诗”的发展。作为近体诗的两大支柱，律诗和绝句在唐代得以定型，并取得重大进展。律诗的规矩甚严，字数、对仗、声律皆有十分具体的要求，其优长在于严整、和谐、富于乐感。绝句体制短小，讲求精炼、含蓄，且适于歌唱。律、绝之成熟，丰富了唐代诗苑，但同时也存在一些负面的影响，如它的清规戒律较多，束缚了创作的自由，不利于叙述世事和描画人生。余恕诚《唐诗风貌》指出：“古诗一韵之间上下两句意思通常是直贯的，连起来才是一个完整的意思。而律诗一联之中两句往往是一句一个相对完整的意思，两句互相对称，组成一个联合体。古诗上下句相贯，在语意、语气方面动态感比较强，律体(中间四句)上下句相对，静态感较强。所以古诗宜于叙述，而律诗适合于一句一景，以一联(两句)构成一个均衡和谐的画面。”①绝句更显得“地窄”，很难容纳较为丰富复杂的“人”和“事”。再者，唐代又将律诗用于考试，文人应试用五律，应制用七律，原本挥洒诗才奇气的诗歌变成了进身的“敲门砖”，这就更进一步束缚了诗歌对社会生活的反映。从唐诗的创作实践看，李白、韩愈一类的大才，很少写七律，其心力多用于古诗。个中原因是多方面的，但很重要的一条，是古诗宜于自由自在地拥抱世事人生，抒写世态人情，而近体诗则往往令诗人“敛才就法”。杜甫的七律写得比较多，而且对七律的成熟做出了重要贡献，但他无力使七律进入更为开阔、更富历史动感的境界。诚如赵翼所说：杜甫在朝时所作七律“犹多写景，而未及于指事言情，引用典故”，至于漂泊后，“以穷愁寂寞之身，藉诗遣日，于是七律益尽其变，不惟写景，兼复言情；不惟言情，兼复使典。”②杜甫也只能将七律推向“言情”、“使典”而已。对于这种情况，胡适的批评是最为激烈的，他将律诗视为“八股”，视为“枷锁”，“骈偶之上又加了一层声律的束缚，文学的生机被他压死了”③。这固然是一家之言，但他以愤激的言辞道出了一个事实，近体诗的繁衍对于唐代诗歌更紧地靠向生活，是有消极作用的。试想：唐代诗坛的那么多大手笔，如果能腾出更多的精力发扬古诗的传统，改造古诗的体制和升华古诗的境界，那么，经过千百年孕

---

① 　余恕诚：《唐诗风貌》，〔合肥〕安徽大学出版社 1997 年版，第 265 页。
② 　赵翼：《瓯北诗话》，〔北京〕人民文学出版社 1963 年版，卷十二，第 175 页。
③ 　胡适：《白话文学史》上卷第一编，台湾远流出版公司 1986 年版，第 148 页。

育，又逢盛唐风气的"古诗"，是有可能成就秀于世界诗坛的、严格意义上的"史诗"的。此种假设，很可能失之偏颇，但对于考察我国"史诗"难产的原因，庶几乎有一点参考价值。

从以上论析看，我国"诗"与"史"的发展和交融，有着自己的个性，形成了自己的传统。强烈的历史意识深深地渗入了"诗"、"史"之中，使诗中有史，史中有诗。但是，民族的、地域的、文化观念上的、文艺各体演进上的种种因素，相辅相承或相反相成，使中国的汉语诗坛诞生了"诗史"，却没有出现严格意义上的经典性的"史诗"。这是应当正视的事实。

二、叙事诗：由先秦到唐代

中国汉语诗歌虽然没有出现规模宏大的史诗，但它的叙事传统却是源远流长的。从《诗经》到两汉乐府，到中晚唐诗篇，中国古代叙事诗的发展留下了深深的足迹，显现了夺目的光彩。

《诗经》中的"叙事"大体上分为两类：一类是史官唱事，一类是民间唱事。前者，主要集中于《雅》、《颂》之中；后者，主要集中于《国风》之中。

《大雅》中的五篇———《生民》、《公刘》、《绵》、《皇矣》、《大明》，如果联系起来看，近乎一部规模宏大的记叙周部族九百年历史的"史诗"。这里边包涵了如下重大历史事件：后稷的诞生，在邰地开始立足、繁衍，从事农耕；公刘迁豳，筑室而居，部族进一步稳定；古公亶父迁岐，开始授田、作庙，文王步入世事；文王正式承继祖先的事业，在伐密伐崇的战争中显示了赫赫武功；武王诞生，长成后雄才大略，在尚父的辅佐下讨商伐纣，战于牧野，大获全胜，国势日盛。至此，一部周族的兴盛史已显示出庄严阔大、波涌云翻的风貌。有人又将《崧高》、《常武》、《召》三篇续后，作为"分封"、"御侮"、"式微"的历史标记①，则周族由盛而衰的足迹明矣。《诗经》中《雅》、《颂》诗篇的"叙事"，由于出自史官之手，用于祭祀，所以注重"征史"，强调"纪实"，缺少一种原始风貌的想象和虚构，鲜有先民神话的绚烂色彩。这样，它便与"史诗"失之交臂；但它对周部族所经受的历史风云，对周部族成长史上涌现出来

---

① 　傅修延：《先秦叙事研究：关于中国叙事传统的形成》，〔上海〕东方出版社 1999 年版，第 106 页。

的英雄人物,还是做了笔墨浓重的描述,故带有准"史诗"的风味。

《诗经》之《国风》,凡 106 篇,其中叙事作品占一定的比重。这些作品多出自民间歌唱,故与史官唱事有明显区别。作为民间歌者,他们并不在乎"纪史",并不着眼于重大事件;他们更多地关心身边"琐事",可以比较自由地修改"事实",进行适当的"虚饰"。所以,《国风》中的叙事作品更具鲜活的生气,字里行间流溢着芸芸众生的真情实感,其"故事性"更紧地靠向了世俗人生,靠向了大众的口味。这方面的代表作,可推《邶风·谷风》和《卫风·氓》,它们是我国最早描述弃妇命运的诗篇,不但抒情意味浓郁,而且有比较完整的"故事",能够较为真切地展示人物的性格特征。《谷风》中的弃妇,面对丈夫的盛怒,显得委曲隐忍,她祈求,哀告,"行道迟迟,中心有违",性格是柔弱的,行为是驯顺的。《氓》的故事性更强,从氓之求爱,到卜吉成婚,到三年辛劳,到士贰其行,到被弃自叹,故事的线索极其明晰,人物的痛苦遭遇得到了充分展示,女主人公外柔内刚的性格也刻划得比较细致。值得注意的是,《氓》之叙事有我们今天所说的"意识流"表现技巧。纵观全诗,"现实的台面"只在"淇水汤汤,渐车帷裳"两句,女主人公被弃后车渡淇水,思绪万千,以往的一切,以及未来的一切,如流水在"意识屏幕"上来回跳荡,嘈嘈切切,而又环环相扣、脉络分明。这说明,《国风》中一些比较成型的叙事诗,其叙事结构已经相当复杂,而且统一和谐,可以把变化着的事件与变化着的情感交织在一起,顺畅而有力地推动故事的进程。

的确,《诗经》中的不少诗篇,开我国汉语诗"叙事"之先河。其中,以叙"史"为主的庄严沉着的一派,以叙述"凡人小事"为主的生动自在的一派,各领风骚,从不同的侧面,影响着我国叙事诗此后的发展,共同生发了我国古典诗歌的叙事传统。

两汉乐府继承了《诗经》的讽谕精神,开创了新的局面。《汉书·艺文志》曰:"自孝武立乐府而采歌谣,于是有代赵之讴,秦楚之风,皆感于哀乐,缘事而发。"当时的人民,通过歌唱叙说自己的喜怒哀乐和生活遭遇,其作品具有很强的现实针对性。"饥者歌其食,劳者歌其事",来自巷陌的乐府民歌,清新质朴地歌咏着老百姓的日常生活,将我国古代诗歌的叙事艺术推向了新的境界。

从总体上看,乐府诗歌的主要特长在于"叙事"。乐府中的叙事诗,不但在数量上超过了《诗经》,而且在质量上有了明显的提高。这主要表现在以下几个方面:

第一,诗歌样式有了突破性的改变。《诗经》主要是四言体,诗篇的容量和驾驭的自由度受到了较大的限制。乐府诗则开辟了"一言"、"二言"、"三言"、"五言"、"七言"、"八言"、"九言"、"杂言"。在通常情况下,乐府诗歌主要采用"五言"和"杂言",如《陌上桑》和《孔雀东南飞》是著名的五言长诗,《东门行》和《孤儿行》是著名的杂言诗,均为中国诗歌体式的发展做出了重要贡献。这种诗体形式的革新,有助于记叙丰富复杂的社会生活,表达千变万化的人生感受,歌者可以更为自由地叙说自己的所见所闻、所思所想。且看《孤儿行》:"孤儿生,孤子遇生,命独当苦。……使我朝行汲,暮得水来归;手为错,足下无菲。怆怆履霜,中多蒺藜;拔断蒺藜肠肉中,怆欲悲。泪下渫渫,清涕累累。冬无复襦,夏无单衣。居生不乐,不如早去,下从地下黄泉。……乱曰:里中一何谯谯! 愿欲寄尺书,将与地下父母:兄嫂难与久居。"全诗综合运用了"二言"、"三言"、"四言"、"五言"、"六言"、"七言",句式长短不齐,节奏变化不已,时而急迫,时而舒缓,这对记叙孤儿的苦难遭遇,倾诉他的悲愤心声,有着十分积极的意义。

第二,人称和叙述视点发生了新的变化。《诗经》叙事主要用第一人称,从"我"的视角来描画生活。由于诗人采用的是"内视点",故读者感觉比较亲近,但"我"所感受之外的东西就不容易展开,叙述的时空受到了较大的限制。乐府诗歌多为第三人称叙述,诗人采用的是"外视点",即所谓的"全知视点",可以突破时间和空间的制约,记叙"我"所不知道的其它许许多多事情。以此来经营叙事诗,其生活覆盖面明显加大,故事情节越发曲折多变,诗歌的结构也更为复杂多姿。

第三,大量引进人物对话,增强了叙事诗的"戏剧性"。第一人称叙述,基本上是"我"在抒怀独白,很难记录人物之间的对话。由于第三人称的广泛运用,乐府诗得以自由自在地表现人物的对白。这对中国诗歌叙事艺术的发展,是一个大的推动。对话,是戏剧艺术的根本。人与人的对话,可以更深层次地揭示人物的心底波澜,可以造成心灵的摩擦、抵牾和交流,可以形成悬念,可以诱发新的故事情节,可以多侧面地展示人物的性格风貌,一句话,可以产生引人入胜的、富于矛盾冲突的"戏剧性"。叙事诗中一旦加大了"戏剧性",其艺术境界就绝非一般性陈述可以比拟得了。两汉乐府在这方面取得了引人瞩目的成就,如《东门行》:"拔剑东门去,舍中儿母牵衣啼:'他家但愿富贵,贱妾与君共哺糜。上用仓浪天故,下当用此黄口儿。今非!''咄! 行! 吾去为迟! 白发时下难久居。'"这一对夫妻的对话,显示了强烈的性格冲突。妻子隐忍、贤慧,情急中却迸出了硬铮铮的强音:"今非!"丈夫刚强、猛烈，走投无路中只好拔剑而起。他本来尚有犹疑，既出复归，妻子的一番哀告，使他更加怜妻惜子，反而坚定了抗争的决心，"咄！行！"两声短促的呐喊，如霹雳震撼，他终于呼啸着走上了杀出东门的道路。这种生动、形象、富于动作感的对话艺术，在《孔雀东南飞》中也表现得十分突出，刘兰芝等人物的对话，充分显示了各自的性格特征，而且有力地推动了故事情节的发展。沈德潜赞道："杂述十数人口中语，而各肖其声音面目，岂非化工之笔?"①

　　汉乐府中也有"征史"、"纪实"的诗篇，继承了先秦时代史官唱事的传统，一般为文人所为，如蔡琰作《悲愤诗》。这一类叙事诗，与民间歌唱相异趣，显得庄重、严谨、沉厚。从总体上看，它们的发展势头较弱，缺乏散体民歌的那一种活力，这恰恰从一个侧面证明了两汉乐府走上了自己的发展之路。

　　承接两汉乐府的魏晋南北朝乐府，仍"多叙事"。由于曹氏一门的倡导和实践，这期间文人乐府取得了较高的成就，相当深刻地反映了"世积乱离，风衰俗怨"的社会现实。值得我们认真审视的，当推北朝乐府中的奇葩——《木兰诗》。木兰代父从军的故事，是浪漫的，也是沉重而酸楚的。它深刻地反映了北方人民在连年战乱中遭受的苦难，歌颂了寻常百姓的高尚品格、美好情操和卓越才干。这首成就极高的叙事诗，简直可以当传奇小说来读，后世的多种戏剧也对它表示了深深的敬意和无穷的兴趣。全诗从木兰的"叹息"开始，到"重着女儿装"的轻快喜剧结束，情节的开展顺畅自由，一波三折，能放能收，显示了高度的驾驭故事、刻划人物的艺术技巧。这首诗在叙事时，很注意"点"、"面"结合，繁简相依。如写木兰从军的艰危和功绩，只简洁有力的六句："万里赴戎机，关山度若飞。朔气传金柝，寒光照铁衣。将军百战死，壮士十年归。"典雅庄严，慷慨激昂，极富气派。而写木兰决意从军和重归闺阁时，则浓墨重彩，精雕细刻，将木兰的愁思、心愿和奇想，将木兰的喜悦、容光和女儿情态，刻划得细致入微，仪态万千，令人惜之，叹之，敬之，爱之。值得注意的是，《木兰诗》在叙事时，已相当高明地把"叙事"和"诗"交融在一起。叙事诗毕竟是诗，不能仅仅满足于"讲故事"，它必须创造出充实而又灵动的诗境，必须升华于"似与不似"之间。且看木兰从军前的准备："东市买骏马，西市买鞍鞯，南市买辔头，北市买长鞭。"这便是诗的写法，而不是小说的写法。小说应当写得愈像生活愈

---

① 　沈德潜:《古诗源》，湖南思贤书局重刊，光绪十七年夏，卷四。

好,故不能东边买一件,西边买一样,东南西北地乱跑,世界上也没有这一种分散"专卖"的"市场"。诗歌(包括叙事诗)则强调"变形"。雪莱说:"诗使万象化成美丽;……诗使它所触及的一切都变形。"①木兰采办"军备"的四句,就纯然是令人意荡神驰的诗的写法。四个"买"字,将"东市"、"西市"、"南市"、"北市",将"骏马"、"鞍鞯"、"辔头"、"长鞭",轻快地、活泼地维系在一起,从而形成了一种强烈的节奏,一种不断变化色彩的缤纷,一种充满青春活力的跃跃欲试,一种初出茅庐的欣喜与痴迷。面对着这一切,人们已无须从日常生活逻辑上加以认定,只感到这里边洋溢着青春之美和心灵之美,审美感受一下子便升华了。总之,《木兰诗》的出现,标志着中国古代叙事诗经过漫长的发展,已经相当成熟了。它是对传统乐府的漂亮的总结,同时,又引发和呼唤着一种新的乐府、一种更高水平的叙事诗的诞生。于是,我们的目光转向了唐代。

胡适说:"盛唐的诗的关键在乐府歌辞。第一步是诗人仿作乐府。第二步是诗人沿用乐府古题而自作新辞,但不拘原意,也不拘原声调。第三步是诗人用古乐府民歌的精神来创作新乐府。"②杜甫对新乐府的开创做出了重要贡献,元稹在谈到前辈诗人对自己的影响时,盛赞杜甫:"近代唯诗人杜甫《悲陈陶》、《哀江头》、《兵车》、《丽人》等,凡所歌行,率皆即事名篇,无复倚傍。予少时与友人乐天、李公垂辈,谓是为当,遂不复拟赋古题。"(《古题乐府序》)"即事名篇",努力冲破拟乐府的束缚,为开、天之后元稹、白居易高高举起"新乐府"的大旗,提供了思想上和艺术上的参照。白居易这样来形容新乐府:"其辞质而径,欲见之者易谕也;其言直而切,欲闻之者深诫也;其事核而实,使采之者传信也;其体顺而肆,可以播于乐章歌曲也。总而言之,为君、为臣、为民、为物、为事而作,不为文而作也。"(《新乐府序》)看来,新乐府诗歌十分强调一个"事"字。白居易认为诗歌的产生源于"事":"大凡人之感于事,则必动于情,然后兴于嗟叹,而形于歌诗矣。"(《策林·六十九》)他的诗,要"一吟悲一事"(《伤唐衢》)要"直歌其事"(《秦中吟》序)。这些"事",主要是指"艰难时事"和"百姓苦难"——"但伤民病痛"(《伤唐衢》)、"唯歌生民病"(《寄唐生》)。由于新乐府运动的主将们把"事"视为诗歌创作的核心,力主"歌诗合为

---

① [英]雪莱:《为诗辩护》,选自《西方文艺理论名著选编》,北京大学出版社1986年版,中卷,第79页。
② 胡适:《白话文学史》上卷第二编,台湾远流出版公司1986年版,第40页。

事而作"(白居易《与元九书》),所以,中国诗歌的叙事传统在这一时期得到了极大的张扬。加之,他们在诗体上竭力创新,相当成功地驾驭了乐府歌行体,故能"诗到元和体变新"(白居易《余思未尽加为六韵重答微之》)。再者,这一派诗人又特别注意诗歌的通俗化,努力使所歌之"事"最广泛地走入民间,故在广大平民百姓中得到了认同和支持,"自长安抵江西,三四千里,凡乡校佛寺逆旅行舟之中,往往有题仆诗者;士庶僧徒孀妇处女之口,每每有咏仆诗者。"(白居易《与元九书》)。以上三个方面的因素,相辅相成,终于使我国古代叙事诗的发展在唐代进入了一个特别繁荣、特别辉煌的时期。

鸟瞰这一时期的前前后后,中国诗坛有一批杰出的诗人参与了叙事诗创作。这里边包括新乐府派的先驱、主将和同盟者,包括中晚唐的许多崇尚现实主义精神的诗人,他们集成了一个阵容宠大的整体,其作品可谓云蒸霞蔚,譬如:李白的《长干行》、《忆旧游书怀赠江夏韦太守良宰》,杜甫的《三吏》、《三别》、《兵车行》、《北征》,元稹的《连昌宫词》、《望云骓马歌》、《会真诗》,白居易的《长恨歌》、《琵琶行》、《缚戎人》、《卖炭翁》、《新丰折臂翁》,刘禹锡的《泰娘歌》,韩愈的《赴江陵途中》、《华山女》,柳宗元的《韦道安》,杜牧的《杜秋娘诗》,韦庄的《秦妇吟》等等。这一批堪称经典的叙事诗作,为我们展示了阔大多彩、气象万千的社会生活画卷,将唐王朝由极盛而衰微的历史踪迹,以及众多显要人物、平头百姓的生命传奇、寻常细致,演绎得有声有色,有情有致。可以毫无夸饰地说,这是一部"组合式"的大型"史诗",其光焰将永远照耀世界诗坛。

三、应对唐叙事诗做重点研究

我们提出对唐叙事诗进行专门的研究,主要考虑到以下几点:

第一,这是一座被忽视的"高峰"

唐诗研究极盛,但研究者多着眼于抒情诗。历来学界认为:中国诗歌传统的主流在于抒情,连"言志"亦属抒情———政治抒情。唐诗研究更执着于这一点。其实,如前文所述,唐代叙事诗已经取得了十分显著的成绩,这是无法回避的事实。任何全面的唐诗论述,都难以避开唐叙事诗。任何全面的唐诗选本,也无法避开唐叙事诗,就连精而又精的《唐诗三百首》,也选有叙事诗十余首。这说明,唐叙事诗的质量相对于它的数量来说，是非常之高的。

　　长期以来，唐诗研究选题多集中于作家个体研究，分期与分阶段研究，思想综合研究，艺术综合研究，文献资料整理与研究，唐诗学研究，境外唐诗学研究，等等，很少见到有关唐叙事诗的专门研究。检阅张忠纲等所著《中国新时期唐诗研究述评》（安徽大学出版社 2000 年 1 月版）一书，凡十二章，其中作家个体研究综述八章，"多角度、多层次的综合研究"一章，"学术交流与境外学术成果的引进"一章，"唐诗普及的新阶段"一章，"新时期唐诗研究的学术特点"一章，涉及面相当广泛，内容十分丰富，但涉及到唐叙事诗研究的很少很少。我们仔细审视了"多角度、多层次的综合研究"和"新时期唐诗研究的学术特点"两章，希望能找到一点相关的评述，但鲜有发现。其热门话题主要集中在：唐宋诗优劣论，唐诗流派的有无，新乐府运动的界定，白居易诗歌理论的褒贬，唐诗的发展进程，唐诗的品鉴，唐诗的分期，如何评价边塞诗，唐诗研究的新方法、新视野，唐诗学如何建构，唐诗研究的海内外交流，唐诗学术史的探讨，等等。稍有关系的有两处：一是关于钱志熙长篇论文《表现与再现的消长互补———中国诗歌史上的一个规律》的评述，一是关于元、白诗歌"浅俗倾向"的评述，但均未直接介入"叙事诗"研究。张忠纲等所著《中国新时期唐诗述评》有其侧重点，但它未列举和突出唐叙事诗的研究成果，却是一个分明的事实。我国唐诗研究界确实没有给予唐叙事诗以更多的关注。

　　当然，也有学者在自己的论著中谈到了唐代叙事诗，并且表现了很大的兴趣与热情。例如：肖驰的《中国诗歌美学》第五章，专论中国叙事诗艺术的发展，认为"中唐到晚唐是古典叙事诗又一繁荣时期。叙事诗从民间文学的旷野移植到了文人的花圃中，吸收了文人抒情诗的高度成就，创造了迥异于汉代叙事诗的新传统———抒情叙事诗。"[①]余恕诚的《唐诗风貌》第十章，专论唐代叙事诗与叙情长篇，不但高度评价了唐叙事诗的成就，而且阐述了唐代"叙事诗"、"叙情长篇"和"抒情诗"之间的关系，很有独立见解。再如钟优民所著《新乐府诗派研究》，亦在论述新乐府派成长发育、日渐辉煌的过程中，强调了杜甫、元稹、白居易等人对叙事诗发展的巨大贡献，资料翔实，论说透彻，很有启发意义[②]。这些学者所做的努力，是相当可贵的。

---

①　肖驰：《中国诗歌美学》，北京大学出版社 1986 年版，第 118 页。
②　参见钟优民：《新乐府诗派研究》，辽宁大学出版社 1997 年版。

他们的论著,尽管不是专门论说唐代叙事诗的,但已经有力地向人们昭示:唐叙事诗是一座无法忽视的高峰,研究者应当投入更多的精力,入山探胜,登高送目,以总览唐诗艺术的完整风貌。

第二,看艰难时事怎样造就一代诗豪

疾风知劲草,忧患出诗人。和平的时代,经济繁荣的时代,相对稳定的时代,会涌现出杰出的诗人,但一般说来主要诞生"抒情大家"。譬如初唐,诗人发出的多为"青春少年的清新歌唱"①,张若虚的一首《春江花月夜》,以其如梦如晤的、漂亮流畅的抒情,悠然自得地压倒了全唐。至于盛唐,李白更是以风浪逸其情,乾坤纵其态,指点江山,笑傲王侯,放纵歌喉,抒发"飞流直下三千尺"、"大鹏一日同风起"的豪情。在这些充满希望的年月里,诗人们固然也有忧患,也有牢骚,但他们主要在"上坡路"上行走,目光是指向云端的,心意是上穷碧落的,理想的光晕将他们引入缤纷的情感天地,而足下的现实事实则很容易被汪洋恣肆的情感洪流所淹没,所融化。这时候,不可能出现叙事诗的"旺季"。苦难的、动乱的年代就不同了,诗人们走的是"下坡路",俯视着遍地疮痍,感受着生民疾苦,其情感波涛往往被悲惨世事所凝聚,所胁迫,只能经常在现实事实的"河床"里愤怒地奔腾。这时候,是最容易诞生叙事诗的。审视中国诗歌发展史,每当大动乱降临,叙事诗就得以崭露峥嵘,现实主义的旗帜就得以高高举起。余冠英曾经深刻地指出:"中国诗史上有两个突出的时代,一是建安到黄初,二是天宝到元和。也就是曹植、王粲的时代和杜甫、白居易的时代。董卓之乱和安史之乱使这两个时代的人饱经忧患。在文学上这两个时代有各自的特色,也有共同的特色。一个主要的共同特色就是'为时而著,为事而作'的现实主义精神。"②他认为,这种现实主义精神造就了建安黄初时期"最有价值的文学",即"那些记述时事,同情疾苦,描写乱离的诗"③;这种现实主义精神还造就了杜甫、元稹和白居易,"到杜甫时代,社会苦难加深。杜甫有痛苦的流离经验,有深厚的社会感情,了解人生实在情况。……元稹、白居易佩服他的'三吏三别'一类诗,尤其称赞他'即事名篇,无复依傍',就是说他做乐府诗而能摆脱乐府古

---

① 李泽厚:《美的历程》,安徽文艺出版社1994年版,第126页。
② 余冠英:《乐府诗选》前言,〔北京〕人民文学出版社1953年版,第14页。
③ 余冠英:《乐府诗选》前言,〔北京〕人民文学出版社1953年版,第15页。

题,写当前的社会。他们也学杜甫的榜样,做'因事立题'的社会诗。"①余冠英的见解十分精辟,他从现实主义传统的角度审察中国诗歌发展史,高度评价了建安到黄初、天宝到元和两个时代的诗作。这些诗作,一脉相承,主要是记叙时事、表现苦难的"社会诗",即"北征"、"三吏三别"一类的叙事诗。可见,大苦难、大动乱造就了大诗人,煅铸出"北征"、"三吏三别"式的史诗般的叙事名篇;所以,只有认真凝视和研究这些诗歌杰作,才能身临其境地、真正地了解那些特殊的大时代,才能真正了解杰出诗人和伟大诗人产生的原因,才能真正理解那些充满现实主义精神的伟大作品。

第三,借此检测诗人的才力和魄力

从确定诗人的成就来看,长篇叙事诗是一条重要的"检测标准"。梁实秋在《论诗的大小长短》中指出:伟大的作品"因为内容的性质之需要,绝非三言两语所能宣泄无遗,必定要有相当的长度,作者才有用武之地,才能把繁复深刻的思想与情绪表现得干干净净。"叶少蕴《石林诗话》云:"长篇最难。晋魏以前,诗无过十韵者。盖常人以意逆志,初不以叙事倾心为工。至老杜《述怀》、《北征》诸篇,穷极笔力,如太史公纪传,此固古今绝唱也。"陈仅《竹林答问》云:"古诗至盛唐始有长篇,六朝以前不多见。""太白《经乱离忆旧游书怀赠江夏韦太守》诗,书体也。少陵《北征》诗,记体也。昌黎《南山诗》,赋体也。三长篇鼎峙一代,俯笼万有。"以上各家论说,不约而同地强调了诗的"长度",即它的"容量"。律诗、绝句的容量有限,宜于表现诗人瞬间的情感,描绘相对静止的生活画面;一旦记人叙事,顿时捉襟见肘。唐代律、绝发展到了极致,出现了一大批优秀作品,主要用以寄兴言情。胡适称杜甫的一些写景抒怀绝句为"小诗":"若用新名词来形容这种小诗,我们可说这是'印象主义的'(Impressionistic)艺术,因为每一首小诗都只是抓住了一个断片的影像或感想。"②律、绝的体式,给诗人才情的发挥带来了许多限制,故许多人认为这是一种"敛才就法"的艺术,不利于诗人放纵胸襟,大显身手。长篇最难,俯笼万有、穷极笔力、记叙人生百态、追摄世事沧桑的长篇叙事诗更是难上加难。离开了气象万千的《北征》和系列化长诗"三吏三别",就无法认识伟大的杜甫;离开了天旋日转、浪漫

① 余冠英:《乐府诗选》前言,〔北京〕人民文学出版社1953年版,第17页。
② 胡适:《白话文学史》上卷第二编,台湾远流出版公司1986年版,第114页。

传奇的《长恨歌》和嘈嘈切切、说尽无限的《琵琶行》,就无法认识开一代新风的白居易;离开了有唐一代那一批浓墨重彩、叙说事变、咏唱兴衰的叙事诗篇,就无法认识中国诗歌史上真正的辉煌和无可比拟的成就。要言之,若想深刻理解唐诗,走进杰出诗人和伟大诗人的艺术天地,认识他们的才力、魄力和诗艺,就非得凝神注目、实事求是地研究其叙事诗不可。

（作者单位:南京师范大学文学院）

潇湘入诗考

陈泳超

"挥毫当得江山助,不到潇湘岂有诗"。①

潇湘一词诗意醇酽,自不待言。而其积淀之深厚及风韵之绰约,实可算作诗美意象的一例典范。本文将分析潇湘意象的内在情韵及其生成过程。所谓"入诗"者,在本文有两层特殊含义:其一,本文主要以唐诗及唐前文学为考察对象,唐后从略,这是因为潇湘意象的内涵至唐诗始丰满确立,此后并无多大变化,而是作为一种诗美传统影响着后世的文学创作;其二,本文虽主要考察诗歌,但亦不自限于诗歌一体,事实上一种意象的美学风格,是会在各种文体中都有表现的,故所谓"入诗"之"诗",当以诗学目之。谨识于前,以免贻惑读者。

潇湘名称的地理变迁

潇湘今为二水之名。湘江源起于广西灵川县海洋山,辗转北流,于洞庭湖入长江,贯穿湖南全境,故"湘"为湖南省的代称。潇水源于湖南省蓝山县野猪山南麓,曲折北流至永州汇入湘江,是湘江上游最大的一条支流。②

但"潇湘"二字的历史却颇有周折。"湘"字作为水名,很早就已单独使用,如

陆游:《予使江西时以诗投政府丐湖湘一麾会召还不果偶读旧稿有感》。四库全书版《剑南诗稿》卷六十。本文所引书,有称"四库全书版"者,均采自上海人民出版社 1999 年所出文渊阁四库电子版(全文版)。

② 裴淮昌主编:《中华人民共和国地名词典·湖南省》,商务印书馆,1992 版。

《山海经·海内南经》云:"兕在舜葬东,湘水南。"①《楚辞》中"湘"字更常常出现,不必例举。尽管历来对于湘水的源头或流程亦非全无异议,但基本上与今相似,向来没有大的变动。

而"潇"字就全然不同了,在唐朝之前,"潇"字作为水名者,未见一例。最早出现"潇湘"一词而又比较容易引起误解的,是《山海经·中山经》里这段文字:

> 又东南一百二十里,曰洞庭之山……帝之二女居之,是常游于江渊,澧沅之风,交潇湘之渊……

依许慎《说文解字》:"潇"字写作"潇",释为"深清也,从水,肃声"。这一说法原无异议,但清人段玉裁在《说文解字注》"潇"字注中,却提到了一点别样意见:

> 谓深而清也。《中山经》曰:"澧沅之风,交潇湘之浦。"《水经注》湘水篇曰:"二妃出入潇湘之浦。潇者,水清深也。《湘中记》云:'湘川清照五六丈下见底石如樗蒲者矢,五色鲜明,是纳潇湘之名矣。'"据善长说,则潇湘,犹云清湘。其字读如肃,亦读如萧。自景纯注《中山经》云:"潇水,今所在未详。"始别潇湘为二水,俗又改潇为潇,其谬日甚矣。《诗·郑风》"风雨潇潇",毛云:"暴疾也"。《羽猎赋》:"风廉云师,吸嚜潇率",《二京赋》:"飞罕潇箭",《思玄赋》:"迅焱潇其媵我",义皆与毛传同。水之清者多驶,《方言》云:"清,急也。"是则说文、毛传二义相因。②

这里提供了很多早期"潇"字的例证,无论释为"深清"还是"暴疾",都是形容词,但是他说郭璞在注《山海经》时已经提出"潇水,今所在未详",第一次将"潇"作为水名对待了,此说恐误。查郭注原文为:"此言二女游戏江之渊府,则能鼓三江,令风波之气共相交通,言其灵响之意也。江、湘、沅水皆共会巴陵头,故号为三江之口。澧又去之七八十里而入江焉。《淮南子》曰:'弋钓潇湘',今所在未详也,潇音

---

① 本文所引《山海经》以及郭璞注,均出郝懿行:《山海经笺疏》,巴蜀书社,1985 年版。
② 段玉裁:《说文解字注》十一上"水部"。上海古籍出版社,1988 年。

消。"①可见郭璞并未使用"潇水"一词,所在未详的也不是"潇水",只是《淮南子》里"弋钓潇湘"一事罢了②。段玉裁不知据何版本立说,徒增疑惑,可置不顾。

那么今之潇水在唐以前是否存在呢?其水当然存在,只是另有专名,也甚混杂。大致说来,由于马王堆三号汉墓中二幅地图的发现,我们知道今日潇水及其上游沱水,在汉代称深水,《水经·深水》亦然。从东汉中叶许慎著《说文解字》时起,深水仅指上游,下游与营水合流后改名营水。至《水经注》时期,连上游今之沱水也已并称营水了。详细考证见谭其骧《马王堆汉墓出土地图所说明的几个历史地理问题》③。

"潇"字为水名,一般公认为最早见于柳宗元的诗文之中,这诚然不错,但一个沿用既久的名称要发生质的变化,当非一朝一夕之功,下文正是要考量"潇"字由形容词转为名词的细致经历及其中蕴涵的缕缕诗意。

"潇湘"在唐前为"形容词+名词"的偏正结构,意与"清湘"同。鲍照《采菱歌》七首之一云:"箫弄澄湘北,菱歌清汉南。"《乐府诗集》注云:"一作'弄弦潇湘北,歌菱清汉南'"④,"潇"与"澄"可对换,又与"清汉"之"清"对文,其意与清、澄同,明甚!但"潇湘"一词,沿用既久,且其物质指称与"湘"字单独使用殊无二致,于是人们渐渐忽略"潇"字的本义,比如刘长卿《入桂渚次砂牛石穴》诗中有句云:"扁舟傍归路,日暮潇湘深。湘水清见底,楚云淡无心。"⑤诗中"深"、"清"俱另见,"潇"字本义都被抽去了,空空洞洞的一个俗称"潇湘",与单称"湘"在词义上已没有任何不同,这就为"潇"字与"湘"字剥离,成为单独的名词,准备了心理条件。而"潇"字的独用,开始正是指代"湘"的,杜甫《暮秋枉裴道州手札率尔遣兴寄近呈苏涣侍御》中有句:"拨弃潭洲百斛酒,芜没潇岸千株菊",钱起《省试湘灵鼓瑟》:"流水传潇浦,悲风过洞庭",尽管后一个"潇"字《全唐诗》加注:"一作湘",其词义也等于"湘",但毕竟以"潇"为正文,且不止一例,本文倾向于认为这正体现了"潇"字单独作为名词使用的初期。当然本段所论乃就其内在逻辑而言,不须在引诗时序上一一坐实。

---

① 四库全书版郭璞注《山海经》以及吴任臣著《山海经广注》均同此文字。

② 此语不见今本《淮南子》。

③ 收入谭其骧:《长水集》,人民出版社,1987 年版。

④ 郭茂倩:《乐府诗集》,第 739 页。中华书局,1996 年版。

⑤ 本文大量选用唐诗,均采自四库全书版《御定全唐诗》,不另注。

"潇"字真正离开"湘"字及其所指,单独指称另一条水,大约发生在柳宗元贬永州前后,即在公元八、九世纪之交,不可能太早。因为诗人元结(719-772)于上元元年(760)起任荆南节度判官,后又代摄节度使事。广德元年(763)与永泰二年(766)两刺道州。道州即在今潇水之侧,若其时潇水之名已著,作为道州刺史的元结不可能一无知晓。但今存元结诗文作品中无一潇水之名,且集内有《阳华岩铭》、《丹崖翁宅铭》《朝阳岩铭》等,此二岩一崖俱潇水上形胜地,其文无一及"潇",其《丹崖翁宅铭》反有"零陵泷下三十里"、"丹崖,湘中水石之异者"[①]之类语句,可见他对潇水之名确实不知。

柳宗元(773-819)永贞元年(805)贬永州司马,元和十年(815年)始返,柳子集内潇、湘已明白称二水,如《湘口馆潇湘二水所会》,诗题即以二水称之。又《愚溪诗序》云:"灌水之阳有溪焉,东流入于潇水……余以愚触罪,谪潇水上。"分明可见。

吕温(772-811),元和三年(808)贬刺均州,再贬刺道州,五年(810)转衡州刺史。他在道州时,柳宗元正贬在永州,其诗有云:"云去舜祠闭,月明潇水流"(《道州秋夜南楼即事》),足见潇水之名,确然已立。

贾岛(779-843),生活年代略晚于柳、吕二人,其诗《永福湖和杨郑州》有句云:"嵩少分明对,潇湘阔狭齐",意为嵩山与少室山相对,潇水与湘水同宽。二水之分,显甚!

从以上三位诗人的诗文例证中可见,至迟到九世纪初,潇水之名已立,与今所指大致相同。不过,在柳宗元诗文中,又常常混淆潇、湘二水,尤其是经常以"湘"称"潇",比如前引《愚溪诗序》中明明说愚溪(又名冉溪)"东流入于潇水",则愚溪自在潇水西侧,而其《冉溪》诗则曰:"愿卜湘西冉溪地",此"湘"乃"潇"之误。同样的例句有:"遂命仆人过湘江"(《始得西山宴游序》)、"美人隔湘浦"(《初秋夜坐赠吴武陵》),这些"湘"均当作"潇"。由此可见"潇水"之名虽立,毕竟尚未深溉人心,而以湘江总称的传统,尚占相当势力。所以《元和郡县志》中也只有营水,而无潇水之名。

此后潇水之名日渐为人所知,宋以后分别潇湘为二水者渐多,祝穆、朱熹等均有阐述,米芾《潇湘八景图诗总序》云:"潇水出道州,湘水出全州,至永州而合流焉。

---

① 本文所引唐代散文语句,均选自四库全书版《唐文粹》,不另注。

自湖而南皆二水所经,至湘阴始与沅水之水会,又至洞庭与巴江之水合。故湖之南,皆可以潇湘名水;若湖之北,则汉沔汤汤,不得谓之潇湘。"①这就将潇湘之名分合的使用情况说得再明白不过了。

二湘与舜妃的传说纠合

屈原《九歌》,哀感顽艳,轻迅眺丽,历来为人激赏,其中咏湘水之神的《湘君》、《湘夫人》篇(下简称"二湘"),尤悄恍凄怨,使人目迷心摇。然而"美要眇"的湘君与"目眇眇"的湘夫人,到底是何样身份,历来颇起争讼,至今未有共识。概而言之有下列数种,因其多为《楚辞》学界习见,为避细琐,仅将各种说法按其出现时代之先后排列,不出引文说明:

1. "湘君"为舜之二妃 见《史记·秦始皇本纪》、刘向《列女传》,此说未及"湘夫人"。

2. "湘夫人"为舜之二妃(或曰三妃) 见王逸《楚辞章句》、张华《博物志》。又《礼记·檀弓》中称舜有三妃,郑玄注为即"湘夫人"。此说又不及"湘君"。

3. "湘夫人"为天帝之二女。 见《山海经·中山经》之郭璞注。顾炎武从之。

4. "湘君"为舜,"湘夫人"为舜之二妃 见唐司马贞《史记索隐》。此说今人多有信从,游国恩、姜亮夫、文怀沙、马茂元、陈子展诸家均曾伸之。

5. "湘君"为娥皇,"湘夫人"为女英 见韩愈《黄陵庙碑》。此说影响亦深,洪兴祖、朱熹、蒋骥、戴震俱从之。

6. "二湘"为舜之二女说 见宋罗泌《路史·余论九》。

7. "湘君"为湘水男神,"湘夫人"为其配偶 见王夫之《楚辞通释》。

8. "湘君"为洞庭之神,"湘夫人"为青草湖神 见王闿运《楚辞释》。

此外,还有一些古代学者以洞庭山神目之,如陈士元《江汉丛谈》、赵翼《陔余丛考》之类,其实山神、水神并无太大差别,即如第6种罗泌之说,也曾以舜帝二女为洞庭山神,但其行迹仍在湘水之中,与"二湘"之辞吻合,不过因《山海经》中有"洞庭之山……帝之二女居之"之文,故坐实论之而已。各人对"二湘"的身份分配,可

---

① 四库全书版《湖广通志》卷八十九。

散入以上诸说之中,不必俱论。另外,历来好发怪论者也不乏其人,如罗愿《尔雅翼》卷二中以江神奇相为湘君,二女为湘夫人,"二湘"为配偶神云云,即被蒋骥斥为"愚悖甚矣"①,因奇相本即女性。类似怪论可摒不论。

以上罗列的八种说法,虽未必尽备,但大致涵盖了古代文人对"二湘"身份的主要看法,今之楚辞学者众多,在这个问题上,也大多择一而从、细加论证而已。笔者信从"二湘"乃湘水中原有二女神之说,吟咏者乃男性灵巫,所展演的是人神之恋的欢乐与怅惘,具体论证另文专撰。实际上,笔者这样的立场也只是一种自以为较妥切的选择而已,"二湘"迷离惝恍,诸说也非无容身之地。更重要的是,其凄美的风韵并不因"二湘"身份之不明而稍见逊色。况且,本文的重点也不在乎考定"二湘"的原始意义,而在于考察其作为文学作品被接受的过程,即其意义的生成及再创。我们不妨将上述八种说法稍作归类,一类认为二湘与舜妃有关,计有1、2、4、5 四种,二类则与舜妃无关,亦得四种。从时间上看,除第 3 种郭璞之说外,第二类均起于唐代以后,而在唐以前,将"二湘"与舜妃相关联的观点,是占优势地位的。

当然,"二湘"与舜妃究竟如何关联,也有一个逐渐丰满的过程。早期的说法如《秦始皇本纪》、刘向《列女传》等只说二妃死于江湘之间,一笔带过。因何而死? 王逸《楚辞章句》注谓二妃"堕于湘水之渚"②,这一说法逐渐形成共识,以至郭璞注《山海经·中山经》时说:"说者皆以舜陟方而死,二妃从之,俱溺死于湘江,遂号为湘夫人。"后来的重要文献也大多如此。所谓溺死,这里是说二妃无意而失足落水,郭注中就反驳说二妃神通广大,何至落水而不能自救云云。后人可能理会到其中的不吻合处,更可能是要加剧其贞烈的悲剧性,故效屈原故事而创二妃自沉之说。

不止于此,围绕着二妃从征的故事主线,中古之人仍不断地为之添枝加叶,张华《博物志》云:"舜崩,二妃啼,以涕挥竹,竹尽斑。"③任昉《述异记》亦云:"昔舜南巡而葬于苍梧之野,尧之二女娥皇、女英追之不及,相与恸哭。泪下沾竹,竹文上为之斑斑然。"④斑竹本是湘江流域自然生成的一种带斑点的竹子,经此附会,斑竹泣怨,遂成名典。

① 蒋骥:《山带阁注楚辞·余论卷上》,第 198 页,上海古籍出版社,1984 年版。
② 《楚辞章句》卷二,四库全书版。
③ 《博物志》卷八,四库全书版。
④ 《述异记》卷上,四库全书版。

　　犹不止于此。二妃故事，深入人心，于是湘水流域便有二妃祠破土而出。最著名的当然是江、湘间的黄陵庙了，早在《史记·秦始皇本纪》中即记有"湘妃祠"，众注皆谓即指"黄陵庙"，地在湘阴，此时离"二湘"之诞生，尚不足百年。其后，此祠一直存在，时见记载，《水经注》卷三十八"湘水"云："湘水又北经黄陵亭西，右合黄陵水口，其水上承大湖湖水，西流经二妃庙南，世谓之黄陵庙也。言大舜之陟方也，二妃从征，溺于湘江，神游洞庭之渊，出入潇湘之浦。潇者，水清深也。"①而韩愈《黄陵庙碑》曰："湘旁有庙曰黄陵，自前古立以祠尧之二女舜二妃者。庭有碑，断裂分散在地。其文剥缺。考《图记》言，汉荆州牧刘表景升之立，题曰：湘夫人碑。今验其文，乃晋太康元年。又题其额曰：虞舜二妃之碑。非景升立者。"韩愈虽不信舜死南方、二妃溺湘之说，但仍主张"二湘"乃娥皇、女英之神，他在元和十四年（819年）贬谪潮州刺史，途经此地时，仍不免"过庙而祷之"。除黄陵庙外，二妃神祀尚有多处，如永州府城在唐代有潇湘庙，道光八年隆庆修《永州府志》卷六《秩祀志》载"潇湘庙"："旧在潇湘西崖。唐贞元九年三月水至城下，官民祷而有应，至于漕运艰阻，旱干水溢，民辄叩焉。"又湘源县也有二妃庙，柳宗元贬永州司马时，曾作《湘源二妃庙碑》，礼赞有加。

湘妃题材的凄怨诗韵

　　从前文中我们知道，尽管自唐以前人们普遍认为"二湘"作品与二妃故事相关，但具体如何对应，原是有很大分歧的。但那只是学问家的理性考量，对于诗人来说，他们直披款窍，分明感受着两者之间在男女、思恋、凄婉、烟水诸方面的相似性，再加上如此深厚的传说背景，因而将"二湘"与二妃长期浸染，混同为一，也是顺理成章的事。最具象征意义的是合"二湘"与二妃而创"湘妃"之名。据郭茂倩《乐府诗集》卷五十七《琴曲歌辞·湘妃》记载："《湘中记》曰：'舜二妃死为湘水神，故曰湘妃。'……按《琴操》有《湘妃怨》，又有《湘夫人》曲。"②《琴操》传为东汉末蔡邕作，今辑本无此二曲，郭茂倩编《琴曲歌辞》，多录古辞，不避伪托。依此体，此不录

---

①　《水经注》第582页。巴蜀书社，1985年版。
②　《乐府诗集》，第825–826页。

《琴操》之《湘妃怨》与《湘夫人》二曲辞,或宋时已不可见。《湘中记》有晋人罗含及南朝宋庚仲雍二本,此处未明出何本,要之出唐前之书,则无可疑议。《乐府诗集》之《琴曲歌辞》共收四种湘妃题材的曲子,曰:《湘妃》、《湘妃怨》、《湘妃列女操》、《湘夫人》。又据王昆吾《隋唐五代燕乐杂言歌辞研究》[1]考索,唐人除琴曲外,琵琶曲中有名《湘妃》者,鼓吹乐大横吹部节鼓二十四曲中有《湘妃怨》。另,教坊中杂言曲子《长相思》,原出琴曲《湘妃怨》,而刘禹锡又创《潇湘神》之曲,等等。可见对湘妃的吟咏,也是唐及唐前文人的一种习尚。让我们来细细品嚼一下这些直接吟咏湘妃故事的歌辞意韵。

唐代以前的作品留存较少,今唯见《乐府诗集》中所存两首《湘夫人》,其一为梁沈约之作:"潇湘风已息,沉澧复安流。扬蛾一含睇,婵娟好且修。捐玦置澧浦,解佩寄中洲。"其二为王僧孺作:"桂栋承薜帷,眇眇川之湄。白蘋徒可望,绿芷竟空滋。日暮思公子,衔意嘿无辞。"这二首作品基本演绎"二湘"词句,与二妃事迹几无关联,且情韵清扬而微伤,远不及"二湘"之瑰丽凄怨,足见南朝诗人轻靡而不失温和的诗风。

唐人作品便郁勃慷慨多了,比如郎士元的同题作品云:

> 蛾眉对湘水,遥哭苍梧间。万乘既已殁,孤舟谁忍还。至今楚竹上,犹有泪痕斑。
>
> 南有浔阳路,渺渺多新愁。昔神降回时,风波江上秋。彩云忽无处,碧水空安流。

此诗显然将二妃事迹与"二湘"情韵溶于一水,且斑竹故事之类后起传说亦已密合无间了。更有李白《远别离》之作专咏舜与二妃事:

> 远别离,古有皇英之二女。乃在洞庭之南,潇湘之浦。海水直下万里深,谁人不言此离苦?日惨惨兮云冥冥,猩猩啼烟兮鬼啸雨。我纵言之将何补?皇穹窃恐不照余之忠诚,雷冯冯兮欲吼怒。尧舜当之亦禅禹。君失臣兮龙为

---

①   王昆吾:《隋唐五代燕乐杂言歌辞研究》,中华书局,1996 年版。

鱼,权归臣兮鼠变虎。或云尧幽囚、舜野死,九疑联绵皆相似,重瞳孤坟竟何是。帝子泣兮绿云间,随风波兮去无还。恸哭兮远望,见苍梧之深山。苍梧山崩湘水绝,竹上之泪乃可灭。

仓皇叫啸,愁思苦毒,自是李白上承屈原之风,而浓著个性色彩之作。比诸南朝诗风,差之万里,然终是意气之作,难以代表此类作品之风韵。可作代表者,或当推刘禹锡《潇湘神》二曲:

> 湘水流,湘水流,九疑云物至今愁。君问二妃何处所,零陵香草露中秋。
> 斑竹枝,斑竹枝,泪痕点点寄相思。楚客欲听瑶瑟怨,潇湘深夜月明时。

凄怨惝恍,秋水迷离,便是吟咏湘妃一类作品的共同意韵。这种可能源自对早期文学作品的部分误读而形成的一种固定意象及情调(前文交代,笔者认为"二湘"乃吟咏原始湘水二女神,与舜妃之事无关),在中国古代诗歌意象中颇为常见,比如《关雎》原非阐述后妃之德,但后人咏后妃之德不妨径用《关雎》,这是继承毛传误读的一种传统;又比如香草美人,在屈原楚辞中容或有所寄托,亦多限于君臣关系,而后人不妨在各种人际关系中均借此抒怀。退一步讲,即便湘妃题材并无误读成份,但依循"二湘"的情韵生成,不断实之以传说故事、人文景观,并在同题诗文中反复吟咏,终使这类题材成为典范的凄美意象,则是无可置疑的。

潇湘凄怨情调的唐诗生成

"二湘"凄怨惝恍、秋水迷离的意韵,从一开始就攫住了接受者的心灵,并且在风格上规定着此后二妃传说的衍生及湘妃题材的吟咏,而且,因为这些故事都发生在湘水流域,因而"二湘"凄怨惝恍、秋水迷离的意韵,也密密地披洒到"湘"或"潇湘"意象中去了。

这在唐以前的作品中已露头角,江淹杂体诗三十首之《王征君》:"窈蔼潇湘空,翠涧淡无滋。寂历百草晦,欻吸鹍鸡悲……北渚有帝子,荡漾不可期。怅然山中

暮,怀忉属此诗。"①这是直接借用湘妃故事的,而更能说明问题的是那些不涉湘妃故事却饱含"二湘"凄楚风韵的作品,例如:

陆士衡《门有车马客行》:"门有车马客,驾言发故乡。念君久不归,濡迹涉江湘……慷慨惟平生,俯仰独悲伤。"②此写飘泊游子怀乡之情。

张平子《四愁诗》:"我所思兮在桂林,欲往从之湘水深,侧身南望涕沾襟……"③此字面写怀恋远人,或另寓深意。

柳恽《江南曲》:"汀洲采白蘋,日落江南春。洞庭有归客,潇湘逢故人。故人何不返,春华复应晚。不道新知乐,只言行路远。"④乐府江南之曲,常美芳辰丽景,嬉游得时,而柳恽此诗景物故称清丽,仍有故人远方之思,怅惘清婉。此多为唐人效慕。

到了唐代,关于潇湘凄怨的作品,便洋洋大观起来。先引两句初唐概括性的著名诗句:

荆南兮赵北,碣石兮潇湘。澄清规于万里,照离思于千行。(卢照邻:《明月引》)

斜月沉沉藏海雾,碣石潇湘无限路。(张若虚《春江花月夜》)

这里"潇湘"与"碣石"相对,作为南北偏远之地的象征,以寄托离愁别绪。而潇湘作为远别离的物化代表,终唐之世其音不绝:

愁思潇湘浦,悲凉云梦田。(刘希夷《巫山怀古》)

北走平生亲,南浦别离津。潇湘一超忽,洞庭多苦辛。(骆宾王《在江南赠宋五之问》)

潇湘多别离,风起芙蓉洲。(张泌《湖南曲》)

湘南自古多离怨,莫动哀吟易惨凄。(张泌《晚次湘源县》)

---

① 《文选》卷三十一,第 1476 页,中华书局,1994 年版。
② 《文选》卷二十八,第 1301 页。
③ 《文选》卷二十九,第 1357 页。
④ 《乐府诗集》卷二十七,第 385 页。

朔漠幽囚兮天长地久,潇湘隔别兮水阔烟深。(杜光庭《怀古今》)

这种凄怨的离愁别绪,固是承续着湘妃遗风,但在唐代一下子涌出那么多潇湘别离的诗文,乃至一提到"潇湘"二字,似乎便会生出一层悄然盈怀、拂之不去的牢愁,又与唐代诗人所处的特定社会生活背景密切相关。

我们知道,唐朝是继南北朝数百年战乱分裂后缔建的一个宏大雄健的统一帝国,其政权由北方关陇贵族集团所持掌,它向南方开拓了广袤的疆土,具有强烈的融合南方文化的意愿。当时的北方文化比南方文化发达,官宦、诗人多为北方人士,他们因着各种缘由履迹南方,免不了生出诸种别离的烦恼,这些缘由大致可分为以下几种:

其一,贬谪和流放。据李兴盛《中国流人史》总结:"唐代流放地主要是岭南。此外则是今云南、贵州、四川、湖南、福建等地。"[1]李书是将贬谪归入流人行列的,所以上述总结实际上是兼指唐代贬谪与流放两种情况。这些流人渡江后,一条主要的线路便是沿着湘江流域南下或北上,著名诗人杜审言、王昌龄、贾至、柳宗元、刘禹锡、吕温、韩愈、李涉等均在这条驿路上留下了血泪交织的足迹。

其二,因着江南领土的扩展及其与北方沟通的加深,许多北方诗人也南来为官,著名诗人元结曾二刺道州,张谓曾刺潭州,刘长卿曾以检校祠部员外郎出任转运使判官,知淮西、鄂岳转运留后等等。

其三,唐代诗人有漫游天下的习性,李白、杜甫、孟郊、顾况、刘言史等俱曾游历潇湘。

在第一种贬人迁客的笔下,满纸俱是牢愁,如"客有故园思,潇湘生夜愁"(柳宗元《酬娄秀才寓居开元寺早秋月夜病中见寄》)、"谪居潇湘渚,再见洞庭秋……独攀青枫树,泪洒沧江流"(贾至《巴陵早秋寄荆州崔司马吏部阎功曹舍人》)等等,原不足怪。后两种人为何也愁思不减呢?这是因为唐代南方文化毕竟要落后许多,这些为官者、漫游者离乡背井,人事隔膜,也难免临湘北望、惆怅倚之。张谓《同王征君湘中有怀》:"八月洞庭秋,潇湘水北流。还家万里梦,为客五更愁。不用看书帙,偏宜上酒楼。故人京洛满,何日复同游。"其中对京洛的依恋之情,溢于言表!顾况

---

① 李兴盛:《中国流人史》,第 183 页,黑龙江人民出版社,1996 年版。

《游子吟》："……客从洞庭来,婉娈潇湘深……胡为不归欤,泪下沾衣襟……"顾况是苏州人,本属江南,但与潇湘睽隔亦不下千里。故以潇湘来应合游子思乡情绪,殊为允当。

至于带着不如意的心绪来到潇湘者,其下笔成诗,更易流入悲苦之途。孟郊作《下第东南行》："越风东南清,楚日潇湘明。试逐伯鸾去,还作灵均行。江蓠伴我泣,海月投人惊。失意容貌改,畏途性命轻。时闻丧侣猿,一叫千愁并。"杜甫晚年飘泊于湖湘之间,并卒于湘水舟中,他去蜀赴湘时,便已意气销磨,生机泯灭了:"五载客蜀郡,一年居梓州。如何关塞阻,转作潇湘游。世事已黄发,残生随白鸥。安危大臣在,不必泪长流。"(《去蜀》)

此外,北人南下还有一种潜在的传统心理,即认为潇湘一带是蛮荒烟瘴之地,刘禹锡《韩十八侍御见示岳阳楼别窦司直诗因令属和重以自述故足成六十二韵》"熊武走蛮落,潇湘来奥鄙"、白居易《得行简书闻欲下峡先以诗寄》"潇湘瘴雾加餐饭"、李咸用《和人湘中作》"湘川湘岸两荒凉"云云。尽管这种印象不一定准确,一些北方人到南方后也能领略潇湘山水的秀丽清雅,但这种传统的心理定势仍然在幽深处隐隐散射,使离别之愁更添苦毒。

因此,在这些南来诗人有关潇湘的作品中,对南北的空间关系便显得特别敏感,"谁当北风至,为尔一开襟"(刘长卿《酬李侍御登岳阳见寄》)、"楚地不知秦地乱,南人空怪北人多"(韦庄《湘中作》),而潇、湘二水又偏偏都向北流,这分外刺激着南来诗人的抑郁情怀,"独怜京国人南窜,不似湘江水北流"(杜审言《渡湘江》)、"八月洞庭秋,潇湘水北流"(张谓《同王征君湘中有怀》)。

潇湘凄怨意韵的常见伴生诗题

从前文分析中可以看出,在唐诗里,潇湘意象的凄怨特征已经全面确立,具有相当的统摄力。而这种特征在其确立过程中,又常须借助于另一些意韵相类的诗题以比较生发,它们具有很强的粘连伴生性。下面择其要者予以介绍。

(1)"屈贾"之风

屈原忠而见放,被逐湘江边,怀忧苦毒,愁思沸郁,留下大量寄托心志之辞赋,皆瑰丽奇幻,忧思明灭,"二湘"正其代表作之一。而屈原又自沉湘水支流汨罗,本身具有与"二湘"在凄怨风格上的相通特性。屈原的人格与其作品一同受到后人的景仰,二者的悲剧性也在相当程度上弥漫在湘江烟水之上。西汉贾谊才高见疏,外充长沙王太傅,过湘江,作《吊屈原赋》,援屈原作同志,亦以寄托自伤之情。后虽还京,终抑郁不展,三十三岁即谢世,其人其作乃一气禀承屈原之风,故后人常"屈贾"连称。司马迁作《史记》,有《屈原贾生列传》,合传的选择,正代表着这样一种眼光。此后文人士子每遇坎坷,尤其是忠而见疏或怀才不遇(这种心态在文人中是历久不衰的)时,便自然会想到"屈贾",若地域上再与潇湘有些关联,便一发难收了。《后汉书·梁统传》:"竦……后坐兄松事,与弟恭俱徙九真。既徂南土,历江湖,济沅湘,感悼子胥、屈原以非辜沉身,乃作《悼骚赋》,系玄石而沈之。"①又南朝宋颜延年高才得位,招人嫉恨,逮少帝即位,出为始安太守,道经汨罗,为湘州刺史张劭作《祭屈原文》,以致其意。此文收于《文选》卷第六十,与贾谊《吊屈原文》同卷。颜延年又有《和谢灵运》诗,中云:"吊屈汀洲浦,谒帝苍山蹊。"②是用屈原、舜帝二典,以增其悲怀。

　　唐代北人南行既盛,心绪原本抑郁,其中又多有贬谪下第等等不称意者,因而唐诗中将潇湘与"屈贾"伴生的情形,频频出现,远迈前代。合"屈贾"而言者如张碧《秋日登岳阳楼晴望》:"……屈原回日牵愁吟,龙宫感激致应忧。贾生憔悴说不得,茫茫烟霭堆湖心。"而分说之作更多,尤其是咏屈原的:

　　　沅湘流不尽,屈宋(一作"子")怨何深。日暮秋风起,萧萧枫树林。(戴叔伦《过三闾庙》)
　　　一掬灵均泪,千年湘水文。(孟郊《楚竹吟酬卢虔端公见和湘弦怨》)
　　　北风吹楚树,此地独生秋。何事屈原恨,不随湘水流。(于武陵《夜泊湘江》)
　　　千重烟树万重波,因便何妨吊汨罗。(韦庄《湘中作》)

---

①　《后汉书》第 1171 页,中华书局 1982 年版。
②　《文选》,第 1206 页。

当然也有单吊贾谊的,如贾岛《送李余往湖南》:"昔去候温凉,秋山满楚乡。今来从辟命,春物遍涔阳。岳石挂海雪,野枫堆渚樯。若寻吾祖宅,寂寞在潇湘。"所谓"吾祖",即贾谊之谓也。相形之下,单咏贾谊之作远不如单咏屈原者,此亦贾生人格与文章俱逊屈原之故。

(2) 乐声

前文交代,至迟从东汉蔡邕作《琴操》起,琴曲中便有咏湘妃题材的曲子,如《湘妃》、《湘妃怨》等等,从今存的唐及唐前歌辞看,俱吟咏二妃湘行事迹,悱恻凄绝,萦绕不去。以至有些未必与潇湘有关的人或事,也常借潇湘琴韵,抒其离别之情。比如项斯《泾州听张处士弹琴》:"边州独夜正思乡,君又弹琴在客堂,仿佛不离灯影外,似闻流水到潇湘"。项斯为台州(今浙江临海)人,毕竟与潇湘同在江南,他远在西北泾州边关,听琴思乡,而以潇湘概之,非但有乡邻之意(离乡越远,家乡的范围越宽,此亦人之常情),亦潇湘意象及相关琴曲的内涵特征使然。

另有一个为唐诗常引用的典故是"湘灵鼓瑟",唐诗中以此为题者甚多,天宝十载更以此为省试题,留下了钱起著名的篇章《省试湘灵鼓瑟》:

> 善鼓云和瑟,常闻帝子灵。冯夷空自舞,楚客不堪听。苦调凄金石,清音入杳冥。苍梧来怨慕,白芷动芳馨。流水传潇浦,悲风过洞庭。曲终人不见,江上数峰青。

此虽为名篇,其实在用典上却颇可咨议。

"湘灵鼓瑟"典源出楚辞《远游》:"张咸池奏承云兮,二女御九韶歌。使湘灵鼓瑟兮,令海若舞冯夷。"在这段描写之前,诗中主人公经长时间遨游后,忽然望见故乡,以至"长太息而掩涕",悲不可禁,只好继续远游寻找快乐,以安慰中心苦痛,即所谓"容与而遐举兮,聊抑志而自弭",所以接下来都是写可以使人欢乐的情事,包括音乐舞蹈。且《咸池》、《承云》、《九韶》相传分别是尧、黄帝与舜的音乐,都是至美的华章,当然不入愁苦一途。《远游》的这一段是模仿《离骚》的,《离骚》中该节有词曰:"奏九歌而舞韶兮,聊假日以愉乐。"说得再分明不过了。

而且,关于洞庭乐声,尚不止《远游》之记载。《庄子》中《天运》篇:"北门成问于黄帝曰:帝张《咸池》之乐于洞庭之野。"其《至乐》篇又云:"《咸池》、《九韶》之乐,张之洞庭之野。"庄子书固多寓言,但其所言与《远游》之"张咸池奏承云兮,二女御九韶歌",似说一事。可见洞庭张乐敷奏华章,当为战国秦汉间盛传之说。晋代王嘉《拾遗记》又记其事曰:

洞庭山浮于水上,其下有金堂数百间,玉女居之。四时闻金石丝竹之声,彻于山顶。楚怀王之时,与群才赋诗于水湄,故云潇湘洞庭之乐,听者令人难老。虽《咸池》、《九韶》,不得比焉。①

所谓"玉女",当从《山海经》之"帝之二女"及《远游》之"二女御九韶歌"中化出。揆其文字,潇湘洞庭之乐,自当是清美忘忧的格调。

所以,"湘灵鼓瑟",原是指欢快的乐事,绝不是钱起诗中所谓的"苦调凄金石"。然而如此反用典故却获众赏,要非钱起一人之事。天宝年间以《湘灵鼓瑟》为题的省试诗,《全唐诗》中另存有陈季、王邕、庄若讷、魏璀诸人之作,与钱起之作同一格调。说明这种反用典故早已风行,不以为怪了,难怪钱作甫传,便声誉鹊起。其它诗作如"韵含湘瑟切,音带舜弦清"(潘存实《赋得玉声如乐》)、"秦地吹箫女,湘波鼓瑟妃"(韩愈《梁国惠康公主挽歌二首》),也同样如此。揆诸情理,"二湘"篇章、湘妃故事及湘妃琴曲的凄怨格调既深入人心,人们一提起"湘灵"必联系到湘妃,一想到湘妃,必生凄怨之心,所以不经意中重新演绎了"湘灵鼓瑟"典故,原是秋水无痕、自然而然的行程,这一行程在唐朝之前已露端倪,南齐谢玄晖《新亭渚别范零陵诗》云:"洞庭张乐地,潇湘帝子游。云去苍梧野,水还江汉流。停骖我怅望,辍棹子夷犹。广平听方籍,茂陵将见求。心事俱已矣,江上徒离忧。"首二句用旧典,然下面"怅望"、"夷犹"、"离忧"云云,便往"二湘"凄怨情调上滑动了。此诗轻怨怅惘,或许可以看作"湘灵鼓瑟"从华美向"苦调"演变的过渡状态。从中可见湘妃传说及潇湘凄怨特征的统摄力和感召力。

①　《拾遗记》卷十,四库全书版。

(3) 雁

雁是候鸟,每年秋冬之际须飞南方过冬,相传雁南飞之最南端乃在衡阳,故衡山有回雁峰名迹。宋人祝穆《方舆胜览》曰:"回雁峰,在衡阳之南,雁至此不过,遇春而回,故名。或曰峰势如雁之回。"唐诗中多以此题材赋诗,因衡阳在湘水中游,而雁南北有序的飞翔习性,更刺激着人们别离相思之情。如杜牧《雁》:

> 万里衔芦别故乡,云飞雨宿向潇湘。数声孤枕堪垂泪,几处高楼欲断肠。
> 度日翩翩斜避影,临风一一直成行。年年辛苦来衡岳,羽翼摧残陇寒霜。

此诗离别辛苦之意,沛然其中。更重要的是,雁南北迁徙,本难说何为故乡。在唐前的记载中,关于雁的故乡,南北两说均有之。《大戴礼记·夏小正》说:"雁以北方为居。何以谓之居? 生且长焉尔。"①可是在诗文中,一般多主南方之说,《汉武帝故事》中记录所谓汉武帝之诗《秋风辞》曰:"秋风起兮白云飞,草木摇落兮雁南归。"曹丕《燕歌行》亦曰:"秋风萧瑟天气凉。草木摇落露为霜。群燕辞归雁南翔。"②而唐人更愿意认为雁的故乡是在北方,其南飞自然便是背井离乡了,这与唐代大量的北人南行恰好相应,最能刺激诗人吟兴,上引杜牧诗中所谓"年年辛苦来衡岳",便暗含了这个意思,再比如王建《江南杂体二首》:"潇湘回雁多,日夜思故乡。"说得就更明确了。

秋雁南飞为离乡,则春雁北飞自是归途,于是又牵惹诗人的羡慕自怜之情。如宋之问《晚泊湘江》云:"路逐鹏南转,心依雁北飞。"便是这样意思。而对于在北方想念南方游子之人来说,看见北归的雁,却不见北归的人,其心绪当然萧瑟难当,这在反映男女相思的词作中常见,如温庭筠《遐方怨》:"凭绣槛,解罗帏,未得君书,断肠潇湘春雁飞,不知征马几时归,海棠花谢也,雨霏霏。"

雁迁徙离合的意象特征既深,又与潇湘意韵相通,连带着燕、鹤之类的禽鸟也沾染了这层意韵,比如杨巨源《别鹤》中开首四句即云:"海鹤一为别,高程方杳然。

---

① 王聘珍:《大戴礼记解诂》,第24页。中华书局,1998年版。
② 沈德潜:《古诗源》,第40页,第110页。中华书局,1984年版。

影摇江海路,思结潇湘天。"

此外,如秋、竹、白蘋、杜鹃、巫山神女等意象,也是在唐诗中常与潇湘意象伴生的,限于篇幅,此不再论。

与湘妃凄怨意韵应合的唐人传奇故事

唐人传奇,按照赵彦卫《云麓漫钞》的说法:"盖此等文备众体,可见史才、诗笔、议论。"因着这种文体的优越性,许多题材纷至沓来。刘贡父说:"小说至唐,鸟花猿子,纷纷荡漾"。湘妃故事原就"小小情事,凄惋欲绝"①(洪迈),且几百年来饱孕着如许诗心情韵,自然比"鸟花猿子",更能展现士子们的史才、诗笔和议论了。《太平广记》卷三百五引唐人卢肇小说集《逸史》中名为《萧复弟》的一则故事:

> 萧复亲弟,少慕道不仕,服食芝桂,能琴,尤善《南风》。因游衡湘,维舟江岸,见一老人,负书携琴。萧生揖坐曰:"父善琴,得《南风》耶?"曰:"素善此。"因请抚之,尤妙绝。遂尽传其法。饮酒数杯,问其所居,笑而不答。及北归,至沅江口,上岸理《南风》。有女子双鬟,挈一小竹笼曰:"娘子在近,好琴,欲走报也。"萧问何来此,曰:"采果耳。"去顷却回,曰:"娘子召君。"萧久在船,颇思闲行,遂许之。俄有苍头棹画舸至,萧登之。行一里余,有门馆甚华。召生升堂,见二美人于上。前拜,美人曰:"无怪相迎,知君善《南风》,某亦素爱,久不习理,忘其半,愿得传授。"生遂为奏。美人亦命取琴,萧弹毕,二美人及左右皆掩泣。问生授于何人,乃言老父,具言其状。美人流涕曰:"舜也,此亦上帝遣君子受之,传与某,某即舜二妃。舜九天为司徒,已千年别,受此曲年多,忘之。"遂留生啜茶数碗。生辞去。曰:"珍重厚惠,然亦不欲言之于人。"遂出门,复乘画舸,至弹琴之所。明日寻之,都不见矣。

舜弹五弦歌《南风》的传说,自战国后期即已流传,《孔子家语》并录有歌辞。唐诗中也有咏此故典者,如韦庄《悼亡姬》:"湘江水阔苍梧远,何处相思弄舜琴。"便是

---

① 上面三段引文,均转引自汪辟疆《唐人小说·序》。上海古籍出版社,1983 年版。

此意。另有卢仝《秋梦行》之诗：

> 客行一夜秋风起，客梦南游渡湘水。湘水泠泠彻底清，二妃怨处无限情。娥皇不语启娇靥，女英目成转心惬。长眉入鬓何连娟，肌肤白玉秀且鲜。裴回共咏东方日，沈吟再理南风弦。声断续，思绵绵，中含幽意两不宣。殷勤纤手惊破梦，中宵寂寞心凄然。心凄然，肠亦绝，寐不寐兮玉枕寒，夜深夜兮霜似雪，镜中不见双翠眉，台前空挂纤纤月。纤纤月，盈复缺，娟娟似眉意难决。愿此眉兮如此月，千里万里光不灭。

此诗虽托言于梦，而叙述宛转，正可与上文同作小说家语看。又其惝恍幽怨，毕竟"诗笔"为长。实际上，舜之《南风》琴曲，乃化育万民之意，本不入悲调，此径以断肠声出之，乃诗意之所必然。这样的奇幻叙述，将遥远的典故，忽然仿佛即在人世可遇，这就使神韵潜通的古今心思，获得了更亲切而真实的感受。至如沈亚之《湘中怨解》，虽自言受南卓《烟中怨》启发（其末云"盖欲使南昭嗣《烟中之志》，为偶倡也。"①）但故事情韵，仍本之湘妃传统，一望可知。

最凄惋诡谲的，当数关于李群玉的传言，范摅《云溪友议》云：

> 李校书群玉既解天禄之任，而归浔阳。经湘中，乘舟题二妃庙诗二首，曰："小孤洲北浦云边，二女明妆共俨然。野庙向江空寂寂，古碑无字草芊芊。东风近暮吹芳芷，落日深山哭杜鹃。犹似含颦望巡狩，九疑如黛隔湘川。"又："黄陵庙前莎草春，黄陵女儿茜裙新。轻舟小楫唱歌去，水远山长愁杀人。"后又题曰："黄陵庙前春已空，子规滴血啼松风。不知精爽落何处，疑是行云秋色中。"李君自以第三篇春空便到秋色，踟蹰欲改之。乃有二女郎见曰："儿是娥皇、女英也。二年后，当与郎君为云雨之游。"李君乃悉具所陈，俄而影灭，遂掌其神塑而去。重涉湖岭，至于浔阳。浔阳太守段成式郎中，素为诗酒之交，具述此事。段公因戏之曰："不知足下是虞舜之辟阳侯也！"群玉题诗后二年，乃逝于洪井。段乃为诗，哭李四校书也："酒里诗中三十年，纵横唐突世喧喧。明时不

① 汪辟疆：《唐人小说》，第190页。

作祢衡死,傲尽公卿归九泉。"又曰:"曾话黄陵事,今为白日催。老无男女累,谁哭到泉台?"①

　　此故事中将娥皇、女英描写成巫山神女、仙窟女真一流人物,竟唐突如此!而李群玉终"掌其神塑去"。不过《太平广记》卷四百九十八录《云溪友议》文,大致与上引同,唯改作"礼其神像而去",态度全不同矣!然二年之谶、题诗之怨,便使这故事越发显得奇幻哀艳。文中第三首诗所谓从"春空便到秋色",李群玉自以为未稳,其实很可见其创作心理。因为潇湘凄怨,自《湘夫人》"袅袅兮秋风,洞庭波兮木叶下"后,便与秋色常相伴生。从三首诗看,后二首俱着"春"字,第一首"东风"、"杜鹃"云云,春亦隐含其中。大约李群玉涉湘时正值春日,而末首最后收笔却直到"秋色",正是潇湘凄怨情韵与"秋"的伴生惯性于不经意中发挥了作用。前文述伴生题材时,因篇幅之限不及于秋,此恰简笔补足。

潇湘意象的丰富内涵及主流情调

　　当然,潇湘作为诗歌中的常见意象,除前文着力分析的凄怨特征外,还有着丰富的内涵。比如唐前多游仙诗,这些作品时常拉出许多仙人神女相伴作乐,湘妃或也厕列其中,陆机《前缓声歌》"北征瑶台女,南要湘川娥"、谢灵运《缓歌行》"娥皇发湘浦,霄明出河洲"②云云,乃本自楚辞惯例,这自然在一定程度上也使潇湘意象沾染些神异的气息。但在这类游仙之作中,湘妃出现既少,又不起眼,所以这一风格始终没能得到发展。更重要的是,这类神异气息又常被湘妃凄怨风韵所吞没,"湘灵鼓瑟"情感色调的质变,可为显例。

　　真正在潇湘意象中可别立一宗的,恐怕当属山水清空这样一种情调。潇湘虽僻在南方,但其自然山水的清秀明丽也是事实。《湘中记》所谓"湘川清照五六丈下见底石如樗蒲矢,五色鲜明,白沙如霜雪,赤岸若朝霞"③,足令人心仪。这当然能引

---

① 《云溪友议》卷中,四库全书版。
② 《乐府诗集》第 945 页、第 946 页。
③ 《水经注》第 582 页。

起诗人的兴会。梁沈约《江南曲》云："擢歌发江潭,采莲渡湘南,宜须闲隐处,舟浦予自谐。罗衣织成带,堕马碧玉簪,但令舟楫渡,宁计路嵌嵌。"①《乐府解题》:"《江南》古辞,盖美芳晨丽景,嬉游得时。"以沈约之作观之,信然!

唐诗中对潇湘的山水清丽,有着更多更细致的描绘,而且大多仍出自那些南下的北方士人。如杜荀鹤《冬末同友人泛潇湘》云:

> 残腊泛舟何处好,最多吟兴是潇湘。就船买得鱼偏美,踏雪沽来酒倍香。
> 猿到夜深啼岳麓,雁知春近别衡阳。与君剩采江山景,裁取新诗入帝乡。

元结《欸乃曲五首》,选录其中二首云:

> 湘江二月春水平,满月和风宜夜行,唱桡欲过平阳戍,守吏相呼问姓名。
> 千里枫林烟雨深,无朝无暮有猿吟,停桡静听曲中意,好是云山韶濩音。

湘江夜行,猿啼雁飞,枫林烟雨,依稀乐声,原是表现潇湘凄怨情调的常见套数,可在这些诗作中,竟疏朗清空,暗助诗兴,此亦山水人意别具会心。

潇湘山水的自然清秀,不仅惹动着诗人温润的情怀,且常常引起他们隐居的遐想。隐居是唐代士人的时尚之一,更是文人久积的一种处世惯性,虽未必真隐,但表述一下欲隐的冲动,从中游漾几分自在散漫的情绪,也可算是一类常见的诗题。这类词句在唐诗中频频出现:

> 终掉尘中手,潇湘钓漫流。(杜牧《忆齐安郡》)
> 心期身未老,一去泛潇湘。(李商隐《宿韦津山居》)
> 为觅潇湘幽隐处,夜深载月听鸣泉。(殷尧藩《夜过洞庭》)
> 却羡去年买山侣,月斜渔艇倚潇湘。(罗邺《春夜赤水驿旅怀》)

甚至温庭筠在《春尽与友人入裴氏林探渔竿》诗中,竟有"适心在所好,非必寻

---

① 《乐府诗集》第385页。

湘沅"之句,可见潇湘一带,已是人们心目中理想的归隐之地了。

潇湘意象山水清空的情韵,在唐诗中还有两种常见的诗题。

一是吟咏山水画,如郎士元《题刘相公三湘图》云:

> 昔别醉衡霍,迩来忆南州。今朝平津邸,兼得潇湘游。稍辨郢门树,依然芳杜洲。微明三巴峡,咫尺万里流。飞鸟不知倦,远帆生暮愁。浔阳指天末,北渚空悠悠。枕上见渔父,坐中常狎鸥。谁言魏阙下,自有东山幽。

显然,入山水画者,其山其水总有动人之处。从此诗看,此《三湘图》亦当清幽远旷,有招隐之意。

其二是吟咏园林河湖之胜。如:

> 池色似潇湘,仙舟正日长。(许浑《陪少师李相国崔宾客宴居守狄仆射池亭》)
>
> 初疑潇湘水,锁在朱门中。时见水底月,动摇池上风(孟郊《游城南韩氏庄》)
>
> 芦叶有声疑露雨,浪花无际似潇湘。(朱庆余《南湖》,一题温庭筠作)
>
> 门前烟水似潇湘,放旷优游兴味长。(李中《思九江旧居三首》)

这些诗句,常将人家园林池塘或某些河湖作潇湘之联想,大多亦采其清澈悠远之意。

但是,必须说明的是,尽管山水清空也是潇湘意象中的一个重要方面,但却不能与前述凄怨情调等量视之,这不但指前者在数量上远不及后者,更重要的是,在唐代有关潇湘的诗作中,山水清空的一面很难得到尽情的发挥,它常常稍一出现,便又生生地被凄怨悱恻的情调掩却了。比如刘言史《潇湘游》:

> 夷女采山蕉,缉纱浸江水。野花满髻妆色新,闲歌欸乃深峡里。欸乃知从何处生,当时泣舜肠断声。翠华寂寞婵娟没,野篆空余红泪情。青烟冥冥覆杉桂,崖壁凌天风雨细。昔人幽恨此地遗,绿芳红艳含怨姿。清猿未尽鼯鼠切,

泪水流到湘妃祠。北人莫作潇湘游,九疑云入苍梧悲。

　　此诗首四句野香扑面,自然生新;中段咏舜与二妃事,愁肠欲断,幽恨泫涕;至末尾"北人莫作潇湘游"句,竟不堪矣,而出此哀号。情绪越转越落寞,再反窥前面的自然清空,恰成了凄怨愁苦的对比与衬垫。在吟咏潇湘的唐诗中,这类风格的作品很多,刘长卿《入桂渚次砂牛石穴》、吕温《道州途中即事》、李德裕《鸳鸯篇》等俱其类也!

　　其实,认真品味这些潇湘诗作,甚至会发现,纯粹写得山水清空、旷朗跳脱者,寥寥可数。许多诗作单独看似尚清新,但若结合诗人的身世心态,则在清新的背后,依然隐着一层苍凉与落寞。最典型的莫过于柳宗元。他贬永州十年,也有对山水清奇的观赏,比如《渔翁》:"渔翁夜傍西岩宿,晓汲清湘燃楚竹,烟销日出不见人,欸乃一声山水绿。回看天际下中流,岩上无心云相逐。"当然还有为人常道的所谓"永州八记",于山川风土多有流连,色调尚称明快,但明快中却也时露清冷,如《至小丘西小石潭记》云:"坐潭上,四面竹树环合,寂寥无人。凄神寒骨,悄怆幽邃。以其境过清,不可久居,乃记之而去。"此处的凄怆幽冷,非仅关景物,亦是柳子心态的体现。其《囚山赋》写于贬永已"积十年"之时,赋中仍视众山为牢狱,自身为囚徒,惨怛叫啸,中心如燎。可见其清空悠闲,无心相逐,多是自慰之词,而潇湘夜愁之类,方其本心。所以,在不丢弃潇湘意象丰富性的同时,本文尤要强调凄怨特征乃是潇湘意象的主流情调,这也是本文一以贯之的论证脉络。

　　最后需要说明的是,潇湘意象中的清空情调,入宋以后渐多,这或许源于南北文化的进一步交流以及南方文化整体品格的提高,宋词中对潇湘清空的吟咏,就大大增多了;宋明以来,又有所谓"潇湘八景",常为人摹画或吟咏,其格调亦以清空为多。但即便如此,清空情韵仍无法超越凄怨情韵,宋以后不但诗词文中湘妃凄怨色调仍不绝如缕,便是在逐渐兴盛的叙事文体中,这种源自诗文的意象情调,依然显得不可摇动。比如元曲中有杨显之的《临江驿潇湘秋夜雨》杂剧,演绎一段负心姻缘之事,该剧的地理安排是一笔糊涂帐,作者也无暇深究,他只是一力要进入"潇湘夜雨"的凄苦情境,以此来烘托张翠鸾的悲苦遭遇。至于《红楼梦》中将多愁善感的林黛玉称作"潇湘妃子",其所居称"潇湘馆",个中情韵拍合,无间矣!

(作者单位:北京大学中文系)

论竹林七贤的文化意义

刘运好

魏晋时代有三大文人集团:建安七子、竹林七贤、二十四友。其中,竹林七贤尤为值得注意。其原因有三:其一,建安七子与二十四友都是吸附在政治磁铁上的文人集团,本质上并没有改变汉代文人的政治依附性,只有竹林七贤摆脱了政治依附,从而成为一个独立的真正意义上的文人集团。其二,竹林七贤在皇权意识、价值体系与诗学精神方面所表现出的强烈批判精神,解构了传统文化哲学,影响了后代部分知识分子的思想、行为以及文化活动。其三,竹林七贤行为所表现的主体自由与人格意识,生命情调与气质风度,标志着魏晋风度的形成,是构成魏晋风度的主要内涵。因此,七贤在文化哲学史上的深刻意义,是魏晋其他文人集团难以比拟的。

一、皇权依附意识的解构

竹林七贤是一个游离于皇权政治以外的文人集团,理论上猛烈批判皇权,行为上公然漠视皇权权威,由依附皇权而转向主体独立,客观上消解了秦汉以来所建立的以皇权为轴心的偶像崇拜意识。

皇权意识萌生于家天下的国家制度的建立,凸显于秦汉时期。秦始皇吞并六国,建立中央集权专制。中央集权专制的核心是皇权,皇权的绝对权威与臣民的依附意识(以皇权为轴心),是集权专制赖以存在的两大前提。而实现这一前提,除了专制机器的自身运转外,就是文化的维系作用。百家争鸣的多元文化显然已无法适应统一的专制帝国的要求,李斯认为,天下散乱的根源就在于由文化多元而造成的混乱局面①。于是,秦帝国废除分封制,实行郡县制,建立集权专制的政治机制;统一度量衡,实行书同文、车同轨,逐步建立起适应集权专制的心理机制;焚书坑儒,强制推行一元政治文化,逐步建立集权专制的文化机制。当然,由于文化发展的自身惯性,以及秦帝国残酷的文化政策所造成的强大反弹力,使秦帝国的文化政策运作并不成功。

汉初得天下后,刘邦开始并未意识到建立大一统文化的重要性。有两件事改变了汉高祖的政治走向:

一是陆贾说诗书而论治天下。《史记》卷九十七《郦生陆贾列传》载:"陆生时时前说称《诗》《书》。高帝骂之曰:'乃公居马上而得之,安事《诗》《书》!'陆生曰:'居马上得之,宁可以马上治之乎?且汤武逆取而以顺守之,文武并用,长久之术也。昔者吴王夫差、智伯极武而亡;秦任刑法不变,卒灭赵氏。乡使秦已并天下,行仁义,法先圣,陛下安得而有之?'高帝不怿而有惭色,乃谓陆生曰:'试为我著秦所以失天下,吾所以得之者何,及古成败之国。'陆生乃粗述存亡之征,凡著十二篇。每奏一篇,高帝未尝不称善,左右呼万岁,号其书曰《新语》。"陆贾以史为鉴,说明"逆取顺守"是治世的基本原则。"行仁义,法先圣",推行统一的文化政策是治国的根本,由此而说动刘邦。

二是叔孙通制礼仪而树立皇权的权威。汉初废秦礼仪,群臣无章可循,任性而动,造成朝政秩序混乱,高祖使叔孙通制礼仪。《汉书》卷四十三《叔孙通传》:"汉王已并天下……悉去秦仪法,为简易。群臣饮争功,醉或妄呼,拔剑击柱,上患之。"于是高祖命叔孙通制礼仪,"度吾所能行为之",通"颇采古礼与秦仪杂就之"。此后"自诸侯王以下莫不震恐肃敬",使刘邦品尝到皇权专制的甜头。

两人的着眼点都是皇权政治。前者以史为鉴,论维护皇权的策略与技术。后者以礼为用,树立皇权的绝对权威。其方法都是将皇帝的政治资源融入文化阐释中,在整理文化的同时,树立皇权意识。后来经过董仲舒进一步改造与发展,建立

---

① 《史记》卷六《秦始皇本纪》载李斯之语曰:"古者天下散乱,莫之能一,是以诸侯并作,语皆道古以害今,饰虚言以乱实,人善其所私学,以非上之所建立。今皇帝并有天下,别黑白而定一尊。"

了完整的皇权理论体系。直至汉末士大夫清流集团的出现,才逐步解构了这种文化体系①,为魏晋思想的转轨提供了一个契机。

在建安时期,皇权的躯壳徒然存在,而皇权意识则被政治集团意识所取代,邺下文人如众星拱月,紧紧攀附在曹操集团的龙麟凤翼上,几乎已经完全漠视了皇权的存在。所以后来曹丕代汉称帝未费一兵一卒,就是这个原因。曹丕即位后,虽通过整理文化,复兴儒学,调整统治者内部的权利分配,试图建立新的皇权依附意识,但由于曹丕背离了家天下宗法制度的皇权本质,失去了与手握重权的鹰扬之臣抗衡的政治力量;加之又没有建立起本朝皇权政治的理论体系,所以曹丕死后,皇权力量逐渐倾斜,终至形成了以司马氏为首的新政治集团。

到正始时期,曹魏皇权式微,形成以曹爽为代表和以司马懿为代表的两大政治集团②。两大集团在培植党羽集团意识的同时,逐步掏空了士大夫阶层本就十分脆弱的皇权意识,于是趣竞之徒奔走权门。高平陵事变后,依附曹爽的文士几乎全被杀戮。旧王朝大厦将倾,一木难支,而司马氏篡政野心又路人皆知。面对血腥政治,竹林七贤虽怀着对曹魏王朝的眷顾之心,却又不能也不敢公开反抗司马氏集团,于是在"越名教而任自然"的人生哲学幌子下,在行为上,以避世与悖礼对抗已被司马氏阉割了的儒家伦理秩序,企图消解司马氏的政治集团意识;在思想上,张扬"无君"、"非汤武而薄周孔",企图消解司马氏所渴望建立的新的皇权政治。

司马氏集团通过对传统名教的伪饰化,一方面掏空旧王朝存在的基础,建立集团依附意识;另一方面,又希望由集团依附意识逐步向新的皇权依附意识过渡,其终极目的还是为了建立一个新的皇权。于是七贤猛烈地抨击皇权意识。阮籍明确提出"无君"思想。其《大人先生传》说:"盖无君而庶物定,无臣而万事理,保身修性,不为其纪,惟兹若然,故能长久……君立而虐兴,臣设而贼生。"君为暴虐之源,臣为乱贼之本;去君臣,息礼法,而天下安矣。此后,嵇康《与山巨源绝交书》提出

① 概括言之,汉代帝国政治文化的建立与消解经历了三个阶段:历史的批判——对秦代皇权政治的扬弃;皇权理论体系的建立——独尊儒学与天人感应,统一思想,树立皇权的绝对权威;皇权理论体系的消解——士大夫清流集团的形成和对现实的批判。董仲舒是建立帝国政治文化体系的代表人物。
② 习惯上称曹爽一派为曹魏集团。这一概念并不准确。其一,魏的政治性质是中央集权,而曹爽集团的政治性质是政治集团。在中央集权下,任何一个政治集团存在本身都是对皇权的解构。其二,曹爽虽名为魏室成员,却非魏室忠臣,他的一系列僭越行为,说明他已经漠视皇权的存在,其集团在政治上也已经独立于皇权之外。

"非汤武而薄周孔",与阮籍一脉相承。毫无疑问,从政治背景看,"无君"论是直接针对司马氏集团而言的,他希望通过对君的否定从根本上抽去司马氏集团篡政的思想基础。这一点从阮籍思想的发展阶段也可以看出①。

在行为上,七贤优游竹林,在酣饮中佯狂避世。如山涛四十为官,因两大政治集团斗争激烈,而"投传而去……隐身不交世务"。阮籍"本有济世志,属魏晋之际,天下多故,名士少有全者,籍由是不与世事,遂酣饮为常"②。大将军尝欲辟嵇康,"(康)避之河东,或云避世"③。他们在避世的同时,常做出悖礼的举动,这将在下文论述。七贤行为有两点值得注意:其一,避世并不仅是为了逃祸全身,而是通过避世,疏远政治,淡化士林对政治的趣竞意识。其二,悖礼也并非仅仅是惊世骇俗,而是在超世之举中掏空伪饰名教的根基,故阮籍《大人先生传》说:"汝君子之礼法,诚天下之残贼、乱危、死亡之术耳。"这两方面客观上掏空了司马氏集团赖以存在的基础,从而切断了其建立新王朝的文化纽带。

竹林七贤,思想上"无君"与"非汤武而薄周孔",行为上避世与悖礼,原本是为了对抗司马氏的伪饰名教,抽空司马氏集团篡政的思想基石,实质上是一曲隐晦曲折的曹魏皇权没落的挽歌。但是在客观上,第一,比汉末名士更为猛烈地冲击了秦汉以来凸现的皇权意识,以及建安以来的集团意识,使知识分子从皇权与集团的依附中解脱出来,从而成为一个独立的社会群体成为了可能。第二,对皇权与集团依附意识的消解,使知识分子从以宗法制为基础的皇权意识中逐渐萌生国家意识成为了可能。第三,皇权依附意识的消解,使知识分子追求独立人格与自由意识提供了可能。这三点对后代的知识分子影响都十分深远。

二、儒学价值体系的解构

正始之前,儒与道所建立的价值体系影响最大。但是,秦汉以来,虽有汉初推

---

① 简言之,阮籍思想的发展分为三个阶段:一是伸张儒学为治国之本,以《达易论》为代表;二抨击礼法制度,高扬庄子的人生哲学,以《达庄论》为代表;三是宣扬无君思想,解构传统的皇权依附意识,以《大人先生传》为代表。

② 《晋书》卷四十三《山涛传》、卷四十九《阮籍传》。

③ 《三国志》卷二十一《嵇康传》裴松之注引。

行黄老之学,然至武帝独尊儒术之后,实际已消解了道家的人生价值体系。到正始时期,一方面,何晏、王弼提倡玄学,重构了道家的价值体系,但何、王玄学融合儒道,基本以老子学说为核心,与政治关系较为紧密;另一方面,司马氏外倡儒教,而内崇机诈,使儒教层层伪饰化。竹林名士本是为了解构司马氏所提倡的伪饰名教,然而客观上又对传统儒学形成了巨大冲击力量。

从思想方面看,简单说,儒家社会价值体系有三个基本层面:一是以"君"为核心的政治价值体系;二是以"礼"为核心的伦理价值体系;三是以"仁"为核心的主体价值体系。竹林名士强调"无君"、"自然"、"超越",也就在三方面消解了儒学的社会价值体系。

第一,关于儒学的政治价值体系问题上文已有论述,现补充论证如下:孔子用"正名"为手段,企图建立起以《周礼》为尺度的政治价值体系,其核心是"君君、臣臣"。其后,董仲舒《春秋繁露》提出春秋大一统的理论,强调君权至高无上,系统地建立起以皇权为轴心的政治价值体系。而阮籍"无君无臣"论与嵇康"非汤武而薄周孔"论,又消解了孔子直至董仲舒所建立起的政治价值体系。

第二,儒家以社会群体为参照系,以"礼"作为维系社会秩序的伦理准则①。竹林名士在批评君臣伦理的同时,也抨击了整个礼教制度。阮籍认为:"坐制礼法,束缚下民,欺愚诳拙,藏智自神。强者睽眂而凌暴,弱者憔悴而事人,假廉以成贪,内险而外仁。"嘲笑礼法之人为裈中之虱(《大人先生传》)。嵇康公开宣称自己"情意傲散,简与礼相背"(《与山巨源绝交书》)。刘伶对"陈说礼法"的贵介公子、缙绅处士予以辛辣嘲笑(《酒德颂》)。而且他们都是以"越名教而任自然"作为理论旗帜。在《释私论》中,嵇康强调不存矜尚,不为欲望所累,心无是非,行循自然,在凸显主体性的同时,淡化了人的社会性,这就必然消解了以人的社会性为基点的儒学伦理价值体系。

第三,儒学以"仁"为核心的主体价值体系,其本质有三:其一,"克己复礼为仁"的自律意识;其二,庄重威严,"温、良、恭、俭、让"(《论语·学而》)的人格修养;其

---

① 儒家所期望建立的伦理秩序,简单地说就是子夏所言:"贤贤易色;事父母,能竭其力;事君,能致其身;与朋友交,言而有信。"(《论语·学而》)这就讲了三个方面的关系:第一,在家庭关系上,贤贤(重德)孝悌;第二,在群体关系上,言而有信;第三,在社会关系上,事君尊上。

三,积极用世的人生态度与任重道远的使命感①。三个方面也仍然以人的社会性为基点。但是竹林名士强调人的自然性,以超越现实为起点,这就从根本上掏空了儒学赖以存在的基础。刘伶所塑造的"幕天席地,纵意所如"(《酒德颂》)的大人先生,是以夸张的手法强调对现实的超越。嵇康论述养生,不仅要超越外物之累,而且要情无爱憎,意无忧喜,超越自我情感的束缚,从而达到"天地与我并生,而万物与我齐一"的庄学境界,则主要强调对自我的超越。这种对现实与自我的双重超越,纵情所适,土木形骸,不以世务婴心,均是强调一种以自我为核心的主体生存状态。在消解自律意识和社会责任感的同时,也抽换了儒学人格修养的内涵。嵇康的"七不堪"理论、刘伶的"幕天席地,纵意所如",与儒家以"仁"为核心的三方面形成尖锐对立。

从行为方面看,儒家提倡的人生行为是以其自身所建立的社会价值体系为准则。积极用世、约我以礼、行为自律是其主要内容。而竹林名士以逍遥、狂诞、自然的行为方式消解了儒家的社会价值体系。

先说逍遥。竹林之游、肆意酣饮是竹林名士最主要的逍遥形式。竹林七贤名称的由来,本身就与文士的逍遥密切相关②。游于竹林,肆意酣饮,追求一种纵情适意的生命状态,是竹林名士逍遥的主要形式。嵇康与向秀锻于树下,与吕安园中灌蔬,刘伶病酒,均属此类。他们甚至以一种逍遥的态度治理政事。"(阮)籍闻步兵厨营人善酿,有贮酒三百斛,乃求为步兵校尉。遗落世事,虽去佐职,恒游府内,朝宴必与焉"③。求官竟是为酒,足见其为政态度之逍遥了。表面看,竹林名士逍遥的生命状态与生活情调同皇权意识毫无关联。值得注意的是,竹林之风直接源于汉末林下之风,而汉末林下之风又是在皇权意识崩溃以后,直接与政治对抗的产物。另一方面,竹林名士并非是真正的隐士,竹林之游的肆意酣饮,不以世务婴心,客观上疏远了政治,涣散了国家机制与职能,与儒学"事君能致其身"形成直接的对立。这种边缘化政治的手段,解构了以皇权为轴心的政治价值体系。

---

① 《论语·述而》:"发愤忘食,乐以忘忧,不知老之将至云尔。"又《泰伯》:"士不可不弘毅,任重而道远。仁以为己任,不亦重乎! 死而后已,不亦远乎!"
② 竹林七贤之名最早见于《世说新语·任诞》:"陈留阮籍,谯国嵇康,河内山涛,三人年皆相比,康年少亚之。预此契者:沛国刘伶,陈留阮咸,河内向秀,琅邪王戎。七子常集于竹林之下,肆意酣畅,故世谓'竹林七贤'。"
③ 《晋书》卷四十九《阮籍传》。

再说狂诞。传统的儒学礼法经过汉末时代潮流的冲刷，已经是支离破碎了。曹丕即位，虽一度也希望恢复传统儒学礼法，但因为时代原因，这一努力并不成功。到正始时期，名教已彻底伪饰化，成了司马氏集团篡政的一种政治手段。因此，以狂诞的方法，对抗伪饰的名教成为竹林名士的又一种手段。突破酒、色的大防是其狂诞的具体表现。刘伶《酒德颂》的大人先生"幕天席地，纵意所如。止则操卮执觚，动则挈榼提壶，唯酒是务，焉知其余"。这个壮美的酒徒形象正是诗人的自我写照①。即使在守孝期间也不愿放下酒杯，阮籍遭母丧，在晋文王坐进酒肉，因此而遭到贵介公子、缙绅处士"闻吾风声，议其所以"。他们打破礼法限制，以一种平等的态度对待女色。"阮籍嫂尝还家，籍见与别，或讥之，籍曰：'礼岂为吾辈设也？'"②阮咸在守孝期间宠幸姑母之婢，婢归又借驴追还，竟振振有辞曰"人种不可失"③。竹林名士的狂诞行为，虽然只是性格的外在层面，本是以情抗礼，但是这种浪漫的情调带有浓厚的政治色彩，客观上对儒学所建立的理性的社会伦理秩序起极大的冲击作用，在情的放纵中解构了儒学以"礼"为核心的伦理价值体系。

后说自然。"越名任心"是竹林名士行为没有准则的准则。也惟其"越名任心"才使他们行为绝少矫揉造作，更多袒露出人性的自然和真淳，在并非刻意的追求中表现出生命的本真。这种本真表现在三个方面：其一，生命形式的本真。《嵇康传》载：嵇康"美词气，有风仪，而土木形骸，不自藻饰，人以为龙章凤姿，天质自然"④。不注重外在修饰，而纯任自然，表现一种生命外在形式（气质风度）的本真。即使被行刑东市也是"顾视日影，索琴弹之"，与诗中"目送归鸿，手挥五弦"的名士风流是完全一致的。其二，生命内质的本真。《阮籍传》载："邻家少妇有美色，当垆沽酒。籍尝诣饮，醉，便卧其侧。籍既不自嫌，其夫察之，亦不疑也。兵家女有才色，未嫁而死。籍不识其父兄，径往哭之，尽哀而还。其外坦荡而内淳至，皆此类也。"⑤阮籍好色而不乱，表现一种生命内质（心境人格）的本真。"好色"仅仅是一种对美的追

---

① 《世说新语·任诞》第六则：刘伶"纵酒放达，或脱衣裸形在屋中。人见讥之。伶曰：'我以天地为栋宇，屋室为裈衣，诸君何为入我裈中？'"

② 《世说新语·任诞》第七则。

③ 《世说新语·任诞》第十五则。

④ 《晋书》卷四十九《嵇康传》。

⑤ 《晋书》卷四十九《阮籍传》。

求,"不乱"才是心境的坦荡和人格的淳粹。其三,生命情性的本真。刘伶"澹默少言,不妄交游,与阮籍、嵇康相遇,欣然神解,携手入林……常乘鹿车,携一壶酒,使人荷锸而随之,谓曰:'死便埋我。'"①阮籍"时率意独驾,不由径路,车迹所穷,辄恸哭而反"②。追求人生知音,放纵生命欲望,毫不掩饰人生的失落,表现一种生命情性(情感欲望)的本真。剥去人生的面具,袒露生命的真实,打碎人为伦理的桎梏,凸现生命的自然状态,不仅与儒学名教形成尖锐冲突,也是对"克己复礼"的儒家理性人格的消解。

如果对竹林名士的行为进行简略概括的话,逍遥是行为的情调,狂诞是行为的方式,自然是行为的本质。竹林名士的行为对儒学社会价值体系的解构,主要是通过悖礼的方式来达到目的的。因为儒学的社会价值体系是以"礼"为核心,一切政治的与主体的价值体系都建立在以"礼"为核心的伦理价值体系之上。

这种对儒学社会价值体系的解构,有两方面的文化意义:一是凸显了汉末以来所产生的强烈的生命意识与主体意识。在打碎儒学桎梏的同时,重建了知识分子独立的文化人格与主体人格。二是庄学所建立的人生哲学在汉代之前基本上只是以一种文化理论的形态存在,虽经过"魏文慕通达而天下贱守节"的发展过程,但在正始以前仍然没有完全渗透到文人的行为上来,只是经过竹林名士的生活实践,才形成了一种新的生活模式与人格模式,从而影响了后代知识分子的思想与行为。

三、对传统诗学的解构

建安之前,儒家诗学一直居于正统地位。建安时期,徐幹与曹丕兄弟的理论也并未完全逸出儒家的樊篱。竹林名士对传统诗学的解构主要是对儒家诗学的解构。而这种解构的本质也是对儒学价值体系解构的一种方式。主要表现在理论与创作两方面。

儒家诗学是以伦理哲学为核心,以社会人生为审美存在的基本形式,从而衍生出三个主要层面:一是以"兴于诗,立于礼,成于乐"(《论语·泰伯》)的伦理人格为

---

① 《晋书》卷四十九《刘伶传》。
② 《晋书》卷四十九《阮籍传》。

基本内容;二是以"兴、观、群、怨"(《论语·阳货》)的社会教化为功能要求;三是以"执中以为本"、"奏中声以为节"、"温和而居中"①的中和之美为审美原则。而竹林名士以"越名任心"为哲学核心,以主观精神为审美存在的基本形式,从而解构了儒家诗学的三个基本层面。竹林名士没有完整的诗学理论著作。他们的诗学思想主要体现在他们的玄学理论与美学理论中。追求超越与自由是竹林名士的基本美学原则。

他们首先以打破一切偶像的气势向传统模式提出了挑战。以超越现实的精神冲决一切现实的罗网。阮籍《答伏义书》说:"夫人之立节也,将舒网以笼世,岂樽樽以入网? 方开模以范俗,何暇毁质以适检?"亦即摆脱世俗名教之网,以自己的精神风范,笼盖时世,垂范世人。

阮籍追求超越现实,在现实超越中获得主体的精神自由。在《答伏义书》中,强调超举出世、颃颉于心灵的自由境界,与道同游,与天地并存,遗落了一切现实的"飘埃"、"飞尘",认为形体只是寄寓现实世界的一副躯壳,现实的行为并非是伦理规范的显现,因此也不能据此考察主体的精神。这种现实超越意识转化为美学原则就是超越有限而达无限。其《清思赋》曰:"余以为形之可见,非色之美;音之可闻,非声之善……是以微妙无形,寂寞无听,然后乃可以睹窈窕而淑清。"犹如由形体而不可考察精神一样,只有超越了客观之形、可闻之声,在无形寂寞之中,才能把握声色的玄奥、清雅之美。

嵇康强调追求心灵的超越——不仅超越现实,而且超越自我。比阮籍更具有绝对自由性。他在《养生论》中强调两种心灵状态与超越方式:一是"清虚静泰,少私寡欲,知名位之伤德,故忽而不营,非欲而强禁也;识厚味之害性,故弃而弗顾,非贪而后抑也"。即以智克欲——完成现实超越而回归自性;二是"爱憎不栖于情,忧喜不留于意,泊然无感,而体气和平",即离智和性——完成情感超越而回归自然。因为"喜怒悖其正气,思虑销其精神,哀乐殃其平粹",世俗之情妨生。养生不仅需超越世俗之累,且须超越情感之累,进入绝对自由的精神境界。追求心灵超越,进入审美状态就是物我两忘,与道齐一。在《琴赋》中,嵇康特别描述心境平和者的三种审美心理状态:先是愉悦快乐,进而和善天真,恬虚乐古,最终弃世遗身。从现代

---

① 刘向:《说苑》卷十九《修文》记载孔子语。

审美心理学的角度阐释,就是审美心理三层次:审美感知层、审美转换层、审美超越层。感知层是由音乐节奏进入音声之和所引起情绪的变化,主体由现实而逐渐进入审美,完成现实的超越;转换层是由音声之和进入自然之和所引起的心灵的净化(淑穆玄真,恬虚乐古),在情感逐渐消逝的过程中,完成心理的超越;超越层是主体完全融入自然之和中,是物我两忘,与天地齐一的"道"的境界,故曰"弃事遗身"。

虽然阮、嵇超越意识的内涵不同,有两点则完全一致:其一,无论是追求现实超越,还是心灵超越,都强调主体精神的绝对自由。其二,无论是超越现实,得之无限,还是超越心灵,与道齐一,都认为主观心灵是审美存在的基本形式。这与儒家强调现实伦理行为与精神道德的统一,客观现实是审美存在的基本形式,是大相径庭的。这就抽去了儒家诗学存在的根基。

在这种美学思潮下,正始诗歌创作表现了与建安诗歌的不同风貌。由关注现实到退归心灵,由超越因现实而生的愤懑勃郁到追求精神的绝对自由,是正始诗歌发展的基本轨迹。

超越现实是阮籍《咏怀》永恒的情绪状态和哲学主题。组诗《咏怀》大部分篇章作于阮籍晚年,故其诗亦如其文,否定现实,企望以超越现实的方式寻求精神自由与人格独立。阮籍早期的确"有济世之志"。其《孔子诔》对孔子的崇敬之情,《乐论》强调儒家教化功能,均是以儒入世的见证。《咏怀》诗对雄杰士、壮士建功立业也同样充满钦敬与赞赏(其三十八、其三十九),所以他超越现实,又留恋现实。因为诗人生活在魏晋易代之际,国家政治、世道人心以及个人生存状态都十分恶劣,因此诗人入世而忧生,求名而畏谗(其三十三),生命在躁动悲愤的情绪中流逝,人格与自由在窒息沉重的现实中失落。他要享受这有限的生命,保持独立人格与自由精神,就必须弃名遁世,泯是非,齐荣辱,一死生。然而,弃名遁世,仅仅是对现实的逃避,其背后隐蔽着对理想社会的向往和对浊乱现实的忧愤,只有隐于仙,才算是真正地超越现实,进入逍遥自由的境界。所以,求仙成为阮籍晚期诗的主要内容,而且阮籍的游仙诗与建安游仙诗表现出不同的诗风。

与阮籍比较,嵇康追求另一种超越形式——心灵的超越。比阮籍有更强烈的否定现实的倾向。他认为,生逢季世,大道不行,若如当路士那样奔竞权势,无疑是自入荆棘(《五言诗三首》其二)。故他彻底地否定了世人趋之若骛的富贵尊荣、贵盛、酒色(《秋胡行》)。认为智慧、令名、欲望、势位是生寇、害道、妨生、祸患之由

（《六言诗》）。总之，传统认可的价值观，世俗从之的欲望，都被嵇康彻底地否定了。他认为，生命存在的价值就是游心太玄，无色无欲，以澹泊之心性，悟无限之至道，万物齐一，与道消长。他的诗与《养生论》、《答难养生论》的养性原则，《声无哀乐论》的情感超越原则，其共同的哲学主题就是归之于"道"的心灵超越。其《赠兄秀才入军》诗亦充分表达了这一哲学主题："目送归鸿，手挥五弦。俯仰自得，游心太玄。""至人远鉴，归之自然。万物为一，四海同宅。……贵得肆志，纵心无悔。"超越名教，纵情适意。在目送归鸿，手挥五弦的玄意与潇洒中，"含道独往，弃智遗身"，最终"寂乎无累"，"归之自然"，获得心灵的超越。故其笔下的日常生活，习见之景，都涂有浓厚的超脱尘俗的色彩。其《四言诗》写泛舟、赏景、操琴、垂钓、赏荷、观兰、看云、望鸟、思友、遐思、访友，均具有高标尘世、纵心肆志的美感。身居现实，却获得超越尘世、一无挂碍的自由逍遥的精神境界。

嵇康亦有大量的游仙诗，然而在嵇康笔下，仙境与人境，仙人之我与人境之我，现实超越与心灵超越是玄同彼我，合而为一。如《赠兄秀才入军诗》、《述志诗》等。这与阮籍游仙诗，仙凡殊异，主体多游离于仙境之外，仙境带有明显的幻化超现实的生命存在形式，形成鲜明对比。故阮籍的逍遥始终挂着压抑的生命情绪；而嵇康的逍遥则浸透潇洒的生命情调。

当然，心灵超越首先表现为对现实的超越。现实超越也包含有心灵超越的渴求。但是从总的倾向看，阮籍强调超越现实，而嵇康强调超越心灵。

总之，竹林名士以玄学的人生哲学为基点，以主体自由的原则替代了儒家伦理规范的原则，从理论到创作，都在客观上解构了传统诗学原则：其一，在文艺表现形态上，强调超越和主体精神的绝对自由，抽去了儒家伦理美学的存在基础，使文学由客观转向主观，由反映社会转向表现心灵，使文艺从政治伦理中独立开来，标志着文学自觉的根本实现。其二，在文艺本原上，强调文艺本原于"天地之体，万物之性"（阮籍《乐论》），是超越现实甚至超越心灵的玄学情调的写照，就解构了儒家"社会反映说"的诗学理论。导致了玄言诗的产生。其三，在文艺功能上，强调艺术不是具体的事物，也不是具体情感的载体，因此"移风易俗，本不在此"（嵇康《声无哀乐论》），这也就解构了儒家的"道德教化说"的诗学理论，导致了南朝诗风对道德伦理的偏离。其四，在文艺审美品质上，艺术之"和"是指合天地之体，得万物之性，"道德平淡，五声无味"（阮籍《乐论》），这就将道家美学融入儒家的中和之美中，增加了诗歌的美学内涵,后来又融合佛学理论,导致了境界说的产生。

最后说明的是,竹林七贤作为一个文人集团,最终在强权政治下逐渐产生了分化,有些名士最终也走出竹林,投向政治集团或皇权政治的怀抱,当年的竹林之风也只能映现在知识分子理想中,成为难以企及的梦幻了。

（作者单位:安徽师范大学文学院）

江淹诗歌的题材选择及其文化意义

李宗长

由于江淹晚年背负"才尽"的恶名,致使长期以来对他的研究远远不够全面和深入。即使在有限的研究中,人们也只是把眼光局限在其"善于摹拟"的作品之上,而对江淹摹拟之外的其他题材的诗歌论之甚少,这与江淹"诗体总杂"的创作实际极不相称。有鉴于此,本文据逯钦立《先秦汉魏晋南北朝诗》所辑,把江淹诗歌按题材划分为拟古、游历、赠和等几个主要方面,试图对江淹诗歌的题材选择及其所蕴含的文化意义进行一番考察。

一

在江淹现存的百多首诗中,最引人注目的是拟古诗,包括《杂体诗三十首》、《学魏文帝》、《效阮公诗十五首》,计四十六首。可见拟古诗在江淹全部诗作中的重要地位。

关于《效阮公诗十五首》的写作背景与时间,江淹在《自序传》中云:"宋末多阻,宗室有忧生之难,王(指刘景素)初欲羽檄征天下兵,以求一旦之幸。淹尝从容晓谏,言人事之成败。每曰:'殿下不求宗庙之安,如信左右之计,则复见麋鹿霜栖露宿于姑苏之台矣。'终不以纳,而更疑焉。及王移镇朱方也,又为镇军参军,领东海郡丞。于是王与不逞之徒日夜构议,淹知祸机之将发,又赋诗十五首,略明性命之理,因以为讽。"从这段记载中,我们不难发现江淹的这组诗实际上是借拟古以讽谏刘景素的不轨之谋,其写作时间大致在泰豫元年(472)七月至元徽二年(474)秋江淹随景素镇京口这两年间。

江淹的另一组拟古名作《杂体诗三十首》,据曹道衡先生考证,"似当作于建元末,最迟恐亦在永明初年"①。这组诗作前面有作者自序一篇。从《杂体诗序》来看,江淹创作这三十首诗并不是一味地拟古,而是带有明显的倾向性,主要是针对当时理论界存在的部分偏向有意而为。这些偏向包括"各滞所迷"、"贵远贱近"、"重耳轻目"等,这对于当时的主要诗歌形式五言诗的健康发展有百害而无一利。正因为如此,江淹希望通过"品藻渊流"、"商榷"等方式,来表达他对五言诗"通方广恕,好远兼爱"的观点。从《杂体诗三十首》所选诗人的情况来看,江淹的拟作选取了自汉代至刘宋末年的 29 位作家(第一首为无主名的古诗),其中汉 2 人,魏 4人,晋 15 人,宋 8 人。晋宋作家占了绝大部分,这可以说是对"贵远贱近"理论的反动。如果把稍后的《文心雕龙·明诗》中所提及的五言诗作家与江淹拟取的对象作个比较,我们发现刘勰提及的作家中有 15 位与江淹模拟的对象相同,他们是李陵、班婕妤、曹丕、曹植、王粲、刘桢、稽康、阮籍、张协、潘岳、左思、陆机、孙绰、郭璞、张华。如果剔除江淹拟作中 8 位刘宋作家,那么可以更加明确地发现,江淹与刘勰对汉魏晋五言诗的发展成就与代表作家基本上持相同观点。再把稍后的《诗品》与江淹的拟作做个比较,我们发现江淹所拟的 29 位作家,《诗品》中均有品评,其中 11人居上品,13 人居中品,5 人居下品。从中可以看出江淹在选拟作家时既考虑到艺术成就的高低,又考虑到艺术风格的不同,真正做到了"玄黄经纬之辨,金碧浮沉之殊,仆以为亦各具美兼善而已"。同时还可看出钟嵘与江淹在理论上的某种一致之处。

从《杂体诗三十首》模拟的题材来看,江淹拟作也有较大的价值。我们先把江淹拟取的题材与其后《文选》中确立的诗歌题材做个对照。《文选》中萧统共确立诗歌题材 23 个条目,其中和江淹拟取的题材完全相同的有咏史、游仙、游览、咏怀;题材大致相同而名称稍异的有述德(怀德)②、公宴(游宴)、哀伤(述哀)、赠答(赠别)、行旅(羁宦)、军戎(从军、戎行)、郊庙(从驾)、杂歌杂诗杂拟(杂述);题材之间有内在联系而名称不同的有劝励(言志)、献诗(感遇)、祖饯(离情、怨别)、招隐反招隐

---

① 曹道衡《江淹作品写作年代考》,载《艺文志》第 3 辑。
② 括号内为江淹拟作的题材,下同。

（田居）、挽歌（养疾）。根据上述的统计可以看出,《文选》诗歌的立目只有补亡、百一、乐府三类与江淹拟作的题材不能对应,而这三者之间,百一和乐府严格地说来并不是诗歌的题材,而是诗歌的体式。这样,江淹《杂体诗三十首》所模拟的题材的价值就充分体现出来了,他为萧统《文选》在诗歌立目方面提供了有益的借鉴。

江淹选择拟古这一诗歌题材进行创作的文化意义可以从以下三个方面来理解:一、发扬光大了拟古诗这一特殊的题材,为拟古题材的诗歌在中国诗歌史上占有一席之地作出了贡献。据逯钦立《先秦汉魏晋南北朝诗》所辑,魏何晏有《拟古诗》一首,这大概是现存最早的拟古诗了。晋宋之际,从事拟古的作家及作品愈来愈多,著名的有陆机《拟古诗》十二首,谢灵运《拟邺中咏》八首,鲍照《拟行路难》十八首等。但这些拟作或模拟一个时期的一批作品,或模拟一个时期的一部分人作品,或模拟某一类题材的作品,在模拟对象的分布及时代的跨度等方面均不及江淹《杂体诗三十首》广泛和长久。当然,就拟作本身的艺术价值而论,鲍照《拟行路难》则明显高出其他拟作一筹,但这并不能成为否定江淹拟古之作应有价值的理由。相反,萧统《文选》立"杂拟"一目,计录诗六十三首,而江淹《杂体诗三十首》被悉数收入,占收录的全部拟作的一半,这从一个方面反映出江淹拟古之作在中国诗歌史上的地位。二、用创作实践客观形象地阐明了五言古诗的流变,表达出作者独特的文学倾向。在江淹之前,虽然五言古诗曾出现过建安初期的"腾踊"之势,但这并没有为理论界予以充分的肯定。挚虞《文章流别论》云:"夫诗虽以情志为本,而以成声为节,然则雅音之韵,四言为正,其余虽备曲折之体,而非音之正也。"而约与江淹同时的刘勰在《文心雕龙·明诗》中也说:"若夫四言正体,则雅润为本;五言流调,则清丽居宗。华实异用,惟才所安。"两人都认为四言诗是"正体",而五言诗则是四言诗的"流调"。这种观点大概就属于江淹在《杂体诗序》中提到的"贵远贱近"、"重耳轻目"一类。为了扭转这一理论偏向,作为诗人的江淹用独特的形式——模拟前人的作品来曲折地表达自己的文学观点,从创作实践这一角度给五言诗以充分的肯定。江淹的看法对后来钟嵘的影响是显而易见的,钟嵘在《诗品序》中对五言诗的肯定,在品评其他诗人时对江淹的揄扬①,在具体品评江淹时,说他"筋力于

---

① 如《诗品》在品评范云、丘迟时,说他们"故当浅于江淹,而秀于任昉";在品评沈约时,说他"故当词密于范,意浅于江也"。

王微,成就与谢朓"①,这些都可以作为江淹文学观点影响钟嵘的侧面证据。三、奠定了江淹在中国古代诗歌史上的地位。钟嵘《诗品》云:"文通诗体总杂,善于模拟。"最早对江淹拟古诗给予高度评价。其后历代评论家对江淹拟古之作间有评论,大都持褒扬之观点,如严羽《沧浪诗话·诗评》曰:"拟古推江文通最长,拟渊明似渊明,拟康乐似康乐,拟左思似左思,拟郭璞似郭璞,独拟李都尉一首,不似西汉耳。"严羽在肯定江淹拟作的同时,也指出了其中的部分不足。虽然江淹的诗歌创作并不仅仅停留在拟古的层面之上,但后人一提起江淹,对其拟古之作总是津津乐道,江淹也因此在诗歌史上获得了重要的位置。

二

除了拟古之作,江淹诗歌中经常涉及的另一题材是游历。然而这一题材的作品却很少为人提及,大概是由于人们过分看重江淹的拟古之作及辞赋而对江淹集中游历题材的作品有所忽视的缘故。按创作时间的先后划分,江淹的游历之作大致可分为三类:一是江淹赴荆州前所作,如《望荆山》、《秋至怀归》、《从冠军建平王登庐山香炉峰》等;二是江淹随刘景素在荆州时所作,如《从建平王游纪南城》、《渡西塞望江上诸山》等;三是江淹被贬吴兴后所作,如《赤亭渚》、《渡泉峤出诸山之顶》、《迁阳亭》、《游黄蘗山》等②。

综览江淹的游历之作,我们不难发现这样一个基本事实,即江淹诗中描摹的景色不可谓不美,但诗人的心境却始终没有乐山乐水的悠闲。如《从冠军建平王登庐山香炉峰》一诗描摹了庐山香炉峰仙境般的景色:"瑶草正翕赩,玉树信葱青。绛气下萦薄,白云上杳冥。中坐瞰蜿虹,俯伏视流星。不寻遐怪极,则知耳目惊。"又如《渡西塞望江上诸山》,诗人从时空转换、动静结合、色彩变更多重角度摩景写意,使诗歌摇曳生姿。然而诗人的心境却是一片萧瑟,如"零泪染衣裳"(《望荆山》)、"长

①   陈庆元《江淹"筋力于王微,成就于谢朓"辨》一文,认为此句当理解为"筋力强于王微,成就高于谢朓"。载《文学遗产》1985 年第 4 期。

②   关于江淹游历之作的创作时间,可参见吴丕绩《江淹年谱》、曹道衡《江淹作品写作年代考》(见《艺文志》第 3 辑)、丁福林《江淹诗文系年考辨》《江淹著述又考》(分见《河南师大学报》1987 年第 3 期、《扬州师院学报》1992 年第 1 期)、母美春《江淹诗文系年考辨》(见《南京师大学报》1993 年第 3 期)。

照忧人情"(《从建平王游纪南城》)、"一伤千里极"(《赤亭渚》)等诗句即为明证。通过对这一矛盾的深入分析,我们就会清晰地看出江淹游历之作中所蕴含的文化意义。

江淹的游历之作在反映其个人部分生活经历、感情变化的同时,也从侧面展现了那个时代的政治风貌。据蕴含在江淹三类游历之作中的情感走向来看,大致经历了一个由感伤到忧惧再到怀归的过程,这一过程的形成是与当时的社会政治背景密不可分的。即以感伤的心绪为例,在文通第一次被诬获罪之后,虽然得到了刘景素的赦免,并且很快转为巴陵王休若的右常侍,但他内心的感伤情绪仍然挥之不去,这从他的《望荆山》、《秋至怀归》等作品中可见一斑。那么,为什么江淹在景素幕中已有被诬获罪的历史却仍然不以转任休若右常侍为乐呢? 这不能不涉及到当时的政治环境。明帝刘彧即位以后,对他的兄弟如休仁休佑休若等并不信任,《宋书·刘休若传》曰:"上以休若和善,能谐缉物情,虑将来倾幼主,欲遣使杀之。"在江淹入休若幕府之前,休若已两次遭到明帝的降职处分,明帝甚至对休若结私瞒上的行径指责说:"孝建、大明中,汝敢行此邪?"因此,休若在明帝朝的政治前途并不光明。泰始七年(471)七月,休若最终被赐死。反之,刘景素在明帝时政治地位呈上升的趋势,一方面景素比较年轻,羽翼未丰,另一方面他是明帝的晚辈,对明帝的统治暂不构成威胁,直到明帝临终前,由于考虑到太子幼弱,才想到对景素的势力进行牵制。由以上分析可见,江淹在赴襄阳休若幕府时的心境是灰暗的,对自己将来的政治前途充满了忧虑,反映到作品中,使得这一时期的游历之作饱含感伤的情调。因而我们完全可以说,江淹在他这一时期的游历之作中流露的心绪,从一个侧面反映了当时险恶的政治氛围对诗人的影响。换句话说,江淹的游历之作也内包着浓厚的政治色彩和意义。

江淹的游历之作还形象地描绘了闽地的奇山秀水,为诗国开辟了一片崭新的天空。在江淹之前,人们对闽中的了解十分匮乏,在作品中加以表现的更是寥若晨星。西晋张协《杂诗十首》(其八)云:"闽越衣文蛇,胡马愿度燕。"刘宋时期的谢灵运在《还旧园作见颜范二中书》中亦云:"闽中安可处? 日夜念归旋。"两人均表达了闽越乃蛮荒之地,于此不可久居的想法。即使是后于江淹的谢朓、萧纲等人对闽中的偏僻仍存畏惧心理,"南中荣桔柚,宁知鸿雁飞"(谢朓《酬王晋安》)、"章甫翠履之人,望闽乡而叹息"(萧纲《与湘东王书》)即可为证。江淹在去吴兴赴任前也是心有疑虑的，《被黜为吴兴令辞笺诣建平王》云："淹乃梁昌，自投东极，晨鸟不飞，迁骨何日？"以致他"眷然西顾，涕下若屑"。然而，一旦江淹踏上闽中的土地，立即被眼前的碧水丹山及珍木灵草所吸引，于是他用五色的彩笔，绘出了一幅闽地山水风光的画卷。如他在《渡泉峤出诸山之顶》中写道："万壑共驰骛，百谷争往来。鹰隼既厉翼，蛟鱼亦曝鳃。崩壁迭枕卧，崭石屡盘回。伏波未能凿，楼船不敢开。百年积流水，千岁生青苔。"在《游黄蘖山》中又写道："残虬千代木，廧崒万古烟。禽鸣丹壁上，猿啸青崖间。"这里有遮蔽日月的山峰，往来驰骛的山谷，也有百年的流水，千岁的青苔；有千代的松木，万古的云烟，也有丹壁上的禽鸟，青崖间的猿猴。真可谓"南州饶奇怪，赤县多灵仙"（《游黄蘖山》）。甚至在诗人眼中，闽中"下视雄虹照，俯看彩霞明"（《迁阳亭》）、"金峰各亏日，铜石共临天"（《游黄蘖山》）的高耸地势，连蜀地峭峻的山峰也望尘莫及，"剑迳羞前检，岷山惭旧名"（《迁阳亭》）就是一个说明。江淹在诗歌中对闽中山水的描绘，第一次使人们通过艺术的形式领略了闽地的真实风貌，加深了人们对边地的了解。同时，江淹的这部分作品也拓宽了山水游历诗歌的题材范围，在引导诗人们把目光投向边远之地的山水景色方面，起到了积极的推动作用。因此，我们认为江淹的闽地游历之作为诗国开辟了一片崭新的天空，文化意义殊不可抹。

三

　　赠和之作在现存江淹诗歌中占有一定的比例，有十数首之多。然而同江淹的游历之作一样，江淹这类题材的诗歌也鲜为人重视，这对全面深入地把握江淹诗歌创作的走向与价值极为不利，因此有必要对江淹的赠和之作进行恰当的分析和评判。

　　据曹道衡《江淹作品写作年代考》，除去《秋夕纳凉奉和刑狱舅》、《当春四韵同□左丞》这两首作品难以考定写作年代外，江淹的其他赠和之作均可考出大致的写作年代。其中最早的一首赠和之作当为《贻袁常侍》，此诗作于泰始四至五年（468–469）。而作于永明三至四年间（485–486）的《郊外望秋答殷博士》可能是江淹最晚的一首赠和之作。从江淹赠和之作的时间跨度上来看，这些作品基本上写于江淹出仕以后的十余年间，这正是江淹仕途蹭蹬心绪复杂的时期。

江淹赠和之作的价值和意义集中体现在艺术表现方面,它反映了由元嘉诗风向永明诗风过渡的倾向。我们知道,元嘉诗风的代表作家是谢灵运、颜延之和鲍照。对于这三家的诗歌风格,萧子显《南齐书·文学传论》有一段精辟的议论:"今之文章,作者虽众,总而为论,略有三体。一则启心闲绎,托辞华旷,虽存巧绮,终致迂回。宜登公宴,本非准的。而疏慢阐缓,膏肓之病,典正可采,酷不入情。此体之源,出灵运而成也。次则缉事比类,非对不发,博物可嘉,职成拘制。或全借古语,用申今情,崎岖牵引,直为偶说。唯睹事例,顿失清采。此则傅咸《五经》、应璩《指事》,虽不全似,可以类从。次则发唱惊挺,操调险急,雕藻淫艳,倾炫心魄。亦犹五色之有红紫,八音之有郑、卫,斯鲍照之遗烈也。"从这段议论中可以看出,元嘉诗风的优点是讲求典雅、用事、对偶、藻丽,这对革新东晋以来质木无文的玄言诗风无疑做出了贡献。然而元嘉诗风的缺点也因此而并存其间,如酷不入情、顿失清采、操调险急等等。这与诗歌崇尚抒情委婉、丰神绰约的本质特点相去甚远。永明时代,人们明显意识到元嘉诗风的不足而力图新变,据《南史·王筠传》载,谢朓曾提出"好诗圆美流转如弹丸"的观点,沈约更是力主"三易"说(《颜氏家训·文章》中:"沈隐侯曰:'文章当从三易:易见事,一也;易认字,二也;易读诵,三也。'")他们不仅在理论上提倡平易的诗风,而且在创作实践中也身体力行。江淹恰好处于元嘉和永明这两个时期的中间,客观上具备诗风过渡的时空条件,江淹主观上的努力也使得其诗风的过渡性尤为明显,这一特点特别体现在其赠和之作的创作上。

从前面的分析中,我们已经了解到江淹的拟古之作具有独特的存在价值和文化意义,但这究竟还是模拟。认为江淹的拟古之作完全代表其本人的诗歌风格,这难免牵强附会。其实,刘熙载在《艺概·诗概》中早已指明:"(江淹)虽长于杂拟,于古人苍壮之作亦能肖吻,究非其本色也。"而江淹的游历之作在风格上偏重于继承元嘉诗风的古奥与典密,承前的特点鲜明,启后则不甚明了。如《游黄蘖山》就是典型的例证,这不仅体现在该诗的用语古奥晦涩,如"残虬"、"廥峚"等,而且还体现在部分句子即是直接从元嘉诗人的句子中化出,如"禽鸣丹壁上,猿啸青崖间"即是化用鲍照《登庐山望石门》诗中的"鸡鸣清涧中,猿啸白云里"。因此,江淹赠和之作所体现出的诗风的过渡性愈加明晰地显露出来,具体表现为:一、抒情的清婉。如《贻袁常侍》、《卧疾怨别刘长史》、《应刘豫章别》、《池上酬刘记室》等篇采用了寓情于景、情景交融的手法,曲折地写出诗人与友人间的离情别绪;《寄丘三公》、《灯夜和殷长史》等篇采用比兴手法抒写友情的真挚,笔调婉转,感人至深;"琴高游会稽,灵变竟不还。不还有长意,长意希童颜"(《赠炼丹法和殷长史》)、"戚戚忧可结,结忧视春暮"(《池上酬刘记室》)则采用了顶真的表现手法一吐诗人的忧惧之情。以上这些清真委婉的抒情方式,对诗歌的表情达意起到了烘托映衬的作用,增强了诗歌的艺术感染力。二、语言的清丽。江淹赠和之作在词语方面较多地采用了叠字和联绵词,如寂寂、永永、猎猎、飒飒、怅怅、戚戚等是叠字;皎洁、踟蹰、佗傺等是双声;烂漫、浸淫、泛滥、萧条等是叠韵。这些词语的使用避免了生涩,使诗歌走上了清秀的正路。在句子方面,他大量采用了对仗的方法,根据遍照金刚《文镜秘府论·二十九种对》的划分,江淹的赠和之作主要运用了以下几种对仗方法:一是的名对,如"卧歌丹丘采,坐失曾泉光"(《灯夜和殷长史》)、"水馆次夕羽,山叶下暝露(《池上酬刘记室》)"等;二是隔句对,如"昔汝别楚水,秋月丽秋天;今君客吴坂,春色缥春泉"(《贻袁常侍》)等;三是联绵对,如"铄铄雾上景,懵懵云外山"(《贻袁常侍》)、"猎猎风剪树,飒飒露伤莲"(《应刘豫章别》)等;四是叠韵对,如"浸淫泉怀浦,泛滥云辞山"(《应刘豫章别》)、"萧条晚秋景,旻云承景斜"(《秋夕纳凉奉和刑狱舅》)等。江淹运用对仗的手法与元嘉诗人颜延之非对偶不成句的极端做法明显不同,江淹运用对仗一方面是为了增加语言的整饰美和秀丽美,更重要的是为了抒情的需要,这是值得提出的一点。

(作者单位:新华日报社)

民族文学的建构与解构

——4世纪至6世纪中国北方民族文学实证说明

周建江

解析民族文学的建构与解构,对于当代中国文学,尤其是民族文学来说,其意义是十分积极的。中国历史从来便是民族的历史,文学亦然。中国历史不同阶段的文学,具有鲜明的民族特色,研究不同历史阶段的民族文学的生成与终结,把握民族文学的建构与解构,可以更清晰地认识中国文学的历史进程,指导当代中国民族文学的发展。本世纪以来,全球化的浪潮使得各种文化得以相互碰撞、冲击与融合。发达国家凭借着强大的经济优势裹携着强势的文化冲击着中国的文化舞台,文学也在所难免。长久以来,我们已经习惯于在中国文化悠久的历史和丰硕的成果中陶醉,但在世界新经济形势及其文化的冲击下,中国传统的具有民族特色的文学正在逐渐被边缘化,失去了往日的话语权,中国文学自下而上的发展遭遇到空前的危机。因此,总结中国文学史上民族文学的建构与解构的现象,通过民族文学在个别历史阶段的生成与终结,以及融入中华民族文学集群现象的分析,可以为当代中国文学的建设提供历史的借鉴,推动当代中国文学在世界文学的大背景下的健康发展。

一、民族文学的建构

民族文学的建构是伴随着民族政权的生成、建设和发展而运作的。最初的民族文学处于自由的原生态状态;随着民族政权的生成,民族文学则逐步向自为的阶段发展;当民族政权稳定并达到全盛时,民族文学也随之成为多种文学的共生体,带来民族文学的成熟。

　　民族文学的建构主要表现为三种形式：

　　民族文学建构的第一种形式是"自构"，即文学在自由状态下的自发产生。这种形式的民族文学建构在北方草原游牧民族的文学那里有着突出的表现。北方辽阔的自然环境成就了生活于其上的草原游牧民族宽广的胸怀；逐水草而居的自然状态下的舒缓生活节奏造就了草原游牧民族文学悠长的抒情特点；四季分明的自然气候使得草原游牧民族具有坚毅的性格，为其文学铸以高亢豪迈的特性；生活的艰难使其文学具有低沉的生命呻吟的文学精神；至于其疾风暴雨般的快速驰骋又使得其文学具有雄壮的格调。总之，自构状态下的民族文学有着天然的韵味，悠长深远，别具民族特色。慕容鲜卑的《阿干之歌》就属于民族文学创作的"自构"形式。《阿干之歌》的歌词没有流传下来。从该歌的创作本事来说，是兄弟手足之情的歌唱，歌唱的状态是忧伤的，曲调是低沉的，完完全全是在自然的状态下创作的，有着草原游牧民族的特色。

　　需要说明的是，此时期民族文学的创作在起始时期是用本民族语言创作的。由于这些民族只有语言而没有文字，所以在录入典籍时，是以汉语文字书写的，这就影响到这些原创文学作品的民族特色的浓郁程度。汉字是表意文字，民族语言是表音符号，音意之间的转换有一定的困难。所以，这些民族文学作品在用汉字记录时，会削弱该作品的民族性，致使某些作品在千百年后的今天诵唱时，民族特色已经被淡化到几近无有。这是民族文学作品在流传过程中的损失。与此同时，有些民族文学作品用汉字是难以记录的，于是在流传的过程中逐渐消失了。以《企喻歌》为例，《乐府诗集》的解题说："《企喻》本北歌……后魏乐府始有北歌即所谓《真人代歌》是也……其词虏音，竟不可晓。"[①]4 世纪—6 世纪时期，中国北方地区民族混杂，民族国家纷纷成立，又纷纷灭亡，其间会有很多具有鲜明民族特色的民族文学失传。时至今日，我们讨论这个时期的中国文学，常常因为缺少民族文学作品而掣肘，原因即是民族文学作品的稀少，尤其是具备鲜明民族特色的民族文学作品的缺失。至于那些被以汉字记录下来的民族文学作品，民族性已然被稀释，成为广义上的民族文学作品而被忽略了真正的民族精神内涵。

　　民族文学建构的第二种形式是"他构"，即以其他民族成员创作的文学作品充

---

① 《乐府诗集》卷 25，中华书局 1974 年 11 月第 1 版，第 362—363 页。

作本民族国家的文学作品,以丰富国家的民族文化生活。这种现象在五胡十六国年代极为普遍,是当时民族文学创作的特殊形式之一。

五胡十六国、北朝期间,出现过许多民族国家。在这些众多的民族国家里,真正掌握先进文化的国家并不多。作为昔日被压迫的民族及部落,他们的立国不是因为他们的强大,而是因为民族政权太软弱,因自身的崩溃而将国家的生存空间拱手相让,促成了五胡十六国政权的形成,其兴之也勃,其亡之也忽。许多民族国家尚来不及施展手脚便灭亡了。况且,一些民族部落的社会政治形态还处于奴隶制社会的末期,真正意义上的文化建设还谈不上,一旦在形成了自己的民族国家,文化上的空白有待其时先进文化的填充。这也就是民族国家里民族文学建构的"他构"情况出现的原因。

民族国家常常通过战争的方式获取生存的资源,例如土地、财产、人口,文学人才也不例外。民族国家的文化建设需大批人才,战争胜利品是最好的补充。北周战胜北齐,其中有一项工作便是将人才押解至长安。《北齐书·阳休之传》曰:"周武平齐,(阳休之)与吏部尚书袁聿修、卫尉卿李祖钦、度支尚书袁聿修、大理卿司马幼之、司农卿崔达拏、秘书监源文宗、散骑常侍兼中书侍郎李若、散骑常侍给事黄门侍郎李孝贞、给事黄门侍郎卢思道、给事黄门侍郎颜之推、通直散骑常侍兼中书侍郎李德林、通直散骑常侍兼中书舍人陆乂、中书侍郎薛道衡、中书舍人高行恭、辛德源、王劭、陆开明十八人同征,令随驾后赴长安。"①这批人涵括了北齐文学的精英,随之成为北周文学的生力军。这种情况早在西魏末年攻克南朝梁江陵政权就已经出现过,王褒等人就是在此时来到北方的。北周文学正是凭借这些外来的文学力量而兴盛的。

利用外来文学人才建构民族国家的文学,效果立竿见影,解决了民族国家文学人才短缺的问题,也带来了民族国家文学的兴旺。然而,毕竟是属于"他构"形式,结果在文学家和文学作品方面,固然是繁荣了民族国家的文学,但也有两种情况存在:一是这些文学家融入了民族国家的生活。例如北周的王褒、庾信之流;二是这些文学家依旧保有自己的政治理念,游离于民族国家文化生活之外,作品的民族特色就淡化了。

---

① 《北齐书》,中华书局1972年11月第1版,第563—64页。

　　关于民族文学"他构"的第一种情况，有大夏国胡义周所作的《统万城铭》例证。《晋书·赫连勃勃载记》曰："勃勃还统万，以宫殿大成，于是赦其境内，又改元曰真兴，刻石都南，颂其功德。"①《统万城铭》气势磅礴，凸显了大夏帝国的声威与荣耀，具有帝王之威与强者之气。胡义周是安定临泾人，汉族，早年出仕后秦姚氏政权，官黄门侍郎；赫连勃勃攻占长安，又仕于大夏。胡义周凭借自己的文学才能实现了大夏文学的"他构"，大夏文学因胡义周的《统万城铭》而存在。另外有庾信在北周时的文学创作的例证。庾信进入西魏北周，拜使持节、抚军将军、右金紫光禄大夫、洛州刺史。庾信在西魏北周时，大受欢迎，这固然与他在南朝梁时所取得的文学声誉有关，也与他快速融入西魏北周的文化生活有关。《周书·王褒庾信传》曰："世宗、高祖并雅好文学，信特蒙恩礼。至于赵、滕诸王，周旋款至，有若布衣之交。群公碑志，多相请托。唯王褒颇与信相埒。自馀文人，莫有逮者。"②庾信完全是在为北周的政治文化生活服务。

　　关于民族文学"他构"的第二种情况，即作家及其作品完全游离于民族文化特色之外，依旧保有自身的文化、文学特性，不参与民族文学意义上的建设。虽然在客观上实现了民族文学的繁荣，但在主观上则依旧是汉文化、汉文学的根基。这种情况可以在西魏北周时，入周的部分南朝梁文学家的创作上得到体现。由南朝梁进入西魏北周的文学家，并不都是像王褒、庾信那样热衷于西魏北周的文学建构，有相当数量的文学家拒绝为西魏北周的文学建构出力，依旧保持自己的南方文学的归属。虽然身处民族政权之下，但文化观念、文学思想、政治理念依旧是前朝的。萧撝、宗懔、刘璠诸人的文学即是。萧撝是在 552 年入西魏，北周建德二年(573 年)逝世，在北方生活了 20 多年，也曾经受到当局的重视，是当时四个"文学博士"之一，官授侍中。但萧撝尽量不参与北周的文化建设，闭门自省。北周武成年中，世宗招集诸文士于麟趾殿校刊经史，萧撝以母老为由，在家著述，又上书请求归养私门，"伏愿天慈，特垂矜许"，没有得到批准，但不久"寻以母忧去职"，保持自己的气节。宗懔入北，其政绩也仅仅有于麟趾殿校书一事，以及"数蒙宴赐"的荣耀而已。政治倾向性影响到他们在北方时的文学创作，或是没有，或是少得可怜，宗懔有《麟

① 《晋书》，中华书局 1974 年 11 月第 1 版，第 3210 页。
② 《周书》，中华书局 1971 年 11 月第 1 版，第 334 页。

趾殿咏新井诗》一首,刘璠有《雪赋》一篇,可以算得上是属于西魏北周民族文学作品。而其他作品或是南朝宫体诗之作,例如萧撝的《上莲山诗》[①];或是江南风景的描绘,例如宗懔《和岁首寒望诗》、《早春诗》、《春望诗》等作品[②];或是借景抒情,传达其在北方的抑郁心情和强烈的故国之思。至于说到西魏北周朝的附属国"后梁"政权的文学家们,则更是没有融入北方的民族文化里。地处荆襄的南方地区,相对独立的自我空间,使生活在这里的文学家们可以以自己原有方式歌唱,体现原有的文学特性,萧詧的诗歌如此,沈君攸的诗歌一样,多是南朝轻艳、清丽的诗风,例如沈君攸《双燕离》、《待夜出妓诗》、《采桑》、《采莲曲》等作品[③]。不过,如果说身处北朝的政治现实对他们的文学风格及其影响一点也没有的话,那是不合理的。影响还是有的。不过只限于风格上趋于沉重一些,咏物的对象由女性及生活转向自然物候而已[④]。

事实上,民族文学的"他构"现象是民族文学内部存在的主要现象,流传的作品最多,思想感情最复杂,作品的民族特色也最淡薄。出身于汉文学教养的汉族文学家们,从心底是不满意于民族压迫的,政治作为的吸引可以让他们出仕,但在文学创作上和作品中则力图保持自我的心性,与民族特色拉开距离,有时甚至拒绝为民族文学建构出力。只是到了隋朝,由于昔日的战胜国已经灭亡,压在心头的政治抵触心理方才释去,文学才有作为。隋朝重要的文学家,尽是北齐出身,如卢思道、薛道衡之流。因此,在"他构"力量建构下的民族文学,看起来风生水起,有声有色,实际上却是黯淡得许多,民族精神和民族特色被屏蔽掉,成就有限。

民族国家的民族文学创作主体是掌握先进文化的人士。在中国历史上的民族国家里,掌握文化文学特权的是汉族人士;同时,由于汉文学在民族文学整体结构

---

① 萧撝《上莲山诗》:"独迈青莲岭,超奇紫盖峰。挂流遥似鹤,插石近如龙。沙崩闻韵鼓,霜落似鸣钟。飞花满丛桂,轻吹起修筇。石蒲今尚有,采摘更相逢。"逯钦立《先秦汉魏晋南北朝诗》,中华书局1983年9月第1版,第2329页。

② 宗懔《早春诗》:"昨暝春风起,今朝春风来。莺鸣一两啭,花树数重开。散粉成初蝶,剪裁作新梅。游客伤千里,无暇上高台。"逯钦立《先秦汉魏晋南北朝诗》,中华书局1983年9月第1版,第2326页。

③ 沈君攸《采莲曲》"平川映晚霞,莲舟泛浪华。衣香随岸远,荷影向流斜。度手牵长柄,转楫避疏花。还船不畏满,归路讵嫌赊。"逯钦立《先秦汉魏晋南北朝诗》,中华书局1983年9月第1版,第2109—2110页。

④ 沈君攸《同陆廷尉惊早蝉诗》"日暮野风生,林蝉候节鸣。望枝疑数处,寻空定一声。地幽吟不断,叶动噪群惊。独有河阳令,偏嫌秋翅轻。"逯钦立《先秦汉魏晋南北朝诗》,中华书局1983年9月第1版,第2111—2112页。

中的主体地位,民族文学有向汉文学转化的趋向。于是,汉文学便成为民族文学的主流思潮,汉文学成为民族文学的主流形式。汉文学作家们接受民族国家在政权、政治层面的统治,民族文学则选择汉文化的观念及思想倾向和文学作品的形式。于是形成了民族文学建构过程中的"互构"现象。

民族文学建构过程中的"互构"现象也有两种状况存在,第一种状况是民族文学创作选择汉文学形式,第二种状况是以汉文学观念改造原有的民族文学作品(原生态作品),包括作品的外在形式和内在的思想倾向性。

民族文学创作选择汉文学形式是必然的,这是因为民族国家的统治民族大多没有属于自己的民族文字,同时也是因为汉文字的受众面是如此地广泛和影响巨大,迫使即使有民族文字的民族文学作家们也要选择汉文字作为自己文学创作的载体。纵观4世纪至6世纪的民族文学创作的状况是这样,纵观整个中国历史上的民族国家中的民族文学创作状况同样是这样。以北魏文学为例,早在拓跋魏立国之初,就有军政文章的存在,且这些文章的作者们都是汉族文士。到了北魏中后期,随着汉文化影响的日益深入到国家及社会生活的各个方面及角落,汉文学创作也影响到民族成员的文学创作上。孝文帝有《悬瓠方丈竹堂侍臣联句诗》[1],还有《祭嵩高山文》、《吊殷比干文》、《祭岱岳父》、《祭河文》、《祭济文》等文章。彭城王元勰有《应制赋铜鞮山松诗》[2],孝明帝元诩有《幸华林园宴群臣于都亭曲水赋七言诗》[3],孝庄帝元子攸有《临终诗》[4],节闵帝元恭有《诗》"朱门久可患"和《联句诗》[5]。北魏朝之后,北齐朝时的民族文学作家和作品有斛律乐丰的《歌》"朝亦饮酒醉"[6],高延宗《经墓兴感诗》[7]。北周朝时的民族文学作家和作品有明帝宇文毓《贻韦居士诗》"六爻贞道世"[8]、《过旧宫诗》[9];宣帝宇文赟有《歌》"自知身命促"[10];

---

① 逯钦立《先秦汉魏晋南北朝诗》,中华书局1983年9月第1版,第2200页。
② 逯钦立《先秦汉魏晋南北朝诗》,中华书局1983年9月第1版,第2205页。
③ 逯钦立《先秦汉魏晋南北朝诗》,中华书局1983年9月第1版,第2209页。
④ 逯钦立《先秦汉魏晋南北朝诗》,中华书局1983年9月第1版,第2210页。
⑤ 逯钦立《先秦汉魏晋南北朝诗》,中华书局1983年9月第1版,第2210—2211页。
⑥ 逯钦立《先秦汉魏晋南北朝诗》,中华书局1983年9月第1版,第2257页。
⑦ 逯钦立《先秦汉魏晋南北朝诗》,中华书局1983年9月第1版,第2274页。
⑧ 逯钦立《先秦汉魏晋南北朝诗》,中华书局1983年9月第1版,第2323页。
⑨ 逯钦立《先秦汉魏晋南北朝诗》,中华书局1983年9月第1版,第2324页。
⑩ 逯钦立《先秦汉魏晋南北朝诗》,中华书局1983年9月第1版,第2344页。

赵王宇文招有《从军行》歌"辽东烽火照甘泉"①；滕王宇文逌有《至渭城诗》②。上述文学作品如果不注明其作者是民族作家的话，没有人相信是出于民族作家之手，其艺术性之高妙（尤其是6世纪的作品），跻身于汉族作家作品之列，也是不分轩轾、难说高下的。这种情况表明，当民族国家的民族文学在建构时，借助外来文学力量是客观的，也是必由的。

民族作家选择汉文学形式创作，同时，汉文化、汉文学观念也在影响民族文学作品的结构形式与其内在思想观念，使之转变为全民族共同的文学遗产。只是这种转变似乎彻底了一些，民族文化的属性被全然稀释，难以见出作品的民族文化本原，反而消解了民族文学的生存。《木兰诗》和《敕勒歌》的情况即是如此。

《木兰诗》是一首表现民族战争的作品，是拓跋鲜卑早期拓边扩张历史的文学写照，爱国主义固然是作品的主导精神，但木兰的人物形象也非是英雄的写照。木兰的形象不过是千千万万拓跋鲜卑民族成员的形象，木兰从军征战的过程不过是千千万万拓跋鲜卑民族成员所应尽的民族义务。从拓跋鲜卑民族扩张的历史上看，《木兰诗》所描写的战争是北魏世祖拓跋焘对西北及东北诸国的战争。这场战争是拓跋鲜卑民族政权为强大自己的统治而进行的战争，是为本民族利益而进行的战争，故而赢得了本民族成员的积极参与。在这个基础上，《木兰诗》所表现的是拓跋鲜卑民族积极进取的精神，歌颂的是民族的杰出成员，具有民族的自豪感。然而，就是这样一首民族乐章，在其问世之后，长久之间湮没无闻，至唐时才见天日，却已是被掺入汉民族文化的精神，特别是木兰回归家园后的女性形态描写和女儿之身的恢复，以及女性精神的介绍，已经没有草原马背民族的豪爽之特点，回复到汉家女儿的身份特点。由此，经过汉文字书写的《木兰诗》被修饰成一首女性的赞歌。在民族史实的基础上，以汉文化文学的观念和载体出现的《木兰诗》成为民族文学互构的产物，丰富了民族文学的内容，但也衰减了民族文学的民族特性。

相对于《木兰诗》的命运，《敕勒歌》似乎更坏。《敕勒歌》本是敕勒民族的乐歌，是生活在北方草原的敕勒民族对于自己家园的歌唱。由于敕勒民族自身承受的苦难，《敕勒歌》具有一种民族呼唤与回归的企盼；况且"其歌本鲜卑语，易为齐

---

① 逯钦立《先秦汉魏晋南北朝诗》，中华书局1983年9月第1版，第2344页。
② 逯钦立《先秦汉魏晋南北朝诗》，中华书局1983年9月第1版，第2345页。

言,故其句长短不齐"。① 因而《敕勒歌》的民族精神是极强的。《敕勒歌》是在特定的背景下,由特殊人物的演唱而名垂史册的。魏末战争,说到底,是一场民族间的战争,是民族政权里失落的成员为夺回失去的权力和赢得民族解放所进行的战争。战争需要的是能够焕发军威、振奋战争意志的乐歌。对于东魏这些出生入死的高级军人来说,共同的北方军镇的文化背景使他们具有共同的思想基础。一般意义的草原风光、草原生活特色的作品是不能够焕发出他们自强心、自信力的;焕发出他们自强心、自信力的是那些可以表达他们蕴藏在心底、流淌在血液中的具有民族情感的歌声。只有此类歌曲才能够让他们透过现实缅怀历史,在历史的苍茫和民族的自尊中找到力量。从《敕勒歌》的歌声中,我们领悟到的景象是北方山川茫茫的天地,大漠风尘,青山狼烟,陶冶出来的情怀是豪放壮烈的气韵。《敕勒歌》也由此被赋予了悲壮的印记。然而,多年来我们对于《敕勒歌》的解读多限于草原风光描写的浅层面上,而没有深入到《敕勒歌》的内在精神层面上,《敕勒歌》的民族性也因此而淡化。

尽管民族文学建构过程中"互构"的因素有着种种的不便,但对于民族文学的建构还是积极的,毕竟民族文学园地由此而繁荣。

二、民族文学形态的转变

民族文学建构过程中的三种形式是相互交错进行的,有些是单性线化发展。一些发展时间较长的民族国家,由于有较长时间的准备,文化建设会完备些,文学建构是从"自构"开始的,例如慕容鲜卑的"前燕"文学、拓跋鲜卑的"北魏"文学;而有些是交互进行的,那些忙于争取自己民族自决权和急于建立自己民族国家的民族国家,则由于发展时间较短,缺少文化准备,民族文学的建构方式采取的是"他构"或"互构",例如氐族的"前秦"民族文学和匈奴族的"大夏"民族文学。但是有一点是要说明的,4 世纪至 6 世纪时期中国北方地区的民族国家的民族文学建构并没有进行到底,除了像北魏这样立国时间较长的国家外,其他绝大部分民族国家或是没有文学,或是文学状况惨淡。民族文学的建构在"文学"的意义上是不存在的。

---

① 《乐府诗集》卷 86,中华书局 1979 年 11 月第 1 版,第 1212 页。

民族文学建构在发展历程上,随着建构时间的加长,建构形式的多样化,建构成果的丰富化等多方面的表现,民族文学自身也在发生着变化,就文学的内容和性质而言,出现了由原生态向次生态转变的趋向,转变的结果是民族文学的解构。

民族文学的发展进程与民族文化的发展进程走的是同一条道路。民族文化在建构之初,走的是自然宗教文化信仰之路。民族文学在建构之初,文学题材和文学内容是对自然神灵和祖先神灵的歌唱。随着民族文化建构进程的推进,文化观念选择了祖先崇拜的样式;民族文学的建构在此时期的题材和内容是英雄传奇的歌唱。当民族文化建构达到全盛之时,文化回归到人的本身,人文关怀是文化的自觉选择,文学的创作题材和内容也转向对于个人精神世界的发掘和个人情感世界的表现。民族文学在建构过程中不断丰富自己,不断膨胀自我,不断完善自身,实现了文学发展的繁荣。

民族文学在建构之初受到文化形态的影响,选择了自然神和祖先神灵作为表现的对象,以满足文化的要求。中国北方许多草原民族的历史创世神话,都是以天地自然作为自己的创世之母。汉文化的历史记载将之称为荒诞,实则是草原民族在与自然斗争的过程中凝结而成的神圣观念,以显现自己是天地之子和天地主宰的崇高身份,证明自己是伟大的民族,为自己的民族披上一层绚丽的光彩。许多北方草原民族都是将狼作为始祖的,这是一种自然力量崇拜的结果。但无论怎样,对自然、天地的崇拜是北方草原民族的共同文化心理。在这方面,有史可查证的是拓跋鲜卑民族的历史传说。拓跋鲜卑出身东北山地,《魏志·礼志》明确地说明了这一点,"魏先之居幽都也,凿石为祖宗之庙于乌洛侯国西北。自后南迁,其地隔远。真君中,乌洛侯国遣使朝献,云石庙如故,民常祈请,有神验焉。"①有了这样民族文化历史的事实,也就有了民族文学的自然神和祖先崇拜的文学作品。北魏世祖太武帝派使臣中书侍郎李敞至石室祭拜,作《嘎仙洞碑文》。由于民族国家文化的落后和许多民族的历史灭绝,许多民族的早先历史记忆已然消失,极少有见于史著者,也不见于民族口头传说里,我们只能从零星的材料拼凑出民族文学对于自然神和祖先神灵歌唱的轮廓。这样的歌唱,最初无疑是属于原生态的,为民族先民口头的传唱,充满着天地自然的神韵和歌者朴素虔诚的情感心态。

---

① 《魏书》,中华书局1974年6月第1版,第2738页。

民族发展壮大是一个艰难曲折的过程,要战胜无数已知和未知的艰难险阻。以拓跋鲜卑为例,从东北大兴安岭西南而行,"山高谷深,九难八阻",来到北方草原地区,壮大自己的部族力量,乘西晋灭亡之乱机,建立了自己的"代"国,但很快灭亡于强大的其他民族国家;再经过努力,才站稳脚根,成立魏国,进而统一中国。在这个漫长的历史进程中,凭借武力扩张而取得胜利,是需要英雄人物出来领导历史潮流的。因此,英雄崇拜从来就是文化中力量崇拜的代表。在五胡十六国年代,在南北争霸的岁月,历史呼唤英雄。于是,这个时期的民族文学的表现对象转而指向英雄人物,从而形成了对英雄歌唱的创作热潮。北魏年代的《木兰诗》固然就不必讲了,是对民族集体英雄和个人英雄的颂歌。此外,五胡十六国时代的《李波小妹歌》和《陇上为陈安歌》也是对英雄歌唱的颂歌。民族国家需要拓展自下而上的空间,需要战争,也需要英雄人物以鼓舞人民精神,以榜样的力量激励民众积极进取,赢得民族国家的全面胜利。这种文化氛围一经形成,便是属于全民族的。所以我们看到,这些作品中的英雄,他们的政治态度各不相同,各自为着自己的民族、民生利益而战。尽管如此,民族文学的发展也因此得到推进。

从总体的民族精神和民族思想特色而言,英雄传奇演唱的民族文学已经是迈向民族文学的次生态形态。这样说是因为作品中的民族特点(属于自身所特有的)多少已经淡化,作品语言使用的是汉语言文字,作品的内容转向普通的民众生活,缺少了民族性,增加了他民族性,已经背离了原生态的民族文学的特点,且意境不再辽远,草原气息减少,农耕文明气质增加。尽管有着这些转变,这些英雄传奇的作品还可以说是民族文学的结晶,成为民族文学的有机部分。

民族国家一旦进入成熟的阶段,对于那些立国于汉文化原生地的民族国家来说,由于受到强大的汉文化的影响,以及文化建设人才的"他构"努力,民族国家的民族原生特色便被彻底消解了,民族文学的原有民族特色也就不再存在,文学倾向被汉化,文学作品无论从思想倾向还是从艺术特征上都呈现出汉文化的特点,一切看起来与汉文学没有什么两样。文学作品成为作家个人心性的写照,或是社会政治文化的代言,曾经有过的特定民族属性全然失去,民族文学由此走向了解构的最后阶段。前面我们所列举的北魏、北齐、北周三朝的作家作品是如此。即使是五胡时代的文学也一样。前赵刘聪有《盛德颂》①,前燕慕容俊有《赭白骢赞》②,前秦苻融有的《浮图赋》③、苻朗有《临终诗》④,后凉吕光有《言志诗》⑤。这些例证充分说明民族文学发展形态的转变,从语言上将民族语言转为汉语,诗歌形式从杂言变为五言。诗歌韵度从长歌转为短章,诗歌体式由叙述诗转为抒情诗,为汉文学的表现。

民族文学创作对象的转变,正是民族文学失去民族特色的体现。因此,当北朝结束时,民族国家消亡了,民族文学也就解构了。这种解构是所有在汉文学地域里建立民族政权的民族文学发展走向的必然,是无法逆转的。

三、民族文学解构的原因

民族文学形态的转变,导致的直接后果是民族文学的解构。在 4 世纪至 6 世纪的中国北方地区的文学,民族国家的属性规定文学的民族特性;这种民族特性常常因为民族国家的膨胀而造成的民族属性由单一性向多元性方向的转变而发生变化。以北魏文学为例,鲜卑民族意义下的民族文学,在多民族文化交融的过程中,原有的鲜卑民族文化属性逐渐被稀释。多民族文化共生的现状,使得原有的基础并不扎实的民族文学遇到了自下而上的困难。民族文学最初的口头创作形式是活化的,通过艺人们的口口相传而承递。这种"活化"的态势是民族文学能够产生和生存的基础;当然,这种活化的创作态势最大的不足是不确定性,形成了民族文学成果的多样性,不过这也是民族文学充满活力的所在。民族国家的建立,民族文学在意识形态上得到加强,也得到其他文化的关注,为了民族文学的生存,必然要借助文字的力量保存民族文学成果,这种文字在当时只有汉文字。汉字文言化的特点,造成被保留的民族文学成果即刻固化;而一旦固化则成为遗产,民族文学原有的活力便失却了,民族文学的解构也就在所难免。北魏民族文学的发展历程正是

---

① 《晋书》,中华书局 1974 年 11 月第 1 版,第 2660 页。
② 《晋书》,中华书局 1974 年 11 月第 1 版,第 2838 页。
③ 《晋书》,中华书局 1974 年 11 月第 1 版,第 2934 页。
④ 《晋书》,中华书局 1974 年 11 月第 1 版,第 2937 页。
⑤ 《晋书》,中华书局 1974 年 11 月第 1 版,第 3055 页。

如此。纯朴的鲜卑民族文学最初是对自然神的歌唱,以及对于祖先神灵的歌唱,这体现在对于拓跋鲜卑民族历史的追溯里(《代人真歌》和祖先世家的表述说明了这种文学创作态势);随之是民族英雄传奇的歌唱,这是草原民族共通的文化特征(《木兰诗》之流);到了北魏朝后期,由于汉文化的全面介入,北魏民族文学的创作也转向个人情感世界的歌唱,这种歌唱是以汉文学模式和文学价值评判标准进行的,拓跋鲜卑的民族性已然全面丧失。之后的北齐、北周文学将这种转变进行到底,至北齐"文林馆"成立和北周"庾信体"出现,彻底终结了北魏以来的鲜卑文化属性在文学上的表现,北朝文学以全新的面貌而体面地结束。

民族文学建构的过程也是解构的过程,造成民族文学解构的原因有多种,主要表现为三种:

第一、民族文化传统的放弃。拓跋鲜卑民族的文化传统与五胡十六国年代的其他民族文化相比,还是较为优厚的。拓跋鲜卑民族能够在群雄逐鹿之际,于代北立国,从部落制进入国家制,文化传统的坚实性起到了积极的作用。正是凭借这种坚实的民族文化基础,拓跋鲜卑民族能够在亡国的情况下,在不久之后重新建国,而且迅速发展壮大,成为北中国的统治者,民族文化中拼搏的精神发挥着积极的作用。北魏从立国到孝文帝汉文化变革之前,生存时间长达105年,而且雄据中国政治领袖的位置;然而,从孝文帝汉文化改革后不到40年时间,北魏便因解体而灭亡。何兴之悠悠? 何亡之速速? 将鲜卑民族文化政策改为汉文化政策是最为关键的决定性原因。虽然说拓跋鲜卑民族文化处于汉文化和其他文化的重重包围之中,自下而上的生存空间日渐狭隘,但只要有政治作为的支持,民族文化还是能够久远生存的;如果始终维护自身民族文化的属性,其他文化也是难奈其何的! 然而,恰恰就是北魏孝文帝放弃了自身原有的鲜卑民族文化基础,而且放弃的又是那样彻底,全面汉化,结果在极短的时间里,鲜卑民族文化在政治层面上(宗教礼仪、政府机关、行政建构等)和文化层面上(饮食、服饰、习俗等)快速丧失。尤其是民族语言的禁用,加剧了这种丧失的速度。相应地,民族文学的民族性也即丧失。需要指出的是,民族文化政策的失守放弃,这种转变的过程一经运作,发展态势便是不可逆转的,结果也是一发不可收拾的。北朝后期,虽然有北齐、北周朝时的鲜卑民族文化的回归(例如恢复鲜卑民族姓氏,回归民族政权架构等措施),但终因缺少民族文化作为基础,只有参照其他民族文化模式而运作(实际上当时只有汉文化模式),由此加剧了民族文化的灭亡。民族文学的命运自然也是如此。

　　第二、多民族文化共生的生存环境,尤其是汉文化强势的侵蚀态势,是民族文化生存的极大挑战,造成民族文化的解体。文学自然就在其中。一般说来,地域文化相同的民族,文化也是相近的,彼此之间也不存在严重的隔阂或障例,例如同属草原民族的匈奴族、鲜卑族、高车族等。另外同一民族的文化属性也不是单一的,鲜卑民族就有慕容鲜卑、拓跋鲜卑、宇文鲜卑、秃发鲜卑等种姓。即就拓跋鲜卑民族而言,也是氏族部落的集合体。拓跋鲜卑民族内部里众多的姓氏,例如达奚氏、伊娄氏、丘敦氏、纥骨氏、乙旃氏、车焜氏、步六孤氏、独孤氏、贺赖氏、仆兰氏、若干氏、叱罗氏、可地延氏、阿伏于氏、他骆拔氏等(约为百氏)可以说明问题。众多姓氏部落的集合,文化水准参差不齐,拖累了整个民族文化水平的提高和提高的步伐跨度,造成总体上民族文化的落后,尤其是与其他较为先进或先进的民族文化相比时,情况更为明显。因此,当拓跋鲜卑民族政权昂首阔步登上中国政治舞台的前台时,顿时感到自身文化底蕴的不足,与其他文化打交道时力不从心。《北齐书·杜弼传》载有高欢对杜弼说的一段话:"江东复有一吴儿老翁萧衍者,专事衣冠礼乐,中原士大夫望之以为正朔所在"①,道出了民族文化所面临的自上而下困境。所以,4世纪至6世纪的中国北方民族政权,虽然在军事上保持有强大的态势,但是在文化上则心虚不已。民族文化生存面临着其他文化、特别是汉文化的强大挤压,促使民族文化生存的喘息越来越艰难。要想突破自身文化阈阈的束缚,在民族文化自身内部寻找出路几乎是不可能的;况且,民族文化是生活在其他文化、特别是汉文化滋生的土壤环境里,感受到的是汉文化呼吸吐纳的气息,耳濡目染,自然感觉到汉文化的优势和优越性,难免要学习模仿之,变革也就发生了。就北魏民族文化的变革而言,这种变革还不是从渐变的(渐变需要一个过程,这个过程对于民族文化的生存至关重要。通过这个过程,民族文化可以随时调整自身的文化应对策略,选择适合自身特点的文化方式进行变革),而是顿变的,瞬息之间,一切都发生了变化,一切都面目全非,变化的结果让人无以措手,只有接受变革。这种自内而外,由上而下的文化变革,彻底改变了民族文化的民族属性。一个特定的民族如果连自己的民族属性都放弃了,民族的生存也就结束了。北魏民族政权就是这样。孝文

---

① 《北齐书》,中华书局1972年11月第1版,第347页。

帝变革 20 多年后,说鲜卑语都能够为一种技能而可以受到重用。民族政权至此也就走到了尽头。

第三、民族文学创作形式的落后,是造成民族文学解构的内部原因。民族文化形态的落后,造成了民族文学创作形式和创作方法的落后(与同时期其他文学形式相比)。真正意义上的民族文学多是处于口头创作的形式上(我们称之为原生态),内容多是民族史诗的长篇和自由抒情的短章。口头文学由于缺少文字记录的环节,故随意性较强,缺乏稳定性,且其传承的方式也是口头方式,只限于极少数文化人士承担。生命无常的现象造成许多民族文学成果失传的局面。创作上和传承上的落后,限制了民族文学的全力发展,也影响到民族文学成果的流失,民族文学难以大规模普及,这种状况使得民族文学在与其他民族文学的同台竞争中败落下。诸如此类的文学自身原因导致了北魏民族文学的解构。

五、民族文学解构的重生——新民族文学的建立

中华民族大家庭共生共荣的总体格局,造成了单一民族文学解构现象的发生。但是,单一民族文学的解构并不意味着该民族文学的彻底消失,而是意味着该民族文学的重生或新生。狭义上的民族文学消亡了,广义上的中华民族文学则因为新民族文学元素的加入而获得新的生命基因,更加生机勃勃。民族文学在新的文学语境里,在更广阔的空间中,在更加宽大的文学舞台上会有更新的作为。北朝民族文学的发展就是这样,民族文化的基因、民族文学的精神都在唐文学里得到体现,甚且发扬光大。因此,在多元民族文学的空间里,民族文学之间相互融合,共同建构着中华民族文学,民族文学融入中华民族文学的滚滚洪流中而奔腾向前,创造着民族文学美好的明天!

（作者单位:广东技术师范学院文学院）

隋唐公文的革新与演变

丁晓昌

中国古代公文作为管理公务、临民治事的工具，是与华夏文明同步发展的。公文历秦汉魏晋，至隋唐而成熟。公文虽为应用文字，但在文人的笔下，却不仅使这一文体具有了文学性内涵，而且往往折射着文学思潮和创作风气的走向。

一

隋朝开国初期，受南北朝骈俪文风的影响，公文领域淫靡之风依然盛行。开皇四年(584)，出于政治上的目的，隋文帝下达了改革文风的诏书，由此揭开了隋代公文文体文风改革的序幕。诏令要求，"公私文翰，并宜实录"，强调公文写作实用的目的，力戒浮泛侈靡之风。为了确保改革的顺利进行，隋文帝采用了行政的手段，对于文表华艳者，将其交付有司治罪。是年九月，泗州刺史司马幼之因文表过于华艳而受到惩处。但是由于缺少必要的实践，改革的效果却并不理想。值得注意的是，当时革除的是浮华文风，并非骈俪文体，与后代提倡古文，有所不同。此后炀帝当政。其人生活虽奢侈淫靡，然"词无浮荡"，"故当时缀文之士，遂得依而取正焉"(《隋书·艺文志》)，浮华文风由是大为改观。综上情况，前者用的是行政命令，后者则依赖于写作实践的影响，方法不同，效果也迥异。

隋朝统治短暂，这个时期的公文领域，总的说来仍然是骈俪文体占统治地位，公文发展处于过渡时期。公文写作既有清绮之音，又有刚贞之气。有的公文既继承了骈体文句式整齐、音韵和谐之美，又避免了堆砌典故和浮艳少实之弊，文辞并不浮荡,渐趋向通俗畅达,代表作家有李德林、卢思道、柳彧、梁毗、于仲文等。

李德林曾受命主持诏敕格式的制定工作。内乱之时,他曾"军书羽檄,朝夕填委,一日之中,动逾百数,或机速竟发,口授数人,文意百端,不加治点"(《隋书·李德林传》),是一位才华横溢的公文高手。他写的公文虽用骈体,但内容充实,有摆脱六朝时期形式主义的倾向,虽未达到后来魏徵、陆贽的水平,但可称为新骈的先驱。《全隋文》中存其公文十四篇,计有诏策册制等类。《安边诏》为其代表作。

另有部分公文大家继承了秦汉古文遗风,所写公文不用偶式,而用单笔,朴实清新,自然流畅,不拘一格,创出公文的新体式,代表作家有何妥、李谔、薛道衡等。其中,李谔是隋代公文史上的重要人物。

李谔曾响应隋文帝号召,写了《上隋高祖革文华书》,抨击隋初淫靡文风,主张"屏黜轻浮,遏止华伪",在当时影响很大。有公文四篇存世,均为散体,除上文外,另有《奏惩矜伐》较为著名。

隋灭唐兴,公文文体文风的改革沿着上述两条途径继续推向深入:一方面是散体公文的复兴和发展,另一方面是骈体公文自身的不断演化和改进。

武德元年(618),同样出于政治上的目的,唐高祖李渊发布了旨在改革公文文风的《诫表疏不实诏》。诏书批评了当时四方州镇表疏虚诞的不良风气,指出这样做"非直乖于体用,固亦失于事情",要求写作公文时摒弃华伪,注重实用。唐太宗李世民对政事与词藻的关系看得更为清楚,认为"文词浮华,无益劝诫",主张"上书论事",应"词理切直"(《贞观政要》)。当时朝廷中亦有一批大臣认识到浮靡文风的危害,逐步尝试使用文字更为浅显的散体来从事公文写作,其中贡献突出者当为魏徵和马周。

魏徵的文章主要是谏疏,其主要精神是以隋为鉴,总结前代经验教训,为当朝政治服务。他指出梁以后的骈文"意浅而繁,文匿而采,词尚轻险,情多哀思",是"亡国之音"。因此,他反对"浮艳之词","迂诞之说",注重文章的实用价值。其文远取陆贾、贾谊,近取卢师道,曾先后陈谏二百余事,多被采纳。其公文代表作有《谏太宗十思疏》、《十渐不克终疏》、《请慎刑节用疏》、《论政事疏》、《论治道疏》等,创造了一种以排比句为主、半骈半散的奏议体。马周少孤贫,后以文得太宗赏识而入朝为官,据《大唐新语》记载:"马周雅善敷奏,动无不中。"岑文本亦云:"吾观马周论事多矣,援引事类,扬榷古今,举要删芜,言辩而理切。奇锋高论,往往间出,听之靡靡,令人忘倦。"(《大唐新语》)公文代表作有《陈时政疏》等。魏徵、马周等人的奏疏举要删芜,会文切理,既无冗言赘词之累,又无省文害意之弊,令人耳目一新。尽管他们的公文还未能完全摆脱齐梁文风的影响,文章中骈俪化的痕迹仍然十分明显,但他们毕竟在实践中作出了新的尝试,为公文文风的改变迈出了可喜的一步。

由于魏徵、马周等人的不懈努力,公文实用性的本质要求逐步受到人们的重视,尚质与尚文的天平已开始向前者发生倾斜,公文的本质逐渐显现。

除魏徵等人外,还有一批治国能臣的奏疏颇值得我们注意。如同汉初的晁错、公孙弘、董仲舒等人一样,唐初的房玄龄、杜如晦,及稍后的姚崇、宋璟等人都曾提出过影响深远的经国大计,在铸就贞观、开元之治的辉煌业绩的过程中,发挥了巨大的作用。他们虽不以文章名,但在公文史上的地位是不应忽视的。他们均能用朴实的散文奏对上疏,促使盛唐的应用文体发生由骈转散的变化。

二

魏徵等人的创作实践让人们看到了散体公文的优越,而继续推行公文散体化并从实践与理论两方面加以完善的则首推陈子昂。陈子昂在《与东方左史虬修竹篇书》中严厉批评了齐梁"彩丽竞繁而兴寄都绝"的不良文风,提倡采用"汉魏风骨"和比兴的手法来表达自己的思想。他写的公文不事雕饰,很少用典,语言浅显,不尚对偶,不仅质朴有力,而且慷慨激昂,词旨剀切,颇有气势。正如清人纪昀所言"若论事疏书之类,实疏朴近古"(《四库全书总目》)。其公文代表作有《谏灵驾入京书》、《谏用刑书》等。陈子昂的公文在一定程度上表现出了解散骈俪的倾向,开"燕许"融散入骈、以古杂今的写作手法之先河,在当时的文坛起到了"独溯颓波以趣清源"(李舟《独孤常州文集序》)的作用。

继陈子昂之后,元结、颜真卿等人也为推行公文的改革作出了贡献。元结为文力抗时俗,以古为新。他写的公文破除了虚饰溢表、铺叙敷衍等程式,其内容指陈时弊,言之有物且时出新意,文风激切危苦,质朴无华,愤世嫉俗。写作上全用散体,不为时尚所拘,表现出一种不同流俗的精神。其公文代表作有《谢上表》、《再谢上表》、《奏免科率状》等。颜真卿认为质胜文,文胜质,都失于偏颇。因此他为文主张"导达心志，发挥性灵"，其论政之文有直言极谏之风。公文代表作有《论百官论事疏》（又称《请开言路疏》）、《乞御书题天下放生池碑额表》等。

当公文写作开始出现散体化趋势的时候，科举考试也出现了一些新的变化。宝应二年（763），杨绾和贾至主张在科举中废诗赋、出帖经而重义旨，以促进人们对儒学精神的真正理解，改变华而不实的文风。建中元年（780），令狐峘在他主持的贤良方正能言极谏科策试中，开始采用散体文的形式。这是自唐建国一百五十余年以来首次在这样严肃的场合出现的文体改革。这一改变说明，当时文体的改革已经形成了广泛的思潮，为朝野上下所共同接受。自此以后，历年策问皆散多而骈少。与策问的文体相应的是大量作家在进行公文写作时普遍使用散体，如当时的萧颖士、李华、柳冕、独孤及、梁肃、高参、崔元翰、唐次、陈京、齐抗等。

在散体公文蓬勃发展的时候，骈体公文也正悄悄进行着自身的改造和完善，由逞才尚华向求实切用的方向转化。开风气之先的是"初唐四杰"。"四杰"虽均为骈文大家，却十分不满以"上官体"为代表的淫靡文风，他们写作的公文虽然没有完全从骈四俪六中解放出来，但已开始注意矫正骈文矫饰堆砌的缺陷，文章内容大多充实具体，遣词造句讲求清新俊逸，使僵化的骈文重新焕发出勃勃的生机。

盛唐时期，骈体公文继续由形式华美向经世致用的方向转变。与时代精神相适应，这一时期的公文呈现出一种昌明博大、从容洒脱的盛唐气象。公文写作领域出现了当时号称"燕、许大手笔"的张说、苏颋。张说文长于碑志，多数仍为骈体，但平易通畅。不虚美，善于选取人物行实、性格的细节写出人物风采。风格也较多样，或雄浑奔放，或朴素平实。公文代表作有《谏止幸三阳宫疏》、《姚文贞公神道碑》、《赠太尉裴公神道碑》、《请置屯田表》、《百官请不从灵驾表》、《论幽州边事疏》等。苏颋文思敏捷，辞章典雅，朝廷文诰，多出其手。张、苏二人虽用骈体创制公文，但是注意以散行之气运偶俪之词，改华从实，骈散兼行，错落有致，气味醇厚，笔力沉雄，上承汉魏，下启陆贽，开创了骈俪体公文的新天地。燕、许之后，较为著名的还有张九龄。他草拟的诏书、敕令等，数量相当可观，竟占其文集《曲江张先生文集》二十卷中十一卷之多。这些作品质朴平实，字斟句酌，既注意对象，又把握分寸，直接关涉当时的国计民生和施政方略，可以看作时代政治风云的记录。其《上封事书》、《进金鉴录表》、《敕勃海王大武艺书》、《敕幽州节度使张守珪》、《张守珪奏裨将安禄山失利送戮京师批》等，均可见其词锋政见。

　　中唐时,骈体公文的改造取得重大进展,在这方面作出突出贡献的是陆贽。公文代表作有《奉天请罢琼林大盈二库状》《奉天改元大赦制》等。陆贽的奏议虽用骈体,但已全无骈体文固有的用典晦涩与词采雕饰之病。在写作上,他采用散句双行、杂用单句的形式,以散文风格写骈体文章,既保持了骈文句式整齐的特点,又呈现出一种明白晓畅的新气象。就思理通达程度而言,可以说只差一步就可与散体公文合而为一了,骈体公文在陆贽手中终于得到彻底的改造。

三

　　"安史之乱"后,许多志士仁人都想通过从政以救世,因此有了永贞和会昌两次新政,其参与者都有行道用世之志,兴利除弊之心,这种思想也就成为唐代中后期公文发展的主流。公文文体文风的改革,到这个时期也发展到了高峰。由韩愈、柳宗元等发起的"古文运动"对公文写作领域的骈俪文体和浮艳文风形成了强大的冲击,其中又以韩愈贡献为最。

　　在理论上,韩愈等人提出"文以明道"、"惟陈言之务去"、"气盛言宜"等理论主张;在创作实践中,韩愈等人大胆地用散体取代骈体,摒弃骈体僵化的程式,使文章的形式与内容达到了完美的统一。《论佛骨表》、《御史台卜论天旱人饥状》等都是其公文创作的名篇。

　　需要指出的是,韩、柳等人对骈俪也并非一概抹杀,他们创作的公文在解散骈体的同时,又注意把偶对的技巧化入散行单句,使文章既错落有致又对称整齐,富于强烈的节奏美和气势美。唐代的"古文运动"是对公文领域浮艳文风的一次沉重打击,而对骈体公文所采取的去其糟粕、取其精华的做法又大大丰富了散体公文的写作技巧。

　　将公文文体文风的改革进一步推向深入的是元稹和白居易。元稹的制诏、白居易的奏疏在中唐元和年间都曾产生了十分广泛的影响。史书认为:"元之制策,白之奏议,极文章之壶奥,尽治乱之根荄。"(《旧唐书·白居易传》)元稹曾在《制诰序》中叙说过改革公文的始末。元稹改革公文得到了宰相段文昌和穆宗皇帝的支持,段文昌赞同他用古文写作制书,穆宗批评通事舍人不懂得怎样方便怎样写的道理,这就为元稹进行公文改革扫清了道路。元稹的改革主张包括公文的内容、形式、语言等诸多方面。在内容上,他要求务必明切具体,实事求是,杜绝含糊模棱之辞;在形式上,他打破当时官场公文流行的骈四俪六的偶对句式,引进单句散行的古文章法;在语言上,他提倡删繁刈艳,力求明白晓畅,古朴简洁。《旧唐书·元稹传》中赞其"辞诰所出,夐然与古为侔"。其公文代表作有《陈时事疏》、《许刘总出家制》、《论谏职表》、《浙东论罢海味状》等。《元氏长庆集》有文三十余卷,补遗五卷,策、书、奏、表、状、制诰、记、议、判,诸体具备。白居易曾说"制从长庆辞高古",并在《元稹墓志铭》中评云:"制诰,王言也。近代相沿,多失于巧俗,自公下笔,俗一变至于雅,三变至于典谟。"陈寅恪先生在《元白诗笺证稿》"附读莺莺传"中对此也作了全面、中肯的论述,他说:"惟就改革当时公式文字一端言,则昌黎失败,而微之成功,可无疑也。"

与元稹的改革相呼应,白居易请皇帝下诏要求"主文之司",奖励质朴,禁绝虚美,倡导"尚质抑淫,著诚去伪"(《议文章碑碣辞赋》)的文风,大力提倡朴实自然的写作风格。

元稹和白居易是中唐时期公文改革运动的中坚,与韩愈公文时见奇奥的风格相比,元、白二人的公文更显通俗,更加贴近平民大众,因而其影响也愈见广泛。由于他们二人的积极倡导,"自是司言之臣,皆得适用古道"(《制诰序》),散体公文的地位在中唐时期得到进一步巩固和加强。

四

中唐以后,运用散体创作公文之风继续发扬光大,代表作家有李德裕、杜牧、舒元舆、牛希济等人。

李德裕认为文章"譬诸日月,虽终古常见而光景常新"(《文章论》),他为文崇尚自然朴实,反对浮华空洞。甚至公开声言"家不藏《文选》",以表示与当时的风尚对立。《全唐文》中所收李德裕的"状"文全为散体。其著《会昌一品集》,主要为朝廷的制命奏疏。公文代表作有《谏免进盘绦缭疏》等。杜牧论文,主张"以意为主,气为辅,以辞采章句为之兵卫"(《答庄充书》),为文不主张直谏,认为应"旁引曲释"(《与人论谏书》),采取迂回方式。他写的公文奇警纵横,笔力健举,议论兵事,颇有见地,除制文多用明白晓畅、甚少用典的骈体外,其余公文均用散体,代表作有

《上李太尉论北边事启》、《上司徒李公论用兵书》、《授刘纵秘书郎制》等。牛希济在《表章论》中主张表疏应"词尚简要,质胜于文,直指是非,坦然明白,致时君易为省览",反对以"逃避文畅为能"的做法。晚唐除李、杜、牛等人外,韦处厚、舒元舆、郑覃、宗文鼎等人也都用散体创制公文,这些均为中唐"古文运动"之余响。

在散体公文风行一时的时候,骈体公文并没有销声匿迹,官方制、诏、状、牒等仍用骈体。晚唐古文运动趋向式微,骈体公文再度兴盛,公文写作领域出现了李商隐等骈文大家。

李商隐继承前辈令狐楚的文风,其公文代表作有《为濮阳公檄刘稹文》。就其艺术风格而言,既含蓄蕴藉,又秾丽典雅,具有很高的修辞技巧,不过于今观之,稍显艰涩繁缛。这也许是对当时处于江河日下、风雨飘摇之中的大唐政权回光返照的一种无奈的掩饰吧。

晚唐公文继令狐楚、李商隐等人之后重又趋于绮丽冗长。宋人《职官分纪》卷三十九记载:"文宗谓侍臣曰:'近日诸侯章奏语太浮华,有乖典实,宜罚掌书,以戒其流。'宰相李石曰:'古人因事为文,今人以文害事,惩弊抑末,诚如圣训。'"可见当时公文写作中拖沓冗长、浮华不实的现象已十分严重。事实上,这种追求华美绮艳的唯美主义文风如同陈年的顽疾,已病入膏肓、积重难返了。统治者们虽也意识到其危害,有意于矫偏补正,但已经是力不从心,回天乏术了。

(作者单位:江苏省教育厅)

唐诗艺术学视阈中的《唐诗艺术史》撰著

　　唐诗兼备众体,实集古来诗体之大成;唐诗人名家辈出,可谓众星云集;唐诗风格多样,争奇斗艳;唐诗流派纷呈,各有千秋;唐诗题材广泛,几乎无所不包;唐诗名篇众多,让人目不暇接;唐诗流传广远,至今家弦户诵。这些卓越的成就使二百九十年的唐诗成为我国古代诗歌的峰巅,代表着我国古代诗歌发展的最高艺术成就,对后代诗歌艺术的发展产生了广泛而深远的影响。从宋初的"西昆体"、"白体"、"晚唐体"到明代的"诗必盛唐",从严羽的《沧浪诗话》到王渔洋的《唐贤三昧集》,唐诗的影响力可谓无处不在。

　　其实,唐诗的后世影响远不限于诗歌,举凡宋词、元曲、明清小说概莫能外。宋词中那句脍炙人口的绝唱"落花人独立,微雨燕双飞",就直接来自唐末诗人翁宏的《春残》诗;元杂剧《梧桐雨》与白居易的《长恨歌》大有渊源;明清小说中除了比比皆是的引用唐诗外,还依据唐诗构造故事情节,如《三国演义》"赤壁鏖兵"的相关情节就来自杜牧"东风不与周郎便,铜雀春深锁二乔"(《赤壁》)的慨叹。

　　渡越千年,唐诗的艺术魅力依然久盛不衰,今天在我们的工作、学习、生活中时时处处可以看到她的倩影。如为高峻险道所动容时"一夫当关,万夫莫开"(李白《蜀道难》)的感叹;为净洁的湖水所陶醉时"人行明镜中,鸟度屏风里"(李白《清溪行》)的赞赏;用"无边落木萧萧下"(杜甫《登高》)描写萧瑟秋风;用"千树万树梨花开"(岑参《白雪歌》)形容丰年瑞雪;用"人事有代谢,往来成古今"(孟浩然《与诸子登岘山》)感叹时事变迁;用"达亦不足贵,穷亦不足悲"(李白《答王十二寒夜独酌有怀》)坦然面对得失;用"此曲只应天上有,人间能得几回闻"(杜甫《赠花卿》)形容音乐境界之高超;以"在天愿作比翼鸟,在地愿为连理枝"(白居易《长恨歌》)表达对爱情的忠贞不渝……。如此等等,不一而足。

<h1 style="text-align:center">一</h1>

与唐诗高超的艺术成就以及深远的后世影响相比,唐诗艺术研究的相对滞后性又是显而易见的。笔者以为至少存在以下六方面的不足:其一,依附性太大。缺乏专门的、独立的诗歌艺术研究,较多的是旁及,更多的是附着在诗人研究、流派研究、诗史研究之中。其二,理论性过强。常常针对某个本来并不复杂的艺术问题,引经据典,细加阐释,详加论述,洋洋洒洒,长篇大论,追求所谓"理论深度",但看不出有何实际指导作用,使人不着边际。这是一个极端。其三,鉴赏性太强。这是另一个极端,常常使工作停留在一般性的名篇欣赏品鉴上,无力上升至理论高度。其四,整体性较差。常是探讨唐诗艺术的某一具体问题或局部问题,缺乏宏微观结合的、综合性的、全面的专题研究成果。其五,本体性不够。唐诗作品本体研究,应是唐诗艺术研究的重心所在。但实际情形却是,除了脱离、架空"本体"的纯理论研究外,即使本体研究也常常表现出这样的一些缺憾:偏表层概述性介绍、轻深层理论性分析;偏普遍性的艺术现象描述,轻特殊性的审美价值把握;偏研究思维定势,轻研究方法多元。其六,感受性太强。注意总体的感受、直观的印象、心灵的顿悟,缺乏细密的分析、逻辑的论证。

面对这样的研究实际,上世纪九十年代中期,笔者提出"唐诗艺术学"这一概念。理由是:首先,唐诗学作为一种专门的学问,学科名称,早已为人们所广泛接受并使用。如果视它为"三级学科"的话,那么,作为它的一个重要分支,或可称为"四级学科"。"唐诗艺术学"的名称是完全可以成立的,并可与有的学者早已提出并使用的"唐代诗选学"、"杜诗学"等名称相并列于唐诗学之下,且在唐诗研究中,唐诗艺术研究所占的分量和所具的价值颇大。其次,从古至今,在中国古代文学和其他学科领域,人们纷纷提出"诗经学"、"楚辞学"、"乐府学"、"诗学"、"词学"、"曲学"、"红学"、"文选学"、"经学"、"训诂学"、"民族艺术学"、"艺术情感学"等名称,与此相比,"唐诗艺术学"学科名称的提出当属正常范围,并可被人们所理解。顾名思义,唐诗艺术学是一门对唐代诗歌艺术进行全方位、广视角、多层面的系统综合研究的专门科学,亦是中国诗学和唐诗学中一门重要的分支学科。第三,在1996年、1997年两年中,笔者所申报的《唐诗艺术学研究》课题,经专家严格评审,先后被批准立项为江苏省教委人文社会科学研究基金项目、国家教育部人文社会科学研究"九五"规划项目、江苏省哲学社会科学研究"九五"规划重点项目,这也从一个侧面表明了同行专家对这一名称的认可。

"唐诗艺术学",是关于唐诗艺术的学问,它来自人们对唐诗艺术的关注与研究。关于研究对象能否称其为"学",陈伯海先生提出过"一要看所研究的对象是否有特殊重要的价值,二要看研究工作自身的积累是否丰厚"①的标准。在这样的标准面前,"唐诗艺术学"的资格认证能否通过呢?

首先,在构成唐诗的各种要素中,唐诗艺术无疑是最引人注目的。千百年来,强烈吸引和感染着中外无数读者并深深扎根于最广大的人民群众的情感世界的,无疑是唐诗中的诗歌艺术。仅从唐诗艺术所融含的最基本的因素入手,我们就可以清晰地感受到它所具有的强大生命力。一是唐诗艺术的生成土壤——唐代。那是一个空前繁荣强大的时代,是一个充满生机、活力和希望的时代,也是我国封建社会朝气蓬勃的青春时代、黄金时代、顶峰时代,更是一个永远值得每一位炎黄子孙自豪的时代。因为,在那个时代里,大唐经济繁荣,文化发达,军威显赫,威震八方。赫然展示了中华民族历史巨册中最令人振奋不已的华彩篇章。二是唐诗艺术生成的文学土壤——唐代文学。这是中国古代文学史上一个规模空前的辉煌时期,诗歌、散文、小说,变文、俗赋、曲子词,构成了一个前所未有的百花齐放、万紫千红的全面繁盛阶段,是我国古代文学的新高峰。三是唐诗艺术生成的结果——顶尖水平。唐诗代表了我国古典诗歌的最高成就,其无可辩驳的历史地位,借用闻一多先生的话就是"诗中的诗,顶峰上的顶峰",是"诗的唐朝"。从唐诗艺术生成的肥沃土壤,从后世"盛唐气象"、"唐诗风神"的赞叹,从我们今天仍然喜读唐诗的习惯,我们不难得出唐诗艺术具有无与伦比之价值的结论。

其次,对于唐诗艺术的研究,最早从事者便是唐人自身。唐代与选诗同步进行的品评唐诗,以及大量包含在各种《诗格》、《诗式》、《诗品》类理论著作中的有关唐诗的论述,均可视作我国最早的唐诗艺术研究。南宋严羽《沧浪诗话》开始注意从

①　陈伯海主编《唐诗学史稿》,河北人民出版社,2004年版,第1页。

整体上论述唐诗艺术的某些特征,这是里程碑式的进展。之后,元代的辛文房、杨士弘,明代的高棅、李东阳、李攀龙、谢榛、袁宏道、钟惺、谭元春、胡应麟、许学夷、胡震亨等人,都对唐诗艺术的某些问题进行了有益的探讨和论述。清代的叶燮、王士禛、沈德潜、翁方纲、袁枚、赵翼等人,对唐诗艺术的研究则更为深入、细致,甚至带有某种总结、归纳的意味。"五四"之后,唐诗艺术研究产生了质的飞跃,闻一多、朱自清等一批学者曾致力于唐诗艺术的全面研究,并试图作出理论概括,也出版了一批学术论著。新中国成立后,尤其是粉碎"四人帮"之后的新时期,唐诗艺术研究有了长足的发展,新见迭出,成果较多,尤其是对唐诗的品评鉴赏,风行一时,形成所谓的"鉴赏热"。总之,一千多年来,前人和今人都对唐诗艺术研究作出有益的探讨和贡献,其研究成果形式多样,数量丰富,其成绩也是有目共睹,不容否定的。

综上所述,依照陈伯海先生的标准,颁给"唐诗艺术学"合格证书,当无异议。

"唐诗艺术学"的提出,目的是为了使唐诗艺术的研究进入一个更高的学术层次。其实,早在上世纪八十年代末,袁行霈先生曾就中国诗歌艺术研究的现状指出:"诗是中国文学的主流。中国诗歌源远流长,积累了丰富的艺术经验。研究中国古代诗歌的艺术,不仅有助于加深对全部中国古代文学的认识,也可以为当代诗歌创作提供有益的借鉴。遗憾的是,长期以来这方面被忽略了。我们习惯于从社会学、历史学、政治学的角度去研究诗(这很重要),而不善于把诗作为诗,从它所具有的艺术特点、艺术魅力这个方面入手去进行研究。艺术分析的方法比较简单,使用的词语显得贫乏,具有民族特色的系统的诗歌理论也未能建立起来。"①十余年前的世纪之交,陶文鹏先生再次强调:"唐诗作为中国古典诗歌的高峰,中华民族诗歌传统的精华,它凝聚着中华民族审美的经验,它的演进过程蕴含着许多值得发掘的艺术规律。一千多年来,它深受中国广大民众的喜爱,也受到世界各国人民的赞赏。因此,研究唐诗艺术,科学地总结它的艺术经验,有助于培养和提高人们的审美情趣和诗性智慧,为当代诗歌创作与理论批判提供宝贵的艺术营养,促进中国诗学的建构,丰富世界诗学宝库。这是我们唐诗研究界义不容辞的职责。有人认为,艺术研究比较'虚',难以把握,做这项工作吃力不讨好,其研究成果的学术价值往往比不上资料考辨等实证研究。有志于从事唐诗艺术研究的人,不要受这些思想

---

① 袁行霈《博采 精鉴 深味 妙悟——研究中国诗歌艺术的点滴体会》,《文史知识》1987 年第 3 期,第 3 页。

的干扰,应当充分认识并坚定相信这项工作的重大意义与实践意义,为它付出更多的心血和精力。"在强调了唐诗艺术研究的重要意义之后,陶文鹏先生进一步指出:"要大力加强对唐诗的分类的或综合的艺术研究。唐诗的题材、体式、意象、意境、风格、流派、技巧、文辞、声律、韵味、美学,都应当多角度地深入地研究。对于唐代的田园诗、山水诗、边塞诗、隐逸诗、游侠诗、爱情诗、闺怨诗、佛道诗、自传诗、怀乡诗、怀古诗、咏史诗、送别诗、咏乐诗、题画诗、宫廷诗、园林诗,还有唐代的律诗、绝句、歌行、古风、乐府,还有长篇叙事诗、传奇诗、小叙事诗等等,都应当有人作纵向的或横向的、宏观的和微观的艺术研究。"同时,陶文鹏先生还强调唐诗研究"必须以'情'为本,'感'字当头,从审美的感情体验出发,以自己的心灵和古代诗人的心灵撞击,产生感情的共鸣,进而调动自己的联想和想象,进入诗歌的境界,感受和体会诗的情思韵味","应当努力做到形象思维与逻辑思维紧密结合,历史判断与审美判断的融合统一"①。唐诗艺术学的研究范围极广,课题颇多,然目前尚无完备的学科体系。袁、陶二位先生的深情呼吁与理论指引,坚定了笔者将唐诗艺术学研究深入进行下去的决心。为此,2003 年笔者以《唐诗艺术史》为题申请国家社会科学基金,并获得立项资助。

二

在中国诗歌发展史上,有所谓"唐音宋调"之说,也正是在与宋诗的比照中,唐诗的总体艺术风貌才显得愈发清晰。宋人严羽认为:"本朝人尚理而病于意兴,唐人尚意兴而理在其中。"又云唐人诗"透彻玲珑,不可凑泊,如空中之音,相中之色,水中之月,镜中之象,言有尽而意无穷"②。明人胡应麟则云:"唐人诗如初发芙蓉,自然可爱。宋人诗如披沙拣金,力多功少。"③清人沈德潜说:"唐诗蕴藉,宋诗发露。蕴藉则流韵言外,发露则意尽言中。愚未尝贬斥宋诗,而趣向在唐诗。故所选风调音节,俱近唐贤。从所尚也。"④而钱钟书的观点则是:"唐诗宋诗亦非仅朝代之别,

① 陶文鹏《唐诗艺术研究的现状和思考》,《唐代文学研究年鉴》,广西师范大学出版社,1999 年版。
② [宋]严羽《沧浪诗话》,人民文学出版社,1983 年版,第 184、26 页。
③ [明]胡应麟《诗薮·外编》卷六,上海古籍出版社,1979 年版,第 234 页。
④ [清]沈德潜《历代诗别裁集》,浙江古籍出版社,1998 年版,第 366 页。

乃体格性分之殊。天下有两种人，斯分两种诗。唐诗多以风情神韵擅长，宋诗多以筋骨思理见胜。严仪卿首倡断代言诗，《沧浪诗话》即谓'本朝人尚理，唐人尚意兴'云云。曰唐曰宋，特举大概而言，为称谓之便。非曰唐诗必出于唐人，宋诗必出于宋人也。故唐之少陵、昌黎、香山、东野，实唐人之开宋调者；宋之柯山、白石、九僧、四灵，则宋人之有唐音者。"①通过比较，不难发现唐诗的总体特征是：尚意兴，贵蕴藉，讲究风情神韵，追求自然浑融。然而当我们越过唐诗艺术总体风貌的大门，走进唐诗艺术的深宅大院，你会发现你面对的是一个百花齐放、万紫千红、高矮不一、形态万千的大花园。正如《全唐诗》序所云："（唐诗）诗盈数万，格调各殊。溯其学问本原，虽悉有师承指授，而其精思独悟，不屑为苟同者，皆能殚其才力所至，沿寻风雅，以卓然自成其家。又有甚者，宁为幽僻奇谲，杂出于变风变雅之外，而绝不致有蹈袭剽窃之弊。"②唐诗虽蔚为大观，但诗人们却是各有追求，自然也就风格各异了。

　　唐诗艺术学的学科体系，只能从唐诗艺术本身得出。故而，摸清唐诗艺术的全部家底，弄懂唐诗艺术的演进规律，是我们不得不面对和要解决的问题。为此，我们首先要考虑的是如何找到一个便于呈现的方式，将唐诗二百九十年的艺术成就与艺术流变悉数展示在读者面前。唐诗作为一种文学现象，从根本上来说，它属于上层建筑的范畴，具备着上层建筑的基本属性，其发展过程，自始至终都会受到诸如社会经济、政法制度、哲学思想、文化思潮等多种因素汇合而成的时代精神的影响，必然要打上这种时代精神的烙印。因而，在"唐诗艺术史"研究中，要想进一步说明唐诗艺术为什么会是这个样子，而不是其它，就必须兼顾这个时代精神的背景。而这就必然牵涉到一个唐诗史的分期问题。

　　宋代以来，由于各家所依据标准不同，一直存在着不同的分期法。南宋严羽是最早为唐诗分期的人，他在《沧浪诗话》"诗体"中提出："以时而论，则有……唐初体、盛唐体、大历体、元和体、晚唐体。"③这实际上是把唐诗分成唐初、盛唐、大历、元和、晚唐五个发展阶段。之后不久的宋末元初，方回在严羽"五体说"的基础上，提

① 钱钟书《谈艺录》（补订书）中华书局，1984 年版，第 2 页。
② ［清］彭定求等编《全唐诗》，中华书局，1960 年版，第 5 页。
③ ［宋］严羽《沧浪诗话》，人民文学出版社，1983 年版，第 52—53 页。

出了"中唐"的概念,其《瀛奎律髓》云:"予选诗以老杜为主,老杜同时人皆盛唐之作,亦皆取之;中唐则大历之后、元和以前,亦多取之;晚唐诸人,贾岛开一别派,姚合继之。"①把大历、元和纳入"中唐"。元人杨士弘在《唐音》一书中,又提出了三段分期法,他把自高祖武德元年至玄宗天宝十五载这一百三十八年划定为一个时期,即初盛唐时期,天宝末至宪宗元和末年共六十三年划定为中唐时期,穆宗长庆元年至唐亡共八十六年定为晚唐时期。明人高棅编《唐诗品汇》,综取前人之长,提出了四分法。其云:"有唐三百年诗,众体备矣。故有往体、近体、长短篇、五七言律句、绝句等制,莫不兴于始,成于中,流于变,而陊之于终。至于声律、兴象、文词、理致,各有品格高下之不同,略而言之,则有初唐、盛唐、中唐、晚唐之不同。"②至此,初、盛、中、晚"四唐说"的理论框架正式形成,并被广泛接受。在以后的时期里,唐诗四阶段起迄时间的界线也逐渐明显,并固定下来,即:从高祖武德元年至睿宗延和元年(618–712)为初唐;从玄宗开元元年至天宝十四载(713–755)为盛唐;从肃宗至德元载至穆宗长庆四年(756–824)为中唐;敬宗宝历元年至哀帝天祐四年(825–907)为晚唐。

高棅曾有一段关于唐诗艺术流变的描述,颇有代表性,后人论唐诗风格流派,多数未能越其藩篱。其云:

　　贞观、永徽之时,虞(世南)、魏(征)诸公,稍离旧习,王(勃)、杨(炯)、卢(照邻)、骆(宾王),因加美丽,刘希夷有闺帷之作,上官仪有婉媚之体,此初唐之始制也。神龙以还,洎开元初,陈子昂古风雅正,李巨山(峤)文章宿老,沈(佺期)、宋(之问)之新声,苏(颋)、张(说)之大手笔,此初唐之渐盛也。开元、天宝间,则有李翰林(白)之飘逸,杜工部(甫)之沉郁,孟襄阳(浩然)之清雅,王右丞(维)之精致,储光羲之真率,王昌龄之声俊,高适、岑参之悲壮,李颀、常建之超凡,此盛唐之盛者也。大历、贞元中,则有韦苏州(应物)之雅淡,刘随州(长卿)之闲旷,钱(起)郎(士元)之清赡,皇甫(冉)之冲秀,秦公绪(系)之山林,李从一(嘉祐)之台阁,此中唐之再盛也。下暨元和之际,则有柳愚溪(宗

① 〔元〕方回《瀛奎律髓》,李庆甲集评校点,《瀛奎律髓汇评》,上海古籍出版社,1986年版,第338页。
② 〔明〕高棅编选《唐诗品汇·总叙》,上海古籍出版社,1988年版,第8页。

元)之超然复古,韩昌黎(愈)之博大其词,张(籍)、王(建)乐府得其故实,元(稹)白(居易)序事务在分明,与夫李贺、卢仝之鬼怪,孟郊、贾岛之饥寒,此晚唐之变也。降而开成以后,则有杜牧之(牧)豪纵,温飞卿(庭筠)之绮靡,李义山(商隐)之隐僻,许用晦(浑)之偶对,他若刘沧、马戴、李频、李群玉辈,尚能黾勉气格,将迈时流,此晚唐变态之极,而遗风余韵,犹有存者焉。①

从中不难看出,在其初、盛、中、晚四唐分期的基础上,高棅又从风格意义上将唐诗艺术的演进分成了六个阶段:初唐之始制、初唐之渐盛、盛唐之盛者、中唐之再盛、晚唐之变、晚唐变态之极,并列举了每个阶段的代表性诗人及其主体风格。应该说这是今天我们能见到的,较早系统地从艺术流变的角度对唐诗进行详细论述的言论。

赵昌平先生在自己从事唐诗研究的实践中逐渐感到,应将诗史作为"艺术史"来研究,并在上个世纪八十年代就唐诗史的书写发表过一种"线点面综合效应开放性演进"的构想。他的"所谓线,是指每一文学类型作为艺术发展链索。具体到唐诗,就有五古、七古、五律、七律、五绝、七绝等多条线,因此,线,确切地说,应称之为'索',多条线的扭结,合成唐诗发展的线索",而"所谓点,是指处于线索上的不同个性的作者或不同风格的作者群,正是这些点,将扭结的线索不断延展下去"②。其实,这种以体兼人的分进合击式的诗史构想,高棅在《唐诗品汇》中已有实践。高棅在 90 卷的篇幅中,共选唐诗人 620 人,诗 5769 首;按照五古、七古(附长短句)、五绝(附六言绝句)、七绝、五律、五言排律、七言律(附七言排律)分体编排;在每一体中又依照初、盛、中、晚的世次,将 620 位入选诗人和他们的诗歌区分为正始、正宗、大家、名家、羽翼、接武、正变、余响、旁流等九格编录其中。这种线、点结合的结构方式,非常清晰地展现出了唐诗的总体艺术面貌,唐诗艺术的演进过程与发展规律也变得清晰而可以把握了。撇开高棅以九格区分唐诗艺术高下的伸"正"黜"变"观念不谈,高棅的《唐诗品汇》在唐诗艺术风貌的展示与唐诗演进规律的揭示上,可谓

① ［明］高棅编选《唐诗品汇·总叙》,上海古籍出版社,1988 年版,第 8—9 页。
② 赵昌平《唐诗演进规律刍议——"线点面综合效应开放性演进"构想》,《文学遗产》,1987 年第 6 期,第 16 页。

创获多多。至于《唐诗品汇》何以会表现出伸"正"黜"变"的主张，我们认为：一来是受包括刘勰在内的诸多儒家崇"雅"尚"正"文论观的影响；二来是受后世对唐诗总体风貌把握的影响。而在"诗分唐宋"的辨析中所得出的唐诗尚意兴、贵蕴藉、讲究风情神韵、追求自然浑融的特征，正是所谓盛唐阶段诗歌的典型风貌，学唐诗者之所以喊出"诗必盛唐"的口号，也就不难理解了。

　　20世纪以来，有不少唐诗研究的专家、学者撰文著述，从不同角度指出高棅"四分法"的缺陷，见仁见智，各抒己见，为唐诗分期更加合理化作出了富有建树的探索。大致说来，不外简化与细化两种思路。简化者有"两唐"说，细化者有"五唐"说、"六唐"说、"三唐九段"说、"四唐七段"说与"八唐"说等等。现择其要者列表如下：

高棅四唐说	初唐		盛唐		中唐		晚唐	
	始制	渐盛	盛唐之盛	中唐之再盛			变态	变态之极
严羽五唐说	初唐体		盛唐体	大历体	元和体		晚唐体	
陆侃如两唐说	初盛唐				中晚唐			
陈伯海三唐九段说	成长期			转变期			衰变期	
	贞观前后	武后时	开天诗坛	变乱期	大历	元和	大中 / 咸通	唐末
罗宗强五唐说	初唐		盛唐	转变	中唐		晚唐	
许总六唐说	承袭期	自立期	高峰期	扭变期	繁盛期		衰微期	
杨世明四期七段说	初唐		盛唐	中唐		晚唐		
	前期	后期		前期	后期	前期	后期	
唐诗选八唐说	唐初三四十年	开元前五六十年	开天时期	安史之乱至大历初	大历初至贞元中	贞元中至大和初	大和初至大中初	大中以后至唐末

　　（注：表中诸说依次采自高棅《唐诗品汇》、严羽《沧浪诗话》、陆侃如《中国诗

史》、陈伯海《唐诗学引论》、罗宗强《唐诗小史》、许总《唐诗史》、杨世明《唐诗史》和中国社会科学院文学研究所编《唐诗选》)

　　从表中所列,不难看出,细分是唐诗分期的主要趋势,其出发点多是从唐诗本身的演进历程出发,其目的是为了建构真正意义上的"唐诗"史,也就是钱钟书先生所说的:"就诗论诗,正当本体裁以划时期,不必尽与朝政国事之治乱盛衰吻合。""诗自有初、盛、中、晚,非世之初、盛、中、晚"①。如中国社会科学院文学研究所编《唐诗选》,即认为"整个唐诗发展的过程就是推陈出新的过程,不过在那二百八十多年间'因'和'变'的程度时有升降"②。从继承与创新的角度出发,中国社会科学院文学研究所编《唐诗选》将唐诗的发展过程分为八个阶段。即 1. 初唐三四十年,诗坛沉浸在"梁陈宫掖之风"里;2. 开元前的五六十年间,以四杰、沈、宋、陈子昂、杜审言等为代表的诗风,变化渐多;3. 从开元之初到安禄山之乱的前夕,约四十年间,诗歌发展成跃进的形势;4. 从安史之乱前夕到大历初十几年间的诗坛为杜甫的光芒所笼罩;5. 从大历初到贞元中二十余年是唐诗发展停滞的时期;6. 从贞元中到大和初约三十年间(主要是元和、长庆时期)诗坛又出现大活跃的景象;7. 从大和初到大中初约二十年间唐诗的艺术还在发展;8. 从大中以后到唐末约五十年,不曾再出现大的作家和新的变革。类似这样的唐诗细分法,虽有失之过细之嫌,甚至招来非议。但从便于呈现唐诗艺术的阶段性风貌以及代表性诗人的独特个性来看,从便于准确把握诗歌艺术的生成原因的角度出发,从便于理清唐诗艺术演进过程中前后之间或隐或显的承传关系考虑,这样的细分法又是十分必要的。

　　我们为唐诗分期,企图理清唐诗艺术发展的脉络,也就应该从宏观把握,从微观入手,把宏观与微观溶合为一个整体,把唐诗艺术置于时代的、文化的、经济的和政治的大背景中去考察。基于这种认识,依据唐诗艺术演进过程中自然形成的时间段落,采纳前哲时贤有关唐诗分期的科学因素,我们将上起高祖武德元年(618),下迄唐哀帝天佑四年(907),二百九十年的唐诗艺术史分为如下八个阶段:

　　一、承变时期:从唐高祖武德元年(618)至唐太宗贞观二十三年(649),是唐诗艺术发展的第一个阶段。这是唐诗艺术"欲旧还新"时期,这种新气象、新起色,从

---

① 　钱钟书《谈艺录》(补订本),中华书局,1984 年版,第 1—2 页。
② 　中国社会科学院文学研究所编《唐诗选》,人民文学出版社,1978 年版,第 19 页。

唐太宗李世民以及魏征、虞世南等人的部分作品中明显地反映出来。

二、演进时期:从唐高宗永徽元年(650)至永淳二年(683),是唐诗艺术发展的第二个阶段。"初唐四杰"是其代表诗人,他们积极开拓诗歌题材的领域,力求摆脱齐梁诗风的影响,勇于探索诗歌的格律形式,为唐诗艺术的发展做出了巨大贡献。

三、自立时期:从唐中宗嗣圣元年(684)至唐睿宗延和元年(712),是唐诗艺术发展的第三个阶段。唐代律诗在这时终于定型,成熟的格律对唐诗乃至整个古典诗歌艺术的发展都有极其重大的意义。

四、高峰时期:从唐玄宗开元元年(713)至天宝十四载(755),是唐诗艺术发展的第四个阶段。这是唐代诗坛群星灿烂、百花齐放的时期。经过几代诗人的不断努力,唐诗发展到唐玄宗时期,已经完全具备了新的特征和新的风格,为前人赞誉备至的"盛唐气象"终于出现。

五、转捩时期:从唐肃宗至德元载(756)到唐德宗兴元元年(784),是唐诗艺术发展的第五个阶段。"安史之乱"的爆发,使唐诗发生了第二次根本性变化。杜甫是这时期最伟大的诗人,他继承并发扬了《诗经》和汉乐府民歌的优良传统,把现实主义诗歌创作推向了一个新的更高更成熟的阶段,并直接引发了元稹、白居易倡导的新乐府运动。

六、多元时期:从唐德宗贞元元年(785)至唐宪宗元和十五年(820),是唐诗艺术发展的第六个阶段。经过大历年间的短暂沉寂,唐诗艺术"梅开二度","韩孟"、"元白"、"张王"、"刘柳"、李贺、贾岛,一时名家辈出,贞元、元和年间诗坛再次出现了百花竞秀的景象。

七、变异时期:从唐穆宗长庆元年(821)至唐宣宗大中十三年(859),是唐诗艺术发展的第七个阶段。唐诗发展在经历了贞元、元和再盛之后进入了衰落萧瑟的阶段,这时期咏史、怀古和爱情题材的诗歌大量涌现,代表诗人有杜牧、许浑、李商隐和温庭筠。

八、余响时期:从唐懿宗咸通元年(860)至唐哀帝天佑四年(907),是唐诗艺术发展的第八个阶段。对唐王朝完全失去了信心的诗人们,一面以诗歌讽刺现实,嘲弄黑暗政治,发出无力回天的绝望和哀鸣;一面是崇尚香艳之体、青睐清丽之风,把诗歌作为生活的享受,醉心于爱情、女色的攫取。

唐诗艺术就是迈着这样的步履走完了她的全部历程。

三

　　韦勒克、沃伦在探讨文学史写作时强调："文学分期应该纯粹按照文学的标准来制定。""（文学）分期就只是文学一般发展中的细分的小段而已。它的历史只能参照一个不断变化的价值系统而写成，而这一个价值系统必须从历史本身中抽象出来。因此，一个时期就是一个由文学的规范、标准和惯例的体系所支配的时间的横断面"，而"我们必须从历史本身中抽取这一体系，即我们必须从实际存在的事物中发现它。"①从唐诗艺术的客观实际出发，经过细致的梳理，我们不难发现诸如清淡、风骨、诗中有画、以禅入诗、以文为诗、苦吟、联句、理趣等属于这种表现为"规范、标准和惯例"的体系。这种体系往往表现为一种潮流，涉及不止一位诗人，拥有一定的时间跨度，左右影响，前后相继，表现为一种明显的动态延续。在这种体系所支配的时间横断面上，我们可以很方便地展开类似文学史书写的艺术史描述。然而，当我们面对二百九十年唐诗发展所积淀下来的这笔宝贵的艺术财富时，最吸引我们眼球的还是那些成就卓著的大诗人和他们的诗歌所具有的独特艺术风貌。他们中有些人本就处于上述某种体系的核心位置，其艺术成就的全部或部分，本身就代表着一种规范、标准和惯例，因而可以将他们纳入动态艺术史描述中。虽然我们深知"诗歌艺术作为文学分工的一个特定领域，其演进，总是后一代诗人对前一代诗人的积累、创造的诗歌艺术遗产，在新的历史条件、趋势下，进行改革的结果"②，由于受自身学力、以及唐诗艺术演进过程中本身所具有的因变特征的差异性和前后继承关系的隐蔽性等多种因素的限制，对于那些暂时无法纳入某种体系对其作有规律性动态描述的诗歌艺术，我们的办法是选取最能代表这种诗歌艺术的典型诗人展开论述，作静态的呈现。好在"由于诗史演进的各项规律都必须通过诗人的思维认识规律起作用，因此诗史研究虽以诗的艺术史为主要考察对象，却无疑应以诗人为最活跃的因素"③。

---

① 　[美]韦勒克、沃伦著，刘象愚等译《文学理论》，江苏教育出版社，2005年版，第318页。
② 　赵昌平《唐诗演进规律性刍议——"线点面综合效应开放性演进"构想》，《文学遗产》，1987年第6期。
③ 　赵昌平《唐诗演讲规律性刍议——"线点面综合效应开放性演进"构想》，《文学遗产》，1987年第6期。

"史",历史之谓也,顾名思义,唐诗艺术史,就是唐诗艺术的发展历史,它包含了不同时期的艺术因变,表现为一种动态的演进;"史",也可指史料,那么,唐诗艺术史也即是唐诗艺术的史料,它又可表现为一个静态的呈现。而在我们的"唐诗艺术史"研究中,关于"史"的概念,恰恰是两者兼取的。

《唐诗艺术史》课题是"唐诗艺术学"的重要内容,又与"唐诗史"紧密相关。其目的是通过静态与动态相结合的呈现方式,在上述唐诗艺术分期的历史框架内,勾勒出唐诗艺术的总体面貌及其演进轨迹,揭示出唐诗艺术的某些基本规律,为唐诗艺术研究向纵深发展,提供一个全面参照。具体研究思路如下:

1. 以唐诗"艺术问题"为骨干的立体结构

与以往"唐诗史"书写多以唐代诗人为中心的研究思路不同,《唐诗艺术史》的研究重心是一个个具体的唐诗"艺术问题"。而支撑这些"艺术问题"的,则是唐代诗歌演进过程中一个个具体的诗歌流派、诗人群体、代表性诗人和经典篇章。

依据方便呈现唐诗艺术面貌、方便描述唐诗艺术的阶段性特征和方便揭示唐诗艺术演进轨迹的总原则,我们打破原有唐诗史的分期,将二百九十年的唐诗艺术发展历程划分为特征鲜明的八个阶段,再在其中遴选出最能体现各阶段唐诗艺术特色的代表性"艺术问题"。如唐诗艺术史承变(618-649)阶段"雅颂巧丽"的艺术风貌,支撑它的是初唐宫廷诗人群体;而"托物言志"的倾向却体现了宫廷诗人的别样情怀。演进(650-683)阶段"绮错婉媚"的诗风,站在它身后的是讲究声辞偶对之美的上官仪;而"时带六朝锦色"的"初唐四杰"表现出的却是自觉的变革意识和昂扬的进取精神;是"锦绣成文"的"沈宋"在宫廷赛诗会上定型了"研练精切,稳顺声势"的近体格律。自立(684-712)阶段"高张风骨"的陈子昂为盛唐诗歌的到来指明了方向;而张若虚的《春江花月夜》则以"清婉流畅"的艺术风貌展开了对宫体诗的清算;"清澹诗风"的形成,张九龄的"曲江体"首开风气。高峰(713-755)阶段"诗中有画"与"冲淡自然"的境界,是此期山水田园诗人的艺术追求,王维、孟浩然是其代表;悲壮之歌、雄奇之景与闺怨感伤、边愁之叹,均是边塞诗人们的灵魂振颤,高适、岑参是排头兵。至如"飘逸天真"、"清真自然",则是李白的专利,更是盛唐的高标。转捩(756-784)阶段"善挚悲慨的写真"、"清丽诗风的高标"与"沉郁顿挫的风格",纯是杜甫"集大成者"的诗艺显现;而"山水隐逸中的萧瑟之境"与"高雅闲淡的艺术境界",则是刘长卿、韦应物对此期诗坛的贡献。多元(785–820)阶段是唐诗艺术发展的第二高峰,这里出现了"以文为诗"的艺术手法、拗峭求奇的"苦吟"作风、"虚荒诞幻"的意境构造、"以丑为美"的艺术取向、"以俗为雅"的对立转化、"理趣"之美、"骚怨"精神等艺术问题,在它们的背后是"韩孟诗派"、"元白诗派"与刘、柳二家为代表的创新求变的诗艺追求。变异(821–859)阶段"深沉婉丽"的风格与"深邃隐晦"的意旨,是李商隐与杜牧所代表的时代悲慨;而"朗丽险奥"的"晚唐体"与"秾致相夸"的绮艳诗则是晚唐诗坛的艺术变奏。余响(860–907)阶段求实求变的"皮陆体"与在传承中求突变的晚唐乐府诗,说明此期代表性诗人只能是皮日休与陆龟蒙。

　　另外,在唐诗艺术的演进过程中,还有一些贯串始终、不能纳入上述时间段落中的"艺术问题",诸如唐诗的叙事艺术、唐代送别诗的艺术匠心、唐诗与音乐的融合、唐诗与禅宗的互动以及唐人选唐诗所体现出来的艺术趣尚的变迁等等。恰似一根根贯通上下的立柱,对于唐诗艺术史大厦的建构来说,它们是必不可少的。

　　在遴选出包括上述"艺术问题"在内的五十五个唐诗"艺术问题"后,再以这些代表性"艺术问题"为坐标顶点,从纵横两个方向对这些唐诗"艺术问题"展开论述。横向论述以说明其与同时代诗人或其他文体之间的关系,尽可能为所论"艺术问题"还原一个当下环境,揭示其何以如此的原因;纵向论述以说明其前后影响或艺术流变,以微观的方式展示这一个具体"艺术问题"的演进历程,从而揭示唐诗艺术的显隐变化与继承关系。如在论述体现出"宏壮博辩,若出一手"等艺术特征的唐代联句诗时,首先从纵向上总论联句的起源与发展,明确唐代联句的历史地位;其次对大历以来的中唐联句之风进行整体概述,点明韩孟联句的独特性,同时也为深入研究韩孟联句提供一个时代背景;最后从韩孟二人的具体联句出发,联系二人的交往、各自的诗风,从宏壮博辩的艺术特质、统一视点的诗学谋略以及若出一手的艺术效果等方面入手,对韩孟联句之所以能达到如此的艺术水准进行了鞭辟入里的分析。以此为例,在宏观与微观两个层面上,以静态呈现与动态描述相结合的办法,建构起一个以"艺术问题"为骨干的唐诗艺术史多层面、广视角、全方位的全新立体图式。通过这种线上取点,点上造面的构筑方式,既方便从宏观上纵览唐诗艺术的衍变历程,又便于从微观上深入探究唐诗艺术的独特风貌。

2. 全方位、多层次的研究视点

作为文学现象之一的唐诗,它自身包含着独特的内涵和内在规律,艺术技巧、语言风格、美学特征、诗体、韵律、风格、流派、以及对前代诗歌传统的继承与扬弃等等,都是构成诗歌艺术独特内涵的基本要素。我们考察唐诗艺术的演变过程,探索其演变的规律,首先是从考察这些基本要素开始的。每一种要素的变化都体现了唐诗艺术的某种变化,而各种要素的综合变化便形成了唐诗艺术总体演进的轨迹。正是基于这样一种认识,在唐诗"艺术问题"的遴选过程中,我们的研究视点始终是全方位、多层次的。

中国古典诗论中的"体",是一种被固定化且得到后世认可的创作经验,因其特色鲜明,每每成为后学者的模仿对象。这已是古典诗歌发展史乃至中国文学发展史上的共识。严羽《沧浪诗话》的"诗体"部分,从时代与诗人两条线索列出了古典诗歌发展历程中的那些独具特色的基点。以唐代论,从时代角度,有初唐体、盛唐体、大历体、元和体、晚唐体;从诗人的角度,有沈宋体、陈拾遗体、王杨卢骆体、张曲江体、少陵体、太白体、高达夫体、孟浩然体、岑嘉州体、王右丞体、韦苏州体、韩昌黎体、柳子厚体、韦柳体、李长吉体、李商隐体、卢仝体、白乐天体、元白体、杜牧之体、张籍王建体、贾浪仙体、孟东野体、杜荀鹤体。唐诗艺术的辉煌成就,是唐代伟大诗人们造就的。毫无疑问,这些独具特色的"体",均是唐诗艺术史上的重要内容,它们将成为我们基点选取的首要对象。

"风格"是艺术的高级形态,唐诗在其演进历程中不仅形成了不同的风格流派,而且唐人自己也开始通过诗论、诗选、序跋等多种形式进行自觉的总结。体现出一种自觉的风格意识与创作追求,并深刻影响着唐诗艺术的发展演进。皎然《诗式》的"辨体一十九字"是其代表。另外,张为《唐诗人主客图》以白居易为"广大教化主"、李益为"清奇雅正主"、孟郊为"清奇僻苦主"、孟云卿为"高古奥逸主"、武元衡为"瑰奇美丽主"、鲍溶为"博解宏拔主",将"法度一则",即风格类同的一时而前后的诗人分为上入室、入室、升堂、及门等级别,分别列入上述六人门下。尽管在今天看来,张为的《主客图》还存在这样那样的问题,但其所具有的流派意识却对后世产生了深远影响。而其所概括的每一风格的内部关系,可说是已经具备了唐诗微观艺术史的雏形。这些论述也将成为我们基点选取的重要参照。

对唐诗艺术的研究,从唐诗诞生之日以至于今,从未间断过。期间有一些属于唐诗艺术范畴的问题,曾经引起过广泛而深入的讨论,如"诗中有画"、"以文为诗"、"以禅入诗"、"苦吟"、"理趣"等等。它们自然也会作为基点成为"唐诗艺术史"研究的重要论题。

唐诗中诸如《春江花月夜》、《长恨歌》等经典篇目,以其高超的艺术水准,雄踞唐诗艺术金字塔的顶端,在受到世人顶礼膜拜的同时,更成了诗人们模仿学习的对象。它们的艺术创变以及所形成的风格特征每每被当作一种规范、标准和惯例,超出它所处的时代,又代表了它那个时代。这样的艺术典范,理应引起我们的足够重视。

再比如"联句",作为中国古典诗歌家族中的一员,联句在中唐以前一直少人问津,更乏艺术成就可言。然而进入中唐,尤其是到了韩愈、孟郊手中,联句的局面一下子打开了,甚至达到了"如出一手"的艺术境界。考察联句在中唐的演进历程,你会发现在联句以文为戏的形式背后,是诗人群体的结集,是新的诗风的酝酿,是新的诗派的形成,是元和诗坛繁荣局面到来的先声。这样的基点,当然不能放过。

在唐诗艺术的演进过程中,还有一些贯串始终、没有明显时间段特征的"艺术问题",诸如唐诗与音乐的融合、唐诗与禅宗的互动以及唐人选唐诗所体现出来的艺术趣尚的变迁等等。在我们建构唐诗艺术史的立体图式时,也不能因其不能明确归入哪一时期而将之遗漏。

在研究基点的选取与编排过程中,贯彻先分类选取,再依史为序的原则。本着上述原则,我们选取了从太宗皇帝的宫廷歌诗到晚唐"温李"的绮艳诗篇这近三百年唐诗艺术演进过程中的五十五个重要的代表性"艺术问题"。虽不敢说将唐诗艺术的方方面面一网打尽,但可以毫不夸张地说:我们已经呈现出了唐诗艺术史的基本面貌。

3. 以史为纲、重点突破的微观研究思路

具体到每一个基点的微观研究,我们采用了以史为纲、重点突破的研究思路。所谓"以史为纲",就是对所选基点作纵向上的梳理,或从历史演进的角度考察它的来龙去脉,或在唐诗艺术发展史的纵向坐标上找出他的位置。所谓"重点突破",就是选取纵向线索中最具代表性的点,结合时代精神,旁涉左右,作深细研究,以说明

问题,揭示规律。当然,在具体操作过程中,我们会根据研究对象性质的不同,作因地制宜的调整,但"以史为纲,重点突破"的总体思路不会变。以"张曲江体"为例:首先,从纵向的角度,将张九龄诗歌放在初盛唐之交的诗坛格局中考察,发现在京洛的主流诗坛上,是张九龄最早传唱出了情怀高远、气格高扬的盛唐之音,他更以一代贤相和文宗的独特地位和影响,开启了王、孟、李、杜等盛唐诸子的创作主调。接下来就张九龄诗歌的艺术特征和美学风格、艺术渊源和艺术发展以及深远影响等重点问题展开研究,以展现"张曲江体"的典型艺术风貌,为后来者探求盛唐清澹诗风的演进规律提供充分的艺术史参照。以"苦吟"为例:首先是对"苦吟"的内涵进行界定,也就是确定研究对象的范围。其次是从纵向角度对唐诗演进过程中符合概念界定的"苦吟"本体作综合的论述,在建立演变"史"的框架结构的同时,力图揭示出与"苦吟"相关的某些规律性的东西。接下来是就"苦吟史"中的某些重要的作家进行单独的研究,比如孟郊、李贺、贾岛等,在对具体的诗人及其诗歌文本的深入剖析中,从微观的角度具体展示"苦吟"的艺术特质。以孟郊的"苦吟"为例,我们从他题材内容的吟苦之选、立意构思的求奇取向、文字声韵的避俗之举、情韵内涵的理致化追求、苦吟为诗的心理机制以及其"清奇僻苦"的典范意义等方面对其苦吟为诗进行了全方位、多角度、立体式、全视角的关照。再比如"以文为诗",我们先从有关韩愈"以文为诗"的接受史入手,进而探析"以文为诗"概念的内涵;再从李白、杜甫、韩愈、白居易、杜牧、李商隐等人的诗歌文本出发,纵论唐代"以文为诗"艺术的发展历程;最后分别就韩愈与白居易的"以文为诗"作详细论述。总体而论,我们发现"以文为诗"的现象只不过是中国古典文学演变历程中各体文学之间交互渗透的一种表现,与其后的所谓"以诗为词"、"以文为词"、"以诗词为曲"等现象,在本质上并无区别。正如钱钟书所云:"诗文相乱云云,尤皮相之谈。文章之革故鼎新,道无它,曰以不文为文,以文为诗而已。"①就白居易而言,其新乐府等诗所表现出来的"以文为诗"特征,是因为白居易在特殊的历史条件下,极端强化了诗歌的劝谏功能,从而带来内容上的议论化、情感上的激切性等新气象。在中唐急需重建儒学权威以巩固中央集权的特殊政治背景下,韩、柳提倡"文道合一"、"文以明道",其文章革新方面的成就,不过是其"明道"的工具。白居易的新乐府运动,不妨也可称

① 　钱钟书《谈艺录》(补订本),中华书局,1984 年版,第29—30 页。

之为"诗以明道"。内容决定形式,白居易的"以文为诗"很大程度上就是因为其追求"诗以明道"的结果。

盛唐边塞诗歌艺术,我们用了五章的篇幅,前三章从悲壮之美、雄浑之美、边愁之叹三个方向对盛唐边塞诗做了全景式的纵向展示和成因推演;最后两章分别就岑参、高适这两位盛唐边塞诗代表人物"雄奇壮丽"和"警示动人"的艺术风貌展开论述,进一步揭示盛唐边塞诗统一多样性的风格特色。虽说用了五章的篇幅,但"以史为纲,重点突破"的原则还是一以贯之的。

4. 注重创新、讲求实效的研究方法

唐诗文本的细读和分析是唐诗艺术史研究的基础,但止于唐诗艺术的微观分析,则会丧失唐诗艺术史研究"史"的品格。为此我们始终坚持宏观与微观相结合的研究视角,既力求有宏观式的高屋建瓴的鸟瞰审视,又试图有微观式的精细入微的解读论析;既有理论的探讨,也有具体过程的描述;既注重学术深度,又以大量唐诗名篇为诗证、诗例、诗释,并以此为研讨出发点;既力求观点和阐发的新意,又注意表述的深入浅出和语言的精炼平实,力求做到点面结合、资料翔实、论证充分;既借鉴外国文艺理论的观点和方法,又立足于我国传统治学方法,予以现代观照。

在具体的论述中,时刻注意诗本位与广视角、新思路参融,以唐诗文本为中心,以诗歌艺术为对象,利用文艺学、美学、古代文学理论、文艺心理学、语言学等多学科知识交叉来研究唐诗艺术史,将唐诗艺术放在社会文化的大背景中考察,而非孤立的研究。

继承批评与鉴赏结合的传统,顺应向诗人内心寻觅、向唐诗文本探索的当代学术取向;力求将唐诗艺术理论研究与名篇鉴赏分析有机结合,努力使一般鉴赏提高到精深的文本解读,再由独特的文本分析上升到一定的理论高度;以唐诗佳作为诗证、诗例、诗释来论述唐诗艺术理论,又以唐诗艺术理论来指导诗篇文本鉴赏解读,而非将两者分离、架空。通过上述的努力,着意探索出一条定位于既融合艺术理论与名篇鉴赏为一体又介于"纯理论"与"纯鉴赏"二者之间的一个新学术层面的唐诗艺术研究的新路子、新视角、新格局。这是我们研究唐诗艺术的理论构想与终极目标。

为了适应唐诗尤其是唐诗艺术的教学需要,在具体写作过程中,我们还特别注

意两个一般学术著作不太注意的细节:一是引用大量唐诗名篇作为诗证、诗例;二是在引用时多为全文引录。当然,这除了便于学生学习之外,还有强调着眼于全诗整体研究的意图。

虽说,从目前我们已有的研究成果来看,我们的工作也许还微不足道,但我们坚信这一研究方向和道路是正确而富有意义的。"路漫漫其修远兮,吾将上下而求索",在唐诗艺术学研究的道路上,我们将坚定地走下去!

(本文系作者主持的国家社会科学基金项目《唐诗艺术史》"前言"的部分内容)

(作者单位:南京师范大学)

唐诗中的"辂"

阎 艳

王维《故太子太师徐公挽歌四首》:"犹思御朱辂,不惜污车茵。"元稹《梦游春七十韵》:"甲第涨清池,鸣驺引朱辂。"刘祎之《孝敬皇帝挽歌》:"戒奢虚蜃辂,锡号纪鸿名。"元稹《酬乐天东南行诗一百韵》:"邮亭一萧索,烽候名崎岖。馈饷人推辂,谁何吏执殳。"詹琲《永嘉乱,衣冠南渡,流落南泉,作忆昔吟》:"衣冠坠涂炭,舆辂染腥膻。"辂在《全唐诗》中共出现44次。

辂字古亦作"路",《别雅》卷四:"路,辂也。"自先秦至明清,辂是我国最豪华的古车,供天子、诸侯及卿大夫所乘用。《诗·小雅·采薇》说:"彼路斯何?君子之车。"《荀子·哀公》:"夫端衣、玄裳、絻而乘路者,志不在于食荤。"杨倞注:"路,王者之车,亦车之通名。"《诗·秦风·渭阳》:"何以赠之,路车乘黄。"朱熹集传:"路车,诸侯之车也。"《礼记·玉藻》:"乘辂车不式。"可见乘坐辂车的人的确是有特权的,可以不用行车礼。

对于辂的得名,《释名·释车》说:"天子所乘曰路,路亦车也。谓之路者,言行于道路也。"按,此说仅据辂、路同音便臆断辂得名于道路义,未确。《晏子春秋·内篇杂下》:"晏子出,公使梁丘据遗之辂车乘马,三返不受。"吴则虞集释引孙星衍曰:"此常为'路车'借字,言大车。"今按,此说为是。《后汉书·张湛传》:"《礼》:下公门,轼辂马"唐李贤注:"辂,大也。君所居曰寝,车曰辂车,马曰辂马。"《尔雅·释诂上》:"路,大也。"郝懿行义疏:"经典凡言路寝、路车、路马,义皆为大。"辂的主要特点是形制大,其得名也源于此。《国语·晋语》说:郑伯嘉来纳"辂、车十五乘。"韦注:"辂,广车也。车、軘车也。"此处广车即辂的异称,指大型车。《战国策·西周策》：“昔智伯欲伐厹由，遗之大钟，载以广车，因随入以兵，厹由卒亡。”广车容积大，载物量大，因此才可以搭载大钟和军队。

历代天子最常用的礼仪用车称为“五辂”，如唐权德舆《奉和郑宾客相公摄官丰陵扈从之作》诗：“五辂导灵辒，千夫象缭垣。”诗中五辂指皇室礼仪用车。《周礼·春官·巾车》载，周天子五路具体指玉路、金路、象路、革路、木路，五路形制用途迥异，须按礼制规定使用，历代相因。但传世之五路，其名称、用途亦愈演愈繁。在唐诗中出现的各种辂，就反映了这种情况。

大辂、玉辂：白居易《三谣·蟠木谣》：“天子建明堂兮既非栋梁，诸侯斫大辂兮材又不中。”路在先秦虽是君候所乘之大车，但并非一律豪华装饰，如《礼记·礼器》：“大路，繁缨一就。”孔颖达疏：“大路，殷祭天之车也。殷犹质，以木为车，无别雕饰，乘以祭天，谓之大辂也。”诗中的大辂应该指没有雕饰的祭天之辂。

但大辂有时作为辂的通称，《续汉书·舆服志》刘注引服虔曰：“大路，总名也，如今驾驷高车矣，尊卑俱乘之，其采饰有差。”大辂有时指玉辂，《书·顾命》：“大辂在宾阶面。”孔传：“大辂，玉。”孔颖达疏：“《周礼》巾车掌王之五辂，……大辂，辂之最大，故知大辂玉辂也。”郑嵎《津阳门诗》：“御街一夕无禁鼓，玉辂顺动西南驰。”张籍《贺秘书王丞南郊摄将军》：“斜带银刀入黄道，先随玉辂到青城。”按，玉辂即皇帝的座驾，是天子五辂之最尊贵者，以玉为饰，故名。《周礼·春官·巾车》：“王之五路，一曰玉路，锡，樊缨，十有再就，建大常，十有二斿，以祀。”玉辂上建大常旗，画日月，驾六马，亦有驾象者，祭祀则乘之。始于周代，历代相沿。

玄辂：唐王起《北郊迎冬赋》：“严飙绝玄辂之响，爱日动铁骊之色。”玄辂是天子在冬季所乘用的车，车体漆为黑色，以顺水德。《礼记·月令》：“孟冬之月……天子居玄堂左个，乘玄路，驾铁骊，载玄旂。”《吕氏春秋·孟冬》作“玄辂”，高诱注：“玄辂，黑辂……象北方也。”诗句正是体现了冬季天子乘车的威仪。

象辂：元万顷《奉和玉于纳妃太平公主出降》：“象辂初乘雁，璇宫早结褵。”象辂因以象牙饰五末而得名。《周礼·春官·巾车》描述说：“象路，朱，樊缨七就，建大赤，以朝，异姓以封。”郑玄注：“象路，以象饰诸末。象路五鉤，以朱饰勒而已。其樊及缨以五采罽饰之而七成。”《隋书·礼仪志五》：“（周氏）皇帝之辂，十有二等……十曰象辂，以望秩群祀，视朝，燕诸侯及群臣，燕射，养庶老，适诸侯家，巡省，临太学，幸道法门。”漆以黄色或红色，后建大赤旗。帝王视朝则乘之，亦以赐诸侯。

金辂:贾曾《奉和春日出苑瞩目应令》:"铜龙晓辟问安回,金辂春游博望开。"杨巨源《寄昭应王丞》:"武皇金辂碾香尘,每岁朝元及此辰。"王建《宫词一百首》:"丹凤楼门把火开,五云金辂下天来。"因以金饰辕、軛等五末,故名。《周礼·夏官·齐仆》:"齐仆掌驭金路以宾。朝觐、宗遇、飨食皆乘金路,其法仪各以其等为车送逆之节。"《晋书·舆服志》:"金路建大旂,九旒,以会万国之宾,亦以赐上公及王子母弟。"可见始于周代的金辂,车后建龙旗,天子大会万国之宾、宴会或吊丧则乘之,亦以赐王子母弟及上公。后历代相因,用作帝王驾出之仪仗。

鸾辂:唐李远《过马嵬山》:"浓香犹自飘鸾辂,恨魄无因离马嵬。"李峤《奉和初春幸太平公主南庄应制》:"鸾辂已辞乌鹊渚,箫声犹绕凤凰台。"按,鸾辂因车上装有鸾铃,故名。《礼记·月令》作"鸾路",郑玄:"鸾路,有虞氏之车,有鸾和之节而饰之以青,取其名耳。"《礼记·明堂位》:"鸾车,有虞氏之路也。"汉张衡《东京赋》:"乘鸾辂二驾苍龙,介驳间以剡耜。"

根据《晋书·舆服志》中的记载,辂独有的设施有二:

其一,"两箱之后,皆玳瑁为鹍翅,加以金银雕饰,故世人亦谓之'金鹍车'。"鹍翅在《旧唐书·舆服志》中称为金凤翅,它的形象于顾恺之《洛神赋》中洛神所乘及敦煌莫高窟 296 窟西壁隋代壁画东王公所乘之驾龙的辂上均能见到。此二辂之车箱侧面东装有很大的羽翼,即鹍翅,而辂因是神仙所乘,故驾龙,但辂体仍与世间实用者相同。

其二,"斜注旂旗于车之左,又加棨戟于车之右,皆囊而施之。棨戟韬以黻绣,上为亚字,系大蛙蟆幡。"这些辂在箱后皆斜插一大一小两旗。大旗即旂。旂上画交龙,竿首有铃。但这两个特征在《洛神赋》中所举旗上看不清楚,倒是旗上的飘带即旐画得很引人注目。旒数多少不一,依乘辂者的身份为差:天子十二旒,王公九旒,侯伯七旒。《洛神赋》图中的旐皆九旒,与宓妃、东王公及曹植的身份正合。小旗则代表棨戟。我国古代的戎车本有在车后斜插长兵器的传统,不过以棨戟与旂旗相配且形成定制者,仅见于辂。图中棨戟所韬绣囊似未缝合,飘扬若小旗,其中有没有真戟就很难说。实际上纵使真的有戟,在辂上也并不起武备的作用。①

魏晋时辂一般为两重车盖,如《洛神赋》图中之辂都有两重车盖。《南齐书·舆

---

① 孙机《辂》,《中国古舆服论丛》第 82 页,文物出版社,2001 年 12 月版。

服志》说:"永明初,加玉辂为重盖。"其实晋代已然如此。辂不仅加重盖,而且其上装饰纷繁。《隋书·礼仪志》所说驾辂的马在头上"插翟尾五隼"之类作法。不过图中辂盖上树的羽毛和马头上插的羽毛都比文献所记之数为少。这一方面是因为王公之辂比文献中所记皇帝之辂的等级低,另一方面也可能是由于绘图时删繁就简之故。

唐辂的图像存世者甚罕,只在陕西乾县唐代懿德太子墓中有其例。这里的辂画的非常简略,而且其盖只有一重。此后各代之辂也都用一重车盖。大概辂施重盖之制自唐代起不再沿用。这是因为南朝萧齐时对辂装两重盖之制曾有所非议。《通典》卷六四王子良说:"凡盖圆象天,轸方象地。上无二天之仪,下设两盖之设;求诸志录,殊为乖衷。"所以,"至建武中,明帝乃省重盖"。但两重盖的辂至隋代似仍未绝迹,莫高窟420窟的壁画中所绘者可证。在懿德墓壁画中才出现了一重盖的辂。不过辂盖虽止一重,盖上所装自博山演变而成的耀叶却有三层。《唐六典》卷一七"太仆寺,乘黄令"条、《通典》卷六四"五辂"条等处都说辂盖为"三层",即指这种情况而言。"三层"指耀叶,而"三重"指车盖;二者说的不是一回事。

唐辂虽无其他实例,但唐显庆年间制造的玉辂却非常有名。此辂至宋代尚存,宋人对它有不少记载。庞元英《文昌杂录》卷四说:"南郊大驾,上乘旧玉辂。户部王员外说,辂上有款识,唐高宗显庆年造。高宗麟德三年(666年)、玄宗开元十三年(723年)、真宗皇帝祥符元年(1008年)封禅,此辂凡三至泰山。开元十一年(723年)、祥符四年(1011年),亦两至睢上。真所谓万乘之器也。"沈括《梦溪笔谈》卷一九说:"大驾玉辂唐高宗时造,至今进御。自唐至今,凡三至太山、登封,其他巡幸,莫记其数。至今完壮,乘之安若山岳,以措杯水其上而不动摇。庆历中,尝别造玉辂,极天下良工为之,乘之动摇不安,意废不用。元丰中复造一格,尤极工巧。未经进御,方陈于大庭,车屋适坏,遂压而碎。只用唐辂,其稳利坚久,历世不能窥其法。"南渡以后,此辂犹为人所称道。叶梦得《石林燕语》卷三说此辂"坚壮稳利,至今不少损"。张邦基《墨庄漫录》卷四甚至认为此辂是隋造唐修之物。隋造之说虽恐系传闻讹误,然而宋代曾使用唐辂则无可置疑。它的保存状况,上引诸书皆强调其坚稳,不过也有不同的说法。蔡绦《铁围山丛谈》卷二谓此辂"行道摇顿,仁庙晚患之。"又说:"神祖苦风眩,每郊祀,益恶旧辂之不安。"但北宋历次制作的新玉辂为何均告失败,其原因在朱熹《朱子语录》卷二二八中已作解答:"仁宗、神宗两朝造玉辂,皆以重大致压坏。本朝尚存唐一玉辂,闻小而轻,捷而稳。"此话非常正确。

辂,特别是玉辂,在某些场合中要用它代表皇帝的尊严和权威,所以排场要尽量地大,装饰要尽量地繁缛,车体从而愈来愈笨重,这样就破坏了其结构上应保持的均衡性。宋代的工艺技术并不比唐代差,只是因为统治者为了摆排场,使车体的重量超过了轮轴所能负荷的限度,故其新辂"皆以重大致压坏"。唐代显庆辂的尺、用材和构件的比例关系大约尚维持在合理的限度内,加以制作精工,故尔先后使用达四个半世纪之久。尽管在晚期它也出现了"行道摇顿"等老化现象,却仍然不能不认为是我国造车史上的一项奇迹。

显庆辂虽无可靠的图像流传下来,但南宋马和之《孝经图》中所绘之辂,不仅画得较精致,而且和《宋史》中对前者的描写颇有相近之处。《宋史·舆服志》说:"先是元丰虽置局造辂,而五辂及副辂仍多唐旧。玉辂自唐显庆中传之,至宋曰'显庆辂',亲郊则乘之。制作精巧,行止安重。后载太常与阘戟分左右以均轻重。世之良工,莫能为之。其制:箱上置平盘,黄屋。四柱皆油画刻镂,左青龙,右白虎,龟文。金凤翅,杂花龙凤,金涂银装,间以玉饰。顶轮三层,各施银耀叶、轮衣、小带、络带,并清罗绣云龙、周缀绢带,罗文。佩银穗、毯、小铃。平盘上布黄褥,四角勾阑。"这一段描写显庆辂外形的文字,除了其中所记油画、刻镂、刺绣的纹饰因在图中未予表现,无从比较外,辂体的大轮廓正可与马和之图相印证。图中辂顶上的三层耀插用以"均轻重"的两面大旗(阘戟这时也变成一面大旗)等,都和《宋史》的叙述相符。可见马氏绘此图时或曾以显庆辂的样本为参考。特别是马氏图中的辂只用马拉,不藉人力推、压,这更是显庆辂,而不是南宋时所造绍兴辂的特点。

南宋绍兴十二年(1142年)制造的玉辂,即绍兴辂,其辂亭之构造虽与显庆辂接近,但"前有辕木三,麟体昂首龙形。辕木上策两横竿,在前者名曰凤辕,马负之以行;次曰推辕,班直推之,以助马力。横于辕后者曰压辕,以人压于后,欲取其平"(《宋史·舆服志》)。以人力压辕的作法在宋、元时相当流行。元代杨允孚《滦京杂咏》:"燕姬翠袖颜如玉,自按辕条驾骆驼。"自注:"辕条、车前横木,按之则轻重前后适均。"马图中之辂不用此法,亦足证其制与唐为近。

南宋玉辂不仅用人推、压,而且还用铁压、用人牵挽。《西湖老人繁胜录》说,玉辂"始初以一千斤铁压车,添至一万斤方住。才出玉辂,闪试辂下曳索。班直戴耳不闻帽子,着青罗衫、青绢袜头袴,着青鞋,裹紫罗头巾,内着绯锦缬衫,全似大神,手扶青锦索曳玉辂"。用人挽索曳辂的形象在辽宁省博物馆所藏金代卤簿纹铜钟上有其例,曳辂者也戴着耳不闻帽子。其辂之顶轮饰耀叶,四垂络带,仍规抚宋制。但此辂还有金凤翅,是这一部件最晚的一例,因为在绍兴辂上,已不装有金凤翅了。

宋辂前曳后压,非常繁复,宋吴自牧《梦粱录》卷五描写压辂的情景是:"辂后四人攀行,如攀枝孩儿。"实在有点煞风景。而且辂的行动迟缓。宋孟元老《东京梦华录》卷十说:玉辂前"有朝服二人,执笏面辂倒行"。辂跟在倒退而行的二人之后,则车速之慢可知。为什么宋辂行进时竟如此蹒跚费力呢?笨重固然是原因之一,另一方面则是由于它不易保持平衡。我国古车多为二轮,车前面的支点落在马身上。从先秦到汉代,通用辎车型的轻车,调节平衡不成问题。经过隋、唐、五代,运输用车的车体加大,礼仪用车更甚,宋辂尤其突出。这时驾车者倘若处理失宜,以致前重后轻,则马力势重难支承;反之,如前轻后重,前辕上揭,马悬车仰,甚至有倾覆之虞。所以必须将辂体的重心调节好,使之"不伏"、"不缢",才便于行车。同时,此类大辂对路面的要求也很高。元代周密《武林旧事》卷一说:南宋临安行大礼之前,"自嘉会门至丽正门,计九里三百二十步,皆以潮沙填筑,其平如席,以便五辂来往。"否则如遇坡陀,辂体随之轩轾倾侧,就更无法掌握平衡了。宋辂之所以须配合以压辕、平整路面等各项措施,实为防止发生此类事故计而不得不然。

唐宋以后,轿舆流行,高踞于封建统治集团巅峰的皇帝不轻易乘车了,他们更钟情于舒适轻便的轿,因此辂已经很少供乘坐,只成为大朝会时充庭的仪仗或大驾出行时的卤簿了。

(作者单位:内蒙古师范大学文学院)

论杜审言对近体律诗发展的贡献

张采民

杜审言(645？——708)少时与李峤、崔融、苏味道齐名，称"文章四友"。《旧唐书》本传称其"雅善五言诗，工书翰，有能名。然恃才謇傲，甚为时辈所嫉"。杜审言是初唐时期著名的宫廷诗人，在律诗的发展中做出了突出的贡献。他的近体律诗不仅格律精严，而且形成了高华雄整的个性风格，取得了很高的成就。

一、律诗的产生与发展

律诗的出现是中国诗歌发展的必然趋势，但宫廷诗人在艺术上追求绮错婉媚，在形式上追求华美精致的诗风，却是律诗产生的温床和催化剂。

宫廷诗人是生活在帝王贵族周围的侍从文人，他们的生活情趣和诗歌创作不能不以君王贵族的爱好为转移。出游宴享是宫廷生活的重要内容之一。《唐诗纪事》卷九就有一段关于中宗游宴活动的描写：

> 凡天予饷会游豫，唯宰相、直学士得从。春幸梨园并渭水祓除，则赐柳圈辟疠；夏宴蒲萄园，赐朱樱；秋登慈恩浮图，献菊花酒称寿；冬幸新丰，历白鹿观，上骊山，赐浴汤池，给香粉兰泽。从行给翔麟马、品官黄衣各一。帝有所感，即赋诗，学士皆属和，当时人所钦慕。然皆狎猥佻佞，忘君臣礼法，惟以文华取幸，若韦元旦、刘允济、沈佺期、宋之问、阎朝隐等，无它称。

接着又简略地列举了 708 年至 710 年间 40 馀起类似的宫廷游宴活动。这段记载可以说明三个问题:(一)初唐时期的宫廷游宴活动相当频繁。(二)当时的最高统治者多有较高的文学修养,对诗歌创作有浓厚的兴趣。一般情况是"帝有所感,即赋诗,学士皆属和"。(三)侍从文人"惟以文华取幸"。这说明频繁的宫廷游宴活动确实给宫廷文人创造了一个展示文学才华的极好机会,而且也只有"文华",才能取悦帝王,受到赏识和重用。

宫廷诗的写作类似于赛诗会,通常是以速度的快慢或形式是否精致华美作为评判标准。《唐诗纪事》中有不少关于宫廷诗写作情况的记载。如卷一:

> 御制序云:陶潜盈把,既浮九酝之欢;毕卓持螯,须尽一生之兴。人题四韵,同赋五言,其最后成,罚之引满。……是宴也,韦安石、苏瑰诗先成;于经野、卢怀慎最后成,罚酒。

这是中宗为一次宫廷赛诗会写的序。这里有三点应特别引起我们注意:(一)写作方式一般是由皇帝或宴会主持人出题,然后每人赋诗一首,一般是"人题四韵,同赋五言"的五律;(二)以写作速度的快慢判定胜负;(三)通常要由一位地位高或威望高的人写一篇序文,描绘场景,列举与会诗人名单及评判结果。

为了适应快速、精致、工巧的要求,宫廷诗创作中出现了一些新特点。

一是声韵的格律化。声韵的合理搭配是诗歌形式精致华美的重要方面,这一点前人已经认识到了。到了南齐永明年间,沈约等人把周颙发现的汉语四声说运用到诗歌创作中去,提出了"四声"、"八病"说,并与对偶技巧相结合,从而产生了一种被后人称为"永明体"的新体诗,这还只是格律诗的雏形。这时的声韵规则过于烦琐,使人难以适应,而且有些问题还没有完全解决,如一联之内句与句、两联之间联与联的关系等,甚至连律诗的句数也不统一。这说明律诗尚未定型。进入唐代以后,直到武后至中宗神龙、景龙年间,"文章四友"、"沈宋"等一批宫廷诗人才创作出大量的、格律大体一致的诗作。他们在创作中,逐步简化了烦琐的限制,如把平、上、去、入四声变为平、仄二声,把"八病"中的不必要的限制也取消了①,一句之中平

---

① 除蜂腰、鹤膝外,平头、上尾可灵活运用,大韵、小韵、旁纽、正纽则被取消。

仄要有特定的规则。另外用"粘对"的形式解决句与句、联与联之间的关系问题，即一联之内，平仄相对；两联之间，平仄相粘；取消了首句不用韵的限制，除有时首句入韵外，都是双句平脚入韵；每首诗中间两联必须对仗；每首八句为基本形式①。这些变化使格律诗有了更广阔的回旋馀地，也使诗人更易于掌握和运用这种形式，能够快速地写出形式精致的律诗。这种"回忌声病，约句准篇"（《新唐书·宋之问传》）的变化，标志着律诗已定型和规范化了。

二是结构的程式化。宫廷诗在结构上大多采用三部式。开头部分，通常是由两句介绍背景的诗句组成。中间是可以延伸的部分，一般由描写景物或颂扬帝王德政的对偶句组成。结尾部分则是由两句概括性的诗句组成，或表达某种愿望、感情，或叙述活动的结束，或点出作品的主旨等。这种三部式结构对律诗的一般结构（起承转合）的形成产生了重要的影响。

三是对偶的规范化。在宫廷诗的写作中，对偶技巧既是快速制作的必备条件，也是使作品更加精致的重要手段。前人在运用对偶时还比较粗糙，带有很大的随意性，缺少一个共同遵循的统一的规范。于是高宗武后时著名的宫廷诗人上官仪在总结前人经验的基础上，提出了"六对"、"八对"之说，从而使对偶技巧更加细密具体了，也更加规范化了。只要掌握了这一技巧，就不难快速地写出精巧的对偶句。初唐宫廷诗中工整精巧的对偶句为盛唐以后的诗人提供了很好的范例。

宫廷诗人对诗歌声律的探索和实践，使律诗这一新诗体最终得以完成。在这个过程中宫廷诗人发挥了重要的作用，尤其是沈约、"文章四友"、"沈宋"等人做出的贡献更为突出。

二、对律诗发展的贡献

五律的发展有一个过程，从南齐永明年间产生的"永明体"，至六朝后期已经出现了暗合唐人律诗规则的作品。但那时数量还非常少，还没有一个统一的规范，带有很大的随意性。进入唐代以后，五律逐渐多起来了。王绩现存诗一百四十三首，

① 排律和律绝是它的变体。

有五律十四首,基本合律。"四杰"的诗作中也出现了不少五律,如杨炯现存诗三十三首,有五律十四首,大多合律。但王绩、"四杰"的五律有些句子平仄失调,在律法的运用上显得拗涩,不够自如,更重要的是他们的五律所占比例还太小。而比"四杰"稍晚的"四友"的五律,不仅数量多,而且在律法的运用上已十分娴熟了。尤其是杜审言的五律,格律精审,气象雄浑,已经是五律的上乘之作了。杜审言现存诗四十三首,有二十八首五律,除一首失粘外,其馀二十七首则基本符合粘对规则。而且其中二十首全诗格律已十分严整,另外七首只有个别字平仄失调,且多为第三字。在这二十七首五律中,竟有二十二首是后人最常用的首句仄起不押韵式。这不能说是一种偶然的现象,而应该看作是有意识的追求。五律在杜审言手中,是作为一种定型化的体式被运用的。

五律究竟定型于何时?前人对此说法不一。大多数人认为律诗完成于"沈宋"。如元稹说:"唐兴,学官大振,历世之文,能者互出。而又沈、宋之流,研练精切,稳顺声势,谓之为律诗。由是而后,文体之变极焉。"(《唐故工部员外郎杜君墓系铭》)辛文房《唐才子传》卷一更明确地说:"自建安迄江左,诗律屡变。至沈约、鲍照、庾信、徐陵,以音韵相婉附,属对精致。及佺期、之问,又加靡丽,回忌声病,约句准篇,著定格律,遂成近体,如锦绣成文,学者宗尚。"但也有不同意见,如胡应麟就说:"五言律,杜审言为冠。"(胡应麟《诗薮》内编卷四)严格地说,律诗并非定型于一时,或一人之手,而是某一个时期诗人共同努力的结果。当然,在这个过程中,某一个,或几个诗人起的作用更大一些,这也是事实。一般地说,粘对规则的确定和自觉运用,是律诗定型的最主要的标志。因此,从这个角度来看,五律在"四友",特别是在杜审言手里就已基本定型。理由有四:(1)杜审言的五律在他的全部诗作中占的比重很大。《全唐诗》收录他的诗作四十三首,只有两首古诗,而五律却有二十八首之多,完全合律的就有二十首。李峤、苏味道、崔融的情况大体上与此差不多,只是质量略微逊色一些。而以擅长五律著称的宋之问,他的五律只占全部诗作的四成左右,沈佺期则更少一些。这说明杜审言很擅长运用五律这种形式。(2)杜审言成名比"沈宋"早。《新唐书·杜审言传》载:"初,审言病甚,宋之问、武平一等省候何如,答曰'甚为造化小儿相苦,尚何言?然吾在,久压公等,今且死,固大慰,但恨不见替人'云。"时人对他的评价也很高,宋之问说他"辞业备而宦成,名声高而命薄"(《祭杜学士审言文》),武平一称赞他"誉郁中朝,文高前列"(《唐诗纪事》卷六载武平一表）。陈子昂也说："杜司户炳灵翰林，研几策府，有重名于天下，而独秀于朝端。徐、陈、应、刘不得厕其堂，何、王、沈、谢适足靡其旗。而载笔下寮，三十馀载。秉不羁之操，物莫同尘；含绝唱之音，人皆寡和。"（《送吉州杜司户审言序》）可见杜审言比"沈宋"成名要早，在当时的影响也大得多。前面已说过，他的诗作主要是五律，因此他赖以成名的、极受时人推崇的、并感到自负的，当然是他的五律了。（3）《行经岚州》是杜审言早期的一首五律。此诗完全合律，而且用的是后人最常用的首句仄起不押韵式。杜审言咸亨元年（670）授隰城尉，汾州隰城县与岚州同属河东道，这首诗当是此时的作品，比"沈宋"的任何一首五律都要早。（4）更重要的一点是，从杜审言现存的五律来看，的确对仗工丽、格律精严，声韵协畅，不愧为初唐五律之冠。杜审言之后，五律在形式上已没有大的变化了。因此杜审言在五律定型过程中的贡献是不应抹杀的。而"沈宋"则是把五律这种形式运用得更纯熟、更完美罢了。

七律的定型晚于五律，据赵昌平考察，大约在中宗景龙年间[①]。"四友"和"沈宋"，尤其是杜审言和沈佺期对此做出了很大的贡献。但是，准确地说，这时七律还没有真正成熟定型。这是因为：（一）这时的七律数量还很少，所占比例还很小；（二）平仄失调的句子还比较多；（三）绝大多数是应制一类的宫廷诗。这说明七律这种形式还没有普遍地被诗人们所接受，诗人们还不习惯于用这种形式去表现丰富多彩的社会生活，而且对律法的运用还不能得心应手，带有随意性。七律真正成熟定型应在盛唐时期，特别是在杜甫等人的手里。

三、五律：格律精严　高华雄整

杜审言的五律取得了很高的成就，这不仅因为他相当熟练地掌握了这种体式，更重要的是形成了一种高华雄整的艺术风格。

杜审言是初唐时期著名的宫廷诗人，经常参与宫廷的游宴活动及王公贵族的私人聚会。现存诗四十三首，而应制诗即有七首之多，带有宫廷诗风格的还有十馀首。这些作品多是应景之作，缺少真情实感，但却大多是成熟的五律，对仗工整，律

---

①　参看赵昌平《初唐七律的成熟及其风格溯源》，《中华文史论丛》1986 年第四期。

法精严,佳句颇多。如"风光新柳报,宴赏落花催"(《宿羽亭侍宴应制》)、"啼鸟惊残梦,飞花搅独愁"(《赋得妾薄命》)等,属对精切,清远雅正。《和韦承庆过义阳公主山池五首》之二的第一联:"径转危峰逼,桥斜缺岸妨",更是对得十分工巧,向来被看作对句的典范,而且写得气势突兀,很有盛唐韵味。

杜审言的五律成就最高的当然是外任期间的作品。如他的那首被称为"初唐五言律""第一"(胡应麟《诗薮》内编卷四)的《和晋陵陆丞早春游望》:"独有宦游人,偏惊物候新。云霞出海曙,梅柳渡江春。淑气催黄鸟,晴光转绿蘋。忽闻歌古调,归思欲沾襟。"这是一首因春起兴的名作,"惊"为诗眼,"归思"为诗旨,是任职江阴期间的作品。首联以宦游人对早春信息之敏感为发端,说只有远离家乡、奔走仕途的游子,才会对异乡节物气候感到新奇而大惊小怪。"独有"、"偏惊"生动地表现出诗人宦游江南的矛盾心情,堪称佳句。中间两联写景,用工整的对偶句精细地描绘出初春景物的变化,句句"惊新"而处处怀乡。尾联写诗人看到物候的变化,闻歌遥和,不禁触动思归之情。既点明主旨,又呼应和意,结构谨严缜密。这首诗感情真挚,音律协畅,又善于琢句炼意,语如"精金百炼",被誉为初唐五律第一,的确不为过。尤其值得称赞的是思想感情的表达与五律形式的结合,浑然一体,丝毫也没有牵强、生涩的感觉。这说明杜审言运用五律这一形式已十分纯熟,达到了得心应手的程度。《和康五庭芝望月有怀》是一首望月怀人之作:"明月高秋迥,愁人独夜看。暂将弓并曲,翻与扇俱团。露濯清辉苦,风飘素影寒。罗衣一此鉴,顿使别离难。""愁人"独夜望月,更添其愁。才睹其弦,倏忽而满,月缺月圆的变化,象征着人间的离别与团聚,触景生情,很自然地引出离别之苦。夜深露降,月光更增其清苦;风飘素影,复助其凄凉;因此月光照衣,顿觉离情之难堪。这首诗形象鲜明,情景浑融,情思十分浓烈。而且形式也极为精美,中间两联对仗工巧,状月之貌,形神兼备,景中寓情。杜审言的五律,像以上这样的佳作甚多,如《秋夜宴临津郑明府宅》、《送崔融》、《夏日过郑七山斋》、《送高郎中北使》等,都是成熟的五律。

当然,他写得最好的五律,是被贬到峰州以后的作品。如《旅寓安南》:"交趾殊风候,寒迟暖复催。仲冬山果实,正月野花开。积雨生昏雾,轻霜下震雷。故乡逾万里,客思倍从来。"这首诗格律严整,也是一首成熟的五律。首联写峰州一带的气候特点,"寒迟暖复催",几乎没有冬天。习惯于北地生活的人来到这里,便感到没有明显的季节变化。中间两联写景,既写出了亚热带风物的特点,又写出了诗人的新奇感。从这异乡的殊异景物,自然而然地便生出了思乡之情。因此尾联便以感慨作结,显得真切厚重。律诗不仅讲究平仄的搭配,对仗的工稳,也讲究结构的组合安排。如《登襄阳城》:"旅客三秋至,层城四望开。楚山横地出,汉水接天回。冠盖非新里,章华即旧台。习池风景异,归路满尘埃。"首联以客居襄阳,深秋登城远眺领起。颔联写眼中景物,极为壮阔。颈联抒物是人非之感,蕴含乡愁。尾联以思归作结,前后呼应。这首诗不仅句法宏赡,对偶精严,而且结构也完全符合后人五律作法的通例。他在峰州所写的另一首诗《春日怀归》更为出色,只是颔联第三字平仄失调,在格律上略有不足。"心是伤归望,春归异往年。河山鉴魏阙,桑梓忆秦川。花杂芳园鸟,风和绿野烟。更怀观赏地,车马洛桥边。"这首诗没有宫廷诗的矫饰做作,而是感情浓郁,真实自然。首联写诗人因伤归,所以觉得连春色也似乎与往年不同,带着悲伤的色调。吴乔说:"情能移境,境亦能移情。"(《围炉诗话》)这里就是以情移境,更引起了思乡之情。次联落实到怀归的本意,是盼望返回京师,也就是回到朝廷上去。后两联是用反衬的手法突出归念之强烈。眼前鸟语花香、风和日丽的春色,不仅没能驱散心中的乡愁,反而更怀念京师的欢乐生活,思归的感情是何等的强烈!这正是所谓以乐境写哀,倍增其哀。整首诗手法精巧灵动,一气贯通,寄意遥深。

　　杜审言除了二十八首五律外,还有七首五言排律。在初唐排律中杜审言也是佼佼者。《春日江津游望》、《度石门山》二诗写景真切灵动,属对华赡精工。前者俊逸,如小桥流水,潺潺而来。后者雄健,若山涧瀑布,飞泻而下。谭元春称其"通首高密清壮,排律圣境"(《唐诗归》卷二)。最出色的长篇排律是《和李大夫嗣真奉使存抚河东》。天授元年(690)以御史大夫李嗣真为存抚使,合朝有诗送之,以杜审言的赠诗最为著名。此诗布局严整,开阖自如,属对工切,笔力雄健,故姚鼐称赞这首诗"庄丽精切,实长律佳制"(《五七言今体诗钞》卷一)。

　　这些都说明五律在比"沈宋"略早的杜审言手中已经写得相当出色了。

四、七律:对仗工巧　韵味隽永

　　杜审言对七律的发展也有贡献。胡应麟说:"初唐无七言律,五言亦未超然。

二体之妙,杜审言实为首倡。"(《诗薮》内编卷四)这话虽不确切,但却说明了杜审言在七律发展中的作用。

杜审言共有七律三首,七绝三首,数量虽少,但对仗工巧,韵味隽永。他的《春日京中有怀》虽有失粘之处,不完全协律,但却是一首较早的七律:"今年游寓独游秦,愁思看春不当春。上林苑里花徒发,细柳营前叶漫新。公子南桥应尽兴,将军西第几留宾。寄语洛城风日道,明年春色倍还人。"诗人独自客游于秦,所以才有风景虽佳,愁思难遣的乡情。尤其是结尾两句,看似蛮横无理,实则感情沉郁强烈。诗人以拟人化的手法,"寄语洛城风日道",要他把"明年春色"加倍补还给自己,这就有力地突出了强烈的思乡之情。全诗语言朴素,对仗工整,结句造语新奇,韵味悠长。另外,《守岁侍宴应制》、《大酺》都是宫廷诗一类的作品,内容虽无甚可取,但基本合律,时有佳句。如《大酺》中的"梅花落处疑残雪,柳叶开时任好风"一联,就对得十分精巧,自然天成。胡应麟说:"唐七言律自杜审言、沈佺期首创工密。"(《诗薮》内编卷五)这话是很有见地的。

杜审言的诗,大多韵味隽永,耐人咀嚼。如七绝《渡湘江》:"迟日园林悲昔游,今春花鸟作边愁。独怜京国人南窜,不似湘江水北流。"这是杜审言流放峰州途中所作。诗人即景生情,抚今追昔,回想起往昔春日游园之乐,感叹今日遭贬南迁之苦,不禁悲愁满怀。园林本为游乐之所,而今回想起昔日之游,更添其悲:花鸟本为愉悦之物,而今北人南迁,看花闻鸟反增其愁。此处用的是反衬的手法,突出"悲"、"愁"。杜甫也有类似的诗句:"感时花溅泪,恨别鸟惊心"(《春望》),想必是从他祖父的这两句诗句中化出的。第三句点出诗人的处境,照常理下句应抒写由此而产生的悲苦之情。但诗人没有这样写,而是以眼前之景作结。水是无情之物,人是万物之灵:今渡湘江,见其北流,不禁有人不如水之感。以景点题,以景写情,真是含蓄蕴藉,馀味无穷。《赠苏绾书记》也是一首较好的七绝,感情真挚,末二句对得十分工整。胡应麟说:"七言初变梁、陈,音律未谐,韵度尚乏。惟杜审言《渡湘江》、《赠苏绾》二首,结皆作对,而工致天然,风味可掬。"(《诗薮》内编卷六)就此二诗而言,确为的论。

准确地说,律诗的成熟定型,并非一人之力,而是一批有创新意识的诗人共同努力的结果,但不可否认个别人确实起到了关键性的作用。相比较而言,杜审言在律诗成熟定型的过程中,做出了比别人更重要的贡献。他的五、七言律诗取得了很高的成就,形成了自己的个性风格。杜审言是一位极有才华的诗人,与同时代的宫廷诗人相比,远远高出他们之上。如果他的生活天地再广阔一些,就会成为那个时代最杰出的诗人。

（作者单位:南京师范大学文学院）

明代刻本《张说之文集》流传考

朱玉麒

存在与发现,在版本流传过程中是完全不同的概念。

就初盛唐之际的重要作家张说(667—731,字说之,封燕国公)而言,《张说之文集》的宋本三十卷全帙以原刻或影钞的方式,是始终存在着的。但在版本流通的领域,明代以来这种隐性的存在却一直鲜为人知①。因此,至少在 20 世纪以往明清两朝将近五百年的过程中,《张说之文集》是以二十五卷的明刻龙池草堂本及其增补形式传承世间的。其间的版刻变化,有着许多值得探讨的问题。

一、龙池草堂本《张说之文集》版刻概况及龙池草堂主人

龙池草堂刻本《张说之文集》二十五卷,因为在卷首伍德记后有牌记"嘉靖丁酉冬十月朔旦椒郡伍氏龙池草堂家藏本校刊"一行,故通称龙池草堂本。傅增湘先生提及其版本史的意义时,称其为现存张说集的"刊刻传世最古者":

> 唐《张燕公集》今世通行之本皆为二十五卷,其刊刻传世最古者,推明嘉靖丁酉(十六年,1537)椒郡龙池草堂本。前有永乐七年员(贞)隐老人伍德跋,谓吴元年手自钞录,以备一览,正其鱼鲁,遂为完书,亟欲梓之而力不果。是知此

---

① 宋本张说集的流传,参笔者《宋蜀刻本〈张说之文集〉流传考》,《文献》2002 年第 2 期,86—104 页。

集自宋以来,迄于明中叶,未尝覆梓也①。

龙池草堂本《张说之文集》半叶十行、行二十字,白口,左右双阑。卷首有伍德记、总目录、张九龄《唐故开府仪同三司行尚书左丞相燕国公赠太师张公墓志铭并序》,除卷九、卷十外,各卷都有卷前目与正文相连。署名伍德的序记提供了刻本的底本来历:

> 唐《燕国公集》二十五卷,盖吴元年手自抄录以备一览者也。初以胜国兵燹之变,遗书散逸,仅存其集于敝篓中,犹多鱼鲁。复辍耕力以正之,遂为完物。亟欲梓之而力不果。吾后世子孙有能新之以续有唐之文献者乎?唐去今千馀年,其相业随世消长,而文独存。然则世之所恃以为不朽计者文焉尔,虽与天壤俱敝可也。燕公之文岂曰雕龙如刘勰者为哉?若夫公之淳德茂烈,曲江公志文尽之矣,予何言哉。特书此以识岁月云尔。时永乐七年(1409)夏六月廿又四日濠上贞隐老人伍德记。

按,元顺帝至正二十四年(1364),朱元璋自称吴王,二十七年(1367)正月,始称吴元年。牌记和伍德记中的濠上、椒郡,是先秦时期吴国一带的旧地名,今苏州地区有夫椒山,又有南濠,即其遗留。下引《白氏长庆集序》牌记称"吴郡晚学伍忠光校刻于龙池草堂",也用了"吴郡"这样的泛称。因此伍德和其子孙的龙池草堂,当在今苏州地区②。通过伍德记与牌记的对照,可知此本《张说之文集》经伍德手钞于元明更代之际,一百七十年后,由其子孙在嘉靖十六年付梓印行。项笃寿万历间为翻刻龙池草堂本作叙时,即据以称"吴人翻宋本刻之"。但此二十五卷本是否直接抄自宋刻,还是其间另有元刊底本,不得而知。不过,它与宋蜀本之间一脉相承的关系还是可以得到肯定的。因为龙池草堂本与今存椒花吟舫影宋本相比,其编排次序的先后、集本使用文字和某些排版方面的独特性,均有不同一般的一致处;此

---

① 傅增湘《影宋本〈张说之文集〉跋》,载作者著《藏园群书题记》,上海:上海古籍出版社,1989 年 6 月,573 页。
② 叶昌炽《藏书纪事诗》(上海:上海古籍出版社,1999 年 12 月,244 页)、瞿冕良《中国古籍版刻辞典》(济南:齐鲁书社,1999 年 2 月,150 页)"伍德"条,均指其为吴县南濠人。

外,个别宋代避讳用字的存在,也是这种联系的重要根据①。

后世的著录最为津津乐道的,是伍德记中"亟欲梓之而力不果,吾后世子孙有能新之以续有唐之文献者乎"的期望最终由其后人实现的结局。"刊是书者可谓能绳祖武矣"②、"其后裔可谓能继祖武矣"③,正是这种美誉的代表。但其后人——龙池草堂主人的名氏,在各家著录中均未指明。今按,龙池草堂刊刻的唐人文集,传世者尚有《白氏文集》七十一卷本,中国国家图书馆即藏此"明嘉靖十七年伍忠光龙池草堂刻本"一种(善本编号 12254),卷首元稹《白氏长庆集序》末刻有"嘉靖戊戌(戍)春王正月既望吴郡晚学伍忠光校刻于龙池草堂"牌记一行。记中"嘉靖戊戌"即十七年(1538),其刊印时间与《张说之文集》先后一年;可以认定二者应出自同一家刊刻处。故此龙池草堂的主人、伍德裔孙、《张说之文集》的刊刻者,就是伍忠光。

伍氏刊刻《张说之文集》的动机,被后世称道为对祖宗遗志的自觉继承。但从前七子复古思潮以来明人对唐代诗歌的风靡影从趋尚上分析,《张说之文集》和《白氏文集》这两种较大型的唐人集部书的印行,商业效应的驱使恐怕是更重要的原因所在④。

二、龙池草堂本《张说之文集》的脱讹

龙池草堂本《张说之文集》是宋刻湮没之后的替代品,其钞、刻传承所产生的错误比比皆是,因此也一直遭到后人的诟病。举其大者而言,有以下诸端:

---

① 例证如:卷九《杂诗四首》之一"抱薰心恒焦"、"举旆心恒摇"(5B8)、卷一四《故开府仪同三司上柱国赠扬州刺史大都督梁国文贞公碑奉敕撰》"中恒礼拘"(15A9)、卷一六《河州刺史冉府君碑》"恒州长史"(8B9)、卷六《岳州宴别潭州王熊二首》"溝水遽西东"(6A9)、卷七《酬韦祭酒自汤还都经龙门北溪见赠》"披云靓绿岑"(6A8)、卷二五《故括州刺史赠工部尚书冯公神道碑》"并搆会堂"(13A1)等,恒、溝、靓、搆字均缺笔。
② 张元济《涵芬楼烬馀书录》集部"《张说之文集》二十五卷"条,上海:商务印书馆,1951 年 5 月,第四册,8 页。
③ 万曼《唐集叙录》"张说之集",北京:中华书局,1980 年 11 月,39 页。
④ 笔者另有《张说诗集明代版本传承考》一文,将张说作品在明代进入流传高峰期,视为明代刻书业在宗唐风气影响下追求商业利益的个案来探讨。文载《唐代文学研究》第十三辑,桂林:广西师范大学出版社,2010 年 10 月,343—365 页。

1、后五卷的散失

与《张说之文集》的以往著录及影宋椒花吟舫本对照,后五卷的缺佚是龙池草堂本最大的脱漏。这后五卷包括了墓志铭、表、序、制诰、杂著等文章共 67 篇,其散佚延续了明、清两朝,使得有清一代成为张说集整理的增补散佚时代。而即使历经了倾全国之力网罗佚失的四库馆、全唐文馆的补辑,以及缪荃孙等目录学家的努力,仍然有 24 篇集内文章未能揽入。直到民国年间影宋三十卷本的被发现,才得以延津剑合、破镜重圆。

2、他人唱和作品的署名脱讹

附录时人唱和、答赞、合作篇章,是唐人别集编录的通例,而以张说文集尤为宏富。据笔者对影宋《张说之文集》三十卷本的统计,其中共收录同时 53 人的诗文 151 篇。因为迭经翻刻,他人作品的署名往往由于刻工的疏忽,或者遗漏,或者羼入题中,导致了后人混淆作者的现象每每发生。其中有的在宋刻本中亦已存在,有的则是在龙池草堂的翻刻中出现。但这两种夺误,都经由龙池草堂的传播而发生相关作品在诗歌别集本、诗文总集、选本等后世编辑中重出误收的现象。兹将影宋椒花吟舫本与龙池草堂本前十卷诗赋类中发生脱讹及后世沿误的情况列表举证如下:

表 1、宋明二本署名均脱讹者

篇名（卷数）	作者	后世沿误	备注
（进白乌赋）墨诏批答（卷1）	唐玄宗		
先天应令（1）	唐玄宗	明《唐五十家诗集》、《唐百家诗集》、《二张集》、《十家唐诗》本等,清《全唐诗》、武英殿聚珍版《张燕公集》等,均作张说。	明张说诗集本所据为明龙池草堂本《张说之文集》或其共同底本问题,参笔者《张说诗集明代版本传承考》。
墨令答赞（1）	唐玄宗	《全唐文》唐玄宗名下失收,陆心源《全唐文拾遗》卷 16 误收于张说名下。	

篇名（卷数）	作者	后世沿误	备注
同刘晃喜雨（2）	唐玄宗	诸明刻张说诗集本（见上引）均作说诗。	
石桥铭（梁园,2）	唐玄宗	北宋本《文苑英华》卷 788 作张说,南宋本题下有校正。	宋蜀本前流传之集本当已失名。《文苑英华辨证》卷 5 改正之。
赐诸州刺史以题座右（2）	唐玄宗		
早渡蒲关（3）	唐玄宗		
行次成皋途经先圣擒建德之所缅怀功业感而赋诗（3）	唐玄宗		
奉答张岳州二首（6）	王熊		宋、明集本均题作"奉答张岳州王熊二首",是误将署名误入题中。
奉别燕公（6）	王琚		宋、明集本均题作"奉别燕公赵国公王琚",是误将署名误入题中。
偶游龙门北溪忽怀骊山别业呈诸留守（7）	韦嗣立	诸明刻张说诗集本均作说诗。	
奉和山城（8）	张均	诸明刻张说诗集本均作说诗,《全唐诗》卷 90 则列于张垍名下。	《唐诗纪事》卷 22 列于张均名下,题作"奉和燕公山城",可从。
秋夜游潍湖二首（8）	赵冬曦		
同前二首（张均,8）	张均		
奉陪登南楼（8）	尹懋	明高棅《唐诗品汇》卷 2 作张说诗。	
同前（8）	张均		
耗磨日饮（春来,9）	赵冬曦	《全唐诗》卷 89 作张说诗,卷 98 赵冬曦名下又重出。	

表 2、宋本署名而明本脱讹者

篇名（卷数）	作者	后世沿误	备注
喜雨赋（1）	唐玄宗	《汉语大字典》卷 7 "闉" 字条下引："唐张说《喜雨赋》：'过闉入楼，含烟杂雾。'"（湖北辞书出版社、四川辞书出版社，1990 年 5 月，4302 页）其语实出自玄宗该赋。	该卷附录有 "汉语大字典主要引用书目表"，著录《张说之文集》版本为 "《四部丛刊》影印明刊本"（4837 页），可见其误即由明龙池草堂本而来。
奉和圣制送张尚书巡边（4）	袁 晖		
奉答燕公二首（7）	王 琚	《全唐诗》卷 98 收入赵冬曦名下。	此二诗《张说之文集》中附于张说《赠赵公》下，《全唐诗》编者以赵公为赵冬曦，故于此失名二首奉答误作冬曦诗，赵公实赵国公王琚之省称。
冬日述怀奉呈韦祭酒、张左丞、兰台名贤（7）	崔日知		此篇明刻及四库文渊阁本署名 "日知" 而紧承 "兰台名贤" 下，是误将署名羼入题中。
酬崔光禄冬日述怀并序（7）	韦嗣立	明龙池草堂本与项笃寿重修本均作张说诗。	其误系由张说、韦嗣立二诗相连而题目略同，刻板者遂错简夺行，遗漏张说原序、诗内容及韦嗣立诗题，使韦诗误接为说诗。
奉陪登南楼（8）	赵冬曦		
陪燕公行郡竹篱（8）	赵冬曦		
九日陪登高（9）	阴行先		

　　从以上列表可知，有些作品因为前后唱和之作明显，所以即使未署名，也未发生混淆。但大多数的作品，或者唱和篇名本身文字不尽一致，失载署名后，发生在后世阅读与编辑中的错误便不绝如缕①。

---

① 张说作品的重出、误收现象，可参笔者《张说诗文重出误收考》，《文教资料》2000 年第 3 期，115–132 页。

3、诗文脱漏

发生在龙池草堂本《张说之文集》中的文字脱漏情况极为频繁,以至我们在前人留下的校勘题跋与著录中,往往读到对其版本的贬斥:

> 此集差讹太多,乃隆池(彭年)以朱书增改。尚欲借酉室手抄内阁本一校,俾为完好也。穀记。"(钱穀《〈张说之文集〉明刻二十五卷本跋》)
>
> 是书明伍氏龙池草堂刊本,讹文脱简,至不可读。(汪远孙《〈张说之文集〉明刻二十五卷跋》)
>
> 伍氏刻本流传颇稀,余壬子岁在南中曾收得一帙,为毛斧季、汪鱼亭旧藏,号为珍秘。然展卷一观,讹谬盈幅,且文字夺漏孔多。(傅增湘《影宋本〈张说之文集〉跋》)

这些批评使我们对伍德记"复辍耕力以正之,遂为完物"的标榜不能不产生怀疑,也对明人校刻的粗疏有所认识。

龙池草堂本的这种脱漏情况可分诗文全篇脱漏与字句脱漏两类,后者不胜枚举。笔者在《张说之文集》的整理本中作了全部的异文汇校,发现龙池草堂本的异文大多是错误的,此不赘举。诗文整篇、整句的脱漏也比较常见,兹列举如下:

> 卷四源乾曜《奉和圣制送张尚书巡边》夺二十字:"有征示矛戟,制胜惟樽俎。彼美何壮哉,桓桓擅斯举。"
>
> 卷五《行从方秀川与刘评事文同宿》夺二十字:"发清管。风送关山长,气道新岁短。寓言情义惬,适兴。"
>
> 卷五《醉中作》有题无诗。
>
> 卷六夺《岳州别姚司马绍之制许归侍》、《岳州送李十从军归桂州》、《岳州别均》、《送敬丞》、《见诸人送杜丞诗因以成作(荆州作)》、《幽州别阴长河》、《幽州别随军入秦》诗七首及《幽州送尹懋成妇》题一首。按十一行、行二十字款式计,正一叶。
>
> 卷七夺张说《酬崔光禄冬日述怀赠答并序》诗、韦嗣立《酬崔光禄冬日述怀

并序》题。按十一行本,亦正一叶。

卷七《同赵侍御乾湖作》夺十字:"云间坠翮散泥沙,波上浮查栖树木。"

卷二十三《为人作祭弟文(维景)》全篇脱漏。

4、错叶

错叶问题由龙池草堂本肇始,在张说集的各种版本中多有发生,而龙池草堂最为严重,计有三处:

卷四:第三叶与第四叶倒错(贾曾《饯张尚书赴朔方序》题目至"阴衢扬袂"插入王光庭《奉和圣答张说南出雀鼠谷》"郊来"与"云骑"之间)。

卷一四:第三叶误作第十二叶,刻工以版心三字折叶后与十二类故,遂将底本第十二叶《赠陈州刺史义阳王碑》"又平郅支"至"深达礼乐"的内容刻在了第三叶的版上,接下来的第四叶版上刻了一个连接"深达礼乐"的"克"字后,发现了错误,遂从第二字起接第二叶刻版,刻上了底本第三叶的内容,依次类推。而第十二版上也刻了一个接第十一版的"耳"字后,发现以下内容已在第三版上,遂又接第三版的末宁刻下去("克"、"耳"二字因之错杂在两文中发生不类)。但版心叶的错码并未改变,所以只有将第三叶插在第十一、十二叶之间,而在第二、四叶之间付诸阙如,才能读通。但后来的装订者仍按错码顺序排列,遂无以缀读。

卷二十:第三叶与第四叶倒错(《府君墓志》"王父"至"协兆"羼入《唐赠丹州刺史先府君碑》"丹州刺史"、"王泽漏乎"之间)。

三、龙池草堂本《张说之文集》的万历重修本

龙池草堂本在明代还有万历重修本的版刻行世。在今藏中国国家图书馆的善本书中,善本编号 4250 的《张说之文集》即被认为是这样的重修本。其不同于龙池草堂本的地方,是在卷首的伍德永乐七年记(以下称"伍德前记")前后,加入了项笃寿

《〈张燕公集〉叙》和伍德永乐九年记(以下称"伍德后记")。卷首项笃寿序文页钤有"铁琴铜剑楼"印,今核瞿镛《铁琴铜剑楼藏书目录》,卷一九中正有该书的著录:

> 《张说之文集》二十五卷(明刊本)
>
> 明初椒郡伍德手自录本,作记属子孙付刻。至嘉靖间,其后裔刻之。序后有"嘉靖丁酉冬十月朔旦椒郡伍氏龙池草堂家藏本校刊"一行,有项笃寿序,伍德跋。

瞿镛的著录注意到了项序,但对伍德前后记的并列未予分辨。以后的藏书记只有张元济(1867–1959)《涵芬楼烬馀书录》在著录另一部万历重修本时提及这一区别:

> 《张说之文集》二十五卷(明嘉靖刊本,八册)
>
> 集首永乐七年六月廿四日濠上贞隐老人伍德记。自言手自抄录,欲梓无力,冀后世子孙有能新之以续有唐文献。记后有"嘉靖丁酉椒郡伍氏龙池草堂家藏本校刊"一行①。刊是书者可谓能绳祖武矣。……惟卷末又有永乐九年九月伍德记一首,实与前记仅末两句略异耳。殆校勘未审,致有重出欤? 前有项笃寿序,佚。
>
> 藏印:臣启泰印,吉臣,挚生,用蕴,积读斋,长谿守藏室主

张氏著录的《张说之文集》今亦藏中国国家图书馆(善本编号 7613),与原藏铁琴铜剑楼万历重修本的不同是丢失了项笃寿序,以及将伍德后记置于卷末的变动。因为未见项序,所以张氏仍将该本称为"明嘉靖刊本"。但据铁琴铜剑楼本所存之项笃寿序,该本应是万历间经项氏重加修订的版本。其序云:

> 评者谓有唐文章凡三变,正宗独推燕许。燕国遗文固在,具眼者自能重之。所重在将相之业,所尤重者在节义,史称一举而万代仰瞻是矣。集凡二十

---

① 据牌记原文,"丁酉"下夺"冬十月朔旦"四字。

五卷,吴人翻宋本刻之,讹舛稍多。间为审定其可知者,用传同好。谭《史》、《汉》者诎唐宋,褒《文粹》者嗤封禅。夫应制有作,体裁因时,大臣分谊,固当然尔。读竟兹编,雅驯简古,命世才也,姚、宋不足多矣,宁徒文艺为乎?

万历癸未(十一年,1583)季夏秀水项笃寿识。

从其所记可知,刊有此序的龙池草堂本应是万历十一年由其亲自"间为审定其可知者,用传同好"的重修本。项笃寿(1521-1586),字子长,号少溪,嘉靖四十一年进士,仕终广东参议。与兄元淇、弟元汴皆好收藏书画典籍,为时所重,是明代重要的收藏家。

但据笔者对该本与真正刊于嘉靖十六年的龙池草堂本《张说之文集》对勘①,发现其间版刻完全相同,正文文字并无任何更改,上面所指出的龙池草堂本明显的讹误,亦未有一项得到"审定"。而据涵芬楼藏万历重修本,倒是在卷四还发生了新的错叶:第七叶与第十叶倒错(即将徐坚《奉和圣制送张尚书巡边》的后半部分,崔日用、贺知章同题诗的全部及唐玄宗《送张说集贤上学士》诗、张九龄《集贤殿书院奉敕送学士张说上赐宴序》的题目,与许景先《奉和圣制送张尚书巡边》的后半部分,韩休、徐知仁同题诗的全部,崔禹锡同题诗的前半部分,进行了对调)②。

因此,项氏的序言便只是一种明人销售书籍的经营策略——借名人序跋与重加校勘的标榜兜售旧版书。若然,则张元济"惟卷末又有永乐九年九月伍德记一首,实与前记仅末两句略异耳③。殆校勘未审,致有重出欤"的质疑,实际上可以有更合理的解释。那就是刊印者为了表示其与龙池草堂的不同,伪造了"更书一篇以冠其首"的伍德后记,因为水平并不如请托的项笃寿高明,这一自作的伪造品只能重复前记。除了改变年代外,处处都流露出拙劣模仿的痕迹。所以,《张说之文集》

① 中国国家图书馆藏善本编号9024者,为明人钱毂(1508-1578)跋本《张说之文集》,跋语有云:"此集差讹太多,乃隆池以朱书增改。"隆池为彭年(1505-1566)号,卒于嘉靖四十五年,故其校改本非万历重修无疑。

② 笔者所见彭年校龙池草堂本第七、第十叶版心均作"七",但排列未错。万历重修本则将原第十叶与第七叶互置,并将原第七叶版心之"七"改作了"十"。此误经《四部丛刊》本之影印而流行于世。

③ 据笔者校对,稍异文字有五处。以本文首页所引伍德前记为底本校之:1、"梓",后记作"刊";2、"若夫"句,后记无;3、"予何言哉",后记无;4、"特书"句,后记作"更书一篇以冠其首";5、"时永"句,后记作"时永乐九年(1411)秋九月贞隐老人濠上德记"。

龙池草堂本与万历重修本的区别,只是后者增加了一篇项笃寿序和伪造的伍德后记,正文内容则径用了龙池草堂的原版。伍德后记经由《四部丛刊》本及结一庐朱氏剩馀丛书本的传播,反而较前记更为后人著录所看重,瞿冕良《版刻质疑》"歧异"类,以缪荃孙、傅增湘著录"永乐七年"为记录失检,即因误读后记所致①。

四、《四部丛刊》本影印《张说之文集》的底本及改窜

龙池草堂本《张说之文集》在后世是通过《四部丛刊》影印本的方式而广为人知。

《中国丛书综录·总目》著录《四部丛刊(初编)》在民国年间的三次印行年代为:"民国八年(1919)上海商务印书馆初次景印本、民国十八年(1929)上海商务印书馆二次景印本、民国二十五年(1936)上海商务印书馆缩印本。"②此外,上海书店在1989年3月第四次影印出版了《四部丛刊》本。由于其影印善本的集中,在今天更被处理成方便的图文对照数据库而广泛使用。在这多次的影印中,关于底本的来源,皆著录为"上海涵芬楼藏明嘉靖丁酉伍氏龙池草堂刊本,原书板匡高营造尺六寸四分、宽四寸五分",卷末所附的孙毓修《四部丛刊本〈张说之集补〉识语》也称"《燕公集》依明伍氏龙池草堂刊本景印"。但正如上文所指出,《四部丛刊》的底本既然有万历伪造的伍德后记存在③,其为万历重修本无疑。虽然二者的正文几无任何区别,但从版本学的角度上来说,其牌记上的说法自然是不正确的。

1、《四部丛刊》本对底本的改窜

《四部丛刊》本在采用《张说之文集》龙池草堂本的万历重修本作底本时,已然意识到难得善本更替的无奈,对其脱漏的严重性,也在寻找弥补的方式。这就是附录在卷后的"补一卷"和"校记一卷"。

"补一卷"的内容来自傅增湘先生藏本中的汪远孙校记,汪氏据碧凤坊《张说之

---

① 瞿冕良《版刻质疑》,济南:齐鲁书社,1987年3月,106–107页。
② 上海图书馆编《中国丛书综录·总目》,上海:上海古籍出版社,1986年2月,285页。关于《张说之文集》的具体差别,主要集中在初印本和二次印本上。其后的影印,均从二次印本。
③ 且据张元济著录,原亦有项笃寿序,已佚;又今存之该底本,并伍德后记亦佚。

文集》十卷宋刻钞本,对龙池草堂本的诗歌讹脱进行了补正。这一经过在傅增湘先生《藏园订补邵亭知见传本书目》卷一二上、《藏园群书经眼录》卷一二,以及孙毓修《〈四部丛刊〉本〈张说之集补〉识语》中都有所交代。如孙毓修的识语云:

> 《燕公集》依明伍氏龙池草堂刊本景印,既又从江安傅氏双鉴楼藏汪小米校本补阙、拾遗,是正良多。按,汪氏跋称从士礼居黄氏景宋钞本校,抄手极精,洵称善本云云。惜止存卷一至十,非全帙也。庚申(1920)三月无锡孙毓修识。戊辰(1928)再版,吴县姜殿扬覆校重录。

通过这一补遗,卷五至卷七的内容脱漏都得到补苴修正①。

"校记一卷"的内容则是直接来自所据涵芬楼藏万历重修本的底本,在初印本中,这一内容直接改定在原版上,但二次印本做了另外的附录。这在附于校记后的姜殿扬识语上交代得很明白:

> 原本旧有无名氏殊笔校改二十字,未著所据,而其误接灼然可见。初板间有径依校笔修正上板者,今悉复原刊之旧,仍全录校文于卷末,庶源流可见,于古书真面、校笔是非,釐然不紊云。姜殿扬再识。

校记所录虽然只有二十字的差异,但《四部丛刊》本二次影印的做法显然是可取的。它一方面使原版的错误得到纠正,另一方面也保存了原书的真实情况。

但《四部丛刊》本是否完全遵循了影印的原则,如其所标榜的那样保持了"古书真面"?据笔者将原底本与《四部丛刊》二次影印本的对照,发现实际上做了较大的修改。

这种对原版的修改,一是将底本的编排次序作了调整。如张九龄所撰张说墓

---

① 初印本中卷七《同赵侍御乾湖作》仍误钞龙池草堂本,其阙文在二次印本中才得以补正。这一错误是由王国维据南林蒋氏藏抄本校正初印本时发现并函告张元济而得以纠正的。《张元济年谱》(张树年主编,北京:商务印书馆,1991年12月)1926年9月3日下记载:"致王国维书,谓'敝馆前印《四部丛刊》,出书后曾奉手教,多所指示,至为钦感。……至元氏《长庆集》、《张说之文集》,均经阁下校补,可称美善。……'"王国维校正《四部丛刊》的《张说之文集》初印本,今藏中国国家图书馆(编号02906)。

志铭也由总目之后前移到了伍德前记后。在错叶问题上，万历重修本的四次讹误在《四部丛刊》本中有两处得到纠正：原卷一四第三叶根据内容被正确地安置于第十一、十二叶之间，原卷二十第三叶与第四叶的倒错则通过对版心页码的修改得到纠正。这两项改正如果不考虑版本的存真原则，自然更有利于阅读。而卷四的错叶仍有两处沿袭了万历重修本。

　　二是文字的改窜，兹列表举证如下：

表3、《四部丛刊》影印《张说之文集》万历重修底本的用字修改

（《四部丛刊》本简称"四部本"，如非专门注明初印、二次印，则二版一致）

卷叶行	篇名	万历重修本	四部本	备注
目录13B	"挽歌"、"挽词"九处	"挽"字中间之横日均作口	正作横日	
卷一3B6	进白乌赋	"何远而不臻"，"臻"下禾作圭	改作至	作至亦误
卷一6A6	畏途赋	"忧人宿昔兮生白髮"，"髮"下犮作反	正作犮	
卷二1B9	同刘晃喜雨	晃	二次印作光	应作晃，椒花吟舫本同，四部二次印本误。
卷二4B4	赐诸州刺史以题座右	"眷言思共理"，"眷"下目作月	二次印本正作目	
卷三3B1	应制奉和（过晋阳宫）	北风遂举鹏	北作比	椒花吟舫本亦作北，四部本误。
卷四14A1	刘昇《赋得宾字》	图书应明主	主作王	椒花吟舫本亦作主，四部本误。
卷四18B3	胡皓《恩赐乐游园宴》	"昌亭驷马趋"，"驷"字四作口	正作四	
卷五6A8	夕宴房主簿舍并序	风急河渭水	水作水	氷字入韵，椒花吟舫本同，四部本误。
卷五7B4	城南亭作	珂马朝归连万石	珂作河	珂为马辔之玉饰；珂马代称人骑之马，为诗词常用语，椒花吟舫本亦然。四部本误。
卷六1A4	卷前目	送赵颐真	颐作顺	作颐真是，椒花吟舫本同，四部本误。

续表

卷叶行	篇名	万历重修本	四部本	备注
卷六 3A6	送苏合宫颂	"颋"之壬作芏	正作壬	
卷六 9B10	南中送北使二首之二	"生涯自可求","涯"字圭作主	二次印本正作圭	
卷七 11A10	同赵侍御乾湖作	向须□	何须道	
卷八 8B10	张说《秋夜游灉湖二首》(原题作"同前二首")	既近愎能游	愎正作复	
卷八 9B1	张均《秋夜游灉湖二首》(原题作"同前二首")	黄菜鸣栖吹	菜之爪作三点如葇字之草书状	椒花吟舫本亦作菜,可见龙池草堂乃由宋本沿误。
卷九 3A1	九日进茱萸山诗五首之四	罢去坐蓬蠃	蠃正作蠃	
卷九 6B5	蜀路二首之二	"宝镜照胆清","镜"中日作田	正作日	
卷十 4B9	酌献用文武一章	庆集昌胄	胄作胃	四部本误
卷十 4B10	同上	三宗握镜	二次印本握作椏	椒花吟舫本亦作握,四部二次印本误。
卷一二 4A9	大唐祀封禅颂	"撞黄钟歌大吕","吕"字缺末笔	正作吕	
卷一二 11A8	广州都督岭南按察五府经略使宋公遗爱碑颂	吉甫作颂,见申伯子藩于宣	子作了	按,椒花吟舫本作于,原文上句云:"越裳变风,知周公之才之美",是子作于方对仗。四部本缺笔,更误。
卷一三 3A5	皇帝马上射赞之三	狡兔隽犬	犬作大	按,此篇赞前序云:"福阳顿,同日中狗前兔。"作犬是,椒花吟舫亦然,四部本误。
卷一三 10A1	东山记	"棠棣之诗作","棣"之木作米	初印作礻,二次印正作木	
卷一五 3B10	礼仪使贺五陵祥瑞表并答制	陛卞虔诚	二次印卞作下	
卷一六 7A8	河州刺史冉府君神道碑	题中冉作丹	二次印冉作舟	亦误

卷叶行	篇名	万历重修本	四部本	备注
卷一六 8A1	同上	"瑞以桓珪","珪"字圭作圭	正作圭	
卷一七 1A5	卷前目	"左果毅葛公碑","毅"下豕无右边撇捺	正作豕	
卷一七 1A10	赠凉州都督上柱国太原郡开国公郭公碑奉敕撰	星象持生	持作特	
卷一七 10A9	拨川郡王碑奉敕撰	"鸿胪卿","鸿"之偏旁作氵	正作氵	
卷一九 7B10	贞节君碣	"鸿擅其四","鸿"之偏旁作氵	正作氵	
卷一九 8A4	同上	倬良士纵自天	天作大	四部本误
卷二三 10B10	为将军高力士祭父文	温清周于一纪	清作清	按,"温清"语出《礼记·曲礼上》:"凡为人之礼,冬温而夏清,昏定而晨省。"遂为典故,椒花吟舫本亦然,四部本误
卷二五 9A10	赠户部尚书河东公杨君神道碑	矫枉过正	枉作柱	四部本误
卷二五 14A2	同上	"克抱厥德","抱"字提手作示之草书状	正作抱	

　　从上表分析可知,《四部丛刊》本的两次影印都对底本进行了程度不同的修改,这种修改大多没有参校本作根据,而是凭"责编"的经验进行技术处理,其中对不规范字的纠正自无大错,但一接触到典故、用韵、人名、上下文关系等稍有学术意味的判断,其改正便发生了影响文本和内容的讹误。因此即便撇开版本原则不谈,其臆改也是颇失水准的。

2、底本被改窜的"描润法"技术

　　《四部丛刊》使用版本的精当是众所周知的,但是在进一步的研究中,可以发现也并不是"凡《四部丛刊》所收之本都是善本,可毫不犹豫地使用"①。祝尚书先生对《四部丛刊》影印尹洙《河南先生文集》岑春阁旧抄本文字讹脱与文章脱简的揭示,就从版本的选择上对其权威性提出了挑战。类似的个案研究也不断出现。

而本文所及《张说之文集》的《四部丛刊》本,不仅有版本选择上的失误,更有其影印技术背后为使印刷底版更加清晰而用的"描润法"修改的错讹,这一错误,也使我们对《张说之文集》的上举错误成为我们必须审慎使用《四部丛刊》本的重要个例。

"描润法"是对所使用的善本书在某些印张残缺、模糊时,由工人采取的修版技术②,但是使用这种描润技术的工人往往技术较高而文化水平低下,特别是批量的照相制版在印书业中被使用的时候,专业修版工人便供不应求,如《张元济年谱》1918年9月12日下记载:"与鲍咸昌等印刷所同人谈'嗣后本馆不能不注意旧书',然石印修版人才奇缺,嘱招高小毕业生一二十人,开班教授。"张元济扩招修版人员的时期,正是《四部丛刊》印行的年代,粗通文墨的高小毕业生短期学会描润技术是比较容易的,但是具有学术含量的校勘能力,就非数日可就。因此凭空臆改,反而出现了文字修描的硬伤,造成更大的谬误。以上表3中的大部分低级错误,都源于这种盲目的改窜,这是张元济在创造"描润法"当初所未能预料到的负面因素。

《四部丛刊》本因为有校记识语保存"古书真面"的标榜,又使用了当时先进的照相石印制版技术,所以使人对其存真的可信度几无庸置疑。而实际存在的对原版改窜的错误带来的失真现象,不仅仅影响了版本问题的研究,同时也影响到了普遍的阅读。这些细微的修版内容,尤其容易造成比版本不同还难以发现的错误。揭示其被掩盖了的改窜事实,便显得十分必要。

小　结

《张说之文集》在明代版刻流传中的一个戏剧性的错位是:作为龙池草堂本的

---

①　祝尚书《〈河南先生文集〉版本考略》引某版本专家语。祝文载《文献》2001年第1期,144—150页。

②　王绍曾《近代出版家张元济(增订本)》,北京:商务印书馆,1995年8月,102—105页。卢佳妮《四部丛刊初编散考》第二章"描润考"对这一问题也有所讨论,上海:复旦大学2009年硕士论文,34—54页。

两次传承,标榜"间为窜定"的万历重修本实际并未作任何正文的修订,而标榜保存"古书真面"的《四部丛刊》本却作了较大的改窜。这,恐怕也只有以商业运转在书籍出版上不同的趋利表现才能解释清楚。

关于龙池草堂《张说之文集》二十五卷本的价值和失误,还将在有清一代的增补流通中继续发挥,这是笔者对清代《张说之文集》增补研究所论证的内容,当另文揭表。

（作者单位:北京大学历史学系暨中国古代史研究中心）

李白与古风传统

贾晋华 *

　　李白（701-762）的《古风五十九首》代表了中国古代诗歌中一个特殊传统的集大成。这一传统可以称为古风传统，它的最早模式是《古诗十九首》，其后主要有曹植（192-232）的《杂诗》七首，[①] 阮籍（210-263）的《咏怀》八十二首，[②] 陆机（261-303）的《拟古诗》十二首，[③] 陶潜（372？-427）的《拟古》九首、《杂诗》十二首、[④] 鲍照（405-466）的《拟古》八首，[⑤] 庾信的《拟咏怀》二十七首，[⑥] 王绩的（585-644）《古意》六首，[⑦] 陈子昂（661-702）的《感遇》三十八首，[⑧] 张九龄（678-740）的《感遇》十二首、《杂诗五首》，[⑨] 等等。本文旨在探讨这一传统的形成和发展及其与李白《古风》的联系，并细致解读李白此组诗，以期加深对李白的诗歌成就及中国古代五言诗和抒情传统的发展历程的理解。

---

* 我于 1991 年发表的《李白〈古风〉新论》（《中国李白研究》，1991 年集，页 130-40），为应郁贤皓先生之邀参加 1991 年李白国际学术讨论会而撰写，并在撰写过程中受到先生有关李白《古风》的研究及其他著作的重要影响。本文在旧文的基础上修订扩充，谨以此文祝贺先生的八十华诞。

① 曹植著，黄节注，《曹子建诗注》（北京：人民文学出版社，1957），卷 1 页 10-16。
② 阮籍著，黄节注，《阮步兵咏怀诗注》（北京：人民文学出版社，1984），页 1-98。
③ 萧统编，《文选》（北京：中华书局，1977），卷 30 页 23a-27a。
④ 陶潜著，袁行霈注，《陶渊明集笺注》（北京：中华书局，2003），卷 4 页 315-338，卷 4 页 338-63。
⑤ 鲍照著，钱仲联等校注，《鲍参军集注》（上海：上海古籍出版社，1980），卷 6 页 333-47。
⑥ 庾信著，倪璠注，许逸民校，《庾子山集注》（北京：中华书局，1980），卷 3 页 229-52。
⑦ 王绩著，韩理洲校，《王无功文集五卷本会校》（上海：上海古籍出版社，1987），页 118-24。
⑧ 陈子昂著，彭庆生注，《陈子昂诗注》（成都：四川人民出版社，1981），卷 1 页 3-65。
⑨ 张九龄著，熊飞校注，《张九龄集校注》（北京：中华书局，2008），卷 2 页 171-93，卷 4 页 334-40。

许多传统批评家已经注意到古风传统独特的沿承发展,虽然他们并未赋之以特定的名称。胡震亨(1569–1645)指出:"按太白《古风》,其篇富于子昂之《感遇》,俭于嗣宗[阮籍]之《咏怀》,其抒发性灵,寄托规讽,实相源流也。"①宋荦(1634–?)称:"阮嗣宗《咏怀》,陈子昂《感遇》,李太白《古风》,韦苏州[应物]《拟古》,皆得《十九首》遗意。"②王士禛(1634–1711)亦云:"《感遇》、《古风》诸篇,可追嗣宗《咏怀》、景阳[张协]《杂诗》。"③

现代学者则试图较明确地界定这一传统。宇文所安(Stephen Owen)称古风为一种"以汉末、魏、晋时期的诗为模式的风格",并进一步说明其特色:

> 古风有自己的主题、措词特色及特定模式联系。真正的隐喻和寓言在古风中应用得最普遍,并与所有复古形式所包含的严肃道德意义联系在一起。古风与魏代诗人际籍的《咏怀》的关系,使它特别适合于表达隐晦的时事批评,成为一种表现有危险的社会政治感受和观点的工具。不过,大部分古风都不是时事诗。尽管它的风格温雅古朴,它还被用来抒发强烈的感情及表现哲理的沉思,这两者都脱离了特定的场合。④

宇文所安指出古风型诗具有自己特定的主题、措词及模式联系,实际上形成一种特殊的诗歌类别。这一描述具有重要的启发意义。

梅维恒(Victor H. Mair)在其《四位内省的诗人》一书中,将阮籍、陈子昂、张九龄及李白放在一起考察,指出:

> 他们都意识到自己的心理状态,并试图通过象征和隐喻来表达这种自我意识。……所有四位诗人都表现了对其生存状态的极度忧虑。他们的这种忧虑及其对解脱忧虑的尝试,使他们成为独具特色的诗人。……自然,在他们之

---

① 胡震亨,《李诗通》,《李白资料汇编金元明清之部》(北京:中华书局,1994),页447–48。
② 宋荦,《漫堂说诗》(《丛书集成初编》本),页6。
③ 王士禛,《五言诗选凡例》,《李白资料汇编》,页658。
④ Stephen Owen, *The Great Age of Chinese Poetry: the High T'ang* (New Heaven: Yale University Press, 1981), 8–9;贾晋华译,《盛唐诗》(北京:三联书店,2003),页9–10。

前有先行者,其中最突出的是《古诗十九首》,这组诗的一些篇章已经表现出内省的基调甚至一些相似的主题和旨意。对《古诗十九首》和后来的内省诗歌之间的关系细加分析,将是很有意义的。①

梅维恒描述出从《古诗十九首》到阮籍、陈子昂、张九龄及李白的发展线索,并深刻地指出其共同的内省主题是对自我生存状态的忧虑。

郁贤皓先生更清晰地指明古风传统的特质和发展脉络:

> 《古诗十九首》是我国最早的五言咏怀组诗,虽然它不是一人所作,但却形成了一种篇幅和风格相似的体制。后来阮籍的《咏怀》、左思的《咏史》、郭璞的《游仙》、陈子昂的《感遇》,实际上都是继承《古诗十九首》这一体制的五言咏怀组诗。而李白的《古风五十九首》无论从体制、内容、风格等各个方面看,正是汉魏晋到初唐五言咏怀古诗的集大成者。②

郁贤皓先生精辟地点明从《古诗十九首》开始,这一传统的诗歌形成其特殊的体制、内容、风格等。他还特别独具眼光地将左思(253?－307?)的《咏史》和郭璞(276－324)的《游仙》也划归这一传统。

在这些学者的研究基础上,我在发表于1991年的《李白古风新论》中进一步指出,由于《古诗十九首》未具有特定的诗题及未与特定的时空相联系,这些因素使得后代模仿此组诗的古风型诗形成"无题"及非应景性(即未与特定场合相联系)的突出特色。这两个特色将古风型诗与有题的、应景的社交应酬及其他题材的诗区别开来。有题的、与特定场合时空相联系的文人诗涌现于汉末建安时期(196－220),其后日益繁盛,成为绝大多数古体诗和新体诗的特征,只有乐府及其他一些特殊类别的诗歌为例外。我还总结了古风传统在诗体、题材和风格方面的三重特征。首先,古风型诗一般采用五言古诗,通常以组诗的形态出现,虽然有时也采用单篇的

---

① Victor H. Mair, *Four Introspective Poets* (Tempe: Center for Asian Studies, Arizona State University, 1987), "Introduction," 2–5.

② 郁贤皓,《论李白〈古风五十九首〉》,《中国李白研究》1990年第1期,页88–89。

形式。其次,虽然古风型诗包括了丰富多样的题材内容,这一传统最普遍的主题是反省和思考人生经历和存在价值,抒发内心深处的强烈感情,特别是政治失意的愤懑。其三,大多数古风型诗语言古朴自然,保留汉魏古诗的风格,较多运用直抒胸臆和比兴寄托的古老手法,形成一套现成的比兴意象、典故及措词,不对直观实景作细致的描写;而且由于古风型诗未与特定的时间和空间相联系,此类诗还允许高度的想象和虚构。

在我的论文中,我采用了"古风型"这一名称,但还未提出"古风传统"的名称。其后施逢雨在出版于 1992 年的《李白诗的艺术成就》一书中,最早明确提出这一名称,并概括这一传统的四个主要特点为:无题,以组诗的形式出现,大都写人生某些普遍的、基本的经验或感情,及都用五言古诗。①

古风传统中,较普遍的题目是《拟古》、《效古》、《古意》、《杂诗》、《咏怀》、《感遇》、《感兴》等。所谓"拟古"、"效古"、"古意"、"古风",其"古"字首先指的即是《古诗十九首》。这一组诗由于不明作者和不定诗题,约自晋代以降已被统称为"古诗"。它所抒写的伤时失意的主题,所运用的比兴手法、朴素语言和五言诗体,以及不定诗题、不定场合的特征,都直接开启了曹植和阮籍的两组诗。建安诗歌在乐府之外,出现了大量与特定场合和对象相联系的宴游、赠答等诗题,而作于不定场合的直接抒怀的一类诗,则往往冠以"杂诗"之题,王粲(177-217)、刘桢(? -217)、曹丕(187-226)等各撰有一二首,②而以曹植《杂诗》七首影响为大。这一组诗集中地突出了志士失意的主题,并保持了《古诗十九首》的朴素语言和比兴手法,与曹植其它类型诗歌的藻丽渐盛不同。它直接影响了阮籍的《咏怀》及其后的古风型诗。胡应麟(1551-1602)早已指出:"'南国有佳人'等篇,嗣宗诸作之祖。"③"南国有佳人"即曹植《杂诗》第四首。阮籍《咏怀》八十二首沿承了曹植抒写失意志士心理的主题,进一步思考有关人生意义的许多相关内容,并将比兴寄托的手法、浑朴自然的语言发挥到了极致,从而使古风型诗大致定型下来。

西晋陆机模拟《古诗》作十二首诗,开了拟古风气。自此以降,以《拟古》、《杂

---

① 施逢雨,《李白诗的艺术成就》(台北:大安,1992),页 145-49。

② 逯钦立编,《先秦汉魏晋南北朝诗》(北京:中华,1983),魏诗,卷 2 页 364,卷 3 页 372,卷 4 页 401。

③ 胡应麟,《诗薮》(上海:上海古籍,1979),内编卷 2 页 31。

诗》、《咏怀》等为题的古风型诗,屡出不穷。陶潜的《拟古》九首、《杂诗》十二首、鲍照的《拟古》八首等皆为其中代表。随着其他类型诗歌日益与特定场合和特定事物如社交、官场、登游、行旅、家居、咏物等结合在一起,日益"巧构形似",①对实际的景物画面和生活场合进行具体的描绘,并逐渐发展出情景交融的艺术手法,及日益讲究声色、藻采、对偶、声韵,代表这种诗歌发展新趋向的"现代型"诗与古风型诗的分野也就日益明显。齐梁之后,"现代型"诗占据了主导地位,古风型诗虽然仍时有出现,但大多为成就不高的单篇零作,只有庾信《拟咏怀》二十七首及王绩可能撰于隋时的《古意》六首较引人注目。

到了初唐,来自边远的西蜀、未受"现代"诗歌传统直接影响的陈子昂,深感于"彩丽竞繁、兴寄都绝"的文学现状,公开打出复兴汉魏风骨的旗号,并仿效阮籍《咏怀》而作《感遇》。无论是在理论上还是在实践上,陈子昂的主要关注点都在古风型诗歌,以往的论述似乎夸大了其范围和意义。陈子昂之后,同样来自边远地区的张九龄也对"古风型"诗深感兴趣,撰写了《感遇》十二首和《杂诗》五首。

李白的《古风》属于这一传统。收于此组诗的篇章中,有六首在《河岳英灵集》等唐宋选本中原本题为《咏怀》、《感寓》及《感兴》。②此外,在李白集中,另有二十八首未收于《古风》,但题为《古意》、《效古》、《拟古》、《感兴》、《寓言》、《杂诗》等古风传统诗题。③因此,关于《古风》的诗题是否由李白自己命名及此组诗是否由他自己编集,学界有不同看法,一直未有定论。在我看来,即使李白不一定是此组诗的最终编者,至少组诗中的很大一部分已经被李白自己称为《古风》,因为未有早期的证据说明其馀五十三首诗曾经用过其他题目,而且五代的《才调集》和宋初的《唐文

---

① 钟嵘(467–519),《诗品》,收何文焕编,《历代诗话》(北京:中华,1981),页9。

② 第九首在盛唐选本《河岳英灵集》中题为"咏怀";见傅璇琮编,《唐人选唐诗新编》(西安:陕西人民,1996),页125–26。在宋蜀刻本李白集中,第八、十六首题为《感寓》,第二十七、三十六、四十七首则有《感兴》的异题;见《李白全集校注汇释集评》,卷22页3390–400,卷22页3435–50。参看黄瑞云,《说李白的〈古风〉》,《湘潭大学社会科学学报》,1980年第2期,页101;乔象钟,《李白论》(济南:齐鲁书社,1986),页108;郁贤皓,《论李白的〈古风五十九首〉》,页84–86。本文所引《古风》的次序编号,均据《李白全集校注汇释集评》。

③ 《李白全集校注汇释集评》,《古意》,卷7页1245–46;《效古》2首,卷22页3380–89;《拟古》12首,卷22页3400–34;《感兴》8首,其中第四、六、七首分别为《古风》第四十七、二十七、三十六的异文,卷22页3435–50;《寓言》3首,卷22页3450–58;《感遇》4首,卷22页3460–66;《杂诗》,卷23页3645–46。以上共31首,不计重出的3首,则为28首。

粹》已经各收有三首和十一首此组诗中的作品,并都题为《古风》。① "古"字强调拟古和诗体的意义,"风"字则强调内容和风格的意义,合起来正可囊括以往的"拟古"、"效古"、"古意"和"杂诗"、"咏怀"、"感遇"这两大类命题,体现古风传统所蕴含的诗体的、主题的及风格的三重特色。

　　刘克庄(1187-1269)云:"李(白)《古风》六十六首。"②葛立方云:"李太白《古风》两卷近七十首。"③据此则似乎宋时《古风》又曾以近七十首的组诗出现。如果以传世李白集中的《古风》五十九首加上游离于组诗之外的二十八首,其总数达到八十七首,这就构成古风传统中最大的一组诗。下面的解读中,亦将这二十八首放进来一起讨论。

　　此八十七首诗代表了古风传统的集大成和最高成就。它们几乎涵容了古风型诗发展历程中曾经出现过的所有主题内容,包括对于生存状态和人生意义的反思,政治抱负和道德品格的表述,评判当代或历史的人事,观察宇宙的运行,感叹人世的短暂无常,向往游仙或隐逸的境界,等等。长期以来李白的《古风》组诗一直被认为缺乏一致的主题,内容和时间的编排紊乱,学界的研究一般着手于对其题材内容或情感类型加以分类和讨论。④ 为了便于分析及更明晰地理解这些诗篇,本文尝试从李白的古风诗中抽绎出一个逻辑的、心理的中心主题,以之贯串其他所有主题内容,描述诗人的心理过程,并探讨其对古风传统的模仿和创新。

　　这一逻辑的、心理的中心主题是对于个体存在的终极价值的思考和重估。当内省的古风诗人反思其生活经历和存在状态,检验其心理状况和思想过程,抒发其情感反应,思索各种哲理答案,他们同时也在寻找和重新估值人生的终极意义。与大多数古风诗人一样,李白属于士这一阶层,而儒家的传统价值观提倡"士以仕为业"、"士以天下为己任",成功入仕、辅国安民、建功立德是士的最高生活目标。因此,在逻辑上和心理上,古风诗人的出发点是对于政治抱负和个人才德的宣称。从

---

① 韦縠,《才调集》,收《唐人选唐诗新编》,页833;姚铉,《唐文粹》(《四部丛刊》本),卷14页1-2。
② 刘克庄,《后村诗话》,收《后村大全集》(《四部丛刊》本),卷176页3b。
③ 葛立方,《韵语阳秋》,卷11页81。
④ 此方面的研究成果主要有:乔象钟,《李白〈古风〉考析》,《文学遗产》,1984年第3期;张明非,《试论李白的〈古风〉》,《广西师范大学学报》,1985年第4期,页1-8;郁贤皓,《论李白的〈古风五十九首〉》,页87-101;施逢雨,《李白诗的艺术成就》,页152-73;等等。

《古诗十九首》开始，大多数古风型组诗包含了这一主题。[①] 在李白的古风诗中，这一主题最清楚地表述于第三十三首：

> 北溟有巨鱼，身长数千里。仰喷三山雪，横吞百川水。
>
> 凭凌随海运，烜赫因风起。吾观摩天飞，九万方未已。[②]

巨鱼指鲲，鲲化为鹏、摩天而飞的典故出自《庄子》。大鹏是李白的图腾形象。[③] 李白直接以大鹏为描写对象并明确地用来象征自己的作品，除上引诗外，另有三篇：《大鹏赋》、《上李邕》及《临终歌》。[④] 在此四篇诗赋中，李白借用了《庄子》中的大鹏形象，但是却完全抛弃"齐物"的传统阐释，突出强调大鹏的独一无二，超群出众，在形体上和力量上的雄壮无比，并用来象征自己的人格、才华、力量及崇高理想。而其崇高理想首先是政治成就，如《拟古》第七首所述：

> 富贵当及时，春华宜照灼。
>
> 人非昆山玉，安得长璀错。
>
> 身没期不朽，荣名在麟阁。[⑤]

麟阁指麒麟阁，汉代图画功臣的地方，后来成为中国古代士大夫实现生存价值、获

---

① 关于李白之前的古风型组诗，学界研究甚多，较早的研究参看朱自清，《古诗歌笺释三种》(1941；重印，上海：上海古籍，1981)，"古诗十九首释"，页 217-58；马茂元，《古诗十九首探索》(北京：作家出版社，1957)；隋树森，《古诗十九首集释》(香港：中华书局，1958)；吉川幸次郎，《推移の悲哀：古诗十九首の主题》，收《吉川幸次郎全集》(东京：筑摩书房，1968-1970)，第 6 卷，页 306-330；铃木修次，《汉魏诗の研究》(京都：大修馆书店，1967)；黄节，《曹子建诗注》后藤秋正，《曹植〈杂诗六首〉论考》，《汉文学会会报》31(1972)，页 52-56；黄节，《阮步兵咏怀诗注》；吉川幸次郎，《阮籍の咏怀诗について》，收《吉川幸次郎全集》，第 7 卷，页 214-34；邱镇京，《阮籍咏怀诗研究》(台北：文津，1980)；Donald Holzman, *Poetry and Politics, the Life and Works of Juan Chi, A. D. 210-263* (Cambridge: Cambridge University Press, 1976)，216-21；宇文所安著，贾晋华译，《初唐诗》(1977；北京：三联书店，2003)，143-173；Mair, *Four Introspective Poets*；等等。
② 《李白全集校注汇释集评》，卷 2 页 160。
③ 参看 Paul W. Kroll, "Li Po's Rhapsody on the Great P'eng-bird," *Journal of Chinese Religious* 12 (1984)，2-3；葛景春，《李白思想艺术探骊》(郑州：中州古籍，1991)，页 229-33。
④ 李白，《李白全集校注汇释集评》，卷 25 页 3880，卷 8 页 1364，卷 7 页 1231。
⑤ 李白，《李白全集校注汇释集评》，卷 22 页 3420。

得最高荣誉的代表。李白以此作为人生的终极目标,希望藉此超越人生短暂的局限,获得永恒的声名。对荣名的渴求,在古风传统中久已反复回响。如《古诗十九首》第十一首:

> 人生非金石,岂能长寿考。
> 奄忽随物化,荣名以为宝。①

或阮籍《咏怀》第三十九首:

> 忠为百世荣,义使令名新。
> 垂声谢后世,气节故有常。②

然而,事与愿违,几乎所有古风诗人都在仕途上遭受各种挫折。于是,从《古诗十九首》开始,对于"志士失意"的直接或间接的表达总是古风传统的一个重要主题。在许多古风诗中,李白抒写了为政治社会所遗弃的悲慨,大多运用古老的比兴、传统的意象、人物及隐喻来表达。《古风》第五十六首即是一首隐喻诗:

> 越客采明珠,提携出南隅。清辉照海月,美价倾皇都。
> 献君君按剑,怀宝空长吁。鱼目复相晒,寸心增烦纡。③

明珠喻指诗人的高尚品德和绝世才华;明珠被发现和抛弃的故事,喻指诗人以才德自荐却被君王及其佞臣弃绝和嘲笑的经历。除了明珠外,此前古风诗人曾用过的所有隐喻政治失意的传统角色和意象,几乎都以新的活力出现于李白的古风诗中,如弃妇(第四十四首"绿萝纷葳蕤")、怨女(第二十七首"燕赵有秀色")、被妒嫉的美人(第四十九首"美人出南国")、种植于错误位置的、被埋没的芳草名花(第二十

---

① 《先秦汉魏晋南北朝诗》,汉诗,卷12 页319–334。
② 《阮步兵咏怀诗注》,页43–44。
③ 《李白全集校注汇释集评》,卷2 页247–49。

六首"碧荷生幽泉"、第三十八首"孤兰生幽园"）、未被赏识的美玉（第三十六首"抱玉入楚国"），等等。① 此类诗篇在抒发诗人怀才不遇的强烈愤懑的同时，也表现了对于自我的品德才华及个体存在的肯定。

由于被抛弃的才德和未被赏识的志向是由不公平的政治和卑劣的人性造成的，于是古风诗人进而批评政治和社会。从阮籍的《咏怀》开始，古风型组诗往往在或大或小的程度上成为时事和社会批评的工具。李白的古风诗中有十首左右表现这一主题的诗篇。在阮籍和陈子昂的组诗中，时事联系皆较为隐晦复杂，而在李白的古风诗中，时事内容较为明显和确定。例如，第二十四首"大车扬飞尘"讽刺宦官和嬖幸之骄奢显赫；第三十四首"羽檄如流星"谴责751年侵伐云南的战争；第十三首"胡关饶风沙"批评朝廷的穷兵黩武；第二十五首"时道日交丧"、第四十七首"桃花开东园"、第三十首"玄风变太古"嘲讽世俗群小的种种丑态，②等等。这些时世讽喻诗为《古风》增添了宽广的社会内容。它们不但突出地强调了诗人的社会责任感，而且在对于现存秩序和群小俗物的否定蔑视中，鲜明地显示出志士的傲世气骨、正直品格和独立个性。

古风诗人不仅关注眼前的社会政治，而且回顾历史，从中寻找榜样和教训。如同许多学者已经指出，阮籍的《咏怀》中已经出现借咏史而伤时感怀的诗篇，并频繁运用历史典实。其后左思在其《咏史诗》八首中，③成功地通过吟咏历史人物和事件而表达个人的情思。由于咏史组诗实际上也是"无题"和非应景的作品，此类诗可以看成是古风传统的一个分支。如同邓仕梁指出，"左思《咏史》八首，殆犹《咏怀》之俦，寄慨史事，申其怀抱耳。《咏史》、《咏怀》、《感遇》、《杂诗》、《古风》诸名，其实一耳。"④陈子昂的《感遇》中较多引入咏史主题。⑤ 李白沿袭了这位四川前辈，他的古风诗中包含了十多首咏史诗。这些诗有一些借古讽今，批评时事，如第四十三首

① 《李白全集校注汇释集评》，卷2页205-208，卷2页139-141，卷2页223-225，卷2页136-139，卷2页184-187，卷2页176-180。
② 《李白全集校注汇释集评》，卷2页127-131，卷2页162-171，卷2页83-89，卷2页131-135，卷2页217-220，卷2页148-152。
③ 《先秦汉魏晋南北朝诗》，晋诗，卷7页732-34。
④ 邓仕梁，《两晋诗论》（香港：香港中文大学出版社，1972），页108。
⑤ 参宇文所安著，贾晋华译，《初唐诗》（北京：三联书店，2003），150-58。页161-69。

"周穆八荒意"、五十一首"殷后乱天纪"及五十三首"战国何纷纷"。① 但更多的篇章则以历史人事与诗人自己的政治失意相对照,如第十四首:

> 燕昭延郭隗,遂筑黄金台。剧辛方赵至,邹衍复齐来。
>
> 奈何青云士,弃我如尘埃。珠玉买歌笑,糟糠养贤才。
>
> 方知黄鹤举,千里独徘徊。②

此诗由三部分构成。前四行树立历史的正面榜样,赞美战国时期燕昭王对贤士的高度尊崇重用。中四行转向当代,叙写在位者对贤才的轻视践踏,与历史的榜样形成鲜明对照。最后两行离开过去和现在,为将来寻找新的人生价值:从高蹈出世中获得个体的自由。此处咏史成为比兴寄托的一种手段。咏史主题在一定程度上为李白的古风诗增添了俯仰古今、浑厚苍茫的历史感。

　　古风诗人有时还以哲理的眼光观察宇宙的运行过程,从中寻找与人间生活相对应的意义。作为玄学的代表人物之一,阮籍在《咏怀》中常常进行抽象的冥思。③由于区域的和家族的原因,陈子昂甚至更善于叙写这一主旨。在《感遇》诗中,他经常描绘想象中的巨大无垠的宇宙全景,④并以汉代以来的阴阳五行的关联式宇宙论为基础,将四季、五行和万物相配。⑤ 在《古风》的一些篇章中,李白明显地模仿陈子昂的此类主题。如第三十九首的前半部分:

> 登高望四海,天地何漫漫。
>
> 霜被群物秋,风飘大荒寒。
>
> 荣华东流水,万事皆波澜。⑥

---

① 《李白全集校注汇释集评》,卷 2 页 201,卷 2 页 228–33,卷 2 页 236–39。

② 《李白全集校注汇释集评》,卷 2 页 89–93。

③ 参 Holzman,*Poetry and Politics*,167–84;钱志熙,《魏晋诗歌艺术原论》(北京:北京大学出版社,1993),页203–207。

④ 参宇文所安,《初唐诗》,页 150–58。

⑤ 参贾晋华,《蜀文化与陈子昂、李白》,《唐代文学研究》,1992 年 3 期,页 169–70。

⑥ 《李白全集校注汇释集评》,卷 2 页 187–92。

此六行描绘了一个巨大、空虚、寒冷、流变的宇宙全景,借以说明人间荣华的空虚和无意义。诗中的所有事物,四海、天、地、霜、风、荒野、流水等,都是宇宙构成的基本要素,不是实际具体的景物。诗人并非实际看到它们,而是在想象中观察它们,从哲理意义上将它们交织在一起。《古风》第三十二首的前六行则进一步将四季、五行和万物相配:

　　　　蓐收肃金气,西陆弦海月。

　　　　秋蝉号阶轩,感物忧不歇。

　　　　良辰竟何许,大运有沦忽。①

根据《吕氏春秋》和《礼记》,蓐收为司秋的西方之神,秋天所配五行为金,而在孟秋之月,天地之气肃杀,蝉开始鸣叫。② 李白采用这些关联式宇宙论中的基本要素来构造出一个秋天的世界,然后将自己的忧愁情绪与之相感应,因为传统上在"大运"的历程中,秋天与忧愁相关联。古风诗人和"现代"诗人处理"情"和"景"的不同手段,在此处体现得最明显:前者将宇宙要素与个人情绪相感应,后者则将实际的景象和情感相交融。

　　随着时间在无效的努力中迅速流逝,古风诗人经常感伤人生的短暂无常。众所公认,忧生之嗟、迁逝之叹是《古诗十九首》的中心主题。进入曹植和阮籍的组诗后,这些主题进一步与志士失意的悲怆情怀相交织,从而成为古风传统的历久不衰的重要内容。李白的古风诗中,也有多首涉及这一内容。这些诗中充满了急遽变动、飞逝如风的时间感。如第二十八首:

　　　　容颜若飞电,时景如飘风。草绿霜已白,日西月复东。

　　　　华鬓不耐秋,飒然成衰蓬。古来贤圣人,一一谁成功。

　　　　君子变猿鹤,小人为沙虫。不及广成子,乘云驾轻鸿。③

---

① 《李白全集校注汇释集评》,卷2页157—60。

② 陈奇猷,《吕氏春秋校释》(上海:学林,1984),"孟春纪",页375;《礼记》,《十三经注疏》(台北:艺文,1960),"月令",卷5页322—24。

③ 《李白全集校注汇释集评》,卷2页141—44。

诗人深切地感伤时间的迅速飞逝,容貌的瞬息变化,生命的短暂无常,万物的迁移流变,及贤人的无所成就。这一切促使诗人重新评估和蔑视此世的荣华富贵,如《古风》第八首:

> 青门种瓜人,昔日东陵侯。
> 富贵苟如此,营营何所求。①

或放弃对身后荣名的追求,如《拟古》第九首:

> 白骨寂无言,青松岂知春。
> 前后更叹息,浮荣何足珍。②

或提倡及时行乐,如《古风》第二十三首:

> 三万六千日,夜夜当秉烛。③

时间感就是生命感,在太白对时间飘逝的深切感受、对富贵荣名的否定和及时行乐的肯定中,蕴含着志士对功业无成的悲怆感怀及对生命意义的执着探索。

于是,在否定了不公平的社会政治、短暂无常的人生及由儒家价值观产生的荣名意识之后,古风诗人最终总是走向隐逸和求仙。阮籍的《咏怀》中已经出现了一些隐逸诗。陶潜的《饮酒》组诗则介于古风和田园诗之间,其中有一些应景的田园诗,如第五首、九首及十一首,但大多是诸如古风型诗的内省和思考。④《文选》收此组诗中的第五首和七首,却题为《杂诗》,⑤可能就是由于这些诗与古风型诗的相似性。李白的《古风》也收有几首隐逸主题的诗篇。在上引第十四首的结尾,诗人已

---

① 《李白全集校注汇释集评》,卷2页62–66。
② 《李白全集校注汇释集评》,卷22页3425。
③ 《李白全集校注汇释集评》,卷2页122–27。
④ 施逢雨已经指出《饮酒》组诗与古风传统的联系;见其《李白诗的艺术成就》,页148。
⑤ 《文选》,卷30页3a–b.

经表述了乘驾轻鸿飞离人间的意愿。第四十二首进一步充分阐述这一主题：

> 摇裔双白鸥,鸣飞沧江流。宜与海人狎,岂伊云鹤俦。
> 寄形宿沙月,沿芳戏春洲。吾亦洗心者,忘机从尔游。①

海鸥只与忘机之人狎戏的寓言出自《列子》,长期以来已经成为隐逸诗的常用典故。此处李白也表示要洗尽尘心,忘怀世俗意欲,以保持真实的自我和清纯的品格。自由鸣飞的白鸥不仅是诗人的游戏伴侣,而且还是其追求绝对自由、不与世俗同流合污的精神象征。

许多学者指出,曹植和阮籍已经开始借助游仙主题来抒写情怀。其后郭璞的《游仙》十四首被钟嵘(467–519)评为"坎壈咏怀,非列仙之趣也。"②康达维(David Knechtges)指出,"郭璞一类的诗人,……主要抒写的不是'求仙',而是关于他们对世俗社会的不满及逃离这个社会的愿望。"③《游仙》组诗同样具有不定题目和不定场合的特征,故此组诗亦介于游仙和古风之间。葛立方云："李太白《古风》两卷近七十首,身欲为神仙者殆十三四。"④胡震亨云："今考《古风》为篇六十,言仙者十有二。"⑤李白的古风诗中有十数首游仙诗,其中有一些借游仙而抒写对世俗社会的失望和不满,但也有不少抒写修道成仙的永年之求和飘然升天的"列仙之趣"。在上引第二十八首的结尾,李白表达了借求仙而超脱时间限制的意愿。《古风》第四十一首则充分表现了自由遨游仙境的超越主题。

> 朝弄紫泥海,夕披丹霞裳。挥手折若木,拂此西日光。
> 云卧游八极,玉颜已千霜。飘飘入无倪,稽首祈上皇。
> 呼我游太素,玉杯赐琼浆。一餐历万岁,何用思故乡。

---

① 《李白全集校注汇释集评》,卷2页199–201。

② 钟嵘,《诗品》,页12。

③ David R. Knechtges, *Wen xuan, or Selections of Refined Literature* (Princeton: Princeton University Press, 1982), 37.

④ 葛立方,《韵语阳秋》,卷11页81。

⑤ 胡震亨,《李诗通》,《李白资料汇编》,页440。

永随长风去,天外恣飘扬。①

诗中将遨游宇宙和想象中的神仙世界的精神旅程,描写得如同真实的人生经历。虽然此类诗属于单纯的游仙诗,不包含"坎壈咏怀"的寄托,但是它们同样表现了对人生价值的思考,仍与《古风》的核心主题相关联。"一飡历万岁"是对永恒的追求,表现诗人珍惜个体生命和超越时间限制的欲望,而"天外恣飘扬"则展示了冲决现实罗网、追求人格和人身双重自由的理想。此类游仙主题的高度想象和虚构与古风型诗的无题和非应景性相互作用,为忧郁的古风传统带来明亮欢快的超越世界,并通过道家的价值观将未实现的儒士理想崇高化。

综上所述,李白沿袭、总括、发扬、深化了古风传统的主题、题材、风格及技巧,使这一古老的传统发展到高峰。他的八十多首古风诗向我们展示了内省人生意义的心理活动过程。从逻辑上看,这一思考过程开始于对仕宦生涯的肯定,以建功立德为人生的最高目标。诗人满怀政治抱负而入世,但却经历了怀才不遇、失意无成的痛苦。于是,诗人进而批评现实的社会和政治,从历史中寻找榜样和教训,否定时世、人生和功名,并在最后转向隐逸和求仙,作为实现个体价值的新目标。在这一心理过程中,儒家关于"士以天下为己任"的传统价值观占据中心位置,围绕这一价值观,诗人抒写了志士失意的种种悲哀、忧郁、愤懑和批评;道家关于追求独立人格、自由个性和超越精神的价值观处于辅助的位置,围绕这一价值观,诗人表达了及时行乐、洗心忘机、高蹈出世、游历仙境的愿望。柯睿(Paul Kroll)指出,"李白的《古风》五十九首中,有一半以上包含了道家成分。"②儒道互补完成了诗人思考人生意义的整个过程。

然而,李白并未真正成为避世的隐士,更不可能成为仙人。那么,哪里才是太白人生旅程的终极归宿?《古风》组诗思考和重估人生价值的逻辑和心理终点何在?《古风》第一首或许可以为我们提供一个解答,虽然并不是唯一的解答。

大雅久不作,吾衰竟谁陈。王风委蔓草,战国多荆榛。

① 《李白全集校注汇释集评》,卷2页196–99。
② Paul W. Kroll, "Li Po's Purple Haze," *Taoist Resources* 7.2 (1997), p. 28.

龙虎相啖食，兵戈逮狂秦。正声何微茫，哀怨起骚人。

扬马激颓波，开流荡无垠。废兴虽万变，宪章亦已沦。

自从建安来，绮丽不足珍。圣代复元古，垂衣贵清真。

群才属休明，乘运共跃鳞。文质相炳焕，众星罗秋旻。

我志在删述，垂辉映千秋。希圣如有立，绝笔于获麟。①

"大雅"和"王风"是《诗经》的构成部分，此处用来指代整部《诗经》。儒家传统认为孔子编集整理了此部经典。李白突出地推尊《诗经》，以之作为诗歌正统的代表。"骚人"指屈原，李白将这位中国文学史上第一位伟大的诗人列于比《诗经》略低的位置。"扬马"指两位杰出的汉赋作家扬雄（公元前53-公元18）和司马相如（公元前179-前117），李白认为他们开始了诗歌的衰颓。"自从建安来"则包括了从建安时期至隋代的所有诗人，李白将这一漫长时期的诗歌风格批评为绮丽雕饰。这样，除了作为儒家经典的《诗经》，李白批评否定了唐以前的所有诗人。这一否定的态度与他在其他作品中对许多前辈诗人的称赞相矛盾，②从而引致解读这首诗的许多争论。一些学者将此诗与《古风》第三十五首"丑女来效颦"相联系，认为李白的真正目的是提倡朴素自然的语言风格。一些学者抓住第十四行的"绮丽不足珍"，认为李白主要是在批评梁陈诗人。另有一些学者则认为这首诗重复初唐以来的复古陈调，表现了过激和夸张的态度。

本文尝试从诗体发展和心理分析的视角，对此诗做出新的解读。首先，从诗体发展的视角看，古风传统虽然肇始于《古风十九首》，但这一传统的许多特征，诸如无题、非应景性、不讲求修饰、简朴的措词及比兴的手法，也可以追溯至《诗经》。相比之下，"现代"传统的诗体特征，诸如各种社交应酬的题材、特定的时间和空间、对现象世界的实际描绘、精致的诗法、圆美的语言及和谐的音调等，大多是《诗经》之后的新发展。因此，李白可能并非试图对整个诗歌史做出一个全面的评判，而仅是在谈论古风传统。孟棨《本事诗》记载了李白的两则相似评论：

① 《李白全集校注汇释集评》，卷 2 页 19–29。

② 在其他作品中，李白高度称赞屈原、司马相如、扬雄、建安诗人、谢灵运（385–433）、鲍照（? –466）、江淹（444–505）、谢朓（464–499）等；主要可参看王运熙、杨明，《隋唐五代文学批评史》（上海：上海古籍，1994），页 227–33。

　　[李]白才逸气高,与陈拾遗齐名,先后合德。其论诗云:"梁陈以来,艳薄斯极,沈休文又尚以声律,将复古道,非我而谁?"故陈、李二集,律诗殊少。尝言:"兴寄深微,五言不如四言,七言又其靡也,况使束于声调俳优哉!"①

　　"古道"、"兴寄"、不尚声律、不讲修饰,这些都是古风传统的特征。李白将这一传统视为最高的风格,并将《诗经》作为其最古老的模式。他认为骚人的作品略次于《诗经》,但并未予以真正的批评,因为其"哀怨"的声音仍然为古风诗人抒写政治失意提供了榜样。"现代"的诗歌传统开始于建安时期,这可能就是为什么李白严厉批评"自从建安来,绮丽不足珍"。从这一视角看,李白诗论中的矛盾可以被解决:当与古风传统相比较,"现代"传统被认为远远不如;但当单独评论"现代传统"中的诗人时,他仍然赏识这一传统中的许多诗人。

　　其次,从心理的视角看,在激进的否定表面之下,可能隐含了一种"影响的焦虑"(Anxiety of Influence),这是美国解构主义批评家哈罗德·布鲁姆(Harold Bloom)提出的著名理论。他认为,十八世纪中期以来的英美文学传统中,大诗人对大诗人的影响大都表现为"毁灭性的"(destructive),因为诗人们开始对影响产生一种越来越大的焦虑,影响的重压使后来者透不过气来,后来者必须奋力推翻和否定前辈的影响,才能脱颖而出,取得独立性,使自己在文学史上不朽。正是这种对影响的忧虑,成为后来者不断对文学传统进行再审视的内在动因。而大诗人总是对大诗人进行误读,以便为自己腾出创造的空间。② 如果运用这一理论来分析《古风》第一首,可以解释为李白对于诗歌传统的再审视:他出于"影响的焦虑"心理,需要推翻和否定前辈诗人的影响,以使自己脱颖而出。这一解释也可以解决李白诗歌评论自相矛盾的问题:当审视诗歌传统时,出于影响的焦虑,李白需要推翻和否定前辈诗人的影响,以便为自己在诗歌史上清理出空间;而当评价单个诗人时,影响的焦虑消失了,李白仍然由衷地欣赏他的诗歌成就。

　　李白高度推尊《诗经》,不但因为它是原初的、经典的著作,而且因为它的作者几乎都是无名的,因此对他在诗歌史上的空间不构成任何威胁。而其他前辈诗人

① 孟棨,《本事诗》(上海:古典文学出版社,1957),页16。
② Harold Bloom,*The Anxiety of Influence* (New York:Oxford University Press,1973),5.

的伟大成就,却是他不得不面对的影响。在《大猎赋》中,李白再次有意地误读司马相如和扬雄:"相如、子云竞夸辞赋,历代以为文雄,莫敢诋评。臣谓语其略,窃或褊其用心。……臣白作颂,折中厥美。"①此两位既是诗坛上的伟大前辈,也是李白的蜀地同乡,他从小就熟读和钦慕他们的辞赋:"余小时大人令诵《子虚赋》,私心慕之。"②扬马大赋的恢廓气势、壮美意境及高度想象虚构等方面对李白的诗赋产生了重要的影响,而他在不少作品中都以称赞的语气提及他们。因此,此处的有意贬低明显出于"影响的焦虑"心理:李白需要凌越此两位前辈,以便为自己的赋清理出空间。李白二十一岁时,在蜀中遇见著名的宫廷老诗人和诗歌扶持人苏颋(670 - 727)。苏颋评论他的诗歌才华:"此子天才英丽,下笔不休。虽风力未成,且见专车之骨。若广之以学,可以相如比肩也。"③苏颋也向李白指出,通过与司马相如竞争而发展自己的才华,他最终可以在诗歌史上与这位伟大的同乡前辈并驾齐驱。赵昌平在《李白的"相如情结"》一文中,已经注意到李白这种既倾慕拟学扬马而又"作赋凌相如"的心理情结。④ 李白集的第一位编集者魏颢说:"[李]白与古人争长。"⑤第二位编集者李阳冰亦称太白:"驰驱屈宋,鞭挞扬马,千载独步,唯公一人。"⑥《古风》第一首可能正传达了李白这种与所有前辈诗人争长的"俄底浦斯情结":当他在诗史的十字路口与这些伟大的前辈相遇时,他否认他们,与他们竞争,以便使自己超群出众,在诗史上焕发出崇高的光彩。李白初出蜀时遇见著名道士司马承祯(647-735),被称赞为"有仙风道骨"。⑦ 李白到达长安后,老诗人贺知章(659-744)惊叹他为"谪仙人"。⑧ 李白从此自豪地自许谪仙,而作为仙人他完全有能力在感觉上和语言上超越一切世人,达到永恒的崇高。如 Thomas Weiskel 指出:"关于崇高的基本宣称是一个人在感情上和语言上超越了其他人。"⑨

　　《古风》第一首的最后四行清楚地表现了这种崇高的宣称。"我志在删述"一

---

①　《大猎赋》,《李白全集校注汇释集评》,卷 25 页 3825。

②　李白,《秋于敬亭送从侄耑游庐山序》,《李白全集校注汇释集评》,卷 27 页 4082-87。

③　李白,《上安州裴长史书》,《李白全集校注汇释集评》,卷 26 页 4035。

④　赵昌平,《李白的"相如情结"》,《文学遗产》,1999 年第 5 期,页 10-15。

⑤　魏颢,《李翰林集序》,《李白全集校注汇释集评》,卷 1 页 3。

⑥　李阳冰,《草堂集序》,《李白全集校注汇释集评》,卷 1 页 1。

⑦　李白,《大鹏赋》,《李白全集校注汇释集评》,卷 25 页 3880。

⑧　李白,《对酒忆贺监二首》,《李白全集校注汇释集评》,卷 21 页 3363。

⑨　Thomas Weiskel, *The Romantic Sublime* (Baltimore: Johns Hopkins University Press,1976) ,3.

行,经常被解释为李白有志于编集、传述唐代的诗歌。从字面上看,这一解释是正确的;但从深层的意义上理解,李白更关注的是传述自己的作品,或至少在唐代诗歌中应包括他自己的作品。通过著述立名以达到修辞的崇高,这正是李白在《古风》组诗中所寻找的人生价值的逻辑终点。儒家传统所宣扬的三不朽中,立德和立功之路已经被不合理的社会政治所堵闭,于是志士只剩下立言这一条路来实现自我价值,建立不朽声名。曹植云:

> 孔氏删诗书,王业粲已分。
> 骋我径寸翰,流藻垂华芬。①

左思云:

> 言论准宣尼,辞赋拟相如。
> 悠悠百世名,英名擅八区。②

这三位古风诗人,曹植、左思和李白,都以孔子删述六经的事业自比,都渴求立言的崇高,身后的英名,以之作为实现个体价值的最后目标。千古志士之心,何其相似乃尔!

除了主题内容的集大成外,李白古风诗在艺术上也沿袭总结了古风传统的表现手法和语言风格。如前所述,古风型诗大多运用直抒胸臆和比兴寄托这两种基本的、古老的表现手法,停留在心灵的、表现的世界,拒绝从"巧构形似"到情景交融的"现代"手法。李白的八十余首古风诗,也始终坚守这一界线,其中比兴寄托又多于直抒胸臆。曾经被用作比兴对象的各种事物,从鸟兽、花草、树木、器物到日月、星云、气候、季节,再到美人、君子、历史人物、神仙人物等,在李白古风诗中多可见到。比兴手法的各种类别,如比喻兴、象征兴、气氛兴、季节兴和明喻、隐喻、讽喻等,也大都为李白所采用。除了直抒胸臆和比兴寄托外,古风型诗还允许想象虚

---

① 曹植,《薤露行》,《曹子建诗注》,卷 2 页 73-74。
② 左思,《咏史诗》第四首,《先秦汉魏晋南北朝诗》,晋诗,卷 7 页 733。

构,这本是创造性诗人李白的特长。他运用这一手法所写的古风诗中,有步趋陈子昂的宇宙全景,但更多的是体现太白本色的仙游和想象世界:生动具体、恍如实境,有时直接与现实世界打成一片,亦真亦幻,难于区别。历来为人们所称道的《古风》第十九首"西上莲花山",①就是这方面的出色代表。在语言风格上,李白古风诗亦与历代古风型诗一样,将讲求对偶、声律、精致、圆美的"现代"诗歌语言拒之门外,极力保留汉魏诗歌的古朴自然风味,一方面采用了许多古风传统代代沿袭的朴质词语,另一方面也创造了不少太白式的不假雕饰、飘逸天然的语言。由此形成的语言风格,不仅与一般的"现代"型诗截然不同,就是与李白其他类型的古体诗如乐府、歌行等,也有所区别。

(作者单位:澳门大学)

---

① 《李白全集校注汇释集评》,卷 2 页 113–15。

李白开元末年入京考

谢 力

　　李白一生究竟几入长安？学术界曾有"三入长安"之说。三次的时间：一、开元二十年左右；二、天宝元年；三、天宝十一、二载间。除第三次入长安学术界尚有争议外，其余二次已得到学术界一致承认。稽考李白的生平行踪，我们发现，李白还有一次入长安，时间在开元二十八年秋，至二十九年秋出京，此次在长安约一年。

　　清人凌扬藻《蠡勺编》卷二十二云："（李白）开元初自蜀入京，贺知章以谪仙人呼之。未久，还蜀。遂下荆门，娶于许氏，因久寓巴陵、洞庭之间。再入长安，客游山东，与元丹邱营石门幽居，携家与居也。其送杜子美于石门山访范山人于苍耳林，皆此际事。未几，又入长安应制，赋诗忤贵妃，乃赋秦楼月，以寓恋阙意。"稗山先生认为："据此，凌氏以为李白曾三入长安。其中开元初一次，其误显然，不必深论；再入长安云云，不知何据。谓与杜甫同游石门，访范山人即在此次，亦属非是。"（见稗山文《李白两入长安辨》，载《中华文史论丛》第二辑）笔者认为，凌氏对李白的某些行实，所系非当，但他提出李白开元年间曾两入长安，却非无巨识。今天看来，凌氏的初入，正合今人所考之初入；凌氏二入，又合笔者所考之开元末年入京。

　　李白开元末年入长安，首先透露个中消息的，是其《忆旧游赠谯郡元参军》诗。此诗所叙李、元往事：一、洛阳相遇；二、汉东偕游；三、太原之行；四、渭桥相逢。李白的太原之行，乃开元二十三年事，有《秋日于太原南栅饯阳曲王赞公贾少公石艾少公应举赴上都序》为证。诗于太原之行后云：

　　　　此时行乐难再遇，西游因献长杨赋。

北阙青云不可期,东山白首还归去。

天宝初年,李白入长安曾经献赋。此事在李白诗中屡有提及:

> 昔献长杨赋,天开云雨欢。当时待诏承明里,皆道扬雄才可观。
> (《答杜秀才五松山见赠》)
> 方学扬子云,献赋甘泉宫。天书美片善,清芳播无穷。
> (《还山留别金门知己》)
> 谬挥紫泥诏,献纳青云际。
> (《答高山人兼呈权顾二侯》)

凡此,都为李白天宝初年献赋景况。而《忆旧游寄谯郡元参军》一诗,对献赋一事轻易带过。宜乎稗山先生云:"如果把这里所说的西入长安理解为就是供奉翰林的那一次,那么,不难设想,他对这位知己总得说几句牢骚话,不会用'北阙青云不可期'轻轻了结这一重公案的;而'青云不可期'的意思,正切合于第一次的活动无成而不切合于第二次的遭谗被放,也是很显然的。"不过,稗山认为此系一入长安事,则误。一入长安时间在开元二十三年前,而此次献赋,在开元二十三年后。开元末入长安与一入长安一样,也是无成而归,于献赋之后,也就没有什么可说的了。

李白此次西游,始于开元二十八年。其年春夏他在南阳,有《南都行》。诗云:

> 谁识卧龙客,长吟愁鬓斑?

诗以卧龙自居,也即天宝二年所写:

> 自言管葛竟谁许? 长吁莫错还闭关。
> (《驾去温泉宫赠杨山人》)

之后,有《邺中赠王大劝入高凤石门山幽居》诗。诗题一无赠宇,按诗意亦无赠意,此乃邺中王大劝李白,而非李白在邺中。诗云:

一身竟无托，远与孤蓬征。千里失所依，复将落叶并。

中途偶良朋，问我将何行。欲献济时策，此心谁见明？

君王制六合，海塞无交兵。壮士伏草间，沉忧乱纵横。

飘飘不得意，昨发南都城。紫燕枥上嘶，青萍匣中鸣。

投躯寄天下，长啸寻豪英。耻学瑯邪人，龙蟠事躬耕。

富贵吾自取，建功及春荣。

此诗旧说系于天宝十载，误。一、诗云："君王制六合，海塞无交兵。"按《旧唐书·玄宗纪》：天宝十载夏四月，剑南节度使鲜于仲通将兵六万讨云南，官军大败，死于泸水者不可胜数。不得谓之"海塞无交兵"。二、诗又云："耻学瑯邪人，龙蟠事躬耕。"李白二入长安，玄宗召见，征就金马，降辇步迎，如见绮皓。置于金銮殿，出入翰林中，问以国政，潜草诏诰。凡此情况，与诸葛亮未遇躬耕草野事不伦。故知此诗不作于天宝间。

李白一出长安，是"长风破浪会有时，直挂云帆济沧海"（《行路难》之一），抱着东山再起的雄心去偃伏草莽的。时近10年，他对沉湮不闻已经厌倦，像诸葛亮那样龙蟠躬耕、等待识用已经深以为耻了。因此，他在开元二十八年，由南阳入京。此次入京是抱着"富贵吾自取，建功及春荣"的目的。达此目的的手段之一，是"长啸寻豪英"，寻找知音。

这知音是谁？就是崔宗之。

今存《李白集》中，李、崔酬唱诗多达五首，知崔宗之乃李白生平的重要交游之一。

崔祐甫《齐昭公崔府君（日用）集序》云："公嗣子宗之，学通古训，词高典册，才气声华，迈时独步。仕于开元中，为起居郎，再为尚书礼部员外郎，迁本司郎中。时文国礼，十年三入，终于右司郎中。年位不充，海内叹息。"崔宗之仕官略见于此。

考《旧唐书·礼仪志》："至（开元）二十七年凡经五祫、七祫，其年夏禘讫，冬又当祫。太常议曰：……礼部员外郎崔宗之驳下太常，令更详议。"《册府元龟》卷五八九《掌礼部·奏议》所载同。知崔宗之开元二十七年在礼部员外任。

又考《旧唐书·礼仪志》："开元二十四年，时职方郎中韦述，……礼部员外郎杨仲昌，……亦建议与（崔）沔相符。"崔宗之任礼部员外郎不得早于开元二十四年。

李白有《月夜江行寄崔员外宗之》，知诗写在开元二十四年以后。即是说，李白与崔宗之在开元二十七年以前就有交游。

考岑仲勉先生《郎官石柱题名新考订》："石刻《裴積墓志》，开元二十八年立，撰书人为礼部员外郎裴胐。"知崔宗之开元二十八年已罢礼部员外郎任。

唐制，尚书省分六部领二十四司，设尚书令一员，左右仆射各一员，左右丞各一员。左丞掌管辖诸司，纠正省内，勾吏部、礼部等十二司。左右司郎中各一员，左司郎中副左丞所管诸司事。礼外属礼部，礼部属左司。崔祐甫《序》云崔宗之"迁本司郎中"，应为左司郎中。礼外官阶为正六品上，左司郎中为从五品上。从礼外为左司，是为升迁。

由此，知李白开元末入长安时，崔宗之在左司郎中任上。《李白集》附收崔宗之《赠李十二》诗，具衔即为左司郎中。詹锳先生在《李白诗文系年》中，系此诗于天宝六载在金陵作，并说："今诗题下注明左司郎中崔宗之作，官阶略有牴牾，盖宗之由侍御史谪为左司郎中也。"

崔宗之无侍御史任，说见郁贤皓师《李白诗中崔侍御考辨》（载《李白丛考》）。侍御史从六品下阶，由侍御史为左司郎中，是升迁，不是贬谪。詹说未谛。

考孙逖《东都留守韦虚心神道碑》："（虚心）以开元二十九年某月日，遘疾薨于东都宁仁里之私第……明年某月日，葬贞公于高阳原。……季弟曰虚舟，事皇帝历户部、司勋郎中，今移左司。"碑文既云明年，即天宝元年。因此，崔宗之任左司郎中，下限不逾天宝元年。《赠李十二》诗只能写于开元二十八、九年间。考崔、李交游诗内容，此诗应作于开元二十八年秋。

从此诗可知，李白到达长安时是"凉秋八九月"。因李白前此曾与崔宗之过从，李白便把崔宗之允为知音，希望因崔而得以仕进，建功立业。所以，李白是"清论既抵掌，玄谈又绝倒。分明楚汉事，历历王霸道"，想得到崔宗之的赏识和荐誉。而此次，李白"袖有匕首剑，怀中茂陵书。双眸光照人，词赋凌子虚"，完全是一个游说之士的形象。

李白的酬答诗（即《酬崔五郎中》）云：

> 朔云横高天，万里起秋色。壮士心飞扬，落日空叹息。
> 长啸出原野，凛然寒风生。幸遭圣明时，功业犹未成。

奈何怀良图，郁悒独愁坐。杖策寻英豪，立谈乃知我。

　　从酬诗中，可见李白开元末入长安前的景状。又知李白此次入京乃是"杖策寻英豪"。"海岳尚可倾，吐诺终不移"，当是崔宗之在此之前，对李白曾有许诺。这也就容易理解李白开元末入长安为什么直奔崔宗之了。不过，令李白大为吃惊的是，崔宗之并没有力荐李白，而是劝李白和他同隐嵩山。理所当然，李白委婉地回绝了：

但得长把袂，何必嵩丘山？

　　酬诗的字里行间，隐藏着对崔宗之的不满和失望。
　　至晚年南流夜郎，李白放归途中遇到贾至，仍提及此次入京之事。贾至有《洞庭送李十二赴零陵》诗：

今日相逢落叶前，洞庭秋水远连天。共说金华旧游处，回看北斗欲潸然。

　　金华，指长安。共说金华旧游处，明谓贾、李二人在长安有一段旧事。贾至《初至巴陵与李十二白裴九同泛洞庭湖三首》之一：

江上相逢皆旧游，湘山永望不堪愁。

　　也说诸人是"旧游"。郁贤皓师在《李白交游杂考》(载《李白丛考》)中历举贾、李交游诗后断言："他们在长安有过交往。"切中肯綮。但此次交往，不始于初入长安、二入长安，而是开元末入长安。
　　据傅璇琮先生《贾至考》(载《唐代诗人丛考》)，贾至天宝元年以校书郎为单父尉。天宝七载去官。考《新唐书·贾至传》，贾至卒于大历七年(772)，五十五岁。其生在开元六年。开元二十年左右李白初入长安，贾至才十四、五岁，决无可能和李白相处交游。
　　考独孤及《送陈兼应辟兼寄高适贾至》诗：

贾生去洛阳,焜耀琳琅姿。芳名动百步,逸韵凌南皮。

南皮,县名,属河北道景州。独孤及写作此诗,时在天宝十二载。由此,贾至天宝七载至十二载都不在长安。贾、李在此期间无由在长安交游。因此,贾、李旧游即指开元末,贾至任校书郎,李白正在长安之时。

与李白、贾至同游的,还有一个裴侍御。李白酬答裴侍御诗多至四首,贾至也有两首。考《旧唐书·高仙芝传》:"天宝九载,河西节度使安思顺被代,讽群胡割耳劓面请留,监察御史裴周南奏之。"

颇疑李白、贾至诗中的裴侍御为此裴周南,亦即参与八仙之游的裴周南。范传正《唐左拾遗翰林学士李公新墓碑并序》云:"时人又以公及贺监、汝阳王、崔宗之、裴周南等八人为酒中八仙。"因此,其相交接当亦在开元末年。

八仙之游,人名或有参差,但贺知章、崔宗之两人却历数不遗,可见两人是八仙中主要人物。

贺、李交谊,文坛盛传,由来已久。诸谱于李白天宝初年入京待诏翰林,总以为缘于贺知章的力荐与识誉。但此事不见载于任何史籍。李白《对酒忆贺监二首序》也不过云:"太子宾客贺公于长安紫极宫一见余,呼余为谪仙人,因解金龟换酒为乐。"不及荐誉事。李白天宝初入京待诏翰林,得力于谁? 魏颢《李翰林集》云:"白久居峨嵋,与丹丘因持盈法师达,白亦因之入翰林,名动京师。"魏颢是李白的追随者,并向李白"借问承恩初",对李白天宝初年事有所垂询,他的话是可信的。事实是,李白在开元末入长安时,拜谒玉真公主,未果。《玉真仙人词》即是此事纪实:

玉真之仙人,时往太华峰。清晨鸣天鼓,飘飘腾双龙。
弄电不辍手,行云本无踪。几时入少室,王母应相逢。

太华即华山。时玉真公主去了华山,后将入少室山。故李白在开元二十九年底有颍阳之行。一方面,应元丹丘之召;另一方面,未始没有去拜谒玉真公主的意思。少室山,在河南府告成县西北50里,登封县西40里。天宝初年,元丹丘为西京大昭成观口口口口威仪,是否与玉真公主此行有关? 笔者以为极有可能。时元丹丘正住颍阳。魏颢说,李白与丹丘因持盈法师达,李白因之入翰林,其前后关系必不偶然。若云李白开元二十年左右即识玉真公主,时至天宝初才荐誉李白,其说难尽人意。现在我们知道开元二十八、九年,李白又入长安,由于贺知章的识遇,名声日大,天宝初玉真公主在长安识荐李白,就是十分自然的事了。王琦《李太白年谱》云:"想其才名炫耀,竦动一时,公主亦欲识其人而扬声于人主之前,亦理之所有者乎!"可谓精当。

开元末入长安,李白寻找知音的另一手段,是向玄宗献赋。所献之赋即是《明堂赋》。

詹锳先生《李白诗文系年》认为《明堂赋》有可能作于开元十年至二十五年之间。考赋中有关玄宗"德政"的叙述,多可与史书相印证。赋云:"帝躬乎天田,后亲于郊桑。"天田,天子之籍田。考《旧唐书·玄宗纪》:"开元二十三年正月己亥,亲耕籍田,上加至九推而止,卿已下终其亩。"知《明堂赋》不作于开元二十三年前。又按赋云:"岂比夫秦赵吴楚,争高竞奢。结阿房与丛台,建姑苏及章华。非享祀与严配,徒掩月而凌霞。由此观之,不足称也。况瑶台之巨丽,复安可以语哉? 敢扬国美,遂作辞曰……"作赋之旨在扬国美。而薄秦赵吴楚、阿房丛台等,明谓明堂不以高为胜。此意在史书上亦可得证。考《通鉴·唐纪三十》开元二十五年:"是岁,命将作大匠康𬤇素之东都毁明堂。𬤇素上言:'毁之劳人,请去上层,卑于旧九十尺,仍旧为乾元殿。'从之。"又考《旧唐书·玄宗纪》开元二十七年:"冬十月,毁东都明堂之上层,改拆下层为乾元殿。"按明堂本天子布政之宫。唐初久谋不成,到则天临朝,乃成,凡高二百九十四尺。后虽有变,但高不变。李白赋中云明堂不与阿房章华争高竞奢,显然指去明堂上层事。也即是说,《明堂赋》当作于开元二十五年后。李白开元末入长安,献此赋颂改明堂之事,以求赏识。玄宗素来对明堂有所不满,认为"有乖典制"。李白即使颂扬毁明堂上层是美政,玄宗也意不在此了。结果"北阙青云不可期",毫无反应。因此,"东山白首还归去"。开元二十九年秋,李白告别京城好友。《赠崔郎中宗之》云:

> 胡雁拂海翼,翱翔鸣素秋。
> ……………
> 长啸倚孤剑,目极心悠悠。岁晏归去来,富贵安可求?

去年秋,李白是怀着"富贵吾自取,建功及春荣"的豪迈来到长安的。而此时云"富贵安可求",对前途表示怅惘。又诗云:"仲尼七十说,历聘莫见收。"知李白开元末入长安仍然"曳裾王门",但一无所获。《经乱离后天恩流夜郎忆旧游书怀赠江夏韦太守良宰》云:

> 天地赌一掷,未能忘战争。试涉霸王略,将期轩冕荣。
> 时命乃大谬,弃之海上行。学剑翻自哂,为文竟何成?
> 剑非万人敌,文窃四海声。儿戏不足道,《五噫》出西京。

李白是怀着这样愤懑的心情出京的。在渭水桥南遇到元参军,两人结伴同访元丹丘。《题元丹丘颍阳山居》诗云:

> 仙游渡颍水,访隐同元君。

元君,即元参君。不久,李白又与元参军别元丹丘。李白有《颍阳别元丹丘之淮阳》:

> 悠悠市朝间,玉颜日缁磷。所共重山岳,所得轻埃尘。

此为李白开元末入长安时的景况,和一无所获的感叹。或云为初入或二入长安时行实,不确。诗云:

> 我有锦囊诀,可以持君身。当餐黄金药,去为紫阳宾。

紫阳,指胡紫阳。《汉东紫阳先生碑铭》云:"天宝初,威仪元丹丘,道门龙凤,厚礼致屈,传箓于嵩山。"蔡玮天宝二年撰《玉真公主受道灵坛祥应记》,称元丹丘为西京大昭成观□□□威仪。因此,元丹丘"去为紫阳宾",在嵩山受箓只能为天宝元年事。传箓后,胡紫阳应诏入京。后出京至叶县,"泊然而化"。由此,证知李白此诗作于开元末。

李白别元丹丘去淮阳,又随元参军去谯郡,两人在酁台分手。这就是李白开元末入京、出京的始末。

此次入长安,与第一次入长安一样,李白没有实现自己的抱负。但他造下了名动京师的声誉,也因此才有魏颢所说的"因盈法师达"的结果。从此,李白的生平思想进入了一个极为重要的转折阶段,这是毋庸置疑的。

(作者单位:《扬子晚报》社)

李白《为吴王谢责赴行在迟滞表》
中的"行在"考释

市川桃子　著　　张延瑞　译

李白《为吴王谢责赴行在迟滞表》中"行在"一词,其文曰:

> 臣某言,伏蒙圣恩,追赴行在。臣诚惶诚恐,顿首顿首。臣闻胡马矫首,嘶北风以踾顾,越禽归飞,恋南枝而刷羽。所以流波思其旧浦,落叶坠于本根。在物尚然,矧于臣子。臣位叨磐石,辜负明时,才阙总戎,谬当强寇。驽拙有素,天实知之。伏惟陛下重纽乾纲,再清国步,愍臣不逮,赐臣生全,归见白日,死无遗恨。然臣年过耳顺,风瘵日加,锋镝残骸,劣有馀喘。虽决力上道,而心与愿违。贵贪尺寸之程,转增犬马之恋。非有他故,以疾淹留。今大举天兵,扫除戎羯。所在邮驿,征发交驰。臣逐便水行,难于陆进。瞻望丹阙,心魂若飞。惭坠履之还收,喜遗簪之再御。不胜涕恋屏营之至,谨奉表以闻。

作此表之时,吴王祗所赴之地,窃以为当是玄宗之行在。

以往学者都认为,题中所言"行在",是指新登基的肃宗皇帝的行在灵武。这是错误的。我在下文中予以考证。

首先,对王琦的年谱的注进行考查。

"《通鉴》天宝十五载二月,以吴王祗为灵昌太守河南都知兵马使。三月拜陈留太守河南节度使。《表》所谓'才阙总戎,谬当强寇'是也。五月征吴王祗为太仆卿。《表》所谓'愍臣不逮,赐臣生全'是也。其曰'伏蒙圣恩,追赴行在',又曰'重整乾纲,再清国步',则作表之时,当在元宗幸蜀,太子即位于灵武之后矣。"①

我们先看前半部。王琦的注中说,据《资治通鉴》记载,吴王祗于天宝十五年三月被任命为河南节度使,之后,五月被征为太仆卿。《表》中有与之相对应的句子。

但是,我们知道天宝十五年三月,玄宗和太子李亨都还在长安,所以这些诏令当出自玄宗之手。当时,鲁炅的军队溃败,南阳被叛军围困。朝廷闻报,采纳张垍的计策,召回吴王祗,派虢王巨前往替任。虢王巨与岭南节度使何履光等人同时向南阳进发,叛军闻讯而逃,南阳之围得解。这位进言献策的张垍乃张说之子,深得玄宗宠爱,一年前因卷入纷争被逐出京城,但此时已经又被召回长安了。张垍献策的对象肯定是玄宗,这一点是没有疑问的。

可见,五月召回吴王祗,征为太仆卿,此乃玄宗所为,不会有误。

接下来让我们看王琦年谱的后半部分。王琦根据表中"伏蒙圣恩,追赴行在"和"重整乾纲,再清国步"之句,断言此表一定作于玄宗入蜀,太子登基之后。王琦在年谱的注的后面,还加上这样一段说明:"疑吴王是时迁道入吴。将由水路上溯上荆襄,转趋商洛,以至灵武。"说吴王祗原在河南,先行南下,再从水路北上,迁道洛阳,前往灵武。

王琦又在原文的题下注中说,"其赴行在,疑在征为太仆卿时事。"认为吴王此次奔赴行在,是为五月被征太仆卿之事。

至此,王琦的注可以整理如下:吴王祗五月被玄宗征为太仆卿,此时正赴往肃宗的行在。

让我们再看看其他的一些注疏。

郁贤皓《李白丛考》一书的《李白交游杂考·吴王李祗》篇中,引述《为吴王谢责赴行在迟滞表》的开头至"死无遗恨"为止这一部分,认为"说明时在肃宗即位以后。"但是为何从这段文字中,能够得出此表作于肃宗登基之后的结论? 对此,著者没有做进一步说明。

安旗《李白全集编年注释》(巴蜀书社　1990 年 12 月),在题下注中说,"五月,诏以为太仆卿。行在,即行在所,皇帝行幸之处。此指灵武。"

詹锳《校注汇释集评》(百花文艺出版社　1997 年),转载王琦年谱的注,认为

---

① 李白的表中为"重纽乾坤",王琦的年谱中为"重整乾坤",存在一字之差,本文遵照原文。

"此指灵武。"

瞿蜕园·朱金城《李白集校注》(上海古籍出版　1980 年 7 月)，也是转载王琦的注。

这些观点存在如下疑问。

詹锳《校注汇释集评》对"愍臣不逮"的解释是，"此句云己本不堪任总戎之任。"对其下文中"归见白日"的解释是，"白日，指皇帝，这里指的是肃宗。"这两句的解释合起来就是"感谢肃宗免去总戎之职，召赴行在。"那就明显地把五月玄宗颁发"征为太仆卿"的诏令，误当成肃宗的诏令了。假设李白在作表之时，认为不管是玄宗的诏令还是肃宗的诏令，皆为天子之令，没有什么不一样，故将五月玄宗颁发"征为太仆卿"的诏令，当做如同肃宗颁发的诏令一样来写。如果詹锳是这样理解的话，那么此处的解释倒也说得通。但是，如此一来，李白随后参加永王璘的军队就令人费解了。难道，李白在那么短的时期内，心情竟会如此不同吗？如果是那样倒是很有趣，可以好好考查一番。然而，事实并非如此。

笔者认为，吴王祗所赴的应该是玄宗的行在。理由如下。

第一，这个时期所指的行在，不能断言即为肃宗的行在灵武。所谓行在，是指天子行幸之际的临时住所。从以下的记载可知，只要不是皇帝长久居住的地方，皆可称行在。

《汉书·武帝纪》："举独行之君子，征诣行在所。"如淳曰"蔡雍云天子以天下为家，自谓所居为行在所。言今虽在京师，行所在至耳。"师古曰"此说非也。天子或在京师，或出巡狩，不可予定，故言行在所耳。不得亦谓京师为行在也。"

从"行在"一词的定义来看，当天子离开朝廷之时，如果没有另外安排一个人代理皇帝的职务，那么这段时间天子居住的地方就称行在。诏令由天子颁发。让我们从《旧唐书》卷九《玄宗纪》、卷十《肃宗纪》，以及《资治通鉴》，来看看那一时期的情况。

天宝十五载六月甲午(12 日)，玄宗决定行幸蜀郡，翌日晨从延秋门出发，其时，太子同行。

丁酉(15 日)，玄宗一行准备离开马嵬坡时，受到父老和士兵的阻拦。玄宗与太子在此处分别。其后，玄宗经扶风、陈仓、散关等地，于七月甲子(12 日)到达普安县，庚辰(28 日)到达蜀郡。

其间,太子于七月辛酉(9日)到达灵武,甲子(12日)登基。但是,肃宗登基之事,玄宗却是到了八月癸巳(12日),才从灵武来的使者那儿得知。丁酉(16日)玄宗称上皇,改"诏"为"诰"。①

也就是说,玄宗自长安出发之后,一直保持着天子的身份。在前往蜀郡途中,曾数度授官与人。在七月肃宗登基之前,玄宗的居所即行在,诏令也从那里发出。事实上,《资治通鉴》中就有这样的记载:说是玄宗封王思礼为河西陇右节度使。王思礼在赴任途中,听到河西诸胡叛乱的消息,于六月丙午"还诣行在(返回行在)"。此处记事中就使用了"行在"一词。

更何况,七月肃宗登基之后,玄宗开始并不知情,在八月灵武使者到达之前,仍以天子自居。连玄宗都是在一个月后才知道肃宗登基的消息,在如此混乱的局势下,当时很多人在相当长一段时期内都认为玄宗所在地即行在,也是可以想像得到的。

从以上分析可见,此《表》题中的"行在"难以断言就是灵武,"行在"也很可能是指玄宗所在之地。

第二,从五月至八月,玄宗确实颁发了很多诏令,任命了不少官员。特别值得关注的是,在七月十二日肃宗登基以后,玄宗还颁发了诏书。请看下文。

"七月丁卯,诏以皇太子讳充天下兵马元帅……。"(《旧唐书·玄宗纪》)

"丁卯,上皇制,以太子亨充天下兵马使……,其诸路本节度使虢王巨等,并依前充使。"(《资治通鉴》唐纪三四)

"八月癸未朔,御蜀都府衙,宣诏曰:'朕以薄德,嗣守神器……仍令太子诸王蒐兵重镇,诛夷凶丑,以谢昊穹……。'"(《旧唐书·玄宗纪》)

这些诏令都是玄宗在得知肃宗登基消息前颁发的。这里虽然没有吴王祗的名字,但是,因为虢王巨在五月已替任吴王祗的河南节度使之职,此时在诏令中却得到再度任命。再一个是八月癸未的诏令,特别提到"太子诸王"的内容。由这两点不难推测,吴王祗在这一时期很可能也收到了与先前内容相同的诏令。

另一方面,当时肃宗登基的行在灵武,随从人员极少,配置不完善,况且尚未得

---

① 《旧唐书·玄宗纪》中为"八月癸未朔",《资治通鉴》唐纪三四中为"八月壬午朔"。通过对胡注的考证,今从《资治通鉴》之说。

到玄宗认可,所以肃宗颁发诏书号令天下,较之玄宗来说要困难得多。

《资治通鉴》唐纪三四,"时塞上精兵,皆选入讨贼,惟馀老弱。守边文武官,不满三十人。披草莱,立朝廷,制度草创,武人骄慢。"

第三,如果《表》题中的"行在"是指玄宗的行在,那么此《表》的内容就容易解读了。吴王祗三月被玄宗任命为陈留太守河南节度使,"才阙总戎,谬当强寇"之句说的是此事。五月,玄宗颁诏,征吴王祗为太仆卿,"愍臣不逮,赐臣生全"之句说的是此事。接到诏令后,吴王祗因受战乱所阻未能及时赶到玄宗身边,之后又接到玄宗的第二道诏令,"伏蒙圣恩,追赴行在"之句说的是此事。

"伏惟陛下重纽乾纲"之句,是吴王祗期望长期以来执掌政权的玄宗,能够平定安史之乱,重新执政。

"胡马矫首,嘶北风以踟顾,越禽归飞,恋南枝而刷羽。所以流波思其旧浦,落叶坠于本根"的比喻,以及下文"惭坠履之还收,喜遗簪之再御"的比喻,应该是指吴王祗与长期位居天子至尊的玄宗之间的关系,这样比较容易理解。

如果按照以往说法,《表》题中的行在指灵武,而且吴王祗在接到征其为太仆卿的诏令后,奔赴灵武。那么就会存在这样的疑问:为何吴王接到玄宗的诏令,却奔赴肃宗所在地灵武?这其中原委,李白在《表》中为何没有明确讲述?

第四,如果从河南往蜀郡玄宗的行在而去,途中也能遇上此时在宣城一带的李白。吴王祗不管是赴灵武,还是赴蜀郡,都会经过那个地区。关于这一点不存在矛盾。

关于当时的交通状况,可以参考以下两个资料。

《资治通鉴·唐肃宗至德元载》:七月,"其始,自京畿、鄜坊,至于岐、陇,皆附之。至是西门之外,率为敌垒,贼兵力所及者,南不出武关,北不过云阳,西不过武功。"胡注"武功县汉晋属扶风,隋唐属京兆。"

同上,"江淮奏,请贡献之蜀之灵武者,皆自襄阳,取上津路抵扶风。道路无壅,皆薛景仙之功也。"胡注"上津,汉中长利县地,梁置南洛州,后魏改曰上州,隋废州为上津县,唐属商州。"

杜甫《塞芦子》诗:"思明割怀卫,秀岩西未已……延州秦北户,关防犹可倚。焉得一万人,疾驱塞芦子。岐有薛大夫,旁制山贼起。近闻昆戎徒,为退三百里。"

从以上资料可知,长安东面,洛阳一带被叛军占领,但西、北、南不在叛军势力范围之内。因此,从南面经襄阳北上可达灵武。吴王祗从河南府脱身之后,不是直接往西,而是先从运河下扬州,再从长江溯流而上,途经南京、庐山侧麓一带。沿长江一直往西可到成都,若途中转道北上可达灵武。所以就这一点而言,两种说法都能成立,途中都有可能遇到李白。

综合以上四点所述,我们可以判断此时吴王祗所赴之地乃玄宗的行在。此《表》所作时间,或在肃宗登基之前,或在登基之后。但有一点可以肯定,吴王祗和李白当时都尚未得知肃宗登基之事。

我们还可以展开进一步的想像。吴王祗接到玄宗诏令,奔赴玄宗的行在。李白在送别了吴王祗之后,遇到了南下的永王璘的军队。李白便以为永王璘军队是奉天子之命,来镇压江南叛军的正规官军。

李白何时获知肃宗登基的消息,我们不得而知。抑或李白是在获知肃宗登基之事以后,才参加了永王璘的军队也未可知。但是即便如此,李白还是像大多数人一样,因为长期接受的是玄宗的统治,所以心里总觉得永王璘的军队受命于玄宗,就是正规官军。而且,此前送别的吴王祗奔赴的正是玄宗的行在,则促使李白的这种信念变得更加坚定了。

(作者单位:日本明海大学中文科)

《梦游天姥吟留别》诗旨新解

竺岳兵

李白在被唐玄宗"赐金还山"后的第三年,即天宝五载(746)时写的《梦游天姥吟留别》(一作《别东鲁诸公》,以下简称《天姥吟》),是李白最重要的作品之一。但对于这首诗的诗旨,至今说法纷纭,莫衷一是。概括起来大体有四种:第一种是"世事虚幻"说,如明唐汝询"托言寄梦,以见世事皆虚幻也"①;第二种是"光明象征"说,认为梦中仙境是光明的象征,是诗人追求的理想境界。这种说法在新中国成立以来特别地多;第三种是"神仙世界"说:"诗中表现对神仙世界的热烈向往与追求"②;第四种是"回首宫殿"说:"太白被放以后,回首蓬莱宫殿,有若梦游,故借天姥以寄意"③。

我认为上述第一、二、三种说法,是不合诗旨的。第四种说法有部分可取,但它把天姥山说成是象征朝廷,把诗从开始到梦游全过程都说成是对供奉翰林期间的回忆,则是错的。细察全诗,我认为李白在朝遭到权贵群小谗谤后,自感与谢灵运有着类似的人生遭际和追求,而借天姥山以自比,与谢公意气相接而梦。梦游过程的前半部分是寻谢公芳踪,后半部分是对宫廷生活的回忆。挣脱樊笼,争取自由,是这首诗的诗旨。为了叙述方便,兹将全诗抄录如下:

---

① "世事虚幻"说者,以古人为多。除明唐汝询外,见清蘅塘退士《唐诗三百首》卷二、方东树《昭昧詹言》卷十二。
② 复旦大学古典文学教研组《李白诗选》,第92页。
③ 清陈沆《诗比兴笺》;安旗《李诗咀华》,第165—169页。

　　海客谈瀛洲,烟涛微茫信难求。越人语天姥,云霞明灭或可睹。天姥连天向天横,势拔五岳掩赤城。天台四万八千丈,对此欲倒东南倾。我欲因之梦吴越,一夜飞度镜湖月。湖月照我影,送我至剡溪。谢公宿处今尚在,渌水荡漾清猿啼。脚著谢公屐,身登青云梯。半壁见海日,空中闻天鸡。千岩万转路不定,迷花倚石忽已暝。熊咆龙吟殷岩泉,栗深林兮惊层巅。云青青兮欲雨,水澹澹兮生烟。列缺霹雳,丘峦崩摧。洞天石扉,訇然中开。青冥浩荡不见底,日月照耀金银台。霓为衣兮风为马,云之君兮纷纷而来下。虎鼓瑟兮鸾回车,仙之人兮列如麻。忽魂悸以魄动,恍惊起而长嗟。惟觉时之枕席,失向来之烟霞。世间行乐亦如此,古来万事东流水。别君去兮何时还?且放白鹿青崖间,须行即骑访名山。安能摧眉折腰事权贵?使我不得开心颜![①]

　　全诗层次十分清楚,共分为三部分。第一部分从"海客谈瀛洲"到"对此欲倒东南倾",写梦游的起因;第二部分自"我欲因之梦吴越"到"失向来之烟霞",写梦游过程;"世间行乐亦如此"以下为第三部分,写梦游的感慨。

　　过去各家对此诗诗旨,说法虽然不同,但切入的角度却是共同的,这就是都把第二部分梦游过程作为理解本诗的关键,又以第三部分梦破以后之感慨,返顾梦中之事为寓意。而梦中之事恍忽迷离,神奇玄奥,难觅确指,这就出现了智者见智,仁者见仁的现象。由此又都把第一部分"天姥连天向天横"这句诗,片面理解成山极其高峻而忽略了对"横"的研究。"世事虚幻"说、"光明象征"说、"神仙世界"说者,说它高耸入云有仙国景象;"回首宫殿"说者则云其高峻,且一句连用三个"天"字,可知是象征朝廷。以致各说互相攻伐,迄无定论。今天我们试换一个角度观察,即李白为何选取天姥山作为全诗立意的景物的角度,来求索诗旨。更具体地说,就是把诗的第一部分作为理解这首诗的关键,把"天姥连天向天横"这句诗作为中心句加以细细研究,也许我们就找到了打开这座神奇而又玄奥的迷宫的钥匙。

　　首先,从字面上说,"天姥连天向天横"这句诗,主要的不是说天姥山高耸入云,好像与天连着的意思,而是横亘的山势,由此端望彼端,好像天接远山,山连遥天那样,苍茫无际的意思。譬如王维"白草连天野火烧"(《出塞作》)、白居易"绕田无垠

---

① 　根据安旗主编《李白全集编年注释》本。

草连天"（《李白墓》）之句，是说野草无涯无际地广阔，不是说草长到了天。又譬如李白《黄鹤楼送孟浩然之广陵》"孤帆远影碧空尽，惟见长江天际流"诗句，描写的是诗人登楼遥望，直到友人的船儿远去、消失，只见水天连接，了无际涯的情景，而不是说水从天上流下来。由此可见，"连天"主要是形容横亘的山势，不是形容山之孤高峻拔。以上是拿天与天姥山作横向的对比。以下三句，诗人换了一个角度，拿其他高山与天姥山横的气势作竖向比较，说它的气势超拔五岳，盖过赤城，就连位于它附近的比它高得多的天台山。对此也会倾倒折服！

　　当然，天姥山又名天姥岑①。"岑"者，"山小而高曰岑"②，譬如江西庐山，亦称庐山岑。同时，"连天横"的本意亦有高意在，但诗人在这里通过上述横竖比较，意在夸饰、渲染天姥山连天横亘、不可阻挡的气势，这是很清楚的。

　　我在这里讨论的，并不单是天姥山的审美特色是横，还是高的问题，而是想进一步探求"向天横"的寓意。因为诗的第二部分首句（"我欲因之梦吴越"）说得明白：梦是因天姥山而起的。如众所知，天下名山很多，诗人为何选取以横为特色的天姥山作为诗的题材？天下以横为特色的山何止一座，为何必以天姥山作为立意的题材呢？可见这里必有更为重要的因素在起作用。用日本学者松浦友久先生的话说，就是题材的特性（属性）在起作用。他说："某一特定的山河湖泊，成为诗歌题材的时候，它恐怕不是随意地、无原则地变成题材的。其中，山河具有的风光土地方面的、历史方面的、文学方面的特性（属性）在题材化上，作为重要的一点发挥着作用。"③他是在考证李白《登金陵凤凰台》中"一水中分白鹭洲"之"白鹭洲"，究竟是在秦淮河，还是在流经金陵的长江中心，提出有关唐诗读解的一系列题材论观点时，说上述这番话的。这对于我们现在要讨论的问题，也有着非常重要的意义。就是说，因为天姥山"横"的特色和与此相应的文化底蕴，与诗人创作动机、诗歌立意相契合，才理所当然地成为李白这首诗的题材。据此，我们来分析一下天姥山以横为特色的文化内涵。

　　天姥山的文化内涵是非常丰富的。这一带有许多志怪传说，还有诸多晋宋名

---

① 谢灵运：《登临海峤》："明登天姥岑。"
② 《尔雅·释山第十一》。
③ （日）松浦友久著《唐诗语汇意象论》，第 184 页。

流芳躅遗踪。单以谢氏世族来说,有谢安、谢安之兄谢奕、弟谢万、从子谢朗、从女谢道蕴等人,均长期栖止于天姥山下剡溪岸边。谢灵运的祖父谢玄、父涣,卒葬于剡中。他们当中有许多都是李白屡屡称道的人,但与本诗关系最为密切的则是谢灵运。谢因朝廷"不相实许"而"称疾去朝",在剡溪岸边修营"始宁别墅"和石门故居。"常自始宁南山,伐木开径",经天姥"直至临海",写有"暝投剡中宿,明登天姥岑"诗句。李白十分景慕谢灵运,常以谢自比。如"远公爱康乐,为我开天关"(《同族侄评事黯游昌禅师山池二首》),"置酒送惠连,吾家称白眉"(《泾川送族弟錞》),"兴与谢公合,文因周子同"(《与周刚清溪玉镜坛宴别》),都是自比谢灵运。他有时也把友人比作谢康乐:"闻道稽山去,偏宜谢客才"(《送友人寻越中山水》),"且从康乐游"(《与谢良辅游泾川陵岩寺》),甚至穿上了友人送给他的绣有山水图案的五云裘,也油然想到了谢公:"顿惊谢康乐,诗兴生我衣。襟前林壑敛暝色,袖上云霞收夕霏"(《酬殷佐明见赠五云裘歌》)。在《天姥吟》中,诗人一入梦最关心的便是谢的石门故居。在《天姥吟》诗作后,诗人来到剡中,又常以谢自比:"楚臣伤江枫,谢客拾海月"(《同友人舟行》),"我乘素舸同康乐,朗咏清川飞夜霜"(《劳劳亭歌》)等等。其景慕之情,可谓弥襟。

景慕者与被景慕者,必有许多相似之处。概而言之,谢与李有以下几点相似:一个"自谓才能宜参权要",一个自谓有"申管晏之谈,谋帝王之术",此是其一;一个"吐言天拔,出于自然",一个"或吐为长虹,而聚为华星",此是其二;一个"为性偏激,多衍礼度","倔强于新朝",一个"戏万乘如僚友,视俦列为草芥"、"目无开元天子",此是相似之三;一个虽名动京师,被文帝称为诗书二宝,但"朝廷唯以文义处之,不以应实相许"而自叹"工拙各有宜,终以返林巢",几次被排挤出京,考卜东山,一个亦名动京师,玄宗为他调羹,将军为他脱靴,但朝廷也把他看作文学弄臣,而自叹"本是疏散人,……林壑忆游眺",被迫自请还山,此是相似之四。

这种种相似凝集到一点,是气质上的相似。论者在说到他们两人的悲剧时,往往说他们"生不逢时"、"时背运停"。然而,若对以荣宦为意的常人来说,则谢公"武帝义帝两朝遇之甚厚,内而卿监,外而二千石"(宋葛立方《韵语阳秋》卷八)。太白"明皇重其名,召见如绮里"亦不为不逢矣!但正如唐魏颢《李翰林集序》所云:"禄位拘常人,横海鲲,负天鹏,岂能笼荣之!"他们追求的不是利禄,而是自己的理想和抱负。他们不满的,不是刘宋或李唐的政权,而是刘宋或李唐政权黑暗势力对他们人生价值的贬低。因此,当受到谗毁、调弄、排挤的时候,便一个"欲抑一生欢,并奔千里游",一个"乍向草中耿介死,不求黄金笼下生"。轻视权贵的气魄就昂扬起来。这使人想起太白在《大鹏赋》里说的两句话:"不矜大而暴烈,每顺时而行藏。"就是说,"横被六合"的大鹏,并不自以为大,只是依照"用之则行,舍之则藏"(《论语·述而》)的准则行事而已。当它被舍弃的时候,它就奋翅纵横,"怒无所搏,雄无所争",视三山五岳似"屑屑米粒"(裴敬:《翰林学士李公墓碑》),何足道哉!

大鹏的气势,就是"横"的气势。充溢莫能当者的气势。用横来修饰、形容的例子,在古典文学中是很多的。譬如陆游《冬暖》"老夫壮气横九州"就是一例。又如谢灵运《入道至人赋》说:"荒聪明以削智……横四海于寸心"。意思是:当被抑而不用时,就以大智若愚的态度,不去计较利害得失,而把横溢四海的气概,藏于自己的胸中。明高棅《唐诗品汇》说李白《天姥吟》善于"驱驾气势"。而李文叔以项羽用兵,横行沙场,世莫能当者为比,说"李白之于诗,亦皆横者"(《转引自张邦基《墨庄漫录》)。这些都是以"横"修饰气势的例子。这种气势,往往是在受抑制时得到最充分的发挥。如白居易"壮士郁不用,须有所泄处"(《白氏长庆集》卷七),说谢的诗文是"郁不用"的产物,亦即是天姥山以"横"为特色的文化底蕴。李白当被抑身不用、排挤出京的时候,他需要一种类似大鹏那样压倒一切的形象,来支撑他那颗高昂的头颅。于是一个势拔五岳诸山的天姥山形象,和一个"倔强于朝廷"的谢灵运形象便结合在一起,浮现在他的心中,喷泻于他的笔端。这就是诗人夸饰、渲染天姥山连天横亘气势的寓意所在。

由此观之,诗人选取天姥山作为诗的立意题材是当然的事。不然,倘按人们说的那样,诗人夸饰的是天姥山高耸入云,那么以高为特色的泰山,曾被李白比喻人的气节。如"谁道泰山高,下却鲁连节"(《别鲁颂》),说鲁仲连的气节比泰山还高。但泰山陡立海隅的特色与鲁仲连功成不受赏、蹈东海而终的经历,对于壮志未酬而愤懑离京的李白来说,显然大相径庭而不能构成梦游的立意对象。

明白了梦的起因以后,也就容易打开梦之迷宫了。从梦的意境上分析,在"欲雨"、"生烟"这两句诗前和这两句诗后,是迥然不同的。也就是说,梦有前梦与后梦之分。前梦记寻找谢灵运芳躅过程,后梦是对供奉内廷经历的回顾。这里先说前梦:

第一，在梦的时间上，显然是模仿谢公《登临海峤初发疆中作与从弟惠连可见羊祜共和之诗》"暝投剡中宿，明登天姥岑"而安排的。谢公夜宿剡中，次日游山，时间是一夜一天。李白"一夜飞度"，说明梦游从晚上开始，到"谢公宿处"，就似"暝投剡中宿"了。后来听到"清猿啼"时，是东方欲晓的时分。谢公有诗句云："朝发悲猿"，意思是在猿啼声声的早晨出发。李白从这个时候，穿上谢公屐，开始登天姥山，也就是"明登天姥岑"了。到天色忽暝，用的时间正好也是一夜零一天。与谢公的两句诗，竟似出同一机杼。

第二，李白在登山途中以及登上山巅时看到听到的，与谢公《山居赋》所描绘的剡中景象大同小异。《山居赋》描绘的景物，是以石门一带为中心，广及东南西北各山。远山的景象是"山下则熊罴豺虎……掷飞枝于穷崖……蹲谷底而长啸，攀木杪而哀鸣"，熊罴豺虎在山谷攀援树木而吼啸哀鸣，折断了树枝顺穷崖飞下来。《天姥吟》："熊咆龙吟殷岩泉，栗深林兮惊层巅。"说的是在山巅上，听到山下熊咆龙吟和群兽攀裂树枝的声音，使山巅也为之震动。这样，在景物的描写上《天姥吟》受《山居赋》影响之深，已可见一斑。

第三，值得特别注意的是：李白还在供奉翰林中期，就有拂石天姥、继踵谢迹之意。他在《翰林读书言怀呈集贤诸学士》里写的"观书散遗帙，探古穷至妙。片言苟会心，掩卷忽而笑"这几句诗，与谢灵运《山居赋》"谢子卧疾山顶（按即石门）览古人遗书，与其意合，悠然而笑"联系起来读，就会发现，与李白"会心"的，正是谢公。同诗尾联"严光桐庐溪，谢客临海峤"和《天姥吟》诗接着出现的"谢公宿处"、"谢公屐"、"青云梯"等句，均可以为证。由此说明，前梦乃寻谢公，是无可疑的。

第四，梦游从"一夜飞度"到"迷花倚石"，写的是一路上看到的山水风光。接着天色突然暝暗，什么也看不见了，只能在听觉中辨别熊咆龙吟和树枝被折断的声音了，却忽又能看到"云青青兮欲雨，水澹澹兮生烟"。这说明什么呢？说明这种烟雨相接的景象，正符合梦与梦交替之间模糊错乱的生理现象。就是说，前梦到此结束，后一个梦正在徐徐拉开的帷幕中展现。

以上说明：前梦是记述寻找谢踪的一个完整的梦。

这里顺便解决一下本诗第一部分"越人语天姥"之"越人"是谁的问题。过去不解其由，都把他说成是从越州到山东来的人。现在我们可以认为此"越人"就是谢灵运。按谢生于会稽，在剡中石门故居写有许多首诗，其主题是叹息美妙的景物，无知音共赏。如《登石门最高顶》:"惜无同怀客,共登青云梯。"《石门岩上宿诗》:"美人竟不来,阳阿徒晞发。"《石门新营所住四面高山回溪》在叙述幽居云卧之乐后曰:"匪为众人说,冀与智者论",希望有知音者来同赏美景共叙衷曲。又有"暝投剡中宿,明登天姥岑。高高入云霓,还期那可寻"诗句,意思是永绝仕林而穷山海之游。三百多年后的李白,自感生平遭际与谢类同,故今昔一接,灵犀相通,在翰林任上,与谢神交符契,后毅然辞京,因梦天姥,寻找知己谢公。本诗第三部分:"别君去兮何时还? 且放白鹿青崖间,须行即骑访名山"三句,意与谢公诗"高高入云霓,还期那可寻"同。前者说此一去后,是否再归来很难说了。后者对归期作了骑白鹿访名山的侧面回答,但意思同样是还期难寻。且两者指向明确,均是天姥。"片言苟会心"之"言",即"越人语天姥"之"语"。"云霞明灭或可睹"即"高高入云霓"之云霓。其所云"越人"即谢公,可说是了然无碍的了。

从"列缺霹雳"开始到"仙之人兮列如麻"止,为后一个梦。这后一个梦,才是对入侍翰林经历的回忆。按李白在许多诗里直言不讳地说过,供奉翰林是一场梦。如"一官即梦寐"(《对雪奉乌饯任城六父秩满归京》);"即事已如梦,后来谁我身"(《长绳难系日》);"鲁客向西笑,君门若梦中"(《鲁中送二从第赴举之西京》);"长安如梦里"(《送陆判官往琵琶峡》);"银台金阙如梦中,秦皇汉武空相待"(《登高丘而望远海》)等。《天姥吟》即是记梦之作,焉能不言及平生愤懑之事? 何况诗尾明确指向权贵,而通篇没有明举"摧眉折腰事权贵"的事实。可见他必借梦境闪幻而寄慨。

但问题在于:过去各家都不注意对"仙之人兮列如麻"这句诗的研究。即使"回首宫殿"说者,也对此置之不论,以致其说得不到有力的支持。其实,它是读懂这段诗的重点句,是诗人精心结撰之处。为了说清楚这一点,我们先来分析这段诗的节奏结构:"欲雨""生烟"两句,用了骚体的"兮",给人有帷幕徐徐拉开的舒缓感觉。接着连用四个短促的四字句,其中第一句"列缺霹雳"还连用四个仄声字,更增强了短促、急迫之感。紧接着用了两个七字句,顿使急迫感消散,让读者用舒缓的心情来欣赏即将出现的"仙境"。接下去四句诗,每句都用"兮"字,字数也比上句增加了,"云之君兮纷纷而来下"一句,连用"之"、"兮"、"而"三个虚词,更趋向从容舒缓。这就组成了"缓——急——缓——轻缓"的节奏结构。

分析这个节奏结构的目的,是要说明:倘若"仙之人兮列如麻"句,没有别的寓意的话，那么，梦应该是在突如其来的雷电交加声中，节奏急迫时，就惊破了，怎么反在轻缓的节奏中惊得"魂悸"、"魄动"呢？

再从诗句来看也如此。我们知道，他在奉诏入京前夕作的《游泰山六首》，写仙境呈现与《天姥吟》是极为相似的："洞门闭石扇，地底兴云雷，登高望蓬瀛，想象金银台。天门一长啸，万里清风来。玉女四五人，飘飘下九垓。"但仙人出现以后，诗人对待仙人的态度，竟判若两人，《游泰山》见到仙人在他面前时，他是"稽首再拜之，自愧非仙才"。而在《天姥吟》里，当飘飘而下的仙人排列在他面前的时候，竟吓得魂飞魄散，其原因何在？

通过上面的分析可以这样认为：由诗人对待所谓的"仙人"的两种截然不同的态度可知，《天姥吟》所云的"仙之人"不是天上的"仙人"，而是地上的人，他的梦不是在雷轰电击中惊醒，而是在"仙之人"出现后惊破，联系梦醒后的感慨和诗尾"权贵"两句诗，这地上的人，应是王公贵人、奸佞权臣和许多令李白反感的人，当然还有那位信谗而疏远冷落他的皇帝。

烛破"仙之人兮"句后，便可知此句以上的 12 句，都是他对供奉翰林时期的回忆。这 12 句诗，都可在他侍奉内廷时期所作的诗中找到出处。例如：

自言管葛竟谁许？长吁莫错还闭关。一朝君王垂拂拭，剖心输丹雪胸臆。忽蒙白日回景光，直上青云生羽翼。幸陪鸾辇出鸿都，身骑飞龙天马驹。（《驾去温泉宫后赠杨山人》）

羽林十二将，罗列应星文。霜仗悬秋月，霓旌卷夜云。严更千户肃，清乐九天闻。（《侍从游宿温泉宫作》）

三千双蛾献歌笑，挝钟考鼓宫殿倾。……三十六帝欲相迎，仙人飘翩下云。（《春日行》）

举足踏紫微，天关自开张。老胡感至德，东来进仙倡。（注：张衡《西京赋》："总会仙倡，戏豹舞罴。白虎鼓瑟，苍龙吹箎。"）（《上云乐》）

朝入天苑中，谒帝蓬莱宫。……谬题金闺籍，得与银台通。（《效古二首》）

从比较中可知，上列 5 首诗，是把人境比作仙境；《天姥吟》的几句诗，是把仙境比作人境。譬如：奉诏前，仕途不通，就是"还闭关"。而"一旦君王垂拂拭"，"洞天石扇"就"訇然中开"了。"日月照耀金银台"的"日月",指的是大明宫。李白有"霜凋逐臣发,日忆明月宫"可证。"金银台"的"银台",就是"得与银台通"的银台。银台即翰林院,在大明宫内金銮殿侧,故得言银台受日月照耀,亦即是"忽蒙白日回景光"了。根据 1957 年后的考古发掘,唐大明宫城周围边长有 7628 米,顺山坡而建。从丹凤门入口处向内望,犹如通向天上。所以李白有诗云:"长安宫阙九天上"(《单父东楼秋夜送族弟沈之秦》)。而从金銮殿向丹凤门望云,则似"青冥浩荡不见底"了。以上是对奉诏入京,受到帝王优宠时期的回忆。接着以"霓为衣兮"句为转折,明写仙人之出现,暗是翰林后期生活的写照。它完整地记述了这一段使他常常为之扼腕的经历。

如上所述,梦是因见到"仙之人"而惊破的,其受惊的程度达到魂悸魄动。现在要问,是什么原因使他惊吓到如此程度呢? 这与他辞京时的险情有关。

从李白在谗言初起时,尚敢把心底话写在《翰林读书言怀呈集贤诸学士》里,送给同事们看,说明同情他的人是很多的。但到后来送别友人裴图南时,只好"临当上马时,我独与君言"(《送裴十八图南归嵩山》),心里话要在没有第三者在场时说了。其时的险情,已如有一柄随时会掉下来的达摩克利斯之剑,悬在他的头上那样。这其中,应是李林甫在起作用。关于这一点,笔者将在另文中予以讨论,这里只想说明前梦与后梦的内在联系。我们知道,谢灵运虽知酷祸将临而仍徘徊去就,"涕泣非徐广,隐遁非陶潜"。待到自悔"恨我君子志,不获岩下泯"(《临终诗》)时,脑袋就被人家割落在广州街上了。既然太白自感身世与谢类同而梦访谢踪,则当他站在天姥山之巅,仰看天空中呈现的"仙境"和可怖的"仙人"时,必然会把谢公的悲剧与自身的遭遇联系起来而"魂悸魄动"。这就是贯穿前梦与后梦的一条主线。

上面说的虽是关于李白被逐的原因,为梦被惊破和前后梦的联系作了解释,但同时也为本诗的第三部分作了背景性的说明。

本文前面说过,迄今的四种说法,都是以梦后之感慨去反测梦中之意的。现在,明白了李白早在供奉翰林中期,就与谢公兴会;《天姥吟》因谢公之语而梦游天姥;又因谢公终遭酷祸而触及自身、梦破长嗟后,理解"世间行乐亦如此,古来万事东流水"和"安能摧眉折腰事权贵,使我不得开心颜"这几句诗,就容易了。

先说"行乐"之"乐"的含义。什么叫做乐? 各人的审美趣味和各人的人生观不同,其答案也各不同。有的人视荣华富贵为乐而苟且于上,而谢灵运则云:"人生谁云乐？贵不屈所志。"(《游岭门山诗》)当外力欲屈其志时，他就"欲抑一生欢，并奔千里游"(《登临海峤》)，以保持志气与节操为乐。李白所说的乐，是人格得以尊重，否则，"钟鼓不为乐"(《赠任城卢主簿潜》)，在音乐伴奏下喝酒也不快乐；是抱负得以实现，否则，"虽有匡济心，终为乐祸人"(《避地司空原言怀》)；是自由自在，在秋月空山中，一边听着琴声，一边饮酒，就非常快乐了，何必去追求官印争富贵呢！(《夜泛洞庭寻裴侍御清酌》)当得不到这一切时，他就"且放白鹿青崖间，须行即骑访名山"，去寻找属于他的快乐，以励节亢高。他借汉武帝批评玄宗之乐为"淫乐"，如《古风·周穆八荒意》："淫乐心不极"；《上之回》："淫乐意何极"？《古风(天津三月时)》诗，历叙权贵荣华、豪奢之乐，说这种乐无非瞬息烟云，是不可取的。在对待"乐"的态度上，谢、李也是相似的。当然，他也在一些诗中，夸耀过受到明皇恩宠的快乐。但这是在对明皇抱有幻想，以为从此可以一展宏图时的快乐。后来他说过"谬登圣主殿"(《送杨燕之东鲁》)的话。因此，他对乐的看法是颇为清楚的。也就是说"世间行乐亦如此"之"乐"，是指在朝得意时之"乐"，不是指人世间的一切赏心乐事。不然，何有"访名山"之乐呢？诗紧接着"古来万事东流水"句，字面上明白如火，说万事如水，去而不返，但诗承上句之感慨而发，其本意亦指上句"行乐"之"乐"，认为这一切终将成为过去，生前事既不必执著于利害得失，身后事也不必悲叹挂怀。不如骑白鹿访名山来得逍遥自在。感情抒发至此，于是便有"安能摧眉折腰事权贵，使我不得开心颜"这两句令人振聋发聩的诗句，喷薄而出，结出了他要像大鹏横扫八极那样自由的诗旨。如果说谢因造"虚声为罪"(《宋书·谢灵运传》)而死于非命的话，那么，李白有鉴于此，在这里下的是一道与黑暗朝廷决裂的宣言书。

至此，回头看"天姥连天"这四句诗，其指归益觉豁然。我们知道，天姥山小于天台山，但它竟能使天台山折服，还能超拔为历代帝王祭祀、被唐玄宗封为王的五岳，这显然是以天姥山之势自喻而以超拔五岳诸山比凌驾权贵的。由此可知，诗以天姥横眉五岳诸山起兴，借梦中谢公之事，一吐供奉翰林时之愤懑，言自己不可屈服之志。全诗血肉相连，一气呵成，诗人的形象与性格得到了鲜明完整的体现。

综上所述，李白选取天姥山作为诗的题材的原因，在于天姥山横空的气势和与此相应的不可替代的文化内涵，与他的诗思相契；梦的前半部分不是什么仙国景象,也不是宫廷写照,而是寻觅知己者谢公。后半部分为回首翰林往事,但不是所谓"恍若梦游",更不是所谓"光明象征",而是记述为豪门所抑之经过。不肯屈事权贵,挣脱黄金樊笼,洁身自好,争取自由,是《天姥吟》的旨意。

（作者单位:浙东唐诗之路研究开发社）

《四库全书总目》中的李杜著录研究

倪培翔

乾隆三十七年(1772)正月,清高宗弘历下诏广征天下典籍、纂修《四库全书》;次年,设立四库全书馆,决定同时编撰《四库全书总目》①。十年之后,《四库全书》前四份陆续抄成;《总目》也完成初稿,并于乾隆五十四年(1789)由武英殿刻板。

《四库全书》本身的编纂,体现了封建统治者消弭民族民主思想、维护纲常礼教以达到束缚人心、禁锢文化的宗旨,因此其编修过程被形容为是对天下典籍的大清洗,多少年来倍遭诟病。倒是作为副产品出现的《总目》,却在"钦定"了的书目夹缝里,以提要的形式淋漓尽致地发挥了乾嘉朴学的全般解数,使之成为综汇历代目录学之长而集大成的文献学专著,得到了较多的褒誉。《总目》在乾隆六十年(1795)由浙江官府翻刻——随着乾隆的退位和七部《四库全书》的束之高阁——而风行天下,并对此后中国传统学术的整理、研究产生了深远影响。

对《总目》的研究,作为总结传统文化的一个新角度,是今天学术研究的热点。本文就其中有关李白、杜甫专书的著录和相关的论述文字进行研究,其目的与可能性的价值表现在两个方面:一是以个案的方式较为深入地探讨《总目》的学术特点,以期通过实证的方式印证今日《总目》研究的得失;一是对可以代表清代李白、杜甫研究高水准的《总目》著录进行较为细致的挖掘,有所裨益于今日李杜研究学术史的展开。

---

① 本文所据《四库全书总目》版本为中华书局 1965. 6. 影印浙江杭州本(乾隆六十年,1795.),以下简称《总目》。

一、《总目》中的李杜著录

《总目》中李白、杜甫的著录，表现为对李杜的专门著录和散见著录两种形式。专门性的著录又有李杜文集和李杜研究两种内容。

在李杜文集类中，著录了李杜全集式的白文本、注本，和选集式的注本共27种。其中李白的文集版本有5种：

《李太白集》30卷（李白撰，宋·宋敏求编类、曾巩考次，清·缪曰芑刻）

《分类补注李太白集》30卷（宋·杨齐贤集注，元·萧士赟删补）

《李太白诗集注》36卷（清·王琦撰，以上均见"集部·别集类二"）

《李诗钞述》16卷（明·林兆珂撰，"集部·别集类存目一"）

《李太白诗选》5卷、《杜少陵诗选》6卷（明·乌程闵氏刊本，"集部·总集类存目二"）

杜甫的文集版本有23种（包括与李白诗合选本一种）：

《九家集注杜诗》36卷（宋·郭知达编）

《黄氏补注杜诗》36卷（宋·黄希原、黄鹤注）

《集千家注杜诗》20卷（元·高楚芳编）

《杜诗捃》4卷（明·唐元竑撰）

《杜诗详注》25卷，附编2卷（清·仇兆鳌撰，以上均见"集部·别集类二"）

《杜律注》2卷（元·张伯成撰）

《读杜愚得》18卷（明·单复撰）

《杜诗通》16卷、《本义》4卷（明·张綖注）

《杜律意注》2卷（明·赵统撰）

《杜诗钞述》16卷（明·林兆珂撰）

《杜律意笺》2卷（明·颜廷榘撰）

《杜诗分类》5卷（明·傅振商撰）

《杜诗解》8卷（明·杨得周撰）

《杜律注评》2卷（明·陈与郊撰）

《杜诗说》12卷（清·黄生撰）

《读书堂杜诗注解》20 卷(清·张溍撰)

《杜诗会粹》24 卷(清·张远撰)

《杜诗论文》56 卷(清·吴见思撰)

《杜诗阐》33 卷(清·卢元昌撰)

《杜律疏》8 卷(清·纪容舒撰)

《读杜心解》6 卷(清·浦起龙撰,以上均见"集部·别集类存目二")

《李太白诗选》5 卷、《杜少陵诗选》6 卷(见李白集统计)

《韩文杜律》2 卷(明·郭正域编,"集部·总集类存目三")

以李杜研究为中心的专书,《总目》的著录有 8 种。其中关于李白的是两种历代吟咏李白的地方性总集:

《太白楼集》10 卷,(明·蔡炼编,"集部·总集类存目二")

《谪仙楼集》3 卷,(明·骆骎曾编,"集部·总集类存目三")

关于杜甫的是年谱、诗格与诗评一类研究专著 6 种:

《杜工部年谱》1 卷(宋·赵子栎撰,"史部·传记类一")

《杜工部诗年谱》1 卷(宋·鲁訔撰,"史部·传记类一")

《杜韩集韵》3 卷(清·汪文柏撰,"子部·类书类存目")

《草堂诗话》2 卷(宋·蔡梦弼撰,"集部·诗文评类一")

《少陵诗格》1 卷(宋·林越撰,"集部·诗文评类存目")

《老杜诗评》5 卷(宋·方深道撰,"集部·诗文评类存目")

散见的有关李杜的论述文字,主要分布在一些记载有李杜事迹的专书,如"史部·传记类二"的《唐才子传》,"子部·小说家类"的《西京杂记》、《云溪友议》等;以及收录有李杜诗篇的选本如"集部·总集类"中的《瀛奎律髓》、《唐音》、《御选唐宋诗醇》、《唐乐府》等提要里,也提及李杜。而更多的品评文字,出现在"集部·诗文评类"大量诗评专著的提要中。如《本事诗》、《诗式》、《天厨禁脔》、《藏海诗话》、《岁寒堂诗话》、《韵语阳秋》、《唐诗纪事》、《历代诗话》、《声调谱》、《归田诗话》、《馀冬诗话》等自唐至清的著名诗话提要,均有论及。它们本是借对其中记述李杜事迹的真实性、品评诗文的水平等来判别这些著作的真伪、高下,现在却也无疑提供给了我们衡量每个时代的诗论家、特别是《总目》编纂者在李杜研究方面成就得失的丰富资料。据笔者初步统计,《总目》中这样的文字出现在 30 馀部诗评专著提要中。

二、《总目》李杜著录的学术优长

《总目》的编纂是先由四库馆臣对采入四库馆内的所有图书分别编撰提要,最终由总纂官纪昀删改审定而成《总目》。分头起草的四库馆臣如程晋芳、任大椿、姚鼐、翁方纲、余集、邵晋涵、周永年、戴震等,都是当时学问淹洽的大学者;而总成的大学士纪昀在馆一十三年,更是倾尽全力地投入到《四库全书》及《总目》的编纂中。所以后人评述说:"《四库提要》之编纂,原为各纂修官于阅读时分纂之,嗣经纪昀增窜删改,整齐划一而后,多人意志已不可见,所可见者,纪氏一人之主张而已。"①而且《总目》除了著录入选《四库全书》的部分,对即使不被选入的图书也同样作了提要,所谓"并存其目,以备考核"②。所以在《总目》中反映出来的图书信息量远远超出了《四库全书》本身③。这样一种成员结构、编纂程序和收录范围,反映到李白、杜甫的著录上,便体现出如下的学术优长。

(一) 明辨源流,体现出封建时代李杜文献研究的总体成就

就李白、杜甫的研究学术史而言,到了乾隆年间,封建时代几部足以代表整理和研究最高水准的李杜文集注本都已问世。无论是"千家注杜"还是"三家注李"的格局,初刻于康熙四十二年(1703)的仇兆鳌《杜诗详注》和乾隆二十三年(1758)的王琦《李太白文集辑注》,都堪称古典时代李杜研究的终结和顶峰。《总目》适逢其时,古今并收,首先便在资料上具备了全面总结的优势。这是此前目录学著作所难以企及的。

而且,如上所述,纂修提要的过程是成于众儒而集于一人。作为集体合作的成功典范,是这些李杜著录的文字在接近一致的行文中讲究学术的渊源,贯穿起来,便可得到一部李杜文献源流史的论述。

如在白文本的《李太白集》("集部·别集类二")提要中,通过对《新唐书·艺

---

① 郭伯恭《四库全书纂修考》(上海书店 1992 年影印本)第十一章,213 页

② 《四库全书总目·卷首凡例》。

③ 《总目》正选典籍 3457 种,存目典籍 6766 种,合计 1023 种。

文志》著录的辩驳,理清了李集流传早期的唐宋两代版本情况,此后的沿革,则在《李太白诗集注》("集部·别集类二")提要中给予揭示:

> 注李诗者,自杨齐贤、萧士赟后,明林兆珂有《李诗钞述注》十六卷,简陋殊甚,胡震亨驳正旧注,作《李诗通》二十一卷。琦以其尚多漏略,乃重为编次笺释,定为此本(按,指王琦《李太白文集辑注》)。

杜甫集的注本号称"千家",《总目》却以精细的统计,还其本原:

> 书首原题"补千家集注杜工部诗史",所列注家姓氏,实止一百五十一人……盖坊行原有千家注本,鹤特因而广之,故以补注为名。(《黄氏补注杜诗》宋·黄希原、黄鹤注,"集部·别集类二")

> 所采不满百家,而题曰"千家",盖务夸掇拾之富,如魏仲举《韩柳集注》亦虚称五百家也。(元·高楚芳编,《集千家注杜诗》,"集部·别集类二")

"千家"的公案因此得以澄清。而且虽然难以确认真正的版本流传数量,《总目》也还是尽力给出了大致的估计以备参考:"杜甫集自北宋以来注者不下数十家。"(《分类补注李太白集》,"集部·别集类二")

但杜甫文集的整理研究成果,远远超出了李白文集,因此其头绪也较繁富。提要却也不厌其烦,举凡杜集编年、分类、诗话本的源流,注本间的传承,都给以明确的提示,如:

> 考黄伯思《东观馀论》,称曾撰杜诗编年集,则编年实始自伯思。其本今已不传。后鲁訔、黄鹤诸家穿凿字句,钩稽岁月,率多未安。是编冠以新定年谱,亦未免附会。(《读杜愚得》,"集部·别集类存目二")

> 案年编诗……其例盖始于黄伯思,后鲁訔等踵加考订,至鹤父子而益推明之。钩稽辨证,亦颇具其苦心。(《黄氏补注杜诗》,"集部·别集类二")

> 杜诗分类始于王洙千家注,振商此编,则又因千家注本小为更定,殊无所取也。(《杜诗分类》,"集部·别集类存目二")

是编哀诗家之论杜诗者为第一篇,盖即蔡梦弼《草堂诗话》之意推而广之。(《杜诗解》,"集部·别集类存目二")

是编因元张性《杜律演义》略施评点,每首皆有旁注,注文亦时有涂乙。大致皆刘辰翁之绪论也。(《杜律注评》,"集部·别集类存目二")

此书因顾宸所撰《辟疆园杜诗注解》繁碎太甚,又多穿凿,乃汰其芜杂,参以己意,以成是编。(《杜律疏》,"集部·别集类存目二")

由此可见,大到整个李杜研究史、小至一本书的源流,都在提要中得以条分缕析、正本清源。一些未被著录的选本,也在这样的沿革中,得以揭示。需要说明的是,李杜文集的著录悬殊,并非由于《总目》的偏好,而是真实反映出李杜流传史的实际;《总目》编纂者的学术旨趣和公允持论,倒是可以通过23种杜集版本仅5种选入《四库全书》、其馀均为"存目"的编排上体现出来。

另外,《总目》著录以李白为中心的研究书目是以诗人寓居胜迹被历代吟咏而结集的《太白楼集》、《谪仙楼集》①,杜甫则表现为年谱、诗格、诗评的专书,也反映出历代李杜影响的差别,无疑给研究者提供了有意义的课题。

(二)广征博引,提供了版本目录学的可信结论

《总目》提要的特长,正如其标榜的主旨:"是书主于考订异同,别白得失。故辩驳之文为多。"②其精彩,也正在具体的考订中显示出来。在李杜著录中,作者按目录学的常规,提要都有作者介绍,交代其籍贯、其他学术成果甚至存佚情况;其次是本书的版本、内容、得失,述评结合,简要精当。大部分的提要,也确实达到了其预期的目标:"先列作者之爵里,以论世知人;次考本书之得失,权众说之异同,以及文字增删、篇帙分合,皆详为订辨,巨细不遗;而人品学术之醇疵,国纪朝章之法戒,亦未尝不各昭彰瘅,用著劝惩。"③其考订,详世之所略,而略世之所详,因此体现为许多首次发明、而嘉惠后代的结论。

---

① 《太白楼集》,明·蔡炼编,山东济宁;《谪仙楼集》明·骆骎曾编,安徽采石矶。
② 《四库全书总目·卷首凡例》。
③ 《四库全书总目·卷首凡例》。

以作者考订为例,《杜律注》("集部·别集类存目二")的作者,旧本题元虞集撰,提要据虞集碑传和门人著述之未提此书,及"观其词意,亦皆浅近"的内证,否定原题;又据诸家著述的分析,及《杜律演义》曾名《杜律注》的事实,确证其为元人张伯成撰的真相。其中考订委曲,颇见功力。他如考订原题为宋人的《老杜诗评》("集部·诗文评类存目")作者方深道为元人,无名氏的《集千家注杜诗》("集部·别集类二")为元高楚芳编,内府藏本《李太白诗选》、《杜少陵诗选》合刻("集部·总集类存目二")中的李诗为用明张含选本加入后人评语、杜诗为刻家"闵氏以意钞录,取配李氏并行耳"等,都以钩稽索隐的精细,成为李杜研究的功臣。

下面的两条提要考订,更可见出纂修者的考据修养:

《九家集注杜诗》三十六卷内府藏本

宋·郭知达编。知达蜀人,前有自序,作于淳熙八年。又有曾噩重刻序,作于宝庆元年。噩据《书录解题》作字子肃,闽清人;凌迪知《万姓统谱》则作字噩甫,闽县人,庆元中尉上高,复迁广东漕使,与陈振孙所记小异。振孙与噩同时,迪知所序又与序中结衔合,未详孰是。……振孙称噩刊版五羊漕司,字大宜老案,宜老谓宜乎老眼,刻本或作可考,非。最为善本。此本即噩家所初印,字画端劲而清楷,宋版中之绝佳者。振孙所云,固不为虚云。("集部·别集类二")

对《九家集注杜诗》的序刻者曾噩也据《直斋书录解题》、《万姓统谱》等加以考订,并非炫耀博学,而是旨在为其刻本之可传作注,这正是作为版本目录学不可或缺的组成部分;而考据结论的存疑,体现出"多闻阙疑"的学术品格①。"宜老"的一笔附注,自也作为陈振孙《直斋书录解题》的解人,不经意之中避免了刻本的以讹传讹。

《杜诗会粹》二十四卷内府藏本

国朝张远撰。案,康熙中有两张远,其一侯官人,有《超然诗集》,别著录;

---

① 据清·陆心源《仪顾堂续跋》:"噩字子肃,福建闽县人。"《直斋书录解题》与《万姓统谱》所记各有一误。参《杜集书目提要》(郑庆笃等编著,齐鲁书社1986.9.)页18。

此张远字迩可，萧山人，由贡生官缙云县教谕。朱彝尊《曝书亭集》有《送远之桂林诗》，即其人也。（"集部·别集类存目二"）

同名异人的情况，在中国典籍中非常之多，引起的混淆也比比皆是。《杜诗会粹》在清代流行，被王琦称作是杜集"胜于昔人"而"后来者居上"的注本①，因此《总目》分别这同期文坛的两"张远"，也便不是可有可无的考据了。

甚至《总目》还通过考订记录李白的文字作内证，分析出其他典籍作者的真伪，体现出细读文本的识力。如《诗式》的考订，便是极好的例子：

又皎然与颜真卿同时，乃天宝、大历间人，而所引诸诗举以为例者，有贺知章、李白、王昌龄，相去甚近，亦不应遽与古人并推。疑原书散佚，而好事者摭拾补之也。（《诗式》，旧本题唐释皎然撰，"集部·诗文评类存目"）

一部书的价值，版本史的意义也非常重要，《总目》对那些在学术源流上起过作用的注本，便通过细心甄别，论定其去取，同样也为后世之研究提供了可信的考证结论，功不可没。如：

宋以来注杜诸家，鲜有专本传世，遗文绪论，颇赖此书以存。其筚路蓝缕之功，亦未可尽废也。（《集千家注杜诗》，"集部·别集类二"）

钩稽辨证，亦颇具苦心。其间抵牾不合者，如《赠李白》一首……似此者数十条，皆为疏于考核。又题与诗皆无明文，不可考其年月者，亦牵合其一字一句，强为编排，殊伤穿凿。然其考据精核者，后来注杜诸家，亦往往援以为证。故无不攻驳其书，而终不能废其书焉。（《黄氏补注杜诗》，"集部·别集类二"）

其所援引亦简略，不及鲁谱之详。以其旧本而存之，以备参考焉尔。（《杜工部年谱》，"史部·传记类一"）

---

① 《李太白全集》王琦乾隆二十三年（1758）自序。

(三)裁断合理,具有研究李杜生平、诗文的方法论价值

在《总目》的"卷首凡例"中,两次提及有关李杜提要的处理:

> 又如汉之贾董,唐之李杜韩柳,宋之欧苏曾王,……其书并家弦户诵,虽村塾童竖,皆能知其为人,其爵里亦不复赘。

> 至于马班之史,李杜之诗,韩柳欧苏之文章,濂洛关闽之道学,定论久孚,无庸更赘一语者,则但论其刊刻传写之异同,编次增删之始末,著是本之善否而已。盖不可不辨者,不敢因袭旧文;无可复议者,亦不敢横生别解。凡以求归至当,以昭去取之至公。

在具体的考订中,《总目》确实较好地遵循了"凡例"的准则,因此也为后世之李杜考订、研究提供了值得借鉴的原则,具有方法论的价值。

如李白籍贯问题,记载颇为不一,《总目》即以"求归至当"的原则作了合乎情理的裁断:

《李太白集》三十卷安徽巡抚采进本

唐李白撰。《旧唐书》白传称山东人,《新唐书》则作陇西成纪人。考杜甫作《崔端、薛复筵醉歌》有"近来海内为长句,汝与山东李白好"句,杨慎《丹铅录》据魏颢《李翰林集序》有"世号为'李东山'"之文,谓杜集传写误倒,似乎有理。然元稹作《杜甫墓志》亦称与"山东人李白",其文凿然;如倒之作"东山人",则语不成文。又不得以魏序为解。检白集《寄东鲁二子诗》,有"我家寄东鲁"句,颢序亦称"合于鲁一妇人,生子曰颇黎"。盖居山东久,故人亦以是称之,实则非其本籍,刘昫等误也。至于陇西成纪,乃唐时李氏以郡望通称,故刘知几《史通·因习篇》自注曰:"近代史为王氏传云'琅邪临沂人',为李氏传云'陇西成纪人'。非惟王、李二族久离本郡,亦自当时无此郡县,皆是魏晋以前旧名。"今勘验《唐书·地理志》,果如所说。则宋祁等因袭旧文,亦不足据。惟李阳冰序称:凉武昭王暠之后,谪居条支,神龙之始,逃归于蜀,复指李树而生伯阳。惊姜之夕,长庚入梦。灏序称:白本陇西,乃因家于绵,身既生蜀云云。

则白为蜀人,具有确证。二史所书,皆非其实也。……("集部·别集类二")

　　关于李白籍贯、出生地的考证,至今仍是李白研究界众说纷纭的话题。但实际的结论与考据的思路,窃以为尚未能突破《总目》在如上提要中言简意赅的论证。纂修者驳论李白为山东人、成纪人的假说,不是借助杨慎式的可能性推断(尤为可贵的是:即使杨慎的推断有利于结论,也不吝惜对其谬误驳斥),而是以史料的确凿性来下结论,有一分资料,说一分话。今人所做的努力,在资料上未能有超越《总目》之处,自然各种热闹的结果也只能聊备假说,而无法完全推翻蜀人的结论。这也是笔者不厌其烦地引文欲表达的宗旨。

　　《总目》对李杜注本及诗论的评判,往往是通过对其注解、记述的具体错误之指瑕,来作出其高下的分别。这些例证,是所谓"盖不可不辨者,不敢因袭旧文;无可复议者,亦不敢横生别解。"所以是今天理解李杜、阅读旧本的出发点,也是进行古籍整理与研究的方法。因为《总目》通过指错,实际上告诉后人优秀的范本应该具备的要素。如:

　　　　"然其中有本诗误者,如《王昭君诗》'一上玉关道',玉关与西域相通,非汉与匈奴往来之道;《怀子房诗》'我来圯桥上',东楚谓桥为圯,不应于圯下加桥字。有传写误者,如《拟古》'因之寄金徽',据《汉书·和帝纪》、《唐书·地理志》,金徽当作金微,乃山名;《听新莺百啭歌》'还过茝石听新莺',据《西都赋》,茝石当作茝若,乃殿名。今注内皆未辨及。至于诗之必须注而后明者,如《拟古》之'苍然五情热',乃用《尔雅》'春,苍天'郭注'万物苍苍然生'语,言五情苍然而生也;《开元赠衡岳僧》之'五峰秀其骨',乃用《传灯录》'慧可大师一日头痛,其顶如五峰秀出'事。今注内亦未证明,文义便不可晓。凡此不一而足,尚未可谓之善本也。"(《李诗钞述》,"集部·别集类存目一")

　　这里指明的是注本必须不讳李杜本身的错误,给读者以有益的提示;更重要的是避免该注而不注的现象。

　　此外,明辨出典事源、分清事迹真伪,也是评判良莠的标准。如以下提要所指出:

谓唐人学杜甫者惟唐彦谦一人,乖舛不一而足。(《唐才子传》,"史部·传记类二")

称至杜始为长律,元白又蔓延至百韵,不知杜甫《秋日夔府咏怀奉寄郑监、李宾客诗》正一百韵,杜集亦可覆案也。(《师友师传录》,"集部·诗文评类二")

《蜀道难》始梁张悰,不始李白,不知郭茂倩《乐府诗集》所载乃以梁元帝为首。……所注杜诗诸故实,亦茫无根据,无一字之可信也。(《藕居士诗话》,"集部·诗文评类存目")

惟其中李白、柳公权与文宗论诗一条,时代殊不相及。此非僻人僻事,紫芝不容舛谬至此,殆传写者之误欤?(《竹坡诗话》,"集部·诗文评类一")

惟其中多委巷之谈,如谓李白微时曾为县吏,并载其牵牛之谑、溺女之篇,俳谐猥琐,依托显然,则是榛楛之未翦耳。(《唐诗纪事》,"集部·诗文评类一")

其论诗以严羽为宗,其中如以海棠为杜甫母名,尚沿小说之误。(《颐山诗话》,"集部·诗文评类二")

又题与诗皆无明文,不可考其年月者,亦牵合其一字一句,强为编排,殊伤穿凿。(《黄氏补注杜诗》,"集部·别集类二")

然甫诗全集凡一千四百馀首,巨制名章,往往不录,而于《杜鹃行》、《虢国夫人》二诗,向因黄鹤、陈浩然二本误入者,反并登选。其《秦州杂诗二十首》,则仅录八首,《游何氏山林十首》,则仅录六首,竟以其一、其二标写次第,似原诗止有此数,尤不可解。至注中援引事实,多不注出典,此又明代著述之通病,非独兆珂一人矣。(《杜诗钞述》,"集部·别集类存目二")

前三则反映出《总目》纂修者对源流不辨的轻视,中间三则对传说的不能与事实混淆作了严肃表态,后二则对编年强为牵合、选诗不能代表诗人成就、改篡标题、不注出处的缺陷给予了批评。

一种选集注本或诗文评本如何成为经典,《总目》正是通过提要的举例进行了规范,在这里,由李杜的相关论述文字也完全可以窥豹。

（四）持论平允，体现了适合李杜创作实际的批评规范。

《总目》在上节所揭的"卷首凡例"中虽已表态"李杜之诗……定论久孚，无庸更赘一语者，则但论其刊刻传写之异同，编次增删之始末，著是本之善否而已。"但古代诗话不能暌离对李杜的评述、李杜注本也不能不涉及义理探讨的实际，使《总目》无法摆脱以文学批评的形式对李杜给予价值判断。而与此实际境遇非常融洽的是：李杜诗文在清儒的学养中早已固化为必定的功课，总纂官纪昀更是以诗文评语的纵横捭阖、行笔恣肆而称名于世。对于李杜，便在提要的相关文字里留下了以评判前人著述而体现自我文论观念的学术规范。

首先可以看到《总目》对文学创作自身规律的尊重，因此屡次提及对学究式诗论的反感。如以下的文字：

> 夫以讲学之见论文，已不能得文外之致；至以讲学之见论诗，益去之千里矣。（《傛冬诗话》，"集部·诗文评类存目"）
>
> 此书以杜甫诗分体注释，于句法、字法皆逐一为之剖别，大旨谓前人注杜求之太深，皆出于私臆，故著此以辟其谬。其说未尝不是。然分章别段，一如评点时文之式，又不免失之太浅。……虽亦间有考证，然视其《字诂义府》，相去不止上下床矣。盖深于小学而疏于诗法者也。（《杜诗说》，"集部·别集类存目二"）
>
> 是书采诸家之注而成，故曰"会粹"，其分析段落，训释文意，颇便初学；然不免寻行数墨。（《杜诗会粹》，"集部·别集类存目二"）

由于提要的性质，《总目》的见解主要是通过批评他书的得失予以体现，所以在上面的引文中没有正面阐述关于诗歌创作与评论的看法，但有一点是很明显的，即分章别段的讲学之法不是得文学真髓的正道，更不是通诗家三昧的坦途；时文、小学之外，更有"诗法"，它是一种独立的艺术存在。

这样的诗学观念，不仅排除非文学的阐释，也反对冗繁的概念对生动的文学表述作割裂之论：

是编皆标举诗格,而举唐宋旧作为式。然所论多强立名目,旁生支节。如首列杜甫《寒食对月诗》为偷春格……严羽《沧浪诗话》称《天厨禁脔》最害事,非虚语也。(《天厨禁脔》,"集部·诗文评类存目")

是篇发明杜诗篇法,穿凿殊甚。如《秋兴八首》第一首为接项格,谓"江间波浪兼天涌",为巫峡之萧森,"塞上风云接地阴",为巫山之萧森,已牵合无理;第二首为交股格,三首曰开合格,四首曰双蹄格,五首曰续后格,六首曰首尾互换格,七首曰首尾相同格,八首曰单蹄格。随意支配,皆莫知其所自来。后又有《咏怀古迹》、《诸将》诸诗,亦间及他家,每首皆标立格名,种种杜撰,此真强作解事者也。(《少陵诗格》,"集部·诗文评类存目")

而穿凿、拘泥的解诗手法,也遭到屏弃:

自宋人倡诗史之说,而笺杜诗者,遂以刘昫、宋祁二书据为稿本,一字一句,务使与纪传相符。夫忠君爱国,君子之心;感事忧时,风人之旨。杜诗所以高于诸家者,固在于是。然集中根本不过数十首耳。咏月而以比肃宗,咏萤而以比李辅国,则诗家无景物矣。谓纨绔下服比小人,谓儒冠上服比君子,则诗家无字句矣。元竑所论,未必全得杜意,而刊除附会,涵泳性情,颇能会于意言之外。……大旨合者为多,胜旧注之穿凿远矣。(《杜诗捃》,"集部·别集类二")

其笺释典故,皆剽掇千家注,无所考证;注后隐括大意,略为训解,亦循文敷衍,无所发明;至每篇仿《诗传》之例,注"兴也"、"赋也"、"比也"字,尤多所牵合矣。(《读杜愚得》,"集部·别集类存目二")

其论诗以严羽为宗,……又以"朝扣富儿门"四句讥杜甫"致君尧舜"之妄,亦失之固。(《颐山诗话》,"集部·诗文评类二")

(吴沆)与张右丞论杜诗"旌旗日暖龙蛇动"句为一句能言五物、"乾坤日夜浮"句为一句能满天下一条,《宾退录》尝驳之曰:……若以"乾坤日夜浮"为满天下句,则凡言天地、宇宙、四海皆足以当之矣。……其掊击颇当。盖宋诗多空疏率易,故沆立多用实字则健之说。而主持太过,遂至于偏。(《环溪诗话》,"集部·诗文评类一")

在上引第一段的提要中,可以看到纂修者情不自禁的正面发挥,即对穿凿附会的诠解深恶痛绝的态度,由此也见《总目》对诗歌形象性的文学真谛的认识。过分落实的对应妨碍诗意的领略;同样,即使对于宋诗空疏率易之弊欲有所纠偏,也不能牺牲杜诗情感性的动人之处,而以诗句虚构的容量来作高下的标准。

与此相反的故作高论的夸谈,就更遭到提要苛刻的讥刺:

> 是编选录韩愈文一卷,杜甫七言律诗一卷,各为之评点,大抵明末猖狂之论。……所评杜诗,欲矫七子模拟之弊,遂动以肥浊为诟病,是公安之骖乘,而竟陵之先鞭也。(《韩文杜律》,"集部·总集类存目三")

> 好为高论,如……谓杜甫《咏怀古迹》第五首通章草草,"伯仲"二语,殊伤渊雅;……谓李白《清平调》"云想衣裳花想容"句落填词纤境,"若非"、"会向",居然滑调,"一枝秾艳"、"君王带笑",了无高趣。(《诗辨坻》,"集部·诗文评类存目")

> 奇龄以考据为长,诗文直以才锋用事,而于诗尤浅。其尊唐抑宋,未为不合,而所论宋诗,皆未见宋人得失,漫肆讥弹;即所论唐诗,亦未造唐代藩篱,而妄相标榜,如诋李白,……皆务为高论,实茫然不得要领。(《诗话》,"集部·诗文评类存目")

> 榛诗本足自传,而急于求名,乃作是书以自誉,持论多夸而无当,……甚至称梦见杜甫、李白登堂过访,勉以努力齐名。(《诗家直说》,"集部·诗文评类存目")

明清诗话尊唐抑宋而又不得要领的漫骂,都成为《总目》不能苟同的夸饰习气;而谢榛的《诗家直说》,其英雄欺人之语就连人带说遭到了完全的否定。

从以上的批判中,可以大致得出《总目》纂修者诗歌评论的见解。但这也不用笔者来做总结,《总目》里仍有与李杜相关的文字表达出其正面的诗歌批评观念:

> 凡唐诗四家,曰李白、曰杜甫、曰白居易、曰韩愈,宋诗二家,曰苏轼、曰陆游。诗至唐而极其盛,至宋而极其变,盛极或伏其衰,变极或失其正,亦惟两代之诗最为总杂。于其中通评甲乙,要当以此六家为大宗。盖李白源出离骚,而

才华超妙,为唐人第一;杜甫源出国风、二雅,而性情真挚,亦为唐人第一。自是而外,平易而最近乎情者,无过白居易;奇创而不诡乎理者,无过韩愈。录此四集,已足包括众长。……国初多以宋诗为宗,宋诗又弊,士禛乃持严羽馀论,倡神韵之说以救之……宋人惟不解温柔敦厚之义,故意言并尽,流而为钝根;士禛又不究兴观群怨之原,故光景流连,变而为虚响。各明一义,遂各倚一偏。(《御选唐宋诗醇》,"集部·总集类五")

《唐宋诗醇》因为御定的原因而在提要中倍得阿谀之誉。但平心而论,对诗选六家正面的评述也还是较为中肯的。尤其是关于李杜,其不当优劣、而各有渊源与风格的评判,见解是高明而符合诗史实际的。其"温柔敦厚"、"兴观群怨"的标举,无疑揭示了《总目》及其时代正统的文学观念。较之前此出现的任何一种诗学理论,其规范都更为适合于对李杜乃至中国传统文学的品评。

三、《总目》李杜著录的缺陷

毋庸讳言,《总目》的缺陷也是非常明显的,此后余嘉锡《四库提要辨证》(中华书局 1980.5.)、胡玉缙撰《四库全书总目提要补正》(王欣夫辑,上海书店 1998.1.)都以相当大的篇幅纠其错讹。前者曾在《四库提要辨证·序录》里对其乖违原因作了分析:"古人积毕生精力,专著一书,其间牴牾自不保,况此官书,成于众手,迫之以期限,绳之以考成,十馀年间,办全书七部,荟要二部,校勘鲁鱼之时多,而讨论指意之功少,中间复奉命纂修新书十馀种,编辑佚书数百种,又于著录之书,删改其字句,销毁之书,签识其违碍,固已日不暇给,救过弗遑,安有馀力从容研究乎?"这种适身处地的看法,自然是公允的。检讨《总目》中李杜著录的文字,其错误较之从目录学到文艺学的总体贡献,固然是白璧之疵;但欲以之为李杜研究的门径,仍有不得不给予揭示的必要。

(一)重大的遗漏

在本文褒扬《总目》"体现出封建时代李杜文献研究的总体成果"时,也不能忘记出现在其中的重大遗漏。

在李集方面，最大的遗漏是明代胡震亨的《李诗通》。胡氏竭毕生之力，收辑唐五代诗，成《唐音统签》1033卷。同时又对李白、杜甫诗进行笺释，成《李诗通》21卷、《杜诗通》40卷。姑且不论后者在笺注如云的杜集注中是否可占一席之地，前者却是受到了李集整理的集大成者王琦的大加褒誉，将其与杨齐贤、萧士赟并置，作为李诗三家注之一，两次在自为《李太白文集辑注》的序跋中提及，认为《李诗通》"力正杨、萧二家之讹"，"颇有发明，及驳正旧注之纰缪，最为精确。"①这里显然是将《李诗通》推崇为三家之首的。但《总目》在"集部·别集类二"中选入了杨齐贤、萧士赟的《分类补注李太白集》30卷，却连"别集类·存目"的地位也没有给予《李诗通》，只在《李太白诗集注》（"集部·别集类二"）的提要中一笔带过：

> 注李诗者，自杨齐贤、萧士赟后，明林兆珂有《李诗钞述注》十六卷，简陋殊甚，胡震亨驳正旧注，作《李诗通》二十一卷。琦以其尚多漏略，乃重为编次笺释，定为此本（按，指王琦《李太白文集辑注》）。

这一记载颇具戏剧性：林兆珂的一本被王琦与《总目》都否定了的"简陋殊甚"的李诗选本，尚且载入了"集部·别集类存目一"，具有了列席资格；被王琦所褒赞的《李诗通》却反而在《总目》里变作王琦"以其尚多漏略"，作出了否决。这一断章取义的提要，显然是有违王琦本意的。

这样一种否决，参考胡震亨《唐音统签》十种仅被《总目》著录的《唐音戊签》、《唐音癸签》二书，可以感觉到一种政治因素的存在。在上述的两种提要里，胡氏的贡献始终被压制，康熙"《御定全唐诗》出而诸签遂废"②，即使《癸签》因收有诗话而不能被替代，《四库全书》的收录也仅是本着"庶不没其蒐辑之勤焉"③，以怜悯之心给予了优待。四库馆臣的尴尬在于：《唐音统签》是《御定全唐诗》的重要蓝本④，如

---

① 前引见《李太白文集辑注》乾隆二十三年序，后引见二十四年跋。
② 见《唐音戊签》（"集部·总集类存目三"）。
③ 见《唐音癸签》（"集部·诗文评类二"）。
④ 《总目》也不能抹杀此点，《御定全唐诗》提要云："是编（按，指《御定全唐诗》）禀承圣训，以震亨书为稿本，而益以内府所藏全唐诗集……"（"集部·总集类四"）

果给予前者较高的定位,那对于后者"自有总集以来,更无如是之既博且精者矣"的歌颂①,便将大打折扣。

如果以上的论证尚属推测的话,那么杜集中的重大遗漏——钱谦益《杜工部集笺注》(又称《钱注杜诗》)的缺载——是政治干预所致,应该是确凿无疑的。钱笺杜诗,侧重以史证诗,以钩稽考核历史事实,探揣作意、阐明诗旨为务,杜诗许多名作均因钱氏的创见性考证而发幽烛隐。论者乃谓:"有清一代,学人注杜,蔚然成风,未始非钱氏倡导之力也。清代注家若仇(兆鳌)注等均加引用。"②但《四库全书总目·卷首上谕》却明文禁止了钱氏著述的流传:"钱谦益在明已居大位,又复身事本朝,……乃托名胜国,妄肆狂狺,其人实不足齿,其书岂可复存? 自应逐细查明,概行毁弃,以励臣节而正人心。"《钱注杜诗》的被遗漏,既否定了《总目·卷首凡例》标榜的"论书而不论其人"的"文治"幌子,也使其在李杜学术史上的成就平添败笔,未达一间。

杜集注本的另一处败笔是宋人蔡梦弼《杜工部草堂诗笺》50卷的失载。《总目》的纂修者都认识到该集在杜诗版本史上的价值,但却认为这是一本久佚的注本:

> 梦弼,建安人,其始末未详。尝著《杜工部草堂诗笺》及此书。今《诗笺》久佚,惟此书仅存。(《草堂诗话》,"集部·诗文评类一")

事实上,《杜工部草堂诗笺》在清初的钱谦益、钱曾、季振宜等人处均经收藏,四库馆臣翁方纲也亲见其书,并两为其跋③。《总目》的失收,只能归结到馆臣寻访的不负责任上:

> 《草堂诗话》与鲁訔、赵子栎两《年谱》,原载《草堂诗笺》卷首,从无单行本。编纂《四库》时民间藏匿《诗笺》不愿"上献",馆臣亦怠于搜访,得惠栋家藏残佚,伪云"《诗笺》久佚"以欺世。并强割《诗话》与鲁、赵两谱为三书,不亦慎乎? (周采泉《杜集书录》卷八,页451)

---

① 见《御定全唐诗》("集部·总集类四")。
② 见《杜集书录》(周采泉著,上海古籍出版社1986.12.)页155。
③ 均见其《复初斋文集》卷十八。

掩耳盗铃,并因此改变了杜集史上其他古书的流传实际,牵一发而动全身,《总目》于此是难辞其咎的。

(二)考订的失误

在李杜文献的具体考证上,《总目》也往往有失。有些可以看作是馆臣自恃读书博闻强记,临笔摘文时未经检核,遂致偏差。如前揭《李太白集》提要中李白籍贯考订的精彩文字,便有此失误:

> 《李太白集》三十卷,唐李白撰。《旧唐书》白传称山东人,《新唐书》则作陇西成纪人。("集部·别集类二")

今检《新唐书·李白传》,仅云:"李白字太白,兴圣皇帝九世孙。"这种说法与李阳冰《草堂集序》称其为"凉武昭王暠之后"并无二致,真正给后人以李白为"陇西成纪人"印象的,倒是李阳冰序,其开篇即云:"李白字太白,陇西成纪人,凉武昭王暠九世孙。"读者不察其后文,便容易以先世郡望误作李白本人之籍贯。

又如缪曰芑刻本有《考异》一卷,《总目》也两次提及被王琦转引:

> 据王琦注本,是刻尚有《考异》一卷,而坊间印本皆削去曰芑序目,以赝宋本,遂并《考异》而削去之,以其文已全载王琦本中,今亦不更补录焉。(《李太白集》,"集部·别集类二")

> 而缪氏本所谓《考异》一卷,散入文句之下,不另列焉。(《李太白诗集注》,"集部·别集类二")

"《考异》一卷"之名首先出现在缪曰芑自题《李太白集》书首之序中:

> ……癸巳秋得昆山徐氏所藏临川晏处善本,重加校正,梓之家塾。其与俗本不同者,别为《考异》一卷,庶使读是编者,不失古人之旧,而余亦得以广其传焉。康熙五十六年五月吴门缪曰芑题于城西之双泉草堂。(转引自王琦《李太白文集辑注》跋注)

　　但实际上到王琦乾隆二十四年完成其《李太白文集辑注》时,仍未见"《考异》一卷"的刻本行世:

> 会姑苏缪氏获昆山传是楼所藏宋刊本,重梓行于时。……其中亦有讹字显然,误字未正者。据序尚有《考异》一卷,然未付剞劂,俟之多年竟不出。兹本自二十五卷以前略依萧本,杂文四卷略依郭本,而以缪本参订其间。(王琦《李太白文集辑注》跋)

　　由此可见,王琦只是参考了缪本《李太白集》本身的刻印文字,而没看到"《考异》一卷",更不可能将其考异的成果"散入文句之下,不另列焉"。《总目》误信了缪本自序,遂以王琦有剽窃之嫌。那么,是否王琦真的据用了缪氏《考异》成果,又作瞒天过海之论呢? 另外两条资料可以澄清其间迷雾:

> 缪氏自言有《考异》,不知成否? 且作之非易,或草创而旋辍欤?(清·顾千里《李太白集跋》,载《思适斋集》卷十五)
> 《李太白集》,……其先藏自郡城缪氏,缪曾用以翻刻,楮精墨妙,尝以为乱真。曾欲作《考异》一卷而未成,其夹签犹在卷中也。(黄丕烈《百宋一廛书录》)

　　顾、黄是有清一代公认的藏书大家,顾氏有"清代校勘第一人"之誉,黄丕烈尤嗜宋版,自号"佞宋主人";因此缪氏对宋版《李太白集》的《考异》,他们是绝对不会轻易放过的。而追寻的结果是:通过"夹签"证明"《考异》一卷"不但未经付梓,甚至也未写成。《总目》的轻信便昭然若揭。

　　同样也还是发生在王琦注本上。王琦注《李太白集》曾于乾隆二十三年、二十四年刻印过两次,先后用名《李太白全集》、《李太白文集辑注》,但《总目》却误作了《李太白诗集》。这一失误严重违背了王琦注本的内容,因为前此的三家注都只注李白诗歌,王琦是为李白诗、文都做注释第一人,其注本是名副其实的"李白文集"或"全集"。

　　《总目》在杜诗著名的概念"诗史"上也同样出现了类似的疏忽。"诗史"之说肇自唐·孟棨的《本事诗·高逸篇》：

> 杜逢禄山之乱，流离陇蜀，毕陈于诗，推见至隐，殆无遗事，故当时号为"诗史"。

《总目》却在批驳后人评点杜诗的拘泥之病时将此发明延搁到了宋代：

> 自宋人倡"诗史"之说，而笺杜诗者，遂以刘昫、宋祁二书据为稿本，一字一句，务使与纪传相符。（《杜诗捃》，"集部·别集类二"）

另外，根据一种猜测来作出肯定的判断，本是《总目》所严禁的研究态度。而在李杜诗的考订上，却犯有同样的错误。如其为了表示对明人瞿佑著作的不以为然，举出了其中论述李白诗歌的例子：

> "此书所见颇浅，其以'槌碎黄鹤楼'作李白语。"（《归田诗话》，"集部·诗文评类存目"）

此语见李白诗《赠江夏韦南陵冰》："我且为君槌碎黄鹤楼，君亦为吾倒却鹦鹉洲。"在今天所能见到的最早的宋版李白文集中，此诗即已载入（见《李太白文集》卷10）。《总目》在这里认为以此句作李白语便"所见颇浅"，显然是否定了此诗属于李白的创作权。但如果没有版本学的根据，这种判断自是难以令人信服的。历代注李诗者，否定此诗的尚有明人朱谏的《李诗辨疑》，其卷上即据其辞意柔弱，疑非白作。如果《总目》也是因为同样的原因作出判断的话，自然是难称公允的。

（三）评价的过苛

《总目》在别集中对笺注、评说前人文集的整理、研究工作，往往持论过为苛刻。如其中明人诗文评著作、李杜诗注本，无不遭到否定的判决，几乎骂倒一代。这固然与明代空疏学风下造成的总体学术水准失控有关，但也并非一无是处。所以《总目》的评价便有攻其一端而不及其馀之嫌。

在李杜注本的评价上,《总目》基本上是吝于赞词的。对王琦注本的态度,便是最为明显的一例:

> 其注欲补三家之遗阙,故采摭颇富,不免微伤于芜杂。然捃拾残剩,时亦寸有所长。自宋以来注杜诗者林立,而注李诗者寥寥仅二三本,录而存之,亦足以资考证。是固物少见珍之义也。(《李太白诗集注》,“集部·别集类二”)

这里的评价是极低的,“寸有所长”、“物少见珍”的字眼便为其书的存在价值定了性。但王琦作为乾隆时代著名的学者,注李集用功之勤,是前所未有的。除了李集之注,他还有《李长吉歌诗汇解》5卷。前辈学者赵殿成注释《王右丞集》,也在他的帮助下得以解决诸多内典疑难。王琦注“二李”,有着明确的体例:李贺已有较为详尽的注本,因此他便主要是串解诗意,用力于义理的阐述;李白的诗看似易懂,却未能落实详明,故王注重在效李善《文选》注例,重点注明典故与用词出处,故《李太白文集辑注》征引该博,尤其是引道、佛二典,每每能得李诗真切。

《总目》对注本的态度总是通过具体讹误的举例以指其失,而对于王琦却出现了例外。这只能解释为馆臣并未细读其书,不仅书名之误遮盖了该书最大的特色,对其注解散文的开创性未能给予重视;而且评论失当,疏忽了其注“二李”各辟蹊径、同归康衢的典范意义。

因此,《总目》指责的严厉并非完全等同编纂态度的严肃。过为苛论与赞誉过实一样,需要警惕其书评信息的可靠与否。

馀　论

即使是李杜文集这样并不可能与时代发生正面冲突的典籍,其文献学史仍然受到了政治的干预,《四库全书》及《总目》作为文化禁锢政策的一面,于此也可见一斑。但除此之外,以国家之力广肆收罗,以一代文儒反复编纂,其全面性与学术性又都是前此目录学著作所难以比拟者。而在李杜著录上,重视文献源流关系,重视文学创作的特点,又显示了《总目》将古代目录与学术有机结合的典范性。

　　所以,虽然今天在李杜文集目录学方面已有了更加完善的著作可以参考①,但《总目》的编纂方法、文献意义,甚至经典性的品评文字等,在李杜研究史上都仍具有着可持续的研究与利用价值。

（作者单位:凤凰出版社）

①　今李杜文献目录学的成果,李白方面有郁贤皓主编《李白大辞典》(南宁:广西教育出版社 1995.1.)、詹锳《〈李白集〉版本源流考》,载其主编《李白全集校注汇释集评》(天津:百花文艺出版社 1996.12.)第八册;杜甫方面有郑庆笃等编著《杜集书目提要》(济南:齐鲁书社 1986.9.)、周采泉著《杜集书录》(上海:上海古籍出版社 1986.12.)

唐顾师闵墓志补释

陶　敏

　　《中原文物》2010 年第 2 期郭宏涛、邓洪彬《唐顾师闵墓志考释》一文（后简称《考释》），对偃师商城博物馆收藏的《顾师闵墓志》作了扼要的介绍和考释，并附有墓志拓本的照片，使读者对这方宝贵的墓志有较全面的了解。但是，由于文中涉及的唐代传世文献史料尚不够全面，对墓志文字的释读理解或有欠安，故就有关问题作一些补充，并对此志写作的背景作必要的考察。

一、顾师闵的生平

　　关于顾师闵的生平，《考释》就墓志作了一些介绍外，仅介绍《新唐书·顾少连传》中一条史料："始，少连携少子师闵奔行在，有诏同止翰林院。车驾还，授同州参军。"并云："志文称：'脱褐授同州参军'志史相同。志文载故师闵曾任'故京兆府咸阳县尉。摄宣歙池等州观察判官'可补史缺。"

　　按，《全唐文》卷六二八吕温《湖南都团练副使厅壁记》："元和三年冬，天子命御史中丞陇西李公以永嘉之清政、京兆之懿则，廷赐大旆，俾绥衡湘。……始下车，表前副使殿中侍御史扶风窦君常字中行以本官复职。于是……前咸阳县尉吴郡顾君师闵……群材响附，各以类至。……元和五年七月五日，东平吕温记。"据《唐刺史考全编》卷一六六，文中的李公是李众，自元和三年冬至六年九月为潭州刺史、湖南观察使。《旧唐书·宪宗纪下》："（元和七年八月）丙午，以苏州刺史范传正为宣歙观察使。"这就是说，顾师闵在元和三年冬进入湖南李众幕府，六年冬府罢，七年八月进入范传正的宣歙幕府任观察判官,次年的三月,死在宣歙池观察判官任上了。顾师闵在宣歙判官任上不过七八个月。而此前他在湖南李众幕府中为幕僚的经历,墓志和《考释》都没有提及。

《全唐文》卷四七八有杜黄裳《东都留守顾公神道碑》①。顾公,即顾师闵父顾少连。碑中说,顾少连"以贞元癸未年十月四日薨于洛阳崇让里之私第,春秋六十三"。又说,少连"有子曰师闵,克家光烈,早岁继明,以拔萃甲科历咸阳尉"。和墓志"登拔萃科,为咸阳尉"的记载符合。顾少连在癸未年(贞元十九年)十月去世,顾师闵当服丧去官。墓志说他"一尉王畿,十年不调",所以他至晚在贞元十年时就已经在咸阳尉任上了。据吕温文,入湖南李众幕前顾师闵的头衔是"前咸阳县尉",这说明他免父丧除服後,至少有三年闲居家中,没有得到朝廷的任命。

二、顾师闵的亲族

顾师闵的父亲顾少连《旧唐书》无传,《新唐书》卷一六二有传,但较简略。他的生平,以杜黄裳《东都留守顾公神道碑》记载得最为翔实。碑中记载顾少连父祖名讳,与《顾师闵墓志》同,但云"大父讳克忠,缙云郡司仓参军、赠邠州刺史",与墓志"克忠,皇朝赠邵州刺史"则异,邠、邵形近,未知孰是。碑又称德宗命其"长男主丧",迁其先人灵柩"葬於偃师县高邑乡邙山之趾",又云与夫人"合葬於亳邑,附先茔",高、亳原来未知孰是。今墓志作"亳邑乡",知"亳"是而"高"误。

《考释》据《新唐书》引用了顾少连欲笏击裴延龄一事。但此事首见韦绚记录刘禹锡谈话写成的《刘公嘉话录》。《永乐大典》卷一二〇四四引了其中一段逸文:"丈人曰:当裴延龄之横也,丈人座主顾侍郎挺笏欲击之,曰:'段秀实笏击贼臣,顾少连笏击奸臣。'时会于田镐之宅,元友直为酒纠,各罚一盏以弥缝之,俗谓'笼合'是也。"这就是《新唐书·顾少连传》的史料来源。杜黄裳《顾少连碑》也说:顾少连在任散骑常侍时,"有权臣附宠,人多附丽,公面折其短,数而绝之。群臣为危,正色不挠"。权臣应当就是指裴延龄而言。可见,顾少连正直不阿,刚肠嫉恶是有口皆碑的。

---

① 据《文苑英华》卷九一八,神道碑的铭文为韦夏卿撰。

《顾少连碑》说:"夫人同郡陆氏,常州司马绮之女也。……先公而谢。有子曰师闵,克家光烈。早岁继明,以拔萃甲科历咸阳尉。次曰师安,太常寺太祝。次曰宗彧、宗宪,志文好学,不坠先业。……师闵等考卜先远,以明年二月十五日奉公洎夫人之裳帷,合葬于亳邑,附先茔,礼也。"顾师闵外家吴郡陆氏,外祖父陆绮,他无可考。碑记少连子嗣时首举师闵,又说"师闵等"葬其父母,显然,师闵应当是主嗣承祧的嫡长子,而不是幼子。《考释》据《新唐书·舒元舆传》附《顾师邕传》中称少连"少子"师闵,谓师邕是师闵的兄长。但"少子"有二义,一指最小的儿子,一指年幼的儿子。《新唐书》中的"少子"应当是后一个意思。据顾师闵墓志,师闵生於代宗大历七年(772),兴元元年(784)随父亲奔至德宗行在时,仅仅十三岁,所以旧史称为"少子"。顾师邕大和九年任翰林学士,甘露之变后被宦官所杀。大和九年(835)顾师闵如仍在世已经六十四岁,师邕如果是师闵的哥哥,则当在六十五岁以上。唐代翰林院学士在宫中当直,起草诏书,常常直夜班,所以学士都以年富力强文思敏捷的青壮年充任,旧史中未见六十多岁的老翁还在担任翰林学士的例子。所以顾师邕不可能是顾师闵的哥哥,只能是他的弟弟。《顾少连碑》记载师闵有弟师安、宗彧、宗宪三人,师邕当是其中之一改名。

墓志說:"夫人清河张氏,故河南尹式之女也,先君而逝。"张式,张正甫之兄,《旧唐书》附见《張正甫傳》。《旧唐书·德宗纪下》:"(贞元十六年九月)以河南少尹张式为河南尹、水陆转运使。"《柳河东集》卷一二《先君石表阴先友记》:"式,至河南尹。"《金石录》卷九:"唐顾少连、张式《嵩山联句》,正书。贞元十二年十二月。"可见顾、张二人交谊。墓志后附记一行:"前后二娶皆河南女,今后夫人祔焉。"则可能是安葬前补入①。因为顾师闵年四十二突然死亡,两位张氏夫人都已前卒,子顾承庆年仅十七,尚未成年,无法提供其父家世、婚姻、生平等详尽资料,这也是范传正将墓志写得特别简略的原因。

三、范传正与顾少连

《考释》考察了范传正与顾少连的关系,只是含混地说:"范传正深得志主之父

---

① 顾师闵两娶都是河南尹张式的女儿。唐代有妻子死后,以妻妹续弦的习俗。例如,皇甫炜前后两任妻子就都是宰相白敏中的女儿,见《全唐文补遗》第四辑刘玄章《皇甫炜墓志》。

顾少连提拔"。墓志中有关的一段文则释读标点为："传正,敬公之门人也,敬公司太常,文科采拔,鳅生于不识不知之中,华而我之异,实而荣之自。敬公华实厥躬垂,廿年受天子爵禄,至于时所贵,愿分微荣,仰答知遇,愿祈祷,书以碑不逮此心。始谐生死间之。我生有情,此恸何极!"由于作者未能准确理解范传正和顾少连的关系,文字及标点都有错误。今将这段志文重新标点如下:

> 呜呼!传正,敬公之门人也。敬公司太常文科,采拔鳅生于不识不知之中,华而茂之,异①实而荣之。自敬公华实厥躬,垂廿年,受天子爵禄,至于时所贵。愿分微荣,仰答知遇;愿祈筹画,以裨不逮。此心始谐,生死间之。我生有情,此恸何极。

门人,就是门生。太常文科,指礼部进士考试。鳅生,浅薄愚陋的人,语出《史记·项羽本纪》,这里用作自称的谦词。所以,范传正并不是一般性得到顾少连的提拔,他和顾少连的关系是门生和座主的关系。《柳河东集》卷三〇《与顾十郎书》旧注:"贞元九年、十年,顾少连以礼部侍郎知贡举,取进士六十人,诸科十九人。"同书卷四〇《祭李中丞文》有"监察御史范传正",旧注:"传正,字西老,贞元十年举进士。"知范传正是贞元十年顾少连下进士。从贞元十年至元和七年,首尾十九年间,范传正由一介布衣官至宣歙池观察使,成为一方藩镇,顾少连的赏识给予进士及第是最起始的关键性一步。所以他感恩图报,"愿分微荣,仰答知遇;愿祈筹画,以裨不逮"。没料到的是,"此心始谐,生死间之"。他为了报答顾少连的知遇之恩,邀请顾师闵到宣歙幕中出谋画策。但是,"仰答知遇"的心愿刚刚实现,顾师闵却与世长辞了。於是他只好发出"此恸何极"的浩叹,写下了这篇墓志。

此外,顾师闵卒时,妻亡子幼,丧事无人主持。但据墓志,三个月后他的灵柩就从今安徽的宣城顺利地运回了河南偃师,并且下了葬,作为顾少连的门生和顾师闵的府主,范传正应当也提供了大量财力、物力的资助。

---

① "异"字疑是衍文。

四、范传正写作墓志的背景考察

《顾师闵墓志》除开题目和铭文,只有三百三十个字,其中记叙志主生平五十个字,但是表白作者对顾氏知恩图报一事就有八十七个字,约占全文的27%。这不能不使人感到有点反常。下文就试图对这一现象作粗浅考察。

顾少连知贞元九、十年贡举,门生七十九人。他们后来的生活道路不尽相同,但从贞元末至元和中不乏青雲得志的人。他们对顾少连的提拔和赏识都曾表示感激之情,至少表面上是如此。《文苑英华》卷九八八有吕温撰《祭座主故兵部尚书顾公文》,就是顾少连卒后,吕温代表包括王播、李逢吉、刘禹锡、柳宗元等在长安的一十九位门生所作,其中有许多感恩戴德的话。但是顾少连死后,随着时局的变化发展,门生们的情况发生了较大的变化。有的人一帆风顺,如元和五年王播官至御史中丞、京兆尹,元和六年李逢吉官至给事中①,后来都顺利登上相位。范传正官宣歙观察使,也是春风得意的一个。但刘禹锡、柳宗元却因为参与永贞元年的革新而被无限期地贬谪。地位变化以后,在对待座主顾少连的问题上,门生们的态度产生过很大的分歧。具体的情况在柳宗元的《与顾十郎书》中曾有集中的反映。

这封书信见于《柳河东集》卷三〇。根据柳宗元和顾少连的座主、门生关系,以及《新唐书·顾少连传》的记载,柳集旧注认为,信写在元和中柳宗元谪永州时,顾十郎很可能就是顾师闵。现在顾师闵墓志出土了,证明旧注的这个结论是可信的。信中首云:“四月五日,门生守永州司马员外置同正员柳宗元,谨致书十郎执事”。信自称“门生”,又以批评不知恩的门生,剖白自己因为被贬谪不能报恩的痛苦为主旨,所以,作为顾少连嫡长子的顾师闵最有理由成为柳宗元倾诉的对象。“执事”本意指从事某一工作主管其事的人,唐人书信中用作对同辈官员的敬称②。据前所考,顾师闵从贞元十九年居丧后数年中一直没有官职,元和三年才以前咸阳尉进入李众湖南观察使幕府,和贬永州司马的柳宗元地最相近,所以柳宗元才写信给他一诉衷肠。

---

① 　见《旧唐书》卷一六四王播传、卷一六七李逢吉传。
② 　见《刘禹锡集》卷一〇《答道州薛郎中论书仪书》。

《与顾十郎书》劈头第一句话火药味就很浓："凡号门生而不知恩之所至者,非人也。"接着,信中说明了怎样分辨真假知恩者,表彰了知恩报德的门生刘禹锡,并抨击了背恩负义的门生。信中说:

> ……大凡以文出门下,由庶士而登司徒者七十有九人。执事试追状其态,则果能效用者出矣。然而中间招众口飞语,哗然诮张者,岂他人耶?夫固出自门下。赖中山刘禹锡等,遑遑惕忧,无日不在信臣之门,以务白大德。顺宗时,显赠荣谥,扬于天官,敷于天下,以为亲戚门生光宠。不意琐琐者,复以病执事,此诚私心痛之。

文章指出,曾經"众口飞语,哗然诮张",给顾少连制造了流言蜚语的人,恰巧出自顧少連的七十九位门生之中。幸赖门生刘禹锡"无日不在信臣之门"为他辩白,這才在顺宗朝得到被谥为"敬"的荣宠。德宗朝,顾少连官职不断升迁,在翰林学士任上将近十二年,后官至吏兵二部尚书、京兆尹、东都留守,正当柳宗元书信中所说"隆赫柄用"之时,门生中的小人都忙着"蜂合蚁附,煦煦趄趄,便僻匍匐,以非乎人,以售乎己",即尽量谄媚逢迎,打击别人,抬高自己。因此,发生飞短流长的情况,应当在"一旦势异",即贞元十九年顾少连死后。兩年后,到了顺宗永贞元年,刘禹锡为屯田员外郎,立朝用事,说话有了分量,这才有了"显赠荣谥"的事。顾少连的谥是刘禹锡力争才得来的。《金石录》卷九:"《唐顾少连谥议》,正书,无姓名,元和元年五月。"可惜这份文献没能流传下来,这场风波的具体情况,是哪些门生忘恩负义,已经无从了解了。

柳宗元在信中表彰了刘禹锡,实际上也表彰了自己。因为永贞元年他身为礼部员外郎,也是永贞革新的中坚分子,自然在顾少连赠谥的问题上出过大力气。但是,革新很快流产,包括刘、柳在内的"二王八司马"等改革派被纷纷贬官流放,原来那些反对赐谥、飞短流长的人重新得势,自然拿刘、柳为顾少连赐谥力争一事作为借口来攻击顾师闵。这就是信中"不意琐琐者复以病执事,此诚私心痛之"一语的真实含义。因守制而罢咸阳尉的顾师闵始终没有得到新的任命就毫不奇怪了。

柳宗元的文章当时流传十分迅速而广远。《与顾十郎书》提出"凡号门生而不知恩之所至者非人也"的命题,又没有指名道姓,这就无异于在逼迫着顾少连的七十九位门生一一表态,重新站队。这封措辞尖锐的书信必然会在顾少连的门生中广为流播。范传正和刘、柳同是顾少连的门生。贞元二十年五月,他们三人还同在御史台担任监察御史①。柳宗元的《送宁国范明府诗序》就是为送范传正的兄长范传真而作②。何况受书人顾师闵还在范传正的幕府中为官。所以范传正一定读过这篇《与顾十郎书》。不论是表明自己的立场,还是声援柳宗元对忘恩者的声讨,他都必须在墓志中有所表示。这正是范传正在墓志中用了四分之一以上的篇幅来强调自己知恩之所至并极思报答的原因。可以说,在某种意义上,范传正《顾师闵墓志》正是对柳宗元《与顾十郎书》的回答。

二〇一一年三月十九日于湘潭

（作者单位:湖南科技大学文学院）

---

① 见《柳河东集》卷四〇《祭李中丞文》。
② 参见《柳河东集》卷二二《送宁国范明府诗序》及注。

马祖道一赣州弘法考

王利民

马祖道一被铃木大拙、胡适等学者称为"最伟大的禅师"。这位最伟大的禅师长期在江西境内驻锡弘法。权德舆《洪州开元寺石门道一禅师塔碑铭并序》称："（马祖）尝禅诵于抚之西里山，又南至于处之龚公山，攫搏者驯，悍戾者仁，瞻其仪相，自用丕变。刺史今河南尹裴公，久于禀奉，多所信向，由此定惠，发其明诚。大历中，尚书路冀公之为连帅也，舟车旁午，请居理所。"《景德传灯录》本传也有一概述："江西道一禅师……始自建阳佛迹岭，迁至临川，次至南康龚公山。大历中，隶名于开元精舍。"由此可见，马祖从福建到江西的行迹是：建阳佛迹岭——抚州西里山——虔州龚公山——南昌开元寺。

唐开元末，马祖从郴州到韶州宝林禅寺，经大庾岭，过虔州（今江西赣州市），东向汀州，继入闽北建州。天宝元年，马祖在建阳（今福建建阳县）西二十里的佛迹岩聚徒说法，收有弟子志贤、道通、明觉等。宋释赞宁撰《宋高僧传》卷九《唐太原甘泉寺志贤传》曰："释志贤姓江，建阳人也。夙心刚整，幼且成规。既遂出家，寻加戒品。沾尝渐教，守护诸根。抗节修心，不违律范。天宝元年（公元742年），于本州佛迹岩承事道一禅师，曾无间然。"《宋高僧传》卷十《唐唐州紫玉山道通传》也说道通在天宝初年到佛迹岩拜谒马祖道一："释道通，姓何氏，庐江人。其为童也，持重寡辞，见佛形像，必对礼叹咏不舍。因父宦于泉州南安，便求舍草披缁，诵经合格，敕度之，当天宝初载也。时道一禅师肇化建阳佛迹岩聚徒，通往焉。"

天宝二年（公元743年），马祖道一到江西抚州西里山，诛茅盖篷。《宋高僧传》卷十一《唐南岳西园兰若昙藏传》附《超岸传》曰："释超岸，丹阳人也。先遇鹤林素禅师,处众拱默而已。天宝二载,至抚州兰若,得大寂开发,四方翼侣依之。"此际,虔化(今江西宁都)一位廖姓少年来投师。此少年就是后来的西堂智藏。智藏在西里山师从马祖的起始时间是判断马祖在抚州弘法年限的参考依据。关于西堂智藏"首事大寂"的年龄有两种说法,一说是十三岁,一说是二十三岁。[同治]《赣县志》卷五十载郡守唐技所撰《龚公山西堂敕谥大觉禅师重建大宝光塔碑铭》说:"惟大觉禅师,寥姓,智藏号,生南康郡,年十三,首事大寂于临川西里山。"李景云手稿《赣县龚公山宝华古寺志》所录宋代沙门觉显书《大宝光塔碑铭》说:"惟大觉师,寥姓,智藏号。生南康郡。年二十三,首事大寂于临川西里山。"在假设宝华寺碑文可靠的前提下,邢东风认为马祖在抚州驻锡15年左右。他在《马祖道一江西行踪调查记》一文中说:"迄今为止,学者们采用的这篇《碑铭》均收录在清代编修、刊刻的《赣州府志》卷十六,实际上此文尚有北宋元丰二年(1079)刻立的碑文,今存龚公山宝华寺内,其中文字与《赣州府志》所收同一文章有所差别,但是应比清代刊本更为可信。关于智藏在临川师事马祖的时间,宝华寺的碑文作'年二十三首事大寂于临川西里山'。智藏二十三岁当唐肃宗乾元三年(760),若宝华寺的碑文可信,则可知马祖于公元760年尚在临川西里山,他离开临川的时间自然应在是年之后。"①但这种说法和《景德传灯录》所载马祖行踪事实相矛盾。《景德传灯录》卷六《紫玉山道通禅师》曰:"唐州紫玉山道通禅师者,庐江人也,姓何氏。幼随父守官泉州南安县,因而出家。唐天宝初,马祖阐化建阳,居佛迹岩,师往谒之。寻迁于南康龚公山,师亦随之。"从这段文字来看,马祖从佛迹岩到龚公山,所经历的时间不长。为了查明宝华寺碑文的可靠性,笔者专程去赣县龚公山宝华寺作实地考察,见碑上所书文字为"惟大觉师,寥姓,智藏号。生南康郡。年廿三,首事大寂于临川西里山"。此元丰二年(公元1079年)所立之碑上的正面碑文文字清晰,点画棱角分明,几无一字漫漶,不像历经九百多年风雨剥蚀的宋代原刻。同治年间刊刻的《赣州府志》说:"重建大觉禅师大宝光塔铭,唐技撰。碑亡,文尚存。"②[同治]《赣县志》记载相同。由此可见,在清代同治年间,重建大宝光塔碑已不存于世。宝华寺现存的所谓"宋碑"为近人据唐技碑文重立。勒石者在"年十三"的"十"字上加了一竖画,遂使"年

---

①　邢东风辑校《马祖语录》,中州古籍出版社2008年1月第1版,第289页。
②　清魏瀛等修、钟音鸿等纂《赣州府志》卷十七《名迹》,同治十二年刊本。

十三"变成了"年廿三"。因此,笔者认为,西堂智藏十三岁投师马祖门下的记载是可靠的。关于西堂智藏的生卒年亦有两种说法。陈垣《释氏疑年录》据《宋高僧传》、《景德传灯录》,称西堂智藏卒于元和九年(公元 814 年),又引《江西通志》"元和十二年卒"之说。唐技《龚公山西堂敕谥大觉禅师重建大宝光塔碑铭》曰:"(智藏)师至元和十二年(817 年),年八十,僧腊五十一。"照此推算,西堂智藏出生于唐开元二十六年(738 年)。《宋高僧传》卷十《唐洪州开元寺道一传》附《智藏传》曰:"智藏,姓廖氏,虔化人也。生有奇表,亲党异其伟器。八岁从师,道趣高邈。随大寂移居龚公山。……元和九年(公元 814 年)四月八日终,春秋八十,夏腊五十五。"据此推算,智藏生于开元二十三年(公元 735 年)。后一种说法把智藏的出生时间准确到具体的日子,显然有所依据,笔者认同这一说法。那么智藏十三岁到抚州投入马祖门下的那一年就是天宝六年(公元 747 年)。马祖道一离开抚州到赣州弘化传法的具体年代,史料失载。鉴于在宗密《中华传心地禅门师资承袭图》、《宋高僧传》和《景德传灯录》的《道通传》等文献中,相关记载都忽略了马祖在抚州的活动①,而且据现有资料,此时来投师的弟子只有西堂智藏、释超岸和石巩慧藏。因此,笔者认为,马祖在抚州弘法的时间不会超过五、六年。邢东风《马祖的行状、禅学、时代及语录》言道:"由于智藏是赣南出身,大概在他的影响下,马祖终于离开临川,转移到了赣南的龚公山。"②也就是说,智藏的到来是马祖南下赣州的契机。由此推论,马祖于天宝六年(公元 747 年)到赣州是适宜的。

马祖带弟子智藏、道通等到赣州后,先栖止于府城东五里的佛日峰(后名马祖岩)。宋潘自牧撰《记纂渊海》卷十一《郡县部》曰:"马祖岩在赣县,马祖禅师栖于此。"此时,马祖学达摩面壁,终日在佛日峰的一个岩洞中跏趺冥想,以致出现幻觉。宋祝穆撰《方舆胜览》卷二十曰:"马祖尝欲栖于此岩。一夕山鬼忽为筑垣,马祖见之,曰:'学道不至,为邪祟所测,此非吾所居也。'因弃去,营龚公岩往居焉。"

在宋代时,马祖岩上有马禅关及"尘外"、"云端"、"驹岩"、"一憩"、"吸江"五亭。尘外亭形势最高,下瞰环城如巨圈。苏轼作《尘外亭》诗,援引了山鬼筑墙的故

---

① 如《宋高僧传》卷十《唐唐州紫玉山道通传》曰:"释道通,姓何氏,庐江人。其为童也,持重寡辞,见佛形像,必对礼叹咏不舍。因父宦于泉州南安,便求舍母披缁,诵经合格,敕度之,当天宝初载也。时道一禅师肇化建阳佛迹岩聚徒,通往焉。一师于临川南康龚公山,亦影随而去。"

② 邢东风辑校《马祖语录》,中州古籍出版社 2008 年 1 月第 1 版,第 194 页。

事："楚山澹无尘,赣水清可厉。散策尘外游,麾手谢此世。山高惜人力,十步辄一憩。却立浮云端,俯视万井丽。幽人宴坐处,龙虎为斩薙。马驹独何疑,岂堕山鬼计? 夜垣非助我,谬敬欲其逝。戏留一转语,千载起攘袂。"诗中"幽人宴坐处"以下八句都写马祖事迹。马祖此时的修行方式还染有印度佛教徒的苦行色彩,保留着禅宗静坐敛心、专注一境的传统。

马祖离开佛日峰后,转驻龚公山。龚公山在赣州府城北一百二十里,奇峰翠巘,前后连延,萝木泉池,左右映带。因隐士龚亳遁迹于此而得名。马祖驻锡之前,此地还是野兽出没的荒山野岭。宋释赞宁撰《宋高僧传》卷十《唐洪州开元寺道一传》称:"先是,此峰岫间,魑魅丛居,人莫敢近,犯之者灾衅立生。"马祖宴息于此后,"有神衣紫玄冠致礼,言:'舍此地为清净梵场。'语终不见。自尔猛鸷毒螫,变心驯扰,沓贪背憎,即事廉让。"①龚公山地处僻野,山清水秀,土地肥沃,不仅隔绝了北方的战争氛埃、朝廷的政治尘嚣,而且远离了法门正统的争夺,其自然环境非常适合于建立农禅合一的清净禅修道场。

马祖道一在赣州期间,高振法鼓,僧俗向慕,天下归心。《祖堂集》卷四《招提和尚》曰:"招提和尚,嗣石头。师讳惠朗,姓欧阳,韶州曲江人也。年十三,于邓林寺模禅师处出家。十七游衡岳,二十受戒,乃往虔州龚公山谒大寂。"②《景德传灯录》卷第十四《潭州招提慧朗禅师》也有相似的记载:"潭州招提慧朗禅师,始兴曲江人也,姓欧阳氏。年十三,依邓林寺模禅师披剃,十七游南岳,二十于岳寺受具,往虔州龚公山谒大寂。"招提慧朗生于开元二十六年(公元738年)。他二十岁那一年是唐肃宗至德二年(公元757年)。由此可以确定,马祖道一最迟至唐肃宗至德二年已在赣州龚公山。③

在马祖道一所收弟子中,鄂州无等是出类拔萃者。释赞宁撰《宋高僧传》卷十一《唐鄂州大寂院无等传》曰:"释无等,姓李氏,今东京尉氏人也。负志卓荦,辞气贞正。少随父官于南康,频游梵刹,向僧瞻像,往即忘归。既作沙门,遇道一禅师在龚公山,学侣蚁慕。等求法于其间,挺然出类。"其他高足,如百丈怀海、南泉普愿、

---

① 宋释赞宁撰《宋高僧传》卷十《唐洪州开元寺道一传》,《大正藏》第50卷。
② 张美兰《祖堂集校注》,商务印书馆2009年12月第1版,第129页。
③ 参见邱环《马祖道一禅法思想研究》,四川出版集团巴蜀书社2007年11月第1版,61页。

伏牛山自在、招提慧朗、盐官齐安①、大梅法常、药山惟俨、五台邓隐峰、襄州庞居士、灵照女等,都是在这一时期皈依马祖道一的。[同治]《赣县志》卷五十一《仙释》曰:"今龚公山相传有邓隐峰松、庞居士竹、灵照女莲,盖当时遗迹云。"至鄂州无等、伏牛山自在前来投依参问时,龚公山"清净梵场"已有相当大的规模,已成为一个远近知名的传法中心,不复马祖初至时的荒芜景象。

百丈怀海来龚公山时,已经到了马祖赣州传法的后期。《景德传灯录》卷六曰:"洪州百丈山怀海禅师者……属大寂阐化南康,乃倾心依附。与西堂智藏禅师同号入室,时二大士为角立焉。"陈诩撰《唐洪州百丈山故怀海禅师塔铭》曰:"桑门上首曰怀海禅师。……落发于西山慧照和尚,进具于衡山法朝律师。既而叹曰:'将涤妄源,必游法海。岂惟必证,亦假言诠。'遂诣庐江阅浮槎经藏,不窥庭宇者积年。既师大寂,尽得心印。言简理精,貌和神峻,睹即生敬。居常自卑,善不近名。……元和九年(公元814年)正月十七日,证灭于禅床,报龄六十六。僧腊四十七。"由此可知,百丈怀海生于天宝八年(公元749年)。大历二年(公元767年),百丈怀海受具。此后,又到庐江浮槎寺,阅经藏数年。其投入马祖门下的时间当为大历五年(公元770年)左右。

禅门有"马祖造丛林,百丈立清规"之说。马祖在建阳充其量不过三四年②,在抚州时期驻锡时间也不长,门徒不多,故而诛茂盖篷,即可栖止。可以说,建阳和抚州并不是马祖的传法中心。马祖在赣州时期,法席昌隆,僧团组织已经成型,故而有辟地建造寺院以集聚僧众的需要,由此开创了禅宗在"禅居"方面有别于律宗的"丛林"制度。龚公山宝华寺就是由马祖道一奠基的。寺内有清道光十五年立的《重修宝华寺大雄宝殿记》,碑文云:"厥基由马祖肇兴,继之者智藏禅师。"

元和九年(公元814年),百丈怀海制定天下丛林规式,谓之清规。从此,禅宗有了完美的僧众制度。其实,"百丈清规"规定的管理制度在马祖那里已有雏形。《祖堂集》中有这样一段记载:

---

① 《宋高僧传》卷十一《唐杭州盐官海昌院齐安传》曰:"释齐安……后闻南康龚公山大寂禅师随化度人,慈缘幽感,裹足振锡,一日造焉。大寂欣其相依,论持不倦。"

② 徐文明《马祖道一生平的几个问题》一文认为:马祖道一驻锡佛迹岭的时期"当在开元末至天宝初,具体说可能是开元二十八年至天宝二年间。"杨曾文、蒋明忠主编《马祖道一与中国禅宗文化》,中国社会科学出版社2006年9月第1版,第113页。

有一日斋后，忽然有一个僧来，具威仪，便上法堂参师。师问："昨夜在什么处？"对曰："在山下。"师曰："吃饭也未？"对曰："未吃饭。"师曰："去库头觅吃饭。"其僧应诺，便去库头。当时百丈造典座，却自个分饭与他供养。其僧吃饭了，便去。百丈上法堂，师问："适来有一个僧未得吃饭，汝供养得么？"对曰："供养了。"师曰："汝向后无量大福德人。"对曰："和尚作么生与么说？"师曰："此是辟支弗僧，所以与么说。"进问："和尚是凡人，作么生受他辟支弗礼？"师云："神通变化则得，若是说一句佛法，他不如老僧。"

从上文中可以看出，马祖所造的寺庙是以法堂为中心，以住持升堂说法为主要修学活动的。这种修持理念在《百丈古清规》中就成为"不立佛殿，唯树法堂"的施设原则。上文中有所谓"库头"、"典座"的名目，这说明《禅苑清规》规定的诸职事是从马祖所造的丛林里起源的。

马祖禅法虽然属于"民禅"，而不是"官禅"，但它那生动明快的传法语言，灵活多样的教诲引导方法，简便易行的修行方式，吸引了不少有儒道修养的官僚士大夫。大历二年（公元767年），裴谞出任虔州刺史。在任期间，曾屈尊枉驾，到龚公山听马祖道一说法，成为马祖的俗弟子。《宋高僧传》卷十《唐洪州开元寺道一传》称："郡守河东裴公，家奉正信，躬勤谘禀，降英明简贵之重，穷智术慧解之能。每至海霞敛空，山月凝照，心与境寂，道随悟深，自明者在乎周物，博施者期乎济众。居无何，裴公移典庐江、寿春二牧，于其进修惟勤，率化不坠。"由于得到了地方军政长官的支持，马祖在赣州建立"清净梵场"，就获得了合法的生存空间。

《江西通志》卷一百五十九说李舟任虔州刺史时，也曾到龚公山听马祖说法："刺史李舟与妹书曰：'释迦生中国，设教如周孔。周孔生西方，设教如释迦。天堂无则已，有则君子登。地狱无则已，有则小人入。'识者以为知言。舟在虔时，马祖说法于龚公山，舟听其说，遂披襟解带，留连不能去。"据［同治］《赣县志》，李舟任虔州刺史，是在贞元年间（785）。这一记载说明马祖住锡南昌开元寺后，还曾回到龚公山说法。

马祖在龚公山时，以自由活泼的应物接机方式开了禅宗机锋之先河。《景德传灯录》卷八《襄州居士庞蕴》记载了他用暗示的方法接引庞居士的公案："后之江西，参问马祖云：'不与万法为侣者是什么人？'祖云：'待汝一口吸尽西江水，即向汝道。'居士言下顿领玄要,乃留驻参承,经涉二载。"庞蕴在马祖门下,是居士中的佼佼者。马祖以"一口吸尽西江水"这种不合逻辑的语言形式,破除庞蕴的情见执著,喻示"佛"是不可言说的,促其猛省。这一明快直截的话头后来脍炙人口,被许多文人写到诗歌中。如苏轼《马祖庞公真赞》云:"南岳坐下一马,四蹄踏杀天下。马后复一老庞,一口吸尽西江。天下是老师脚,西江即渠侬口。不知谁踏谁杀,何缘自吸自受。"①黄庭坚《见翰林苏公马祖庞翁赞戏书》云:"一口吸尽西江水,磨却马师三尺嘴。"②丁鹤年《逃禅室解嘲》云:"久慕陶公卧北窗,还从马祖吸西江。"③长真子谭处端《送吉上人之江西下高峰和尚遗书》云:"君不见马师一口吸西江,波腾浪沸烟茫茫。"④张昱《慧具庵自滦京回》云:"去把西江都吸尽,却从马祖问如来。"⑤《颂古连珠通集》卷十四也收集了多首以该话头起首的偈颂。如:白云守端所作"一口吸尽西江水,万古千今无一滴。要知悭理不悭亲,马祖可惜口门窄"。五祖法演所作"一口吸尽西江水,洛阳牡丹新吐蕊。簸土扬尘无处寻,抬眸撞著自家底"。佛鉴勤所作"一口吸尽西江水,道头便合自知尾。可怜庞老马大师,相逢对面千万里。"

　　禅宗的接引话语常常取自日常生活环境。马祖引"西江"而言,也是就近取譬。据龚公山宝华寺寺内人员介绍,距宝华山约十华里处有西江,发源于兴国县的潋江,在兴国县的廖溪流入赣江。刘光照《虔州木客析》引清代兴国知县张沿瑗所著《潋水志林》说:"折而南,土名西江,径险而山色殊秀,与赣县龚公山相属。"所谓潋水,《明一统志》卷五十八说"在兴国县东北,一名平川"。今兴国县埠头镇至赣县吉埠镇之间有河名"平江",此江即为潋水,当地自古以来俗称为西江。⑥

　　西堂智藏随马祖移居赣州后,在此得授禅法。宋代碑刻唐技《重建大宝光塔碑铭》曰:"又七年,(智藏)遂受其法。"西堂智藏是马祖的贴身弟子,为什么要七年之久才得受其法?笔者认为,此法就是马祖的禅法要旨——"即心是佛"。对于这一要旨的新阐释是马祖驻锡龚公山多年后才开始提出的。

---

① 《东坡全集》卷九十五。
② 黄庭坚《山谷集》卷十四。
③ 丁鹤年《鹤年诗集》卷二。
④ 顾嗣立编《元诗选二集》卷二十六。
⑤ 张昱撰《可闲老人集》卷三。
⑥ 参见邢东风《马祖道一江西行迹调查记》,邢东风辑校《马祖语录》,中州古籍出版社2008年1月版,第305页。

《祖堂集》、《景德传灯录》有马祖在赣州讲说"即心即佛"的记载。如伏牛山自在初依径山国一禅师受具,"后于南康见大寂,发明心地。因为大寂送书于忠国师,国师问曰:'马大师以何示徒?'对曰:'即心即佛。'国师曰:'是甚么语话?'良久,又问曰:'此外更有什么言教?'师曰:'非心非佛,或云不是心,不是佛,不是物。'国师曰:'犹较些子。'师曰:'马大师即恁么,未审和尚此间如何。'国师曰:'三点如流水,曲似刈禾镰。'师后隐于伏牛山。一日谓众曰:'即心即佛是无病求病句,非心非佛是药病对治句。'"①

游方访道的大梅法常,听说江西马大师诲学,于是直造龚公山的法筵。《祖堂集》卷第十五《大梅和尚》记载了马祖与大梅法常谈论此禅法要旨的对话:"(大梅法常)因一日问:'如何是佛?'马师云:'即汝心是。'师进云:'如何保任?'师云:'汝善护持。'又问:'如何是法?'师云:'亦汝心是。'又问:'如何是祖意?'马师云:'即汝心是。'师进云:'祖无意耶?'马师云:'汝但识取汝心,无法不备。'"大梅法常当下顿领玄旨,于是至大梅山鄞县南七十里梅福旧日隐居处栖心修道,不再出山。后来盐官齐安门下的一位僧人到大梅山,看见大梅法常,草衣结发,住在小皮舍里,言语謇涩,自言见马大师而来。僧人问大梅法常:"师于马祖处得何旨意?"大梅法常说:"即心即佛。"僧人回到盐官齐安那里,详细汇报了上面这件事。盐官齐安回忆说:"吾忆在江西时,曾见一僧问马大师佛法祖意,马大师皆言'即汝心是'。自三十余年,更不知其僧所在。莫是此人不?"于是叫几个人,依照原路,斫山寻觅大梅法常,并吩咐他们见到大梅法常后就说:"马师近日道非心非佛。"那几个人依盐官所教而行。大梅法常说:"任你非心非佛,我只管即心即佛。"盐官齐安听后叹息说:"西山梅子熟了。你们可以去他那里,随意采摘去。"②

在赣州期间,马祖还让西堂智藏作信使,到径山法钦禅师、南阳慧忠国师、径山国一禅师处送信或传话。《景德传灯录》卷第四《杭州径山道钦禅师》记载说:"马祖令门人智藏来问:'十二时中,以何为境?'师曰:'待汝回去时有信。'藏曰:'如今便回去。'师曰:'传语却须问取曹溪。'"《祖堂集》卷第十五《西堂和尚》有这么一则关于智藏见南阳慧忠国师的公案:"西堂和尚嗣马祖,在虔州。师讳智藏。……马

---

① 《景德传灯录》卷第七《伏牛山自在禅师》。
② 《祖堂集》卷第十五《大梅和尚》。

祖遣师送书到国师处,在路逢见天使。天使遂留斋次。因驴啼,天使唤头陀,师乃举头。天使便指驴示师,师却指天使,天使无对。又到国师处,国师问:'汝师说什摩法?'师从东边过西边立。国师云:'只者个,为当别更有不?'师又过东边立。国师云:'这个是马师底,仁者作摩生?'师云:'早个呈似和尚了。'"这说明,在马祖与佛教界人士的联系中,西堂智藏不仅担当着联络员的任务,而且起着宣示马祖禅法的作用。去南阳慧忠国师处不久,智藏又送信给径山国一禅师。

马祖道一离开赣州到洪州弘法,驻锡开元寺,是受洪州刺史路嗣恭邀请而去的。① 权德舆《洪州开元寺石门道一禅师塔碑铭并序》说:"大历中,尚书路冀公之为连帅也,舟车旁午,请居理所。"据郁贤皓师《唐刺史考全编》考证,路嗣恭于大历七年至大历八年(公元773年),任洪州刺史兼御史大夫、江西观察使。当马祖道一决定移锡开元寺时,龚公山的寺务本来已移交智藏主持,但智藏难以割舍大师,于是又将寺务交付他人,随大师前往开元寺。唐技《龚公山西堂敕谥大觉禅师重建大宝光塔碑铭》中记载:"大寂将欲示化,自钟陵结茅龚公山,于门人中益为重。大寂没,(智藏)师教聚其清信众,如寂之存。"《景德传灯录》卷七说:"连帅路嗣恭延请大寂居府,应期盛化,(智藏)师回郡,得大寂付授纳袈裟,令学者亲近。"由此可见,西堂智藏在马祖门下属于指定的接班人。② 道一圆寂后,西堂智藏在龚公山西堂的传法活动接续了曹溪法脉,光大了马祖门庭。

综上所述,马祖从天宝六年至大历八年,在赣州弘法的时间跨了二十七个年头,而贞元年间至少有一年也曾回到赣州龚公山说法。笔者据此认为,《赣县龚公山宝华古寺志》关于马祖在赣州弘法二十八年的说法,是有根据的。由于马祖在龚公山创立了禅门最早的大型寺院,制定了早期的寺院生活规则,赣州就成了禅宗丛林制度及禅门清规的发祥地。

(作者单位:赣南师范学院文学院)

---

① 关于马祖移锡洪州的时间,王荣国《马祖道一弘法历程考论》认为是在大历七年七月下旬至大历八年九月之间,刘元春等学者认为是在大历八年。

② 参见葛兆光《洪州马祖道一禅系的风靡》,四川省什邡市政协学习文史委员会编《什邡文史资料》第21辑《马祖道一研究资料集》,2005年8月版,第35页。

元、王集团与大历京城诗风

查屏球

大历十才子若仅作为一个诗歌流派,在唐诗史上的地位既不能与前期的沈宋、王储相比,又无法与后期的韩孟、元白并论。但作为一个文化群体,它又是研究盛中唐士风与诗风承转的一个重要环节。其中这一文人群体的产生原因与生存方式就包含了极丰富的历史文化信息,其历史真相也还有待发覆。以下试从这一点入手来探讨大历诗风的一些历史内涵。

一 大历重文臣政策与天宝余气

代宗与肃宗不同。肃宗因乱得位,不尽合法,政治神经比较脆弱。内听皇后张良娣,外任宦官李辅国,只以私臣保其位,政治上没有什么新的作为。代宗为太子时一直是处于平乱前线,对唐王室的危机有更具体的认识,即位后,既最终平定了安史之乱,又两次抵御了吐蕃的大规模的入侵,这使得近十年来一直处于危机之中的唐王朝似乎有了一些中兴之象。代宗已感受到唐室不亡实有赖于天下士人对王室的向心力,为改变战乱中武将擅权的状况,他开始重用文臣,有意提高文士的地位,采取了一些收笼士心的措施,并着力提高文士的吸引力。如《旧唐书·代宗纪》记:"(永泰元年)三月壬辰朔,诏左仆射裴冕、右仆射郭英乂、太子少傅裴遵庆、检校太子少保白志贞、太子詹事臧希让、左散骑常侍畅璀、检校刑部尚书王昂、高升、检校工部尚书崔涣、吏部侍郎李季卿、王延昌、礼部侍郎贾至、泾王傅吴令瑶等十三人并集贤院待诏。上以勋臣罢节制者京师无职事,乃合于禁门书院,间以文儒公卿,宠之也。"集贤院是玄宗开元年间所设的一个文化机构,其间集中了当代最著名的辞人学者,前期主其事者即是文坛领袖张说。它独立于中书省、尚书省之外,能与君王保持更亲近的关系,一直是文士学人最荣耀的职位。代宗以文儒公卿之职安排这批靖难勋臣,也就是要撇开官阶等第限制,将权力中心从武人那里移到文臣手中,此举即开创了唐中后期翰林承旨学士之制。代宗还安排文臣任方镇大员以代替武将,如任王缙为河南副元帅、北都留守等职;又遣鲍防为河东节度使。史称人乐鲍防之治,代宗诏图形别殿①。当时宰臣元载、王缙、崔祐甫、常衮、杨炎等皆有文名,如《旧唐书·元载传》称元载"好属文","博览子史,尤学道书。""天宝初,玄宗崇奉道教,下诏求明庄、老、文、列四子之学者,策入高第。"同书《王缙传》称:"少好学,与兄维早以文翰著名"。"连应草泽及文辞清丽举。"又称:杨炎"文藻雄丽","自开元以来,言诏制之类者,时称常、杨焉。"杨绾"尤工文辞,藻思清赡"。"(天宝十三载)取辞藻宏丽科,别试诗赋各一首,制举试诗赋,自此始也。时登科者三人,绾为之首。"常衮"文章俊拔,当时推重"。崔祐甫亦是进士科出身②。他们都是玄宗时代进士科文化培养的一代。代宗对勋臣大将也存有戒心。但是,他不象肃宗那样仅依靠宦官李辅国等控制权力,而是重用了一批进士科出身的大臣。这既分解了地方军将的权力,又遏制了宦官势力的恶性膨胀,还权于朝,使群臣对王室有了一定的信心。如其即位不久,即罢除在肃宗时被尊为尚父的李辅国判元帅行军司马、兵部尚书、中书令等职,还权于朝臣,许朝朔望。③ 广德二年群臣在避吐蕃入侵时,"太常博士柳伉上书,以蕃寇犯京师,罪由程元振,请斩之以谢天下。上甚嘉纳④。"后又利用元载除去宦官鱼朝恩。终代宗一朝,宦官专权情况并不严重。外廷众臣都能有所作为,士人对王室多存有较强的向心力。代宗还采取了一些延揽士人的措施。如《册府元龟》卷一一三记:

(大历六年)四月戊午,上御宣政殿,亲试讽谏主文、茂才异等、智谋经武、

① 《新唐书》卷一五九《鲍防传》。
② 《旧唐书》卷一百一十八、卷一百一十九。
③ 见《旧唐书》卷十一《代宗纪》。
④ 见《旧唐书》卷一百一十八。

博学专门四科举人。帝亲慰勉,有司常食外,更赐御厨珍馔及茶酒,礼甚异等。
举人或有敝衣菜色者,帝悯之,谓左右曰:"兵革之后,士庶未丰,皆自远来,资
粮不足故也。"因为之泣下。时方炎暑,帝具朝衣,永日危坐,读太宗《贞观政
要》。及举人策成,悉皆观览,一百余道。将夕,有策未成者,命大官给烛,命尽
其才思,夜分而罢。时登科者凡一十五人。

由此可见代宗对文人的重视,这使得因战乱而遭贬值的文人又有了以文求仕的
希望。

　　除了政治需要之外,代宗朝文人受到重用,也是唐进士科文化自身发展的一个
历史趋势。陈寅恪先生《唐代政治史述论稿》卷上云:"唐代自安史之乱后,其宰相
大抵为以文学进身之人。此新兴阶级之崛起,乃武则天至唐玄宗七八十年间逐渐
转移消灭宇文泰以来胡汉六镇民族旧统治阶级之结果。"①崛起于武后时代的进士
阶层,其政治地位是在不断上升的。开、天时代是唐王朝极盛之世,也是进士科文
化得以充分发展的时代。它造就了一代空前庞大的以诗赋为业的进士文化群,其
成员扩展到社会各个阶层。我们由上述宰臣的出身特点可以看出,大批诗赋之士
进入权力中心正是从代宗朝开始的。这是开、天进士科文化在战乱后的再度沿续,
实质上也是开、天文化的一个历史惯性。近十年的战乱中断了士人以诗赋求仕的
生活道路,但并没有改变人们以诗赋取士的价值观念。《通鉴》卷二二二"唐代宗广
德元年六月"记:礼部侍郎杨绾上疏请停进士、明经两科,改为汉代的察举制,给事
中李栖筠,左丞贾至,京兆尹严武并与绾同。然而,"宰臣(指元载——笔者注)等奉
以举人旧业已成,难于速改","代宗以废进士科问翰林学士(指常衮——笔者注),
对曰:进士行来已久,遽废之,恐失人业,乃诏孝廉与旧业兼行。②"沿续了上百年的
以诗赋取士的价值观念已根深蒂固,由科举进身的士人在进入权力中心后必然保
持了这一价值取向。如《旧唐书·元载传》称:"元载自作相,常选擢朝士有文学才
望者一人厚遇之,将以代己。"又:"王缙兄弟有诗名于世,缙既官重,凡所延辟,皆辞

---

① 《唐代政治史述论稿》上篇《统治阶级之氏族及其升降》,上海古籍出版社 1982 年版,23 页。
② 事见《旧唐书》卷一百一十九。

人名士。①”“常衮当国……非以辞赋登科者,莫得进用。②”这些都表明因战乱而遭
冷淡的以诗赋取士的价值观念至此又在朝政中得以确立。因此,由天宝进士科文
化培养出的一代士人又恢复了以诗赋求仕的热情,在战乱平息不久,他们又一次云
集京城。他们逐名京都的愿望已被压抑了近十年,此时作为一种文化潜能又重新
释放出来,都试图以自已的才华找回曾经失落的价值。可见,天宝进士科文化惯性
是造成大历京城诗人群聚合的内在原因。

当时的京城也为诗人表现诗才提供了一个文化环境。在平乱中出现了一批勋
臣权要。李泌曾建议肃宗对勋臣采取吝权厚赏的策略,此法正为代宗所取。他多
以赏赐之恩来保证勋臣对王室的效忠,又欲以京都皇家的排场与气派来恢复王室
在盛世时的声望,这使得战乱后的长安出现了浮华奢侈之风。开、天盛世虽已离
去,但是,新兴的权贵仍以豪华的贵族气派虚构出一个中兴幻象。如《通鉴》卷二三
四“唐代宗大历二年”记:“(大历二年)二月,丙戌,郭子仪来朝,上命元载、王缙、鱼
朝恩等互置宴于其第。一会之费至十万缗。”《旧唐书·代宗纪》记:“(三月)甲戌,
鱼朝恩宴子仪、宰相、节度、度支使、京兆尹于私第。乙亥,子仪亦置宴于其第。戊
寅,田神功宴于其第。时以子仪元臣,寇难渐平,蹈舞王化,乃置酒连宴。酒酣,皆
起舞。公卿大臣列坐于席者百人。子仪、朝恩、神功一宴费至十万贯。”诗人是这些
宴集活动的文化点缀。元载、王缙这批由科举出身的新兴权贵,一方面既贪图盛世
贵族的豪华气派,另一方面受其文化属性的作用,更好以文雅之事装点自身形象。
因此,他们也广揽文人,大兴文场。现存的一批同题诗则记载了当时的一些盛会。
如王缙于大历三年曾以宰臣身份赴幽州,其时京城诗人多参与了宴集送别活动。
如皇甫冉、皇甫曾都作有《送王相公之幽州》③,韩翃、钱起也作有《奉送王相公赴幽
州巡边》④。又如“大历初,以新罗王卒,授(归)崇敬仓部郎中、兼御史中丞,赐紫金
鱼袋,充吊祭册立新罗使。”⑤皇甫曾、皇甫冉、耿湋、李益、李端、吉中孚等都作有《送

---

① 《旧唐书》卷一六三。
② 《旧唐书》卷一一九。
③ 《全唐诗》卷二百五十。皇甫曾原题《送王相公赴幽州》,见《全唐诗》卷二百一十。
④ 韩翃《奉送王相公缙赴幽州巡边》,《全唐诗》卷二百四十五,一作张继诗,然由《因话录》所记"韩羽擅场"
　一事看,当为韩翃。钱起诗题为《送王相公赴范阳》见《全唐诗》卷二百三十八。
⑤ 《旧唐书》卷一百四十九。

归中丞使新罗》①，大历十一年鲍防出为太原少尹、河东节度行军司马、权知河东留后②，钱起、卢纶均有诗赠之。钱诗题作《送鲍中丞赴太原军营》，卢诗题作《送鲍中丞赴太原》③。还有一些笔记资料也记载了当时京城宴集诗会的情况。如《国史补》卷上记："郭暧（郭子仪子——笔者注），昇平公主驸马也。盛集文士，即席赋诗，公主帷而观之。李端中宴诗成，有'荀令'、'何郎'之句，众称妙绝。或谓宿构，端曰：'愿赋一韵。'钱起曰：'请以起姓为韵。'复有'金埒'、'铜山'之句，暧大出名马、金帛遗之。是会也，端擅场。送王相公之镇幽朔，韩翃擅场。送刘相公之巡江淮，钱起擅场。"又如《中兴间气集》卷下云："自丞相已下，更出作牧。二公（钱起、郎士元——笔者注）无诗祖饯，时论鄙之。"可见，新贵们的豪宴正成了京城诗人的诗会。以十才子为主体的京城诗人群就是在这样场合中形成并得名的。现知最早关于"大历十才子"记载的是《册府元龟》卷七百七十七中所引的一段材料，其曰："钱起与韩翃、李端、卢纶、司空曙辈十人俱以能诗出入贵游之门，时号'十才子'，形于图画。"其后《新唐书·卢纶传》又曰："纶与吉中孚、韩翃、钱起、司空曙、苗发、崔峒、耿湋、夏侯审、李端皆能诗齐名，号大历十才子。"葛立方《韵语阳秋》、晁公武《郡斋读书志》、王应麟《玉海》亦采此说。但在宋代，对"十才子"究竟指哪十人，已有异说。南宋计有功《唐诗纪事》卷三十载"大历十才子，……卢纶、钱起、郎士元、司空曙、李端、李益、苗发、皇甫曾、耿湋、李嘉祐。又云：吉顼、夏侯审亦是。或云：钱起、卢纶、司空曙、皇甫曾、李嘉祐、吉中孚、苗发、郎士元、李益、耿湋、李端。"严羽《沧浪诗话·诗评》还把冷朝阳列入"大历才子"。其实这都是根据所存作品与各自的好尚来判断。所谓"大历十才子"并不是指大历时期成就最高的诗人，而是指大历年间活跃于京城诗坛的一个诗人群体。这些人各自诗风并不完全一致，各人留存下来的作品数量悬殊颇大。如苗发、吉中孚、夏侯审仅存一二首诗。而由姚合记载看，十才子之名非后人所加，而是当时即有。由姚合记载与十才子的作品看，他们在当时主要是以其群体性的创作活动而成名。这一现象与这一特点的形成是与当时的文化环境与文化走向密切相关的。这本身就是大历士风的一种特点。从文化走向看，"十才子"的聚合与成名也是安史之乱平定后诗赋之士再度活跃的表现。

① 见《全唐诗》卷二百一十、二百五十、二百六十九，吉中孚诗题为《送归中丞使新罗册立吊祭》。
② 见傅璇琮主编《唐才子传校笺》卷三，496页，中华书局1987版。
③ 《全唐诗》卷二百三十八、二百八十。

综上所述,代宗重用文臣的政治走向适与开天以来进士科文化惯性相合,吸引了文人聚合京城,重温以诗赋求仕之梦。战乱后新贵们的奢华之风也为京城诗人提供了展现诗才的机会。这就是大历京城诗人的政治背景与文化环境。这一背景与环境促成了京城诗人群的聚合,也影响了大历京城诗风的思想特征与审美取向。

二 元载、王缙集团与京城诗人群

若细加探讨还可看出,这一文化背景与创作环境又具体表现为以十才子为主体的京城诗人群与元载、王缙集团的关系上。了解这一点,可使我们更清楚地认识到大历年间的士人创作活动的特点以及十才子这一诗人群形成的直接原因。

战乱的平定给士人带来了一些希望,然而,由整个政治环境看,大历时代仍处于战乱后的余痛中,王权还时时受到内乱外患的威胁。因战乱而遭到破坏的选举制度已难以完全恢复。因为,危机的王权只能对一切采取实用主义的态度,根本不可能保证朝章制度的权威性与延续性。所以,玄宗后期以李林甫、杨国忠为代表的腐败的权贵政治仍在沿续。以诗赋平等竞争还只能是士人的一种奢望。同时,当时中央财政极度紧张,也根本无力满足众多士人"以禄代耕"的愿望。因此,士人的仕进道路仍很艰难。这使得求仕者不得不在诗赋之外再加以钻营之能,他们不得不寻求权贵作为自己的生存依托。其时的权力中心主要集中在元载、王缙集团。元载自永泰初直至大历十二年执宰相之权长达十五年,权倾代宗一朝。《旧唐书·王缙传》称:王缙其时为左相,亦"卑附元载,不敢与忤"。同书《元载传》又称:"(元载)与王缙同列,缙方务聚财,遂睦于载,二人相得甚欢,日益纵横"。他们虽然也是科举出身,但都已深染天宝盛世贵族的恶习。作为一新兴权贵,往往表现得更为贪婪。如《旧唐书·崔祐甫传》言:"自至德、乾元中天下多战伐,启奏填委,故官赏紊杂。及永泰之后,四方既定,而元载秉政,公道隘塞,官由贿成。中书主事卓英倩、李待荣辈用事,势倾朝列,天下官爵,大者出元载,小者自倩、荣。四方赍货贷贿求官者,道路相属,靡不称遂而去。于是纲纪大坏。"王缙还极力劝说代宗佞佛,朝臣多受其影响。《旧唐书》本传云:"公卿大臣既挂以业报,则人事弃而不修,故大历刑政,日以陵迟,有由然也。"衰弱的国势,再加上如此混乱的政治,自然使得大历一朝士风萎靡不振,奔走元、王之门已成了士人仕进的必经之路。十才子等人除苗发是宰相苗晋卿之子外,大多门第不显,地位不高。他们也不得不依附权贵寻求出路,而元载、王缙之府又是当时京城的社交中心,投身他们门下,则成了这批才子的自然选择。他们的一些作品中就已显示了与元、王集团关系密切。如崔峒有《咏门下画小松上元、王、杜三相公》①,郎士元有《和王相公题中书丛竹寄上三相公》,钱起有《咏门下画松上元、王、杜三相公》、《奉和杜相公移长兴宅奉呈王相公》,韩翃有《奉和元相公家园即事寄王相公》,李端有《奉和王、元二相避暑怀杜太尉》。这些诗与以上所引送王缙赴幽州之作以及几则笔记记载的情况,都足以表明十才子等人正以诗才奔走于元、王门下。大历京城诗人与初唐诗人聚会于王公宫室不同。开元十年后玄宗已限制宗室外戚的聚会活动②。大历年间代宗对他们限制更多③。此时诗人依附对象则已由王公贵族转向了元、王这类新兴权贵。

依常情看,以十才子等人的地位,恐不能与元、王有过多的直接交往。细检他们的诗作,再参之以其他史料,则能发现十才子中多数人与元、王之子存在着更为密切的关系。《旧唐书·元载传》:

> (元)载在相位多年,权倾四海,外方珍异,皆集其门,资货不可胜计。故伯和、仲武(皆元载子——笔者注)等得肆其志。轻浮之士,奔其门者,如恐不及。名姝、异乐,禁中无者有之。……伯和恃父威势,唯以聚敛财货,征求音乐为事。

《唐语林》中亦记:

> "元伯和、李腾、腾弟淮、王缙子某,时人谓之'四凶'④。"

---

① 以下诗分见《全唐诗》卷二百九十四、二百四十八、二百三十七、二百三十八、二百四十四、二百八十五。
② 《旧唐书·玄宗纪》记:开元十年九月,玄宗诏:"自今已后,诸王、公主、驸马、外戚家,除非至亲以外,不得出入门庭,妄说言语。"
③ 《旧唐书·代宗纪》记:"(大历二年)禁王公宗子郡县主之家,不得与军将婚姻交好,委御史台察访弹奏。"
④ 《唐语林》卷五,原文为王缙。周勋初先生《唐语林校证》据《永乐大典》引文以'王缙子某'为是。甚确。详见书该书737条"校证",中华书局1987版,504页。

　　可见，元、王之子也是手握父权之人。此事至中唐时仍有影响。如《唐语林》记言"令狐(楚)相，每朝廷大事取决于子，如元载之子伯和、李吉甫之子德裕①"。这些都表明元氏兄弟与王缙之子在当时权势之大。十才子等人多在"奔其门者"之列，他们的诗中存有不少与元、王之子的唱和酬赠之作。如耿湋诗有《春日书情寄元校书郎伯和相国元子》②，《元和姓纂》卷四记："元载生伯和，秘书丞，仲武，祠部员外，季能，校书郎③"。《旧唐书·元载传》亦云："载长子伯和，先是贬在扬州兵曹参军，载得罪，命中使驰传于扬州赐死。次子仲武，祠部员外郎，次子季能，秘书省校书郎，并载妻王氏赐死"。耿湋题中"校书郎"或是伯和在任秘书丞之前的职务。又如司空曙作有《早夏寄元校书》④，李端有《宿荐福寺东池有怀故园寄元校书》，钱起有《奉和王相公秋日戏赠元校书》、《罢官后酬元校书见酬》。他们写给元伯和的诗还有：钱起《酬元秘书晚上蓝溪见寄》、李端《早春雪夜寄卢纶兼寄秘书元丞》、《元丞宅送胡浚及第东归觐省》、《酬秘书元丞郊园卧疾见寄》、《奉和元丞侍从游南城别业》、《奉秘书元丞杪秋忆终南旧居》、《卧病闻吉中孚拜官寄元秘书昆季》、崔峒《赠元秘书》等。这些诗中"元丞"当是指任秘书丞的元伯和，"元校书"可能是元季能，由耿湋诗题看也可能是元伯和，还可能是元仲武，因李端诗题表明元氏家次子三子皆曾为校书郎。王缙之子的姓名、生平现已难以确考。李端《慈恩寺怀旧序》可提供一些线索，其序中曰：

　　　　余去夏五月，与耿湋、司空文明、吉中孚同陪故考功王员外来游此寺。员外，相国之子，雅有才称⑤。

　　此"王员外"是否为"四凶"之一，尚难确定。然由此亦可看出十才子等人创作活动与王缙之子也确有关系。司空曙同题之作尚存，题为《残莺百转歌同王员外、

---

① 《唐语林·辑佚》同上，1084 条，751 页。

② 《全唐诗》卷二百六十九。

③ 《元和姓纂》卷四，郁贤皓师、陶敏整理，中华书局 1994 年版。

④ 以下分见《全唐诗》卷二百九十二、二百九十二、二百八十六、二百三十八、二百三十八、二百三十七、二百八十五、二百八十六、二百九十。

⑤ 《全唐诗》卷二百八十四。

耿拾遗、吉中孚、李端游慈恩各赋一物》,此外钱起有《陪考功王员外城东池亭宴》①,卢纶有《和考功王员外杪秋忆终南旧居》、李端还有《闲园即事赠考功王员外》、《旅舍对雪赠考功王员外》。这些诗中的王员外与李瑞、司空曙以上两诗中所言当为一人,这说明十才子当时与王缙子来往也较密切。

参考近人考证成果还可大致推断出他们交往的时间,钱起之诗作于罢官后,蒋寅先生考定此事在永泰二年或大历二年,据傅璇琮先生考证吉中孚约于大历四年拜官,他们与元氏的交往也主要是在大历初期的三四年里。元伯和、王缙子等人都出自"能文"之家,他们凭借父势,占据了清要之位,既有兴趣又有条件举办各类诗会活动。如诸多笔记资料记载元伯和颇能审乐(参见下文所引),在其门下聚集了不少有名的乐人。乐人们都欲得其一赏以提高身价。诗乐相通,十才子等人也当是因此而会于其门,所谓"十才子"之说极有可能就是在这类诗会中得名的。

我们再将上述诗与十才子等人的生平资料综合起来,则可以发现十才子等人的仕进与元、王及其子有着直接的关系。在十才子中吉中孚仕途较畅,李端《送吉中孚拜官归楚州》中云:"初戴莓苔帻,来过丞相宅。满堂归道师,众口宗诗伯。须臾里巷传,天子亦知贤。出诏升高士,驰声在少年。自为才哲爱,日与侯王会。匡主一言中,荣亲千里外。更闻仙士友,往往东回首。驱石不成羊,指丹空毙狗②"。吉中孚是以仙官身份入仕的。他以此身份,再加上诗才,游于丞相之门。元载本人也是以"明庄、老、文、列科"及第。所以,吉中孚能投所好,一举成名,他科举及第,也应是得到元伯和的帮助。《唐摭言》卷十三"无名子谤议"记山东野客极诋当时选人之滥,云:"且吉中孚判以'大明御宇'为头,以'敢告车轩'为尾,初类是颂,翻乃成箴。"又作诗云:"无识伯和怜吉獠③"。吉獠即指仙官出身的吉中孚。李端《卧病闻吉中孚拜官寄元秘书昆季》也议及此事,云:

　　　汉家采使不求声,自慰文章道欲行。毛遂登门虽异赏,韩非入传滥齐名。云归暂爱青山出,客去还愁白发生。年少奉亲皆愿达,敢将心事向玄成。

---

① 以下分见《全唐诗》卷二百九十三、二百三十七、二百七十六、二百八十六、二百八十五。
② 《全唐诗》卷二百八十。
③ 《唐摭言》,上海古籍出版社1978年版,21页。

　　李端对吉中孚拜官亦有怨言,希望自己也能得到元氏父子赏识。诗中"玄成"是用《汉书》韦贤、韦玄成父子皆为宰相一典。《汉书·韦贤传》记:韦玄成,韦贤之子,为相七年,守正持重不及于父,而文彩过之。李端以玄成比元伯和,既称赞他的文才也吹捧了其父有古人之贤。耿湋《春日寄元校书郎伯和相国元子》诗亦云:"卫介琼瑶色,玄成鼎鼐姿。友朋汉相府,兄弟谢家诗。"他将元氏兄弟吹成卫介、谢灵运之类的才子,与上一首一样也是用了"玄成"一典。他们与元氏兄弟交往仍是想借此求得其父的青睐。大历年间,司空曙、崔峒、耿湋都曾任过拾遗、补阙之职。《唐会要》卷五十六记:"大历四年十二月一日,补阙、拾遗宜各置内供奉两员。又七年五月十一日敕:'补阙、拾遗宜加置两员。'"大历年间拾遗、补阙职位一直在增员。他们三人能得此职自然得力于元氏父子的安排。吉中孚、卢纶、李端都曾为秘书省校书郎,与元氏兄弟同列,关系自然密切。卢纶更是由元、王一手提拨出来的。史称:"(卢纶)大历初,还京师,宰相王缙奏集贤学士、秘书省校书郎。王缙兄弟有诗名于世,缙既官重,凡所延拜,皆辞人名士,以纶能诗,礼待逾厚①。""(卢纶)大历初,数举进士不入第。元载取纶文以进,补阌乡尉②"。十才子等人在京城诗坛的成名与早期仕途的如愿,主要在于他们与元、王集团有着更亲近的关系。

　　综合上述可见,大历年间的京城仍存有天宝腐败政治的余气,元、王之门已是京城文人聚会的一个中心,奔走元、王之子门下已成为当时求仕者的捷径,十才子等人在当时就是奔走者中的幸运儿和成功者。所谓"大历十才子"与其说是一个独立的文学流派,还不如说是元、王政治集团的文化附缀品,他们的生存与创作活动就是以这一政治集团为现实依托的。《册府元龟》言十才子"以能诗出入贵游之门",比较准确地概括了这一诗人群体的特点。胡震亨云:"十才子如司空附元载之门,卢纶受韦渠牟之荐,钱起、李端入郭氏贵主之幕,皆不能自远权势。考刘长卿尝为鄂岳观察吴仲孺诬奏系狱,朝遣御史就推得白。仲孺正令公婿,岂长卿生素刚婞,不屑随十才子后,曳裾令公门欤? 亦可微窥诸人之品矣。"③其实,这不仅是人品问题,还是因为十才子等人的生存环境与刘长卿等人不同,所采取的生存方式也不

---

① 《旧唐书》卷一百六十三《卢简辞传》。
② 《新唐书》卷二百三《卢纶传》。对此傅璇琮先生考之颇详,参见《唐才子传校笺》卷三。
③ 《唐音癸签》卷二十五,上海古籍出版社 1981 年版,268 页。

一样。

三　盛唐余韵与大历京城诗风

依附权贵也是初盛唐士人的生存方式。但与前期四杰、沈、宋、珠英学士、文章四友、辋川诗人等相比,大历十才子的生存方式又有其自身的特点,它带有大历时代士风的特色。这一特点就是体现在他们与依附者之间特殊的关系上,这种关系决定了大历京城诗人的文化角色的属性,也决定了其创作活动与审美取向上的诸多特点。

大历十才子这一诗人群体形成于京城社交圈之中,创作活动的社交化是大历京城诗人的一个明显特点。在大历前期京城诗人群中以钱起、郎士元两人影响最大。《中兴间气集》将两人诗分置上下卷卷首,所选诗也是最多的。其评语中记有当时人的看法,曰:"士林语曰:'前有沈、宋、后有钱、郎'①"。"自丞相已下,更出作牧,二公无诗祖钱,时论鄙之②"。时人将钱、郎与沈、宋并称,一方面是指在诗歌艺术上,他们都精于五言律的写作;另一方面,是指在文化角色上他们与沈、宋一样,都是以诗才而成为京城诗场中的佼佼者。以上所述钱起、李端争擅之事,与前期宋之问争东方虬锦袍之事相比都极为相似。这一文学现象是宫廷文化的产物。沈、宋突出的成就是充分发挥了近体诗的声律艺术,他们的诗"回忌声病,约句准篇。如锦绣成文……学者宗之③",这一风格体式极合初唐时期宫廷文化典雅华丽的气派,他们是以诗坛领袖的身份而成为武后宫廷中的文化倡优。沈、宋虽有官职,但其诗名远大于他们职位的价值。他们是以诗才而成为其时宫廷台阁的的专业歌手。钱、郎等京城诗人的创作活动与文化角色与沈、宋是极相似的。只不过他们依附的对象不再是王室,他们是元、王政治集团的附缀物,是新兴权贵的文化倡优。他们的创作活动多是依托京城社交圈,社交化诗歌已成为他们现存作品中的主要部分,如《中兴间气集》奉钱、郎为当代之首,其收钱、郎诗各十二首,其中交往赠送

---

① 《中兴间气集》卷上"钱起评语"。
② 同上,卷下"郎士元评语"。
③ 《新唐书》卷二百二。

之作各占 11 首。其他如韩翃收诗七首，全是题赠送别之作，崔峒收诗九首，有七首是属这一类。其中多是在当时一些大型的宴集诗会活动中产生的"擅场"之作，如钱起《奉送刘相公催转运》、韩翃《奉送王相公赴幽州》都被收录。这表明他们主要也是以作这类社交诗而称名诗坛。对诗人来说，这类创作活动已成为他们出名求仕的一种方式，因此，它也成了大历年间京城诗坛的主流风尚。

　　他们的诗歌在语言形式与诗体风格上多受到了这种创作活动的制约。大历京城诗人群前期在创作中多重清辞丽句，其诗多见炼句炼字之工。但是，在内容上多乏新意，没有深度，缺少个性。如高仲武《中兴间气集》在方法与体例上明显是取法殷璠的《河岳英灵集》，但高氏与殷氏相比更重警句的价值。他在各家的评语中不再列举篇目，而是每评一家都摘录了一些警句。这种方法前人虽也运用，但将此作为评诗的一个基本标准还是自高仲武开始的。这一现象的出现与创作活动社交化是直接相关的。在这种社交化的创作活动中逞才扬名是诗人主要的创作动机，它实质上也是一种诗艺诗才的竞争，是科场文化的扩展。诗人的创作势必要受制于这一接受环境。因为诗中警句更引人注目，它具有更直接的接受效应，更能集中地体现诗人辞赋之才，所以，它也自然成了这一竞赛统一的评判标准。这使得诗人多将创作重心放在对清辞丽句的营造上，思想情感反成了一种类型化的形式，也正因为如此，他们的诗歌多有单调、雷同的倾向。因为诗人多是被动的为社交而作，所写之事多是社交圈内规定性的内容，诗的情调与体式必须要符合社交圈内共同的审美心理。因此，创作主体的情感并没有完全投放其中，诗人的个体情感被阻于社交化的程式之外，诗人在艺术上个性也淹没于统一的模式之中。

　　从审美风尚看，当时诗人的作品与元、王自身的文化取向有着明显的关系。元、王作为科举出身的新兴权贵，与王公贵戚召集文人装点门面不同，他们是以文坛盟主的身份主持这类活动，所以他们的审美取向对诗坛影响更大。这方面最明显的表现有以下两点：一是辋川诗派的余韵。这一期间的作品多存有王维晚年山水田园诗的模式，钱起、郎士元等人的作品都与王维诗风极为相似。当时人们即以为"右丞之后，钱郎居首"。这一现象产生的原因除了盛唐文化的影响之外，还有一个重要因素即是王缙本人的审美趣味对诗坛的影响。王缙在天宝时也是辋川诗派成员，他与其兄王维曾以此成名诗坛。在他鼓吹下王维其人其诗已成为大历士人的一个精神偶像。如独孤及《唐故左補闕安定皇甫公集序》言：

> 五言诗之源生于国风,广于离骚,著于李苏,盛于曹刘,其所自远矣。当汉魏之间,虽已朴散为器,作者犹质有余而文不足,以今揆昔,则有朱纮疏越、太羹遗味之叹。历千余岁,至沈詹事、宋考功始裁成六吕,彰施五色,使言之而中伦,歌之而成声,缘情绮靡之功至是乃备。虽去雅浸远,其丽有过于古者,亦犹路鼗出于土鼓,篆籀生于鸟迹也。沈宋既殁,而崔司勋颢、王右丞维复崛起于开元、天宝之间,得其门而入者,当代不过数人,补阙其一人也。

他从五言诗的渊流上说明了王维诗是直承沈、宋传统,属诗坛雅体正宗的代表。其对诗坛主流风尚的这一总结是比较准确的,其时以王维为代表的山水田园诗已成为科场应试标准的抒情范式。如独孤及盛赞皇甫冉的诗也在于他与王维、王缙有着特殊的关系。如上文中又言:"今相国太原公(王缙)之推毂河南也,辟为书记。大历二年迁左拾遗,转右补阙。"王维本人在战乱中失节,但在大历年间仍有极大影响,这与王缙有相当的关系。如王缙上王维文集表中称王维:

> 当官坚正,秉操孤直,纵居要剧,不忘清净,实见时辈,许以高流,至于晚年,弥加进道,端坐虚室,念兹无生,乘兴为文,未尝废业。

他特意提出王维晚年之事,显然有为他正名的用意。因此,大历诗人宗法王维诗风,既承天宝诗风惯性,又与王缙的地位与鼓吹相关。依附他的诗人,自然要以这一诗歌模式来取悦于他。如司空曙《过胡居士覩王右丞遗文》:

> 旧日相知尽,深居独一身。闭门空有雪,看竹永无人。每许前山隐,曾怜陋巷贫。题诗今尚在,暂为拂流尘。

大历年间,国家仍处于痛苦之中,士人生存维艰,但是,其时的诗中却见不到这一真实的情景,仍以描写山水田园表达隐逸之情为主。如皎然后来所说"窃占青山白云春风芳草以为己有"。清雅超脱的内容与灾难的时代形成了明显的反差。这与王缙对京城诗人群的影响是相关的。

二是齐梁诗风的泛起。大历京城诗人的一些作品颇有齐梁诗的趣味,有一些作品纯属宫体艳情诗。如李端《王敬伯歌》、《妾薄命》、《代弃妇答贾客》、夏侯审《咏被中绣鞋》、卢纶《古艳诗》、《妾薄命》、钱起《效古秋夜长》[①]等，皆是如此。这种齐梁艳风的再度泛起极可能与元氏父子的审美情趣有关。元载作为一个起自下层寒门的新兴权贵，极重官能享受，其审美情趣也较王缙低下。如《杜阳杂编》卷上记："（元）载闲暇日，凭栏以观，忽闻歌声清响，若十四五女子唱焉，其曲则《玉树后庭花》也"。"载宠姬薛英瑶攻诗书，善歌舞，仙姿玉质，肌香体轻，虽旋玻、摇光、飞燕、丝珠不能过也……唯贾至、杨公南（炎）与载友善，故往往得见歌舞，至因赠诗曰：'舞怯铢衣重，笑疑桃脸开。方知汉武帝，虚筑避风台。'公南亦作长歌褒美，其略曰：'雪面蟾娥天上女，凤鸾金翅欲飞去。玉钗碧翠步无尘，楚腰如柳不胜春'"。重臣贾至、杨炎都作这类诗取悦元载，其他诗人也就可想而知了。且元伯和专以收集音乐为事，如《幽闲鼓吹》记："福州观察使寄乐妓十人，既至，半载不得送。使者窥伺门下出入频者，有琵琶康昆仑最热，厚遗求通，即送妓。伯和一试奏，尽以遗之。先有段和尚善琵琶，自制《西梁州》，昆仑求之不与，至是以乐之半赠之，乃传焉，道调《梁州》是也。[②]"元氏父子所好是梁陈《后庭花》、《西州曲》之类，十才子等与之交往，也不能不受其影响。如李、卢《妾薄命》有云：

　　忆妾初嫁君，花鬟如绿云。回灯入绮帐，转面脱罗裙。折步教人学，偷香与客熏。

　　妾年初二八，两度嫁狂夫。薄命今犹在，坚贞扫地无。

如夏侯审《咏被中绣鞋》：

　　云里蟾钩落凤窝，玉郎沈醉也摩挲。陈王当日风流减，只向波里见蒇罗。

又如司空曙《病中嫁女妓》、《观妓》：

① 以上分见《全唐诗》卷二百八十四、二百八十四、二百八十六、二百九十五、二百七十八、二百七十七、二百三十六。
② 据《太平广记》卷一百一十八引。

万事伤心在目前，一身垂泪对花筵。黄金用尽教歌舞，留与他人乐少年。
翠蛾红脸不胜情，管绝弦余发一声。银烛摇摇尘暗下，却愁红粉泪痕生。①

李端《代弃妇答贾客》：

玉垒城边争走马，铜鞮市里共乘舟。鸣环动佩恩无尽，掩袖低巾泪不流。
畴昔将歌邀客醉，如今欲舞对君羞。忍怀贱妾平生曲，独上襄阳旧酒楼。②

诗人已将初唐以来对齐梁诗风的批判置于一边，有意效仿梁陈宫体诗，并写得更为放纵。今人已注意到齐梁诗风在大历复活的现象，多以为是时衰所致。其实，由上可见，元氏父子的提倡也是其中的一个现实原因。这些也表明十才子在大历京城诗坛更似是一群文化倡优。

李肇《国史补》记载了唐人对大历文风的看法，其曰："大历诗风尚浮③"。由上可见，这种"尚浮"之风在大历京城诗歌中主要表现在两方面：一是诗歌内容浮泛空洞，诗人单纯追求清辞丽句之美，缺乏情感深度，浮响居多，真情较少。二是诗歌的审美趣味轻浮，一些诗表现出齐梁诗风的审美倾向。由上分析可见，这两者都与京城诗人创作活动的社交化与文化角色的倡优化直接相关。这实质上就是其时浮华的文化风尚在诗中的表现，这既是天宝贵族浮华之风的残余，也是京城诗人群与元、王集团的特殊关系所造成的畸形的文化现象。

（作者单位：复旦大学中文系）

---

① 以上分见《全唐诗》卷二百八十四、二百七十七、二百九十五、二百九十三、二百九十二。
② 《全唐诗》卷二百八十六。
③ 《唐国史补·因话录》，上海古籍出版社 1979 年版，59 页。

试析元稹巧婚的前因后果

胡振龙

摘要：元稹对昔日恋人始乱终弃，舍弃寒女而别婚高门，被称之为巧婚。造成巧婚的原因和时代风气有关，也和元稹少时经历密不可分。但元稹就婚韦门在仕途上未曾得到韦夏卿的帮助，在物质利益上也没有沾溉到韦家的好处。

一

以叙述张生和崔莺莺之间一段爱情悲剧为题材的唐传奇《莺莺传》，对后世的戏曲小说创作产生了很大的影响。故事中的张生与作者元稹之间的关系，学界一般认为张生为元稹自寓。此说首见于宋赵令畤《侯鲭录》卷五《辨传奇莺莺事》所载王铚《传奇辨正》，其云："每观其文，抚卷叹息，未知张生果为何人。意其非微之一等人，不可当也。会清源庄季裕为仆言：友人杨阜公尝得微之所作姨母郑氏墓志，云其既丧夫，遭军乱，微之为保护其家备至。则所谓《传奇》者，盖微之自叙，特假他姓以自避耳。仆退而考微之《长庆集》，不见所谓郑氏志文，岂仆家所收未完，或别有他本尔？然细味微之所序，及考于他书，则与季裕所说皆合。盖昔人事有悖于义者，多托之鬼神梦寐，或假之他人，或云见他书，后世犹可考也。微之心不自聊，既出之翰墨，姑易其姓耳。不然，为人叙事，安能委曲详尽如此！"

　　王铚所论虽有穿凿之处,然大体可从。① 故鲁迅《中国小说史略》第九篇"唐之传奇"云:"元稹以张生自寓,述其亲历之境。"陈寅恪《元白诗笺证稿》"读莺莺传"也认为:"张生即微之之化名,此固无可疑。"新时期以来,吴伟斌先生发表了一系列文章对自寓说提出异议,多次否定"自寓说",认为"这是个不能成立的错误结论"、"《莺莺传》是虚构的故事情节,张生和崔莺莺是作者元稹虚构的主人公"。② 笔者以为把传奇中的张生完全等同于元稹,一一对号入座,恐忽略了《莺莺传》的传奇小说文体特征,从而误将其作为纪实传记文。虽然诸多迹象表明张生和元稹有极其相似之处,然而我们也可以找到例证来说明《莺莺传》有虚构之处。如故事开头所云:"内秉坚孤,非礼不可入,以是年二十二,未尝近女色。"这段褒扬张生品行的叙述就与元稹少时经历大相径庭。同时笔者也反对元稹与张生没有联系的说法,见诸于元稹集的许多诗篇告诉我们,青年时代的元稹曾和一位名叫"双文"的姑娘有过艳遇,后无果而终。而"双文"即暗指莺莺,元稹《赠双文》及《杂忆五首》诗皆言及"双文",赵令畤《侯鲭录》卷五引王铚说以为"二莺字即双文"。因此,张生的原型是传奇作者元稹的说法是完全可以成立的。元稹对昔日恋人"始乱终弃",后又就婚于"出入多欢裕"的(《梦游春七十韵》)的韦夏卿家,这种"舍弃寒女而别婚高门"的行径,陈寅恪先生称之为"巧婚":"综其一生行迹,巧宦固不待言,而巧婚尤为可恶也。岂其多情哉? 实多诈而已矣。"③

二

　　文学史无数事实证明,每个作家身上都不同程度地带有其所处时代的痕迹,时代风尚以及同时代所交往之人在影响着他们。我们要了解作家就必须本着知人论

---

① 　尹占华先生《〈莺莺传〉是元稹自寓—兼与吴伟斌先生商榷》认为:"如云元稹之以'张生'自寓是因张、元同出黄帝,崔莺莺为永宁尉崔鹏之女等,不足为据。"《西北师大学报》2001 年第 4 期第 66 页。

② 　吴伟斌先生观点分别见《"张生即元稹自寓"说质疑》,《中州学刊》1987 年第 2 期;《再论张生非元稹自寓》,《贵州文史丛刊》1990 年第 2 期;《关于元稹婚外的恋爱生涯》,《文学遗产》2001 年第 1 期。反驳吴先生张生非元稹自寓说的论文主要有尹占华《〈莺莺传〉是元稹自寓—兼与吴伟斌先生商榷》,《西北师大学报》2001 年第 4 期;程国赋《论元稹的小说创作及其婚外恋—与吴伟斌先生商榷》,《文学遗产》2002 年第1 期;

③ 　《艳诗及悼亡诗》,陈寅恪《元白诗笺证稿》,上海古籍出版社 1978 年版。

世的原则了解他们所处的时代。

安史之乱后,唐朝国力渐趋衰弱,时风与士风均与初盛唐时期有较大的不同。开元全盛日"仰天大笑出门去,我辈岂是蓬蒿人"的高昂自信腔调逐渐趋于平缓,李肇《唐国史补》记载:"长安风俗,自贞元侈于游宴。""京城贵游,尚牡丹三十餘年。每岁暮,车马若狂,以不耽玩为耻。"中唐社会弥漫着享乐之风,人们追求华丽舒适,绮靡风流,男女社交较为自由。如白居易年少时家寄埇桥(今安徽符离),和邻家女孩"湘灵"相爱,湘灵曾把自己亲手制作的一双鞋送给白居易,这使他念念不忘。元和十一年贬谪江州,结婚多年的白居易还带着惆怅恋旧的心理回忆起当时的情形:"中庭晒服玩,忽见故乡履。昔赠我者谁?东邻婵娟子。因思赠时语,特用结终始。永愿如履綦,双行复双止。自我谪江郡,漂荡三千里。为感长情人,提携同到此。今朝一惆怅,反复看未已。"(《感情》)可以想象当初二人爱得真诚深沉,但后来白居易举家迁居长安,这种关系未能维持下去:"唯有潜离与暗别,彼此甘心无后期。"(《潜别离》)

科举的发展,城市商业经济的繁荣,使得中唐时期产生了为数众多的举子和倡伎阶层,发生在他们之间的情感纠葛屡见不鲜。据元稹《崔徽歌序》,裴敬中曾以兴元幕僚的身份出使蒲州,与河中府娼崔徽来往密切,相从累月。后裴还,崔徽发狂而卒。也有的士子忠实于爱情,甚至殉情而死。黄璞《闽川名士传》载欧阳詹游太原时爱一妓,约定还京后即来迎娶,后因故不能如约,年餘,才派车去接,妓已积思成疾而殁,只得其遗髻及《绝命词》一首而归,詹览之,悲恸,绝句亦殁。由此可见冶游风气在当时时颇为盛行,青年男女自由相恋,男方为求出路奔走他乡,即使后来见异思迁而成为负心郎,也不受社会舆论的遣责。诚如陈寅恪《读莺莺传》所言:"韦丛与莺莺之差别在社会地位门第高下而已……则微之所以作《莺莺传》,直叙其自身始乱终弃之事迹,绝不为之少惭或略讳者,即职是故也。其友人杨巨源、李绅、白居易亦知之而不以为非者,舍弃寒女而别婚高门,当日社会所公认之正当行为也。否则微之为极热衷巧宦之人,值其初具羽毛,欲以直声升朝之际,岂肯作此贻人口实之文,广为流播以自阻其进取之路哉?"

三

应当承认,仅仅以时代风尚的影响来解释元稹"巧婚"并不足以服人,因为同是中唐著名作家,韩愈、柳宗元、白居易、刘禹锡等人在婚恋方面并未为人诟病,独元稹被目为巧婚之徒。当美丽温柔的"莺莺"出现在眼前,他便想入非非,毫不犹豫地以情诗相挑。虽说"莺莺"善鼓琴,工刀扎,对元稹一往情深,但他对此并不珍惜,最后还是毅然决然地抛弃了她。最为恶劣的是文末还堂而皇之地为自己开脱。这不能不说是一种轻佻之举。要解释元稹何以取此不严肃的态度,还必须考察元稹少年时代的家庭教育及家庭环境对他的影响。

元稹出身于一个渐趋没落的官僚家庭,祖父入隋后曾为兵部尚书,但父亲元宽只做了一个比部郎中的小官,而且在元稹八岁时就病故了。由于无法维持生计,母亲郑氏只好带着元稹兄弟投靠凤翔外婆家。凤翔地处畿辅,自然不能避免京城享乐之风的侵袭。元稹的姨兄胡灵之、吴士矩等耽于游戏,他们对元稹的消极影响是不言而喻的。少年元稹从姨兄那里既学到了作诗要领,同时也沾染了嬉戏宴乐的不良习气。元稹《答姨兄胡灵之见寄五十韵》诗序云:"九岁解赋诗,饮酒至斗馀乃醉。时方依倚舅族。舅怜,不以礼数检,故得与姨兄胡灵之辈十数人为昼夜游"。诗中叙述了一帮少年的疯狂喧闹:"忆昔凤翔城,龆年是事荣……米椀诸贤让,蠡杯大户倾。一船席外语,三榼拍心精。传盏加分数,横波掷目成。华奴歌《渐渐》,媚子舞《卿卿》……屠过隐朱亥,楼梦古秦嬴。环坐唯便草,投盘暂废觥。春郊才烂漫,夕鼓已砰轰。荏苒移灰琯,喧阗倦塞兵。糟浆闻渐足,书剑讶未成。"他们酗酒、游冶、赌博,光阴虚度,以致一无所成。吴士矩同样是一个喜游宴、好乐舞的浪子。元稹《寄吴士矩端公五十韵》一诗回忆道:"可怜何郎面(原注:吴生小字何郎),二十才冠饰。短发予近疏,罗衫紫蝉翼。伯舅各娇纵,仁兄未摧抑。……藉草送远游,列筵酬博塞。萋葳云幕翠,璨烂红茵赭。鲙缕轻似丝,香醅腻如织。将军频下城,佳人尽倾国。媚语娇不闻,纤腰软无力。歌辞妙宛转,舞态能剜刻。筝弦玉指调,粉汗红绡拭。予时最年少,专务酒中职。"吴士矩豪华奢侈、纵欲享乐比起胡灵之是有过之而无不及的。而且尚宴游的习气一直延续到其壮年,《新唐书》本传说他"文学早就,喜与豪英游,故人人助为谈说。开成初,为江西观察使,飨宴侈纵,一日费十数万。"环绕在少年元稹身边的就是这样一种花天酒地、奢华游冶的环境氛围,对于日后元稹的成长带来的不良影响是不言而喻的。弗洛伊德是近代将心理分析运用到文学批评上的鼻祖,他十分重视作家童年时代生活与其创作道路之间的关系:"你们不会忘记,我们对作家童年时代生活的强调,看起来或许令人迷惑不解,但归根到底还是从这样的假设推衍出来的,这就是:一部创造性作品,象白日梦一样,是当年孩童时期玩耍游戏的一种继续和替代。"①这段话有助于我们解读元稹对昔日恋人始乱终弃的轻率之举。假定元稹生长于一个趋庭受诲训导严格的家庭,环绕他周边的是奉礼守乐恭谨严正的成长环境,果真如《莺莺传》开头所说:"内秉坚孤,非礼不可入,以是年二十二,未近女色",那么长大后的元稹将会是一个笃信礼教、淳正朴厚的书生。《莺莺传》中作为元稹化身的"张生"却恰恰相反,他对美貌的莺莺一见钟情,并立即采取行动,设法虏获其芳心。尽管传奇一开始为他贴上了"非礼不可入"的标签,但其好色的面目还是显露无遗。因此,"张生"的行为可以说是少年元稹风流自在冶游嬉戏岁月的延续。

四

元稹在抛弃出身寒门的昔日恋人"莺莺"后,于唐德宗贞元十九年和当时显宦韦夏卿之女韦丛结婚。韦夏卿曾官吏部侍郎、京兆尹,贞元十九年三月改太子宾客。地位如此显赫,韦夏卿完全可以按照上流社会的一般做法在及第进士中为女儿择婿。唐制,进士登第者极受推崇,豪门大户竞相争取进士为东床之选。进士关宴这一天,"公卿家倾城纵观于此,有若中东床之选者,十八九钿车珠鞍,栉比而至。""行市罗列,长安几于半空,公卿家率以期拣选东床,车马阗塞,莫可殚述。"(《唐摭言》卷三)韦夏卿却选择了明经出身后又制策入仕的元稹为婿。韩愈《监察御史元君妻京兆韦氏夫人墓志铭》云:"选婿得今河南御史元稹"。那么韦夏卿为何做出了这样的选择呢?

《旧唐书》卷一六五韦夏卿本传述韦夏卿"深于儒术,所致招礼通经之士"。处士窦群自幼熟读儒家经典,曾向中唐著名学者啖助门人卢庇学《春秋》,著书三十四

---

① 弗洛伊德《创造性作家与白日梦》,《二十世纪文学评论》上册第73页,上海译文出版社1987年版。

卷,号《史记名臣疏》,为此他得到了韦夏卿的高度赏识。韦夏卿曾不厌其烦地三次推荐窦群于朝庭,终于使他在贞元十八年获德宗召见。① 同样,元稹为了应明经科考试,在儒家典籍上也着实下了不少功夫。我们在看到少年元稹风流自赏、嬉戏游乐的同时,也应看到他为早日登上仕途而刻苦读书、勤勉自励的一面。元稹《诲侄等书》自述说:"吾幼乏岐嶷,十岁知方,严毅之训不闻,师友之资尽废。……是时,尚在凤翔,每借书于齐仓曹家,徒步执卷,就陆姊夫师授,栖栖勤勤,其始也若此。"书信中未言陆翰所授何书,卞孝萱先生认为:"从贞元八年元稹应明经考试推断,当系经书。"②所言良是。贞元九年,年仅十五岁的元稹明两经擢第。众所周知,唐代科举名目虽多,但以明经、进士两类著称于世。因明经科录取的比例较大,考中的希望比进士科要大得多,但在时人心目中的地位较低,故唐人有"三十老明经,五十少进士"之说。《大唐六典》对明经科考试的要求及具体名目有详细介绍:"其明经,各试所习业,文注精熟,辩明义理,正经有九:《礼记》、《左传》为大经,《毛诗》、《周礼》、《仪礼》为中经,《周易》、《尚书》、《公羊》、《谷梁》为小经,通二经者,一大一小,若两中经。"尽管明经竞争激烈程度远不如进士试,但"文注精熟,辩明义理"的要求并不低,十五岁的元稹能一举中第,其对经籍的熟知程度由此可见一斑。无怪乎他能得到"深于儒术"的韦夏卿的赏识而得以被选中做女婿,这对元稹自然是求之不得的事情。"眠阁书生复何事,也骑嬴马从尚书"(《陪韦尚书丈归履信宅因赠韦氏兄弟》)一句透露出元稹受宠若惊、喜出望外的兴奋之情。

五

陈寅恪先生认为:"盖唐代社会承南北朝之旧俗,通以二事评量人品之高下。此二事,一曰婚,二曰宦。凡婚而不娶名家女,与士而不由清望官,俱为社会所不齿。"③和唐代普通士子一样,元稹确实存在浓厚的门第观念,他舍弃旧日恋人莺莺就婚韦氏,旨在结援攀高,经营仕途。但实际上,元稹与韦丛结婚后并未借助韦夏

① 文渊阁四库全书本《窦氏联珠集》卷三《故朝议郎御史中丞容管经略史赐紫金鱼袋赠左散骑常侍扶风窦府君诗并传》。
② 《元稹年谱》第 23 页,齐鲁书社 1980 年版。
③ 陈寅恪《读莺莺传》,《元白诗笺证稿》第 108 页,上海古籍出版社 1978 年版。

卿势力晋升。贞元十九年春,元稹中书判拔萃科第四等,释褐为秘书省校书郎。当时主持考试的是吏部侍郎郑珣瑜,郑氏请裴垍考词判,裴垍守正不务请托,考核皆务才实,元稹得以中第很大程度上是受到裴垍赏识的缘故。元稹后来在《感梦》诗中有过表白:"僧云彼(指裴垍,笔者按)何亲,言下涕不已。我云知我深,不幸先我死。僧云裴相君,如君恩有几? 我云滔滔众,好直者皆是。唯我与白生,感遇同所以。官学不同时,生小异乡里。拔我尘土中,使我名字美。美名何足多,深分从此始。"裴垍在元稹最需要奖掖提携之时帮助了他,这使得元稹没齿不忘。显然,韦夏卿并未出面抬举元稹。况且元稹参加制科考试的时候还不是韦家的乘龙快婿,韩愈《监察御史元君妻京兆韦氏夫人墓志铭》云:"选婿得今御史河南元稹,稹时始以选校书秘书省中。"可知元稹是在制科入仕后才和韦丛结婚的。元和元年元稹中"才识兼茂明于体用科"高第,授官左拾遗,而此年正月韦夏卿已离开人世(见《旧唐书·韦夏卿传》)。看来拔元稹于尘土中的主要功劳应归于当时的宰相裴垍。故当裴垍卒后,元稹一再遭贬,致有"自从裴公无,吾道甘已矣"(《感梦》)的慨叹。元稹就婚于韦门之后,与韦夏卿的关系甚为一般,可能由于二人的政治见解不同。韦夏卿是属于结党营私的窦参、裴延龄集团,而元稹不仅没有依附于这一集团,而且对那些敢于同这一集团斗争的陆贽、阳城等人流露出明显的欣赏赞美之情(参见元稹《阳城驿》诗)。总之,韦夏卿作为元稹的岳父并没有对元稹的宦途产生多少影响,现存史料中也未见有元稹依靠韦夏卿向上爬的记载。再从物质利益上看,虽然元韦二人结婚之时适值"韦门正全盛,出入多欢裕"(元稹《梦游春七十韵》),元稹也曾在韦家欣赏歌舞、寻欢作乐,风流得意了一番,但富裕显赫的韦家并没能分给元稹家庭多少财产。尤其是韦夏卿卒后,元稹和韦丛的生活一直处于拮据状态,幸而有善于持家的韦丛来勉强维持。元和四年,韦丛去世,这不幸的事件给元稹心灵带来巨大的创伤,诗人用血泪饱蘸浓墨写下了一系列情真意切的悼亡诗。《遣悲怀三首》历来为人们传诵,诗云:"谢公最小偏怜女,自嫁黔娄百事乖。顾我无衣搜荩箧,泥他沽酒拔金钗。野蔬充膳甘长藿,落叶添薪仰古槐。"清代蘅塘退士《唐诗三百首》评云"古今悼亡诗充栋,终无能出此三首范围者。"堪称的评。再如元稹《六年春遣怀八首》诗:"自言并食寻常事,惟念山深驿路长。"不难看出,韦丛虽出身于名门显宦之家,但她和元稹结婚后的生活是清苦的。总之,元稹就婚韦门在仕途上未曾得到韦夏卿的帮助,在物质利益上也没有沾溉到韦家的好处。他靠的是自己卓尔不群的才华以及公平持正的裴垍的赏识才得以出人头地的,而这一点却不大为研究者注意。

（作者单位:南京晓庄学院人文学院）

元稹家世及对其社会阶层的自我体认

段承校

在过去的元稹研究中,虽然研究者们受阶级成份决定论的影响不小,但重视一个作家的生长环境及其在社会生活中的地位问题仍然为我们研究一个作家的创作及其风格形成提供了诸多解决问题的参照。研究者们早已走出了阶级成份决定论的研究怪圈,但如果我们由此而又放弃考察一个作家的成长环境,不顾创作主体的客观现实存在,势必会走入研究的另一个极端。创作主体的社会存在及其自我体认仍然是我们认识和把握作家诸多问题的重要途径,舍此而为,就难以深入到作家的心理世界。特别是在我国的古代文学中,创作主体很少是现代意义上的职业作家,他们的现实存在首先是作为担当一定政治文化使命及责任而显现的,其次才是作家个人的创作(当然使命和责任在许多情况下又不是通过创作来体现的)。因此,考察元稹成长的家庭环境及其社会阶层的自我体认是我们走进其心灵世界首先要解决的问题。以下便依据有关元稹的史料记载,并吸取已有的研究成果对这一问题展开讨论。

一、家庭环境

首先是关于元稹的先世问题。卞孝萱先生《元稹年谱》(以下凡引此书均简称《元谱》)①对此已有详尽的考证,甚为精当。元氏出于拓跋氏,是鲜卑君长,后改姓

---

① 卞孝萱《元稹年谱》,齐鲁书社1980年版。

为元。至北周时又复姓拓跋。隋时又改称元氏,之后便沿习下来。元稹是北魏昭成皇帝什翼犍的第十四世孙。据此,元稹的先世是显赫的。但是,我们从元稹的诸多诗文中,除几篇为自己的亲戚撰写的碑志文有所夸饰外,他似乎并没有从这里找到过多的荣耀和自信。这也不足为怪,即使是掌控寰宇的李唐皇室,由于出自胡夷,在具有优良家族文化传统、家法门风和令人钦羡的婚姻关系的山东士族面前,也仍然遭到蔑视,更何况元氏家族正在走向没落呢? 元稹的六代祖元岩由周入隋,官至兵部尚书,进爵平昌郡公,终益州总管长史,获赐第于万年县靖安坊,这是元稹近世先祖中最为显赫的一位了。元稹的从政风范颇有些像其六代祖元岩,故此不惮烦赘引《隋书》卷六二《元岩传》如下:

> 　　元岩字君山,河南洛阳人也。父祯,魏敷州刺史。岩好读书,不治章句,刚鲠有器局,以名节自许,少与渤海高颎、太原王韶同志友善。仕周,释褐宣威将军、武贲给事。大冢宰宇文护见而器之,以为中外记室。累迁内史中大夫,昌国县伯。宣帝嗣位,为政昏暴,京兆郡丞乐运乃舆榇诣朝堂,陈帝八失,言甚切至。帝大怒,将戮之。朝臣皆恐惧,莫有救者。岩谓人曰:"'臧洪同日,尚可俱死。'其况比干乎? 若乐运不免,吾将与之俱毙。"诣阁请见,言于帝曰:"乐运知书奏必死,所以不顾身命者,欲取后世之名。陛下若杀之,乃成其名,落其术内耳。不如劳而遣之,以广圣度。"运因获免。后帝将诛乌丸轨,岩不肯署诏。……岩曰:"臣非党轨,正恐滥诛失天下之望。"帝怒,使阉竖搏其面,遂废于家。
> 　　高祖为丞相,加位开府,民部中大夫。及受禅,拜兵部尚书,进爵平昌郡公,邑二千户。岩性严重,明达世务,每有奏议,侃然正色,庭诤面折,无所回避。上及公卿,皆敬惮之。时高祖初即位,每惩周代诸侯微弱,以致灭亡,由是分王诸子,权侔王室,以为磐石之固,遣晋王广镇并州,蜀王秀镇益州。二王年并幼稚,于是盛选贞良有重望者为之僚佐。于是岩与王韶俱以骨鲠知名。物议称二人才具侔于高颎,由是拜岩为益州总管长史。……高祖谓之曰:"公宰相大器,今屈辅我儿,如曹参相齐之意也。"及岩到官,法令明肃,吏民称焉。……蜀中狱讼,岩所裁断,莫不悦服。其有得罪者,相谓曰:"平昌公与吾罪,吾何怨焉。"上甚嘉之,赏赐优洽。十三年,卒官,上悼惜久之。

靖安坊的宅第是元稹体认其家世荣耀的最为直接的象征。他的少年时代及家庭的诸多变故都发生在这里。五代祖元弘,官至隋北平太守,四代祖元义端,官至唐魏州刺史,曾祖元延景,为歧州参军,祖父元悱便只做了个南顿县丞。到元稹的父亲元宽似乎有所反弹,官至比部郎中,舒王府长史。在唐代这是五品级的中高级官员,是可以享受门荫的一个重要官阶。从目前的史料看,元稹的长兄元沂、二兄元秬在元宽去世时已是县丞、县尉一类的官员,可能是因为他们享受了门荫的待遇所致。因为在有关的碑志文中,我们并未发现元稹的长兄、二兄参加科举考试的记载。根据唐人入仕的惯例,他们入仕的途径很可能就是门荫。如果是通过科举及第入仕,元稹在为其二兄元秬撰写的墓志中必然有所夸饰,所以这个推断大致不误。

从以上的叙述可以看出,元稹的家族正在走向衰败,而其父元宽在元稹尚幼时即已去世,更使家庭过早地陷入了困境。这使他幼小的心灵很早就萌发了振兴家族、发奋图强的愿望。

其次是关于元宽去世时家庭的构成问题。《元谱》在排比了相关史料之后,揭示了元稹家庭中父老母少,大兄、二兄为元宽前妻所生的真相,为我们认识元稹家庭的本来面目打开了方便之门。贞元二年,元稹八岁。此年先是叔父元宵去世,不久便是父亲元宽去世。接踵而来的家庭重要成员的相继离世,使元氏家族顿时陷入了困顿。此时关中饥馑,加之连年的战事[1]。京城官民生活均受到严重影响,元稹的家庭自然不能幸免。据《元秬墓志》记载,"家极贫","贞元初蝗俭"元家竟以贩"女奴以足食"[2]。为了筹办元宵、元宽的丧事,有人建议将靖安宅第卖了,其二兄元秬反对这样做,"由是匍匐乞以终其丧"。家境困顿到如此境地,一方面是因为元宽官职不高,俸禄除了奉养家人外,恐无多少积蓄,加之元家在关中除了靖安宅第之外,似乎没有田产,祖先的食邑户恐怕也早已随着朝代的更迭而不能享有了;另一方面就是上面所说的关中连年的饥馑和战事造成元宽这样的中小官吏家庭也受到很大影响。其时元稹"伯兄由官阻于蔡,叔季皆十年而下,遗其家唯环墙之宫耳"。在这种情况下,元稹母亲郑氏要以礼来葬元宽、元宵,恐怕只有依别人的建议

---

① 《资治通鉴》卷二三二"德宗贞元二年"条。
② 《元稹集》卷五七。中华书局 1982 年 8 月版。页 605。

卖掉宅第了。在这一点上,我们认为作为元宽续弦的郑氏可能是与元稹发生了矛盾冲突。虽然元稹在为元稹撰写的墓志中隐藏了事实的真相,说什么"君跪言于先太君曰:'斯宇也,尚书府君受赐于隋氏,乃今传七代矣。敢有失守以贻太夫人忧?死无以见先人于地下。'由是匍匐乞以终其丧"。但是我们完全可以从志文及此后郑氏携元稹兄弟依倚舅族,元稹大姐早嫁,二姐出家为尼的事实中得到印证。表面上看来,郑氏携子归养娘家是由于经济困顿所致,但如果考虑到元宽卒时,元稹长兄元沂尚在蔡州汝阳县尉任上,二兄元稹罢官丁忧(按礼法元沂亦应罢官丁忧),应该有能力赡养元稹母子。虽然唐代妇女在丈夫死后多有归养娘家的事例①,但奉养继母及同父异母兄弟,按礼法仍是有赡养能力的成年男子的责任。所以郑氏携子归养娘家,我们应视其为不得已的选择。元氏兄弟不愿尽责任,同时在家财的处理上有意为难郑氏的情况是有可能发生的。因此,我们认为元稹母子生活无以为继,郑氏不见容于元家兄弟,可能是其投奔舅族的真实原因。元稹在《元稹志》中的美誉之辞,只是隐讳其家丑而已,不可尽信。

再次是关于元稹家庭及外族的教育环境的问题。先来看元氏家族的情况。从现存的史料看,入唐后的元稹先世的入仕似乎不是通过科举这条渠道,恐怕主要是通过门荫或其他途径取得入仕资格的。《元稹志》有一则史料颇值得我们注意。《元稹志》云:"先府君(元宽)丛集群言,裁成百叶书钞,君惧不得授,乃日一食以斋其心者一月。先太君怜而请焉,由是尽付其书。是岁货婢足食之一日也,日一粥而课写千言,三岁乃卒业"。据此,元宽编辑的"丛集群言"、"百叶书钞"式的书籍,当是一部类书。这种类书在唐代主要是为了作诗或应试之用。看来,元宽是在努力适应唐代社会逐渐由重门阀到重科举的大潮,以期改变子弟入仕不利的局面。相同的记载还见于《夏阳县令陆翰妻河南元氏墓志铭》②,这是元稹为其大姐撰的墓志。志云:"(元宽)尝著《百叶书要》,以萃群言,秘牒一开,则万卷皆废。由是惧夫百氏之徒,一归于我囿,所不乐也,故世莫得传"。仅仅是一部丛集群言的类书而已,元稹便如此夸饰于笔端,由此亦可见出元稹家族中家学资源的匮乏。不过这种类书出于方便适用的目的,在当时还是很受欢迎的。元稹在志文中还提到自己的

---

① 参见陈弱水《试探唐代妇女与本家的关系》一文,台湾《史语所集刊》第68本第1份1997年版。

② 《元稹集》卷五八,页610。

家教,说:"降五世而生我皇考府君。府君讳某,以四教垂子孙,孝先之,俭次之,学次之,政成之。"其中虽有炫耀之词,但如果我们联系到元宽不置田产,仅靠俸禄养家的事实,以"孝俭学政"为内容的家教还是可信的,因为这是贵族子弟步入社会、混迹官场必备的基本素质。对此,元稹在《海侄等书》中是这样告诫诸侄的:"汝独不见吾兄之奉家法乎?吾家世俭贫,先人遗训,常恐置产怠子孙,故家无樵苏之地,尔所详也"①。如果我们再联系对照相似阶层的白居易的家庭广置田产来看,元稹的家族显然是属于这一阶层的另一类型——靠入仕为官所得俸禄作为主要的经济来源的家庭。这一问题将在下文中论述,此处我们只关注其家庭教育。

不过,考察元稹的成长阶段的教育环境,我们更应该将注意力集中在他的舅族,不仅是因为元稹少年时代依倚舅族,生活在外族的家庭环境中,更主要的是因为其母郑氏秉承所学以教育元稹。因此,若从家学渊源来看,元稹所承继的当是其外族郑家的学术传统。《同州刺史谢上表》云:"臣八岁丧父,家贫无业,母兄乞丐以供资养,衣不布体,食不充肠。幼学之年,不蒙师训。因感邻里儿稚,有父兄为开学校,涕咽发愤,愿知诗书。慈母哀臣,亲为教授。年十有五,得明经出身。自是苦心为文,夙夜强学"②。郑氏所教的具体内容我们不得而知,但从元稹十五岁明经及第的事实看,郑氏教授给元稹的主要应是当时明经科考试所需掌握的内容。《旧唐书》本传说元稹"十五,两经擢第"。唐朝的明经科考试法,据《唐六典》卷二《尚书吏部》的记载:"其明经,各试所习业,文注精熟,辨明义理,然后为通。正经有九:《礼记》、《左传》为大经;《毛诗》、《周礼》、《仪礼》为中经;《周易》、《尚书》、《公羊》、《穀梁》为小经。通二经者,一大一小,若两中经;通三经者,大、小、中各一;通五经者,大经并通。其《孝经》、《论语》,并须兼习"。同书卷四《尚书礼部》又云:"凡明经,先帖经,然后口试,并答策,取粗有文性(理)者为通"③。据此,元稹的"两经擢第",无论是通"一大一小",或两中经,他深谙礼学是毫无疑义的。这也可以从他入仕后积极参加朝堂的礼仪讨论得到印证④。《莺莺传》中的"张生"形象的塑造,其"内秉坚孤,非礼不可入",我们相信也是本源于作者从小接受的礼学教育。

---

① 《元稹集》卷三十《海侄等书》。页355。
② 《元稹集》卷三三《同州刺史谢上表》。页384。
③ 《唐六典》卷二,中华书局1992年版。
④ 《元稹集》卷三四《迁庙议状》。页393。

元稹在《论教本书》中阐发的宗旨同样是深深契合了封建正史家们的观念的,新旧《唐书》的撰者均全文俱录便是明证。元稹以明经擢第,而不以进士入仕,陈寅恪和卞孝萱两位先生均认为是避难就易,虽然不无道理,但如果考虑到他的早年家庭教育,我们认为元稹的选择也是在充分考虑了自己所学之后才做出来的。现实的生存需要,必须首先取得入仕的资格,长年困顿于科场,恐怕不是元稹母子的明智选择吧。

至于诗学方面的修养,从元稹本人的《答姨兄胡灵之见寄五十韵并序》和《诲侄等书》来看①,他"九岁解赋诗","十岁知文",是相当早慧的。《诲侄等书》说:"吾尚有血诚,将告于汝:吾幼乏歧嶷,十岁知文,严毅之训不闻,师友之资尽废。忆得初读书时,感慈旨一言之叹,遂志于学。是时尚在凤翔,每借书于齐仓曹家,徒步执卷,就陆姐夫师授,楼楼勤勤其始也若此。至年十五,得明经及第,因捧先人旧书,于西窗下钻仰沉吟,仅于不窥园井矣。如是者十年,然后粗霑一命,粗成一名。及今思之,上不能及乌鸟之报复,下未能减亲戚之饥寒。……今汝等父母天地,兄弟成行,不于此时佩服诗书,以求荣达,其为人耶? 其曰人耶?"最后两句如果译成现代文,当是"那还能算人吗? 那还能叫作人吗?"期望之殷勤,措辞之严厉,直让人为之心悸。联系上文对元稹家学的简单考察及《诲侄等书》的内容,我们认为元稹在诗学方面的修养是承继了其父和他的姊夫及姨兄等的教导的。元稹十六岁时即作有《代曲江老人百韵》②,属对工稳,铺排恣肆,用典繁富,可见出其父所编类书的影响。《诲侄等书》中明确告戒晚辈要"佩服诗书,以求荣达"。所以卞先生在年谱中认为陆翰仅教他读经书,或失以偏颇。在唐代社会中,经学和诗学的基本修养是出仕为官的基本技能要求。《答姨兄胡灵之见寄五十韵》诗云:"理家烦伯舅,相宅尽吾兄。诗律蒙亲授,朋游乔自迎。"③看来,元稹在以后的仕宦历程中应酬唱和、争能斗巧的素质培养,即孕育于凤翔与亲友饮酒斗诗的锻炼之中。

---

① 分别见《元稹集》卷十一、卷三十。页123,页355。
② 《元稹集》卷十,页109。
③ 《元稹集》卷十一,页123。

二、社会阶层的自我体认

陈寅恪先生在《元白诗笺证稿》第四章《艳诗及悼亡诗》中论述元白所处时代社会阶级转移升降时说：

> 纵览史乘，凡士大夫阶级之转移升降，往往与道德标准及社会风习之变有关。当其新旧蜕嬗之间际，常呈一纷纭综错之情态，即新道德标准与旧道德标准，新社会风习与旧社会风气并存杂用。各是其是，而互非其非也。斯诚亦事实之无可如何者。虽然，值此道德标准社会风习纷乱变易之时，此转移升降之士大夫阶级之人，有贤与不肖拙巧之分别，而其贤者拙者，常感受苦痛，终于消灭而后已。其不肖者巧者，则各享受欢乐，往往富贵荣显，身泰名遂。其故何也？由于善利用或不善利用此两种以上不同之标准及习俗，以应付此环境而已。

又说：

> 故微之纵是旧族，亦同化于新兴阶级，即高宗武后以来所拔起之家门，用进士词科以致身通显，由翰林学士而至宰相者。此种社会阶级重词赋而不重经学（微之虽以明经举，然当日此科记诵字句而已，不足言通经也），尚才华而不尚礼法，以故唐代进士科，为浮薄放荡之徒所归聚，与倡伎之文学殊有关联。[1]

显然陈寅恪先生是将微之归于"不肖者巧者"、"浮薄放荡之徒"的行列。然而同是进士词科，其思想行为亦是千差万别的。元白、韩孟等人，就其社会阶层来看，大体不相上下，然而行为特征的区别是很明显的，即使是志趣相似的元白，也表现出了显著的差异性。因此，我们对陈先生的话不可孤立地看待。

---

[1] 《元白诗笺证稿》上海古籍出版社 1978 年版，页 82、页 86。

　　安史之乱对唐代社会的冲击是全方位的,唐帝国逐渐建立起来的统治秩序、社会等级虽然在此前已初露变化的端倪,但此一事件无疑加速了这一变化的进程。许多世家大族、官场新贵在太平年代的种种特权,都随着原来既定秩序的瓦解而有所削弱甚至丧失,整个社会处在经常变动之中,社会正处于一个转型时期。安史之乱在政治上所带来的直接后果是中央集权受到来自各方面的挑战,在平叛战争中组合而成的各种利益集团无时不在挑战中央的权威,其中宦官集团和各藩镇集团是国家政治机器运转中的两个最大的毒瘤,他们及其依附于各种势力集团的利益既得者都在为保护和扩充自己的利益而激烈竞争。元稹正是处在这种社会大变革中的一员。因此,考察他在这一变革中所处的地位及其自我体认,无疑有助于认识和把握他在人生之旅中的种种表现,从而使我们对元稹及其诗文创作的阐释建立在更为坚实的基础之上。

　　前人研究元稹,仅仅将其作为出身于中小官吏家庭来加以诠释,其实,出身在这一阶层的作家也是千差万别的。例如韩愈、白居易、元稹的出身大体差不多,但思想行为及创作风格却是完全不同的。虽然元稹和白居易在诗文风格上更为接近,文学史上也是元白并称,但如果深入细致地体察他们的相异之处,其区别也是明显的,个中原因便是出身在同一阶层的作家对自己所属的社会阶层、家世背景的自我体认的不同。所以苏轼从元白诗中读出了"元轻白俗"的风格差异。这就使我们认真考察元稹的社会阶层的自我体认成了必要。

　　就我们掌握的资料来看,元稹的家族虽然不是什么门阀世族,但从他的先世看,至元稹的父祖辈时,已是一个衰败没落的贵族家庭是不成问题的,这一点与白居易的家族是不同的。白居易的家庭是一个处在可上可下,占有一定田产,如不出仕为官,尚需纳税的中等地主。白居易在入仕前"久处村间,曾为和籴之户"①,对自己曾经"纳粟看县贴,输栗问军仓"②的经历,记忆非常深刻。而元稹的家庭,除了继承祖辈留下来的靖安里第外,似乎再没有置过什么田产。而且元稹本人在步入仕途后,除了想在陆浑购置山庄和从浙江东道观察使卸任后在东都买回他岳父韦夏卿的履信坊宅第外,似乎也没有添置田产的想法。这与白居易在诗文中沾沾自喜

① 朱金城《白居易集笺校》卷五八《论和籴状》,上海古籍出版社1988年12月版,页3334。
② 同上,卷一五《渭村退居寄礼部崔侍郎翰林钱舍人诗》,页875。

于用余俸扩充田地的表现形成了鲜明的区别。表现在对待贬谪方面,白居易是自喜于做地方官能增加俸禄①。而元稹却是汲汲于贬所的恶劣环境的反复咏叹,一心想调回京城。这也是没落贵族与世俗土地拥有者在思想行为上的区别。不过,作为衰败没落贵族的后裔,元稹对自己所属的社会阶层的认识是相当清楚的。元稹《告赠皇祖祖妣文》云:"孝孙稹,敢昭告于皇祖陈州南顿县丞、赠尚书兵部员外郎府君、祖妣赠晋昌县太君唐氏:惟元统运,尝宅区夏。选谏贤善,俾公彭城。公实能德,延于后嗣。降及兵部,为隋巨人。抑扬直声,扶卫衰俗。……始兵部赐第于靖安里,下及天宝,五世其居。弁冕骈比,罗列省寺。一日秉朝烛者,凡十四五。叔仲伯季,姊妹诸姑,泪友壻弥孙,岁时与会集者,百有余人。冠冕之盛,重于一时。燕寇突来,人士骇散。荫籍腌削,龟绳用稀。我曾我祖,仍世不偶。先尚书盛德大业,屈于郎署。"②据此告祭文,如果剔除夸耀先世德业不实部分,其家族在安史之乱暴发前,还是能维护其表面繁荣的贵族气派的。虽然不是权倾朝野、盛极一时的门阀大族,但维护靖安里第的门圍,跻身贵族的行列,想必是不成问题的。元稹对自己的祖先"尝宅区夏"、"为隋巨人"的显赫有着发自内心的缅怀,同时对安史之乱所造的"荫籍腌削"的后果,肯定也有切肤之痛。原有的"荫籍"所享有的特权,由于新贵把持朝政,在很多情况下是不足为凭的。元氏在告祭文中所流露出来的愤愤不平,还是有所根据的。又《告赠皇考皇妣文》云:"惟积洧积,幼遭闵凶。积末成童,稹生八岁,蒙騃孩稚,昧然无识。遗有清白,业无樵苏。先夫人备极劳苦,躬亲养育。截长补败,以御寒冻。质价市米,以给脯旦。依倚舅族,分张外姻。"③《同州刺史谢上表》云:"臣八岁丧父,家贫无业","始自为学,至于升朝,无朋友为臣吹嘘,无亲党为臣援庇。"④《海侄等书》云:"吾不能远谕他人,汝独不见吾兄之奉家法乎?吾家世俭贫,先人遗训,常恐置产怠子孙,故家无樵苏之地,尔所详也"⑤。"先人遗训"不置"樵苏之地",虽有开脱之嫌,但也能说明元氏家族作为没落贵族的习气。按照常理,元宽官至郎中及王府长史,是有财力置办田产的,但他为什么不为子孙计而添

① 唐朝后期,地方官收入高于京官,参《新唐书》卷一三九《李泌传》。
② 《元稹集》卷五九《告赠皇祖祖妣文》。页618。
③ 同上,《告赠皇考皇妣文》。页616。
④ 《元稹集》卷三三《同州刺史谢上表》。页384。
⑤ 《元稹集》卷三十《海侄等书》。页355。

置部分田产,以致元稹兄弟子侄"家贫无业",难道真是"家法"如此么?看来元稹训导侄辈们的"家训"不是虚妄之辞。那么,作为破落贵族的一员,元稹与白居易一样,如不出仕为官,就有受冻挨饿的可能。同样是出仕为官,元稹是要为他的家族争回在长安的贵族光环,而白居易则是想使自己及家人免受纳税之苦。在从政的风格上,元稹是勇往直前,不避艰险,直至权力的中心;而白居易则是积极参政,为王朝的长治久安建言献策,保住自己所属阶层的既得利益,遭受挫折时能知足随运。人生意趣的差异和诗歌风格的同中有异也便因此有了分野。

(作者单位:江苏省教育科学研究院教研室)

杨氏家族与中晚唐文学生态

胡可先

唐代自安史之乱以后，进入中期，习惯上称为中唐。在政治、社会、经济与文化等方面，都呈现出许多新的变化。中国历史在唐宋之际发生了重大变革，这种变革的很多方面也都发轫于中唐。对于文学发展来说，这些新的变化，包括复杂的政治背景、社会因缘、地域环境，及与文化发展密切相关的望族兴衰、党派之争、宦官专权以及各种文人群体的形成，构成了中晚唐文学发展的复杂生态环境，进而促进了文学本身的演进变化。对于中唐以后文学生长的生态环境进行微观的论析与宏观的考察，就成为文学史研究的重要课题。在具体的考察中，选择一个恰当的切入点，往往能够把影响文学发展的诸种因素集中地呈现出来。这时，我们想到了当时颇盛的杨氏家族集团①，因为这一家族集中体现了中晚唐，尤其是元和以后影响文学演变的多个环节。这一家族的诸多名人，不仅传世文献已有记载，近年的出土文献又相继公布了靖恭杨氏家族中的杨虞卿之父杨宁、杨虞卿之子杨知退、杨知退之妻卢氏、杨虞卿之孙杨皓、杨虞卿之弟杨汉公、杨汉公之妻郑本柔、继室韦媛，修行杨氏家族中的杨收墓志、杨收妻韦氏墓志等九方墓志，加以与杨氏家族有姻缘关系的韦应物家族四方墓志的最新出土，为研究杨氏家族以及与之相关的文学生态提供了第一手资料。

---

① 参毛汉光《中国中古社会史论》："自魏晋以迄唐末，延绵不绝一直维持强盛的士族，有十姓十三家，即：京兆杜陵韦氏、河南开封郑氏、弘农华阴杨氏、博陵安平崔氏、赵郡武城崔氏、赵郡平棘李氏、陇西狄道李氏、太原晋阳王氏、琅玡临沂王氏、范阳汲县卢氏、渤海蓚县高氏、河东闻喜裴氏、彭城刘氏等。"（上海书店出版社2002年版，第59页）

一

杨氏家族之盛者,主要是居住在长安的靖恭坊与新昌坊、修行坊、永宁坊四房。《南部新书》卷乙于杨氏靖恭、新昌、履道、修行四房自唐至宋的世家传承作了大略的记述:

> 杨氏于静[靖]恭一房犹盛,汝士、虞卿、汉公、鲁士是也。虞卿生知退,知退生堪,堪生承休,承休生岩,岩生郁,郁生覃。覃,太平兴国八年成名,近为谏议大夫,知广州,卒。堪为翰林承旨学士,随僖皇幸蜀,真在中和院。承休自刑部员外郎使浙右,值多难,水陆相阻,遂不归。岩侍行,十六矣,我曾门武肃辟之幕下。先人承袭,岩已为丞相。及叔父西上,岩以图籍入觐,卒于秀州,年八十余。今刑部郎中直集贤院侃,亦岩之第三子郾孙也,蠙之子。司封员外郎蜕,即岩第三子郾之子。郾入京为员外郎分司,判西台,卒。侃,端拱二年成名。蜕,淳化三年登科。修行即四季也,发、假、收、岩。履道即凭、凌、凝也。新昌即於陵也。后涉入相,即修行房也。制下之日,母氏垂泣不悦,以收故也。①

靖恭坊在中唐以后,成为达官贵人的居住之地,也是长安城中风景特别优美的地方。"近俗以权臣所居坊呼之,安邑,李吉甫也;靖安,李宗闵也;驿坊,韦澳也;乐和,李景让也;靖恭、修行,二杨也;皆放此。"②杨汝士兄弟居住在靖恭坊,杨於陵先居住于新昌坊,后来移居于修行,故称"靖恭、修行,二杨也"。据《长安志》及《唐两京城坊考》所载,靖恭坊位于长安朱雀门街东第五街,曾居于此坊者,有驸马都尉杨慎交、辅国大将军符璘、太常卿韦渠牟、太子太保崔彦昭、宰相宋申锡等达官贵人。杨氏汝士一族在长安靖恭坊有如此宅第,加以在朝廷占据显要位置,故而也就不乐外任,似乎外任以后,对于名族的声望有所减损。《南部新书》卷乙记载了这样一件

---

①　钱易:《南部新书》卷乙,中华书局 2002 年版,第 16 页。

②　钱易:《南部新书》卷己,第 80 页。

事:"诸名族重京官而轻外任,故杨汝士建节后诗云:'抛却弓刀上砌台,上方楼殿窣云开。山僧见我衣裳窄,知道新从战地来。'又云:'如今老大骑官马,羞向关西道姓杨。'"①对于靖恭坊杨氏的声望,欧阳修《杨侃墓志铭》云:"杨氏尝以族显于汉,为三公者四世。汉之乱,更魏涉晋,戕贼于夷胡,而汉之大人苗裔尽矣。比数百岁,下而及唐,然杨氏之后独在。大和、开成之间,曰汝士者与虞卿、鲁士、汉公,又以名显于唐,居靖恭坊杨氏者,大以其族著。"②宋敏求《长安志》卷九《靖恭坊》云:"工部尚书杨汝士宅。与其弟虞卿、汉公、鲁士同居,号靖恭杨家,为冠盖盛游。"③靖恭杨氏,洵称中唐以后极为繁盛的家族之一。

新昌坊在靖恭坊之南,且与之比邻。这里有着美好的自然风光与人文景观,是一个淡雅超逸的园林境界,不同于官场的喧嚣与闹市的繁华。"这一泉声树影之地,无疑是一些文人官员心目中的桃花源。无论是青龙寺还是私人住宅里,大都绿柳、修竹成荫,青山、绿水掩映,清泉奇松,这样幽雅清丽的环境,定会吸引一部分文人到此居住或经常来此吟诗作文。"④座落于此坊的青龙寺,林木深邃静谧,四季风景各异,是著名的佛教胜地。唐代文人、官员以及科举考生都会到新昌坊青龙寺俯瞰长安城的风景,并留下感怀抒情的诗文。盛唐时期,王维就有《春日与裴迪过新昌里访吕逸人不遇》诗描述新昌坊的环境:"桃源一向绝风尘,柳市南头访隐伦。到门不敢题凡鸟,看竹何须问主人。城外青山如屋里,东家流水入西邻。闭户著书多岁月,种松皆老作龙鳞。"⑤中唐时期,仍然是非常优美的宜居环境。白居易有《新昌新居四十韵因寄元郎中张博士》诗,韩愈有《早春与张十八博士籍游杨尚书林亭寄第三阁老兼呈白冯二阁老》诗,都作了详细的描述。韩诗中"杨尚书"即杨嗣复,杨嗣复在新昌坊内的居所是当时文人游览集会之地。一直到唐末,此坊居所,仍为杨嗣复的子孙承袭。《旧唐书·杨嗣复传》载子损"家在新昌里,与宰相路岩第相接。岩以地狭,欲易损马厩广之,遣人致意。时损伯叔昆仲在朝者十余人,相与议曰:'家门损益恃时相,何可拒之?'损曰:'非也。凡尺寸地,非吾等所有。先人旧业,安

①　钱易:《南部新书》卷乙,第 18 页。
②　欧阳修:《谏议大夫杨公墓志铭》,《欧阳修全集》卷六二,中华书局 2001 年版,第 911 页。
③　宋敏求:《长安志》卷九,《宋元方志丛刊》本,中华书局 1990 年版,第 121 页。
④　王静:《唐代长安新昌坊的变迁》,《唐研究》第 7 卷,北京大学出版社 2001 年,第 240 页。
⑤　陈铁民:《王维集校注》卷四,中华书局 1994 年版,第 356 页。

可以奉权臣？穷达命也。'"①

　　修行坊本名移华坊,武则天时避讳改为修行坊。此坊在长安朱雀门街东第四街。这里居住的达官贵人也很多,有赠太子少保郑宜、工部尚书李建、赠凉州都督右威卫大将军睦王傅尉迟胜、宰相刘晏等。② 其时官僚显贵常于修行坊建造林亭,以供游览,并待宾客。《旧唐书·尉迟胜传》云:"胜乃于京师修行里盛饰林亭,以待宾客,好事者多访之。"③中晚唐也有不少诗人描述了此坊的大体环境,如顾非熊《夏日会修行段将军宅》、姚合《题刑部马员外修行里南街新居》、刘得仁《初夏题段郎中修行里南园》等。杨收一系的宅第就座落在此坊,《长安志》卷八《修行坊》载:"崔(端)州司马杨收宅。收兄发、假,弟严皆显贵,号修行杨家,与靖恭诸杨相比。"④《北梦琐言》卷一二"杨收不学仙"条:"唐相国杨收,江州人。祖为本州都押衙,父(遗)直,为兰溪县主簿。生四子:发、嘏[假]、收、严,皆登进士第。收即大拜,发以下皆至丞郎。发以春为义,其房子以枳以乘为名;嘏以夏为义,其房子以㷩为名;收以秋为义,其房子以钜、鳞、镰、鑑为名;严以冬为义,其房子以注、涉、洞为名,尽有文学,登高第,号曰修行杨家,与静[靖]恭诸杨,比于华盛。"⑤

　　杨氏一族居于永宁坊者也颇为显赫,这就是杨凭、杨凝、杨凌兄弟。后来该族迁于洛阳履道坊,故《南部新书》称"履道即凭、凌、凝也"⑥。永宁坊为朱雀门街之东第二街,街自北向南之第八坊,在新昌坊之西,仅隔宣平坊。坊内有明觉寺、京兆府籍坊等、永宁园等名胜。这里所居的达官贵人颇多,有礼部尚书裴行俭、赠太尉祁国公王仁皎、中书令裴炎、开府仪同三司博陵郡王李辅国、赠太子少师徐浩、宰相王涯、太傅致仕白敏中、太子太保凉国公李听等。永宁坊的环境,中唐诗人羊士谔有《永宁小园即事》、《永宁里园亭休沐怅然成咏》诗多首加以描述。杨凭的宅第就座落在永宁里,《长安志》卷八《永宁坊》记载:"前京兆尹杨凭宅。凭治第功役丛兴,又幽妙妾于永乐别舍,訑是颇欢,坐是贬临贺尉。沆按,《穷愁记》:'白乐天得杨

① 《旧唐书》卷一七六,中华书局 1975 年版,第 4560–4561 页。
② 参李健超《增订唐两京城坊考》卷三,三秦出版社 2006 年版,第 140–141 页。
③ 《旧唐书》卷一四四,第 3925 页。
④ 宋敏求:《长安志》卷八,《宋元方志丛刊》本,第 119 页。
⑤ 孙光宪:《北梦琐言》卷一二,中华书局 2002 年版,第 248 页。
⑥ 钱易:《南部新书》卷乙,第 16 页。

凭宅,竹木池馆,有林泉之致,因为《池上篇》。'"①《新唐书·王涯传》亦云:"涯居永宁里,乃杨凭故第,财贮钜万,取之弥日不尽。""别墅有佳木流泉,居常书史自怡,使客贺若夷鼓琴娱宾。文宗恶俗侈靡,诏涯惩革。涯条上其制,凡衣服室宇,使略如古,贵戚皆不便,谤讪嚣然,议遂格。"②

　　靖恭、新昌、修行、永宁四族杨氏作为唐代望族,都出于越公房,其势力盛于中晚唐,其中杨嗣复、杨收、杨涉等都位至宰相。他们不仅在唐代政治舞台上有着重要的地位,在文化舞台上也占有一席之地,一个重要标志就是杨氏一族出现了不少文学家,也留下了数量可观的文学作品。现根据杨氏各系成员的诗文存留情况,列表如下③:

族系	姓　名	字　号	现存诗文	出处	传记情况	备注
靖恭族系	杨汝士	字慕巢	诗7首、文2篇	全诗484、全文723	新旧书有传	
	杨虞卿	字师皋	诗2首、文1篇	全诗484、全文717	新旧书有传	
	杨汉公	字用乂	诗2首、文2篇	全诗516、全文760 出土文献	新旧书有传 杨汉公墓志	
	杨鲁士	字宗尹	文1篇	出土文献	新旧书有传	本名殷士
	杨知至	字几之	诗2首	全诗563	新旧书有传	汝士子
	杨　玢	字靖夫	诗3首、文1篇	全诗760	十国春秋有传	虞卿曾孙
新昌族系	杨於陵	字达夫	诗3首、文14篇	全诗330、全文523	新旧书有传	
	杨嗣复	字继之	诗5首、文7篇	全诗464、全文611 拾遗25	新旧书有传	於陵子
	杨　损	字子默	诗1首	全诗863	新旧书有传	嗣复子

----

① 宋敏求:《长安志》卷八,《宋元方志丛刊》本,第116页。又《唐两京城坊考》卷三云:"按柳宗元《亡妻弘农杨氏志》:'以谒医救药之便,来归女氏永宁里之私第。'盖杨氏即礼部郎中杨凝之女,凝即凭之弟。"(中华书局1985年版,第63页)

② 《新唐书》卷一七九,第5319页。

③ 表中文献简称,"全诗"指《全唐诗》,"诗逸"指《全唐诗逸》,"全文"指《全唐文》,"拾遗"指《唐文拾遗》,"新旧书"指《新唐书》与《旧唐书》。数字为相关文献的卷数。出土文献包括:《唐代墓志汇编》,上海古籍出版社1992年版;《唐代墓志汇编续集》,上海古籍出版社2001年版;《全唐文补遗》第四辑,三秦出版社1997年版;《全唐文补遗》第八辑,三秦出版社2005年版;《全唐文补遗·千唐志斋新藏专辑》,三秦出版社2006年版;《洛阳新获墓志续编》,科学出版社2008年版等典籍;以及新出土墓志拓片等。

续表

族系	姓名	字号	现存诗文	出处	传记情况	备注
修行族系	杨收	字藏之	诗4首、文3篇	全诗517、全文765诗逸上、出土文献	新旧书有传杨收墓志	
	杨发	字至之	诗14首、文1篇	全诗517、续补遗6出土文献	新旧书有传	
	杨乘		诗5首、文1篇	全诗517、出土文献	新旧书有传	杨发子
	杨凝式		诗6首	全诗715、886、续补遗10	新旧五代史有传	收弟严孙
永宁族系	杨凭	字虚受	诗19首、文2篇	全诗289、全文478	新旧书有传	
	杨凝	字懋功	诗39首	全诗290	新旧书有传	
	杨凌	字恭履	诗2首	全诗291、全文730	新旧书有传	
	杨敬之	字茂孝	诗2首、文4篇	全诗479、全文721出土文献	新旧书有传	杨凌子

　　以上的考察表明,中晚唐时期的杨氏家族,既是繁荣鼎盛的政治家族,也是颇富声望的文学家族。从政治上看,杨氏家族的重要成员,出入于朝行方镇,以致内为宰辅,外历藩帅,"杨氏自汝士后,贵赫为冠族。所居静[靖]恭里,兄弟并列门戟"[1]。从文学上看,杨氏家族,代有名人。如杨汝士,颇著诗坛声名,甚或压倒元、白。[2] 汝士为东川节度使,与同时为西川节度使的宗人杨嗣复遥唱和,引领一批文人酬和往还,以为"蜀中唱和诗"[3],在地方上形成了文学群体,开拓了诗坛唱和风气。

　　杨氏家族能融政治与文学于一体,以达到显赫的地位,与其所处的地缘优势也密切相关。他们居住的靖恭、新昌、修行、永宁等坊里,都处在长安城东。就长安城的格局而言,一直存在着东尊西卑的局面,街东为高级官僚的居住地,街西是低级官僚与平民的居住地,这已成为史学界的共识。而杨氏居住的坊里,不仅风景优

---

[1]　《新唐书》卷一七五,第5250页。

[2]　王定保:《唐摭言》卷三,古典文学出版社1957年版,第32页。

[3]　姚合有《和郑相演杨尚书蜀中唱和诗》,所谓"蜀中唱和"即指杨嗣复《丁巳岁八月祭武侯祠堂因题临淮公旧碑》诗,及杨汝士《和宗人尚书嗣复祠祭武侯毕题临淮公旧碑》,杨汉公《登郡中销暑楼寄东川汝士》,刘禹锡《寄和东川杨尚书慕巢兼寄西川继之二公近从弟兄情分偏睦早忝游旧因成是诗》,贾岛《观冬设上东川杨尚书》等诗。

美,更是官僚贵族与著名诗人的集聚之地,这也是他们能够融合族人以使得政治、文化与文学优势世代相传的重要地缘因素。因此,维系一个家族的声名,除了持久显要的政治地位以外,往往还有重要的地缘因素,与世代不绝的文学创作。至于杨氏家族在中晚唐党争与科举集结的政治环境及社会条件下从事的政治活动,或者说在动态发展的社会中,主动服从于社会,又反过来通过家族本身的发展影响社会的互动情况,以及通过婚姻、党援等各方面的关系对文学发展成长的生态环境产生影响,我们将在下文中展开论述。

二

杨氏家族集团在中晚唐的政治斗争中,具有举足轻重的地位。中晚唐时期,牛李党争绵延了四十年,是唐代政治史上的一个重大事件,杨氏家族成员杨嗣复、杨虞卿、杨汝士等,大多偏向牛党,甚至有的成为牛党的骨干或魁首。党争又与科举联系紧密,中晚唐之际以党争与科举集结的政治特征,成为影响文学发展的重要背景。

杨氏靖恭一系与牛党的关系最为密切,表现之一是他们在私人的居住空间里来往频繁。唐刘轲《牛羊日历》载:"僧孺新昌里第与虞卿夹街对门,虞卿别起高榭于僧孺之墙东,谓之'南亭',列烛往来,里人谓之'夜半客',亦号此亭为'行中书'。"①宋钱易《南部新书》卷己:"大和中,人指杨虞卿宅南亭子为行中书,盖朋党聚议于此尔。"②表现之二是杨氏家族出现了几位牛党的骨干与魁首。《南部新书》云:"大和中,朋党之首杨虞卿、张元夫、萧翰[澣],后杨除常州、张汝州、萧郑州。"③刘轲更称:"僧孺乃与虞卿兄弟驱驾轻薄,毁短逢吉。又恶裴度之功,曾进曹马传以谋陷害。虞卿又结李宗闵,宗闵之门人尽驱之牛门,此外有不依附者,皆潜被疮痛,遭之者谓之阴毒伤寒,故京师语曰:'太牢笔,少牢口,南北东西何处走。'(太牢僧孺,少牢虞卿)"④杨虞卿也是牛党魁首之一,与牛僧孺、李宗闵的官场升沉颇相一

---

① 刘轲:《牛羊日历》,《藕香零拾》本,中华书局1999年版,第104页。
② 钱易:《南部新书》卷己,第82页。
③ 钱易:《南部新书》卷戊,第67页。
④ 刘轲:《牛羊日历》,《藕香零拾》本,第104页。

致。史载大和中,李宗闵、牛僧孺辅政,起虞卿为左司郎中。五年六月,拜常州刺史。"李宗闵待之如骨肉,以能朋比唱和,故时号党魁。"①虞卿自大和四年以后,直到九年贬死虔州,这六年之中,凡牛李党争中有关牛党之计谋、策划,虞卿均参与其事,所以虞卿贬死虔州,是牛党痛失魁首的一件大事。② 杨汝士与李宗闵、牛僧孺关系亦至为密切。汝士为职方郎中知制诰时,"时李宗闵、牛僧孺辅政,待汝士厚。寻正拜中书舍人,改工部侍郎。……开成元年七月。转兵部侍郎。其年十二月,检校礼部尚书、梓州刺史、剑南东川节度使。时宗人嗣复镇西川,兄弟对居节制,时人荣之。"③杨汉公不仅站在牛党的政治立场上,而且是牛党"党魁"之一。《新唐书·杨虞卿传》称,苏景胤、张元夫、杨虞卿兄弟汝士及汉公为人所奔向,而李宗闵待之尤厚,"就党中为最能唱和者,以口事轩轾事机,故时号'党魁'"④。表现之三是党争习性世代相传。靖恭杨氏朋党之间的关系,一直影响到他们的后代,故无名氏《玉泉子》云:"杨希古,靖恭诸杨也。朋党连结,率相期以死,权势熏灼,力不可拔。"⑤

杨氏新昌一系与牛党的关系也很密切,其主要人物杨嗣复是牛党名副其实的魁首之一。杨嗣复之父杨於陵也因元和初"以考策升直言极谏牛僧孺等,为执政所怒,出为岭南节度使"⑥,与牛党很早就有关联。但他"器度弘雅,进止有常。居朝三十余年,践更中外,始终不失其正。居官奉职,亦善操守,时人皆仰其风德"⑦。故而总体上还是比较正直的,不像后期朋党那样肆无忌惮。《旧唐书·杨嗣复传》云:"嗣复与牛僧孺、李宗闵皆权德舆贡举门生,情义相得,进退取舍,多与之同。(长庆)四年,僧孺作相,欲荐拔大用,又以於陵为东都留守,未历相位,乃令嗣复权知礼部侍郎。宝历元年二月,选贡士六十八人,后多至达官。"⑧《新唐书·杨嗣复传》亦云:"嗣复与牛僧孺、李宗闵雅相善,二人辅政,引之,然不欲越父当国,故权知礼部侍郎。凡二期,得士六十八人,多显宦。……大和中,宗闵罢,嗣复出为剑南东川节

① 《旧唐书》卷一七六,第4563页。
② 傅锡壬:《牛李党争与唐代文学》,台北:东大图书有限公司1984年版,第180页。
③ 《旧唐书》卷一七六,第4564页。
④ 《新唐书》卷一七五,第5249页。
⑤ 《玉泉子》,中华书局上海编辑所1958年版,第9页。
⑥ 《旧唐书》卷一六四,第4293页。
⑦ 《旧唐书》卷一六四,第4294页。
⑧ 《旧唐书》卷一七六,第4556页。

度使。宗闵复相,徙西川。开成初,以户部侍郎召,领诸道盐铁转运使。俄与李珏并拜同中书门下平章事。"①杨嗣复居于新昌里,与牛僧孺同里,相互来往亦当较为繁密,其出处进退,也与牛僧孺的升沉相关。杨嗣复为宰相时,更集结牛党群体,与李党针锋相对:"(开成)三年,杨嗣复辅政,荐珏以本官同平章事。珏与固言、嗣复相善,自固言得位,相继援引,居大政,以倾郑覃、陈夷行、李德裕三人。凡有奏议,必以朋党为谋,屡为覃所廷折之。"②

杨氏永宁一系杨凭、杨凝、杨凌兄弟三人时代较早,其仕历主要在大历、贞元间,其时牛李党争尚未兴起,而杨凌子敬之则处于党争激烈的时期,故卷入牛党之中。他元和初擢第之后,累迁至屯田、户部二郎中,"坐李宗闵党,贬连州刺史"③。据《旧唐书·文宗纪》:大和九年七月戊午,贬"户部郎中杨敬之连州刺史"④。在杨敬之贬官之前,牛党之要员已遭贬谪。六月,京兆尹杨虞卿家人出妖言,下御史台,虞卿弟汉公并男知进等八人挝登闻鼓称冤。其时人皆以为冤,李宗闵于文宗前极言论列,触怒文宗,贬为明州刺史。七月甲辰朔,贬杨虞卿虔州司马同正。壬子,再贬宗闵为处州长史。宗闵之党吏部侍郎李汉汾州刺史,刑部侍郎萧澣贬遂州刺史。丙子,又贬宗闵为潮州司户。丙申,杨虞卿、李汉、萧澣为朋党之首,贬虞卿虔州司户,汉汾州司马,澣遂州司马⑤。杨敬之就是在这一年的杨虞卿党狱中被贬官的。从这里也可以看出,杨敬之　系,大和以后在党争的过程中已经与杨氏靖恭、新昌系融为一体了。

清人沈曾植说:"唐时牛李两党以科第而分,牛党重科举,李党重门第。"⑥著名史学家陈寅恪对此作了进一步发展,认为牛党重进士科,代表"寒门",李党重门第,代表两晋、南北朝以来的山东士族;前者代表唐高宗、武则天之后由进士科进用的新兴阶级,后者代表上层贵族。⑦ 牛党重科举的这一论断,在杨氏家族中可以得到

①　《新唐书》卷一七四,第5238页。
②　《旧唐书》卷一七三《李珏传》,第4504页。
③　《新唐书》卷一六○,第4972页。
④　《旧唐书》卷一七下,第559页。
⑤　据《旧唐书》卷一七下,第558—559页;《资治通鉴》卷二四五,第7904—7905页。
⑥　张采田:《玉溪生年谱会笺》卷三,上海古籍出版社1983年版,第144页引。
⑦　陈寅恪:《唐代政治史述论稿》上海古籍出版社1998年版,第84—85页。当然牛李两党亦有相互影响的情况,故陈寅恪说:"牛李两党既产生于同一时间,而地域又相错杂,则其互受影响,自不能免,但此为少数之特例,非原则之大概也。故互受影响一事可以不论。"

明显的印证。

现我们先根据徐松的《登科记考》与孟二冬的《登科记考补正》所提供的线索，参证相关的史籍与文献，对诸系杨氏进士科第有年月可考的情况列表于下：

年号	公元	姓名	科第	资料来源	备注
大历九年	774	杨 凭	状元	《广卓异记》引《登科记》	
大历十二年	777	杨 凝	进士	《柳宗元集》注	
大历十三年	778	杨 凌	状元	《永乐大典》、《登科记考》	
贞元十八年	802	杨嗣复	进士	陈尚君《登科记考补》	
贞元二十一年	805	杨嗣复	博学宏词	孟二冬《登科记考补正》	
元和二年	807	杨敬之	进士	《柳宗元集》注	
元和四年	809	杨汝士	进士	《旧唐书》本传	
元和五年	810	杨虞卿	进士	《旧唐书》本传	
元和八年	813	杨汉公	进士	朱玉麒《杨汉公进士及第年考辨》	
元和十五年	820	杨思立	明经	新出土《杨思立墓志》	虞卿子
长庆元年	821	杨殷士	进士覆落	《旧唐书·杨虞卿传》	
宝历元年	825	杨鲁士	贤良方正	《登科记考》：鲁士本名殷士，以进士黜落，改名登制科	
宝历元年	825	杨嗣复	知贡举	《旧唐书》本传	
宝历二年	826	杨嗣复	知贡举	《旧唐书》本传	
大和四年	830	杨 发	进士	《唐才子传》	
开成二年	837	杨 戴	进士	《登科记考》	
开成四年	839	杨知温	进士	岑仲勉《登科记考订补》	
开成五年	840	杨知退	进士	《旧唐书·李景让传》	
开成五年	840	杨 假	进士	《旧唐书·杨收传》	
会昌元年	841	杨 收	进士	《旧唐书·杨收传》	
会昌四年	844	杨 严	进士	《旧唐书·杨收传》	
会昌四年	844	杨知至	覆落进士	《登科记考》，按知至后复登科	
大中元年	847	杨 乘	进士	《永乐大典》引《苏州府志》	杨收子
大中九年	855	杨 授	进士	《旧唐书·杨嗣复传》	嗣复子

年号	公元	姓名	科第	资料来源	备注
乾符二年	875	杨 涉	进士	《旧唐书·杨收传》	杨严子
广明元年	880	杨 钜	进士	《永乐大典》引《苏州府志》	杨收子
中和二年	882	杨 注	进士	《旧唐书·杨收传》	杨严子
大顺元年	890	杨赞禹	状元	《广卓异记》引《登科记》	知退子
乾宁元年	894	杨 涉	知贡举	《登科记考》	
乾宁三年	896	杨 鏻	进士	《旧唐书·杨收传》	杨收子
乾宁四年	897	杨赞图	状元	《广卓异记》引《登科记》	知退子
天祐元年	904	杨 涉	知贡举	《唐摭言》	
天祐二年	905	杨凝式	进士	《永乐大典》引《苏州府志》	
乾化二年	912	杨 涉	知贡举	《册府元龟》	

根据上表所列杨氏家族有年份可考的得第成员与典籍记载年份待考的进士①，参证相关文献，就可以考察杨氏在中晚唐科场中与政治舞台上非常活跃的情形，以见其对唐王朝的政局产生一定的影响。

第一，杨氏家族颇重进士科，中晚唐时期有数十人进士及第，杨嗣复、杨涉等还多次知贡举。杨汝士与其弟杨虞卿、杨汉公在举场影响甚大，《唐摭言》卷七《升沉后进》云："太和中，苏景胤、张元夫为翰林主人，杨汝士与弟虞卿及汉公，尤为文林表式。故后进相谓曰：'欲入举场，先问苏张；苏张犹可，三杨杀我。'"②刘禹锡《早秋送台院杨侍御归朝》诗自注云："兄弟四人遍历诸科，二人同在省。"③家族中有进士及第者，都要开宴相贺，而杨汝士之子杨知温及第，汝士时历方镇，又在方镇中庆贺。《唐摭言》卷三《慈恩寺题名游赏赋咏杂记》云："杨汝士尚书镇东川，其子如[知]温及第，汝士开家宴相贺，营妓咸集。汝士命人与红绫一匹，诗曰：'郎君得意

---

① 表中所列者是登科年代可考的杨氏家族成员，至于新、旧《唐书》与《杨汉公墓志》记载登进士第而年月无考的杨氏家族进士尚有十九人：杨虞卿子杨知进、杨坛、杨堪；杨汉公子杨范、杨筹、杨篆、杨筠；杨汝士子杨知远、杨知权；杨嗣复子杨技、杨拭、杨撝；杨绍复子杨擢、杨拯、杨据、杨搂；杨师复子杨㧐、杨振；杨授子杨㫒。

② 王定保：《唐摭言》卷七，第75页。

③ 刘禹锡：《刘禹锡集》卷二八，第365页。

及青春，蜀国将军又不贫。一曲高歌绫一匹，两头娘子谢夫人。’”[①]杨嗣复知贡举时，门生颇盛，他在新昌里居所大宴门生，成为当时文坛的盛事。《唐摭言》卷三《慈恩寺题名赋咏游赏杂记》云：“宝历年中，杨嗣复相公具庆下继放两榜。时先仆射自东洛入觐，嗣复率生徒迎于潼关。既而大宴于新昌里第，仆射与所执坐于正寝，公领诸生翼坐于两序。时元、白俱在，皆赋诗于席上。唯刑部杨汝士侍郎诗后成。元、白览之失色。诗曰：‘隔坐应须赐御屏，尽将仙翰入高冥。文章旧价留鸾掖，桃李新阴在鲤庭。再岁生徒陈贺宴，一时良史尽传馨。当年疏傅虽云盛，讵有兹筵醉醁醽。’汝士其日大醉，归谓子弟曰：‘我今日压倒元、白。’”[②]《旧唐书·杨於陵传》：“大中后，杨氏诸子登进士第者十人：嗣复子授、技、拭、撝，绍复子擢、拯、据、揆，师复子拙、振等。”[③]

第二，杨氏家族科第进士出身者，因其才华杰出，大多受到主司与社会的重视。新出土《杨汉公墓志》云：“廿九，登进士第，时故相国韦公贯之主贡士，以鲠直公称。谓人曰：杨生之清规懿行，又有梦鲁赋瑰丽，宜其首选，屈居三人之下，非至公也。其秋辟鄜坊裴大夫武府，试秘书省校书郎。”[④]柳宗元《与杨京兆凭书》云：“丈人以文律通流当世，叔仲鼎列，天下号为文章家。今又生敬之。敬之，希屈、马者之一也。”[⑤]所谓“叔仲鼎列，天下号为文章家”，即指杨凭大历九年中进士，杨凌大历十二年中进士，杨凝大历十三年中进士事，其中杨凭与杨凝又是状元，当时三人都极有名，“时号三杨”，而杨敬之又于元和二年中了进士。柳宗元《祭杨凭詹事文》又云：“孝友忠信，闻于九垓。摛华发藻，其动如雷。世荣甲科，亦务显处。公之俊德，有而不顾。”[⑥]又《为李京兆祭杨凝郎中文》云：“唯是伯仲，并为士则。连擢首科，迭居显职。”注引孙曰：“凝兄凭、弟凌，皆有名于时。”“大历九年，凭中进士第一，十三

① 王定保：《唐摭言》卷三，第37页。

② 王定保：《唐摭言》卷三，第32页。甚至其门生的仕途及婚姻也与嗣复相关，如新出土《唐故朝请大夫使持节金州诸军事守金州刺史上柱国张府君墓志铭并序》，墓主张知实宝历二年登进士第，其后的仕历一直与杨嗣复的升沉相关。其子“保承，娶汾州刺史杨倞女”。（墓志录文《碑林集刊》第11辑，陕西人民美术出版社2005年版，第124页）杨倞即是杨汝士之子。

③ 《旧唐书》卷一六四，第4294页。

④ 周绍良、赵超：《唐代墓志汇编续集》，第1037页。

⑤ 柳宗元：《柳宗元集》卷三〇，第789页。

⑥ 柳宗元：《柳宗元集》卷四〇，第1047页。

年,凝中第一。"①权德舆《唐故尚书兵部郎中杨君文集序》云:"君讳凝,字懋功,孝弟纯懿,中和特立,蚤岁违难于江湖间,与伯氏嗣仁、叔氏恭履修天爵,振儒行,东吴贤士大夫号为'三杨'。《易》象之懿文,孔门之言《诗》,皆生知之。举进士甲科,贤公交辟。"②

第三,杨氏家族进士出身者,在晚唐政治舞台上具有举足轻重的作用。就重要人物的仕历而言。杨嗣复、杨收、杨涉等位至宰相。杨凭、杨虞卿官至京兆尹,杨於陵官至左仆射,杨汝士、杨敬之等,又官至九寺长官与六部尚书,这些都是唐朝中央的高级官僚。杨发、杨损等官至藩镇统帅,亦能雄镇一方。尤其是杨嗣复,不仅自己是进士出身,还在宝历元年与二年知贡举,"选贡士六十八人,后多至达官"③。宝历二年进士夏侯孜,唐懿宗时官至宰相。宝历元年状元柳璟,不仅官至礼部侍郎,而且"会昌二年,再主贡部"④,"再司贡籍,时号得人"⑤。"《广卓异记》载座主见门生知举,有杨嗣复、柳璟。又云:'嗣复与璟,又是礼部侍郎璟首及第。'"⑥中晚唐士人最注重科举中座主与门生的关系,故党派与群体的一些政治势力往往在座主门生中形成。杨嗣复及其门生对于晚唐礼部科举的连环控制,很大程度上影响了晚唐政治的格局。

第四,杨氏家族权要众多,在科场重官员子弟的背景下谋求增大家族势力。《唐摭言》卷八《别头及第》云:"会昌四年,王起奏五人:杨知全、源重、郑朴、杨严、窦缄,恩旨令送所试杂文,付翰林重考覆。续奉进止,杨严一人,宜与及第,源重等人落下。时杨知至因以长句呈同年。"⑦融科举与党争为一体的长庆元年的科举大案,也与杨氏家族有着密切的关系。长庆元年钱徽知贡举,所放进士中有杨殷士,以其兄汝士与钱徽故旧。又有苏巢,为中书舍人李宗闵女婿。而段文昌推荐的杨浑之与李绅推荐的周汉宾则未第。文昌上奏于穆宗,以诉其不公。穆宗诏令覆试,

① 柳宗元:《柳宗元集》卷四〇,第1063-1064页。
② 权德舆:《权德舆诗文集》卷三三,上海古籍出版社2008年版,第510页。
③ 《旧唐书》卷一七六,第4556页。
④ 《新唐书》卷一三二,第4537页。
⑤ 《旧唐书》卷一四九《柳登传》,第4033页。
⑥ 徐松:《登科记考》卷二〇,中华书局1984年版,第722页。
⑦ 王定保:《唐摭言》卷八,第91-92页。据《唐摭言》原注,杨知至为刑部尚书杨汝士之子,源重为故相牛相孺之甥,郑朴为河东节度使崔元式女婿,杨严为监察御史发之弟,窦缄为故相易直之子。

至使杨殷士等十人覆落。① 结果，"贬礼部侍郎钱徽为江州刺史，中书舍人李宗闵为剑州刺史，右补阙杨汝士为开州开江令"②。故清人王夫之评论说："贡举者，议论之丛也，小人欲排异己，求可攻之瑕而不得，则必于此焉摘之，以激天下之公怒，而胁人主以必不能容。李德裕修其父之夙怨，元稹佐之，以击李宗闵、杨汝士，长庆元年进士榜发，而攻讦以逞，于是朋党争衡，国是大乱，迄于唐亡而后已。"③在党争连绵、科举渐趋没落的过程中，杨氏家族以其权要染指于此，也给腐败的科场雪上加霜。

三

杨氏家族在中晚唐社会中具有广泛而深刻的影响，当时的文学家也与之发生了千丝万缕的联系，这些联系往往集党援、婚姻、师友、交游为一体。本节从婚姻切入进行探讨。

中晚唐时期的文学家，与杨氏具有婚姻关系者，以白居易最有影响，也最有代表性。白居易娶杨氏为妻，无论在政治上还是文学上都与杨氏家族具有重要的联系。白居易《与杨虞卿书》云：

> 又仆之妻即足下从父妹，可谓亲矣。亲如是，故如是，人之情又何加焉？④

《旧唐书·白居易传》云：

> 大和已后，李宗闵、李德裕朋党事起，是非排陷，朝升暮黜，天子亦无如之何。杨颖士、杨虞卿与宗闵善，居易妻，颖士从父妹也。居易愈不自安，惧以党人见斥，乃求致身散地，冀于远害。凡所居官，未尝终秩，率以病免，固求分务，识者多之。⑤

---

① 《资治通鉴》卷二四一，第7790—7791。
② 《旧唐书》卷一六，第488—489页。
③ 王夫之：《读通鉴论》卷二六，中华书局1975年版，第778页。
④ 朱金城：《白居易集笺校》卷四四，第2769页。
⑤ 《旧唐书》卷一六六，第4354页。按，岑仲勉《唐史余瀋》卷三《杨颖士》条对于白居易与杨氏的姻亲关系又作了较详的考证，又以为"颖士之颖，似当从水"（上海古籍出版社1979年版，第178页）。存参。

《新唐书·白居易传》云：

> 大和初，二李党事兴，险利乘之，更相夺移，进退毁誉，若旦暮然。杨虞卿与居易姻家，而善李宗闵，居易恶缘党人斥，乃移病还东都。①

唐王定保《唐摭言》卷一五云：

> 开成中，户部杨侍郎（汝士）检校尚书镇东川，白乐天即尚书妹婿。时乐天以太子少傅分洛，戏代内子贺兄嫂曰："刘纲与妇共升仙，弄玉随夫亦上天。何似沙歌（沙哥，汝士小字）领崔嫂，碧油幢引向东川。"又曰："金花银椀饶兄用，毳画罗裙尽嫂裁。觅得黔娄为妹婿，可能空寄蜀茶来！"②

无名氏《排韵增广事类氏族大全》卷八《夫妇履任》条：

> 杨汝士小字沙哥，白居易妻兄也。汝士领东川节度，与妻崔氏同履任，乐天代妻作诗贺之。③

白居易元和三年与杨氏联姻，是时已三十七岁。其《祭杨夫人文》云："居易早聆懿范，近接嘉姻。维私之眷每深，有恸之情何已。"④所谓"近接嘉姻"应该指元和三年居易与杨氏结婚之事。白居易有《赠内》、《寄内》、《舟夜赠内》、《赠内子》、《二年三月五日斋毕开素当食偶吟赠妻弘农郡君》等诗，表现了对妻子杨氏笃厚的感情。

因为婚姻关系，白居易与杨氏家族就有很深的政治与文学因缘。从政治上说，白居易与杨氏结婚是在元和三年，这一年也是牛李党争起始的一年。同年四月，唐宪宗策试贤良方正直言极谏举人，伊阙尉牛僧孺、陆浑尉皇甫湜、前进士李宗闵指

---

① 《新唐书》卷一一九，第4303—4304页。
② 王定保：《唐摭言》卷一五，第162页。
③ 无名氏：《排韵增广事类氏族大全》卷八，影印文渊阁四库全书本第952册，第250页。
④ 朱金城：《白居易集笺校》卷四〇，第2654页。

陈时政之失,无所避。当时吏部侍郎杨於陵、吏部员外郎韦贯之为考策官,署为上第,亦得到宪宗的嘉许。但李吉甫恶其直言,泣诉于宪宗,宪宗不得已,出杨於陵为岭南节度使,贬韦贯之为果州刺史,再贬巴州刺史。[①] 白居易当时虽官职甚微,还是站在了杨於陵一边,作了《论制科举人状》予以伸援。对于杨於陵、韦贯之等人的被贬持有不同的意见:"则数人者自陛下嗣位已来,并蒙奖用,或任之耳目,或委以腹心。天下人情,日望致理。今忽一旦悉疏弃之,或降于散班,或斥于远郡,设令有过,犹可优容,况且无瑕,岂宜黜退?所以前月已来,上自朝廷,下至衢路,众心汹汹,惊惧不安。直道者疢心,直言者杜口。"[②]白居易在元和时期命运不好,仅在朝廷任京兆府户曹参军、太子左赞善大夫等职,且于元和十年被诬而贬江州司马。直至元和末年,官位才逐渐升迁,以至在唐文宗一朝仕途颇顺。这和他的姻亲杨氏在大和中逐渐占据高位与牛党执政很有关系。白居易官位升迁的关键时刻,往往也是杨氏得势与牛党执政的时期。

从文学上看,白居易与杨氏的重要人物也交往频繁。白居易在长安,曾两度居于新昌坊,与杨嗣复同一坊里,与杨汝士所居之靖恭坊亦相比邻。诗中有《新昌闲居招杨郎中兄弟》、《自题新昌居止因招杨郎中小饮》。杨嗣复于宝历年中知贡举时,于新昌里大宴门生,元稹、白居易同作诗,而杨汝士诗后成而压倒元、白,一时成为文坛佳话。杨汝士作《宴杨仆射新昌里第》诗,白居易作《和杨郎中贺杨仆射致仕后杨侍郎门生合宴席上作》以相酬和,诗中"杨郎中"即杨汝士,"杨仆射"即杨於陵,"杨侍郎"即杨嗣复。杨氏诸人中,与白居易关系最密切的是杨汝士,诗歌往还最多的也是杨汝士,现存白诗中涉及杨汝士的诗多达 31 首。其次与杨嗣复往还诗 11 首,与杨虞卿往还诗 6 首,与杨汉公往还诗 3 首,与杨鲁士往还诗 2 首。白诗有《同梦得寄贺东西川二杨尚书》,第六句下自注:"予与二公皆忝姻戚。"[③]据《新唐书·杨汝士传》:"开成初,繇兵部侍郎为东川节度使。时嗣复镇西川,乃族昆弟,对拥旄节,世荣其门。"[④]两位杨尚书同时镇东西川,洵为一时盛事,更是杨门之庆,故刘禹锡咏叹之,白居易继和。由白诗"潘杨亦觉有光华"及自注"予与二公皆忝姻

① 参《资治通鉴》卷二三七,第 7649 页。
② 朱金城:《白居易集笺校》卷五八,第 3326–3327 页。
③ 朱金城:《白居易校笺校》卷三三,第 2304 页。
④ 《新唐书》卷一七五,第 5250 页。

眷",知居易对于与杨氏姻亲颇觉自豪,尤其对汝士与嗣复之同历方镇也是非常羡慕的。与杨颖士交往的诗,《白居易集》卷五有《题杨颖士西亭》,卷九有《别杨颖士卢克柔殷尧藩》诗。

柳宗元也是中唐时期与杨氏具有姻亲关系的著名文学家,他的妻子是杨凭之女。柳宗元《祭杨凭詹事文》云:"子婿谨以清酌庶羞之奠,昭祭于丈人之灵。"注引韩曰:"公即凭婿也。"①柳宗元酬献杨凭之诗共有四首,都写得很好,表现了亲缘之间血浓于水的关系。尤其是《弘农公以硕德伟材,屈于诬枉,左官三岁,复为大僚,天监昭明,人心感悦,宗元窜伏湘浦,拜贺未由,谨献诗五十韵,以毕微志》诗,对杨凭之贬深表同情,是柳诗中难得的佳制。诗中所述之事,《旧唐书·杨凭传》有记载:"元和四年,拜京兆尹,为御史中丞李夷简劾奏凭前为江西观察使赃罪及他不法事。……先是,凭在江西,夷简自御史出,官在巡属,凭颇疏纵,不顾接之,夷简常切齿。及凭归朝,修第于永宁里,功作并兴,又广蓄妓妾于永乐里之别宅,时人大以为言。夷简乘众议,举劾前事,且言修营之僭,将欲杀之。及下狱,置对数日,未得其事,夷简持之益急,上闻,且贬焉。"②实则杨凭贬官,缘于李夷简公报私仇。吕温《代李侍郎贺德音表》云:"江南西道观察使杨凭奏以支郡旱歉,经赋不充,请征居地之羡,且修税茶之法,陛下以为天灾流行,有时而息,人怨滞结,贻患则深,纵无日瓣之美,忍复已除之弊,特令寝奏,姑务流迪,有司知画一之力,贩负有昭苏之望,此又群臣不可望清光者二也。"③知杨凭之贬,颇为诬枉。宗元此诗,起首四句总括之后,就转入门第与人品的描述,进而详叙其所历之官,而推出贬官的缘由。最后自叙远窜南荒之悲,也点出柳杨通家之好以及自己与杨氏姻亲的情况。柳宗元还有《奉酬杨侍郎丈因送八叔拾遗戏赠诏追南来诸宾二首》、《闻彻上人亡寄侍郎丈》诗,诗中的"杨侍郎丈"也是杨凭。④

---

① 柳宗元:《柳宗元集》卷四〇,第 1047 页。按注引孙曰:"凭字虚受,一字嗣仁,弘农人。公娶杨凝女,为凭从子婿。"误,应从韩注。宗元又有《亡妻弘农杨氏志》,称杨氏为"礼部郎中凝"女,"凝"亦为"凭"之误。

② 《旧唐书》卷一四六,第 3967–3968 页。

③ 吕温:《吕衡州集》卷四,上海古籍出版社 1993 年版,第 30–31 页。

④ 按后人注释或以"杨侍郎"为杨於陵,非是。柳宗元与杨於陵虽有交往,但并不称"丈"。《柳宗元集》卷四二有《奉和杨尚书郴州追和故李中书夏日登北楼十韵之作依本诗韵次用》及《杨尚书寄郴笔知是小生本样令更商榷使尽其功辄献长句》、《奉和周二十二丈酬郴州侍郎衡江夜泊得韶州书并附当州生黄茶一封率然成篇代意之作》诗,诸诗中的"杨尚书"、"州侍郎"都是杨於陵,於陵曾于元和十一年贬郴州刺史。事见新、旧《唐书》本传。宗元之诗即述於陵贬谪郴州后事。

　　上面的两个实例是中唐的著名文学家娶杨氏之女而结为婚姻的情况。杨氏的文学家中娶著名诗人之女而后文学传家者,则以杨凌娶韦应物之女最为典型。新出土丘丹撰《唐故尚书左司郎中苏州刺史京兆韦君(应物)墓志铭并序》:"长女适大理评事杨凌。"①又新出土《唐故监察御史里行河东节度判官赐绯鱼袋韦府君(庆复)墓志》,题撰人为:"外生前乡贡进士杨敬之撰。"志云:"杨氏甥小子敬之实闻太夫人及公夫人之词,遂刻于石。"②按,韦庆复为韦应物之子,则杨敬之是韦应物外甥。韦应物有《送杨氏女》诗:"永日方戚戚,出门复悠悠。女子今有行,大江泝轻舟。尔辈况无恃,抚念益慈柔。幼为长所育,两别泣不休。对此结中肠,义往难复留。自小阙内训,事姑贻我忧。赖兹托令门,仁恤庶无尤。贫俭诚所尚,资从岂待周。孝恭遵妇道,容止顺其猷。别离在今晨,见尔当何秋。居闲始自遣,临感忽难收。归来视幼女,零泪缘缨流。"③可谓慈爱满眼,至情感人,以至于清人蘅塘退士《唐诗三百首》选入,章燮评其末四句云:"言未送女之始,闲居在家,无所感触,聊可自遣。忽逢送别,临岐伤感,潺潺掉泪,殊觉难收,直待归来,凄恻之情,或可缓矣。乃独相遇膝下幼女,迎笑于前,触动离情,不禁两泪更绕缨流矣。以为他日长成,亦如杨氏女也,不且为之伤极乎?"④正因如此,韦应物与杨凌往还之诗就颇多,如《郡中对雨赠元锡兼简杨凌》、《送元锡杨凌》、《寄杨协律》等。杨凌有《奉酬韦滁州见示》诗,即酬答韦应物《郡中对雨赠元锡兼简杨凌》之作。

四

　　婚姻关系以外,因为党援而牵涉杨氏家族的文学家,中晚唐也颇有其人,刘禹锡、姚合、李商隐、许浑都是显例,其中李商隐是具有代表性的诗人。

　　李商隐是生存在牛李党争夹缝中的人物,他与令狐楚、令狐绹父子,以及与王茂元的关系,一直受到古今学者们的重视。但李商隐的党援情况,尤其是他与作为

①　《文汇报》2007年11月4日第8版。
②　《文汇报》2007年11月4日第8版。
③　陶敏、李德辉:《韦应物集校注》卷四,上海古籍出版社1998年版,第265页。
④　章燮:《唐诗三百首注疏》卷一,上海扫叶山房1930年版,第33页。

牛党重要组成部分的杨氏家族集团的关系,尚待进一步挖掘。①

李商隐作品中,直接表现其与杨氏家族关系者有以下几首:《哭虔州杨侍郎虞卿》、《送从翁从东川弘农尚书幕》、《为弘农公上虢州后上中书状》、《为弘农公虢州上后上三相公状》。四篇作品涉及杨虞卿与杨汝士二人,他们都是靖恭杨氏的关键人物。

据新、旧《唐书·杨虞卿传》,虞卿于李宗闵、牛僧孺辅政时,被引为右司郎中、弘文馆学士,再迁给事中。他是牛党之重要骨干,加以苏景胤、张元夫,以及虞卿兄弟汝士、汉公为人所奔向,故当时有"欲趋举场问苏张,苏张犹可,三杨杀我"之谚语。而"宗闵待之尤厚,就党中为最能唱和者,以口语轩轾事机,故时号党魁"②。以至于大和九年因为党争而被贬死于虔州司户参军任。商隐《哭虔州杨侍郎虞卿》诗云:

> 汉网疏仍漏,齐民困未苏。如何大丞相,翻作驰刑徒。
> 中宪方外易,尹京终就拘。本矜能饵谤,先议取非辜。
> 巧有凝脂密,功无一柱扶。深知狱吏贵,几迫季冬诛。
> 叫帝青天阔,辞家白日晡。流亡诚不吊,神理若为诬。
> 在昔恩知忝,诸生礼秩殊。入韩非剑客,过赵受钳奴。
> 楚水招魂远,邙山卜宅孤。甘心亲垤蚁,旋踵戮城狐。
> 阴骘今如此,天灾未可无。莫凭牲玉请,便望救焦枯。③

这首诗的作年,说法有所不同,以张采田《玉溪生年谱会笺》系于开成二年说最有说服力。诗对杨虞卿贬死虔州,深表同情。而杨氏被贬是由郑注、李训的诬陷造成的,是李郑二人为了专权,对于当时朝廷的牛李党人一概排斥的结果,也与唐文宗猜忌大臣有关,故杨氏实含冤而死。"大和九年,京师讹言郑注为帝治丹,剔小儿

---

① 有关这方面的研究,宋宁娜教授有《李商隐与弘农杨氏家族的渊源关系》一文(《南通大学学报》2008年第4期,第92—96页),对其大致情况作了描述,这对于笔者思考晚唐文学生态环境的演变颇有启发,但尚有新的空间有待于进一步开拓。
② 《新唐书》卷一七五,第5249页。
③ 刘学锴、余恕诚:《李商隐诗歌集解》,中华书局2004年版,第241—242页。

肝心用之。民相惊,扃护儿曹。帝不悦,注亦内不安,而雅与虞卿有怨,即约李训奏言:'语出虞卿家,因京兆驹伍布都下。'御史大夫李固言素嫉虞卿周比,因傅左端倪。帝大怒,下虞卿诏狱。于是诸子弟自囚阙下称冤,虞卿得释,贬虔州司户参军,死"①。我们知道,李商隐在唐文宗的大和与开成中,主要是依靠令狐楚,与牛党人物关系较近,他对杨虞卿的同情,也与此相关。诗中"如何大丞相"二句,指李宗闵;"中宪方外易"句,指李固言;"本矜能弭谤"二句,指郑注与李训;"尹京终能拘",指杨虞卿为京兆尹事。清人钱龙惕评论说:"观义山此诗,其与虞卿情好笃厚,则亦宗闵之党也。他日哭萧瀚、哭令狐楚,皆有百身之感,二人亦宗闵之党也。乃自开成登第后,连应王茂元、郑亚、卢弘正之辟,皆李太尉引用之人,岂嫉杨、李朋比之私,而迁于乔木耶? 卒为令狐绹所排摈,坎壈以终。当时钩党之祸,根株牵连。吁,可畏矣。"②则把李商隐开成前后与党争的关系,通过这首诗的阐释而表现出来。

　　李商隐《送从翁从东川弘农尚书幕》中的"东川弘农尚书"是杨汝士。据《旧唐书·文宗纪》所载,开成元年十二月癸丑,以兵部侍郎杨汝士检校礼部尚书,充剑南东川节度使,四年九月辛卯,汝士为吏部侍郎。这首诗就是李商隐开成元年岁末在长安,准备应来年春进士试时所作。诗的开头称"大镇初更帅,嘉宾素见邀",即指汝士初镇东川不久,而辟商隐从翁之事。中间的大部分内容是回忆诗人与从翁偕隐山林,求仙学道之事,继而辞别故里,干谒求仕。这些都紧扣"送从翁"的题面。末尾"南诏知非敌,西山亦屡娇。勿贪佳丽地,不为圣明朝。少减东城饮,时看北斗杓。莫因乖别久,遂逐岁寒凋。盛幕开高宴,将军问故寮。为言公玉季,早日弃渔樵",以勉励从翁从杨汝士幕府而忧念国事,并心存旧谊。最后四句则望从翁以达杨汝士而援引自己③,表明诗人对于杨氏有意亲近的态度。李商隐的《为弘农公上虢州后上中书状》、《为弘农公虢州上后上三相公状》亦作于开成中。这里的"弘农公"是谁,说法不一致,实则是杨汝士之子杨倞。根据岑仲勉先生的考订,杨倞为汝

---

①　《新唐书》卷一七五,第 5249 页。

②　刘学锴、余恕诚:《李商隐诗歌集解》,第 247 页引。

③　用刘学锴、余恕诚说,见《李商隐诗歌集解》,第 184 页。

士族子,曾官主客郎中。倞于元和末注《荀子》,则与因缘儒术合。① 刘学锴、余恕诚更加以阐发,以确定李商隐之文作于开成五年。② 按由以上几篇文章,说明李商隐此时与牛党之因缘关系仍很密切。因其《为弘农公虢州上后上三相公状》之三相公为杨嗣复、李珏与崔郸,因为这三个人在开成四年七月至开成五年五月之间同时在宰相之任。杨倞为杨汝士之子,当然也是杨嗣复族人,不仅党援关系一致,而且家族关系也一致。李珏与崔郸也是牛党中骨干。故这些文章也是解读李商隐在晚唐时期政治升沉过程,特别是他与牛李党争关系的重要文献。

刘禹锡是与杨氏家族诸多人物有所往还的诗人,他虽也与党援相关,但更主要的是呈现出牛李党争激烈时期,文人立身行事较为审慎的一面,这些与李商隐是有所不同的。而刘禹锡贬谪时期与杨氏的诗歌唱酬,也显示了他经历了仕途浮沉之后对政治的敏感性。

刘禹锡贬谪时期与杨氏成员交往的主要人物是杨敬之和杨於陵,因诸人都被贬谪,相同的遭遇便引发了同命相怜之感。刘禹锡《答杨八敬之绝句》自注:“杨生时亦谪居。”诗云:“饱霜孤竹声偏切,带火焦桐韵本悲。今日知音一留听,是君心事不平时。”③考《册府元龟》卷九二五:“苏表元和中以讨淮西策干宰相武元衡,元衡不见,以监察御史宇文籍旧从事,使召表而讯之。因与表狎。后捕驸马王承系,并穷按其门客,而表在焉。表被鞫,因言籍与往来,故籍坐贬江陵府士曹参军,又被(贬)左卫骑曹参军杨敬之为吉州司户参军,右神武仓曹韦衍为温州司仓参军,秘书省正字薛庶回为柳州司兵参军,太子正字王参元为遂州司仓参军,乡贡进士杨处厚为邛州太邑尉,并坐与表交游故也。”④又考《旧唐书·宪宗纪》:元和十年七月甲戌,“诏:‘成德军节度使王承宗,……驸马都尉王承系、太子赞善王承迪、丹王府司马王承荣等,并宜远郡安置。’先是,承宗上表怨咎武元衡,留中不报。又肆指斥,上

① 岑仲勉:《玉溪生年谱会笺平质》,载《岑仲勉史学论文集》,中华书局 1990 年版,第 515–516 页。按,岑仲勉的说法大致可信,惟称杨倞为汝士族子,尚需再考。《新唐书》卷五九《艺文志》:“杨倞注《荀子》二十卷。”注:“汝士子,大理评事。”(中华书局 1975 年版,第 1512 页)然《新表》未载杨倞,盖漏略。今从《新志》以杨倞为汝士子。
② 刘学锴、余恕诚:《李商隐文编年校注》,中华书局 2002 年版,第 405 页。
③ 刘禹锡:《刘禹锡集》卷三五,第 522 页。
④ 王钦若:《册府元龟》卷九二五,第 10927 页。

使持其表以示百官,群臣皆请问罪。"①是刘诗作于元和七年,是时杨贬吉州,刘贬连州,与"杨生时亦谪居"合。杨敬之因武元衡被贬,武元衡也是刘禹锡的政敌,杨刘二人政治遭遇一致,故称"知音"。"饱霜孤竹声偏切,带火焦桐韵本悲",参以《彭阳唱和集引》云:"中途见险,流落不试。而胸中之气伊郁蜿蜒,泄为章句,以遣愁沮,凄然如焦桐孤竹,亦名闻于世间。"②则其诗更是抑郁之怀与不平之气的抒发。"是君心事不平时",表现了刘禹锡对杨敬之受政治事件牵连而贬的不平,也是对杨敬之的最大安慰。

至于杨於陵,刘禹锡有《和郴州杨侍郎玩郡斋紫薇花十四韵》、《和南海马大夫闻杨侍郎出守郴州因有寄上之作》、《和杨侍郎初至郴州纪事书情题郡斋八韵》诗三首。杨於陵于元和间淮西用兵时为户部侍郎判度支,用所亲为供军使,淮西节度使高霞寓以供军有阙,移牒度支,於陵不为之易。宪宗怒之,于元和十一年贬於陵为郴州刺史。李翱《杨於陵墓志》云:"高霞寓以唐邓之师攻蔡州怯懦不敢直进,欲南抵申州,出于空虚不守之地,其路险狭,粮运难继,公面于上前,累言利害,并以疏陈霞寓逗留之状,请于北道直进,足以援许汝之师,贼势自蹙。上许之。霞寓深怨之,遂内外结构,出为郴州刺史。霞寓果败,由是谈者知公之冤。"③杨於陵曾作《郡斋有紫薇花双本,自朱明接于徂暑,其花芳馥,数旬犹茂,庭宇之内,回无其伦,予嘉其美而能久,因诗纪述》④,禹锡见到此诗而和作之。其时刘禹锡在连州贬所,贬谪时的相互寄诗唱和酬答,无疑有助于排遣政治失意的苦闷心绪。

大和以后牛李党争处于激烈的时期,刘禹锡这时已历经宦海浮沉,加以年华老大,虽与作为牛党骨干的杨氏成员交往,但是较为审慎。大和中刘禹锡结交的杨氏家族成员,都是牛党骨干。其一是杨虞卿。大和二年,王璠为尚书左丞,刘禹锡与杨虞卿都在其部下任郎官,禹锡《和浙西王尚书闻常州杨给事制新楼因寄之作》诗末自注:"尚书在南宫为左丞,给事与禹锡皆是郎吏。"⑤禹锡又有《和杨师皋给事伤小妓英英》诗,"杨给事"即杨虞卿。杨虞卿《过小妓英英墓》诗,白居易也有《和

① 《旧唐书》卷一五,第453-454页。
② 刘禹锡:《刘禹锡集》卷三九,第587-588页。
③ 《全唐文》卷六三九,第2857页。
④ 《全唐诗》卷三三〇,第3687页。
⑤ 刘禹锡:《刘禹锡集》卷三六,第534页。

杨师皋伤小姬英英》、姚合也有《杨给事师皋哭亡爱姬英英窃闻诗人多赋因而继和》
等唱和之作,这都是诗人之间伤亡悼旧的应酬之诗。又有《寄毗陵杨给事三首》,瞿
蜕园云:"虞卿为李宗闵之党,杨嗣复之宗人,而德裕之所恶也。诸杨分布仕途,禹
锡不得不与之作缘,又以白居易妻族之故,尤不得不勉维友谊,若因此诗而谓禹锡
与有深交,则未必然。"①其二是杨汝士。刘禹锡有《寄贺东川杨尚书慕巢兼寄西川
继之二公近从弟兄情分偏睦早忝游旧因成是诗》,"杨尚书慕巢"即杨汝士,诗作于
开成二年春。白居易亦有《同梦得寄和东西川二杨尚书》,汝士、居易与禹锡都有同
州之缘,汝士先为同州刺史,罢后居易代之,居易不之任而朝廷又授予禹锡。禹锡
诗云:"政同兄弟人人乐,曲奏埙篪处处听。杨叶百穿荣会府,芝泥五色耀天庭。"②
亦为唱酬应奉之语。其三是杨嗣复。刘禹锡有《奉和吏部杨尚书太常李卿二相公
策免后即事述怀赠答十韵》,"吏部杨尚书"为杨嗣复,"太常李卿"为李珏。诗作于
开成五年,其时文宗已卒,武宗即位,政治局势发生了巨大变化。"禹锡以开成元年
自同州授宾客分司,其时在相位者为郑覃、李石,以气类而论,似即出覃之力。五年
为秘书监分司,则或由嗣复。要之,禹锡此时年老,怵于朝端南北司及党祸之烈,必
亦无意于进取,故于覃、夷行及嗣复、珏之间亦无不虚与委蛇耳"③。

五

　　上文对中晚唐杨氏家族的总体情况,以及该家族成员在文学上的成就进行分
析,并以杨氏家族为切入点,对与中晚唐文学相关的党派之争、科场状况、地域环
境、婚姻情况进行考察,以展示中晚唐文学生态环境的某些侧面,至此我们再加以
概括梳理,并作申述。

　　弘农杨氏是在汉代曾显赫一时的大家族,出现过杨恽、杨喜、杨震这样影响当
时及后世的重要人物。即如陈寅恪所言:"夫士族之特点既在其门风之优美,不同
于凡庶,而优美之门风实基于学业之因袭。故士族家世相传之学业乃与当时之政

---

① 瞿蜕园:《刘禹锡集笺证》附录二,第1438页。
② 刘禹锡:《刘禹锡集》卷三四,第487页。
③ 瞿蜕园:《刘禹锡集笺证》附录二,上海古籍出版社1989年版,第1668页。

治社会有极重要之影响。"①适应汉代经学的发展，杨恽精研儒学，为其家族奠定了甚为稳定的家学传统，因而在东汉时以杨震为代表的杨氏的声望达到鼎盛的峰巅。但到了魏晋南北朝时期，随着与政治的疏离以及儒学衰微的社会政治环境，杨氏一族则走上了衰落的道路。到了初唐以后，李武韦杨虽形成了婚姻集团，对于唐代政治的发展具有重大的影响，这到盛唐时的杨国忠而终结。而这一集团中杨氏与中晚唐时期的通过科举等途径进入政治舞台的杨氏颇不相同。本文所论及的杨氏，其世系，在新出土的《杨宁墓志》中有所记述：

> 本盖姬姓，周宣王之子曰尚父，邑诸杨，得氏于后。至汉赤泉侯喜、安平侯敞，征君宝继家华，下为关西令族焉。公而上六代隋内史令曰文异，五代皇朝银青光禄大夫瀛州刺史曰峻，高祖贺州临贺令讳德立，大王父檀州长史讳馀庆，大父同州郃阳令隐朝，王考汝令赠华州刺史讳燕客。②

而在新出土的《杨汉公墓志铭》中记述得更为清楚：

> 公讳汉公，字用乂，弘农华阴人也。杨氏之先，与周同姓，自文王昌之子唐叔虞，虞生燮父，燮父生六。当昭王时，以六月六日生，故以六名之。生而有文在其手，左曰杨，右曰侯。昭王曰：其祖有之，天所命也。遂封六为杨侯，国于河洛之间，字之曰君牙，为穆王司徒。书曰：穆王命君牙为周大司徒，此得姓之源也。君牙十六世孙伯乔，就封于杨，杨氏始大。自伯乔四十一世而震生焉，为汉太尉，所谓四代五公者。震十三世生钧，后魏司空、临贞郡公。生俭，后魏黄门侍郎、夏阳公。俭侄孙素，隋室之元勋，封越国公。故临贞之子孙，皆以越公为房号。夏阳次子曰文异，即公之七代祖也。派蔓千祀，招贤相望，宜乎光耀于当时矣。曾祖隐朝，皇同州郃阳县令，夫人京兆杜氏。祖燕客，皇汝州临汝县令，赠工部尚书。皆以贞迁养志，自肥其家，故位不称德。夫人南阳张氏，即大儒硕德司业张公参之妹也。烈考讳宁，皇国子祭酒，赠太尉，始用经学入

---

①　陈寅恪：《唐代政治史述论稿》，第 71 页。
②　周绍良：《唐代墓志汇编》，上海古籍出版社 1992 年版，第 2023 页。

仕,尝游阳谏议城之门,执弟子礼,洁白端介,为诸儒所称。其舅司业公尤所
嗟赏。①

　　就这两篇墓志而言,这一支杨氏,在隋朝越国公之前尚较显耀,然进入唐朝,就
其少闻人,直到杨宁一代始又发迹,至汉公一世,更为强盛。邓名世《古今姓氏书辨
证》卷一三:"汝士兄弟四人,共有二十七子、三十六孙,其间多知名者。"②杨氏兴盛
之后,居于长安的靖恭、新昌、修行、永宁等坊,并相传数世,以至于时人以坊里代称
家族。其宗族家风,颇能恢复汉代以后的声望,追溯其始,亦源远而流长。

　　由于杨氏家族在当时政治舞台上具有重要的地位,且文化底蕴与政治地位又
相适应,故而杨氏家族也就出现了很多著名的文学家,诸如靖恭一系自杨宁以后数
代,每代都有文学名人出现,杨汝士兄弟四人,都以文学著名,并有作品流传于
后世。

　　唐代社会特别重视婚姻观念,与杨氏家族结为婚姻的著名文人不少,具有代表
性的人物至少有三人:一是白居易,其妻是杨汝士从父妹。白居易的一生,不仅在
政治仕途方面,与杨氏家族有着千缕万缕的关系,文学创作上也与杨氏家族往还甚
多,在白氏诗文中占有相当的比例。二是柳宗元,其妻是杨凭之女。杨氏本与柳氏
有通家之好,柳宗元又娶杨氏为妻,故而文中对杨凭曾经贬谪的遭遇深表同情与不
平,并对自己的贬谪南荒而生发感慨,表现同命相怜之感。三是杨凌,娶中唐著名
诗人韦应物之女。这对提升杨氏家族的文学地位也具有重要意义。

　　杨氏家族,尤其是靖恭、新昌族系在中晚唐时又卷入了历时甚久的牛李党争,
杨汝士、杨虞卿、杨嗣复等更是牛党的骨干人物,故而他们的政治进退与牛李党争
的波澜起伏密切相关。"牛党重科举,李党重门第",是历时已久的重要学术命题,
但孰是孰非,长期以来也争论不休。由杨氏家族的科举构成及在党争中的地位考
察,"牛党重科举"这一学术命题具有一定的生命力,不容轻易否定。牛李党争不仅
是中晚唐文学得以发展演变的重要背景,而且对于文人的命运也造成了很大的影
响。与杨氏家族相关又卷入党争的著名诗人主要有白居易与李商隐,白居易与杨

①　洛阳市文物工作队:《洛阳新出土墓志辑绳》,中国社会科学出版社1991年版,第699页。
②　邓名世:《古今姓氏书辨证》卷一三,江西人民出版社2006年版,第187页。

氏家族更有婚姻关系等。李商隐与杨氏家族中的重要人物杨汝士、杨於卿、杨嗣复的关系,对其一生的坎坷命运产生了重要的影响。而李商隐与杨倞的关系,除了政治、文学之外,又增添了一定的文化与学术内涵。

我们如果拓展一下学术视野,就可以看出目前对于唐代家族文学传承及影响的发掘仍存在着明显的不足,这一方面因为这一家族存留于今的诗文与其本身文学成就远不相称,另一方面在于我们的文学研究者,往往主要精力著重于文学史上具有明显地位的作家,而对于需要通过文献的发覆与整合才能凸显的文学现象用力不够。故而通过现有材料与新出文献,以发掘被忽视的文学现象与被埋没的文学家,无疑是今后学术研究的一个良好的途径。通过对杨氏家族文学情况的整合与家族影响下文学生态环境的探讨,无疑会对唐代文学的整体研究有所启迪。

（作者单位：浙江大学中文系）

《重订中晚唐诗主客图》的编选特色

赵荣蔚

清代乾嘉时期,在高压政治与文字狱阴影笼罩下,经过一百五十多年的摧残磨折,士林中慷慨激越、苍凉深沉之音渐趋沉寂。当沧桑之感、家国之痛消退之后,士人们不再关注使人黯然神伤的社会现实,普遍竭其精力于传统经史之学,出现了以考据为特点的乾嘉学派,此期诗坛亦显现出派别纷呈、格局多元之貌,积历代而成的各种诗歌流派、诗学观念几乎无不一一重现。沈德潜的"格调说",注重诗歌教化作用,主张"温柔敦厚"的表现方式,标举唐诗,意在"去淫滥以归雅正"(《明诗别裁序》)①;翁方纲的"肌理说",将义理、考据运用于诗歌写作,推重宋诗,意在树立说理精密、学问博赡的学人之诗;袁枚的"性灵说",突破传统藩篱,尊重人之个性,主张抒写性情,强调创作中的灵感作用。与廊庙诗人不同,山左寒士李怀民岸然自异不随人步趋,力矫时风,独标宗旨,推尊中晚唐诗人张籍、贾岛,注重儒家传统观念基础上的理想人格,讲求耿介傲岸人格与外化于诗歌之"气骨"。《重订中晚唐诗主客图》正是其诗学主张与诗美理想的集中体现。

李怀民(1738—1793),名宪噩,以字行,号石桐,山东高密人。乾隆间诸生,与二弟宪暠、宪乔相师友,以诗名,时称"三李"。《重订中晚唐诗主客图》之作初因《诗人主客图》而起。晚唐昭宗时,张为作《诗人主客图》,用"法度一则"②之标准,将中晚唐诗人84家划分为六大派,除"广大教化"一派以内容为主外,其余"高古奥

---

① (清)沈德潜《明诗别裁集》,中华书局,1975年版,第1页。

② (宋)计有功《唐诗纪事》卷六五,上海古籍出版社,1987年版,第976年。

逸"、"清奇雅正"、"清奇僻苦"、"博解宏拔"、"瑰奇美丽"五派均以风格为依据。此图品第诗人,区别流派,反映时尚,曾代表一时风会,在唐末广为流传。从南宋吕本中《江西诗社宗派图》,到明代高棅《唐诗品汇》均受之影响。然因品评不尽惬当,体例不够完善,自流行后,迭遭宋人陈振孙、明人胡应麟、胡震亨以及清人李调元等人讥评。怀民亦对其体派分类表示异议:"余尝读其诗,皆不类所立名号,亦半强摄,即如元、白、张、刘,当时统谓之'元和体',为乃独以元稹属白居易,而张籍、刘禹锡更分承之李益、武元衡,诚不知其何所见? 以韦应物之冲虚,独步三唐,宋人论者,惟柳宗元稍可并称,而乃仅入孟云卿之室,且与李贺、杜牧比肩,何其不伦耶? 其它不可胜举,至其所标目,适如司空图《二十四品》,但彼特明体之不同,非谓人专一体,且即六者,亦不能尽体矣。是盖出奇以新耳目,未为定论也。"(《重订中晚唐诗主客图说》)平心而论,《诗人主客图》确多令人难以索解之处,然而,它已是一残缺之本,所评诗人作品也散佚颇多,书中除标目和诗例外,亦无任何说明文字,作者编辑本意,今人已难以知晓;另一方面,风格之谈,本甚幽眇,事系读者品味,眼光不同,则结论互异。人们的审美趣味及标准,往往随着时代推移而变化,前人的审美判断,后人常常觉得难以理解。凡此种种,都是《诗人主客图》使人产生疑惑的原因①。正如此,怀民在批评其不足时,对其所创体例及用意颇加肯定:"《主客图》本锺氏孔门用诗之意而推广之,虽所用不当,而取义良佳。"梁代锺嵘因时人对诗歌评价漫无准的而作《诗品》,将自汉魏至齐梁122位诗人分为上中下三品,显优劣,叙源流,揭出各家利病,意在通过诗人品评,建立可靠批评准则。《论语·先进篇》载:"子曰:'由也升堂矣,未入室也。'"锺嵘推阐其义以论诗:"如孔氏之用诗,则公幹升堂,相如入室,景阳、潘、陆,自可坐于廊庑之间矣。"至张为《诗人主客图》更推扩于以论诗歌体派,将中晚唐诗人分为六派,各主之下,又分上入室、入室、升堂、及门四层,以此展示诗人与宗主间关系远近亲疏与风格异同,而诗人之成就及其间之渊源关系亦一目了然矣。怀民据此重作检讨,"谨依其制,尊水部、长江为主,入室、升堂、及门以次及焉,庶学者一脉相寻,信所守之不谬,且由浅入深,自卑至高,可以循序渐进,不至躐等也"(《重订中晚唐诗主客图说》)②。他要通过对中晚唐人诗歌的

① 赵荣蔚《唐诗人主客图散论》,《图书馆杂志》,2006年第9期,第80页。
② (清)李怀民《重订中晚唐诗主客图自序》,清嘉庆十七年(1812)李氏刻本。

精心遴选与评点，发明张贾两大诗派诗学精髓，为后学者指明学诗之途径，提供可据之范本。

《重订中晚唐诗主客图》初稿完成于乾隆三十九年（1774），后经作者反复修订补充，至嘉庆十年（1805）方由刘大观刊于粤西，此时距怀民离世已整整12年。此后又有嘉庆十七年（1812）李氏刻本，嘉庆十九年（1814）赵氏刻本。因赵氏初刻所据为怀民之未定稿，故咸丰四年（1854）赵氏又有补刊重修本。

一、张扬气骨，力矫颓俗

乾嘉之世，汉学兴盛而宋学衰微，士人埋首故纸，倾心考据。袁枚叙述此时学风云："近今之士，竞尊汉儒之学，排击宋儒，几乎南北皆是矣。豪健者尤争先焉。"① 汉学之名因诋宋而起，又因诋宋而张。由于儒学中砥厉志行的一面在宋学，汉学中音训、考证、辨伪、辑佚、校勘均无涉修己立身学问，人们轻视宋学，因而轻视道德，于是人心风俗，日即于苟，而乱端肇矣。随着社会道德自觉的普遍低落，乾嘉世风浮华奢靡，士风贪鄙浇薄。士人求财逐利，寻欢作乐，丧失志节。熟稔此期士风的满清宗室昭梿慨乎言之："自于（敏中）、和（珅）当权后，朝士习为奔竞，弃置正道。黠者诟詈正人，以文己过；迂者株守考订，訾议宋儒，遂将濂洛关闽之书，束之高阁，无读之者。"② 郑板桥对此更有着切肤之痛："吾辈读书人，入则孝，出则弟，守先待后，得志泽加于民，不得志修身见于世，所以又高于农夫一等。今则不然，一捧书本，便想中举、中进士、作官；如何攫取金钱、造大房屋、置多田产。起手便错走了路头，后来越做越坏，总没有个好结果。其不能发达者，乡里作恶，小头锐面，更不可当。夫束修自好者，岂无其人？经济自期，抗怀千古者，亦所在多有。而好人为坏人所累，遂令我辈开不得口。一开口，人便笑曰：'汝辈书生，总是会说，他日居官，便不如此说了。'所以忍气吞声，只得挨人笑骂。工人制器利用，贾人搬有运无，皆有便民之处。而士独于民大不便，无怪乎居四民之末也！且求居四民之末而亦不

---

① （清）袁枚《随园诗话》卷二，人民文学出版社，1960年版，第49页。
② （清）昭梿《啸亭杂录》卷十，中华书局，1980年版，第103页。

可得也!"(《范县署中寄舍弟墨第四书》)①原以道统传承自居的士人的表率作用被物欲横流所冲垮。以汉学鸣世的王鸣盛,学问博大,著述繁富,自束发至垂白,未尝一日辍书,同时后进,称其远侪伯厚,近匹弇州。然谀墓卖文,为人贪鄙,品行多有可议。昭梿在《啸亭续录》中载:"王西庄未第时,尝馆富室家,每入宅时必双手作搂物状。人问之,曰:'欲将其财旺气搂入己怀也。'及仕宦后,秦诿楚谨,多所干没,人问之曰:'先生学问富有,而乃贪吝不已,不畏后世之名节乎?'公曰:'贪鄙不过一时之嘲,学问乃千古之业。余自信文名可以传世,至百年后,口碑已没而著作常存,吾之道德文章犹自在也。'故所著书多慷慨激昂语,盖自掩贪陋也。"②又天性刻薄,诋諆古人,讥弹近士,几于无所不至。陈垣《书十七史商榷》第一条后曰:"王西庄好骂人,昔贤每遭其轻薄,如谓刘向为西汉俗儒,谓李延寿学识浅陋,才短位卑,谓杜元凯剽窃,蔡九峰妄谬,又谓陈振孙为宋南渡后微末小儒,王应麟茫无定见。其于时贤如顾亭林、戴东原,亦力斥之,又谓朱竹垞学识不高。"士风之败坏由此可见一斑。

怀民长于孔子故里齐鲁,家乡高密诞生过东汉著名经学家郑玄,以儒家思想为基础的传统文化对其性格塑造和诗学主张具有潜移默化的作用,其价值观和人格追求均鲜明体现出正统儒者的面目。生活于乾隆国势隆盛之时,怀民亲见举世阿谀取容,庸音日广,他在《重订中晚唐诗主客图》中极力倡扬以儒教维持世教,挽救人心,要求诗人发乎情止乎礼义,自觉躬行宋儒"格物致知"之学,改变"浮沉世故,居心不正"之陋习:"宋儒之理诚不可为诗,而诗人实不能离。其言书情,即正心之学也;其言匠物,即格物之学也。"他举唐人之例论证云:"唐时儒教不纯,或杂佛老。然王仲初曰:'君子抱仁义,不惧天地倾。'固已知孔氏之教矣。李太白思复雅乐,杜工部自比稷契,元白张王、韩文公、孟夫子,各出其说言正论,以维持世教,是知唐诗虽小道,实与《三百》之义相通。但其间遇有隆替,才有大小,其升之廊庙而恢其才,则为乐府,为雅颂。非然,即一室啸呼而约其才,为苦吟,为孤索,要皆各得性情之正而不流为淫哇。唐之盛也,道德浑于意中,和乐浮于言外;及其衰也,气节形于激烈,名义著为辨说。"怀民认识到,要涤荡污浊世风,特别需要士人怀抱仁义,砥砺言行,以作出表率,裨益世教,从而引领社会风气的变迁。

---

① (清)郑燮《郑板桥集》,上海古籍出版社,1979年版,第167页。
② 昭梿《啸亭续录》卷三,商务印书馆1915年版。

正如此,基于传统的儒家诗教观,《重订中晚唐诗人主客图》高度重视诗人的品格修养,极力强调士人人格的傲岸高洁:"故余定中晚唐以后人物,有似于孔门之狂狷。韩退之、卢仝、刘叉、白乐天,狂之流也;孟东野、贾岛、李翱、张水部,狷之流也。后世人不识,或指其言为俗劣、为粗鄙、为真率、为妄诞。呜呼! 是皆浮沉世故,居心不正,徒以香情丽质为雅耳。"怀民激赏唐贤特立独行、清高自守的人格风范,他明确宣称:"吾定《主客图》,窃见张、贾门下诸贤,微论其才识高远,要之气骨稜稜,俱有不可一世、壁立万仞之概,夫是以与时凿枘,坎坷多而遭遇难,然司空图不事朱温,顾非熊高隐茅山,马虞臣以正言被斥,刘得仁以违时不第,此皆孔氏之所受也,其余诸子不能枚举,间有行事无考者,其言存,可按而知之。愿世之观吾《主客图》者,先求为古之豪杰,举凡世俗逢迎、诐佞悭吝、鄙啬龌龊种种之见,一洗而空之,然后播为风诗,以变浇风而振颓俗,或亦盛世之一助云。"他在评点中对唐贤人格气骨,随时加以表彰:"意古神闲","得风骚之遗"的张籍,被奉之为"清真雅正主";"峭骨沉响,笔补造化"的贾岛被奉为"清奇僻苦主",李洞"负性孤僻,笔端峭直";曹松"老志不衰,气骨已不可及";裴说"风骨矫矫",唐求"负性高古",无不是对唐贤风骨的推崇。又如评许浑《寄殷尧藩》首联"直道知难用,经年向水滨":"唐诗人多具此骨子,所以朗然自负,后人无是,故易馁也。"姚合《县居诗三十首》其二"方拙天然性"句:"'方拙'二字是骨。"其十二"官卑食肉僭,才短事人非"二句:"谐中见傲骨。"又于诗末总评曰:"三十首中皆于谐处见胸次骨格,所以见重正在此耳。"评曹松《书怀》云:"唐人所业者不过诗句,然其心骨诣力坚确不易,此亦圣门强矫之徒也,故其气盛而词抗,不可磨灭。"正是唐贤正直方拙、傲岸不屈的人格,方才外化为他们气盛词抗之诗篇。

明清以来,朝廷以八股取士,士人束书不观,专以背诵帖括时文为事,"所诵者礼义,所好者名利"(《布衣陈君墓碣》)[1],言行不一,口是心非。怀民对之痛心疾首,他借表彰唐贤之"真气"、"古情",发抒自己对乾嘉诡随贪鄙、丧失气节士风的极度厌恶。如评崔涂《言怀》首联"干时虽苦节,趋世且无机":"干时必有苦节,趋世必是无机,孔孟栖栖,亦是此义,不然则成患得患失之鄙夫矣! 唐末士品要于此等求之。"颔联"及觉知音少,翻疑所业非":"竟用'吾道非欤? 何为至此'意而不觉其

---

[1] 钱大昕《潜研堂文集》卷四九,商务印书馆 1936 年版。

阔且侈者,有真骨气在也!崔涂且然,则在涂之上者可知矣。"评马戴《怀故山寄贾岛》"自从来阙下,未胜在山中"二句:"可知诗人怀抱性格。未第则曰'何门致此身',及第则曰'未胜在山中',岂非多事,却见唐贤高处。"诗末总评曰:"唐诗人力求一官,若曹梦徵所谓'望荣求替愁'者,即老杜《献大礼赋》,老韩《上宰相书》,都是一般心肠,乃既得之后却甚淡然,如杜之《曲江》诸什,韩之《朝归》等篇及虞臣此诗,可见胸次清超,原不同后代之士,专为荣官起见也。"怀民认为,不论身处盛世或衰世,士人对自己的出处行藏,都要有深切的甄辨与抉择。既已择定了人生道路,就要对自己的人生遭遇有一番坚定的认知:达则兼济天下,关心民瘼;穷则独善其身,保持人格高洁,贫寒自守,不失其骨。他评周贺《暮冬长安旅舍》颈联"失计空知命,劳生耻为身":"此等见唐人安身立命处,乃作诗之骨也。陶渊明之诗独高千古,亦于此等求。"评裴说《鹭鸶》:"唐人营营一第,终不肯枉道,所以每至迟暮。裴君此诗,正自见品格处。"评《旅中作》首联"行路非不厌,其如饥与寒":"直说是古情。"颔联"投人言去易,开口到贫难":"此中有壁立万仞之概,学者当认得。"尾联"时明未忍别,犹待计穷看":"骨力嶙然,与陶渊明'卓为霜下杰'出处不同,负性则一。"诗末总评曰:"此所谓有个安身立命处,若后人感遇不遇,自道穷苦耳。"又如评方干《寄李频》尾联"明年见名姓,惟我独何颜":"唐人以科名为重,虽韩退之不无此见,然志求必得而恶不由其道,正见骨力强毅处。如此结句便直说不讳。"评《中路寄喻凫》尾联"莫叹干时晚,前心岂便非":"骨力嶙然,浩气直达,退之《上宰相书》同一心肠,世俗诡随者却不肯直言。"评林宽《送惠补阙》颔联"长因抗疏日,便作去官心":"唐人识见气骨实有真卓不可及处,如此等可见。"风格即人格,在怀民看来,诗风关乎士风世俗,欲变诗风必先求诗人人格之高古,只有将耿介傲岸的理想人格,外化为诗歌中之铮铮气骨,才能达到移风易俗,有益社会的功用。生逢乾嘉盛世,怀民虽因耿介傲岸,与世龃龉,屡败科场,穷困潦倒,然而寒士铮铮气骨至老不衰,他用"古性原无怨,高情独有诗"(《子乔自县中来,言单书田先生贫至食木叶,邀叔白各赋一篇为赠》)①的铮铮气骨,力抗颓俗,成为陶潜和唐贤的真正知音。

---

① (清)李怀民《石桐草堂诗集》,山东省博物馆藏清钞本。

二、标举张贾，推尊五律

清初诗学，以虞山、渔阳为主盟，天下承风，百年未替。至康熙时，渔阳"神韵说"影响最著。王士禛认为，诗歌创作没有固定的法式可循，有如"神龙行空，云雾灭没，鳞鬣隐现，岂令人测其首尾哉！"（《答问类》）①他尤其欣赏严羽以禅悟论诗的主张，特别强调"妙悟"："舍筏登岸，禅家以为悟境，诗家以为化境，诗禅一致，等无差别。"②在他看来，"神韵"之作以自然、入神为其重要特色，含蓄深远、意在言外，融禅意与诗境为一体，富有韵外之致、味外之味。而这种"不着一字，尽得风流"的境界，又只有在诗人灵感爆发、兴会神到时才能创造出来。灵感的涌现是偶然的，非人力苦作强求所能致，它完全取决于作者当下之"伫兴"、"顿悟"，只可意会而不可言传。

为了宣扬这种诗歌理论，王士禛编选《唐贤三昧集》，以"隽永超诣"为标准，选王维而下四十二家，不录李、杜之诗，"于唐贤独推右丞、少伯以下诸家得三昧之旨，盖专以冲和淡远为主，不欲以雄鸷奥博为宗"③，目的要"剔出盛唐真面目与世人看"，使"学者得是集而读之，飘飘乎如闻海上之琴，湘江之瑟，驾空凌虚，超尘绝迹。……真契唐人于千百载之上"（王立极《后序》）④。此本一出，风行海内，天下翕然从之。其实，这一选本并没有真正体现出盛唐精神。王士禛一味追求虚无缥缈的"神韵"，强调诗歌的自然传神、天生化成，否定为学之功，泯灭诗歌内部固有的法度和规矩，这就容易使后学者流于乞求性灵而废书不观，浮夸无根而浅薄空疏。怀民既不满于虞山派追随者的恦饤肤廓，更不满宗法渔阳者的婉弱空洞，他在《主客图诗论》中批评王士禛："阮亭谈龙贻讥秋谷。诚若言，使学者蹈空捉摹，岂不误尽天下！"指责渔阳诗论中"蹈空"之弊误人不少。他批评"渔阳客气多"，不主性情，一味修容饰貌，诗中无真情实感。他驳斥渔阳"予最喜'不著一字，尽得风流'八字"曰："总是蹈空无着浮论，自误误人。"他还在《高密三李诗话底稿·论袁子才

---

①　（清）刘大勤《师友师传续录》，四库全书本。
②　（清）王士禛《香祖笔记》卷八，上海古籍出版社，1982年版，第146页。
③　（清）王士禛《唐贤三昧集》，清光绪九年（1844）广州翰墨园刻本。
④　（清）翁方纲《七言诗三昧举隅》，《清诗话》本，上海古籍出版社，1978版，第291页。

诗》中说:"吾乡渔阳先生诗驰名海内,特兴风韵一派。然其流弊遂成涂饰柔腻,故身后声名日减。"怀民进而连对王渔阳所推崇的司空图、严羽之诗说也都颇有微词,他在《批众家诗话》中对严羽"大抵禅道惟在妙悟,诗道亦在妙悟"之说进行了反驳:"悟不可少,加妙字太玄虚。"怀民认为,渔阳末流蹈空顽艳、玄阔雕饰之诗风,缺少气骨,已经偏离了风雅传统,亟待纠正。而张籍、贾岛之诗正是治其病症之最佳良药:"余读贞元以后近体诗,称量其体格,窃得两派焉:一派张水部,天然明丽,不事雕镂而气味近道,学之可以除躁妄,祛矫饰,出入风雅;一派为贾长江,力求险奥,不吝心思而气骨凌霄,学之可以屏浮靡,却滑熟,振兴顽懦。二君之诗,各有广大、奥逸、宏拔、美丽之妙,而自成一家。"他要以中晚唐诗的寒瘦清真,一洗百年以来诗坛藻缋甜熟之陋习。

怀民推崇张籍,是因其诗出入风雅,"得风骚之遗","籍为昌黎厚友,性狷直率,博闻好古,议论胜人","其乐府真有风人之遗,而五言近体又皆劲健清雅,脱落尘想,俱从胸臆中出"(卷上《张籍传》);怀民倾心贾岛,则更多出自心境契合。贾岛遭时不偶,累举不第,饥寒交迫。其受性介僻,徘徊歧路,终生卑微多与怀民相近。张、贾均擅五律,怀民亦特别给予推尊之,倡言"学诗当自五律始",《重订中晚唐诗主客图说》以具体统计数据举证云:

今之选唐诗者,大概古今并收,以希各体俱备之目,且矜尚七言诗,利其句长调高,便于讽咏。不知七言律诗,唐人不轻作,严沧浪曰七言难于五言,予尝考唐诗,王、杨、卢、骆,绝无七言近体,燕、许大称手笔,张止十二篇,苏十三篇;沈、宋律体之始,沈七言十六首,宋止三首而已。崔司勋《黄鹤楼》千古绝唱,然此篇及《行经华阴》一首,合生平才两首耳,其他如王龙标,亦止二首,李东川八首,高达夫七首,岑嘉州十一首,凡初盛名家,俱各寥寥。杜工部、王右丞、刘长卿称七律最多,然合五言对较,曾不能及其半。由此观之,唐之不轻作七言明矣。元、白、刘梦得,沿及北宋,其风少炽,然未有如后世之甚者也。今则匝街遍市,无非七律填满,使世之为七律者,约其意、降其格,而为短章,则并不能成语矣。

律诗肇自唐初,工于沈、宋,浸淫渐盛,蔚为大观。其时远袭六朝,近沿四杰,故体裁明密,声调高华。沈佺期和宋之问的律诗不仅精切工丽,而且在借物写心、因景抒情方面也具特色。沈、宋在文学史上的主要贡献,在于定形和完善了律体。律体在他们之前,犹多失粘失对,而由他们加以规范。沈长于七律,宋工于五律。他们的羁旅贬谪之作,在借景抒情、宛曲达意方面,对杜甫、柳宗元都有一定影响。进入盛唐,五律创作达到极盛局面:王维之词意雅秀,孟浩然之兴致清远,高适之骨格浑厚,岑参之造语奇俊,李白之气象雄逸,分道扬镳,并推极胜。杜甫独辟畦径,寓纵横排奡于整密之中,气象巍峨,规模宏远,错综幻化,不可端倪。终唐之世,无有越其范围者。与五律相比,七律的兴起已较晚。唐以前,梁简文帝、庾信、隋炀帝仅有个别篇章,可算是七律之萌芽。初唐四杰写了大量的五律,却未在七律方面进行尝试。直至沈佺期、宋之问、杜审言、李峤始有成功之作。然英华乍起,门户未开,且内容多宫廷应制,风格缛靡,不脱梁陈余气。至盛唐,王维、李颀、岑参、贾至诸人刻意锤炼,方使之在体制上达至纯熟。王维之宏赡雄丽、精深华妙,李颀之风骨凝重、音调朗润,岑参之雄浑典丽、吐词天拔,贾至之气度冠冕、音律雄浑,受到后人一致推崇。但从总体看,盛唐前期七律的数量依然有限,体制风格变化不多,内容上绝大部分仍属于奉和应制、登临酬赠,比之五律更为狭窄。直到杜甫后期对七律作了多方面的开拓,才使得这一诗体开始取得了和五、七古和五律相并列的地位。

由于时代及个人所见文献所限,怀民在此所作之统计,自不够精确,然其"唐之不轻作七言"之论断确是不争之事实。在怀民看来,"不学短律而为长律,犹不学步而趋也。唐人之所以专攻五言者,唐以此制科取士,例用五言排律,其他朝庙乐歌,亦类用长排体。盖取其体制宏整,法度严密,使长于才者,不得滥其施;裕于学者,可以勉而至。故唐二百八十年间,士子镂心刻骨,研炼于五字之中,其理则本于经,其材则取于选,当时相矜相赏,总是此事。……今略五言而学其七言,是弃其长而用其短也。"五律为七律之基,其体制宏整、法度严密之特点,使它最适合初学及不同质性之人施展才情。时人不知,略五言而学七言,正是弃长就短,不智之甚明矣。况且,"自明以来,学者非盛唐不言诗,于是乎袭为浑沦宏阔之貌,饰为高华典册之词。至前后七子,而其风益盛矣。余读其诗,貌为高华,内实鄙陋,其体不外七言律,其题半属馆阁应酬,更可笑者,大半仗'中原紫气'、'黄金风尘'等字,希图大声",至"今则匝街遍市,无非七律填满",七律既已成为馆阁应酬之专品,自不免矫饰涂腻,空洞浮夸,怀民对此极为反感,他指出:"盛唐实不易学。前辈谓学选体者读初唐,学盛唐者看中晚,学唐人者看宋诗。盖以初唐之与六朝,永贞元和之与开宝,北宋之与五代,时相近,人相接,其心法相授,屡降不离其本,特气运递迁,高者渐低,深者或浅,幽隐者或显露,浑沦者乃说破矣。"明人视中晚唐诗浅卑显露,亟欲通过模拟盛唐,使其作品浑沦高深,不知此正"是未下学而骤上达也",颠倒了次序。故"学诗者诚莫如中晚,中晚人得盛唐之精髓,无宋人之流弊"(《重订中晚唐诗主客图说》)。尽管他亦深知七言是唐诗的重要体式,然由于时人"但重七言,轻忽五言",故《重订中晚唐诗主客图》所选均为五律而"不及七言,诚欲力矫此弊"。怀民相信,学诗者若潜心究览,由门户而造堂奥,久之自能进入初盛唐诗歌之胜境。

三、搜择精审,称量高下

《重订中晚唐诗主客图》收诗范围起自代宗广德元年(763),迄于哀帝天祐三年(906),搜择相当精审。"清真雅正主"张籍,历来以古风称善。白居易《读张籍古乐府》云:"张君何为者,业文三十春。尤工乐府诗,举代少其伦。"所称者是其乐府。姚合《赠张籍太祝》谓:"妙绝江南曲,凄凉怨女诗。古风无手敌,新语是人知。"所赞者亦其古风。张籍诗集在唐末乱离中十不存一,至南唐,张洎辑缀遗篇,成《张司业集》五卷,方始关注其律诗成就。其《张司业诗集序》云:"元和中,公及元丞相、白乐天、孟东野歌词,天下宗匠,谓之'元和体'。又长于今体律诗。贞元已前,作者间出,大抵互相祖尚,拘于常态,迨公一变,而章句之妙,冠于流品矣。"又《项斯诗集序》曰:"元和中,吴中张水部为律格诗,尤工于匠物,字清意远,不涉旧体,天下莫能窥其奥。惟朱庆余一人亲授其旨。沿流而下,则有任蕃、陈标、章孝标、倪胜、司空图等,咸及门焉。"宋计有功《唐诗纪事》亦评张籍"乐府词清丽深婉,五言律诗亦平澹可喜"。其后,明刘成德重编《唐张司业诗集》六卷,在书前自序中对其五言近体亦深加赞赏:"其乐府诗景真情真,有风人之遗,而五言近体,又皆劲健清雅,脱落尘想,俱从胸臆中出。"怀民指出:"张、王固以乐府名,然后人只知其乐府耳,当时谓之'元和体',宁单指乐府哉?且水部自标律格,其近体自当与乐府并重。后人乃谓鸿鹄之腹毳,直目论耳。"他在上卷张籍诗选前,附加按语云:"水部五言,体清韵远,意古神闲,与乐府辞相表里,得风骚之遗。当时以律格为标异,信非偶然,得其传者,朱庆余而外,又有项斯、司空图、任翻、章孝标、滕倪诸贤。今考滕倪、陈标诗已无存、任翻、司空图、章孝标亦寥寥数页，惟朱庆余、项斯两君，赖后人搜辑，规格略具。愚按水部既没，闻风而起者尚不乏人，后世拘于时代，别为晚唐，要其一脉相沿之绪自不爽，兹特奉水部为清真雅正主，而以诸贤附焉。"他在取资于张泊《张司业诗集序》所列张派成员的基础上，删去滕倪、陈标二人，以"工于匠物，字清意远"为标准，增加了王建、于鹄、许浑、姚合、赵嘏、顾非熊、刘得仁、郑巢、李咸用、崔涂等十人。

"清真僻苦主"贾岛，与孟郊同为著名苦吟诗人，其诗力划浮艳，沉思冥索，刻意生炼，凄戾之音，清拔之气，与孟郊声气应求，而设想之奇妙，骨力之高耸，炼饰之精湛，常有出人意表者。郊长古体，岛工律绝；郊诗苦涩激愤，岛诗清幽平淡。贾岛把孟郊五古幽僻奇险之境，苦涩寒峭之风引入五律，独开生面，为五律创作开辟出一条新途径。"奸穷怪变得，往往造平淡"（韩愈《送无本师归范阳》），贾岛的苦吟并不是走向险怪，而是如古井清茶、寒潭冷月，苦涩而清淡，幽冷而孤高。苦心孤诣，穷思冥搜后却能出之以平淡之语，因而尤为精警动人。他的五律，"从细小处见奇，实能造幽微之境，而于事物理态体认最深"。贾岛用诗歌表现生活中一切寻常之物，甚至是那些被人们一直忽视，也不屑注目的偏僻角落里的东西，化平凡为孤绝，变腐朽为神奇，使自己陶醉于其中，并从中享受到艺术创造的乐趣。后人爱赏其诗，纷纷效其体式，唐末李洞至铸铜相膜拜，称"贾岛佛"；宋初山林诗人、南宋永嘉四灵和江湖诗派也都加以宗奉。怀民对此有着深刻认知，他在下卷贾岛诗选前加按语云："浪仙诗无七古，其五古、五七言律以及绝句，皆生峭险僻，锤炼之功不遗余力。……尤好为五言律，存遗二百余篇，较别体为多。东野所谓'燕本越淡，五言宝刀也'。沿流而下，李洞之外，又有周贺、曹松、喻凫，皆宗派之可考者，其他诸贤，虽于古无闻，体格不殊，可推寻而得之。"显然，此系取则杨慎《升庵诗话》卷十一中"一派学贾岛，则李洞、姚合、方干、喻凫、周贺、'九僧'其人也"之论而有所修订。图中增入曹松、马戴、裴说、许棠、唐求、张祜、郑谷、于邺、林宽，删去宋初'九僧'，而将姚合归入张籍门下。文学史上，历来姚贾并称，对于二人诗风之异同，历代研究者论之甚多。张宏生先生指出，贾岛与姚合的接近之处，在于苦吟态度和平淡自然的境界[①]。然考察二人的诗歌创作，我们又不难发现，贾岛和姚合诗风虽近，但二人在诗歌精神上，却存在着很大差异。从本质上来说，贾岛的精神接近于孟郊，而姚合则

---

① 张宏生《姚贾诗派的界内流变和界外余响》，《文学评论》1995 年第 2 期，第 22 页。

更多地受到晚年张籍的影响。思想境界的不同,由此而导致了二人创作兴趣的差异:"不平则鸣"的寒士精神,使贾岛着力追求奇特的表现效果,借以抒发内心的孤介奇僻之气;而文官阶层的闲适趣味,使姚合注目创造平淡含蓄的意境,以表现普通的人生感受,追求平淡自然之趣。因而怀民将之归入张派实更精确合理。仅此一例,即可见其思虑之周,鉴别之精。

《重订中晚唐诗主客图》书前先列《重订中晚唐诗主客图说》,继列《主客图人物表》,次袭张为《诗人主客图》体例,分列《清真雅正主客图》、《清真僻苦主客图》二种,各一卷,分主、上入室、入室、升堂、及门五层。上卷"清真雅正"一系,收16人,录诗442首;下卷"清真僻苦"一系,收14人,录诗460首。总计30人,得诗902首。全书对入选诗人逐一论述,先列传记,继以前人评论,最后附以作者按语,或对前人论说未尽者加以申说补充,或对前人所言未当者予以批评驳斥。正编沿用传统的"诗选附加批语"的方式,对慎择精选的各诗人代表作进行圈点、加批,有的还在诗作之后添加长篇批评意见。中晚唐五律最具代表性的诗人及其作品几乎均被网罗,此书不仅是一部相当有特点的断代唐诗选本,而且其评点也颇见手眼。

一是句评字勘,分析精辟。怀民极力推崇张派的淡语深情,天然工妙。如评张籍《送远客》:"难处只是平常而有至味。"《过贾岛野居》:"看他于岛师更不著一赞语,但平平叙一野居,而其品之高已可想也。"朱庆余《宿陈处士书斋》:"只就所居赋咏,足见其高。俗手则必就实事铺排。"《送淮阴丁明府》:"赞明府之爱人,常情耳,而于未入境见之,奇矣。以下似应明其所以见爱人处,却又只作寻常淡语,其故令读者去想看。惟淡然无欲者能节用爱人也。然一落言诠,便少味矣。"评项斯《留别张水部籍》首联"省中重拜别,兼领寄人书":"极寻常事说得如此闲致,如此深情,似未经人道著。"刘得仁《送蔡京侍御赴大梁幕》前二联"同城各多故,会面亦稀疏。及道须相别,临岐恨有余":"淡极,浅极,清浓极,味深极,此水部胜处。"怀民是诗人,有创作体验,"其五言朴而腴,淡而永,苦思不见痕迹,用力而归于自然。五字中含不尽之意,五字外有不尽之音"(《国朝诗人征略初编·听松庐诗话》),正是水部本色,故而对张贾两派诗歌用词语之特色,视之甚明,言之甚畅。对贾派诗人,怀民激赏其状境新奇,情景皆至。如评贾岛《送朱可久归越中》:"新极矣,奇极矣,却只是眼前意,足知推敲有力矣。"《送李骑曹》颈联"朔色晴天北,河源落日东":"无此奇笔,如何匠得塞垣景出?此与王右丞'大漠孤烟直,长河落日圆'有正变之分,而发难显则同。"评喻凫《冬日寄友人》颔联"风雪坐闲夜,乡园来旧心":"二句读之令人愀然、悯然、突然、忱然,是何妙笔能写得如此。'坐'字已高,'来'字更奇确,谁能下?"裴说《塞上曲》颔联"月生方见树,风定始无沙":"写边塞如见。'方'字、'如'字,可知终日有沙不见树也。"李洞《下第送张霞归觐江南》尾联"空伤欢觐意,半路摘愁髭":"苦思至此,归觐如此点,情感尤深。"凡此种种,均能在恬吟密咏、细细体味后,独具慧眼,辨析入微,将诗联佳处彰显无遗,令读者会心解颐,击节称叹。

二是纵横比较,沿波讨源。由于长期沉浸秾郁,含英咀华,故怀民在评点中能将烂熟于心的唐诗作为一个有机整体,纵横联系,前后参观,以诗注诗,对同类型的诗歌进行观摩比较,反复涵咏,体会其中的源流正变,高下得失。如评刘得仁《夜泉诗》:"合诸水部《夜泉》诗,便有菩萨低眉、金刚努目之别,此正善于变相。不然,树下种树,断难高出矣。"项斯《蛮家》:"从水部《送蛮客》、《送南客》、《送南迁客》、《送海客》数篇翻转而得。"李洞《吊草堂禅师》:"自是学本师《哭宗密禅师》之作,然亦不专此首,惟'斋猿散雪峰'句从'惟嗟听经虎'一结化出,遂各成其妙,此所以为善学矣。"评方干《贻钱塘县路明府》尾联"前贤多晚达,莫怕鬓霜侵":"此即陶公'赖古多此贤'意。"于邺《南游》颈联"旧国寄书后,凉天方雁来":"全以韵胜。本阆仙'叶下故人去,天中新雁来',尤觉有深味。"林宽《哭造微禅师》颈联"虚堂散钓叟,怪木哭山精":"险怪肖贾,其实不过老树风号耳。必如此方警。学贾处,看此等实从贾师'惟嗟听经虎,时到坏庵边',李洞'斋猿散雪峰'等句脱化而来,遂自各成其妙。"尤可注意者,怀民常常在评点中以杜诗为最高典范,体现出强烈的崇杜倾向。由于入选之作都是精选所得,评点中通常都是通过称赞该诗接近杜诗的水准或受到杜甫的影响。如评张籍《没蕃故人》、王建《冬夜感怀》:"沉著不让少陵。"张祜《送苏绍之归岭南》:"勿认着杜,尚不能入少陵之室,然贾氏固由杜出。"《送徐彦夫南迁》:"此等诗从老杜《秦州》诗来,即亦不必苦分盛中。"马戴《塞下曲》二首:"此等诗,不得不推少陵为宗矣。"《落日怅望》:"格调正与工部争衡,故谓贾师源出老杜也。"李咸用《秋夕》:"生逢播乱,故所感在君王,与杜陵一般真性,不比寻常颂语。"郑谷《奔避》:"此诗真气郁勃,便与杜同揆。"《摇落》:"通体得工部神骨。"既能从上而下,溯源探流;又能由下而上,沿波探源,体现出较高的艺术感受力。怀民有意识地将杜甫与选家相联系,指出其创作上的前后因承关系,其目的亦是为了推尊中晚唐诗:"或问何不学老杜而学中晚,曰试看此等正是与杜同撰力。"(马戴《送人游蜀》评语）言下之意是中晚唐诗人善学老杜。怀民还常常设身处地，以意逆志，把握诗人情感基调。如评郑谷《旅寓洛南村舍》："记自十四五时，爱此诗，以为得寒食天气心情，今三十余年矣，每一讽之，仍不能舍去。后来周清真词'正是夜堂无月，沉沉暗寒食'，仿佛此意，而逊其工妙远矣。"裴说《旅次衡阳》颈联"戏鹭飞轻雪，惊鸿叫乱弦"："吾尤爱此二句，每一吟之，便身如在湖湘间，烟水渺茫，百感交集也。"方干《客行》颔联"乡心日落后，身计酒醒时"："入情。每当孤羁，讽此二句，辄不胜茫茫。"正是相同的寒士遭遇，使怀民感同身受，与作者在精神上产生强烈共鸣，故使读者亦心有戚戚焉。此外，评点过程中，夹杂辨疑、系年、校勘、注释与解题，这也是本书与清代其他评点家的不同之处。

《重订中晚唐诗主客图》聚集诸家，广参博取，分承两派，订成一书，其对中晚唐诗人所做的体派分类，远比张为《诗人主客图》精确而合理；选家一洗时俗鄙琐之见，倡言"学诗当自五律"、"由中晚唐以造盛唐之堂奥"，打破了明代前后七子宗奉盛唐之风气，极具理论与实践意义。尤其是在评点中张扬气骨，推尊寒士，辨析入微，贯注真情，直与唐人精神命脉相引接，从这个意义上看，与其说这是诗歌体裁和内容的选择与评点，不如说是选家岸然自异、独标宗旨的寒士人格体现。

（作者单位：盐城师范学院文学院）

论李德裕与会昌灭佛之关系

封　野

发生在唐武宗会昌五年(845)秋季的灭佛事件,是晚唐政治和文化生活中的一件大事。这年七月,唐武宗颁敕,勒令僧尼还俗,拆毁天下佛寺。是年八月再次颁布诏书,陈述佛教自传入中土以来,给社会造成的严重弊害。其间短短一个月,全国拆毁佛寺、兰若共44600余座,有26万多僧尼被迫还俗,寺院的田产和资财被官府全部没收。这场由统治集团决策层发起的灭佛风暴如此迅猛,以致于因为它的转瞬即逝使人们难以从有限的文献记载中还原它具体的来龙去脉,一些关键问题至今悬而未决,甚至形成了误会。对李德裕与灭佛事件关系的认识便是其中之一,他被认为在灭佛事件前期的筹谋策划中起着主要作用,而且具体地执行了灭佛行动。本文通过对李德裕灭佛前后实际行为的考察,结合对他的政治处境和文化意识的具体分析,对李德裕与会昌灭佛的关系作出新的解读和评价。

一

李德裕是武宗时期的资深政治家,从开成五年(840)秋至会昌六年(846)春担任首席宰相,一度深受武宗信赖,筹度机宜,独决国政。李德裕在会昌统治集团中居于决策地位,这是他一直被认为在灭佛事件中发挥了关键作用的主要原因。客观地说,从政治地位和政治影响力的角度来考察李德裕在会昌灭佛中的作用,应该是一种可行的方法。那么,用这种方法对有关问题进行具体分析,结果将会如何呢?

　　首先看《旧唐书·李德裕传》中的一段记载:"(李德裕)自开成五年冬回纥至天德,至会昌四年八月平泽潞,首尾五年,其筹度机宜,选用将帅,军中书诏,奏请云合,起草指踪,皆独决于德裕,诸相无预焉。"李德裕在会昌六年春才被罢免宰相职务,史家为其作传却把他的政绩明确地止于"会昌四年八月",这显然是一个有特定内涵的时间界定。从本传载录的事迹来看,在会昌四年八月以前,干练的政治才能和难得的施展机遇使李德裕青云直上,特别是抗击回纥入侵和讨平刘稹叛乱两大战事的胜利,牢固地确立了他在会昌政坛的崇高地位。会昌四年八月,李德裕以功拜太尉、进封卫国公,在仕途上到达位极人臣的巅峰。但是,在会昌四年八月以后,这种一柱擎天的局面发生了变化,虽然《旧唐书·李德裕传》只有时间的提示,对于这种改变及其原因和结果均略而未述,但另一些文献材料提供的直接证据表明,在会昌五年秋季到来之前,李德裕与唐武宗的紧张关系已经发展到了公开化的程度。《旧唐书·武宗纪》载:"李德裕在相位日久,朝臣为其所抑者皆怨之。自崔铉、杜悰罢相后,中贵人上前言德裕太专,上意不悦。"类似的记载还可以从其它几部可信程度较高的史籍中看到。崔铉和杜悰是在会昌五年五月被罢免宰相职务的,这件事情之所以激起李德裕与唐武宗关系公开恶化,是因为围绕崔铉、杜悰任免问题,在唐武宗与李德裕之间实际展开了一场积蓄已久的皇权与相权的钳制与反制的总较量。从李德裕与唐武宗政治合作的整个过程来看,涉及君相之间权力的钳制与反制的斗争,早在李德裕政治地位上升时期已经形成暗流。开成五年秋,唐武宗用李德裕为宰相,替代不拥护自己继承帝位的旧相杨嗣复和李珏,李德裕不失时机地向立足未稳的唐武宗提出了政归宰相、令出中书的要求。会昌四年七月,泽潞叛乱指日可平,李德裕挟帷幄之功,向唐武宗宣传唐德宗尊拜功劳类似于己的李泌为相,由李泌专断国政的故事,柔性地追求唐武宗满足他的"独任"欲望。唐武宗是一位雄俊刚毅的皇帝,出于对李德裕政治才干的迫切需要,在会昌年间频繁的人事变动中,李德裕是唯一未变的宰相人选。但是,当他切实地感到李德裕对权力无休无止的追逐和垄断时,他采取了简便而切中要害的对策:会昌三年五月,唐武宗在没有按照惯例同宰相们(主要是李德裕)商量的情况下,亲自任命了与李德裕政见不一的崔铉为相;四年闰七月,又免去了李德裕同党李绅的宰相职务,改由李德裕的政敌杜悰为相,形成了崔、杜共同钳制李德裕的内阁组合,以期达到分权制衡的目的。但这种局面仅维持了十个月,得到武宗暗助的崔铉和杜悰被迫同时罢相。

李德裕对于驱逐崔铉和杜悰给自己的政治生态所造成负面影响的严重程度是始料未及的,这件事情激起了包括宦官在内的整个朝廷的共愤。在这以后,备受压抑的大臣们对李德裕由内怀忿懑转为措辞严厉的公开批评,而唐武宗从一片怨李声中进一步确认了李德裕欺天专权的事实,君臣矛盾终于表面化和炽热化。从会昌五年夏季开始,这位曾经叱咤风云的宰相在政治上陷入了孤立的窘境,他失去了皇帝的信任,而且遭到同僚的围攻,"四海之内,孤独一身",这是他对自己当时政治处境的恰如其分的概括。我们要充分认识这样一个事实:灭佛事件发生在崔、杜罢相两个月以后,此时李德裕的政治地位和政治影响力已经今非昔比,他虽然徒有虚名地保持着宰相头衔,但想要在朝廷政务活动中像过去那样受到唐武宗的殷切顾盼和同僚们的附和响应,发挥首席宰相应有的关键作用,已经十分困难了。换言之,李德裕在会昌五年夏季已经不具备主谋和决策灭佛事件的政治条件和政治能量。

上述对李德裕在会昌后期政治地位的考察给我们提供了一个认识问题的基础,在这个基础上进一步考证李德裕在灭佛前后的一些具体事迹,将会使问题更加明白。李德裕有一篇《会昌五年六月二十九日就宅宣并谢恩问疾表状》,其主要内容是在家养病的李德裕向唐武宗陈述自己的病情,感谢武宗遣使赴宅慰问。这篇表状写作时间即题中所云"会昌五年六月二十九日"。状云:"唯将赤诚仰戴明土,岂敢辄怀愿望,上负天慈。优望更许两日将息,即冀朝谒。"这说明李德裕在会昌五年六、七月间曾因病居家休息。关于疾病症状,李德裕在《谢恩问疾表状》中写道:"心腹闷痛,饭食至少,筋力渐赢。"关于李德裕居家休息的时间和告假情况,《旧唐书·李德裕传》云:"德裕病月余,坚请解机务。"根据这些材料,可知李德裕从会昌五年五月中旬或下旬(即崔铉、杜悰罢相前后)开始患病,辞去公务闭门修养一个多月,直到七月份才销假复职。那么,对于七月份发生的灭佛事件,政治失势而居家养病的李德裕是不可能参与此前朝廷对灭佛行动的筹谋策划的,更不可能是主谋。

二

对于李德裕究竟在何种程度上介入了灭佛行动,历史文献没有提供足以说明问题的具体证据。在这种情况下,剖析唐武宗在会昌五年八月颁布的《毁佛寺勒僧尼还俗制》就十分必要了，这篇制文阐述了会昌灭佛的主要原因，总结了政府在灭佛过程中所采取的重要措施和获得的主要成果，而了解李德裕与这些原因、措施和成果的关系则是确定他与灭佛事件关系的重要依据。

从经济上摧毁佛教是会昌灭佛的核心内容，唐武宗《毁佛寺僧尼还俗制》云："今天下僧尼不可胜数，皆待农而食，待蚕而衣。寺宇招提，莫知纪极，皆云构藻饰，僭拟宫居。晋、宋、齐、梁，物力凋瘵，风俗浇诈，莫不由是而致也。……其天下所拆寺四千六百余所，还俗僧尼二十六万五百人，收充两税户，拆招提、兰若四万余所，收膏腴上田数千万顷，收奴婢为两税户十五万人。"经济问题是会昌朝廷对佛教水火难容的关键因素。安史之乱以后，中原地区又经历了几次大规模战乱，经济基础遭到严重破坏；全国实行两税法以后，又产生了钱重货轻的尖锐矛盾，国家财政出现严重危机。从唐肃宗开始，朝廷为缓解经济困境多次采用非常手段开辟财源，其中包括纳钱度僧。然而，竭泽而渔的后遗症很快暴露出来，代宗大历十三年四月，都官员外郎彭偃献在朝议时指出："今天下僧道，不耕而食，不织而衣，广作危言险语，以惑愚者。一僧衣食，岁计约三万有余，五丁所出，不能致此，举一僧以计天下，其费可知。"会昌年间，连年战争损耗国库，朝廷度支入不敷出。与此同时，大批捐钱受戒的僧尼不事耕织，不纳王税，佛教还凭借寺院经济的雄厚财力大肆兼并土地，大批丧失土地的农民成为寺院的劳力，使国有土地、劳力大量流失，财政收入减少。因此，废灭佛教已经成为挽救国家经济的势在必行之举，会昌灭佛把经济问题作为中心内容，其目的就是用政治手段从佛教手中夺回原来属于政府的那部分经济利益，扩大财税来源。事实表明，这种因时制宜的措施使政府大受益处，国家不仅增加了数十万纳税人口，而且获得了数量巨大的良田腴壤。

在经济方面，李德裕素知佛教扩张给国家造成的严重危害。敬宗宝历年间，徐州节度使王智兴在泗州置坛度僧，聚货邀利，江淮百姓比肩接踵渡淮受戒。李德裕将此事上奏朝廷，指出"自闻泗州有坛，户有三丁必令一丁落发，意在规避王徭，影庇资产。自正月以来，落发者无算。……若不特行禁止，比到诞节，计江淮以南，失却六十万丁壮。"切陈设坛度僧之弊害，恳请朝廷下令禁止。宝历二年，亳州有僧诳言出产圣水可以治病，每斗水售价三贯。李德裕立即奏报朝廷，言其妖妄，请求查处，以正视听。这两件事情表明李德裕在经济方面向来反对佛教，因此，对于会昌灭佛中打击寺院经济，增加国家财力的做法，李德裕积极赞同和拥护。在《贺废毁诸寺德音表》中,他称灭佛之举是"破逃亡之薮皆列齐人,收高壤之田尽归王税","出前圣之模,为后王之法,巍巍功德,焕柄图书。"清楚地表明了自己的态度。

但是,在积极支持的态度之外,李德裕的实际作为却很少。首先,会昌灭佛中所实行的富有成效的经济措施都不是李德裕提出来的。(一)勒令僧尼还俗,没收寺院财产。会昌五年七月,唐武宗在灭佛敕中已经明确提出:"上都、东都两街各留二寺,每寺留僧三十人;天下节度、观察使治所及同、华、商、汝州各留一寺,分为三等:上等留僧二十人,中等留十人,下等五人。余僧及尼并大秦穆护、祆僧皆勒归俗。寺非应留者,立期令所在毁撤,……财货、田产并没官"。李德裕在七月份以前居家养病,所以未能参与这项措施的谋议和制定。(二)销毁铜像,铸造新钱。这是一项极其严厉的灭佛措施,具有文化和经济双重意义。僧尼和寺庙都是佛教文化的外观,那些被供奉、受膜拜的佛像才体现着佛教的精神,是佛教的精神偶像和文化图腾,大举销毁佛像是把佛教文化推入了形神俱灭的深渊。在经济方面,销毁铜像铸造新钱,有效地缓解了延续已久的钱重货轻的紧张关系。会昌六年初,唐武宗敕云:"诸道铸钱,已有次第,须令旧钱流布,绢价值稍增。文武百僚俸料,起三月一日,并给见钱一半。"又云:"比缘钱重币轻,生人转困,今新加鼓铸,必在流行,通变救时,莫切于此。"正说明销像铸钱促动了经济形势的好转。这项措施也不是李德裕提出米的,据《新唐书·食货志四》载:"及武宗废浮屠法,永平监官李郁彦请以铜像、钟、磬、炉、铎皆归巡院。……淮南节度使李绅请天下以州名铸钱,京师为京钱,大小径寸,如开元通宝。"这些材料表明,永平监官李郁彦首倡没收佛寺铜像、钟磬为官府所有,淮南节度使李绅继而请求朝廷,允许各州官府销毁铜像、钟磬等铸造新钱,经过中书上奏和武宗同意后付诸实施。

其次,李德裕在参与执行灭佛行动过程中并没有做出显著的建树。灭佛行动是按照既定方针付诸实施的,康复未久的李德裕亦加入了执行者的行列。《资治通鉴》卷二四八载,会昌五年"八月,李德裕等奏:东都九庙神主二十六,今贮于太微宫小屋,请以废寺材复修太庙。……九月,诏修东都太庙。"宋代范祖禹《唐鉴》卷十载:"毁天下佛寺,五台僧多亡奔幽州。德裕召邸吏戒曰:'趋语汝使,刘从谏招纳亡命,竟有何益?'张仲武惧,封二刀付居庸关吏曰:'有游僧入境则斩之'。"这两条记载是能够证明李德裕具体地执行了灭佛行动的主要文献依据。关于修复东都太庙的奏请,有两点问题值得注意:其一,从时间上可以看出,当李德裕的奏请具有实效的时候,疾风暴雨式的灭佛行动已经基本结束,这份奏请对灭佛行动的进程未能产生实际影响。其二,在内容方面,唐武宗在七月份敕文中旨令用废寺材"葺公廨驿舍",李德裕奏请"以废寺材复修太庙",是对武宗旨令的具体延伸,主要目的是解决废寺材的使用问题,它与拆毁佛寺和勒令僧尼还俗等强硬措施有性质上的区别。至于禁止僧徒逃往幽州,主要原因在于幽州是安史之乱发源地,如果大批受到迫害的僧徒接踵五台僧侣逃入幽州从戎习武,势必加剧幽州与朝廷对抗局势。以上两件事情固然说明李德裕确实介入了灭佛行动,但同时表明李德裕的作为是很有限的,在政策方针方面并没有发挥他的力所能及的能力和水平。在《贺废毁诸寺德音表》中,李德裕称自己"窃位枢衡,莫能裨益。愧无将明之效,徒怀彭舞之心,"对他与灭佛事件的关系做出了明确而客观的表白。

三

　　从文化形态上废毁佛教是会昌灭佛的另一项重要内容,《毁佛寺勒僧尼还俗制》云:"朕闻三代已前,未尝言佛,汉魏之后,像教寝兴。是由季时,传此异俗,因缘染习,蔓衍滋多,以至于蠹耗国风而渐不觉,诱惑人意而众益迷。……惩千古之蠹源,成百王之典法,济人利众,予何让焉。"制文痛斥佛教是惑众之说和耗蠹之源,除了前面所述的经济原因外,还有很重要的文化原因。唐武宗是虔诚的道教信徒,喜好神仙之术,曾经命令亲近道士赵归真等八十一人在三殿建九天道场,并且亲受法箓,在禁中筑望仙台及廊舍五百余间。会昌五年春,群臣上尊号,他旨令加上"道"字,御封自己为"明道"皇帝。《资治通鉴》卷二四八指出:"是时帝崇信道士赵归真等,至亲受道箓,故旨令群臣于尊号中加'道'字。"因此,武宗对于在生命的诠释方面与道教长生不老之说公然对立的佛教深怀排斥,所谓"蠹耗国风"、"诱惑人意"等非难之词,反映了他攻击异端的文化心理。李德裕的文化思想与唐武宗自有不同之处,他既不崇道又非抑佛,以一种兼容并取的态度对待佛、道文化。《唐语林》卷二记述了这样一件事情:"李卫公镇浙西,以南朝旧寺多名僧,求知《易》者,因帖下诸寺,令择送至府。……守亮既至,卫公初见,未之敬。及与言论,分条析理,出没幽赜,公凡欲质疑,亮已演其意。公大惊,不觉前席。命于甘露寺设馆舍,自于府中设讲席,命从事已下,皆横经听之,逾年方毕。"魏晋以来,《易》与《老子》、《庄子》并尊为三玄,《易》不仅有精深的义理,而且可以用作卜筮,被道教奉为圭臬。李德裕不仅自己聆听重教,还要求属僚学习《周易》,说明他对道教文化的某种认同。另一方面,他摒弃道教之流,专门访求佛门高僧阐释《易》理,这足以表明他礼僧敬佛的态度。在日常生活和交往中,李德裕与佛、道都有比较密切的接触,如他的夫人刘致柔信奉道教,中年在茅山燕洞宫传上清法箓。刘致柔死后,李德裕作《唐茅山燕洞宫大洞炼师彭城刘氏墓志铭并序》,其中称赞刘致柔"悦诗书之义理,造次不渝;宝老氏之慈俭,珍华不御。言行无玷,淑慎其身"。他的另一位夫人徐盼也曾经在滑州瑶台观受箓入道。对于佛教,李德裕则有《赠圆明上人》、《赠奉律上人》、《赠龙门僧》等诗,反映他与僧侣平等交往的情况。

　　文化认同的思想观念自觉地构成了李德裕对灭佛事件的二重心态,也具体地限制了他在灭佛过程中的实际作为。《唐会要》卷五十云:"时武宗志学神仙,归真乘间排毁佛氏,言非中国之教,宜尽去之。帝然之,乃澄汰天下僧尼。"道士赵归真等人利用唐武宗迷信长生之术的心理,借助政治力量大肆毁灭佛教文化。在这场具有经济和文化双重意义的灭佛行动中,如果说政府获得了现实的经济利益,那么,赵归真等人乘隙捞取的文化利益价值更丰,历时千载难决高下的佛道地位之争至此雄雌分明。但是,李德裕对赵归真素怀憎恶,举例而言,宝历年间,唐敬宗受赵归真诳惑,遣使赴江南求访异人,当时李德裕为浙西观察使,他呈书敬宗,指出所谓异人"必迂怪之士,苟合之徒,使物淖冰,以为小术,炫耀邪僻,蔽欺聪明"。针对赵归真所吹嘘的炼黄服丹邪说,李德裕向敬宗陈言:"倘陛下睿虑精求,必致真隐,唯问保和之术,不求饵药之功,纵使必成黄金,止可充于玩好"。唐武宗好神仙之术,宠信赵归真更甚于敬宗。《资治通鉴》卷二四七载,会昌四年四月,李德裕谏曰:"归真,敬宗朝罪人,不宜亲近"。又曰:"小人见势利所在,则直趣之,如夜蛾之投烛。闻旬日以来,归真之门,车马辐凑,愿陛下深戒之"。可见李德裕对神仙之说的否定和对赵归真挟宠乱政的戒惕。李德裕虽然积极支持从经济上打击佛教,但对佛教文化持宽容态度,更反对赵归真等人借政治力量施行文化倾轧的行径。正是这种原因,使他既加入了灭佛的行动,但在具体行动中又有所保留,没有与唐武宗和赵归真混为同伍。

　　在封建社会里,政治权杖是无坚不摧的。唐武宗笃志灭佛,这座千年宏殿便迅速倾覆。会昌灭佛摧毁了中唐以来持续膨胀的寺院经济,剥夺了佛教长期保持的与儒家、道教鼎足而立的文化地位。对于这个断送前途的事件,佛家耿耿于怀地称为"会昌法难"。在这场影响久远的事件中,李德裕由于受到政治处境、文化观念和身体状况等诸种因素的限制,没有能够起到关键性的决策作用,也没有完全按照唐武宗的意图无所顾忌地摧毁佛教文化,而是从国家的经济和政治利益出发,以有所保留的态度适可而止地参与了灭佛行动。若论千秋功过,李德裕均不拔头筹。

（作者单位:江苏警官学院）

方镇使府掌书记与李商隐在桂管幕之幕职

戴伟华

　　严耕望先生《唐代方镇使府僚佐考》是研究唐代幕府制度的拓荒之作,此文初稿于 1964 年,再稿于 1965 年,增订于 1968 年,后收入文集《唐史研究丛稿》①。而其中有关掌书记一职的考订尚可再进一步。唐代使府幕职有"掌书记",且多为有文学章奏之才的文士充任,韩愈《徐泗豪三州节度掌书记厅石记》对其职掌作了详尽介绍:"书记之任亦难矣! 元戎整齐三军之士,统理所部之甿,以镇守邦国,赞天子施教化,而又外与宾客四邻交;其朝觐聘问慰荐祭祀祈祝之文,与所部之政,三军之号令升黜:凡文辞之事,皆出书记。非闳辨通敏兼人之才,莫宜居之。"《新唐书》对掌书记职能的解释本韩文,其《百官志》云:"掌书记,掌朝觐、聘问、慰荐、祭祀、祈祝之文与号令升绌之事。"但《新唐书》节录韩文因省略不当致误,"号令升黜之事"并非掌书记的职能,掌书记只是负责"号令升黜之事"的"文辞"工作,即撰写有关"号令升黜之事"的文书,参拙著《唐代使府与文学研究》②故严耕望先生引《新唐书》阐释掌书记的职掌是有问题的。

　　"掌书记"一词出现虽早,但非名词,而是动宾词组。《全唐文》卷二三八卢藏用《陈子昂别传》:"建安谢绝之,乃署以军曹,子昂知不合,因箝默下列,但兼掌书记而已。"有的文章在叙及陈子昂从建安王武攸宜北征契丹幕中为掌书记。按,《旧唐书》卷六《则天皇后纪》万岁通天元年九月,"命右武卫大将军、建安王攸宜为大总管

---

① 香港新亚研究所版 1969 年,第 103–236 页。

② 广西师范大学出版社 1998 年,第 42 页。

以讨契丹。"武攸宜是为大总管身份讨伐契丹的,《通典》卷三二职官一四:"掌书记一人"注云:"掌表奏书檄,《齐书》曰:'宋江夏王义恭丘巨源为掌书记。'"又其下"盖古之持节都督江左四中郎将,近代行军总管之任"注云:"凡将帅出行,兵满万人以上,则置长史、司马、仓兵等曹参军。若万人以下,员数递减。"可见大总管幕府置长史、司马、仓曹参军、兵曹参军等职,而无掌书记一职。故陈子昂被署以军曹者,当即兵曹参军;所谓"但兼掌书记而已"者,即只兼掌军中文书之事而已,而不是任掌书记一职。

掌书记一名在唐代起于何时,因文献不详,不能断言。但可以排列相关材料作一推论。军中有掌管文书工作的专职人员,古已有之。著名者如陈琳、阮瑀,《三国志·魏志·王粲传》云:"琳避难冀州,袁绍使典文章。袁氏败,琳归太祖,太祖谓曰:'卿昔为本初移书,但可罪状孤而已,恶恶止其身,何乃上及父祖邪?'琳谢罪。太祖爱其才而不咎……太祖并以琳、瑀为司空军谋祭酒,管记室,军国书檄,多琳、瑀所作也。"元郝经《续后汉书》卷六六上《文艺·文章总叙》:"奏记,汉魏以来凡有司言事于上官者谓之奏记,辟尊远嫌以记事为言也,故省司藩府将帅置官属者皆有记室、掌书记之官焉。"①掌文书之事者,有称为记室、书记、管记等,名目不一,其实质是一致的。但作为职官名称的"掌书记"一职的出现要晚得多。尽管史载不乏"掌书记",却多为动宾结构的词语,举例如下,《晋书》卷七三《庾亮传》:"转参丞相军事,掌书记,中兴初,拜中书郎。"《宋书》卷五一《宗室传》:"临海王子顼为荆州,照为前军参军,掌书记之任。"唐初史家修的几种史书中,提到掌书记,都不是职官。

开元间军中掌文书者尚未称为掌书记,而称为"管记"。《全唐文》卷二三五《唐故朝请大夫吏部郎中上柱国高都公府君碑铭并序》云:"剑南节度使益府长史韦抗奏公为管记,飞书之急,倚马立成,寻有诏停官归侍,俄丁尚书府君忧。"韦抗节度剑南在开元三年至四年。又《全唐文》卷三六二《屯留令薛仅善政碑》云:"羽林大将军杨敬述持节河西,以才略奏请充管记,秩满,授江阳丞。"时在开元七年至九年。《旧唐书》卷一九九《北狄传》:"守珪遣管记王悔等就部落招谕之。"卷一〇三《张守珪传》:"遣管记右卫骑曹王悔诣其部落就谋之。"高适有《赠别王十七管记》,王十七,即王悔。张守珪为幽州节度使在开元二十一年至二十七年。高适诗题中之"管

---

① 文渊阁四库全书本。

记"和《旧唐书》所载对应。

掌书记之名疑起于天宝后期,天宝十载甄济为安禄山范阳节度掌书记,《旧唐书》卷一八七《甄济传》:"采访使安禄山表荐之,授试大理评事,充范阳郡节度掌书记。"《新唐书》卷一九四《甄济传》:"天宝十载以左拾遗召,未至,而安禄山入朝,求济于玄宗,授范阳掌书记。"《册府元龟》卷一四〇《帝王部·旌表四》:"济初为安禄山范阳掌书记,天宝十三年济察禄山有异图。"高适为掌书记约在天宝十二载,《旧唐书》卷一一一《高适传》:"河西节度哥舒翰见而异之,表为左骁卫兵曹,主翰府掌书记。"《册府元龟》卷七二八《幕府部·辟署三》:"河西节度哥舒翰表适为左骁卫兵曹充掌书记。"掌书记在诗人笔下的称呼至此也由"管记"变为"书记",杜甫有赠寄高适诗《送高三十五书记十五韵》、《寄高三十五书记》、《送蔡希鲁都尉还陇右因寄高三十五书记》等。

由"管记"改为"掌书记"的原因不能考知,但唐代方镇使府"掌书记"一职的设置约在天宝后期。而最直接能证明掌书记一职已经存在的资料如下:乾元二年,《全唐文》卷三九二独孤及《唐故浙东道节度掌书记越州剡县主簿独孤丕墓志》,墓志撰于乾元二年。《隋唐五代墓志汇编》洛阳卷第十二册《郝闰墓志》,建中四年八月葬,"河阳怀卫节度掌书记大理评事清河崔倬撰。"掌书记的实际设置要比这两则材料显示的时间早些。其后称掌书记为管记或书记者,只是沿袭旧称。

笔者在撰《唐代使府与文学研究》时,对掌书记一职的职能作过考察,但并未深究掌书记一职设置的时间。严耕望先生在考察掌书记时也未能意识到这问题,他注意到《旧唐书》高适传、甄济传,指出"似为此职之最早见者"。同时,他引了胡三省的《通鉴》乾宁二年注:"景凤元年,行军府置掌书记。开元以后,诸节镇皆置之。掌朝觐聘(问)慰荐祭祀祈祝之文,与号令升黜之事。"严考指出"景凤"疑"景龙"之讹。并引《旧唐书》张仁愿传,指出张仁愿神龙三年为朔方军总管,任内奏柳彦昭为管记,说"此为余所见掌书记最早之材料"。胡注云"行军府置掌书记",不知何据?从胡注的内容来看,胡注当本于《新唐书》,《新唐书》叙掌书记职掌之误,胡注承袭之。

唐观察使府无"掌书记",考唐代方镇使府僚佐职掌者,在"支使"职掌考订中,严先生强调"节度使府无支使"的观点,但在"掌书记"职掌考中,则没有论述观察使府无掌书记的观点。严先生的考订其实已涉及到"观察使府无掌书记"的内容,只是表述比较谨慎,他在叙"支使"职掌时有这样一段话:"采访支使、观察支使极常见如此。《新志》(笔者按,指《新唐书·百官志》)节度府亦有支使。而迄不见其它史料可相印证,何邪? 考《通鉴》二五二乾符元年条胡注云:'唐制,节度使幕属有掌书记,观察有支使,以掌表笺书翰,亦书记之任也。'是节度有书记,观察有支使,职同而名目不同,似不并置。而同书二一五天宝四年条胡注又云:'唐采访节度等幕属有判官,有支使,有掌书记、推官、巡官、衙推等。宋朝始定制,书记支使不得并置。有出身者为书记,无出身者为支使。'是谓唐制,节度府亦置支使也。与前条注文自相矛盾⋯⋯参以唐代史传碑刻,盖唐代后期,节度使似乎亦不置支使。《新志》谓节度、观察两使并置支使,盖误书欤?"

其中关于观察使府中支使的职掌和任支使的资格,并非如胡三省注所言。支使的职掌未必如节度府中的掌书记,支使的任职资格未必是无出身,具体论述详见拙作《唐代使府与文学研究》第44—51页。严先生这里皆采用存疑的态度,"似不并置"、"似乎"、"盖误书欤"等,并未按断。可见搞清这一制度实在很难。但要指出的是,节度使府置或不置支使,并无前后期的分别。

严耕望先生没有在"掌书记"职掌的考述中提及观察使府有无掌书记,而是在"支使"职掌考述中以存疑的态度提出。他的谨慎是有道理的,因为有关观察使府有无掌书记的内容,唐代史料并无直接的记载。但唐代人记录观察使府僚佐有支使一职,如严耕望先生所引《唐会要》七八《诸使杂录》上,大历十二年五月十三日,"诸道观察都团练使,判官各置一人,支使一人,推官一人,余并停。"唐人确实没有观察使府僚佐有掌书记的记录。如果说严耕望先生当年考订僚佐职掌时,还是用典型的材料来印证自己观点的话,现在我们可以用笔者《唐方镇文职僚佐考》①的成果来检验我们的观点。

吴廷燮《唐方镇年表》序录云:"唐自天宝,方镇始盛,权任之重,沿袭江左;节度之目,改由总管。观察、处置,本为采访,至德而后,多以节度兼领观察;江湖僻远,则以观察而带团练;邕容诸管,又名经略。质而言之,皆方镇也。"方镇下有幕僚,因性质不同,幕僚名称人数有异。通过排列《唐方镇文职僚佐考》的掌书记和支使的材料,完全可以得出如下结论:节度使属下有掌书记,如果节度使兼观察使,则有观

---

① 天津古籍出版社 1994 年。

察支使;如仅是观察使,则只有支使而无掌书记。这在《唐方镇文职僚佐考》中无一例外。唐人称"支使"一般必冠以"观察"二字,特别是遇到节度使兼观察使属下的观察支使,表述更为谨慎,如《千唐志斋藏志》九八五《陈皆墓志》云:"洎襄阳兵乱,梁崇义用公之谋,方隅底定,授大理评事,观察支使,迁监察御史,节度判官。"《八琼室金石补证》卷七八《诸葛武侯祠堂碑阴·杨嗣复等祠祭题名》云:"观察支使监察御史里行张洙。"由于方镇使府幕职比较复杂,就是新旧《唐书》也搞混了。如《新唐书·百官志》讲到节度使时,云:"节度使、副大使知节度事、行军司马、副使、判官、支使、掌书记、推官、巡官、衙推各一人。"按,节度使属下无"支使"。讲到观察使时,又云:"观察使、副使、支使、判官、掌书记、推官、巡官、衙推、随军、要籍、进奏官,各一人。"按,观察使属下无"掌书记"。《新唐书·宰相世系表》有任节度支使者三例,即作者不明制度而混用,于德休、崔整、薛洸三人必为节度使兼观察使之观察支使无疑。

严考是唐代职官研究方面很重要的一篇论文,但人们注意并不够,或者因严考的谨慎表述而未能明确。因此相关研究成果中仍存在一些问题,这里仅举一例来说明。李商隐大中元年(847)入郑亚桂管防御观察使幕,其在幕中任何种职务?自冯浩而下大致认为李商隐是担任"掌书记"或"支使兼掌书记"之幕职,下列几种涉及到李商隐生平的研究成果就是这样表述的:

《玉溪生诗集笺注》附录三《年谱》大中元年丁卯,"郑亚廉察桂州,请商隐为掌书记。冬,如南郡。十月,编定《樊南甲集》。"①

《李商隐诗歌集解》附录《年表》大中元年,"三十六岁。桂管观察使郑亚辟商隐入幕,为支使兼掌书记。"②

《唐才子传校笺》第三册"李商隐"条:"按,义山《樊南甲集序》云:'大中元年,被奏入岭当表记。'《为荥阳公上荆南郑相公状》云:'李支使商隐,虽非上介,曾受殊恩。'则义山入桂管幕系支使兼掌书记而非判官。"③

《唐五代文学编年史》"晚唐卷"大中元年闰三月云:"李商隐应桂管观察使郑

---

① 上海古籍出版社 1979 年,第 864 页。
② 中华书局 1998 年,第 2076 页。
③ 中华书局 1990 年,第 271 页。

亚之辟为支使兼掌书记,赴任途中有《海客》、《离席》、《五松驿》、《四皓庙》等诸多诗作。"①

　　李商隐在桂管幕只能任支使,而不可能任掌书记或支使兼掌书记。傅璇琮先生在《李德裕年谱》修订重印本②"大中元年"处"李商隐应辟为郑亚桂府掌书记"之说亦沿用旧版,近读刘学锴先生的《李商隐传论》③,书中亦提到李商隐在桂管幕任职之事,提出了一些疑问,并论述"商隐有可能是辟为观察支使兼掌书记"。看来这一问题还值得再作阐述,以引起更多人的注意。

　　说李商隐为支使,根据是李商隐的自述,《樊南文集》《为荥阳公上荆南郑相公状》云:"李支使商隐,虽非上介,曾受殊恩。"这是可信的;而《旧唐书·文苑传》云:"会给事中郑亚廉察桂州,请为观察判官。"《新唐书·文艺传》云:"更依桂管观察使郑亚府为判官。"周振甫《李商隐选集》的《前言》中沿用新旧《唐书》的说法,云:"郑亚聘商隐做判官,到了桂州。"这是靠不住的,因为这和李商隐自述为"支使"有矛盾,唯一可能是李商隐在郑亚幕由支使升任判官。郑亚为桂管防御观察使,大中元年二月赴任,大中二年二月已贬循州。在一年时间内李商隐决无可能升任观察判官。

　　说李商隐为支使兼掌书记,或径称李商隐为掌书记,则是误读了李商隐在《樊南甲集序》中的话,其云:"大中元年,被奏入岭当表记。""入岭"即入桂管幕,"当表记"意即掌管书表文字工作,并非是说自己任"掌书记"之职。冯浩云"请商隐为掌书记"是把"掌书记"当作幕职的。后来的人将"支使兼掌书记"固定使用,一种可能是没有深究,沿袭冯浩的理解,又觉得冯浩之说不完整,故参照李商隐自己"支使"的自述,折衷成"支使兼掌书记";另一种可能是对"支使兼掌书记"之误有所察觉,将"掌书记"作"掌管文书之事"来理解,但在表述上未加区别,这样一来会使人误解为李商隐一身二任,既是支使,又是掌书记。如果意识到问题所在,应说"支使兼掌管文书之事",以示与幕职"掌书记"不同。但上面引述的成果似乎都是把"掌书记"当作唐代方镇幕府里的一种幕职名称来用的。唐代文人入幕者甚众,或为判官,或为掌书记,或为支使,人们对此认识还不清楚。

① 辽海出版社 1998 年,第 277 页。
② 河北教育出版社 2001 年,第 480 页。
③ 安徽大学出版社 2002 年,第 251–252 页。

　　桂管设观察使,因此,李商隐在桂管防御观察使府之职只能是支使,观察使府无掌书记之职,他是以支使的身份"当表记",即以支使之职来承担幕府文书之事,支使在幕府中的职掌是多功能的,掌管幕府中的表奏文书只是其功能之一。"支使兼掌书记"的表述是错误的,至少也是不准确的。李商隐说"入岭当表记",这是对的,而后人径认为是"掌书记"就错了。

　　至此,再来解释一下《李商隐传论》中提到的问题,《李商隐传论》云:"再核之商隐所作表状,《为安平公兖州奏杜胜等四人状》,其中李潘,系辟奏为观察支使,但同时又有商隐为其掌书记,《安平公诗》'公时受诏镇东鲁,遣我草奏随车牙'可证。如果观察支使的职责是掌表笺书翰,崔戎又何必另遣商隐'草奏'呢?又《为濮阳公陈许奏韩琮等四人充判官状》,其中段瓌辟为'节度掌书记',裴遵为'观察支使'……因此,在郑亚桂管幕,商隐有可能是辟奏为观察支使兼掌书记。"按,《为濮阳公陈许奏韩琮等四人充判官状》中段瓌辟奏为"节度掌书记",同时裴遵为"观察支使",如何理解呢?其实,是没有矛盾的。因为陈许(忠武)节帅是节度使兼观察等使,所以段瓌的"节度掌书记"与裴遵的"观察支使"是并存的。又李商隐《为安平公兖州奏杜胜等四人充判官状》中李潘系辟为"观察支使",就不可能同时又有李商隐为其"掌书记",因为,兖海原置节度使,大和八年改置观察使,观察使府有支使而无掌书记,所以,笔者《唐方镇文职僚佐考》"兖海"下李商隐任职不详。

　　附带说一个与之相关的问题,李商隐在幕中带何京衔?吴调公《李商隐研究》云,李商隐在桂管幕,"带京衔员外郎,从六品上阶,比起秘书省的官阶是提高了。"这一说法本于《旧唐书》,《旧唐书·文苑传》云:"会给事中郑亚廉察桂州,请为观察判官、检校水部员外郎。"有关论著也沿用了这一说法。《旧唐书》所本,我们尚未能找到出处,但《旧唐书》的记载很值得怀疑。其一,李商隐入桂管幕前曾官秘书省正字,正九品下阶。衡之唐制,幕职所带朝衔当视其幕职轻重和前资官高低而定,况且府主郑亚是被排斥出朝,廉察远州,李商隐又为职"非上介"的支使,其所带朝衔不可能为水部员外郎,员外郎从六品上阶;其二,桂管防御观察使府支使所带京衔未有超过八品者,有资料可查的支使所带京衔有(1)太常寺协律郎,正八品上阶。李允元,《唐文拾遗》卷二七吕温《韦武神道碑铭并序》:"二女,长适桂管观察支使太常寺协律郎陇西李允元。"陈曾,《柳侯祠石刻注释》①有韩愈《柳州罗池庙碑》刻石拓片,其云:"朝议郎桂管观察支使试太常寺协律郎上柱国陈曾篆额。"(2)监察御史里行,监察御史,正八品上阶,里行犹代理、试用。《樊川文集》卷一九《裴诒除监察御史里行桂管支使等制》:"守臣有司,上言请士,皆曰诒等士族之中有政事科名,清廉公谨,尝经职守,称有才能。"裴诒带宪衔监察御史里行。李商隐在桂管幕所带朝衔当为正八品上阶的太常寺协律郎之类。

　　冯浩《玉溪生年谱》对李商隐任桂管幕带京衔员外郎曾有怀疑,其云:"本传皆言请为判官。《旧传》又云检校水部员外郎,而《新传》无之。文集止云被奏当表记也。幕职必带京衔。凡判官、支使、掌书记之属,旧新《志》未见品秩,盖以所检校之京官为高下,如诸状所云也。员外郎从六品上阶,若已得斯衔,则还朝不应犹为九品之尉,《旧传》恐误。"这一疑问很有道理。假设李商隐所带京衔为太常寺协律郎,这与还朝为九品之尉亦不矛盾。依照唐制,幕僚入朝,不可以所带京衔真拜,如在幕带太常寺协律郎,还朝真拜为协律郎,那是特殊的恩宠或有特殊的缘由。一般还要折资授官的,《唐会要》卷七八贞元四年二月敕云:"诸道幕府判官及诸军将,比奏改官,例多超越,应从散秩入清望官,并折资处分。"这里的意思是很明确的,所以李商隐还朝以正八品上阶的太常寺协律郎折资授九品的尉官。

　　　　　　　　　　　　　　　　　　　　　　(作者单位:华南师范大学文学院)

---

① 广西人民出版社 1993 年。

咸、乾士风与艳情诗风

尹楚兵

唐末诗人黄滔在《答陈磻隐论诗书》中回顾唐代诗坛时曾说："咸通、乾符之际，斯道(笔者按，指诗歌的讽刺教化之道)隳明，郑卫之声鼎沸，号之曰'今体才调歌诗'。"①黄滔这番对咸、乾诗坛的评价道出了当日诗风的一大重要走向。本文即由此出发，对咸、乾艳情诗风的成因及其特点作出自己的分析。

一、都市逸乐风尚与进士阶层的士族化

（一）

咸通(860—873)、乾符(874—879)年间是唐王朝由局部内乱走向全面崩溃的转折点，如果说咸通时连年边患和庞勋叛乱已使国力日衰、民生凋敝，乾符年间则从一开始就处于黄巢起义的巨大冲击之下，王朝统治已岌岌可危。艳情诗风在这样一种时代背景之下风靡整个咸、乾诗坛，不能不说是一个十分奇特的现象。探求这一现象产生的原因，尚须从与诗风密切相关的士风入手。

咸、乾时代风尚，唐末诗人韦庄《咸通》诗曾有过形象的描绘："咸通时代物情奢，欢杀金张许史家。破产竞留天上乐，铸山争买洞中花。诸郎宴罢银灯合，仙子

---

① 《全唐文》卷八二三，上海古籍出版社1990年版第3843页下。

游回璧月斜。人意似知今日事,急催弦管送年华。"①这种从咸通年间出现的纵情声色、及时行乐的风尚,以京都长安尤盛,咸、乾两朝皇帝懿宗、僖宗就是这一逸乐时风的直接倡导者。

　　史载懿宗"好音乐宴游,殿前供奉乐工常近五百人,每月宴设不减十余,水陆皆备,听乐观优,不知厌倦,赐与动及千缗。曲江、昆明、灞浐、南宫、北苑、昭应、咸阳,所欲游幸即行,不待供置,有司常具音乐、饮食、幄帟,诸王立马以备陪从。每行幸,内外诸司扈从者十余万人,所费不可胜纪。"②咸通十年(869),懿宗女同昌公主适韦保衡,"赐钱五百万贯,仍罄内库宝货以实其宅。至于房栊、户牖,无不以珍异饰之。又以金银为井栏、药臼、食柜、水槽、釜铛、盆瓮之属,仍镂金为笊篱箕筐。制水精、火齐、琉璃、玳瑁等床,悉搘以金龟银鳖。又琢五色玉器为什合,百宝为圆案。又赐金麦银米共数斛,……逮诸珍异不可具载。自两汉至皇唐,公主出降之盛,未之有也。"同昌公主死后,"及庭祭日,百司与内官皆用金玉饰车舆服玩以焚于韦氏之庭,家人争取其灰以择金宝。及葬于东郊,上与淑妃御延兴门,出内库金玉驼马、凤凰、麒麟,各高数尺,以为威仪。其衣服玩具悉与生人无异。一物已上皆至一百二十舁。刻木为楼阁、宫殿、龙凤、花木、人畜之象者不可胜计,以绛罗多绣络金银瑟瑟为帐幕者亦各千队,结为幢节伞盖,弥街翳日。旌旗、珂珮、兵士、卤簿率加等。以赐紫尼及女道士为侍从引翼,焚升霄降灵之香,击归天紫金之磬。繁华辉焕,殆二十余里。……是后上晨夕惝心挂想。李可及进《叹百年曲》,……又教数千人作《叹百年》队,取内库珍宝雕成首饰,画八百疋官紬作鱼龙波浪文,以为地衣,每一舞而珠翠满地。"③懿宗的奢华游乐生活由此可见一斑。懿宗之后继位的僖宗也是一位只知玩乐的小皇帝,其时国势日艰,却"专事游戏","政事一委(田)令孜"④,"喜斗鹅走马,数幸六王宅、兴庆池与诸王斗鹅,一鹅至五十万钱。"⑤"赏赐乐工、伎儿,所费动以万计,府藏空竭。"⑥

　　这种纵情逸乐之风经帝王扇倡于上,很快便风行于下,公卿士庶竞相效法。咸

①　《全唐诗》卷六九六,上海古籍出版社1986年版第1756页上。
②　《资治通鉴》卷二五〇"咸通七年",中华书局1956年版第8117页。
③　苏鹗《杜阳杂编》卷下,中华书局上海编辑所1958年版第53页。
④　《资治通鉴》卷二五二"乾符二年",第8176页。
⑤　《新唐书》卷二〇八《宦者传下·田令孜》,中华书局1975年版第5884页。
⑥　《资治通鉴》卷二五二"乾符二年",第8176页。

通朝宰相杨收,"厅馆铺陈华焕,左右执事皆双鬟珠翠,……饮馔及水陆之珍,台盘前置香一炉,烟出成楼阁之状。"①另一宰相路岩在朝时已颇"奢靡",②出镇成都后,更恣意享乐,留连于声色游宴,"日以妓乐自随,宴于江津"。③唐末诗人秦韬玉描绘当时长安豪家生活是:"宝马竞随朝暮客,香车争碾古今尘"④、"按彻清歌天未晓,饮回深院漏犹赊"。⑤韦庄也曾在诗中回忆当年在长安亲身经历的冶游生活:"昔年曾向五陵游,子夜歌清月满楼。银烛树前长似昼,露桃华里不知秋。西园公子名无忌,南国佳人号莫愁。"⑥可以说,风起之下,朝野上下沉溺在声色娱乐的时代氛围之中,豪贵及得意者恣意享乐,得过且过,失意者则不妨颓废放浪,以寻求心理的麻醉与慰藉,咸、乾艳情诗就是在这样一种时代风尚之下产生的。

(二)

陈寅恪先生曾将中唐以来艳情文学的兴起归结于山东礼法士族的衰微与新兴进士词科阶级的放浪不羁,并引孙棨《北里志序》及韩偓《香奁集序》云:"进士科举者之任诞无忌,乃极于懿、僖之代。"⑦此说一出,影响极大,多为今人所称引。依照陈氏的解释,新兴进士词科阶级"即高宗武后以来所拔起之家门,用进士词科以致身通显,由翰林学士而至宰相者。"⑧也即不同于门阀旧族的庶族。"此种社会阶级重词赋而不重经学,尚才华而不尚礼法,以故唐代进士科为浮薄放荡之徒所归聚,……宜乎郑覃、李德裕以山东士族礼法家风之立场,欲废其科,而斥其人也。"⑨

姑且不论郑覃、李德裕欲废进士科有其个人偏见和私心⑩,以及其中隐含子弟

---

①　《太平广记》卷二三七《杨收》条引《卢氏杂说》,中华书局 1961 年版第 1825 页。

②　《资治通鉴》卷二五一"咸通十年",第 8150 页。

③　《北梦琐言》卷九,上海古籍出版社 1981 年版第 74 页。

④　《天街》,《全唐诗》卷六七〇,第 1683 页中。

⑤　《豪家》,《全唐诗》卷六七〇,第 1683 页下。

⑥　《忆昔》,《全唐诗》卷六九六,第 1756 页中。

⑦　参见《元白诗笺证稿》第四章《艳诗及悼亡诗》,上海古籍出版社 1978 年版第 86-87 页;《唐代政治史述论稿》中篇《政治革命及党派分野》,上海古籍出版社 1997 年版。

⑧　《元白诗笺证稿》第 86 页。

⑨　同上。

⑩　二人皆不由科举进身,另据《旧唐书·郑覃传》,郑覃欲废进士科,还有因自己"不能为文"而心生嫉妒的阴暗心理,因此对郑覃"此科率多轻薄,不必尽用"的动议,文宗也不以为然:"轻薄敦厚,色色有之,未必独在进士。"

与寒士之争的实质①,我们不妨先就问题的核心即唐代进士阶层特别是唐末进士的社会出身情况作一考察。据卓遵宏《唐代进士与政治》一书,安史乱前旧族官吏仅有十分之一为进士出身,乱后(即中唐以下)则激增为近半数,而且中晚唐时期的进士也多系来自旧族家庭②。宋德熹《唐代后半期门阀与官宦之关系》亦云,整个唐代的世族阶层在科举、荐辟及荫缘等入仕途径中,比例都高达三分之二以上,比较言之,唐代前期世族经由荐辟、荫缘入仕者较多,中唐以下,由于进士科成为选拔高级官吏的主要途径,这一变化对世族的仕进道路产生了深刻影响,科举一途因而跃居大宗,颇受唐代后期世族青睐。文中所附《唐代统治阶层入仕途径统计表》也许更能说明问题,在表中我们可以清楚看到士族在唐代各个时期科举及第者中所占比例:唐代前期59.8%,肃、代宗时62.8%,德宗时60%,顺、宪、穆、敬宗时58.6%,文、武宗时74.2%,宣、懿宗时93%,僖、昭宗时83.3%③。从上表不难发现这样一个现象,即进士科举者任诞无忌之极的懿、僖之代恰恰是士族在科举中占据绝对优势之时,个中似透露出这样的信息:进士阶层的士族化与进士的侈靡浮薄风习之间可能存在着某种内在的联系。

这种联系在《北里志序》中得到了印证:"自大中皇帝好儒术,特重科第,……故进士自此尤盛,旷古无俦。然率多膏粱子弟,平进岁不及三数人,由是仆马豪华,宴游崇侈,以同年俊少者为两街探花,使鼓扇轻浮,仍岁滋甚。"④《唐摭言》亦云:"咸通中,进士及第过堂后,便以骒从,车服侈靡之极,稍不中式,则重加罚金。蒋泳以故相之子,少年擢第,时家君任太常卿,语泳曰:'尔门绪孤微,不宜从世禄所为,先纳罚钱,慎勿以骒从也。'"⑤可知"侈靡""轻浮"实乃"膏粱"、"世禄"子弟所为。

在《北里志》和其他笔记中,我们可以看到当时士族出身的举子、进士种种奢纵狎游之举。如刘覃,乾符间"自广陵入举,辎重数十车,名马数十驷,时同年郑宾先

① 参见《新唐书》卷四十四《选举志上》,第1168-69页。
② 台北国立编译馆民国76年版第86-89页。
③ 引自《晚唐的社会与文化》,台湾学生书局民国79年版第137-139页。
④ 《北里志》卷首,《丛书集成初编》本。按,陈寅恪先生引此序说明懿、僖时代进士纵情放侠之习时有意无意间省略了"率多膏粱子弟,平进岁不及三数人"二句,颇可注意,参见《元白诗笺证稿》第86页。
⑤ 卷三《慈恩寺题名游赏赋咏杂纪》。

辈扇之，极嗜欲于长安中。"①赵光远，咸、乾之间，"恃才不拘小节，常将领子弟，恣游狭斜。"②夏侯泽、崔胤及第时冶游北里，或狎戏佻达，为妓女批颊，或轻薄无聊到题记于妓女腿上。③ 豪奢极欲、追逐声色成了士族出身的举子、进士们竞相夸尚的生活方式，这也使得他们成为京都逸乐时风的主要参与者和推波助澜者。在他们的鼓扇之下，进士的奢靡浮薄之风在咸、乾之际达到了极致。"凡今年才过关宴"，"已备来年游宴之费，由是四海之内，水陆之珍，靡不毕备"④，"一春所费，万余贯钱"。以致朝廷后来对这种奢靡之风也不得不出面干涉："每年有名宴会、一春罚钱及铺地等，相许每人不得过一百千，其勾当分手不得过五十人，其开试开宴，并须在四月内。"⑤《唐摭言》描绘当时士风的浮薄："乾符丁酉岁关宴，甲于常年，有温定者，久困场屋，坦率自恣，尤愤时之浮薄，设奇以侮之。至其日，蒙衣肩舆，金翠之饰，迥出于众，侍婢皆称是，徘徊于柳荫之下。俄顷诸公自露棚移乐登鹢首，既而谓是豪贵，其中姝丽〔必矣〕，因遣促舟而进，莫不注视于此，或肆调谑不已，群兴方酣，定乃于帘间垂足，定膝胫伟而毳，众忽睹之，皆掩袂，亟命回舟避之……"⑥进士阶层的这种奢靡浮薄之风构成了咸、乾都市淫靡逸乐士风的重要组成部分。

由以上的分析不难看出，进士阶层的士族化与进士士风的浮薄放佚及咸、乾都市淫靡逸乐风尚之间的确有着重要的联系，可以说，咸、乾都市淫靡逸乐士风应是君主倡扬与进士阶层士族化二者结合的产物。

受咸、乾时代流连声色、纵情逸乐这一时风的影响，人们的文学审美趣味也不可避免地打上了时代的烙印，以表现当时士人这种冶游狎玩生活和男女情爱为内容的艳情文学受到了朝野的普遍喜爱。韩偓香奁诗在当时的广为流传⑦，即是例证。李商隐大中末方去世，温庭筠卒于咸通七年⑧，在咸、乾都市这样一种时代风尚

① 《北里志》"天水仙哥"条。
② 《唐摭言》卷十"韦庄奏请追赠不及第人近代者"。
③ 分别见《北里志》"牙娘"、"王团儿"条。
④ 《唐摭言》卷三"散序"。
⑤ 《唐大诏令集》卷一〇六乾符二年正月《厘革新及第进士宴会敕》。
⑥ 《唐摭言》卷三《慈恩寺题名游赏赋咏杂纪》。《登科记考》卷二三引《摭言》，"其中姝丽"下有"必矣"二字，今据补。
⑦ 韩偓《香奁集序》。
⑧ 分别参见傅璇琮主编《唐才子传校笺》第三册卷七《李商隐传》、卷八《温庭筠传》笺证，中华书局1990年版第264页、第433页。

之下,以温、李为代表的晚唐艳情诗风迅即风靡当时诗坛,并成为都城诗风的主流,自然也就是时势所趋,不足为奇了。

二、都城艳情诗人群与咸、乾艳情诗风的时代特征

(一)

与京都淫靡逸乐士风相对应,咸、乾艳情诗风也主要以都城长安为中心。京都艳情诗人大体可分为两个群体,一是孙棨《北里志》所载出入狭斜、在北里妓周围形成的狭斜诗人群,《北里志》载有这些诗人艳情诗二十余首。据孙棨自序及书中"俞洛真"条,《北里志》撰于中和四年(884),盖追忆广明元年(880)黄巢陷长安前在京城平康里的见闻,从正文所记狭斜诗人事迹来看,均为咸通至广明元年间事①,这些诗人包括:

孙棨,《北里志序》自称:"予频随计吏,久寓京华,时亦偷游其中。"后跋亦云:"余顷年往长安中,鳏居侨寓……故胜游狎宴,常亦预之。"书中自述与妓女王福娘的恋情,又记广明元年长安失陷前与进士李文远同访妓女俞洛真事。

赵光远,"杨妙儿"条谓光远应举前后与妓女杨莱儿颇相狎昵,王定保《唐摭言》亦称:"咸通、乾符中,以为气焰温、李,因之恃才不拘小节,常将领子弟,恣游狭斜。"②

郑仁表,《北里志》载其赠北里妓天水仙哥及俞洛真诗。

郑昌图,孙棨云郑氏为补阙时尝与妓女楚儿唱和往来。

赵崇,《北里志》记其常出入北里,与北里妓牙娘、郑举举、王小润颇多往来。

崔澹,"王团儿"条言崔氏任内庭月部侍郎时尝赠妓王福娘诗。

李标,"王苏苏"条记李氏为举子时久依王调门下,曾与王调弟侄同游南曲妓王苏苏家。

---

① 日人斋藤茂认为附录五条系后人从《唐摭言》中抽出,附于《北里志》后,详见《关于〈北里志〉——唐代文学与妓馆》,载《唐代文学研究》第三辑,广西师大出版社 1992 年版第 605 页。

② 卷十《韦庄奏请追赠不及第人近代者》。

　　刘崇鲁,孙棨云刘氏进士及第年迷溺于北里妓郑举举①。据《登科记考》卷二三,刘氏及第在广明元年。

　　卢嗣业,“郑举举”条载卢氏乾符五年及第时与众同年曾共游北里。

　　郑合敬,《北里志》“附录狎游妓馆五事”云及第后尝宿平康里作诗,又见《唐摭言》卷三《慈恩寺题名游赏赋咏杂纪》。《登科记考》卷二三,郑为乾符二年状元。

　　无名举子及新及第进士,“颜令宾”条载有数人悼妓颜令宾诗。

　　狭斜诗人除以上见于《北里志》诸人外,尚有崔珏,《唐才子传》卷九《赵光远传》云:“有孙棨、崔珏,同时恣心狂狎,相为唱和,颇陷轻薄……”

　　从以上对狭斜诗人群的分析可以看出,狭斜诗人由在京应试的举子、新及第进士及朝官组成。孙光宪《北梦琐言》(卷四)云:“孙棨舍人著《北里志》,叙朝贤子弟平康狎游之事。”可知这些人多为朝官子弟,今能考知者,如赵光远为懿、僖两朝宰相赵隐之侄②;郑仁表为武宗朝宰相郑肃之孙;郑合敬父郑涯“检校左仆射,同中书门下平章事”③。地位的接近,共同的冶游狭斜的经历,使这些诗人在北里妓周围自然形成一个自具特色的诗人群体。这一群体的一些成员之间还有着某种联系,如郑昌图、赵崇为同年进士④;赵崇、孙棨系亲戚关系⑤;赵光远与赵崇为同宗⑥;孙棨、崔珏曾“相为唱和”等。

　　除狭斜诗人群外,都城艳情诗人另一群体主要成员有韩偓、吴融、罗虬、唐彦谦、王涣等人。这一群体无狎游狭斜的明显记载,但当时大都久居京城,受都市逸乐淫靡士风的熏染,创作了大量艳情诗歌。此外,秦韬玉当时久居京中,亦作有少量艳情诗,今亦附入其中。这一群体成员,其中罗虬、秦韬玉当时即有交往(详下),韩偓、吴融、王涣咸、乾之后亦曾以艳情为内容相互唱和⑦,故于狭斜诗人群外另作一群体来论述。

---

①　“刘崇鲁”,《北里志》“郑举举”条附注作“刘郊文崇”,据《新唐书》卷九〇《刘崇望传》,刘崇鲁字郊文,《北里志》当夺“鲁”字。
②　《唐摭言》卷十《韦庄奏请追赠不及第人近代者》。
③　《新唐书》卷七五上《宰相世系表》,第3324页。
④　据《登科记考》卷二三,二人同为咸通十三年进士。
⑤　《北里志》“牙娘”条:“为山内子,予从母妹也。”赵崇字为山,见“郑举举”条。
⑥　《新唐书》卷七三下《宰相世系表》,第2983—84页。
⑦　详参《全唐诗》卷六八三韩偓《无题》诗并序、卷六八五吴融《和韩致光侍郎无题三首十四韵》、《倒次元韵》诗。

　　韩偓,《新唐书》(卷一八三)本传云为"京兆万年人",万年县即在京城中。又韩偓龙纪元年(889)及第,困于科场达二纪之久①,亦证其咸通、乾符间久在京师。韩偓今存艳情诗集《香奁集》,自序云:

　　余溺于章句,信有年矣,诚知非士大夫所为,不能忘情,天所赋也。自庚辰、辛巳之际,迄己亥、庚子之间,所著歌诗不啻千首。其间以绮丽得意者,亦数百篇,往往在士大夫口,或乐官配入声律,粉墙椒壁,斜行小字,窃咏者不可胜纪。大盗入关,缃帙都坠,迁徙流转,不常厥居。求生草莽之中,岂复以吟咏为意。或天涯逢旧识,或避地遇故人,醉咏之暇,时及拙唱。自尔鸠集,复得百篇,不忍弃捐,随即编录。遐思宫体,未降称庾信攻文;却诮《玉台》,何必使徐陵作序。初得捧心之态,幸无折齿之惭。柳巷青楼,未尝糠秕;金闺绣户,始预风流。咀五色之灵芝,香生九窍;咽三危之瑞露,美动七情。若有责其不经,亦望以功掩过。玉山樵人韩致尧序。

　　庚辰即咸通元年(860),辛巳即咸通二年(861),己亥、庚子分别为乾符六年(879)、广明元年(880),可知韩偓自视为宫体、《玉台》的香奁诗,正作于咸通、乾符间。

　　有关韩偓《香奁集》的真伪,自北宋以来即聚讼不休,否定为韩偓所作者,多以《香奁集》与作为忠耿之臣的韩偓人品不符为借口。其实,文学史上人品与文品不符的例子并不鲜见,如宋人晏殊、欧阳修既为一代儒学重臣,又喜作艳词,即是其例。如果我们将韩偓《香奁集》的出现置于咸、乾时代艳情诗风盛行这样一个大背景下来考察,这种疑惑自然也就涣然冰释。葛立方《韵语阳秋》、方回《瀛奎律髓》、阎简弼《香奁集跟韩偓》②等均已确证《香奁集》为韩偓所作,可参看。

　　关于《香奁集》的性质,后人在认识上也存在分歧。绝大多数人认为是韩偓早年所作艳情诗,清人则多以为是晚年影射时事、有比兴寄托的政治诗③。清末震钧在《香奁集发微》中更提出了自己的依据,那就是《香奁集序》所述创作年代与集中某些诗题下所注写作年月不合,集中诗标明作年的都在晚年。出现这种现象的原因,震氏解释说,《香奁集》因"全属旧君故国之思","编于晚年梁氏既禅以后,故不

①　韩偓龙纪元年及第,见《登科记考》卷二四。《全唐诗》卷六八〇韩偓《与吴子华侍郎同年玉堂同直怀恩叙恳因成长句四韵兼呈诸同年》"二纪计偕劳笔砚"句注:"余与子华俱久困名场。"
②　《燕京学报》第三十八期。
③　如吴乔《围炉诗话》(卷一)、胡寿芝《东目馆诗见》(卷一)、吴伟业《梅村诗话》等。

得不迷谬其词以求自全",自序与诗中题注的矛盾正是作者有意暗示读者的破绽。今人施蛰存先生亦赞同此说,并举出又一论据,《香奁集》中《思录旧诗于卷上凄然有感因成一章》:"缉缀小诗钞卷里,寻思闲事到心头。自吟自泪无人会,肠断蓬山第一流。"认为这也是诗人给读者的暗示,说明自己作品是有寓意的。①

《香奁集》由于版本不同,各本收诗数量不一,题下注明写作年月的后期诗歌,有的版本收录达十首以上,一般在七、八首左右。从《香奁集序》"或天涯逢旧识,或避地遇故人,醉咏之暇,时及拙唱。自尔鸠集,……随即编录"观之,《香奁集》编集确在晚年寓居闽中时。余传棚《韩偓〈香奁集〉、〈翰林集〉考辨》认为,《香奁集》编辑之初,曾由韩偓自己附录过少数并非作于早年的作品,如《无题》、《袅娜》、《多情》、《闺怨》、《闺情》等,据《香奁集序》,韩偓艳情诗主要作于前期,作者将后期少量艳情诗附入集中时,于题下注明实际写作年代,正是为了与前期艳情诗区分开来②。另外也有部分艳情诗则系后人补入《香奁集》中③。韩偓后期作有大量诗歌,毛晋云:"自辛酉迄甲戌,凡十有四年,往往借自述入直、扈从、贬斥、复除、互叙朝廷播迁、奸雄篡弑始末,历然如镜……"④像天祐元年朱温胁迫昭宗迁都洛阳、毁长安、弑昭宗,天祐四年废哀帝自立这类重大时事在韩偓诗中都有直接反映,无所避讳。云《香奁集》系韩偓晚年"迷谬其词以求自全"、借写艳情以抒政治感慨,殊难置信。况且《香奁集》中绝大部分诗歌都意思明白晓畅,震钧硬要将其视作政治诗,结果当然只能是"解释诗旨,多所附会"⑤了。《香奁集》应该说主要都是描写艳情之作,其中似还隐含了诗人自己早年一段刻骨铭心的恋情⑥,所以当诗人晚年缉缀这些旧时所作的情诗时,回首往事,"自吟自泪无人会,肠断蓬山第一流",也就是情理中事了。

吴融、唐彦谦、罗虬、秦韬玉,咸通、乾符间均累举不第,亦久居京城。吴融《祝

---

① 见施蛰存《唐诗百话》之《韩偓:香奁诗、长短句六首》,上海古籍出版社 1987 年版第 687 页。

② 《文史》2000 年第 1 辑,第 259 页。

③ 《中华文史论丛》1981 年第 4 辑陈伯海《韩偓生平及其诗作简论》云明代胡震亨编《唐音统签》,于戊签部分收韩偓诗,序中提及他所见到的韩偓几种集子,包括入翰林集、别集、《香奁集》,胡氏对原有的编集作了加工整理,将原在别集中的少数几篇艳情诗抽取出来,并入《香奁集》,编为二卷。

④ 《汲古阁书跋》,古典文学出版社 1958 年校订本。

⑤ 陈寅恪《唐代政治史述论稿》中篇《政治革命及党派分野》,第 90 页。

⑥ 参见《香奁集》中《重游曲江》、《寒食日重游李氏园亭有怀》、《荐福寺讲筵偶见又别》、《春闷偶成十二韵》等诗。

风三十二韵》：“余仍轗轲者，进趋年二纪。”①又韩偓《与吴子华侍郎同年玉堂同直怀恩叙恳因成长句四韵兼呈诸同年》“二纪计偕劳笔砚”句下注：“余与子华俱久困名场。”则吴融与韩偓龙纪元年同年及第，困顿举场达二十余年。

唐彦谦，《旧唐书》卷一九〇下《文苑传下》：“咸通末应进士，才高负艺，无所屈降，十余年不第。”其《试夜题省廊桂》（《全唐诗》卷六七二）诗亦云：“麻衣穿穴两京尘，十见东堂绿桂春。”

罗虬，《唐语林》卷三《方正》门载刘允章掌贡举之年，“尤恶朋党，初，进士有‘十哲’之号，皆通连中官，郭缜、罗虬皆其徒也。每岁有司无不为其干挠，根蒂牢固，坚不可破。”其年罗虬赴试被落。《登科记考》卷二三，刘允章掌贡举为咸通九年，可知此前罗虬已在京应试。《北梦琐言》卷十三云：“罗虬累举不第，务于躁进，因罢举依于宦官……”《唐摭言》卷十“海叙不遇”又言“广明庚子乱后，去从郿州李孝恭”，则咸、乾间罗虬久游京城。《唐摭言》记述罗虬《比红儿诗》的创作经过说：“广明庚子乱后，去从郿州李孝恭。籍中有红儿者，善肉声，常为贰车属意。会贰车骋邻道，虬请红儿歌，而赠之缯彩，孝恭以副车所贮，不令受所贶，虬怒，拂衣而起，诘旦，手刃[红儿，既而思之，乃作]绝句百篇，号《比红儿诗》，大行于时。”②罗虬中和元年（881）被害于台州刺史任上③，知《比红儿诗》当作于广明元年。

秦韬玉，《唐摭言》卷九“芳林十哲”列为十哲之一，云：“咸通中，自（沈）云翔辈凡十人，……皆交通中贵，号‘芳林十哲’。”可知韬玉与罗虬咸通间同为结交宦官谋取科第之辈。《唐语林》卷七又云其“应进士举，出于单素，屡为有司所斥”。秦氏中和二年方于蜀中及第，又其父为京城左军军将④，则懿、僖时久居长安自无疑问。

王涣，唐卢光济撰《唐故清海军节度掌书记太原王府君（涣）墓志铭》云：“才十余岁，其章句之妙，遽有老成人之风，遂稍稍布于名士之听。未数载，即妍词丽唱，

---

① 《全唐诗》卷六八五，第1728页中。

② 《太平广记》卷二七三《罗虬》条引《摭言》，“手刃”下有“红儿，既而思之，乃作”八字，今据补，参《唐才子传校笺》第四册卷九《罗虬传》笺证，中华书局1990年版第134页。又按，《摭言》谓罗虬从李孝恭，误。《比红儿诗序》（《全唐诗》卷六六六）云：“比红者，为雕阴官妓杜红儿作也。”《元和郡县图志》卷三《关内道三·郿坊观察使》“郿州”：“汉为上郡雕阴县地。”郁贤皓师《唐刺史考》卷七“郿州”，李孝昌“约乾符末—中和元年（？—881）”在任，云《摭言》“‘孝恭’疑为‘孝昌’之误”，是。

③ 《唐才子传校笺》卷九《罗虬传》笺证，第135—136页。

④ 《唐才子传校笺》卷九《秦韬玉传》笺证，第148页、第144—145页。

喧著缙绅,靡不相传,成诵在口。"①则《惆怅诗》十二首这类"婉丽""媚妩"②的"妍词丽唱"约作于诗人二十岁左右。据《唐才子传校笺》卷十《王涣传》笺证,王涣生于大中十三年(859),则《惆怅诗》作年应在乾符、广明间。咸、乾时未见王涣居京的明确记载,岑仲勉《郎官石柱题名新考订》"礼部员外郎·备考"、"祠部员外郎"均著有涣父王愔,谓愔迭任礼部、祠部二员外,并推测王愔约卒于乾符六年以前③,疑王涣乾符间随父居京中。

(二)

以上分析了都城艳情诗人两大群体的构成,如果我们再稍加考察,就会发现咸、乾艳情诗人的一些重要成员都同晚唐艳情诗风的代表人物温庭筠、李商隐等人有着密切的联系。如崔珏,不仅与李商隐为诗友④,大中末还曾与温庭筠同佐襄阳徐商幕府⑤;韩偓,系李商隐外甥,十岁时曾作诗为姨父李商隐送行,受到李商隐的赞赏⑥;唐彦谦,《旧唐书·文苑传》云:"尤能七言诗,少师温庭筠,故文格类之。"《唐才子传》卷九亦云:"初师温庭筠,调度逼似,故多纤丽之词。"后人又言其"学义山为诗"⑦;赵光远,《唐摭言》称:"咸通、乾符中,以为气焰温、李。"

都市艳情诗人与温、李的这种渊源关系,使咸、乾艳情诗不可避免地打上了温、李艳情诗风的痕迹。象温、李诗的绮丽浓艳、温庭筠诗的脂粉气息和追求感官满足,在咸、乾艳情诗人身上几乎都有程度不同的表现。相对来说,由于相同的冶游狭斜的经历,温庭筠对狭斜诗人群的影响更大。今存狭斜诗人诗歌大抵都是如温诗一类摹绘妓女姿容技艺、歌咏狭斜生活的作品,如孙棨《赠妓人王福娘》诗(《全唐诗》卷七二七):"彩翠仙衣红玉肤,轻盈年在破瓜初。霞杯醉劝刘郎赌,云髻慵邀阿母梳。不怕寒侵缘带玉,每忧风举倩持裾。漫图西子晨妆样,西子元来未得如。"郑

---

① 引自岑仲勉《金石论丛》中《从王涣墓志解决了晚唐史一两个问题》一文,上海古籍出版社1981年版第441页。

② 《唐才子传》卷十《王涣传》。

③ 引自岑仲勉《郎官石柱题名新考订》,上海古籍出版社1984年版第137页、第166页。

④ 李商隐有《送崔珏往西川》(《全唐诗》卷五三九)诗,崔珏有《哭李商隐》、《早梅赠李商隐》(同前卷五九一)诗。

⑤ 参见周勋初主编《唐诗大辞典》"《汉上题襟集》",江苏古籍出版社1990年第545页。

⑥ 详见霍松林、邓小军《韩偓年谱》(上),《陕西师大学报》1988年第3期。

⑦ 《唐诗纪事》卷六八。

仁表《赠妓命［俞］洛真》(《全唐诗》卷六〇七)："巧制新章拍拍新,金罍巡举助精神。时时欲得横波眄,又怕回筹错指人"等。李商隐诗以《无题》或取篇中二字为题的形式描写艳情,以及对爱情生活中精微幽约的情绪感受的细致刻画,对咸、乾艳情诗人也有很深的影响。韩偓《香奁集》中接近三分之一的诗篇都是采用篇中二字为题的形式,唐彦谦《离鸾》、《汉代》等诗也以首句二字为题,唐氏还作有《无题十首》。李商隐对爱情生活中精微幽约的情绪感受的细致刻画对咸、乾艳情诗人中韩偓、唐彦谦影响最大,前人曾评唐彦谦《离鸾》诗"下疾不成双点泪,断多难到九回肠",不减商隐《无题》"春蚕到死丝方尽,蜡炬成灰泪始干"①,韩偓《香奁集》中尤多这类刻画幽微隐约的情爱感受之作,如《已凉》、《欲去》、《青春》、《别绪》等。此外,李商隐艳情诗借典故、比喻暗示恋爱双方关系的表现手法以及李氏艳情诗的用典对狭斜诗人诗歌也有影响②。因此,从某种意义上来说,咸、乾艳情诗风有承传温、李的一面。

　　当然,咸、乾艳情诗风不是也不可能是温、李诗风的再现,在承传的同时又表现出咸、乾时代浓厚的时代特征。

　　首先,与艳情诗风在咸、乾时代的风靡相联系,咸、乾艳情诗在创作上体现出大规模、有计划、群体创作的倾向。咸、乾艳情诗的创作规模不仅体现在诗人人数之众,除以上所及艳情诗人两大群体外,当时不少诗人都对艳情题材偶有涉猎;咸、乾艳情诗的创作规模还表现在诗歌数量之多,韩偓《香奁集》自序云当时有艳诗数百首(今存百首左右),罗虬有《比红儿诗》一百首,孙发作有宫体百篇③(今佚),王涣撰有《惆怅诗》十二首,其余如今存吴融艳情诗十余首、狭斜诗人诗歌二十余首、唐彦谦《无题十首》及其他艳诗数首,秦韬玉亦有少量艳情之作。而罗虬、王涣等人大型艳情组诗的创作,孙棨、崔珏的"相为唱和",以及吴融《赋得欲晓看妆面》所反映出来的当时艳情诗创作中群居酬唱、分题赋诗的风气,又都显示出咸、乾艳情诗创作的有计划、群体创作的特点。当然,毋庸讳言,这种有计划的创作特别是大型组

---

① 《唐音癸签》卷八,上海古籍出版社 1981 年版第 80 页。
② 参见斋藤茂《关于〈北里志〉——唐代文学与妓馆》,第 612 页。
③ 《全唐诗》卷六一三皮日休《孙发百篇将游天台请诗赠行因以送之》云:"百篇宫体喧金屋,一日官衔下玉除。"此诗收入《松陵集》卷六,《松陵集》系皮日休咸通十年至十二年出佐苏州刺史崔璞幕府期间与陆龟蒙等人的唱和集(参见《中国韵文学刊》1998 年第 1 期所刊拙作《皮日休、陆龟蒙二三事迹新考》)。

诗的创作,一定程度上也带来了模式化的弊病(如罗虬《比红儿诗》)。

咸、乾艳情诗在题材上也呈现出多样化的趋势,除韩偓《香奁集》、吴融等人及狭斜诗人诗歌这类大量描写诗人情爱经历和冶游狎玩的现实题材外,王涣《惆怅诗》则杂取刘、阮与天台仙女这类仙凡之恋的神仙题材,以及汉武帝与李夫人、徐德言与乐昌公主、唐明皇与杨贵妃等大量历史题材和崔莺莺、霍小玉这类唐代传奇小说题材入诗,罗虬《比红儿诗》尽取历代美女仙娥以赞颂歌妓杜红儿,更体现出现实题材与历史题材及传奇小说、神话传说各类题材的大融合。

与咸、乾艳情诗人分为两大群体相对应,咸、乾艳情诗内容上大体也可分为描写冶游生活与咏歌男女情爱两大类。第一类主要以狭斜诗人诗歌为代表,韩偓、吴融等人集中少量表现轻薄狎玩情趣的作品亦可归入此类;第二类则基本上体现在以韩偓为代表的诗人群体诗中,狭斜诗人诗中极少。受都市纵情声色的淫靡时风的影响,咸、乾时代描写冶游生活的诗歌,较之温庭筠同类作品,脂粉气息更浓,更加醉心于对官能刺激的追求,不少诗歌带有明显的香艳成份,显著的标志是此时出现了一批以女性身体为歌咏对象的艳诗,如崔珏《有赠》二首、赵光远《咏手二首》、秦韬玉《咏手》、吴融《赋得欲晓看妆面》、韩偓《屐子》、《咏浴》、《咏手》、《偶见背面是夕兼梦》、《席上有赠》等,这些诗较以前的同类作品刻画更为细腻、露骨,往往用绮词丽藻对女性姿容体态刻意形容,几乎无一例外都流露出轻薄狎玩的情趣。这种轻佻浮薄之风还表现在其他一些诗中,如郑合敬及第后宿平康里诗:“春来无处不闲行,楚闰相看别有情。好是五更残酒醒,时时闻唤状头声。”进士李标在妓院题诗,也因语涉轻薄,被妓女作诗讥嘲①。此外,吴融《即席十韵》(《全唐诗》卷六八五)“猿渴应须见,鹰饥只待呼”,韩偓《昼寝》(《全唐诗》卷六八三)描写女子昼寝,末云“何必苦劳魂与梦,王昌只在此墙东”,都带有明显的挑逗意味。至于崔胤题记于妓女腿上,赵崇作诗咏歌②,韩偓描写妓女与狎客幽欢③,更是语近亵昵。甚至个别悼妓诗也染上了这种与悼诗气氛极不协调的轻薄习气:“奄忽那如此,夭桃色正春。捧心还动我,掩面复何人。岱岳谁为道,逝川宁问津。临丧应有主,宋玉在西

---

① 《北里志》“王苏苏”条。

② 《北里志》“王团儿”条。

③ 《六言三首》其一,《全唐诗》卷六八三,第1721上。

邻。"①在此影响下,部分描写男女情爱的诗歌也出现了这类香艳气息,如韩偓《五更》描写男女幽会,就较为直露轻佻。

描写冶游题材的诗歌,除了这些轻佻浮薄之作外,其他大抵亦多系描写妓女姿态神情、声容技艺及与妓女的谐谑之作,如崔珏《美人尝茶行》《和人听歌》、秦韬玉《吹笙歌》、刘崇鲁《席上吟》、郑昌图《答楚儿》以及前面所引孙棨、郑仁表诗等,风格亦多轻艳香软,只有少数几首在妓女"见戒无艳"的情况下所作的诗歌,如孙棨《题妓王福娘墙》之类,较少香艳气。

单纯就以上这类描写冶游生活、表现轻薄狎玩情趣的作品来说,咸、乾艳情诗风确实呈现出向齐梁宫体诗风某种意义上的回归。不过,此类作品在咸、乾艳情诗中毕竟只占很少一部分,真正体现咸、乾艳情诗创作成就的是歌咏男女情爱这类作品,也以这类作品数量最多。这类诗歌中也有一部分刻画女性外貌和神态的作品,如韩偓《半睡》《中庭》《忍笑》《三忆》、罗虬《比红儿诗》、唐彦谦《无题十首》其二(锦筝细甲响鹍弦)、吴融《个人三十韵》等,但不管是正面描绘,还是象罗虬《比红儿诗》采用那种抑彼尊此的"尊题"手法,大都清丽可喜,较少脂粉气。兹举数首以见一斑,韩偓《偶见》(《全唐诗》卷六八三):"秋千打困解罗裙,指点醍醐索一尊。见客入来和笑走,手搓梅子映中门。"罗虬《比红儿诗》(同前卷六六六):"一抹浓红傍脸斜,妆成不语独攀花。当时若是逢韩寿,未必埋踪在贾家。"这些诗中的女性形象无不清新可爱,与描写冶游生活中同类作品的绮艳香软诗风相比,迥异其趣。

歌咏男女情爱题材作品中最多的是描写男女恋爱生活及表现爱情心理和感受的诗歌。描写恋爱生活的,如韩偓《荐福寺讲筵偶见又别》《复偶见三绝》《寒食日重游李氏园亭有怀》等叙忆诗人自己的情爱经历;《早归》《五更》描写情侣的偷期密约;《倚醉》叙述男主人公乘醉寻访"旧约"等。艺术上最有特色的还是表现男女爱情心理和感受的诗歌,如韩偓《不见》描摹暗恋中的男女"动静防闲又怕疑,伴伴脉脉是深机"那种渴望相见却又怕人猜疑而不得不装模做样、暗传情意的复杂心态;《青春》写"眼意心期"的恋人"光阴负我难相遇""肠断青春两处愁"的愁思;唐彦谦《无题十首》、韩偓《别绪》《病忆》之写男女相思;王涣《惆怅诗》抒写古代佳人才子生离死别的惆怅情怀;罗虬《比红儿诗》对杜红儿的追忆痛惜,无不委曲细腻,

① 《北里志》"颜令宾"条。

婉约缠绵。即使象赵光远《题莱儿壁》、吴融《浙东筵上有寄》、无名士子悼颜令宾诗这类描写与妓女情感的诗歌也都写得真挚动人。

　　前人论及温、李艳情诗时,多认为由于温、李的自身遭遇,二人在描写艳情的同时,寄寓了自己的忧时和自伤意绪。在温、李诗中,我们确实可以发现很多这样的例证,如温庭筠一些古乐府在极力铺写古代统治者声色淫靡的表象下,常包含深刻的讽谕意旨,如《春江花月夜词》、《走马楼三更曲》、《鸡鸣埭歌》、《雉场歌》等,另外,温氏描写女性的诗歌,亦多写其悲剧命运,风格凄艳,如《张静婉采莲曲》、《三洲词》、《懊恼曲》等,实亦有着强烈的自伤意味。李商隐艳情诗尤其是无题诗中则更多融进了个人身世感慨。如果我们将咸、乾艳情诗与温、李艳情诗作一比较,不难发现二者之间的明显差异。比如同为描写歌舞生活和追忆古代声色豪华,咸、乾诗人普遍流露出来的却是一种及时行乐、留连赏玩和叹惜风流不再的心理,如秦韬玉《吹笙歌》、唐彦谦《汉代》、韩偓《金陵》等诗。又如,同为无题诗,唐彦谦《无题十首》及韩偓诗,表现的也都只是男女欢爱相思,虽亦得义山诗之婉约蕴藉,却无其寄托遥深。从这里也不难看出,咸、乾艳情诗歌对温、李诗风实际上仅仅表现为一种形式层面上的承传。

　　咸、乾艳情诗这种直写艳情、别无兴寄的特点,其实唐末及唐以后不少人都已经指出。黄滔《答陈磻隐论诗书》云"咸通、乾符之际,斯道陵夷,郑卫之声鼎沸",从书中"然自李飞数贤多以粉黛为乐天之罪,殊不谓三百五篇多乎女子,盖在所指说如何耳"来看,作者并不反对写艳情,但认为应有所讽劝,这正反衬出咸、乾艳情诗歌的无所兴寄。严羽《沧浪诗话·诗体》评韩偓《香奁集》"皆裙裾脂粉之语",李重华《贞一斋诗说》亦云:"义山如《圣女祠》等作,显然是寄寓言情。若致尧《香奁》,别无解说。"①从这个意义上来说,较之温、李诗,咸、乾艳情诗与温庭筠词这类当时专用于宴乐助觞、娱宾遣兴的曲子词倒更为接近。这种情况主要与当时逸乐士风的影响有关。从韩偓《代小玉家为蕃骑所虏后寄故集贤裴公相国》、《后魏时相州人作李波小妹歌疑其未备因补之》、《效崔国辅体四首》以及前面所提到的艳情诗创作中的有计划、分题赋诗的特点,都可以发现当时艳情诗创作中追求消遣娱乐的心理。

---

① 　上海古籍出版社 1978 年版《清诗话》下册第 931 页。

　　咸、乾艳情诗这种内容上的纯写艳情、风格上的轻柔婉媚，与花间词及宋代婉约词非常相似，因此常为后来的婉约词所点化。宋人张侃说："（韩）偓之诗，淫靡类词家语，前辈或取其句，或剪其字，杂于词中。欧阳文忠尝转其语而用之，意尤新。"①韩偓诗除为欧阳修词化用外，又如《香奁集》中《懒起》"昨夜三更雨，今朝一阵寒。海棠花在否，侧卧卷帘看"、前举《偶见》诗（秋千打困解罗裙），李清照《如梦令》（昨夜雨疏风骤）、《点绛唇》（蹴罢秋千）分别效其意，仿其辞。

　　咸、乾艳情诗除题材风格上与词相似外，在声调体格及艺术表现上亦呈现出词化的趋向。今人施蛰存先生云："《香奁集》虽属歌诗，然其中有音节格调宛然如曲子词者，且集中诸诗，造意抒情，已多用词家手法。"②如韩偓《懒卸头》诗，明人所编《花草粹编》及《全唐诗》卷八九二均作《生查子》词收入，就因为二者声调完全相同。吴融《浙东筵上有寄》亦被收入欧阳修《近体乐府》卷一，题作《瑞鹧鸪》，词调下原注："此词本李商隐诗（笔者按，应为吴融诗，见《才调集》卷二），公尝笔于扇，云可入此腔歌之。"亦可见其与《瑞鹧鸪》词声调无异。其余如韩偓《三忆》、《玉合》、《金陵》、《厌花落》等诗，音调婉媚，亦近于词，故王国维搜辑韩偓词时，均收入其中。此外，咸、乾咏歌男女情爱的艳情诗对女性心理的细腻揣摩，借助环境气氛的烘染、自然景物的映衬构造隐约婉曲的意境，与婉约词的表现手法亦非常相似。尤以韩偓、唐彦谦诗更具典型性，如唐彦谦《无题十首》其六（《全唐诗》卷六七一）描写闺怨："漏滴铜龙夜已深，柳梢斜月弄疏阴。满园芳草年年恨，剔尽灯花夜夜心。"通过夜深漏滴斜月弄影的环境烘托、夜剔灯花这一细节的描绘，将闺妇夜深不寐、幽怨相思之苦充分展现在读者面前。又如韩偓《绕廊》（《全唐诗》卷六八三）："浓烟隔帘香漏泄，斜灯映竹光参差。绕廊倚柱堪惆怅，细雨轻寒花落时。"于周围朦胧凄迷的环境气氛的渲染映衬中，烘托出主人公一帘阻隔、咫尺天涯的惆怅心理。有时甚至完全通过环境景物来传达人物内心情感，如韩偓《已凉》（《全唐诗》卷六八三）："碧阑干外绣帘垂，猩色屏风画折枝。八尺龙须方锦褥，已凉天气未寒时。"由远及近的三幅画面，配上诗末季节变换的暗示，闺中少妇深闺寂寞之中对爱情生活的渴望也就隐约可见了。咸、乾艳情诗人这类作品与温庭筠词比较，较少脂

---

①　《拙轩集》卷五《跋栋词》，《四库全书》本。
②　《读韩偓词札记》，《中华文史论丛》1979 年第 2 辑。

粉气,对女性心理刻画则更为婉曲细腻,这对五代及宋人婉约词的创作有着直接的影响。

据黄滔所云,咸、乾艳情诗在当时号曰"今体才调歌诗",可见体制上多采用近体。据对艳情诗人作品的量化分析,主要包括五言律绝、七言律绝、五言排律、七言排律、六言律诗等,其中七绝、七律又占了绝大部分。这与齐梁艳情诗及温庭筠艳情诗以乐府为主体的情况颇不相同。

(三)

咸、乾艳情诗除对后来婉约词的影响外,对唐末诗坛的影响可从横向和纵向两方面来考察。

横向是指对咸、乾诗坛艳情以外的其他题材诗歌的影响,这种影响主要体现在咏物诗上。一是当时咏物诗中出现了不少直接借咏物来描写艳情的作品,如崔珏《和友人鸳鸯之什》三首、吴融《蛱蝶》、《鸳鸯》、《富水驿东楹有人题诗》、韩偓《咏灯》、唐彦谦《离鸾》等。兹举吴融《富水驿东楹有人题诗》(《全唐诗》卷六八七)一首为例:"绣缨霞翼两鸳鸯,金岛银川是故乡。只合双飞便双死,岂悲相失与相忘。烟花夜泊红蕖腻,兰渚春游碧草芳。何事遽惊云雨别,秦山楚水两乖张。"这类诗表面看似咏物,实借咏物歌咏男女情爱,其实与艳情诗无异。

艳情诗对咏物诗的另一影响表现为这时的咏物诗中多用男女情爱的典故和艳情诗描写女性的笔调来描摹物态,风格亦如艳情诗绮艳软媚。如唐彦谦写玫瑰:"宫妆临晓日,锦段落东风。无力春烟里,多愁暮雨中。"①咏垂柳:"梳洗凭张敞,乘骑笑稚恭。……怨脸明秋水,愁眉淡远峰。"②状紫薇花:"见欲迷交甫,谁能状宓妃。妆新犹倚镜,步缓不胜衣。恍似新相得,怅如久未归。"③又如吴融之写杏花:"软非因醉都无力,凝不成歌亦自愁。独照影时临水畔,最含情处出墙头。"④咏蔷薇:"馆

---

① 《玫瑰》,《全唐诗》卷六七二,第 1690 页中。

② 《垂柳》,《全唐诗》卷八八五,第 2154 页下。

③ 《紫薇花》,《全唐诗》卷八八五,第 2155 页上。

④ 《杏花》,《全唐诗》卷六八六,第 1731 页中。

娃人尽醉,西子始新妆。"①韩偓咏柳:"袅雨拖风不自持,全身无力向人垂。"②有时整首诗完全以女性来写物:"玉人下瑶台,香风动轻素。画角弄江城,鸣珰月中坠。"③这些都可见出艳情诗的影响。

　　咸、乾艳情诗的纵向影响可从艳情诗风时间的延续上来看。咸、乾之后,时代发生巨变,唐王朝从此走向崩溃,这对都城艳情诗人诗风也产生了重大影响,其主要成员的诗歌都从前期的描写艳情转向了感时伤乱这一时代主题,但艳情诗风并没有从他们身上完全消失,如韩偓作于咸、乾之后的艳情诗就有《别锦儿》、《寄远》、《袅娜》、《多情》、《南浦》等。据韩偓《无题》诗序,昭宗天复元年(901),韩偓、吴融、王涣、王溥、令狐涣、刘崇誉等人还曾以《无题》的形式相互唱和,而唱和的内容据韩偓《无题》四首及吴融《和韩致光侍郎无题三首十四韵》、《倒次元韵》诗,知即是描写艳情。这些也都隐约可见咸、乾艳情诗风的流风余韵。此外,花间派词人中韦庄、牛峤等人也曾身历咸、乾,牛峤,乾符五年进士及第④,韦庄则为京城人⑤,从他后来所作《咸通》、《忆昔》诗可知咸、乾都市士风曾给他留下深刻影响,当时诗坛的这种艳情诗风对他们后来西蜀艳情词的创作应该有着某种潜在的影响。

（作者单位:江南大学人文学院）

---

① 《蔷薇》,《全唐诗》卷六八六,第 1730 页下。
② 《咏柳》,《全唐诗》卷六八三,第 1720 页下。
③ 唐彦谦《梅》,《全唐诗》卷六七一,第 1684 页中。
④ 《登科记考》卷二三,中华书局 1984 年版第 876 页。
⑤ 参见《唐才子传校笺》第四册卷十《韦庄传》笺证,第 322 页。

贯休诗集版本源流考

　　贯休为晚唐五代时期著名的诗僧兼书画家,俗姓姜氏,字德隐,婺州(今浙江金华)兰溪人。其诗歌创作,不仅数量颇多,亦多反映现实之作。贯休生前非常看重自己的诗歌,当他驻锡江陵时,就曾编订手抄本。唐昭宗乾宁三年,其诗友吴融自江陵返长安,贯休就以此相赠。吴融于昭宗光化二年(899)为贯休歌诗作序称"丙辰(896),余蒙恩诏,归与上人别。袖出歌诗草一本曰《西岳集》,以为贶矣。切虑将来作者或未深知,故题序于卷之首。时己未岁嘉平月之三日。"由此序可知,贯休自编的诗集名为《西岳集》,但该序未及贯休诗文卷数。宋计有功《唐诗纪事》卷七十五"僧贯休"条称:"休与齐己齐名,有《西岳集》十卷,吴融为之序。"张唐英《蜀梼杌》卷上亦称:"《西岳集》十卷。"《四川通志》卷四十六"艺文·诗话门"同。而宋陶岳《五代史补》却云:"贯休有文集四十卷,吴融为之序,号《西岳集》,行于世。"清顾櫰三《补五代史·艺文志》及吴任臣《十国春秋》四十七《贯休传》均云:"《西岳集》四十卷。"四库馆臣认为"《西岳集》四十卷"为陶岳误记,《总目提要》云:"陶岳《五代史补》称贯休《西岳集》四十卷,吴融序之。然集末载其门人昙域《后序》'编次歌诗文赞为三十卷',则岳亦误记矣。"今按四库馆臣此说亦不确。检昙域《后序》只云"编集前后所制歌诗文赞""约一千首",未云"三十卷"。然贯休手编《西岳集》确为三十卷,稽之唐诗僧齐己赠贯休诗可知。其《荆门寄题禅月大师影堂》诗第五句"《西岳》千篇传古律"下注云:"大师著《西岳集》三十卷,盛传于世"(《白莲集》卷八)。由此证知,上述诸家言贯休《西岳集》为"十卷"、"四十卷"之说,俱误。

　　贯休于昭宗天复三年(903)入蜀,前蜀王建永平二年(912)长逝。其生前对吴融所作之序并不满意,曾对法嗣昙域说:"吴公文藻赡逸,学海渊深,或以挹让周旋异待矣,或以文害辞,或以诞饰饶借,则殊不解我意也。子可于余所之末聊重序之,……但当吾意而言之。然不可以微之、乐天、长吉类之矣。吾若与骚人同时,即知殊不相屈尔。直言之,无相辱也。"贯休圆寂之后十一年,即前蜀王衍乾德五年(923),昙域为其集作序,以酬师嘱。《后序》云:"……暇日或勋贤见访,或朝客相寻,或有念先师所制一篇、两篇,或记三句、五句,或未闲深旨,或不晓根源。众请昙域编集前后所制歌诗文赞,日有见问,不暇枝梧,遂检寻稿草及暗记忆者约一千首,乃雕刻板部,题号《禅月集》。昙域虽承师训,艺学无闻;曾奉告言,辄直序事。时大蜀乾德五年癸未岁十二月十五日序。"据此序可知,昙域已将贯休手稿《西岳集》雕刻印行并改名为《禅月集》。《全唐诗》卷八二六贯休小传云:"初有《西岳集》,……后弟子昙域更名《宝月集》。"按《全唐诗》编者实误,"《宝月集》"当作"《禅月集》","贯休号'禅月上人',因名其集也"(陈振孙语)。又按贯休诗集,明曹学佺《蜀中广记》卷八十三、清吴任臣《十国春秋》卷四十七《贯休传》及清顾櫰三《补五代史·艺文志》均在"《西岳集》四十卷"(此误,上文已辨明)之外载"僧贯休《宝月集》一卷",此三家所载实沿元马端临《文献通考》之误。查《文献通考》卷二四三《经籍七十·诗集类》载:"《宝月诗》一卷,晁氏曰:'唐诗僧贯休撰。字德隐,姓姜氏,婺州兰溪人。后入蜀号禅月大师。初,吴融为之序。其弟子昙域削去,别为序引。伪蜀乾德中献之。"按晁公武《郡斋读书志》卷十八著录正作"《禅月集》三十卷",未著"《宝月诗》一卷",此可证马端临误记;且昙域所序之书为《禅月集》非《宝月诗》甚明。宝月为南朝齐释,无诗集传世。《玉台新咏》卷九收其《行路难》诗一首。《古今乐录》云:"释宝月,齐武帝时人,善解音律。"梁钟嵘《诗品》下卷以齐释惠休、道猷、宝月共为一条,且详录其事曰:"《行路难》是东阳柴廓所造,宝月尝憩其家。会廓亡,因窃而有之。廓子赍手本出都,欲讼此事,乃密喀止之。"宋李昉亦不审,以宝月为唐人,录《行路难》一诗于《唐僧弘秀集》,《全唐诗》卷八百八亦将宝月此诗收入,其小传云"宝月,开元时与无畏法师译经十余部,诗一首",大误。

检宋代公私书目,可知蜀刻本《禅月集》为三十卷,《衢本郡斋读书志》卷十八《别集类中》载:"贯休《禅月集》三十卷",《秘书省续篇到四库缺书目》卷一《别集》及《宋史》卷二百八《艺文志七》均载:"僧贯休(诗)集三十卷"。唯《直斋书录解题》载"《禅月集》十卷"。今按"十卷"前疑脱一"三"字,因清钱泰吉《曝书杂记》卷十云："《禅月集》，曾见吴门陈氏苇汀藏。……访求得之，抄其副本，与《解题》载三十卷同。"又《崇文总目》卷五《别集类三》载："《禅月诗》三卷"，按此言《禅月诗》而非《禅月集》，恐贯休诗当时或有选本行世。今按昙域所序的蜀刻本《禅月集》，不特早于冯道的《监本九经》，亦且早于毋昭裔之刻《文选》。清莫友芝《郘亭知见传本书目》卷十二《集部·别集类》称："书籍刻板始于唐宋，然皆传布古书。未闻自刻专集，殆自是集始。是亦可资考证也。"《四库全书总目提要》文同，唯"书籍刻板始于唐宋"之"宋"字作"末"字，是。惜乎此刻本今已不存。蜀监察御史韦縠编《才调集》，"纂诸家歌诗总一千首，每一百首成卷，分之为十目"（见《才调集·叙》），刻书卷九选收贯休诗《野田黄雀行》、《夜夜曲》、《行路难》共三首，当采自昙域所序的《禅月集》或更早贯休所手编的《西岳集》。

南宋理宗嘉熙四年（1240）兰溪县兜率禅寺（即贯休出家的和安寺）住持释可璨重刊《禅月集》，其刊记云："时嘉熙四年五月十五日婺州兰溪县兜率禅寺住持赐紫禅悟大师可璨重刊。"刊记之后有周伯奋、师保、祖闻、绍涛、童必明、余璨、徐琰等七家书跋。周伯奋跋云："右禅月诗集，吾里高僧贯休所作。唐末生于里之登高。幼而颖悟，志慕空门，祝发受业于和安。游江右、历湖南，晚遇蜀主终焉。诗不苟作，颂咏讽刺根于理致。法嗣昙域编萃成集，雕刻以广其传。和安今改兜率禅寺，诗集缺焉无闻。住山率它郡人，或缚于禅寂而不肯为，或迫于营造而不暇为，或利于赴应而不克为，识者恨之。鄱阳松庵璨禅师出于越赵福王之门，王之孙国史左司宗卿守婺时招致居焉。恬淡无营，得浮屠氏本体。挂锡之初，访予山中故事，首以是对。师慨然任责，寻求故帙，得于里中檀越之家。计工食费数万而赢。先捐钵中所有，不足，则募众缘。鸠工锓梓，不日而成。既成，求纪岁月。……嘉熙戊戌孟秋朔理菴溪周伯奋谨跋。书于禅月旧隐。"此跋交代了可璨刻诗缘起及《禅月集》底本为里中檀越之家故帙。师保跋云："禅月制作浸远而风雅益著。初机晚学，难得其集而怏怏焉。嘉熙戊戌春，兜率主人松庵璨禅师乃鄱阳之作者也。至予秀野轩，出示全集，得孟湖简靖居士童公三世珍藏旧本，不知其成年矣。喜不自胜，但怪其字小而册狭，刺眼为碍。膺奋志募众，大书特书，以广其传。庶不孤彼三世袭什之意。……灵平野叟师保跋于是诗之末。"童必明跋云："鄱阳松庵璨上人来住吾乡兜率有年矣。予偶到彼，因言《西岳集》禅月贯休所作也。先世尝收于书室。璨老有请，谓其徒喜闻乐道而未得全集，欲攻木广其传。予嘉其用心，勉成其志，遂检此集与之。仍薄助锓版。毕,复请纪其事,庶后有考于斯。嘉熙戊戌重九日孟湖童必明书。"观此二跋,可知释可璨重刊底本为童必明家三世珍藏本。原本字小册狭,可璨乃"大书刻梓,以寿其传"(语见绍涛跋)。今按,据《四部丛刊第三期书录》知童家三世珍藏本为北宋初刻本。《书录》云:"《禅月集》二十五卷,二册,武昌徐氏藏影宋精抄本。题'浙江东道婺州兰溪县和安寺西岳赐紫蜀国禅月大师贯休述'。每半页十一行,行二十字。前有无为、杨杰等题词及吴融序,后有门人昙域序及嘉熙中周伯奋、师保等跋。缺笔至'贞'字而不避南宋讳,是宋季沙门重刊北宋本,分卷处衔接而下,犹存宋初刻书旧式。"惜乎此刻今亦无存。

在释可璨婺州刻本《禅月集》之前,宋南渡时人计有功曾"寻访三百年间文集、杂说、传记、遗史、碑志、石刻,下至一联一句,传诵口耳,悉搜采缮录;间捧宦牒,周游四方,名山胜地,残篇遗墨,未尝弃去"(《唐诗纪事·序》),编成《唐诗纪事》八十一卷,诗人凡一千一百五十家。是书卷七五"僧贯休"条略述贯休生平行事并录其诗二十四首及《怀赠武昌栖一》诗前二联、《病鹤》诗二句。计氏所录贯休诗,当据宋初刻本或蜀刻本《禅月集》。释可璨婺州刻本刊行后约二十年,即南宋理宗宝祐六年(1258),菏泽李龏编辑《唐僧弘秀集》,搜罗唐三百年间诗僧五十二人,诗五百首,"或取于各僧本集,或出于诸家纂录"(《唐僧弘秀集·序》)。该书卷六收录贯休诗六十一首,题曰《唐贯休诗集》,主要采自婺州刻本《禅月集》并参考《唐诗纪事》而成。其中《献钱尚父》、《绣州张相公见访》、《月夕》三首诗不见于今本《禅月集》。南宋陈起刊刻《唐人小集》,其中《唐贯休诗集》下题"菏泽李龏和父编"。光绪二十一年乙未(1895)元和江标据以影刻,收入《唐人五十家小集》中。集中所收贯休诗即据《唐僧弘秀集》迻录,然窜入严维五言诗《哭灵一上人》及七言律《送崔峒使往睦州兼寄薛司户》、《九日登高》、《送薛居士和州读书》、《余姚奉寄鲍参军》、《谢诸公宿镜水宅》、《题茅山李尊师所居》诗共七首。上述诸诗俱在影刻本《唐贯休诗集》三、四两页。该书第二页贯休诗《行路难》其三"君不见道傍废井生古木,本是骄奢贵人屋。几"第三页接上"推轮。席上招贤急,山阴对雪频。虚明先旦暮,启闭异冬春。谈笑兵家法,逢迎幕府宾。还依负喧处,时借在阴人。"诗意断裂;殊不可解。检《唐僧弘秀集》卷六及《全唐诗》卷二六三,知此诗是合贯休《行路难》及严维《题鲍行军小阁》二诗而成。第二页贯休诗《行路难》"几"字下脱"度美人照影来,素绠银瓶濯纤玉。云飞雨散今如此,绣闼雕甍作荒谷。沸渭笙歌君莫夸,不应长是西家

哭。休说遗篇行者几,至竟终须合天理。败他成此亦何功,苏张终作多言鬼。行路
难,行路难,不在羊肠里"八十字,第三页严维诗"推轮"二字上佚诗题《题鲍行军小
阁》及"宇下无留事,经营意独新。文房已得地,相阁是"十八字。第四页末有《书情
献相公》诗题,而第五页却接上《献钱尚文》一诗。此《书情献相公》亦为严维诗题,
诗见《全唐诗》卷二六三。今按童养年先生《全唐诗续补遗》据此本补入《送崔峒使
往睦州兼寄薛司户》、《九日登高》、《送薛居士和州读书》、《余姚奉寄鲍参军》、《谢
诸公宿镜水宅》、《题茅山李尊师所居》六首诗于贯休名下,实误①。《唐贯休诗集》
三、四两页收严维诗,当系板刻之误。疑宋本已如此。因明张之象编《唐诗类苑》
(明万历二十九年王彻刊,清咸丰五年重刊本)亦将此二页严维诗误作贯休诗。张
之象或未见二十五卷本《禅月集》,《类苑》所辑贯休诗,主要见李昇选本,且将李昇
选齐己、无本诗,全误作贯休诗。

　　宋人书目著录足本《禅月集》,至明代书目已无足本著录。胡震亨《唐音癸签》
卷三十《集录一》虽载"贯休三十卷",并非亲见全本,只是根据唐宋诸家公私书目,
具列卷目备考而已。明末毛晋欲刊贯休全集,在江浙搜访十年,仅得贯休诗二十五
卷。《四库全书总目提要》云:"《禅月集》二十五卷,补遗一卷。……此本为宋嘉熙
四年兰溪兜率寺僧可璨所刊,毛晋得而重刊之。"今按,汲古阁有影宋精抄本《禅月
集》二十五卷,二册。现藏北京图书馆善本书室(已制成缩微胶卷)。毛晋汲古阁刻
《唐三高僧诗》本《禅月集》即以此为底本,这从集中诗歌排列次序、分卷及脱漏处一
致可知。汲古阁刻本《禅月集》二十六卷,二册,今亦藏北图善本书室。有叶树廉校
跋并录柳金题识。是书首有吴融《禅月集序》,卷一为乐府古题杂言,二十八首;卷
二至六为古风杂言,计一百三十二首,卷七至十八为五言律诗,计一百四十二首,卷
十九至二十五为七言律诗一百二十一首,七言绝句五十一首;共计诗七百零一首。
末有昙域《禅月集后序》,婺州本刊记"时嘉熙四年五月十五日婺州兰溪县兜率寺住
持赐紫禅悟大师可璨重刊"二行,周伯奋等七家书跋。周伯奋跋后载有贯休封衔
"大蜀国龙楼待诏、明因辩果功德大师、祥骥殿首座引驾内供奉讲唱大师、道门子使
选练校授文章应制大师、两街僧录封司空太仆卿、云南八国镇国大师、左右街龙华
道场对御讲赞大师兼禅月大师、食邑八千户赐紫大沙门贯休"及杨杰、江衍诗三首。

----

① 说详拙著《贯休研究》之四《贯休诗订补》一文,载《文献》1991 年第 3 期。

又附《禅月集》补遗一卷,计收诗十五首及佚句十二则。毛晋跋云:"贯休集,名不一,卷次亦不伦。……宋人相传凡三十卷。余从江左名家大索十年,仅得二十五卷。其文赞及献武肃王诗五章,章八句,俱不载。不无遗珠之憾! 今略补一、二于后。"则补遗亦为毛晋所辑。然毛晋所作补遗,殊多失检。《四库提要》云:"如'朱门当大道,风雨立多时'一联,乃《赠乞食僧》诗,今在第十七卷之首,但'道'作'路'、'雨'作'雪'耳。所斥甚是,然亦未尽。如佚句"黄昏风雨黑如磐,别我不知何处去",乃《义士行》诗三、四两句 (《禅月集》卷六),其中"风雨黑如磐"作"雨雹空似熏"。《夜雨》诗乃《闲居拟齐梁四首》之一前两联(《禅月集》卷三);其中"湿"作"滋"、"夹"作"生"、"唱"作"偈"、"清于嚼金玉"作"清绝过于玉",毛晋皆不辨而重收。又如《赋题成都玉局观孙位画龙》,乃齐己《谢徽上人见惠二龙障子以短歌酬之》诗前八句(《白莲集》卷上);《赠写经僧楚云》乃齐己《送楚云上人往南岳刺血写法华经》诗(《白莲集》卷九);《赠雷卿张明府》乃曹松诗(《全唐诗》卷七百一十七);毛晋均失考而误收。再如《题某公宅》诗及"一生不蓄买田钱,华屋何心亦偶然。客至多逢僧在坐,钓归惟许鹤随船"、"家为买琴添旧价,厨因养鹤减晨炊"二佚句,实为刘克庄所作。毛晋以为贯休《西岳集》当作《南岳集》,而不知《南岳》实为刘克庄诗稿名,竟将宋诗补入唐集,大误。

毛刻《禅月集》二十五卷,补遗一卷,清《四库全书》即以此本抄录,然削去卷首吴融《禅月集序》及卷末师保、祖闻、绍涛、余璨、徐琰五家书跋。集中举凡"胡"、"夷"、"虏"等诸有辱清廷字眼,尽行刊改,乃至删掉。如卷一《胡无人》一诗,就删而未录;卷三《塞上曲三首》诗中"胡虏如今勿胡虏"改作"翔风堕指犹控弩",卷四《边上作三首》诗中"胡儿"改作"羌儿","胡兵"改作"辽兵";卷八《读玄宗幸蜀记》诗中"一胡儿"改作"禄山儿"、"承乾动四夷"改作"勋名太华齐";卷十一《古塞曲三首》诗中"狂虏"改作"穷寇";《古塞下曲七首》诗中"胡兵"改作"辽兵",《古塞上曲七首》诗中"山接胡双水"改作"山接蒲昌水"等等,不一而足,被改窜得面目全非。更有甚者,卷十三《送卢舍人朝觐》诗中"明必万年明"改作"清必万年清"。唐僧贯休本不知有"明",更遑论有"清",四库馆臣实在滑稽可笑,于此亦可窥见清朝乾隆时文禁之严。但因此本曾参校过内府藏本,故毛刻本脱漏之处,可据此本补入。如卷十《送王宾于赴举》诗"二阶□夜雪"、"□师无一事",此本作"二阶欣夜雪"、"经师无一事";卷十九《行经弟妹坟》诗"鸿冲□□霜中断",此本作"鸿冲碧汉霜中断"。可见此本也有一定价值。

在汲古阁刻本之前,不特蜀本不传,南宋可璨本也不多见,《禅月集》仍赖抄本流布。张氏《爱日库藏书志》有雁里草堂旧抄本(见清莫友芝《邵亭知见传本书目》卷十二引),后归常熟瞿镛。《铁琴铜剑楼藏书目录》卷十九《集部一·别集类》著录"旧抄本"一种,云:《禅月集》二十五卷,唐西岳僧贯休撰。明雁里草堂抄本,毛刻亦同。惟无(笔者按"无"当作"有")昙域序及周伯奋、童必明二跋,且多伪字,可据以校正。卷末有秦炳图书、雁里草堂二朱记。"今按,笔者在北京图书馆见明抄本《禅月集》二十五卷,四册(已制成缩微胶卷),钤印有"铁琴铜剑楼"印,知为瞿镛藏本。与毛晋汲古阁刻本比较,只有昙域序及周伯奋、童必明二跋,无吴融序及师保等其它五家题跋。此抄本昙域序后有婺州刻本刊记二行,知据宋本传抄。二十五卷末恰有"秦炳图书"、"雁里草堂"二记并"铁琴铜剑楼"印。故知北图所藏此明抄本《禅月集》即雁里草堂本。

今上海图书馆收藏有明柳佥手抄本《禅月集》二十五卷,该手抄本半叶十行二十字,黑格,左右双边,书口刻有"丛书堂"三字,二册,前有吴融、昙域序及伯奋跋,末有柳佥题识:"时正德九年六月十三日,吴中布衣柳佥大中录毕于桐泾别墅之简静斋中。复值病起,聊以诗纪岁月云:'病愈入城懒,斯书败笔书。山林图自在,风雨欲何如。白满秧田水,青翻柳浪鱼。不知尘不到,岑寂是安居。'"按柳佥,字大中,号安愚,又号味茶居士。生当武宗之世,隐居不仕。尝以宋椠手抄本改正《水经》错简,考校甚精。又尝摹写唐人诗数十种,散见各家书录题跋,然抄本传世无多。检《皕宋楼藏书志》"乐府古题要解"及《士礼居藏书题跋记》"集异记",俱有大中题识并诗。此书用纸书中刻"丛书堂"三字,按"丛书堂"为明吴宽堂名。宽,长洲人,号匏庵,字原博,卒于弘治十七年(1504),则大中所用"丛书堂"纸当非宽家所制。是书钤印有清初钱谦益"钱后人谦益读书记"及近人于右任"右任"印。按清孙星衍《平津馆鉴藏记》"书籍卷三"著录"旧影写本"一帙,云:"《禅月集》廿五卷,题浙江东道婺州兰溪县和安寺西岳赐紫蜀国禅月大师贯休述。前有己未岁翰林学士吴融序,后有门人昙域后序二篇。嘉熙四年婺州重刊题字,嘉熙戊戌周伯奋跋,附载杨杰、江衍诗三首,末有正德九年布衣柳佥大中手抄题识并诗一首。《禅月集》,昙域刊于乾德五年,嘉熙中可璨复刊于婺州。此本乃柳佥从可璨本影写,明毛晋刊有补遗一卷,在此本之后矣。收藏有叶氏箓竹堂藏朱文圆印。"惜孙藏本今已不存。

据此题记,疑柳氏当时手抄或有二本。上海图书馆又有清初影宋抄本《禅月集》二十五卷。又按北图藏《唐三高僧诗》本《禅月集》有叶树廉所作校跋;该书卷末绍涛书跋后有记云,"己丑恶岁六月十五借得钱太史藏本校过。钱本有二,一吴氏丛书堂抄本,一柳大中摹宋本也。洞庭叶石君记。"据叶树廉所记,《禅月集》明代又有丛书堂抄本一种。贯休集手抄本,现在知道的还有武昌徐氏藏影宋精抄本《禅月集》二十五卷二册。《四部丛刊初编·集部》即据此影印出版。

上述《禅月集》二十五卷诸抄本,卷一为乐府古题杂言,计诗二十八首;卷二至六为古风杂言,计诗一百四十二首;卷七至十八为五言律诗,计诗三百五十九首;卷十九至二十五为七言律诗一百二十一首、七言绝句五十一首;共收诗七百零一首。各抄本于昙域后序末均有婺州可璨刻本刊记二行,可证皆据宋椠本传抄。《禅月集》共三十卷,上文已辨明。《四库提要》云:"此本为宋嘉熙四年兰溪兜率寺僧可璨所刊,毛晋得而重刊之,仅诗二十五卷,岂佚其文赞五卷耶!"今按,汲古阁刻本《禅月集》及上述各抄本,实际佚失达五卷半之多。第二十五卷实非完卷,残缺殆半。理由有三:一,从各卷收诗数量来看,前二十四卷多则三十二首,最少亦不下于二十二首,平均每卷存诗约二十八至二十九首,而第二十五卷只收诗十二首,数量悬殊。二、前二十四卷各卷之末均有"《禅月集》卷第 X"标记,唯第二十五卷独无。三、第二十五卷末《春送赵文观送故合州座主神橚归洛》一诗尾联下注云:"先辈桂人曹邺郎中"语意未终,而后面却接上昙域《后序》,疑原刻本此卷后半与后五卷一并佚亡。

《四部丛刊》所据武昌徐氏藏影宋抄本《禅月集》二十五卷,与毛晋汲古阁刻本《禅月集》亦系同源。二书所收诗歌不仅次序、分卷、缺卷全同,而且脱漏之处亦颇多一致。如卷三《上孙使君》诗"□雪锁戈铤"句、卷五《上卢使君》诗"□开幽邃地"句、卷十六《览姚合〈极玄集〉》诗"谁念射声□"句、卷十九《经弟妹坟》诗"鸿冲□□霜中断"句、卷二十一《再游东林寺作五首》之三"花□唯闻鸠鸟声"句,二本缺字完全相同。然毛刻本时有臆改及删落诗中原注之处,而徐藏本则全部保留。略述如次:一、毛本臆改可据徐本刊正之处,如卷五《寒月送玄道士入天台》诗"好寻佛窟游银地"句下注云:"佛窟、银地造天台云境也",徐本作"佛窟、银地,皆天台灵境也";卷十六《怀智体道人》首句"栖碧思我友",徐本作"柄笔思吾友"(《唐僧弘秀集》作"把笔",意同);卷十六《送僧归剡山》诗首句"远逃为乱处",徐本作"袁兆为乱处",袁兆即袁晁,其"为乱"事见新、旧《唐书·肃宗纪》、《代宗纪》及《李光弼传》。二、毛本删落而徐本保留之处,如卷十一《闻赤松舒道士下世》诗"冀迎新渥泽"句下之注"时太守方录道业,奏闻征出","苔墙篆必靰"句下之注"师题赤松子庙云:'人皆有兄弟,谁(笔者按"有兄弟"三字原缺,"谁"脱"言"旁,此据《全唐诗》卷八五五舒道纪《题赤松宫》诗补)共得神仙',人皆伏之,又善大、小篆也";卷二十一《春末兰溪道中作》诗"深喜东州云寇去"句下之注"时黄连洞人出,烧劫处州却上"。或为贯休交游资料,或为诗歌所反映的时事,均极珍贵,而毛本全删。三、徐本保留了所缺之字偏旁部首,毛本仅注一"阙"字。如卷五《寄大愿和尚》诗中注"大师曾□书";卷十二《夜对雪寄杜使君》诗"丰年已可□"句;毛本所缺之字,徐本均存该字左偏旁"阝"、"言",保留了原刊本面貌,有时甚至可以据此补出。如卷五《送崔使君》诗终句"莫忘江头白头达"下注云:"高僧传□法达□年□□白时人□□白头达。"检梁释慧皎所撰《高僧传》,是书卷八《道慧传》附载"元趣、僧达"事云:"时庄严复有元趣、僧达,并以学解见称。趣博通众经,兼精内外……。达而少头白,时人号曰'白头达'。亦博解众典,尤精往复,而性刚忤物,被摈长沙。"据此,徐本缺字可补:"高僧传口法,达少年而头白,时人号曰'白头达'"而毛本之注仅云:"白头达事见高僧传"。

　　以上所述,旨在说明徐本更近原刊本面貌,洵为善本,但决非毛刻本毫无价值。如徐本脱字、讹误之处,可据毛本补入、刊正者,亦复不少。例如卷五《偶作五首》之二"闽蜀眉频游海岛"句"闽"字下面六字,徐本全脱;卷十一《闻赤松舒道士下世》诗"影拄溪流咽"句,徐本脱"拄"、"统"、"咽"三字;卷二十四《寄郑道士二首》之一"不知玉质双栖处",徐本脱"双栖"二字;以上均可据毛本补入。再如徐本卷五《杜侯行》诗序"曰杜候行去耳"、卷七《天台老僧》"白发垂下剃"、卷十六《与刘象王字》三诗中"去"、"下"、"王"三字,均当依毛本作"云"、"不"、"正"字。毛本之功,自不可灭。

　　明末胡震亨辑《唐音统签》时,曾见宋睦州本(疑即南宋书棚本《唐贯休诗集》之类),谓多羼入他人诗,《全唐诗》编者认为其说不可信。胡震亨编贯休诗为三卷,存《庚签》中。《庚签》未闻有刊本,稿本今藏北京故宫博物院。十七世纪钱谦益、季振宜相继辑《(全)唐诗》,季书亦未刊,稿本今存台北中央图书馆。清康熙中敕编《全唐诗》,即据胡、季诸家书编成。是书卷八二六至八三七收录贯休诗歌,诗前贯休小传云:"胡震亨谓宋睦州本多载他人诗,不足信。其说亦不知何据。胡存诗仅三卷,今编十二卷。"则《全唐诗》中所录贯休诗抄自《唐音统签》甚明。检《全唐诗》贯休卷,诗中缺字与徐本、毛本一致,如卷八三五《经弟妹坟》诗"鸿冲口口霜中断"句及《大蜀皇帝潜龙日述圣德诗五首》之二"风清鼙角□□□,□肃神龙草木寒"一联所缺之字,毛、徐二本相同。可证《统签》中所录贯休诗当与毛、徐二本同出一源。又徐本所存诗中原注,毛本多删,而《全唐诗》贯休卷中俱存。

　　因《全唐诗》以清初季振宜《唐诗》(七一七卷)、明胡震亨《唐音统签》(一三三三卷)为底本,参取内府所藏明吴琯《唐诗纪》(一七〇卷)等唐人总集、别集,"又旁采残碑断碣、稗史杂书之所载,补苴所遗"(语见《四库提要》),故此本所收贯休诗最多。卷八二六至八三七共收诗七二〇首、佚句十一则,另在卷八八八补其《过商山》诗一首。其中毛晋补诗十五首及佚句十一则,胡震亨补诗四首。毛晋所补"朱门当大道、风雨立多时"二句系《乞食僧》诗额联,重收,此本已删。然毛、胡二家所补之诗,均有重收、误补之作,《全唐诗》编者纠之未尽。此本又采稗史、杂书之所载,注出一些诗本事,如卷八二六《少年行》诗题下注云:"《纪事》作《公子行》,一本后二首作《公子行》。休入蜀,王建遇之甚厚,日召令诵近诗。一时贵戚皆坐,休欲讽之,乃称《公子行》。建善之,贵幸皆怨之。"此条诗注即采自宋张唐英《蜀梼杌》卷上,实为考证此诗内容及系年之重要材料。然亦有失之考据之处,如同卷《酷吏词》诗题下之注:"唐末寇乱,休避地渚宫,荆帅高氏优待之,馆于龙兴寺。会有谒宿,话时政不治,乃作《酷吏词》以刺之。"今按,此条诗注乃录自宋计有功《唐诗纪事》卷七十五"僧贯休"条,其说不可据。《通鉴》卷二六五载:"十月,雷满屡寇荆南,留后贺瓌闭城自守,朱全忠以颍州防御史高季昌代之。"据此可知高季昌镇荆南在天祐三年(907)十月,朱温命也。而贯休在天复三年(903)已入蜀,徐藏影宋抄本《禅月集》卷十九《蜀王入大慈寺听讲》诗题下原注云:"天复三年作",可证。同书卷十六《寿春节进》下注云:"武成元年作",则908年贯休仍在蜀并作诗颂王建。《蜀梼杌》卷上载:"永平二年(912)二月朔,(王建)游龙华禅院,召僧贯休坐。赐药、茶、彩缎,仍令口诵近诗";可见贯休自天复三年入蜀(其时已七十高龄,休生于唐,直至永平二年卒,这期间并未离开蜀地。其弟子昙域《禅月集后序》对此记载亦班班可考:"先师名贯休……遂达大国,进上先皇帝诗。其略曰……。高祖礼待,膝之前席,过秦王待道安之礼,逾赵王迎图澄之仪。特修禅宇,恳请住持。寻赐师号'禅月大师',曲加存恤。十年已来,迥承天睠。无何壬申岁十二月召门人谓曰:

'……'。言讫,掩然而绝息。"据此可知,所谓"荆帅高氏优待之"云云,绝无可能。《全唐诗》编者沿计氏之误,失考。尽管有这样一些不如人意之处,但由于此本参校过一些总集类和诗文评类书,如《文苑英华》、《唐诗纪事》、《唐僧弘秀集》等,故亦具有较大的参考价值。

清李调元以为应存一代文献,故辑《全五代诗》。按五代十国分排,每人系以小传,所收诗亦多见于《全唐诗》。此本据《全唐诗》贯休卷重编为九卷,只收诗五九六首,漏抄百余首。清同治八年(1869)冬十一月,金华胡凤丹据《全唐诗》卷八二六至八三七,编入《金华丛书》,复名《禅月集》。前有胡氏《重刻〈禅月集〉序》。《丛书集成·初编》所收《禅月集》,即据《金华丛书》本排印,商务印书馆一九三七年出版。中华书局重印有一九八五年北京新一版。

根据以上考述,贯休诗集版本源流,大致可用后图来表示:

（作者单位:中共江苏省委老干部局）

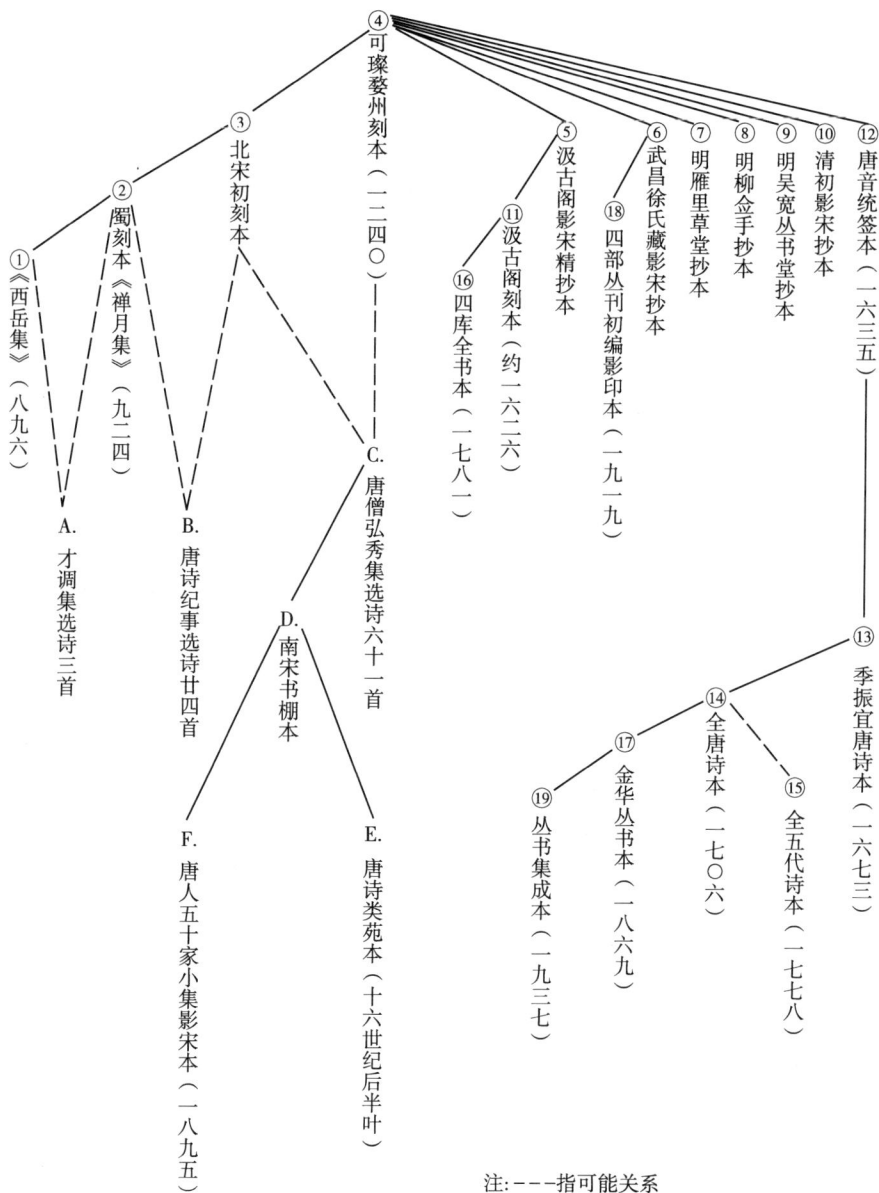

④ 可璨婺州刻本（一二四〇）

③ 北宋初刻本

② 闽刻本《禅月集》（九二四）

① 《西岳集》（八九六）

⑤ 汲古阁影宋精抄本

⑥ 武昌徐氏藏影宋抄本

⑦ 明雁里草堂抄本

⑧ 明柳金手抄本

⑨ 明吴宽丛书堂抄本

⑩ 清初影宋抄本

⑪ 汲古阁刻本（约一六二六）

⑫ 唐音统签本（一六三五）

⑯ 四库全书本（一七八一）

⑱ 四部丛刊初编影印本（一九一九）

A. 才调集选诗三首

B. 唐诗纪事选诗廿四首

C. 唐僧弘秀集选诗六十一首

D. 南宋书棚本

E. 唐诗类苑本（十六世纪后半叶）

F. 唐人五十家小集影宋本（一八九五）

⑬ 季振宜唐诗本（一六七三）

⑭ 全唐诗本（一七〇六）

⑮ 全五代诗本（一七七八）

⑰ 金华丛书本（一八六九）

⑲ 丛书集成本（一九三七）

注:－－－指可能关系
　　——指直接依据关系

新罗文人崔致远与淮南节度使高骈的交往关系

崔致远是唐末来华的杰出新罗文人,他游宦晚唐的最后四年是在淮南幕府中度过的。作为一名异国幕僚,崔致远与唐末淮南节度使高骈建立了融洽的宾主情谊与亲密的诗友关系。本文主要以《桂苑笔耕集》为依据,拟对崔致远与高骈的公私交游与诗歌唱和关系略作考述。

一、崔致远初投高骈幕府的时间与原因

崔致远与高骈的交往始于淮南幕府,但关于崔致远初投淮南使府的时间,《三国史记》卷46本传与《孤云先生事迹·家乘》皆无记载,故学界对此异说颇多,分别有乾符六年(879)[1]、广明元年(880)三月[2]、中和元年(881)[3]、中和四年(884)[4]等不同的说法。

---

① 见何鸣雁《新罗诗人崔致远》,《社会科学战线》1984 年第 4 期,第 308 页。
② 见马家俊《崔致远和他的诗》,《陕西师范大学学报》1983 年第 1 期,第 62 页;金东勋《晚唐著名朝鲜诗人崔致远》,《中央民族学院学报》1985 年第 1 期,第 75 页;贾云《宾贡进士崔致远和他的〈桂苑笔耕集〉》,《东南文化》1997 年第 4 期,第 85 页;杨渭生《崔致远与〈桂苑笔耕集〉》,《韩国研究》(二),杭州大学出版社 1995 年,第 4 页;谢海平《唐代诗人与在华外国人之文字交》第三章,台湾文史哲出版社 1981 年,第 119 页。
③ 见冯汉镛《新罗崔致远入唐事迹考》,《文史杂志》1998 年第 1 期,第 4 页。
④ 见何振华《朝鲜新罗时期诗人崔致远及其作品》,《延边大学学报》1982 年第 1 期,第 41 页。

　　实际上,崔致远在《桂苑笔耕集》卷18《长启》中曾提供了入幕时间的推考线索,此文先称罢离溧水县尉的时间为"前年冬",又谓:"某伏自前年得在门下,……幕中垂情,幸而获宥。窃聆太尉相公去年夏于东塘顾问某之时,诸郎官同力荐扬,和之如响,遂沾厚遇,遽窃殊荣。"①据《资治通鉴》卷254记载,高骈出兵扬州东塘之事发生在中和元年(881)五月②,崔致远《长启》自言"去年中夏,伏遇出师,忽赐招呼,猥加驱策,许随龙旌,久倚鹢舟",显然他也参与了此次军事行动。出兵东塘既然发生在中和元年,据原文所言"去年夏于东塘"之语,可以断定《长启》当作于中和二年(882),则"前年冬罢离末尉"的时间应为唐僖宗广明元年(880)冬。又据"某伏自前年得在门下"之语可知,崔致远初投淮南幕府的时间也当在广明元年(880)。

　　另外,有学者据《桂苑笔耕集》所录《谢立西川筑城碑表》及《西州罗城图记》两文推论,乾符二年(875)春正月高骈为西川节度使,崔氏已入其幕;又据此集卷1《贺通和南蛮表》、卷2《谢示南蛮通和事宜表》、卷6《贺入蛮使回状》数文和卷17《七言记德诗三十首谨献司徒相公》认为,乾符五年(878)正月,高骈由西川徙任荆南节度使,"移镇后,崔致远仍在其幕"。此文曾被陈寅恪誉为考证"甚审慎③,但这一推断其实难以成立。崔致远在《桂苑笔耕序》中曾明言该集20卷所录公私文翰皆撰于淮南幕府,《贺通和南蛮表》、《谢示南蛮通和事宜表》及《贺入蛮使回状》三文追记唐与南诏通和之事,据《资治通鉴》卷253和《新唐书》卷222《南诏传》记载,广明元年(880)六月,陈敬瑄代替崔安潜为西川节度使,唐廷遣嗣曹王龟年等人为云南使赴南诏通和,中和元年(881)八月始归唐。高骈通过淮南派驻成都的进奏院获悉此事,遂命崔致远撰就三文向唐僖宗称贺。而《七言纪德诗三十首谨献司徒相公》乃《桂苑笔耕集》卷17《献诗启》所附献给高骈的颂德组诗,撰于广明元年初投淮南幕府时,不能据之断定崔致远与高骈在西川、荆南已有交往。况且,高骈于乾符二年(875)任西川节度使时,崔致远已由长安移居洛阳;乾符五年(878)正月高骈调授荆南节度使,崔致远则已出任江南道溧水县尉,显然不在高骈幕中。

　　崔致远转投高骈幕府的原因,首先与唐末动荡的局势有关。众所周知,唐僖宗

---

① 成大庆编《崔文昌侯全集》(下文简称《全集》),韩国成均馆大学1972年版,第386—387页。
② 《资治通鉴》卷254,中华书局1956年版,第17册,第8251页。
③ 见刘钟明《有关云南之唐诗文》,《清华汉学研究》(二),清华大学出版社1997年版,第180页,陈批见第136页。

乾符至中和年间,唐王朝已陷入内外交困、分崩离析的危殆境地,黄巢之乱由乾符元年(874)十二月延续至中和四年(884)六月,历时十年之久,冲击广泛,创伤深重。作为唐末来华的新罗文人,崔致远也亲身经历了唐末的社会动乱,写出了"危时端坐恨非夫,争奈生逢恶世途"、"年年荆棘侵儒苑,处处烟尘满战场"、"乱时无事不悲伤,鸾凤惊飞出帝乡"、"干戈到处方多事,诗酒何时得再逢"、"乱世风光无主者,浮生名利转悠哉"等诗句,真切地展示了一个域外文人对唐末乱世的痛苦感受。崔致远乾符末罢任溧水县尉后,原打算再赴长安应吏部的宏词科试,他在《桂苑笔耕集》卷17《初投献太尉启》中称:"今者乍离一尉,欲应三篇,更愿进修,且谋退缩。"在卷18《长启》中也表示"罢离末尉"后"望应宏词",然后"计决归山,暂为隐退,学期至海,更自琢磨"。但他任满之际,正值黄巢义军大乱中原之时,广明元年(880)九月,黄巢率军自采石矶渡江北上,十一月攻克洛阳,十二月进占长安,唐僖宗匆匆逃往西川,京城已陷入"内库烧为锦绣灰,天街踏尽公卿骨"(韦庄《秦妇吟》)的浩劫之中。在这种情势下,他无法赴京再度应试候调,只好被迫滞留江南,"端操劲节,伫望良时"(《初投献太尉启》),暂时蛰伏南地,等待再度出仕的良机。

由于长安、洛阳正经历着战火的洗劫,唐王朝名存实亡,文人应试入仕的正常途径受到了严重的阻塞,威权日重的方镇幕府遂成为文人游宦安身的场所。扬州在唐代久称江南盛府与国际都会,富庶繁华,历来是文士入幕的首选佳地。黄巢之乱期间,淮南偏安一隅,是唐廷所倚重的平叛根据地,据《资治通鉴》卷253记载,乾符六年(879)十月,高骈调任淮南节度使兼盐铁转运使,广明元年(880)三月又加授诸道行营兵马都统,"乃传檄徵天下兵,且广招募,得土客之兵共七万,威望大振,朝廷深倚之"[①]。高骈出镇淮南后,"山包海纳,雨润风行,有片言可奖者,称誉出群;有小技可呈者,随材入用。是以无一物不归美化,无一夫不荷深恩"(《桂苑笔耕集》卷19《与客将书》),"朗鉴冰开,英才雾集,所宜倒屣则先迎王粲,筑台则次接剧辛"(《桂苑笔耕集》卷17《谢许奏荐状》)。高骈这种广纳贤才、优礼文士的举措,对很多苦闷彷徨的唐末文人产生了巨大的吸引力,崔致远在《初投献太尉启》中曾描述当时入幕淮南的盛况:

---

① 《资治通鉴》卷253,中华书局1956年版,第17册,第8223页。

间生贤哲,年当五百之期;广集英豪,客满三千之数。既纳之似水,则来者如云。斯乃司徒相公,镜于心而宽兮绰兮,秤于事而无偏无党。网罗隽彦,笼罩骁雄,于儒则沈谢呈才,于武则关张效力。遂使弓旌招隐士,岩谷为之一空。……窃见万物投诚,八纮向德,不谒相公宾阁,不游相公德门者,词人之所怀惭,群议之所发诮。①

由此可知,唐末淮南镇已成为当时很多文人竞相趋往的藩府。淮南之地经济富庶,人文繁盛,有运河与山东半岛及海路相通,国际交通四通八达,扬州、楚州等地更有新罗僧徒及新罗人聚居的"新罗院"、"新罗村"和"新罗坊"②,唐末中原残破后,淮南成为新罗使节、留学生及商人喜欢盘桓之地,新罗留学生崔承祐曾写下"广陵天下最雄藩,暂借贤侯重寄分"(《十抄诗》卷下《春日送韦太尉自西川除淮南》)的诗句,朴仁范等新罗士子也多选择此地驻留。崔致远诗文中也曾屡次称誉扬州的山水形胜与人文景观(《桂苑笔耕集》卷14《上都昊天观》、卷16《求化修大云寺疏》、《求化修诸道观疏》、卷18《端午节送物状》),流露出对扬州的向往之情,这是崔致远投效高骈军幕的社会和地域原因。

其次,崔致远投奔高骈与留唐时的生计困顿有关。崔致远来华后,常受到窘迫生活的困扰,他在写给高骈的《再献启》中曾回忆在长安"观光六年"时的生活状况:

且如蹋壁冥搜,杜门寂坐,席冷而窗风摆雪,笔干而砚水成冰。……及其冻枕伤神,孤灯伴影,寒漏则滴残别泪,遥砧则捣破羁心。空劳宁戚之悲歌,莫继陆机之安寝,亦可想贮千端之郁邑,过五夜之寂寥。然则志士之勤也既如彼,愁人之苦也又如此。况某家遥日域,路隔天池,投客舍而方甚死雠,持何门

① 《桂苑笔耕》卷17,《全集》第379页。
② 参见卞麟锡《试论九世纪唐朝新罗坊的性质》,《第二届国际唐代学术会议论文集》下册,台北文津出版社1993年版;金文经《七—十世纪新罗与江南的文化交流》,《中国江南社会与中韩文化交流》,杭州出版社1997年版;陈尚胜《唐代的新罗侨民小区》,《历史研究》1996年第1期;李宗勋《新罗坊考》,《朝鲜—韩国文化与中国文化》,中国社会科学出版社1995年版;刘希为《唐代新罗侨民在华社会活动的考述》,《中国史研究》1993年第3期;刘永智《新罗坊等遗迹的调查与研究》,《中朝关系史研究》,中州古籍出版社1994年版。

而欲安生计？①

在《上襄阳李相公让馆给启》中，他也描述了留唐漂泊的经历和疲惫的感受：

> 切缘致远，久役旅游，又萦微恙，精神沉顿，气力疲赢。……犹置身于客舍，惟恋德于高门。②

乾符四年(877)初，崔致远得以出任宣州溧水县尉，尽管此职官卑禄薄，仍有"禄厚官闲，饱食终日"(《桂苑笔耕序》)的暂时满足，实际生计问题并未好转，他在书信中自称"末尉"、"尘吏"、"尘中走吏"，屡次啼饥号寒，叹卑嗟贫。溧水县尉任满后，崔致远原打算赴长安应吏部的宏词科铨选，也因为"禄俸无余，书粮不济"而未能如愿(《桂苑笔耕集》卷17《初投献太尉启》、卷18《长启》)。高骈坐镇淮南后，崔致远相继写去《初投献太尉启》、《再献启》、《献诗启》等书信，向高骈陈述了自己的窘迫境况，坦言入幕的起因是为了"身寓陶窗，免忧东郭之贫"(《长启》)、"日增学殖，月赡书粮"(《桂苑笔耕集》卷17《出师后告辞状》)，表示自己有"译殊方之语言，学圣代之章句"(《再献启》)的专业特长，希望高骈念及"某万里地远来，十余年苦学，稍垂恻悯，得济困穷"(《桂苑笔耕集》卷17《再献启》)。后来当高骈接纳他为幕僚后，崔致远曾感激地说："龟蛇病骨，叨承救活之恩；鸡犬痴心，窃有奋飞之望。"由此也可以看出崔氏投奔高骈幕府的真实初衷。

二、崔致远与高骈的公私交往

崔致远广明元年(880)底进入淮南幕府后，以出众的诗文才华得到高骈的赏识和器重，既与高骈建立了深厚的私人情谊，也时有文学唱和活动。

高骈字千里，幽州人，南平郡王高崇文之孙，是唐末政坛军界举足轻重的人物。他初事长武城使朱叔明为司马，后任左右神策军都虞候及秦州刺史。咸通五年

---

① 《桂苑笔耕集》卷17，《全集》第380页。
② 《孤云先生文集》卷1，《全集》第74页。

（864）拜安南都护，进检校刑部尚书，乾符二年（875）春迁西川节度使，进检校司徒，封燕国公。乾符四年任镇海军节度使及诸道行营招讨使。早年能征惯战，曾平定党项、安南、南诏之乱，唐僖宗即位初加授同中书门下平章事，乾符五年（878）正月徙任荆南节度使，翌年十月出任淮南节度使兼盐铁转运使，广明元年三月又任诸道行营兵马都统，成为威震东南的方镇节帅。高骈其人虽然以将才武略著称，却有着倚重儒生文士的雅兴和很高的文学素养，《旧唐书》卷182本传称他"好为文，多与儒者游，喜言理道"，《新唐书》卷224本传称其"折节为文学，与诸儒交，硙硙谭治道，两军中人更称誉之"，《全唐文》卷802和《唐文拾遗》卷33就收录了不少他所撰的各体文章。高骈还是唐末酷好作诗的诗人，有"汗浃衣巾诗癖减"的自谓①，他擅长五、七言绝句，其中《步虚词》、《塞上曲二首》、《山亭夏日》、《蜀路感怀》及《风筝》等诗，尤为时人所称诵。

　　这种对文学的共同爱好，奠定了崔致远与高骈交往的情感基础，崔致远初识高骈，就是从诗文交往开始的。他在入幕之初，给高骈寄呈《初投献太尉启》一文，又"谨录所业习篇章五轴兼陈情七言长句诗一百篇"，随后又作《再献启》，将"所学篇章五通，贡于宾次"，以文才诗品得到了高骈的赏识与厚爱，莫伯骥《五十万卷楼群书跋文》即认为："高骈好文学，故崔氏能与之契合。"有学者认为高骈原属渤海高姓，与崔致远皆来自朝鲜半岛，两人因地区和氏族关系而关系亲密②，此说难免有推测之意。

　　崔致远在淮南幕府中与高骈常有诗文交流和唱和活动。崔氏入幕后，高骈曾将珍贵的扬州法云寺天王院碑记借与崔致远鉴赏；高骈修筑扬州延和阁完工后，又命观察衙推邵宗送来"延和阁记碑本一轴"，请崔致远过目，崔致远为此写出《谢借示法云寺王记状》和《谢示延和阁记碑状》二文向高骈致谢。中和元年（880）五月，高骈兵出东塘，崔氏于军务之暇，搜吟烟月，"谨课七言长句诗一首"呈献高骈以壮行（《桂苑笔耕集》卷17《谢借舫子状》）。中和四年（884）十月，崔致远"奉使东返，泊舟大珠山下"，仍将归国途中所作"啸月吟风"之作，"贮成十首"，回寄高骈③，足

---

① 《全唐诗续拾》卷33《夏日》残联，《全唐诗补编》，陈尚君辑校，中华书局1992年版，中册，第1186页。
② 冯汉镛《新罗崔致远入唐事迹考》，《文史杂志》1998年第1期，第4—5页。
③ 《桂苑笔耕集》卷20《石峰诗序》，《全集》第404页。

见两人诗文交情之深厚。

《桂苑笔耕集》卷17收录了崔致远所撰组诗《七言纪德诗三十首谨献司徒相公》,主要颂美高骈在安南、南诏、西川及淮南等地的文韬武略,其中有两首诗是与高骈同题唱和之作,如第八首《磻溪》云:"刻石书迹妙入神,一回窥览一回新。况能早遂王师业,桃李终成万代春。"崔氏自注:"伏睹相公《磻溪》诗云:'及到王师身已老,不知辛苦为何人'。又《经虢县》诗云:'手栽桃李十余春,今日经过重建勋。'"再如第十九首《钓鱼亭》诗云:"锦篷花下飞鸂鶒,罗袖风前唱鹧鸪。占得仙家诗酒兴,闲吟烟月忆蓬壶。"自注:"伏睹相公《在郓州》诗云:'酒满金船花满枝,双娥齐唱鹧鸪词。'又《钓鱼亭》诗云:'水急鱼难钓,风吹柳易低。'"显然,崔致远的《磻溪》和《钓鱼亭》两诗化用了高骈原诗之意,以示对幕主的尊重。这两个诗例可以说明两人确曾有过诗歌唱和关系。

除了文学交往之外,崔致远与高骈的私人情谊也很亲睦笃深。崔致远初至扬州,寓居旅舍,生活拮据,高骈对此颇为垂怜照顾,令淮南镇客司暂借官宅以供安身(《桂苑笔耕集》卷17《谢借宅状》),并每月补加料钱20贯以度难关(《桂苑笔耕集》卷18《谢加料钱状》)。每逢冬至、寒食、中和、重阳、社日等重要节令和节日,高骈常遣人给崔氏送去日用节料衣段及酒肉食物(《桂苑笔耕集》卷18《谢冬至节料状》、《谢寒食节料状》、《谢赐衣段状》、《谢社日酒肉状》)。高骈在淮南使府中庆贺生辰,崔致远特地赠送了新罗特产海东人形参三斤(银装龛子盛)、天麻一斤、实心琴一张(紫绫袋盛)、蓬莱山图一面等礼物(《桂苑笔耕集》卷18《献生日物状五首》),高骈则回赠了当时名贵的绯罗、紫绫、紫天净纱、紫平纱、黄平纱、黄绫、黄绢及熟锦绫袴缎等(《桂苑笔耕集》卷18《谢疋段状》)。端午节时,崔氏送给高骈鞍幞一条、云扇一柄(《桂苑笔耕集》卷18《端午节送物状》),高骈则遣中军使俞公楚送来时鲜的新茶和樱桃(《桂苑笔耕集》卷18《谢新茶状》、《谢樱桃状》)。崔致远因久别家国,思念亲人,常苦于"烟波阻绝"、"又无乡使,难附家书",后遇新罗使船渡海至扬州,崔氏"欲贾茶药,寄附家信",却因钱资窘迫,难以筹措,只好"不避严诛,更陈穷恳",向高骈求助,高骈即"特赐给三个月料钱"以供其急用①。对于高骈的知遇照顾之恩,崔致远在《桂苑笔耕集》卷18《谢衣段状》中感激地写道:"某幸趋台

---

① 《桂苑笔耕集》卷18《谢探请料钱状》,《全集》第389页。

阶,荣托德门,实资千载之遭逢,每济四时之服饰。悯念而情逾父母,称扬而礼异宾僚。"这充分显示了两人在幕府中亲密的私人情谊。

崔致远与高骈还有着融洽的幕主与幕僚的关系。崔致远入幕后,颇受高骈信任器重,初辟为幕府从事,负责府内书记文牍之事。不久高骈又力排众议,"念以来从异域,远寓乐郊,俯爱似龙,不嫌非凤,拔衰英于粪上,搜滞刃于狱中"(《桂苑笔耕集》卷17《谢职状》),加授崔氏为淮南镇馆驿巡官和都统巡官,成为高骈倚重的心腹幕僚。崔致远对此"感激而颐横涕雨,忧惶而背浃汗浆"(《长启》),表示要"唯当励节,以谓报恩"。在幕四年,他多次参加了高骈策划的军事行动,代高骈撰写了大量的幕府公文,如广明元年(880)三月,唐廷为了防御黄巢北上,特授高骈为诸道行营兵马都统,中和元年(881)七月八日,高骈命崔致远撰写了《告报诸道徵会军兵书》和《檄黄巢书》二文,传令诸道兵马齐赴淮南,共商勤王讨黄大计。此次行动虽然因方镇间相互猜忌,无果而终,但崔致远却因措词犀利酣畅的《檄黄巢书》而名振当时与后世。再如中和三年(883)高骈丧失兵权后,欲邀请唐僖宗巡幸江淮,《新唐书》卷224《高骈传》认为这是高骈"阴图割据⋯⋯胁邀天子,冀复故权"的政治阴谋,此事涉及方镇内部机密,高骈仍请崔致远这位异邦僚佐撰写了《请巡幸江淮表》和《请巡幸江淮第二表》,敦促唐僖宗离蜀东巡。从崔致远对这些重要事件的参与程度,可以看出高骈对他是十分信任的。

三、崔致远与高骈关系的变化

崔致远在入幕淮南的后期,随着高骈地位的改变及淮南政局的恶化,与高骈之间深厚而融洽的关系产生了某些微妙的变化,也成为崔致远选择离唐返国的最终原因。

崔致远在淮南节度使府的幕僚生活与高骈的宦途浮沉密切相关。他原来对高骈的评价和期望很高,曾将他比作刘备、孔明、谢安、孟尝君等古代贤君能臣,希望他能"独抱神略,一匡神朝",拯救唐末危局,续写"龚、黄德政",建立"韩、白功勋"(《桂苑笔耕集》卷17《初投献太尉启》)。但高骈在平定黄巢的过程中,先是贪功纵敌,好大喜功;后又隔岸观火,畏缩自保,结果使唐廷蒙受了重大的损失,时局急转直下。广明元年(880)四月,黄巢由广州北上饶州,因疫病流行,元气大伤,只好于五月退居信州,当时北方藩镇昭义、武宁、义武等诸道兵马汇集淮南,形势对唐军十分有利,但高骈听信黄巢假降请求,遣散诸道兵马,错失破巢良机。同年七月,黄巢由采石矶飞渡长江天险,连克和州、滁州,进围天长、六合,逼近扬州,高骈则拥兵自保,观望不动,使黄巢得以西进中原,直取东都和长安。中和二年(882)二月,"帝知骈无出兵意,天下益殆,乃以王铎代为都统,以崔安潜副之,诏韦昭度领诸道盐铁转运使"①,免去了高骈都统之职,同年五月又罢黜了其盐铁转运使之职。

当这些事情发生后,高骈颇为愤恨不满,遂委托崔致远撰写了五篇答复唐僖宗的表状,但崔氏作为一名新罗幕僚,在表状中多代高骈引咎自责,措辞含蓄委婉,语气谦恭温和,如《谢就加侍中兼实封状》称:"如臣者,谬提旄钺,免坠弓裘,空有志于四方,竟无能于一割。"《谢赐宣慰兼加侍中实封表》又谓"久镇雄藩,尝提重柄,一无成绩"。这种一味自责的措词和语气,不符合高骈失势后愤激的情绪,可能引起了高骈的不满,遂另请唐人顾云重撰了一份申诉奏状,《旧唐书·高骈传》节录了此份奏状的末章,指责唐僖宗"仓皇西出"给黎庶衣冠及园陵宗庙带来的巨大灾难②,颇有不臣之心,这与《全唐文》卷815所录顾云《代高骈上僖宗奏》之末章相同③,故宋钱易认为:"高骈章疏不恭,皆顾云之辞也。"④这说明高骈当时并未采纳崔致远所撰表奏,而选用了顾云的手笔。

高骈失势后,心灰意冷,无心理政,开始虔奉道教,笃信神仙。他重用吕用之、张守一、诸葛殷等江湖术士,任其淫刑滥赏,专行威福。吕用之原为鄱阳商僧,投靠高骈后靠神仙左道而受到器重,他劝说高骈在淮南建造迎仙楼,修筑延和阁,"皆度高八十尺,饰以金珠渠玉,侍女衣羽衣,新声度曲"(《新唐书》卷224)。吕用之又举荐了"阴狡"小人诸葛殷、张守一等为牙将,"擢废吏百余,号'察子',厚廪食,令居衢閈间,凡民私匿隐语莫不知,道路箝口"(《新唐书·高骈传》)。这使得淮南幕府日趋混乱,气氛恐怖压抑。高骈在这些人的蒙蔽下,谢绝人事,尽去宾客,从此迷醉于神仙飞升之术。高骈旧将俞公楚、姚归礼对此表示不满,被吕用之谗毁而遭杀戮,淮南幕府逐渐失去了昔日的凝聚力,部下纷纷离去,如梁缵曾屡劝高骈提防吕

---

① 《新唐书》卷224下,中华书局1975年版校点本,第二十册,第6396页。
② 《旧唐书》卷182,中华书局1975年版校点本,第十四册,第4705—4706页。
③ 《全唐文》卷815,上海古籍出版社1990年版,第四册,第3802页。
④ 《南部新书》丙,黄寿成点校,中华书局2002年版,第39页。

氏诸人,但未被采纳,便因惧怕罹祸而告辞离去。

　　崔致远作为高骈的幕僚,自然目睹了淮南内部的混乱状况,也感受到了高骈人生态度的显著变化,他在《桂苑笔耕集》卷19《与假收书》中表明自己的处世原则为:"某执性近愚,处世斯直,以目所睹,以耳所聆,方敢咏歌,固无谄笑。"这种愚拙耿直的个性在复杂的幕府中是难以适应的。崔氏在七律《辛丑年寄进士吴瞻》里说明了他在淮南幕府中的心理感受:

> 危时端坐恨非夫,争奈生逢恶世途。
> 尽爱春莺言语巧,却嫌秋隼性灵粗。
> 迷津懒问从他笑,直道能行要自愚。
> 壮志起来何处说,俗人相对不如无。①

　　此诗是崔致远进入淮南后写给幕友的寄赠诗,"吴瞻"疑有误,《孤云先生文集》卷1有《送吴进士峦归江南》、《桂苑笔耕集》卷20有《酬吴峦秀才惜别二绝句》,同卷有《酬杨赡秀才送别》、《酬进士杨赡送别》,则"吴瞻"应作"吴峦"或"杨赡"。原诗揭示了淮南幕府中阿谀受宠、正直遭嫌的不良风气,流露出知音难觅的孤独感。而且,崔致远信奉儒家的忠君仁孝之道,并不相信虚妄荒诞的神仙妖术,他在《谢高秘书示长歌书》中表明:"但如青莲居士,唯夸散诞之词;白石山人,只骋荒唐之作。但以风月琴罇为胜概,不以君臣礼乐为宏规。"他主张:"弄才子之笔端,写忠臣之襟抱。在今行古,既为儒室之宗;忧国如家,固是德门之事。"②这种正统信念与高骈后期的叛逆性格及神仙信仰难以吻合,被正史斥为叛臣的高骈也与崔致远所钦敬的忠臣有着很大的反差,当高骈被吕用之等人控制后,崔致远自然遭到了冷落和疏远,流露出落寞与失望的情绪。他在《桂苑笔耕集》卷19《与客将书》中写道:"时情冷淡,俗态浇讹,买笑金则易求,读书粮则难致。"在同卷《谢降顾状》中感叹:"某未遂山栖,尚从尘役,所居官舍,深在军营,虽异衡门,实同陋巷。既乏君章之兰菊,可袭馨香;空余仲蔚之蓬蒿,偏资寂寞。春日则蝶牵昼梦,秋风则蛩助夜吟,以此为

---

① 《孤云先生续集》,《全集》第208页。
② 《桂苑笔耕集》卷19,《全集》第397页。

娱,无他所觊。"又在同卷《答裴拙庶子书》中向昔日科场"同年"倾诉了入幕后期的境遇:"寻缘狂花有失,腐芥无依,转知山鹿野麇,唯宜退缩;永谓鸿俦鹄侣,不合攀瞻。况乃器比斗筲之人,身随刀笔之吏,旅舍既拘于雉堞,闲门可设其雀罗。"其中蕴含了对世态炎凉的喟叹和被疏远之后的孤寂。

唐代藩镇幕僚的穷达进退与幕主地位的升黜往往有直接的关系,钱大昕《廿二史考异》卷58指出,唐代节度使所辟僚属,"亦皆差遣无品秩,如使有迁代,则幕僚亦随而罢"[1],高骈心态与行为发生转变后,崔致远逐渐萌生了返国之意,中和四年(884)秋,其弟崔栖远以"新罗入淮海使录事"之名携家书渡海来到扬州,崔氏遂上书高骈请求归国,获得高骈同意,本年八月便乘新罗使船离开了扬州。临行之际,他特地写了一首咏物诗《归燕吟献太尉》向高骈表明心迹:"秋去春来能守信,暖风凉雨饱相谙。再依大厦虽知许,久污雕梁却自惭。深避鹰鹯投海岛,羡他鸳鹭戏江潭。只将名品齐黄雀,独让衔环意未甘。"[2]诗中以归雁自喻,描述了自己在幕府中的感受和离开的缘由,表达了对高骈既感激又失望的复杂心绪。

综上可知,崔致远转投淮南幕府后,以诗文、语言等才能受到高骈的赏识,与高骈曾有亲密的文学交往及公私情谊,当高骈后期人生态度转变后,两人的关系逐渐疏远。崔致远离开幕府后不久,淮南即陷入内乱,高骈也被部将毕师铎所杀。朝鲜文人徐有榘以为:"若其居幕数载,知高骈之不足有为,吕用之、诸葛殷等之诞妄必败,超然引去,去三年而淮南乱作,则又有似乎知几明哲之君子。"[3]清人朱绪曾在《开有益斋读书志》卷5中也认为:"(崔致远)始知高骈失政,淮南将乱,乃洁身以归本国钦。"都隐约地说明了崔致远与高骈关系的变化及东归新罗的主要原因。

　　　　　　　　　　　　　　　　　　　　(作者单位:南京师范大学文学院)

---

① 《钱大昕全集》卷58《旧唐书二·职官志》,陈文和主编,江苏古籍出版社1997年版,第1138页。
② 《桂苑笔耕集》卷20,《全集》第403页。
③ 《校印桂苑笔耕集序》,《全集》第286页。

韦庄"陈仓迎驾"事迹考辨

曹丽芳

唐末诗人韦庄《浣花集》卷四有《夏初与侯补阙江南有约,同泛淮汴,西赴行朝。庄自九驿路先行,至甬桥。补阙由淮楚续至泗上,寝病旬日,遽闻捐馆。回首悲恸,因成长句四韵吊之》(以下简称《夏初》)诗一首,诗前小序云:"已后自浙西游汴宋路至陈仓迎驾,却过昭义、相州路归金陵作。"诗云:

> 本约同来谒帝阍,忽随川浪去东奔。九重圣主方虚席,千里高堂尚倚门。世德只应荣伯仲,时名终自付儿孙。遥怜月落清淮上,寂寞何人吊旅魂。①

据此可知,韦庄曾往陈仓迎驾。又史书记载,唐僖宗光启二年(886)春,田令孜胁迫僖宗幸兴元,中途曾在陈仓停留,则韦庄欲往陈仓迎驾的时间当在光启二年(886)夏初,历来研究韦庄生平者对此均无异议。但是韦庄此行迎驾的目的是什么?其往来路线是什么?最远到达什么地方?于何时返回等问题,则诸家意见不一,至今尚模糊不清。本文试图通过仔细分析当时历史背景及《浣花集》中相关作品,对这些问题作出解答。

---

① 聂安福:《韦庄集笺注》,上海:上海古籍出版社,2002年,第182页。下引韦诗均出此书,注略。

一、韦庄陈仓迎驾的历史背景

在讨论上述问题之前,我们有必要先考察一下韦庄欲往陈仓迎驾的历史背景。《旧唐书·僖宗纪》载:"光启二年春正月,……戊子,田令孜迫乘舆请幸兴元。庚寅,车驾次宝鸡。……癸巳,朱玫引步骑五千至凤翔。令孜闻邠州军至,奉帝入散关,令禁军守灵壁。玫至,禁军溃散,遂长驱追驾至尊途驿。嗣襄王煴疾,为玫所得。……三月丙申,车驾至兴元。"①《资治通鉴·唐纪·僖宗光启二年》考异引毛文锡《王建纪事》则云:"正月辛巳,次陈仓。二月辛亥,朱玫将赳跌师瑀逼行在,破杨晟于潘氏。庚申,陷虢县。三月甲午,僖宗将移幸梁、洋。戊戌,邠师至石鼻。己亥,石鼻不守。庚子,寇逼宝鸡。辛丑,车驾南引。四月庚申,达褒中。"②《旧唐书》记僖宗离开宝鸡的时间是正月癸巳,《王建纪事》则记于三月辛丑。《资治通鉴》事取《王建纪事》,月日则与《旧唐书》同,将车驾离宝鸡入散关事系于光启二年正月。无论僖宗是正月、还是三月入散关,他都曾在宝鸡(即陈仓)停留,而且,因为出行仓促,百官来不及扈从,还在陈仓等候过一段时间,据《旧唐书·僖宗纪》,光启二年三月为庚辰朔,丙申为三月十七日,则僖宗车驾到达兴元在三月中下旬。这是韦庄陈仓迎驾的时事背景。

二、韦庄此次西行的目的

首先对这个问题作仔细探讨的是齐涛先生。齐先生《韦庄生平新考》一文认为,若据《夏初》诗题及自注,韦庄此行的目的应是奉周宝之命向襄王煴劝进,并用三条理由否定了韦庄自己的迎驾之说:第一,时间上讲不通。僖宗本年正月已离陈仓,至夏初已有三个月以上,江南不应不知,言往陈仓迎驾,难圆其说;第二,不合当时形势。僖宗出奔,天下失望,朱玫等人拥襄王煴权监国事,一时颇得人心。襄王一面下令"搜令孜党",另一方面则"大行封拜,以悦藩镇,诸藩镇受其命者十六七,

---

① 刘昫等:《旧唐书》卷十九下,北京:中华书局,1975 年,第 723 页。
② 司马光:《资治通鉴》卷二百五十六,北京:中华书局,1956 年,第 8332 页。

高骈仍奉笺劝进。"(《资治通鉴》卷二五六)而周宝与田令孜积怨颇深,此种形势下,韦庄受周宝之命西上,就不是什么"迎驾",而应与高骈一样,乃欲北上长安,向襄王劝进;第三,韦庄北上路程可证其非往陈仓。此次北上,韦庄有一批纪行之作,据其可知"此行由浙西沿汴宋路北上,又自孟津泛舟西去。返程则过含山路、壶关、雕黄岭、内黄县,上述诸地分属昭义、相州两节度使。若因迎驾不成而返江南,实在没必要绕这么一个大圈子。"而且,韦庄自孟津西上之日,正是襄王势力炽热之时。种种迹象表明,韦庄此行只能是先到长安向襄王劝进,后随襄王到了河中,又由河中至含山、过昭义、相州返江南。之所以在题中称往陈仓迎驾,是因为此诗作于襄王失败之后,"端己自然要对北上的真实目的加以掩饰,所以,打起了陈仓迎驾的幌子。"①

笔者则认为:韦庄此次西上不是去向襄王劝进,陈仓迎驾当属真实,迎驾的目的是为了谋取官职,实现其梦寐以求的入仕愿望,理由如下:

首先,韦庄诗题中云:"夏初与侯补阙江南有约,同泛淮汴,西赴行朝。""夏初"当指初夏的四月,僖宗到达兴元的时间,按《旧唐书·僖宗纪》所记在三月中下旬。当时兵火阻隔,消息传至江南,尚需至少一月左右的时间。韦庄等人只知道车驾曾驻陈仓,而不知兴元之事,所以欲追随车驾,先到陈仓的想法就不存在时间上讲不通的问题。况且,若依《王建纪事》所载,此时僖宗车驾刚离宝鸡不久,尚未抵达兴元,则韦庄前往陈仓就更加顺理成章。

其次,依当时政治形势,周宝向襄王劝进不至于如此急切。韦庄从江南出发前往陈仓是在光启二年(886)的初夏。据《旧唐书·僖宗纪》载,"朱玫、李昌符迫宰相萧遘等于凤翔驿舍,请嗣襄王煴权监军国事"是在此年四月。② 而据《资治通鉴》卷二五六载,襄王大行封拜,以悦藩镇和高骈奉笺劝进之事均在五月,周宝或韦庄得知这些事件的时间当在韦庄决定去迎驾之后。况且虽然此时僖宗出奔,天下失望,令孜弄权,群臣愤激,但是,朱玫立襄王也不见得就是大得人心之举,史书中大臣受朱玫之命,多用"迫"、"逼"等措辞即透露出此中消息,如上引《旧唐书·僖宗纪》、《资治通鉴》卷二五六:"(光启二年)夏,四月,壬子,玫逼凤翔百官奉襄王煴权

① 齐涛:《韦庄生平新考》,载《文学遗产》1996年第3期,第42页。
② 刘昫等:《旧唐书》卷十九下,北京:中华书局,1975年,第723页。

监军国事"等。比较合理的推测乃是此时天下大乱,政治形势复杂多变,那些手中无多兵力的藩镇如浙西周宝等人,只能守护好自己的一方辖地,对全局性的大事则持慎重观望态度,不至于像手握重兵,且野心勃勃、早已流露出蔑视僖宗之意的高骈一样急于奉表向襄王劝进。

再次,如无确切反证,对原始材料不宜轻易怀疑。现可见关于韦庄此次迎驾最原始而直接的材料即《夏初》一诗,齐涛先生认为韦庄在诗题中之所以"打起了陈仓迎驾的幌子",是因为诗作于其归金陵后,"襄王已成乱臣贼子,端己自然要对北上的真实目的加以掩饰"[1]笔者认为,在没有确证韦庄是去向襄王劝进之前就否认诗人自己的表述是不慎重的。兹提两条反证。其一,《夏初》一诗固然作于诗人归金陵后,但《题貂黄岭官军》当是实时所题的纪行之作,此时正是襄王势力炽烈之时,应该没有必要掩饰什么,而其中明言"远从吴会去陈仓",可见,其前往陈仓是真;其二,据《旧唐书·僖宗纪》和《资治通鉴》所载,僖宗于光启二年三月十七日到达兴元,《通鉴考异》引《王建纪事》则云:"三月甲午,僖宗将移幸梁、洋。"那么,韦庄《闻再幸梁洋》一诗最早应作于此年四、五月间,或即是此番北上途中所作,此时正是襄王对诸藩镇大行封拜、高骈奉笺劝进之时。然而,此诗中却有句云:"遥思万里行宫梦,太白山前月欲低",表达出诗人思恋行在的拳拳之心,显然没有"倒向襄王一边"。

最后,韦庄迎驾的目的是为了谋取官职,实现自己的入仕愿望。纵观韦庄一生的思想和行为可以发现,他对入仕的追求从未停止过。四十五岁前,一直在谋求应举中第,广明之乱打碎了他的科举之梦,战乱中于中和三年(883)辗转到达江南,暂时投身于浙西周宝幕中为客。光启三年(887)春,浙西军乱,周宝被逐,韦庄遂流落在越州、婺州间,此时作品中充满了思念长安之意。昭宗即位,给了诗人新的希望,景福元年(892),年近花甲的韦庄又重整旗鼓,进京应试,终于于乾宁元年(894)以五十九岁之高龄及第,才走上他多年来梦寐以求的仕宦之路。韦庄的入仕恋阙之心不可谓不执着,那么他在自以为适当的时候北上求仕就不是不可能的事。光启元年(885)三月,僖宗车驾自蜀返至京师,五月即下诏求贤,诏书表达了僖宗急于求至贤才的愿望:"其有文苞经纬,道冠儒玄,贞通自肥,浮名不染,岂无加等之爵,以

---

[1]　齐涛:《韦庄生平新考》,载《文学遗产》1996年第3期,第42页。

待非常之流。今委使臣,远近征访,必行备礼,以从群芳。"又站在士人自身的角度,劝导他们要及时建立功业:"功名可慕,少壮几何。在君亲则忠孝相资,念国家则安危同切,勿甘流俗,犹徇宴安。"同时,还要求长吏们"同心体国,无使淹延",[1]认真负起向朝廷荐举人才的责任。这道诏令一旦"布告天下,咸使知悉",对于一直在等待机会的韦庄来说,无疑是一件激动人心的事情。而光启二年的进士科考试因僖宗的再次播迁而颇费周折,以致当年时已深夏,主司尚未确定人选。[2] 韦庄赴行在或许与这次延迟的科考有关。《夏初》诗中有句云:"九重圣主方虚席",也说明此次北上是对僖宗求贤举措的反应,而不及朝廷内部的襄王之事。至于齐先生文中所说,韦庄是奉周宝之命往长安,也无确切证据。从韦庄的出发地是苏州,而不是周宝驻节的润州看来,韦庄此次西上更像是一次个人行为。[3] 而《夏初》诗的自注云:"自浙西游汴宋路","游"字也不像是身有公务之人的口吻。上述种种迹象表明,韦庄确是欲至陈仓行在谋求个人仕途出路,而不是奉周宝之命到长安去向襄王劝进。

三、韦庄陈仓迎驾的往返路线及返回时间

夏承焘先生《韦端己年谱》于僖宗光启二年丙午(886)云:"夏初,自浙西过汴宋路,欲往陈仓迎驾。……同卷《汴堤行》、《旅次甬西》,皆西上道中作。"又于光启三年丁未(887)云:"秋,过昭义相州路归金陵。……端己此行,盖去夏渡江北上,穿皖豫诣陕,旋因潼关一带路断,迁道北向,欲由山西行。今其集中无到兴元行在诗,知迎驾不成,中途至相州折返。"[4]聂安福《韦庄集笺注·韦庄年谱简编》则将返回金陵的时间系于光启二年(886)年末。[5] 笔者认为:夏先生所言韦庄"渡江北上,穿皖豫诣陕,旋因潼关一带路断,迁道北向,欲由山西行"是正确的;但"迎驾不成,中途至相州折返"不确。韦庄"迁道北向,欲由山西行"已在返程中,相州是返程途径

---

① 董诰等:《全唐文》,上海:上海古籍出版社,1990年,第401页。

② 据孙光宪《北梦琐言》载:"陆扆举进士,属僖宗再幸梁洋,随驾至行在,与中书舍人郑损同至逆旅。扆为宰相韦昭度所知,欲身事之速了,屡告昭度。昭度曰:'奈已深夏,复使何人为主司?'扆以郑损对,昭度从之。"

③ 《题貂黄岭官军》诗云:"散骑萧萧下太行,远从吴会去陈仓。"吴会,即今苏州市。

④ 夏承焘:《唐宋词人年谱》,上海:古典文学出版社,1955年,第14页。

⑤ 聂安福:《韦庄集笺注》,上海:上海古籍出版社,2002年,第518页。

之所。返回金陵的时间是光启二年末,而不是三年,聂安福之说正确。此问题涉及韦庄的具体行程,下文详辨之。

首先看韦庄西行路线和终到之地。《夏初》诗题及自注云:"庄自九驿路先至甬桥"、"已后自浙西游汴宋路",这是确切记载韦庄西行途中前半段路程的文字。韦庄此次西行的出发地是苏州,已见上文。九驿路指淮南至泗州(治所在临淮,今江苏盱眙北)之路,《资治通鉴》卷二五四《考异》引《惊听录》曰:"缘淮南九驿便至泗州。"①韦庄从苏州出发,过润州、扬州,经九驿路至宿州的甬桥。甬桥,又名埇桥,指宿州(治所在今安徽宿州)的汴河桥,《元和郡县图志》卷九载,宿州"其地南临汴河,有埇桥为舳舻之会"②。韦庄在此踏上汴宋路。这条路又称汴路,陈寅恪先生《韦庄〈秦妇吟〉校笺》一文考证详明,现据陈先生所引李翱《李文公集》卷一八《来南录》逆推韦庄的行程:"(元和四年正月)庚子出洛下河,止汴梁口,遂泛汴流,通河于淮。辛丑及河阴。乙巳次汴州。……二月丁未朔宿陈留。戊申……宿雍丘。己酉次宋州。……壬子至永城。甲寅至埇口。"③李翱是南下,韦庄是北上,所经为同一路线,故可逆推韦庄是自甬桥,经宋州、汴州至东都洛阳,纪行诗有《旅次甬西》和《汴堤行》。又自孟津泛舟西上,有《自孟津舟西上雨中作》,据其首句"秋烟漠漠雨蒙蒙"可知,韦庄行至此,已入秋季。诗中又云:"百口寄安沧海上,一身逃难绿林中",表明诗人一路过来,颇历战事。证之于《资治通鉴》卷二五六所载光启二年,五月"秦贤寇宋汴,朱全忠败之于尉氏南;癸巳,遣都将郭言将部骑三万击蔡州。"七月"秦宗权陷许州,杀节度使鹿宴弘",④也颇与史实相符。又云:"却到故园翻似客,归心迢递秣陵东。"孟津西上不远便到虢州,韦庄曾在虢州居住多年,又据《浣花集》卷八作于昭宗景福元年(892)的《投寄旧知》"十年无路到三秦"句,知此行未到秦地,故此处之"故园"非如齐涛先生文所谓指长安,而是指虢州,韦庄西行到此为止。或因十月襄王僭号,朝中大乱,前途叵测,遂起归心,故折返东归。

再看归途的路线。据《夏初》诗小注:"却过昭义、相州路,归金陵",昭义节度使治所在潞州(今山西长治),相州在今河南安阳。据途中纪行诗篇,从虢州折返后,

---

① 司马光:《资治通鉴》卷二百五十四,北京:中华书局,1956年,第8235页。
② 李吉甫:《元和郡县图志》卷九,北京:中华书局,1983年,第228页。
③ 董诰等:《全唐文》,上海:上海古籍出版社,1990年,第2853页。
④ 司马光:《资治通鉴》卷二百五十四,北京:中华书局,1956年,第8338页。

先经柳谷,作《柳谷道中作却寄》。此诗聂安福先生系于咸通三年,谓为"盖咸通三年下第后,秋日离京游潇湘过柳谷时所作。"①按:此说可商。据《读史方舆纪要》卷四一《平阳府·解州·夏县》:"柳谷,县北五里中条山中。唐贞观十一年幸柳谷、观盐池也。"②柳谷在今山西夏县境内,从长安游潇湘不应远绕山西。韦庄作于山西的诗篇集中于此次迎驾途中,此诗也当为此时所作。又经含山路,有诗《含山店梦觉作》。《读史方舆纪要》卷四一《平阳府·解州·闻喜县》:"含口,在县东南,亦曰含山路。"③到垣县(治所在今山西垣曲县东南黄河北岸),作《垣县山中寻李书记山居不遇留题河次店》。过泽州晋城县,作《天井关》。据《元和郡县图志》卷一五《河东道四·泽州·晋城县》:"天井故关,一名太行关,在县西南四十五里太行山上"。④又到潞州长子县,作《题貂黄岭官军》。《读史方舆纪要》卷四二《潞安府·长子县》:"刁黄山亦在县西四十五里,亦曰'刁黄岭'。刁,一作貂。唐会昌三年,刘稹以泽潞叛,使其将李佐尧守刁黄岭以拒官军"。⑤又过潞州府壶关县,作《壶关道中作》。《元和郡县图志》卷一五《河东道四·潞州·壶关县》:"西北至州三十里。本汉县也,属上党郡。山形似壶,于此置关,故名壶关"。⑥《读史方舆纪要》卷四二《潞安府·长治县》:"壶关山,府东南十三里,延袤百余里,东接相州,崖径险狭,形如壶口。"⑦又过相州内黄县(治所在今河南内黄县),作《过内黄县》。诗云:"犹指去程千万里,秣陵烟树在何乡",表明此行直向金陵。惜内黄以后的旅途中无诗存世,其详情难以确考。

　　至于韦庄返回金陵的时间,则应如聂安福先生所言,在光启二年(886)年末,而非夏承焘先生主张之光启三年(887)。观《夏初》诗题,如是次年返回,则应表明"去年夏初"或"前年夏初",今仅作"夏初",则作于本年无疑;而诗前小序云:"已后由浙西游汴宋路,至陈仓迎驾,却过昭义、相州路,归金陵作。"则作诗时已回到金陵。由此可证,韦庄返回金陵之时间应在本年年底。

①　聂安福:《韦庄集笺注》,上海:上海古籍出版社,2002 年,第 16 页。
②　顾祖禹:《读史方舆纪要》卷四一,北京:中华书局,1955 年,第 1758 页。
③　顾祖禹:《读史方舆纪要》卷四一,北京:中华书局,1955 年,第 1760 页。
④　李吉甫:《元和郡县图志》卷一五,北京:中华书局,1983 年,第 423 页。
⑤　顾祖禹:《读史方舆纪要》卷四二,北京:中华书局,1955 年,第 1805 页。
⑥　李吉甫:《元和郡县图志》卷一五,北京:中华书局,1983 年,第 420 页。
⑦　顾祖禹:《读史方舆纪要》卷四二,北京:中华书局,1955 年,第 1802 页。

　　综上,笔者认为,韦庄于光启二年夏前往陈仓迎驾是实;此行目的是为了求仕,而不是奉周宝之命前往长安向襄王劝进;去程从苏州出发,路线为:九驿路—宿州甫桥—宋州—汴州—东都洛阳—孟津—虢州;自虢州折返的返程路线为:解州夏县的柳谷—闻喜县的含山路—垣县—泽州晋城县—潞州长子县—壶关县—相州内黄县—金陵;返回金陵的时间为光启二年年末。

（作者单位:辽宁师范大学文学院）

论北宋诗文革新的地域因素

程　杰

　　北宋诗文革新是宋代文学史上的大关目,它几乎被视作贯穿整个北宋前期、中期的文学发展历程。有关这一运动过程已有的论述大都集中于对各种复古革新理论主张的诠释和评价以及对各派观点之间对立变化关系的历时性描述,而对其中存在的"空间"性因素没有给予足够的注意。诗文革新中不同的理论主张大都产生于不同的文学群体,这些群体又大都是带有区域性色彩的。区域性差异由历史和现实的双重因素所决定,不同的区域有不同的士风、民俗传统,不同的区域在新王朝政治、经济和文化建设中的地位和作用是不一致的,它们参与文化整合的时间和方式也不可能是步调一致的,这就为文学的发展提供了复杂、多样的地域机缘和空间因素。北宋诗文革新的情况正是如此,其有序的历时发展过程同时也表现为各种不同区域文人群体轮番活跃,不同地方文学、文化传统先后激发,逐步走向主流从而导致整个文学风气不断更新演进的过程。本文即着力探讨不同的区域群体及其所秉承的文学、文化传统在北宋诗文革新中的作用,我们认为,江南、京东、江西淮南、巴蜀是北宋诗文创作的重要区域,正是这些地区文人的相继兴起,构成了诗文革新不断发展的历史进程。

一、宋初南方士人与晚唐五代文风的继承

　　宋初文坛的复苏是与整个南方士人的活跃密切相关的。《宋史·文苑传》前三卷收载宋初三朝文士三十八人,其中南、北(以秦岭、淮水为界)各十九人,可谓之平

分秋色。由于南北方在国家统一进程中有着时间上的先后,数量上的平衡并不能掩没南方实际存在的优势。这种优势到统一格局大为稳定的真宗朝便充分地显露出来了。《宋史·文苑传》前三卷所载北方十九人中,十七人见于前两卷,主要活动于太祖、太宗朝,而南方的十九人中十五人见于第三卷,属于真宗朝。南方这种逐步发展的优势还可以通过一个诗人的统计数据来证明。杨亿《谈苑》曾列举"雍熙(案:宋太宗年号)以来文士""能诗"者四十二名,其中籍里可考者三十八人,加上杨亿本人,南方是二十六人,北方仅十二人。南方之二十六人大都活跃于真宗朝①。这些都充分说明了南方士人不断增长的势头。

　　不仅数量上如此,在实际的文学才具上,南人也具鲜明的优势。宋初北方士人中固然有宋白、李昉这样以诗才著称的文学之士,但如《文苑传》所载梁周翰、郭昱、和岘、柳开等人是以"习尚淳古",或以律历学问为世所知。而南方士人则普遍地以诗赋之才著称。如太宗朝之杨徽之、徐铉,真宗朝之路振、杨亿、钱惟演等都以词翰敏赡称雄一时。

　　宋初南方士人在文学上的优势,是晚唐五代南方文学活跃兴盛的继续。唐末五代,中原干戈不断,南方诸国保境息民,地方经济得到了一定的发展,文学活动因此获得了相对稳定的发展环境。中州士人纷纷投身南方,如牛希济、韦庄、张蠙古、张道古入蜀,江为、韩偓避闽,高越等仕南唐,其他投老南迁或流寓江南不归者更多。宋人《莆阳志》记载:"黄滔字文江,乾宁二年乙卯赵观文榜进士,光化中除四门博士。寻迁监察御史里行,充威武军节度推官。王审知据有全闽,而终其身为节将者,滔规正有力焉。中州若李绚、韩偓、王涤、崔道融、王标、夏侯淑、王拯、杨承休、杨赞图、王倜、归传懿辈避地于闽,悉主于滔。"②这是闽中一地的情况,其他地区不难推想。

　　当时诸国霸主为了网罗人才,于文学之士多能礼遇善待,如前蜀王建"虽武人,颇折节,好宾客,游士、缁流至者,无不倾怀结纳"③。前蜀王衍、后蜀孟昶都雅好艺文。吴据今江、皖、赣诸地,擅渔盐之利,物产富饶。南唐代吴,李璟、李煜工诗善

① 阮阅《诗话总龟》前集卷一二,人民文学出版社1987年版;江少虞《宋朝事实类苑》卷三七,上海古籍出版社1981年版。两处所引文字有异,此处参用。
② 黄滔《黄御史集》附录,《四部丛刊》本。
③ 吴任臣《十国春秋》卷一○○,《影印文渊阁四库全书》本。

词,上行下效,一国君臣,文采炳焕。吴越诸王皆具文采,宗室善诗者颇多。至如楚之文昭马希范,史家称其"好学善诗,颇优礼文士"①,幕下人才济济,齐己、徐仲雅等"俱以文藻知名,更唱迭和"②。乱世之下,文学依附于南方诸国霸主,获得生息的机会。

五代之际的南方文学弥漫着"缘情绮靡"和苦吟弄巧的风气。肇自晚唐,国势衰颓,社会黑暗,士人消沉之余,多寄情诗酒声色,文风因之哀怨萎靡,其中尤以温庭筠、韩偓等人的"花间"、"香奁"之作最为突出。这种文风被五代中原的连年干戈挤压到南方富庶苟安的环境里进一步滋长,又与江南僧侣、隐士的林下唱和、僻居苦吟的风气合流。这两种文风都注重字词、格律等方面的技巧。正如欧阳修《六一诗话》所说,"唐之晚年,诗人无复李、杜豪放之格,然也务以精意相高"。五代之际,各种诗格、赋格、诗句图之类著作极多,几乎构成了一个"诗格的时代"③。唐末五代文学理论中最流行的审美范畴是"清"、"丽"二字,如欧阳炯《花间集序》、韦縠《才调集》自序、徐铉《成氏诗集序》都以此二字誉人文才之美。所谓"清"主要指音律的细切谐婉,所谓"丽"则指词藻的赡美富艳,总归是对词采声韵技巧的重视,集中体现了士风浸弱,寄情声色,耽愉辞华的衰世审美心理。

宋朝立国,在文学政策上一开始便缺乏唐初君臣那种以史为鉴,摈弃浮华,取裁前朝,融合南北的阔大气派。正如王夫之所说,"宋无积累之仁,无拨乱之绩",其得天下于一朝一夕,故"承天之佑,战战栗栗"④。这样的忧患防范心理决定其在文化建设上表现出谨小慎微,攀美前朝,笼络人心,期求粉饰的倾向。"太祖尝顾近臣曰:'五代干戈之际,犹有诗人。今太平日久,岂无之也?'"⑤这是对诗人以文效忠的期待。落实在具体的政治措施上便是广开科举,精择翰林,优礼文士,奖劝艺文等一系列袭唐崇文之举,因之在全社会养成了普遍的崇文风气。正是适应"润色鸿业"的需要,南方士人以优越的词翰之才成了宋初文化复苏和建设的主力。早在统

---

① 吴任臣《十国春秋》卷六八。
② 阮阅《诗话总龟》前集卷四引《雅言杂录》。
③ 罗根泽《中国文学批评史》(二)第 186–188 页,上海古籍出版社 1984 年版。
④ 王夫之《宋论》卷一,清道光二十七年听雨轩刻本。
⑤ 江少虞《宋朝事实类苑》前集卷一二引《古今诗话》。

一战争尚未结束时,宋廷"李穆使江南,见其(徐铉、徐锴)兄弟文章,叹曰'二陆不能及也'"①。徐铉入宋后,中州士人纷纷归之,遂为文坛盟主。李至师事徐铉,"手写铉及弟锴集,置于几案"②。杨徽之以南人入北,诗名赫赫,宋太宗"闻其名,索所著数百篇奏御"③,后诏李昉编《文苑英华》,"以徽之精于风雅,分命编诗,为百八十卷"④。宋初屡荐神童,贾黄中、刘少逸、杨亿、晏殊、夏竦等人都是几岁、十多岁便以诗赋天才被地方官表荐朝廷,受试获官。其中除贾黄中是沧州人,地属北方,其余均为江南人。宋初有所谓诗歌"三体"(白体、昆体、晚唐体),就时间上看,典型的"白体"浅切平易诗风主要见于王禹偁、李昉、李至等北方士人,而"昆体"、"晚唐体"之绮丽和精巧与五代江南士人吟业风习一脉相承,其中名家如杨亿、钱惟演、林通、"九僧"都是南方人,其流行范围也主要是南唐、吴越故地。

　　在宋初三朝逐步活跃的江南籍士人中,杨亿的崛起最具代表性。杨亿,建州浦城(今属福建)人。家世尚武,财雄当地,曾祖辈始读书为士。从祖杨徽之,随邑人江文蔚、江为习诗学赋,并与之齐名,后潜赴中原,以诗才蒙太宗知遇。杨亿"七岁能属文,对客谈论,有老成风。雍熙初,年十一,太宗闻其名,诏江南转运使张去华就试词艺,送阙下,连三日得对,试诗赋五篇,下笔立成",后入馆阁,为词臣⑤。杨氏祖孙以闽人相继显名当世,为文坛盟主,代表了南方士人应时而起,以才艺致身的奋进姿态。闽越自古荒屿边隅,民风鄙陋,唐德宗贞元八年(792),晋江人欧阳詹与韩愈、李绛同登"龙虎榜",由闽入京,一路强烈地体验到故里文化落后的孤寂感:"某代居闽越,自闽至于吴,则绝同乡之人矣;自吴至于楚,则绝同方之人矣;过宋由郑逾周到秦,朝无一命之亲,路无回眸之旧,犹孤根寄不食之田也。"⑥经晚唐五代经济之开发、文化之孕育,加之北方士人南下之影响,入宋后闽中文教便为江南之先。《宋史》地理志称闽中风俗"多向学,好为文辞,登科第者尤多"⑦。宋真宗时泉州人

① 脱脱等《宋史》卷四四一,中华书局1977年版。
② 《宋史》卷二六六。
③ 阮阅《诗话总龟》前集卷三。
④ 《宋史》卷二九六。
⑤ 《宋史》卷二九六、三〇五。
⑥ 欧阳詹《上郑相公书》,《欧阳行周文集》卷八,《四部丛刊》本。
⑦ 《宋史》卷八九。

段全《仙游县建学记》称:"圣宋以文化天下,岁诏州县贡秀民,士倍于昔,而闽人十计三四。"①杨亿等闽中士人在宋初文坛的崛起,正是五代以来经济、文化发展的结果。

杨亿在真宗朝以"西昆酬唱"和"时文"风采耸动天下。虽然其中刘筠等人作为辅佐也起有一定的作用,但杨亿却是处于绝对的主导地位。当时诗赋、四六中讲究词藻、音律、组织的风尚主要是由杨亿、钱惟演等人作成。追溯其源,不难发现,这种风尚是晚唐五代诗赋绮靡之风的直接继承和发展。杨亿推崇李商隐之"才调""雅丽",又慕唐彦谦之"清峭感怆",主张诗歌应"包蕴密致,演绎平畅",其实质仍不出晚唐五代诗美意识中的"清丽"之求。据记载,杨亿之创始"西昆体"是他"至道中,偶得玉溪生诗百余篇",细加研味推求的结果②。但考虑到如下情况:唐末五代绮艳诗风的代表作家韩偓流寓闽中,以晚辈亲戚与李商隐交往颇深,其《无题》、咏物及艳体诗都受到李商隐的直接影响;莆田徐寅善律诗,今见于《全五代诗》二百六十余首,全为近体,且以七律为主,他的赋当时被"目为锦绣堆"③;另如陈觊、江文蔚、江为等人诗歌都以近体为主,风格靡丽纤巧。因此说杨亿之学习李商隐,致力于近体,风格赡博秾丽,不得不说受到了这些闽中前辈的影响。当然,杨亿等人的创作带有真宗朝承平有日、民康物阜、文化蕴积的特定时代色彩,与晚唐五代之末世衰颓卑陋相比,艺术格调和技术水准都有了不少改变和进步,杨亿等人的创作在当时被目为"新体"便是由于这个原因。

总之,宋初三朝是宋代政治、文化发展中的一个相对独立的阶段,政治思想上的抑武佑文、"文德致治"和实际制度措施上的袭唐之故、摹唐之盛,构成了文学上铺摛辞藻、润色鸿业的现实基础。南方士人以其与前朝文学风习的紧密联系,便当仁不让地充当了宋初文坛的主角。

二、文学复古意识兴起于京东、河北

当南方士人以优越的诗赋之才在宋初崇文风气中充当主角时,中原大地同时

---

① 曾枣庄、刘琳主编《全宋文》卷一九五,巴蜀书社 1989 年版。
② 江少虞《宋朝事实类苑》卷三四。
③ 刘克庄《徐先辈集序》,《后村先生大全集》卷九六,《四部丛刊》本。

也在酝酿一股文学复古思潮,从而使宋初文坛出现了显隐两条线索并存的格局。许多文学史家都困惑于宋初文坛的芜杂错乱,很难把定一个清晰的合乎逻辑的发展线索。其实这种情况从晚唐五代便已开始,其根源便是长期的衰乱、分裂格局导致的文化气象上的破碎。

中国文化发展的南北差异由来已久,隋唐之际,由于统一帝国的强大凝聚力,地域性因素处于较为次要的地位。但至"安史之乱"以后,随着帝国权威的逐步削弱和南方经济的崛起,文化发展中心始趋分散。晚唐五代中原的动乱和南方的割据使南北的差异更趋明显。史家已经注意到,宋初政治舞台上南北士人群体之间存在着一定程度的对立。据载,宋太祖生前便有"不用南人为相"的训言①。真宗朝大臣王旦竭力阻止南人王钦若为相②。寇准曾以"江外人"有所不宜为理由,阻止晏殊、童贯等人举神童、作状元③。这种南北士人的派性抵触便是五代之际南北分裂的"后遗症"。虽然很难因此认定他们在政治利益上有多少根本性冲突,但从中也确实可以看出南北士人文化性格上的分歧。

南、北士人之间最显著的差异便是"文"与"质"的悬殊,当北方干戈杀伐荡涤了门阀世家、帝国权贵的同时,也驱散了虽是衰象溰漫仍极浓郁绚丽的大唐文化氛霾,留在中原大地的便剩下"河朔贞刚"那样的质朴淳厚、清刚敦实的传统文化底色。唐代的文人大多出身于今河南、山西、陕西三省,即便是中唐以后,诗文大家如李商隐、杜牧、温庭筠、韦庄等都是此间人士。与此相比,宋代的中原地区显示了文学气象的孱弱不振。江少虞《宋朝事实类苑》收载了这样一件事:"山东经学多不省文章,尝一县有两经生,同官忽举郑谷诗句,称赞其美云:'任是深山更深处,也应无计避王徭。'(引者按:此出杜荀鹤《山中寡妇》)其一人难曰:'此诗句误矣,野鹰何尝有王徭乎?'一人解之曰:'古人宁有失也,是年必当科翎毛耳。'"④两人竟同时将"也应"谐音误作"野鹰"。事虽出于嘲谑,但反映了当时山东士人在文学方面的孤陋寡闻。不仅是山东文人,整个北方地区都带有"文物禀性质鲁,不能为文辞中程

---

① 　王暐《道山清话》,《影印文渊阁四库全书》本。
② 　《宋史》卷二八二。
③ 　《宋史》卷三一一;李焘《续资治通鉴长编》卷八四,中华书局 1995 年版。
④ 　江少虞《宋朝事实类苑》卷六六。是书该条注出《刘贡父诗话》,今本刘攽《中山诗话》文字稍异。

试"①的现象,在进士科考试中一直处于劣势,以至于英宗、神宗朝要反复考虑在进士科录取中给陕西、河东、河北、京西、京东五路考生以特别优待,防止东南士人侵夺名额。

　　劣势和优势往往是并存的,剥落末世之浮华,北方士人传统中一些固有的优良素质便突显出来。《宋史》地理志是这样表述河北、京东四路风土民俗特征的:河北"人性质厚少文,多专经术,大率气勇尚义,号为强忮。土平而近边,习尚战斗"。京东"其俗重礼义,勤耕纴","朴鲁纯直,甚者失之滞固,然专经之士为多"②。民风勤俭质朴、勇武好义;士人习尚淳古,喜儒专经。这些区别于"南人"的士风、民风正是当时文学和文化复古思潮产生的社会基础。仁宗朝初年的复古斗士石介经过魏地,凭吊复古先驱柳开遗迹,诗中这样写道:"全魏地千里,雄大视区宇。黄河为血脉,太行为筋膂。地灵育圣贤,土厚含文武。"③在石介看来,柳开之先知先觉,倡求古道,是河朔清刚敦厚之气蕴育的结果。石介这一感觉有着身在此中特有的敏感。宋初的文学复古思潮正是在北方,主要是当时京东、河北等地"质厚少文"、"气勇尚义"、"多贵经术"的人文背景里孕育产生的。

　　最初这股思潮集中在京东、河北一带。北宋行政区划上的"京东"指今山东大部及河南商丘、江苏徐州、宿迁、淮安等市,"河北"包括今河北省与河南省安阳、濮阳、鹤壁、新乡、焦作等市及山东省聊城、德州、滨州等市北部④。今日文学史所常提及的宋初诗文革新先驱柳开、王禹偁、张咏、石介等人都属于这两地区。当时的京东、河北士人大致分为两类。一是张咏、王禹偁等"直臣"为代表的政治改革派。王禹偁,济州钜野(今山东巨野)人。张咏,濮州鄄城(今属山东)人。另有寇准,本华州下邽人,其父仕魏地,死葬大名(今属河北)。寇准早年游学大名,与张咏同以大名府进士及第。王、张、寇在太宗、真宗朝以立朝謇谔敢言、直节不屈称于时,张咏、寇准为政果敢,寇准于真宗朝位至两府,力主真宗亲征契丹,英风可尚。他们三人早年都有长期的客游经历,张咏更是带有浓重的武侠作风,"少任气,不拘小节",

①　富弼语,杨士奇、黄淮《历代名臣奏议》卷一六四,《影印文渊阁四库全书》本。
②　《宋史》卷八五。
③　石介《过魏东郊》,《徂徕石先生文集》卷二,中华书局1984年版。
④　这里据此次修订本文时的行政区划。

"自少学剑颇得妙术,无敌于两河间,好奕棋,精射法,饮酒数斗不乱"①。张咏太平兴国五年登第,"尝谓其友人曰:'张咏幸生明时,读典坟以自律,不尔,则为何人邪?'"②当时北方士人中具有类似作风的不在少数,如《宋史·文苑传》第一卷所载宋白"豪俊尚气节,重交友"。郑起"少游京洛间,佻薄无检操"。冯吉"为少卿,颇不得意,以杯酒自娱……酒酣即弹琵琶,弹罢赋诗,诗成起舞,时人爱其俊逸"③。重交游,尚节义,好武近侠,磊落任气,带有河朔士人雄健强悍、慷慨悲歌的性格特征。张咏、寇准、王禹偁等人在政治上的刚方进取作风正是北方士人文化性格和精神传统的具体表现。

京东、河北士人中的另一类是以柳开、邢昺(曹州济阴人)、孙奭(博州博平人)为代表的儒学之士。他们所处地近齐鲁儒学圣地,保持了山东儒生好尚经义的传统。邢昺太平兴国初以《九经》及第,"经术该博",颇多撰述。孙奭于太宗、真宗朝"以经术进,守道自处,即有所言,未尝阿附取悦"④。柳开早年郊居授徒为业,不以科举入仕为意,作《东郊野夫传》、《补亡先生传》明志,以学古开道为己任。当时中原士人怀有此种人生志向的不在少数,如柳开同乡先辈范质,"十三治《尚书》,教授生徒"⑤。楚丘(今山东曹县)戚同文当五代之乱,"筑室聚徒,请益之人不远千里而至,登第者五六十人"⑥,著名的应天书院便是因其旧居营建而成。这种私人聚徒讲学之风,在宋代文化史上有着特殊的意义。

上述两类人物从不同的立场都提出了复古革新的主张。柳开从"开道""补亡"的立场出发,强调"道"为文本,文以载道,文关教化。张咏本着黜邪扶正的社会责任感,主张恢复古诗"随事美刺","黜邪归正","疏通物理,宣导下情"的比兴讽谕传统⑦。他们分别代表了两种不同的复古思路,前者重在"务本",后者意在"致用"。而王禹偁则俨然二者兼而有之,代表了宋初文学复古思想的正确方向。当时这些京东、河北士人以大名(今属河北)为中心,形成了一股不小的群体。柳开、王

---

① 钱易《宋故枢密直学士礼部尚书赠右仆射张公墓志铭》,《乖崖集》附录,《影印文渊阁四库全书》本。
② 《宋史》卷二九三。
③ 《宋史》卷四三九。
④ 《宋史》卷四三一。
⑤ 《宋史》卷二四九。
⑥ 《宋史》卷四五七。
⑦ 张咏《许昌诗集序》,《乖崖集》卷八。

祐、臧丙、范杲都是大名人,张咏、王禹偁、寇准、张景等人客游、寄学于此。他们之间相互推毂激扬,造成了一定的声势。

真宗景德以来,随着朝廷浮夸奢靡政治风气的滋长,杨刘"昆体"和"时文"大行,一些曾经追随京东士人习学古文的南方士人不能坚持(如丁谓),遂就范于"时文"的咄咄声势。但北方士人中的复古力量却仍在积聚之中。新一代的复古势力集中于京东诸州,逐步形成了更为强劲的群体声势。真宗暮年昏愦,大臣弄权于外,后宫干政于内,政治腐败加剧。在章献刘后与太子之间的权力之争中,丁谓、钱惟演等夤缘刘后,擅权售奸。寇准与李迪(濮州人)、王曾(青州人)等京东人士则坚定地站在太子一边。这种对立状况持续到仁宗初年。"生于唐虞,学于邹鲁"的范仲淹感激论天下事①,与孔道辅等人继承了王禹偁、张咏等京东先辈的政治立场和战斗精神。正是因为京东士人政治态度和正直品格从真宗朝后期以来一直与刘后及其附缘者处于对立状态,明道二年(1033),章献刘后崩,仁宗亲政,贬黜后党亲近吕夷简、夏竦、范雍等人,所进用者多京东人士。李迪为相,范讽、范仲淹、孔道辅、郭劝等为谏官,一时京东士人济济于朝,群情为之振奋,兖州石介特作《宋颂》加以称美。范仲淹领导的政治改革运动便是在京东士人政治斗争的基础上展开的。

与政治领域的忠直相继、奋起改革相呼应,京东下层和在野士人的游从讲学之风也较活跃。石介曾在一篇文章中介绍说:"至道、咸平以来,山东文人之杰贾公疏、刘公仪、刘子望、孙明复。"②贾同,字公疏,青州临淄人,"笃学好古",著有《山东野录》,从游者有刘颜、李冠等。高弁字公仪,濮州雷泽人,曾学于柳开、种放、王禹偁,"性孝友,所为文多祖六经及孟子,喜言仁义",著《帝刑》三篇,石延年、刘潜、刘颜皆其门人。刘颜,字子望,京东彭城人,"少孤,好古,学不专章句","居乡里,教授数十百人",有《儒术通要》等著述③。这种群居讲习,著述明道的风气至仁宗明道、景祐年间进入极盛。景祐二年,石介延孙复入山东,筑室泰山,率山东士人执弟子礼。据石介《寄弟会等》、《上杜副枢书》等作品介绍,当时从游者有张洞、李缊、刘

①　范仲淹《移苏州谢两府启》,《范文正公集》别集卷四,清康熙岁寒堂刊本。《宋史》卷三一四范仲淹本传:
　　"仲淹二岁而孤,母更适长山(今山东邹平县东)朱氏,从其姓,名说。少有志操,既长,知其世家,乃感泣辞母去,之应天府,依戚同文学。"
②　石介《贤李》,《徂徕石先生文集》卷八。
③　《宋史》卷四三二。

牧、士建中、姜潜、杜默、徐循、张豹、刘君平、卢淑、李常及石介婿高枢、石介弟会、侄师愚等人，足见一时群体之声势。他们活跃在齐鲁礼义之邦，儒学"圣地"意识使他们对儒教王化的弘扬有着本能的热忱，并发展为一种迈越汉唐，追复三代的崇高理想了。石介曾经说过："求圣人之道者必自鲁始。"①他赞叹齐鲁大地"圣人遗风烈，生民多材良"，"士风实深长"②，他向往齐鲁王化能风行天下，实现"四方观表则"，天下同向往的境界③。为了实现这种理想，他愿全力以赴，"披坚执锐，摧坚阵，破强敌"，"使斯文也，真如三代、两汉，跨跃李唐万万"④。这样一种坚定执着的道德理想和战斗精神是其他地区的士人身上所难以见到的。

新一代京东士人的文学复古革新主张是与上述政治和儒学实践紧密联系的。与后来王安石"变法"之重财政法制不同，范仲淹的"庆历新政"以追复三代之治相号召，重在士风吏治的整顿，其具体措施不外进贤纳谏、敦励风化等传统儒家政治理想。表现在文学思想上，便是重视文章和教化的关系，把文风改革作为士风建设和政治改革的重要环节。石介则站在黜邪弘道的立场，把杨亿等人的"时文"与释老一同视为异端大加挞伐。这些都带有京东士人鲜明的思想特征和战斗精神。

京东士人中还有所谓"东州逸党"，未能引起人们注意，在此有必要特别提出。当时提出这个概念的是颜太初，其《东州逸党诗》写道："东州有逸党，尊大自相推。号曰方外交，荡然绝四维。六籍被诋诃，三皇遭毁訾。……或为童牧饮，垂髫以相嬉；或作权量歌，无非市井辞；或作薤露唱，发声令人悲；或称重气义，金帛不为赀；或曰外形骸，顶踵了无私。……不知二纪来，此风肇自谁？都缘极显地，多用宁馨儿。斯人之一唱，翕然天下随。"⑤诗中所责居于极地，首唱此风的"斯人"为范讽。范讽虽与王曾、李迪等一道抵制后党权奸，但不似王、李"正色危言"，性格偏于"旷达"，"不守名节"，"饮酒自纵"⑥。当时传效此风者有刘潜、李冠、石延年、张方平等，京东追附者另有吴颢、韦不伐、陈靖、田度、马武等十数人⑦，可见声势也不小。

---

① 石介《归鲁名张生》，《徂徕石先生文集》卷七。
② 石介《赠李常李堂》，《徂徕石先生文集》卷三。
③ 石介《留守待制视学》，《徂徕石先生文集》卷四。
④ 石介《上孙先生书》，《徂徕石先生文集》卷一二。
⑤ 吕祖谦《宋文鉴》卷一六，《影印文渊阁四库全书》本。
⑥ 《宋史》卷三〇四。
⑦ 张方平《谢苏子瞻寄〈乐全集序〉》，《全宋文》卷八〇四。

他们主要活跃于仁宗天圣、明道间。颜太初的批评不免夸大其辞，但大致概括了其豪放任气，不拘礼法的特点。石延年是"东州逸党"中另一代表人物，其"先世幽州人，晋以幽州遗契丹，其祖举族南走，家于宋城。延年为人，跌宕任气节"①，"读书不治章句，独慕古人奇节伟行非常之功，视世俗屑屑，无足动其意者。自顾不合于时，乃一混以酒。然好剧饮，大醉，颓然自放"②。不难看出，这是古老的豪侠游士作风及河朔、山东尚武精神的延续，其中刘潜就被宋人径称为"大侠"③。

"东州逸党"的文学活动主要是诗歌创作。他们在当时的诗坛刮起了一股"歌吟啸呼"的旋风，正如颜太初诗中所批评的那样，他们的诗以登临怀古为主，慷慨言志，怊怅述情，喷薄着燕赵之士"慷慨悲歌"的激越之音。石介《石曼卿诗集序》称石延年诗"能振奇发秀"，"托讽物象之表，警时鼓众，……以劲语蟠泊，会而终于篇，而复气横健举，洒落章句之外，学者不可寻其屏阈而依倚之，其诗之豪者欤"④。这种豪迈慷慨之作风与南方文士之作的典赡雍容、绮艳小巧相比，是一种潜在的对立和超越，从而成了仁宗朝初期诗风更新的先声。苏舜钦、尹洙、欧阳修早年与石延年等"逸党"人士交往颇密，诗风也受到了他们的影响。不仅是诗歌，东州逸党的行为作风也渗透到词中。陈师道《后山诗话》："（李）冠，齐人，为《六州歌头》，道刘项事，慷慨雄伟。刘潜大侠也，喜诵之。"李冠此词今存，慷慨激昂之气势强于苏轼，可谓宋代词坛最早的豪放词。

从上面的论述可以清楚地看出，北宋诗文革新思潮在宋初的发生和仁宗朝初期的大规模兴起，完全可以视作京东士人的贡献。这一阶段诗文革新的理论和实践鲜明地打着他们的性格烙印，其中的成功和偏颇都与其地缘性的群体士风背景

---

① 《宋史》卷四四二。
② 欧阳修《石曼卿墓志》，《欧阳修全集》居士集卷二四，北京中国书店1986年影印世界书局版。
③ 陈师道《后山诗话》，中华书局《历代诗话》本。
④ 石介《徂徕石先生文集》卷一八。此文作者一说苏舜钦，见《苏舜钦集》卷一三，上海古籍出版社1981年版。北宋无名氏《宋文选》、南宋魏齐贤等《五百家播芳大全文粹》作石介文，刘克庄《后村诗话》续集卷一也称石曼卿诗由"石徂徕作序"，可见宋人多以此文为石介作。又石介《三豪诗送杜默师雄》"曼卿豪于诗，诗坛高数层"，《读安仁学士诗（曼卿旧字安仁）》"试看安仁咏，秋风有怒涛"，《郑师易秀才诗奔腾遒壮，殆有石曼卿学士风骨，作四韵以勉之》对石延年（字曼卿）豪迈轩昂之诗风均表盛赞，与序文语意均合。此序作于石延年生前，石介成名较苏舜钦为早，当时影响大，与石延年交往也深，故此序似为石介所作更为合理。然石介与穆修似无交往，今石介、穆修集中除此序文外，均无其他相互交往之迹，而序文中穆修、石曼卿二人则相提并论，不知何故，俟考。

密切相关。虽然在京东士人内部也存在一些明显的分歧,如孔道辅、颜太初、石介等名教之士对"逸党"作风颇多批评,范仲淹对石介等"京东学究"也有微辞——这些分歧反映了北方士风传统内在的多样性和复杂性,但就京东、河北士人的整体情况而言,总显示出一种统一的英迈矫厉作风。正是这份传统深厚的阳刚之气,使他们从宋初以来一直充当着政治改革、儒学复兴和文学革新的先锋角色,同时也不免地带有明显的偏失,如石介等人诋时过当、好古以戾,石延年等"逸党"人士诞放骛远几近悬瓠无当。京东士风的高涨以"庆历新政"为顶峰,也随着"庆历新政"的失败而跌落。石延年、石介分别于庆历元年和五年去世,范仲淹于"新政"失败后离开朝廷,辗转老死地方。此后终北宋之世,在京东、河北范围内再也没有形成大规模的士人群体,北方士人精英高度荟萃于汴洛地区。

三、南北士风的交流与政治改革高潮后文学重心的南移

诗文革新的初起以京东士人的声势最为强劲,然而诗文革新之推向高潮又非一方士人独成之事。范仲淹政治改革集团便远远突破了地缘性结盟的局限。韩琦,相州安阳人;富弼、尹洙、滕宗谅,河南洛阳人;欧阳修,吉州庐陵人;余靖,韶州曲江人;蔡襄,兴化郡仙游(今属福州)人;孙沔,越州会稽人。这说明范仲淹的政治改革有着广泛的社会基础,这是政治改革得以推展的重要原因。文学革新也是如此,以欧阳修为核心的文学改革力量已非地缘性群体。欧阳修、梅尧臣、苏舜钦、尹洙、蔡襄分别来自不同的地区。仁宗天圣、明道间,当京东士人群情活跃,影响热烈之际,欧、梅、苏等诗文革新的代表人物也都陆续聚游京洛,他们与穆修、石延年、石介、尹洙,也大都在此间相识和结交。其中二石代表京东、河北之士,尹、苏是京洛人士。穆修虽为京东郓州人,但自少随父宦游南北,真宗末年以来寓居汴洛,入仕后辗转南方,晚年退居京师,与京东石介等人几无交往,而与京洛尹、苏等人较为亲近。欧、梅则是以南方士子的身份活跃于当时的京洛文人圈的。

穆修是这一批文人中最早习学古文的作家。当真宗朝"杨亿、刘筠尚声偶之辞,天下学者靡然相从,修于是时独以古文称"①。他重道而不轻文,尊韩愈,复喜柳

---

① 《宋史》卷四四二。

宗元,是韩柳"古文"的真正继承者。尹、苏兄弟皆从其游,"力学古文"①,复作古诗,"时人颇共笑之,而子美(引者按:苏舜钦)不顾也"②。穆、尹、苏等汴洛之士在习尚高古,脱弃"时文"流俗方面与京东士人有着诸多一致,显示了北方士人的某些内在统一性和相互传效与影响,但他们在许多方面又与京东士人明显不同。他们没有石介等"京东学究"好古入戾,石延年等"逸党"人士放诞无羁的弊端,他们大多以形势韬略和实际才干为时所称,尤其是尹洙,因此成了范仲淹政治集团的骨干。他们不似石介等人得道忘"筌",重道轻文,而是把古文、古诗作为独立的传统加以继承和学习。这是他们与柳开、石介同倡复古明道而阵容相离,谱系不接的主要原因。

欧阳修出生与成长之南方没有京东、汴洛等北方地区"习尚淳古"的士风背景。欧阳修在《记旧本韩文后》自称少年时代第一次接触古文全然出于偶然,而且为习时文参加科举他只能把它束之高阁。在复古明道方面,他没有得风气之先的优越感,在文章中反复提及自己"知道晚"③,学古文在人后。欧阳修在汴洛文人圈中崭露头角,是由于他两试国子监,一试礼部"皆为第一",而当时的科考仍以"时文"为主。欧阳修与京东士人相比认识上的滞后主要是地域性差距造成的。梅尧臣的南方士人特征更为明显,他受到叔父梅询、妻兄谢绛的直接影响。梅询与杨亿同时,颇为杨亿赏识④,梅尧臣早年随其游宦,后又因以荫补入仕。谢绛,杭州富阳人,"以文学知名一时",曾得杨亿称荐⑤。在梅尧臣看来,仁宗天圣、明道间的诗坛是由谢绛主盟的⑥。由于他们的关系,梅尧臣从一开始便"刻意向诗笔"⑦,走着一条与同时代尊儒复古之士多所不同的道路。

南北多方面的士人在汴洛一带的相遇和交游导致了南北两大士风传统的互动与交流,激发与贯通。欧阳修等南方士人从京东、汴洛等北方士人那里受到了复古明道思潮的启蒙和激励。叶梦得《避暑录话》说,石介"始倡为辟佛老之说,行之天

① 范仲淹《尹师鲁河南集序》,《范文正公集》卷六。
② 欧阳修《苏氏文集序》,《欧阳修全集》居士集卷四一。
③ 欧阳修《答孙正之第二书》,《欧阳修全集》居士外集卷一八;《苏氏文集序》,《欧阳修全集》居士集卷四一。
④ 阮阅《诗话总龟》前集卷一二。
⑤ 《宋史》卷二九五。
⑥ 梅尧臣《依韵和答王安之因石榴诗见赠》,朱东润《梅尧臣集编年校注》卷二八,上海古籍出版社 1980 年版。
⑦ 梅尧臣《谢晏相公》,同上卷一六。

下,文忠(欧阳修)初未有是意,而守道(石介)力论其然,遂相与协力"①。尹洙从穆修学古文,深于《春秋》,文风谨严,在欧阳修之前"大见风采",士林耸慕②。欧阳修初作古文,在碑志如何"简而有法"方面,受到尹洙的启发③。

　　欧阳修等南方士人对京东等地北方士人也具反作用。欧阳修曾反复致书赠诗,规劝石介师徒不要泥古自异④。特别值得一提的是,天圣、明道间,钱惟演任西京留守,谢绛为通判。在其幕下和周围聚集了一批新进文士,除欧、梅、尹外,还有张汝士、张先、杨愈、富弼、王复等人,南北士人兼而有之。他们山水宴游,诗酒唱酬,一时声气较盛。这种诗酒唱酬与京东士人群从讲学、谈经复古不同,远绍中唐洛中游宴闲吟之风,近得宋初士林酬唱之习。钱惟演为"西昆"前辈,"乐士喜文学"⑤,对僚从"不撄繁以吏事"⑥,任其纵情文事。可以这么说,欧阳修文士集团的起点正是钱惟演幕下的唱酬。与传统文士唱酬风习的这一联系充分反映了欧阳修文士集团与京东士人间的深刻区别。

　　欧、梅、苏、尹为代表的文士集团体现了多方面的士风传统在儒学复兴、政治改革的时代大趋势下的融汇。地域上的多元使他们避免了以地方传统相号召,以乡里关系相攀附的局限,避免了过于拘执一方学术传统,觑视旁门无道的狭隘和偏激。欧阳修反对复古革新功分彼此,反对"分限方域而言"道的不良倾向⑦。作为当时文坛的核心人物,欧阳修既接受了京东儒学之士复古崇儒思想的启发,在忧时济世、道求致用方面又与尹、苏等人高度一致,同时又带着南方士人根深蒂固的喜文习性。因此他在思考和摆放"文"与"道"、道德与事功的价值关系上,在对待南北殊异的两种士风传统上,都表现出圆融通达的态度,从而为诗文革新明确了一个"文""道"并重,"文与道俱",以道为本,德性、事功与文章兼求并茂的发展方向。

　　欧阳修以一南方士子从诗文革新的后起之秀走到文学革新的领导核心地位,

---

①　叶梦得《避暑录话》卷上,《影印文渊阁四库全书》本。
②　范仲淹《尹师鲁河南集序》,《范文正公集》卷六。
③　邵伯温《邵氏闻见录》卷八,中华书局 1983 年版;释文莹《湘山野录·续录·玉壶清话》野录卷中,中华书局 1984 年版。
④　欧阳修《与石推官》第一书、第二书,《欧阳修全集》居士外集卷一六;《赠杜默》,《欧阳修全集》居士集卷一;《与张秀才第二书》,《欧阳修全集》居士外集卷一六。
⑤　欧阳修《送徐生之渑池》,《欧阳修全集》居士集卷五。
⑥　《四朝国史》欧阳修本传,《欧阳修全集》附录卷四。
⑦　欧阳修《答孔嗣宗》,《欧阳修全集》书简卷七。

标志着南方士人代际更新和整个文坛队伍结构性变迁的完成,南方士人在新的文学方向上构筑起新一轮优势。而在北方,后起的洛阳士人群体虽然继承了京东士人的道义精神,但却失落了慷慨奋争的气概,又得到了中唐以来洛中富贵闲适风气的熏陶,从而表现出文化性格上的内敛,普遍着意于道德涵养,潜心于义理心性,寄适于静退优游,其思想成果便是"洛学"的出现。而文学活动中流行的便剩下"邵康节体"那般平淡快活的闲适之吟。历史透过这不同地域的盛衰变迁,体现其天道冥冥,无情有意的选择。

　　南方新一轮的优势由于尹洙等中原士人的早逝及"庆历新政"失败后欧、苏、梅等主要作家的相继南下显得更为突出。梅尧臣早在景祐初年落第后就赴职睦州建德县,此后辗转襄、湖、许、陈等地,又在故乡宣城两度守丧。苏舜钦庆历五年寓居苏州,欧阳修同年谪滁州,后移扬、颍,至和初年方返朝。这种南移并不只是一种无谓的空间变更,它与政治关系上的"处江湖之远"相表里,对作家的生活方式和创作态度产生了深刻的影响。早在"庆历新政"之前,范仲淹因谏废郭后事贬谪睦州,一路领略南方山水,至郡不久,即给晏殊去信盛赞江南山水之佳、人物之乐:"渔钓相望,凫鹭交下。……春之昼,秋之夕,既清且幽,大得隐者之乐……且有章、阮二从事,俱富文能琴,凤宵之会,迭唱交和,忘其形体。郑声之娱,斯实为暇。往往林僧野客,惠然投诗,其为郡之乐,有如此者。"①在南方清山秀水的感染下,在江南士人浓郁的文学和宗教氛围中,范仲淹开始大"以物喜",陶然忘忧。其后在饶、邓等州也是如此。范之晚年越来越情系祖籍,强调自己是范蠡之后,并以南人之出身自负②,认为"北人情况异南人,萧洒溪山苦无趣",而南人一旦遭贬,擅长体会江湖之乐,以破闷解忧③。欧阳修明道、景祐间热衷政治改革,对范仲淹东南为郡之乐曾表不满,担心其乐以废忧,然而一旦自己被贬滁州,同样情不自禁地游心诗酒山水,诗歌数量激增。最能说明作家南行后文风变化的是范仲淹的《岳阳楼记》和欧阳修的《醉翁亭记》。这两篇大文字都完成于"庆历新政"失败后的庆历六年。与此前古文作品纯以政教道德大义为意不同,这两篇记文体现了道德义理与骚客情怀,仁者操

---

①　范仲淹《与晏尚书(一)》,《范文正公集》尺牍卷下。

②　范仲淹《题翠峰院》,《范文正公集》卷三。

③　范仲淹《和葛闳寺丞接花歌》,同上卷二。

节与山水乐意的融合,体现在文体风格上则是诗赋传统与古文传统的有机结合。尹洙认为范记是"传奇体"①,欧阳修《醉翁亭记》与稍后的《真州东园记》在当时被视为"创意立法"之作②,都是就它们在文体上融合两种不同传统的特殊造诣而言。古文创作的这一开拓创新,显然是作家南移后对南北两种士风、文风兼收并蓄的结果。

欧、梅等人籍贯上的南方性与宦居位置上的南移,还促进了南方士风和文风在新的历史条件下的进一步活跃。尤其是江西淮南地区,仁宗朝后期至神宗朝初年,比较活跃而富有成就的诗文名家大都属籍于此。王安石,抚州临川人;曾巩,抚州南丰人;王令,广陵人;刘敞、刘攽,临江军新喻人;袁陟,洪州南昌人;黄庶,洪州分宁人;郭祥正,太平州当涂人。曾巩、王安石、刘氏兄弟皆受知于欧阳修,郭祥正与梅尧臣游从,又尝受教于欧阳修。围绕欧阳修,江西、淮南文人频繁的群体活动构成了仁宗朝后期文坛的重要景观。

从欧阳修到曾巩、王安石,代表了当时文学发展的基本方向。胡瑗以来,南方士人就形成了经义、时务兼修并重的特色。欧阳修以文章知名于时,又倡言"文学止于润身,政事可以及物"③,于经义学术也多有造诣。王安石、曾巩正是继承、发展了这一新的士人风范。曾巩着重继承了欧阳修创作中因事而发、建明治乱的理性精神,王安石则欲经义、事功、文章三面尽领风骚。与欧阳修相比,他们的文章包含了更多经义、政事的渗透,体现了注重学力理识、道德人格的特征。反映在文学观念上,曾巩推尊载事明理之文,王安石于科举改革中罢诗赋,用经义,于诗学中抑李(白)扬杜(甫),于诗艺辨体制,严技巧。这些都洋溢着一种严求经义、事理的理性主义色彩。值得特别一提的是,后来"江西诗派"的黄庭坚、陈师道等人作诗重乎学养,思求理致,正是暗循了曾、王这些江西前辈的路径,因而得以在苏门大纛之下别树一帜。从曾、王到黄、陈,实际上构成了一个更为符合逻辑的发展线索。无论是与京东士人之空言古初,旁门无道相比,还是与宋初江南文士习尚辞章,余不知所向的才性格局相比,新一代南方士人都显示了文道并重的进步性。但是,曾巩、王

① 陈师道《后山诗话》。
② 欧阳发《(先公)事迹》,《欧阳修全集》附录卷五。
③ 《宋史》卷三一九。

安石也都暴露出一些明显的不足:过于牵滞于经史义理和政治功利,艺术独立价值的发挥每每受到妨碍,文学内容常常自觉不自觉地高度集中于明理致用而少有余地。尤其是王安石,当其把个人的文学见解和主张移作变法措施加以推行时,便不免带有某些思想专制的色彩。虽然王安石本人的文学观中有着文与诗迥然不同的双重标准,其实际创作在许多方面也都卓为大家,但其门生党羽中极少在文学上有所建树的。这些都说明他们的理性主义、功利主义在赋予文学创作诸多思想新意的同时,也给文学的发展带来了某些负面的影响。北宋文学的发展有待新的动力。

四、蜀中来风与诗文革新的新阶段

当曾巩、王安石等江西、淮南士人在欧阳修的影响下风概渐成之际,一支异军从蜀中崛起,进入中原,在当时的文坛掀起了"轰动效应"。仁宗嘉祐初年,苏洵在经过十年折节读书后,带着两个儿子来到京师。苏洵的文章受到欧阳修的赏识,并经他表荐朝廷。"既而欧阳公为礼部,又得其二子之文,擢在高第。于是,三人之文章,盛传于世。得而读之者为之惊,或叹不可及,或慕而效之。自京师至海隅障徼,学士大夫莫不人知其名,家有其书。"①三苏的出现,为北宋文学的发展带来了新的生机和活力。

三苏包含的文学创作新生机是由张方平、欧阳修等人首先发现的。早在皇祐间,成都知府张方平读了苏洵的文章,欣喜地看出其中"左丘明、《国语》、司马迁善叙事,贾谊之明王道"兼而有之的特点②,推荐给欧阳修。欧阳修把苏洵文比作"荀卿子之文"③,在嘉祐元年的《荐布衣苏洵状》中称"其论议精于物理而善识权变,文章不为空言而期于有用"④。欧阳修曾私下对苏洵感叹道:"予阅文士多矣,独喜尹师鲁、石守道,然意常有所未足,今见君之文,予意足矣。"⑤在给梅尧臣的信中,欧阳修描述了自己发现苏轼兄弟的惊喜之情:"读轼书,不觉汗出。快哉快哉! 老夫当

---

① 曾巩《苏明允哀词》,《曾巩集》卷四一,中华书局 1984 年版。

② 张方平《文安先生墓表》,《乐全集》卷三九,《影印文渊阁四库全书》本。

③ 苏洵《上欧阳内翰第二书》,曾枣庄、金成礼《嘉祐集笺注》卷一二,上海古籍出版社 1993 年版。

④ 欧阳修《欧阳修全集》奏议集卷一四。

⑤ 苏辙《颍滨遗老传》(上),《栾城集》后集卷一二,上海古籍出版社 1987 年版。

避路,放他出一头地。"①所言"轼书",指苏轼登第后的《上梅直讲书》。在信中,苏轼说自己幸遇欧、梅赏识,能为贤者之徒,得与游从之乐,"优哉游者,可以卒岁",不必勋爵,此乐"亦足恃矣"②。欧阳修特别欣赏苏轼这一观点,认为"吾徒为天下所慕,如轼所言","轼所言乐,乃某所得深者尔,不意后生达斯理也"③。从这些对三苏最初的赏识中不难看出,三苏体现了一种新的精神。他们的文章并不纯然以载道、论政为目的,也非韩、柳一派"古文"影响所能概括,而是浸会了多方面的思想文化传统,对现实的关注、道义的激扬与个人性情胸臆的逍遥洒脱、自由喷发溶为一体。在不废社会责任,无碍复古明道的前提下,文学之作为艺术审美创造活动的自由独立价值得到了更多的尊重和尽情的发挥,其中苏轼对"乐"的"达理"之见,更是契合了欧阳修"庆历新政"失败后人生态度的转变。这种对人生问题的思考探索,正是后来苏轼领导之文学得以拓新宇区的思想基础。总之,苏氏父子为当时文坛带来了一种更符合艺术规律因而餍足人意的思想精神和创作倾向。

这种新的气息与三苏所处的西蜀特殊的地缘形势和人文环境有着密切的关系。蜀中于宋朝版图,较为偏僻。唐代关中为"本位",剑外殆同后背,而北宋政治文化重心东移,蜀中便远为西陲。虽然宋之平蜀较南唐为早,但就实际军政统治而言,却反有鞭长乏力之感。宋初四川兵民起义较他处为频,致使当时"官于蜀者,多不挈家以行"④。至于文化上的影响和整合就更为困难。至仁宗朝,在东土士人心目中,巴蜀仍是"在国之西陲,既僻且陋,去朝廷声教远","虽国家之疆土,其风气不得中国之正"⑤。这种边鄙滞后的状态集中体现在蜀中士人的怀土厌仕上。苏洵《族谱后录》下篇云:"自唐之衰,其贤人皆隐于山泽之间,以避五代之乱,及其后僭伪之国相继亡灭,圣人出而四海平一,然其子孙犹不忍去其父祖之故,以出仕于天下。"⑥曾巩《赠职方员外郎苏君墓志铭》也说:"蜀自五代之乱,学者衰少,又安其乡里,皆不愿出仕。"⑦乱余厌仕,本是宋初士人普遍的心理,但在数十年偃武修文诸多

① 欧阳修《与梅圣俞(嘉祐二年)》,《欧阳修全集》书简卷六。
② 苏轼《苏轼文集》卷四八,中华书局1986年版。
③ 欧阳修《与梅圣俞(嘉祐二年)》,《欧阳修全集》书简卷六。
④ 魏泰《东轩笔录》卷一〇,《影印文渊阁四库全书》本。
⑤ 石介《记永康军老人说》,《徂徕石先生文集》卷九。
⑥ 曾枣庄、金成礼《嘉祐集笺注》卷一四。
⑦ 曾巩《曾巩集》卷四三。

政策的刺激和感召下,广大士人慕文向化,纷纷起身效时,士风为之激扬,而蜀中则因地处偏远,四出不畅,故而因循难振。虽然在一些赴蜀大臣如张咏等人的敦勉和影响下,士人入仕之意有所调动,但延至仁宗天圣年间,这种情况才有根本的改变。苏轼《谢范舍人书》称:"尝闻之老人,自孟氏入朝,民始息肩,救死扶伤不暇,故数十年间,学校衰息。天圣中,伯父(苏涣)解褐西归,乡人叹嗟,观者塞途"。其后范镇、梅挚等人相继登朝,"以文章功业闻于天下,于是释耒耜而执笔砚者,十室而九"①。欧阳修明道年间所作《陈氏荣乡亭记》也指出:"比年蜀之士人,以进士举试有司者,稍稍增多。"②普遍的怀土不仕,影响了对新潮文化的接受和参与。入宋近百年间,蜀中士人无论是政治上还是在学术、文化领域并未出现过真正管领风骚的人物。欧阳发《〔欧阳修〕事迹》载:"二苏出于西川,人无知者,一旦拔在高等,榜出,士人纷纷惊怒怨谤。"③"名动京师"中隐有中州士人的惊诧不解。可见,蜀中文化在宋初近百年间相对于中原和江南的发展是大大地落后了。

然而,正是相对的封闭和落后,反而使蜀中的士风、文风保持了一种"养在深闺人未识"的朴野幽逸气质。苏轼在《眉州远景楼记》中曾说:"吾州之俗,有近古者三:其士大夫贵经术而重士族;其民尊吏而畏法;其农夫合耦以相助。盖有三代、汉唐之遗风,而他郡之所莫及也。始朝廷以声律取士,而天圣以前,学者犹袭五代之弊,独吾州之士,通经学古,以西汉文辞为宗师。"④相对于东南士人来说,蜀中士人的不乐仕进使他们较少受到宋初科举"时文"绮靡雕镂之风的侵蚀。苏轼对自己在科场一帆风顺就发表过这样的自知之明:"轼长于草野,不学时文,词语甚朴,无所藻饰。意者执事〔欧阳修〕欲抑浮剽之文,故宁取此以矫其弊。人之幸遇,有如此哉。"⑤三苏父子的朴野幽逸之气不仅迥异于"西昆"、"时文"之典赡华巧,而且与景祐以来流行的"太学体"之怪僻艰涩也构成了鲜明的对立。苏轼在中进士后的《谢欧阳内翰书》中则道出了自己以"远方之鄙人"被擢高等与欧阳修矫改"好古以庆"之文坛新弊这一意图之间的联系。

---

① 苏轼《苏轼文集》卷四九。
② 欧阳修《欧阳修全集》外集卷一三。
③ 欧阳发《〔先公〕事迹》,《欧阳修全集》附录卷五。
④ 苏轼《苏轼文集》卷一一。
⑤ 苏轼《谢梅龙图书》,《苏轼文集》卷四九。

那么,三苏从蜀中带来的文风究竟具有什么新质呢? 大致说来,是一种疏宕、通达、欢畅、自由因而洋溢着浪漫色彩的艺术气质与文化精神,具体表现在以下三个方面:

(一)思想上的自由通脱

"蜀人虽知向学,而不乐仕宦"[①]。这样的"向学"便是较为纯粹的个人思想活动,治学的范围和路径也就比较自由,并不拘守一教一家之说。真、仁之际"名动士林,高视两蜀"[②]的布衣学者龙昌期便是如此,"究古今治忽之原,穷圣贤变通之旨,旁贯百氏,阐发微言"[③]。在当时儒学复兴的潮流中,龙昌期不知儒术之尊,被刘敞等人视为"远方寡见浅闻之民"[④],"违古畔道,学非而博"[⑤],几遭罚灭。但龙昌期这种"所学杂驳"[⑥]的倾向却代表了蜀中学风的基本面貌,尤其是"杂驳"中具含的"三教圆通"[⑦]的学术旨意更见特色。苏氏父子创立的"蜀学"在北宋中后期诸多学派中也以"杂驳"见长,以"三教合一"独树一帜,显然属于蜀中传统学风的继承和发扬。在这样一种圆通斑驳的思想风气中孕育的文学,必然具有一种自由任随、兼收并蓄的精神。苏洵"绝意于功名而自托于学术"的经历便是最好的说明。苏洵"少不喜学",再举不中便绝意声律之学,这些都隐有蜀士安土轻仕的性格基因。由于不以功名为意,读书便充分自由,既不以"时文",也不以经义为趋归。"数年来退居山野,自分永弃,与世俗日疏阔,得以大肆其力于文章。诗人之优柔、骚人之精深、孟韩之温淳、迁固之雄刚、孙吴之简切,投之所向,无不如意。"[⑧]"兀然端坐,终日而读之者七、八年",最终进入了"胸中豁然以明"的自在境界[⑨]。这是对古典文化传统的全面涵茹与自由汲取。苏轼在此基础上又增加了老庄、道释等内容。与京东、江南士人相比,苏氏父子的创作体现了思想上无所拘执、融合贯通、自由无碍的

① 范镇《东斋记事》卷四,《影印文渊阁四库全书》本。
② 文彦博《送龙昌期先生归蜀序》,《潞公文集》卷一一,《影印文渊阁四库全书》本。
③ 文彦博《荐龙昌期札子》,刘喜海《金石苑》卷六(《宋赐龙昌期敕并文潞公札子》),《续修四库全书》本。
④ 刘敞《上仁宗论龙昌期学术乖僻疏》,《公是集》卷三二,《影印文渊阁四库全书》本。
⑤ 《宋史》卷三一九。
⑥ 王闢之《渑水燕谈录》卷六,《影印文渊阁四库全书》本。
⑦ 龙昌期有《三教圆通论》,见王闢之《渑水燕谈录》卷六。
⑧ 苏洵《上田枢密书》,《嘉祐集笺注》卷一一。
⑨ 苏洵《上欧阳内翰第一书》,同上卷一二。

精神。

（二）性格气质上的疏宕奔放

苏洵两次参加科举未中，却利用东出三峡、北越秦岭的机会畅游了许多名山大川，尤其是庆历七年离京后自嵩洛游庐山，更欲南下一"窥群蛮"。两次畅游的经历被记录在《忆山示人》一诗中。在这首五古长诗中苏洵几乎没有提及自己的科场失意，而是全神贯注于峡江荆渚、中州秦陕诸多名山峻岭。他自称"少年喜奇迹，落拓鞍马间。纵目视天下，爱此宇宙宽。山川看不厌，浩然遂忘还"①。爱山喜奇，落拓纵游，俨然李白"一生好入名山游"的浪漫气质。而这样的性格、作风在当时的蜀士中并非偶然。与苏洵交游之史经臣便是如此"气豪"之徒，"纵横放肆，隼击鹏骞。奇文怪论，卓若无敌"②。苏洵另一好友张俞（"俞"一作"愈"），"隽伟有大志，游学四方"，曾上戎事策，召试，请授官其父，自隐不起，"喜奕棋，乐山水，遇有兴，虽数千里辄尽室往"。"浮沅湘，观浙江，升罗浮，入九疑，买石载鹤以归。"③不以仕宦为意，却与山水为亲，背井远游，纵情山水。这种人生意态既不同于河朔、京东士人之古道勇武之气，与东南士人的诗酒游乐、山水雅吟之好也不尽相同，洋溢着疏宕自由、浩迈放逸的浪漫主义气息。欧阳修交游中有位蜀士李士宁，疏狂无羁，欧阳修对此深表不解，认为他"不邪也不正"，"莫见其术"，难度其心④。欧阳修的困惑反映了蜀中士风在外方之人看来不羁无当的特殊性。苏轼兄弟虽然没有乃父漫游的机会，也不似张俞等人放浪草野，但其性格中总具一份浩迈不羁的气概。尤其是苏轼，确如乃父所言，是"独若无所为"，于世俗若不经心之人⑤。其表兄文同在《往年寄子平（子瞻）》一诗中回忆与苏轼少年交游的情景说："书窗画壁恣掀倒，脱帽褪带随纵横。"⑥疏宕欢适，任真不羁，显示了超凡脱俗的性格力度。苏轼所创造的艺术世界较之欧阳修、曾巩、王安石等文学前辈更具魅力，应该说首先得力于这种疏狂

① 苏洵《忆山送人五言七十八韵》，《嘉祐集笺注》卷一六。
② 苏洵《祭史彦辅文》，同上卷一五。
③ 《宋史》卷四五八。
④ 欧阳修《赠李士宁》，《欧阳修全集》居士集卷九。
⑤ 苏洵《名二子说》，《嘉祐集笺注》卷一五。
⑥ 文同《丹渊集》卷一七，《影印文渊阁四库全书》本。

迈往、雄奇浪漫的"蜀狂"型人格。

(三) 心态上的优游自足

欧阳修《陈氏荣乡亭记》说,蜀中"民既素饶,乐乡里,不急禄仕……甚好学者,不过专一经,工诗歌,优游自养,为乡丈人而已"①。古有言,沃土之民逸。得天独厚的自然条件养成了蜀中士民知足保和的性格,同时也形成了普遍的喜乐好逸风气。《宋史》地理志记载蜀民"收获多为遨游之费,踏青、药市之集尤盛焉,动至连月。好音乐,少愁苦,尚奢靡,性轻扬,喜虚称"②。苏轼《和子由蚕市》对乡风也有类似的描写:"蜀人衣食常苦艰,蜀人游乐不知还。千人耕种万人食,一年辛苦一春闲。闲时尚以蚕为市,共忘辛苦逐欣欢。"③虽然生活简陋,然欢游娱乐之兴不减。这样一种易足多欢的民风既是苏氏成长的环境,同样也给他们的心理以熏染。苏氏兄弟后来远离故土,颠簸于宦海,易足乐逸的人生态度和生活习性便成了他们随遇而安,化解人生困惑的精神力量。苏轼常以"草野"、"远方之鄙人"自称,当贬窜他乡时,多通过相对论的思想方法把自己比作当地一民。"我虽穷苦不如人,要亦自是民之一","自意本杭人","不辞长作岭南人","我本儋耳民","海南万里真吾乡",等等。与白居易在作品中多自认庸常不尽相同,苏轼这种安于草民的心理包含着对故里优游自足的平民生态的深刻感知以及作为"边鄙"出身对政治的潜在疏远和淡漠。其自解自慰随遇而安的态度也与物庶易足、少愁乐逸的故里民风有着心理上的联系。

从上面的论述可以看出,苏氏父子创作实践中最为鲜明的个性与活力都与蜀中特定的自然环境和士风民风背景紧密相关。他们正是裹挟着蜀中久蕴不发的朴野轻逸之风,为诗文革新带来了全新的生机。一种久处"边缘",无所执着的疏漫心理,安于鄙野、易足常乐的人生习性,任真不羁、阔达多思的文化气质使苏轼继欧阳修之后在"道"的思想内容,在"文"、"道"关系诸方面,进一步摆脱了北方道学之士复古主义和道德主义的思想束缚,同时也突破了江西、淮南之士政治功利主义和理

---

① 欧阳修《欧阳修全集》外集卷一三。
② 《宋史》卷八九。
③ 苏轼《苏轼诗集》卷四,中华书局 1982 年版。

性主义的某些局限,形成了一种更注重于个体存在价值,听命于身心自由,以疏放清适、乐观旷达、轻快欢畅为主要特征的浪漫主义,这是一种比欧、梅等前辈更具性格活力和艺术魅力的境界。三苏的出现,为欧阳修、曾巩、王安石等江南士人奠定的文学发展方向注入了全新的活力,诗文革新因之进入了"苏轼时代"。

　　苏氏父子在北宋中朝的出现和"苏轼时代"的确立,体现了偶然性与必然性的统一。宋初蜀中文化发展的滞后与蜀中特殊的士风民风对于北宋文学发展过程来说是一种偶然性的存在,而三苏之最终进军京师,入主文坛,又是北宋文化不断整合和发展的必然结果。如果没有两者的接迹,如果苏氏父子一仍蜀上"只知向学,不乐为仕"之故态,那么整个宋代文学史就远非今日所见之面貌。出川后的苏洵觉识到蜀中水土丰饶而民风易惰的不足。"岷山之阳土如腴,江水清滑多鲤鱼。古人居之富者众,我独厌倦思移居。平川如手山水蹙,恐我后世鄙且愚。"他向往嵩洛之间,平原辽阔,人材济济,"衣冠堂堂伟丈夫"的文明进步景象①。虽然苏轼兄弟常有"归蜀"之志,但自熙宁初年还朝后两人便再也没有回去过,其"求田问舍"也只在淮颍和江南。走出四川盆地的苏轼兄弟一直在社会的风口浪尖上颠簸,丰富的人生历炼使其"蜀士"的内涵演绎出了丰富的意态。宋末任长庆在《三苏全集叙》中曾有一段文字感喟苏氏父子成功之路的天作地合:"天下事故有不可料者……初,老泉(洵)《权书》诸篇,好谈兵事,颇近揣摩。二子仿其为文,虽奔放横溢,而言必快心,事必破的,未免荀、孟、贾、陆、杂仪、秦而用之,故谗者指以为纵横好胜,卒被困屈。晚年以刀俎魑魅之余生,悉举其感愤用壮者淘汰之,以诗酒咏歌风流谐谑与夫释氏老子之书,故风节益峻洁而不露,学问益醇深而不杂。天以斯文之任授二苏,出之安乐,投之忧患,而二公旋即于忧患境中簸弄文字为安乐法,其以文为戏,直以造物为戏矣……子瞻至此,非学士,乃道人也;子由非兄弟,乃道伴也。得道之人,是为至人;得道之文,是为至文,恨老泉不及见耳。岂若相如、王褒、扬雄,仅以藻丽鼎足峨岷间哉!"②生于蜀中,遭逢当世,起于安逸,成于忧患,偶然与必然的历史交会,成就了"文章风云起"③,父子并时出,艺术开新境,风流被天下的壮丽景观。

---

①　苏洵《丙申岁,余在京师,乡人陈景回自南来……》,《嘉祐集笺注》卷一六。
②　苏洵、苏轼、苏辙《三苏全集》卷首,眉山三苏祠藏清刻本。
③　苏辙《初发彭城有感寄子瞻》,《栾城集》卷七。

从上面四个部分的勾勒、描述和分析中不难看出,通常被视为文学运动的北宋诗文革新,其符合逻辑的有序发展过程其实是包含着一些偶然性因素的。诗文革新中相继出现的各派文学革新力量,其理论主张和创作实践乃至于在整个历史进程中出现的时序都受到相应的地方性文化传统和士风民风背景及其在北宋社会、文化统一、整合过程之地位的影响。诗文革新的进步和发展不只是个理论认识问题,首先应该是个社会存在问题。正是各种地方性士风传统及其相应的士人群体的存在,为诗文革新的展开提供了现实基础,诗文革新正是在各种地域性文学进步力量相互对立和竞争、影响和融合中获得了不断前进的勃勃生机。

从这些地域性因素的分析中,我们也可以清楚地看出,虽然北宋的政治中心依然在中原地区,但文学的重心已是完全地南移了。由于南方各地区间经济、文化发展的不平衡,整个南方文学也表现出区域性差异。北宋文学可以明确地分为四个富有特色的地区,这就是京东、汴洛、江南(含淮南)和巴蜀,不仅文学,整个北宋的思想文化也未必不是如此。

[本文为笔者博士学位论文《北宋诗文革新研究》(南京师范大学,1994;内蒙古教育出版社,2000)中的一章,作于1993年底,曾析出刊发于台湾张高评先生主编的《宋代文学研究丛刊》第二期(1996年)。1991至1994年间,从郁师贤皓攻读博士学位,厚承其教,学业稍进。当时主要集中探讨北宋中前期诗文的发展进程,撰述不少,此篇是其中略感满意者。近十多年学界对宋代文学及党派地域性的关注渐多,笔者此稿陈年陋见,或添方家兴趣,趁吾师贤皓先生八秩寿诞纪念文编之机,略事修订,再享同好。全文基本保持原貌,只就引文格式、标点符号和明显的文字错误作些改正与调整。2011年3月8日谨记。]

(作者单位:南京师范大学文学院)

"李白后身"郭祥正及其"和李诗"[①]

内山精也

一、问题所在

郭祥正（1035——1113）是北宋后期的诗人，字功父（功甫），号谢公山人、醉吟先生。太平州当涂（安徽省当涂县）人。

在今日的中国文学史或者说有关中国诗歌史的著述里，郭祥正几乎没有被单独论及，历代诗话、诗评类书籍里他的出现频率也决不高。因此，按照以前的评价，他明显属于北宋众多小诗人之一。

然而，现存郭祥正诗集《青山集》却以值得夸耀的整整三十卷，实实在在地将一千四百多首古今体诗传至今日。这个数量是北宋初期的杨亿、寇准的的四倍以上，相当于王禹偁作品数的三倍，而且超过中期的欧阳修、宋祁、司马光。至于北宋后期，若以苏门六弟子为例，黄庭坚、张耒两人留下的作品数或与他相等，或比他更多，但是秦观、陈师道、晁补之、李廌等留传下来的作品却比他少得多。通观整个北宋，现存作品多于郭祥正百首的诗人只有梅尧臣、王安石、苏轼、苏辙、张耒等屈指可数的几人。也就是说，单纯从现存作品的多寡来看，他应该是北宋的重要诗人

---

① 本文日文稿发表于早稻田大学中国文学会会刊《中国文学研究》第 29 期（松浦友久博士追悼号，2003 年 12 月）。

之一。

若就近现代诗人而言,存在着与留传作品的数量虽多,一般的评价却并不高的现象,这样不均衡的评价实况决非罕见。然而,郭祥正无疑是前近代的诗人,他的诗集已经经历了将近一千年岁月的考验。——跨越了无数可能存在的散逸的危机,从而展现在今日我们的眼前,这样的事实还不能说明他的诗集的价值吗?

那么,为何郭祥正的诗总是仅被视为文学史的支流呢?在笔者看来,那结果与其说是纯粹对诗歌的评价,还不如说更多地体现了对其人品的评价。虽然现在难断其真伪,但宋代不少文献记载了王安石在神宗御前斥郭祥正为"小人"的传闻[1],其诗作被苏轼冷笑的轶事[2],还有晚年和李之仪之间的丑陋争执[3]等传闻。笔者感到,这样的传说所起的作用就好象给诗的读者预先设置了一种过滤器。

可以举为证据的是,经过岁月的风化,当人们不再回忆起上面的传说逸闻时,便出现了不少对他的诗歌给与高度评价的文人。明代的杨慎(1488——1559)在列举可以与唐人相匹敌的宋人绝句时,引用了郭祥正的诗(《追和李白秋浦歌十七首》之九),结论是:"谁谓宋无诗?"(《升庵诗话》卷五)。清代的吴焯(1676——1733)为其得到的钞本《青山集》写下这样的跋文:"(郭祥正)古诗绝佳,置之小畜、宛陵间,泂埒伯仲。"(北京国家图书馆所藏,钞本《青山集》十卷)。而清代的阮元(1764——1849)给重刻的《青山集》作序,文中叙述读郭祥正诗,感到"古体直与韩、李并驱,近体不让王、孟"(清道光年间刊本《青山集》卷首)。李白、韩愈、王维、孟浩然自不待言,王禹偁(小畜)、梅尧臣(宛陵)也是当今文学史无一例外必须提到提到的唐宋重要诗人。对笔者来说,终久无法将此类评价一概断决为夸大其词。至少,在笔者的眼里以上三人的赞美之辞提示我们,有必要再一次用冷静的目光重新阅读郭祥正的诗作。

尽管如此,本文的主旨并不是要对郭祥正的诗歌进行全面评价,加以表彰。笔者这里注意诗人郭祥正,主要有两点理由:其一,因为他不属于北宋后期的两大流

---

[1] 北宋后期魏泰的《东轩笔录》卷六的记载是初出文献。王偁《东都事略》卷一一五(文苑传九八)、《宋史》卷四四四(文苑六)也有同样记载。

[2] 胡仔《苕溪渔隐丛话》前集卷三七(《郭功甫》)所引《王直方诗话》的记事。王直方是北宋后期人。

[3] 南宋中期王明清《挥麈录》后录卷六有记载。

派王(安石)门、苏(轼)门之中的任何一派,即他是北宋后期的第三类型的诗人。因此,在对北宋后期文学进行总括性、包笼性的把握时,郭祥正及其诗集的存在为我们提供了重要的线索。与此同时,这一点也直接关系到如何理解郭祥正身上体现的人品与作品评价之间的乖离现象。其二,因为他留下了对李白诗歌次韵的"和李诗"。他的"和李诗"与苏轼的"和陶诗"基本上是在同时出现的作品群。无论说知名度还是影响力,与苏轼的"和陶诗"相比都逊色几分,但是郭祥正的"和李诗"也是属于对古人作品进行次韵这一文学现象最初的实例,这一点是不可动摇的事实。为此,作为中国唱和诗研究的资料,其"和李诗"含有重要的价值。

　　由于上述两点主要的理由,笔者近年对郭祥正颇为关注。本文将焦点集中于郭祥正个人的内部因素上,以第二点为中心论述他和李白之间的关系。有关第一点,即在同时代诗人中对于他的位置和评价等,主要从外面切近观察,准备了另外的文稿。本稿在引用郭祥正的诗时,原则上依据《全宋诗》本①。诗题后附加的数字依次是《全宋诗》的卷数(汉字数字)、郭祥正诗部分的卷数(南宋初刊《青山集》的卷数)、《全宋诗》的页数。关于他的经历、事绩,依据孔凡礼校点《郭祥正集》(95.5、黄山书社、安徽古籍丛书)里所附录的《郭祥正事迹编年》(以下略称为《孔氏编年》)。

1、李白的后身

　　郭祥正步入仕途不久后,由于当时权威诗人的影响,其作为诗人的角色,由命运无形地被决定了。

　　皇祐五年(1053),十九岁进士及第的郭祥正被任命为星子县(今属江西省)主簿前往赴任,但因为与上司脾气不合,仅有一年左右的时间就弃官归乡了。恰巧这

---

① 《全宋诗》以南宋初期刊本《青山集》三○卷为底本(北京大学古文献研究所,第13册,孔凡礼校点整理)。另外,现在比较容易利用的郭祥正诗有三种:①北京国家图书馆所藏、南宋初刊本《青山集》三○卷的影印本(书目文献出版社,北京图书馆古籍珍本丛刊90);②四库全书文渊阁本《青山集》三○卷、《续集》七卷(但是《续集》所收的大部分诗是孔平仲的);③以清道光年间重刻本为底本的孔凡礼校点《郭祥正集》(95·5、黄山书社、安徽古籍丛书)。笔者以前就郭祥正《青山集》的各种底本,进行了初步的调查和考察。见拙稿《郭祥正〈青山集〉考》(宋代诗文研究会《橄榄》第三号,1990)。但是,前面四种底本中,因为当时比较容易利用的,只有②的文渊阁四库全书本,所以论述内容较为粗略而留下了遗憾。包含日后进行的追迹调查内容,以后想对前稿的粗略进行补充。

时梅尧臣(1021-1060)也由于为母服丧的缘故回到了宣城。于是,郭祥正前往邻近的宣城,得到了会见这位年长三十岁的诗坛权威的机会,并结为忘年之交。当时,梅尧臣给郭祥正的五首赠诗留传至今,其中一首决定了他作为诗人的命运。

《采石月赠郭功甫》(朱东润《梅尧臣集编年校注》卷二四)
采石月下闻谪仙,夜披锦袍坐钓船。醉中爱月江底悬,以手弄月身翻然。
不应暴落饥蛟涎,便当骑鱼上九天。青山有冢人谩传,却来人间知几年。
在昔熟识汾阳王,纳官贳死义难忘。今观郭裔奇俊郎,眉目真似攻文章。
死生往复犹康庄,树穴探环知姓羊。

第一句的"采石"指采石矶,是位于当涂西北的长江岸边之名胜地,陡峭的悬崖伸向长江,屹立于江岸。起首四句——传说月夜驶出采石矶,泛舟长江,醉后为捕捉映于江面的月亮,溺水而死——这是咏唱有关李白临死之传说的诗句。顺便说,上面的诗歌也有说[1]是现存有关李白临终传说最早的文献。诗的中间四句咏唱李白死后的传说——诗中唱到,李白并非沉溺于长江水底成为蛟龙的饵食,一定是骑着大鱼(长鲸)登上了天,所以青山的李白墓荒唐无稽,事实上李白转生并重新出生在这个世界。诗的最后六句则暗示:郭祥正才是其转生。

第九句中"汾阳王"是指郭子仪的事。有这样的故事:在李白因加入永王璘之叛乱而获罪陷入困境时,郭子仪由于没有忘记早年被李白救助之恩义,以解除自己的官职来替李白赎死罪。这一"郭李互救"的故事,虽然近人已经考证而否定其真实性[2],但因为《新唐书》里记载着,所以至少在北宋当时应该是被坚信不移的美谈。梅尧臣将郭祥正作为郭子仪的子孙,采用了这个故事。末句是依据晋羊祜转生的故事(《晋书》卷三四《羊祜传》)。

与梅尧臣的面谒在《宋史》卷四四四《郭祥正传》里也有如下记述(王偁《东都事略》卷一一五〈文艺传九八〉也有同样的记述):

---

[1]　参照松浦友久《李白传记论—客寓の诗想—》(研文出版,94.9)中《李白における〈捉月〉说话》一章(第386页以后)。
[2]　参照詹锳《李白诗文系年》(人民文学出版社 1984、4)第16-17页。

母梦李白而生。少有诗声,梅尧臣方擅名一时,见而叹曰:"天才如此,真太白后身也。"

梅尧臣的"李白后身"之评价,此后好像迅速地在士大夫间留传。例如,郑獬(1022——1072)七绝《寄郭祥正》(《郧溪集》卷二八,文渊阁四库全书本):

> 天门翠色未绕云,姑孰波光欲夺春。怪得溪山不寂寞,江南又有谪仙人。

诗的后半截咏唱到:由于作为"谪仙人"的你在,春天虽过,姑孰(当涂的别名)山水却丝毫也不逊色。据《孔氏编年》郑、郭两氏之间的应酬诗创作于治平二年(1065),因此,上面的诗可能也是这时的作品。若从梅尧臣的称赞开始计算,大概是在十年以后。而郭祥正这个时候送给郑獬的诗(《寄献荆州郑紫薇毅夫》,七五一,3-8752)里也有"公尝爱我似李白"这样的句子。

此外,刘挚(1030-1098)也有以《还郭祥正诗卷》为题的共计44句的长篇诗(中华书局校点本《忠肃集》卷十六),其中有这样一节:

> 汾阳有人字功甫,欻然声价来江东。当时未冠人已识,知者第一惟梅翁。
> 翁主诗盟世少可,一见旗鼓欣相逢。当友不敢当师礼,呼以谪仙名甚隆。
> 君亦自谓太白出,世姓虽异精灵同。

第5—10句歌咏的是郭祥正受到梅尧臣称赞之事。诗中记叙到,本来对人的评价十分严厉的诗坛盟主高度赞扬郭祥正,不求"师礼"而以朋友的身分会见他。刘挚给第10句附加自注说:"圣俞以君为李白后身,故诸公皆以谪仙称之。"据《孔氏编年》,郭祥正与刘挚应酬诗歌的时间是治平三年(1066)前后,上面的诗歌的创作时间恐怕也是前后不久。郑獬、刘挚的两篇①也提示了一个事实,即梅尧臣的赞扬大约在十年之间迅速地波及到了士大夫社会。

---

① 郑獬、刘挚以外,章衡也提到过相关内容。见南宋魏齐贤、叶棻《五百家播芳大全文粹》(文渊阁四库全书本)卷六七章衡《与郭祥正太博帖》。

《宋史》(《东都事略》)的传里记载着"母梦李白生",如果依据此说,他和李白的联系便可追溯到郭祥正出生之时,而从其它人的认可来说,便如刘挚的诗所明言,可以说梅尧臣称赞他为"李白后身"之事决定了他的命运。

如同从刘挚诗里可以窥视的那样,最晚在三十岁前后,不止别人将郭祥正看作是"李白后身",他自己对此也有强烈的意识,似乎自觉地强调作为"李白后身"的身份(可参考本稿〈四〉里引用的《哭梅直讲圣俞》)。

2、郭祥正的"和李诗"

诗人郭祥正,正是借以"和李诗"向他人具体表现作为"李白后身"的特性。若列举现存"和李诗"之篇目,结果如下。排列原则上遵从《青山集》,有关被《孔氏编年》编年过的作品,末尾括注注其写作年代。另外,《全宋诗》的卷数除了03条以外都是卷七五八。

01–02《追和李白登金陵凤凰台二首》,10-8821,〔治平四年〕

03《追和李白金陵月下怀古》七七〇,22-8929,〔?〕

04–13《追和李太白姑孰十咏》,10-8818,〔?〕

14–30《追和李白秋浦歌十七首》,10-8820,〔?〕

31–32《舟次新林,先寄府尹安中尚书,用李白寄杨江宁韵二首》,10-8821,〔元祐六年〕

33–34《舟次白鹭洲,再寄安中尚书,用李白寄杨江宁韵二首》,10-8821,〔元祐六年〕

35《奉同安中尚书,用李白留别王嵩韵,送毛王仲大夫移浙漕》,10-8822,〔元祐七年〕

36《将游宣城,先寄贾太守侍御,用李白寄崔侍御韵》,10-8822,〔元祐七年〕

37《追和李白宣州清溪》,10-8822,〔?〕

38《留别陈元舆待制,用李白赠友人韵》,10-8822,〔元丰六年〕

39《留别宣守贾侍御,用李白赠赵悦韵》,10-8823,〔元祐七年〕

40《追和李白郎官湖,寄汉阳太守刘宜父》,10-8823,〔元祐五年〕

41《题化城寺新公清风亭,用李白原韵》,10-8823,〔?〕

42《太守陈侯见宜登黄山送马东玉,遂用李白登黄山送族弟济赴华阴韵,呈陈

侯并送东玉》,10-8824,〔元祐五年〕

43-44《盛仲举秀才归自九华,极谈胜赏,亟取李白九华联句原韵作二首志之》,
　　10-8824,〔？〕

以上共计四十四首"和李诗"留传下来。其中,由于04——30 的共计二十七首
两组组诗在《孔氏编年》中未被编年,因此可以编年的作品例子只占总体的22%。
尽管如此,从以上的作品一览依然可以确认郭祥正在元祐五年至七年(五十六至五
十八岁)期间有过一个创作高峰这一事实。

在十首能够确定制作时期的作品里,以属于最早期作品的《追和李白登金陵凤
凰台二首》其二为例:

郭祥正和篇	李白原篇
高台不见凤凰游,	凤凰台上凤凰游,
望望青天入海流。	凤去台空江自流。
舞罢翠娥同去国,	吴宫花草埋幽径,
战残白骨尚盈丘。	晋代衣冠成古丘。
风摇落日催行棹,	三山半落青天外,
潮卷新沙换故洲。	一水中分白鹭洲。
结绮临春无觅处,	总为浮云能蔽日,
年年芳草向人愁。	长安不见使人愁。

原篇是李白的七律代表作,很早就被指摘与崔颢《黄鹤楼》(以及沈佺期《龙池
篇》)之间有类似性和影响关系,明清以降围绕孰优孰劣的问题展开了热烈的争
论①。原篇的表现特征主要有三点:第一,首联反复使用同一字;第二,尾联含有寓意
表达手法;第三,平仄的破格。其中的第一、第三两个特征在崔颢的诗里也能看到。

---

① 参照郁贤皓《李白选集》(上海古籍出版社,1990)第 253 页"评笺"、詹锳主编《李白全集校注汇释集评》卷
一九(百花文艺出版社,1996)第3013 页"集评"等。另外,在日本语注解类里,松浦友久编《校注唐诗解
释辞典》(大修馆书店,1987)中,崔、李两者的诗一起被收录着,对有关两人的诗之类似点也作了简明概
要。而松浦先生还有以《一水中分白鹭洲》为题的专论(增订版《诗语の诸相—唐诗ノート》收录,研文出
版,1995)。

郭祥正的和诗虽然一方面继承了"怀古"这一主题,却没有沿用上述三个表现手法上的特征。诗作严格遵守了律诗的格律,使其成为写得非常匀整的作品。作为律诗之生命的对偶句有效地进行了静(颔联)和动(颈联)的对比,且有极强的表现力,即便和原篇比较也显得其并不怎样逊色。

南宋赵与虤《娱书堂诗话》卷上有如下记述(丁福保《历代诗话续编》收录):

郭功甫尝与王荆公登金陵凤凰台,追次李太白韵,援笔立成,一座尽倾。白句能诵之,郭诗罕有记者,今俱纪之。

依据这段记事,上列的"和李诗"是在与王安石同登凤凰台时的宴席上即席创作的。

再看看其它的作品实例。先以14-30《追和李白秋浦歌十七首》之十五和十七为例,《追和李白秋浦歌十七首》之九是明代杨慎称赞过的七绝。

和篇(其十五)	原篇(其十五)
镜潭弄秋月,	白发三千丈,
始知秋兴长。	缘愁似个长。
金龟能换酒,	不知明镜里,
客鬓不嫌霜。	何处得秋霜。
和篇(其十七)	原篇(其十九)
秋浦一何好,	桃波一步地,
名因太白闻。	了了语声闻。
溪山围市井,	闇与山僧别,
鼓角下烟云。	低头礼白云。

李白的原篇《秋浦歌十七首》以"'秋浦——秋——愁'的连想"为基调,"作为原则,其整体是对秋浦地域的个别性景物进行了很具体精致的原篇歌咏的作品"(松浦友久《白发三千丈》[1])。而另一方,在郭祥正的"和李诗"中,这一表现特征被

①　增订版《诗语の诸相—唐诗ノート》(研文出版,1995)收录。再者,同书里还收录其它三篇有关《秋浦歌》的专论。

淡化。沿用"'秋浦——秋——愁'的连想"之基调的作品,仅仅只有其一和其五两首。

例如,看看其十五。李白原篇是这组组诗中最为脍炙人口的作品,是最能明快地反映上述基调的作品实例。而在郭祥正的和篇里,贺知章称李白为谪仙人,沿袭了李白解下腰间佩带的"金龟"换取酒喝的故事,咏唱到:只要得到美酒、连白发也不放心上,悲秋的情调在这里被完全相对化了。

例外,在诗里咏唱个别景物的和篇,只有屈指可数的二、三首,很难说是基本的叙述体式。郭祥正的"和李诗",正如在其十七里很典型的表现似的,多属以对李白的追慕为基调的,全局性地、总括性地歌咏秋浦一带风物的土地赞歌。

以上,从两个实例中能看出郭祥正"和李诗"的特征,他并没有将着力点放在模拟再现原篇的风格、特征之上①。这一特征对郭祥正的其它诸篇"和李诗"来说大概也是恰当的。和作品内部的世界相比,可以说郭祥正的意识更多地倾向于原篇咏唱的主体。

如果举一个更大的特征,便是作为原篇被选择的李白诗几乎都是在长江流域创作的,其范围限定在以当涂和宣城为中心,西至沔州(湖北武汉),东迄金陵(江苏南京)。

在分析这两点特征之意味以前,想在下面两节里概观"和李诗"以外的郭诗里能看到的李白。

3、郭祥正诗中的李白像

《青山集》三十卷里,诗题、诗句(包括郭祥正的自注)中出现"李白"、"太白"、"谪仙"的场合并不少。除去前节所列举的四十四首和李诗,也足有二十八首提及李白。如果看这些使用的实例,也许就容易理解郭祥正是如何把握李白的了。试着将这二十八首诗例从内容上大致区分,大概可以分成以下四类:

1,沿袭李白生前事迹的表现,10 首;

---

① 次韵诗于原篇不相似的现象并非只是在郭祥正的"和李诗"才能看到的特征。苏轼的"和陶诗"也因为不象原篇而受到后世的议论。但是,如同后面讲述的一样,对原篇作者的态度在郭祥正和苏轼间明显不同,在郭祥正,其立场使他与苏轼相近,因此原则上被期待与原篇在细节上也相似。有关苏轼次韵的特征参照拙稿《苏轼次韵诗考》(中国诗文研究会《中国诗文论丛》第七集,1988)。

2，描写谪仙人超凡脱俗的形象，8 首；

3，把自己比拟为李白的表现，7 首；

4，其它，3 首。

其中，最具特色地表现他对李白的思慕的作品是属于 2、3 两类实例。那么以下想以这两类使用实例为中心加以分析。

首先，从第 2 类里引用最集中并且最具体地咏唱李白的三首（每首都是节选）。

《松门阻风望庐山有怀李白》（七四九，1-8734）

　　篙师畏浪不敢行，却忆李白骑长鲸。

　　倒回玉鞭击鲸尾，锦袍溅雪洪涛里。

　　电光溢目精神闲，终日高歌去复还。

　　飞流直下三千尺，风吹银汉落人间。

　　天送醇醪倾北斗，群仙吹箫龙凤吼。

　　李白一饮还一醉，醉来岂知生死累。

　　倏然却返玉皇家，不骑鲸鱼驾鸾车。

　　留连自摘蟠桃花，嚼花吐津染朝霞。

　　不信如今三百载，顽鲸骇浪空相待。

《浮丘观》（七五二，4-8766，元祐三年）

　　李白骑鲸下蓬岛，常娥洗月来沧溟。

　　相逢且劝百壶酒，蟠桃结实何时成。

《忆敬亭山作》（七六六，18-8895）

　　李白骑鲸出沧海，回鞭曾宿岩峣岑。

　　却泛虚舟弄溪月，紫霞之杯倾不歇。

　　醉来更约崔宗之，秋水玄谈清兴发。

　　数公逸驾何当还，怅望英风不可攀。

　　信道相看两不厌，古来只有敬亭山。

上面三首里的李白形象，完全是作为神仙之李白。这个形象在前面例举的梅尧臣之诗《采石月赠郭功甫》中已有表现，但是，如果以"李白骑鲸"的形象为例，在梅诗中借以一个"当"字提示了是作为推测、类推的表现①,而在郭祥正的诗里却反复"断定性"地被使用。如同这一实例所象征似的,神仙李白之形象,应该说经过郭祥正被强化了吧。

接下来想看看第3类将自己比拟为李白的使用实例。

①愿公归作老姚崇,莫学江东穷李白。(《朝汉台寄呈蒋帅待制》七五三,5-8783,元祐三年)

②愿如贺监怜太白,莫作曹公嗔祢衡。(《留别金陵府尹黄安中尚书》七五五,7-8797,元祐七年)

③玄晖比公固不足,我攀太白惭非才。(《游陵阳谒王丞代先书寄献和父》七五五,7-8798,元祐八年)

④赠蒙以李白,自谓无复疑。(《哭梅直讲圣俞》七六七,19-8897,嘉祐五年)

⑤谢公风味君能似,李白篇章我到难。(《明叔致酒叠嶂楼》七七四,26-8963 元祐七年)

如③和⑤,也有谦逊地表示无论如何也不能成为李白似的诗人。不论怎样咏唱,比较自己和其它诗人的才能时,他比拟自己的对象总是李白。实例②中,也是将赠答对象黄安中比作贺知章(曹操)的同时,把自己比作李白(祢衡),与曹操相比更希望成为贺知章,也就是说期望对待自己如同对待李白一样。实例④虽然是为追悼将自己评为"李白后身"的梅尧臣之死创作的诗,但在诗中吐露了受到梅尧臣的肯定,对作为"后身"的自己拥有了不可动摇的自信的情形。而实例①里咏唱到希望比自己年长四岁的蒋之奇成为开元之治名将姚崇一样的人物,不可成为自己这样的诗人。这里,引人注目的是自称"江东穷李白"这一点。

①——⑤中除去④的话,都是元祐三至八年(1083——93)即郭祥正五十四岁至五十九岁时期的作品实例。如前节所见,这个时期也正好和创作"和李诗"的高潮相吻合。这个时期的郭祥正在故乡当涂,和赴任至当涂或当涂附近州县的知事、

---

① 不过,梅尧臣在《采石月赠郭功甫》之后,对"李白骑鲸"的形象也是在没有搀杂任何推测语言之下在诗中咏唱。例如,诗《采石月赠郭功甫》的翌年、至和二年创作的诗《吕大监饷鲊鱼十尾》和《寄潘歙州伯恭》(两首都在朱东润《梅尧臣集编年校注》卷二五)、嘉祐二年作品《感李花》(同书卷二七)中有实例。对梅尧臣来说作品实例的增加,恐怕和郭祥正的交游成为了一个契机。但是无论怎样,梅尧臣也没有像郭祥正一样集中地把李白作为神仙来描写。

通判之类的人们去交游,作为地方官在赴任地与上司、同事进行社交等场面上,积极地扮演作为"李白后身"的角色。

4、仿李白作品的诗

除去直接提及李白的诗歌实例之外,郭祥正或仿作李白的代表作,或仿拟其风格的作品实例也留传下来。比如以《月下独酌四首》为始的一系列饮酒诗以及《蜀道难》为模特的作品实例。作为前者例子有《月下独酌二首》(七五一,3-8759)、《春日独酌十首》(七五〇,9-8814)、《对酒爱月示客》(七六二,4-8859)等,后者有《蜀道篇送别府尹吴龙图仲庶》(七五〇,2-8742,熙宁三年)。下面举《对酒爱月示客》为例。

> 谁云月无私,那知月有情。我住月亦住,君行月亦行。
> 致此一壶酒,都忘千岁名。胸中各有月,莫遣暗云生。

因为《青山集》不是编年诗集,包含许多无法编年的作品。特别是饮酒诗之系统,几乎没有编年的线索。但是,《蜀道篇……》这个系列,依据《孔氏编年》,被认定为熙宁三年之作。这里比较有趣的是,郭祥正在《蜀道篇……》以外,主要在歌行或长篇的古体诗里,屡次使用了作为李白《蜀道难》之特征的三字感叹词"噫吁嚱(嚱)"。使用频率共计九篇十次,作为诗人个体的使用频率在唐宋间是最多的。其中五篇被《孔氏编年》进行了编年,且全部集中在熙宁三至十年(1070—1077,郭祥正三十六至四十三岁)。

如果重视这个事实的话,可以说意味着:仿作李白之古体诗的作品实例,是郭祥正在其三、四十岁阶段对李白所表现的姿态的象征。也就是说,可以定位这些仿李诗是在其五十岁阶段的"和李诗"(即把自己比拟为李白的实例)之前的大约三十年间中,其对李白所表现的最主要的形态。

如前所述,能确定创作时间的郭祥正作品只是极少部分。因而要正确地将有关李白的作品实例排列在其人生时间轴上是极其困难的。但是,本稿在整理前面内容之基础上,若大胆而不顾及误解,粗略地进行推测的话,下面这样的假说便成为可能。即二十岁前后的郭祥正,由于梅尧臣的赞扬使其作为"李白后身"的立场得到了公认。主要在三、四十岁阶段热情高涨地开始创作仿李白诗,可以将《蜀道篇……》以及一系列的饮酒诗,更有感叹词"噫吁嚱(嚱)"的累次应用定位为其具体使用实例。而从五十多岁开始就更加积极地将"后身"的立场显露出来,反复歌咏具有将自己比拟作李白的诗歌,并开始集中写作"和李诗"。——如此,笔者想抑或是可能绘出这样粗枝大叶的写生画的。

在《青山集》三十卷里,几乎没有收录晚年二十年间的作品。当涂出身的南宋初人周紫芝留传有"郭祥正晚年诗未废"(丁福保《历代诗话》所收《竹坡诗话》),因此他晚年并非是不作诗了,或许是所作诗歌多数已经散逸吧。为此,今天不能拜读其作品全貌是非常遗憾的事情,但至少仅从现存的作品看,也不用怀疑他在一生里都在积极地以"李白后身"的身分存在。

5、被称为"李白后身"之不幸

一生坚持扮演"李白后身",对一个诗人到底意味着什么呢?

若从结论来说,笔者感到在执着于角色,顽固地要其表演到极限的姿态上,集中了诗人郭祥正所有的两难境地。在当时以及后代,如果追究给予他的消极评价的话,可以认为所有的发端都在他的这一姿态上。这里想以前面第三节结尾记录的"和李诗"里所见的两个特征为线索,记述笔者对有关这一问题的思考,以代替本稿的结尾。

在这里再次提醒郭祥正"和李诗"的特征,有这样两点:第一,与作品内部的细节相比,他更关注创作主体。第二,作为和诗原篇的李白诗被限定在以当涂为中心的长江中游一带的作品。

将这两个特征与苏轼的"和陶诗"进行比较观察。若言及第一个特征,对于苏轼来说,无疑"和陶诗"的基础首先是对陶渊明产生的强烈共鸣感。但是,苏轼着手写"和陶诗"时(元祐七年,1092,五十七岁),已经名震天下。而且,对于陶渊明的喜爱也是在乌台诗案(元丰二年,1079,苏轼四十四岁)以后才表面化的。也就是说,对于陶渊明的姿态,不象是对郭祥正而言的李白是"先天性"被注定的,而是"后天性"自己选择的。于是,通过欣赏阅读陶渊明的作品,这种共鸣就必然在苏轼的心头产生。因此,他的"和陶诗"是以作品为媒介的,具有类似与陶渊明的对话性质的作品群,其根本是时常作为他人来与陶渊明相对的姿态①。

　　一方面,郭祥正的"和李诗"里作为他人的目光相对淡薄。也许应该说这是作为"李白后身"的他的必然归结。或许这样就造成了其"和李诗"缺乏唱和诗的基本姿态,即没有正确捕捉原篇的表现特征而进行唱和。原本"和李诗"的创作场面多是酒宴或社交场合,大概可以想象其经过,是在知道"后身"之评价的人的要求下,半即兴性地次韵李白诗。另一方面,苏轼的"和陶诗"多半是在发配地闭门索居的生活状况下写作的对自己生命的完成形式。如此在创作情景上的差异,也使"和陶诗"和"和李诗"产生质的差别。

　　郭祥正的"和李诗"带有浓厚的以"当意即妙"为宗旨的即兴诗特有的,或社交诗普遍共有的特征。因此,在郭祥正的"和李诗"中,苏轼"和陶诗"里被欣赏的系统性和战略性就显得薄弱,使其成为若以毕生大作来形容的话,就完全不能相称的作品群了。

　　这一点和特征第二也是有直接联系的。如果郭祥正有某种战略性意图的话,很难理解他为何没有次韵《古风五十九首》,对于《蜀道难》、《月下独酌》,也应该不只是模拟作,而该有次韵作品留传下来。这类"和李诗"不存在的这个事实中,隐藏着他的创作姿态。

　　也就是说,可以推测,或许是郭祥正在其拜访的社交机会里,作为扮演"李白后身"的角色,自己选择了次韵李白诗这一行为。为此作为次韵对象的原篇也被选择了和各个社交场面最为相称的作品,可以想象这些被选的诗是否是李白的代表作并不是重要的条件。更进一步说,被次韵的诗在内容上、风格上是否和原篇一致,对郭祥正来说或许也是次要的问题。可以断定对于郭祥正,次韵这一行为所拥有的表面性的效果才是重要的事情。

　　若将苏轼的"和陶诗"视为由自发性的纯粹创作动机所支撑从而得以实现的话,那么郭祥正的"和李诗"便是在其四周与他者间的关系中产生的,创作依靠的是他发性的请求与自发性的创作欲望难以区分地混在一起的复合性动机所支撑的。

　　如果本稿推测的情况是正确的,那么郭祥正对李白的表现在青年时期和壮年

---

① 参照早稻田大学中国文学会《中国文学研究》(98・12,第二四期,芦田孝昭教授古稀记念号)里拙稿《苏轼檃括词考—陶渊明〈归去来兮辞〉的改编をめぐって—》。

时期其重点发生了微妙的变化。在青年时期主要借模仿作品来接近李白的郭祥正，进入壮年以后喜欢重复犹如和李白重迭似的言行，开始积极地作为"李白后身"行动。但是，笔者以为伴随着积极地行进在这条路上，郭祥正便陷入了无可奈何的自相矛盾中。因为狂热的信奉者和"转生"之间，在其基本姿态上是有本质性的差别的。

其矛盾主要有两点。第一，正如第四节提及的——由于他自己强调的缘故，越发被放大——李白的神仙形象与作为肉体的人的郭祥正之间，俨然存在着的差距。他若要向外部宣扬作为"李白后身"的自己，势必就不得不追求李白的形象。如此他越强调李白脱俗的形象，自己也就越不得不扮演一种脱离世俗的浮云这样一个离奇古怪的角色。或者在这个结构里正好隐藏着他引起周围不满的主要因子。

第二，李白最能牢固地象征其一生的"客寓"、"放浪"诗人的性格①，和郭祥正不仅仅局限于故乡当涂而寄予执着爱情的定居型诗人相比，其间有难以填平的差距。郭祥正是格外热爱故乡的诗人②。作为诗人，他从十九岁开始步入仕途开始，就不失时机地持续表现了归隐愿望，并最终实现了这一愿望。

在这一点上，他是留下了比李白更接近于陶渊明的足迹的诗人。事实上若翻阅《青山集》，咏唱陶渊明的隐逸生活的作品并不少。虽然李白也有《山中答俗人》、《山中与幽人对酌》等依据陶渊明作品的以饮酒、隐逸为题的创作实例留传下来，但是李白注定不是定居型诗人。若以我们今天的眼光看，郭祥正的一生几乎可以说是以陶渊明为模范的那样和陶渊明非常相似。况且，他自己留下了不少让人联想起这种相似的作品实例。然而，作为"李白后身"的他却远离这样的生活实际状态，至少对外界来说不得不扮演一直放浪诸国的李白。

李白并不是超然于盛唐——正值贵族社会的终点，也是道教走红——这样一个特定的时代背景而存在的。当然，也可以说是盛唐这样一个时代造就了李白这一奔放的诗人形象。另一方面，北宋后期——于贵族相比已经很大程度世俗化——是士大夫的时代，是复兴儒教的趋势笼罩着整个社会的时代。在与盛唐完

---

① 参照松浦友久《客寓の诗想—李白の认识の基调として—》（《李白传记论—客寓の诗想》，研文出版，1994 收录）。

② 有关郭祥正对故乡地思念，在下面的拙稿中有记载。《姑孰纪游—当涂郭祥正关系遗迹调查报告—》（宋代诗文研究会《橄榄》第一一号，2002）。

全异质的北宋后期这样一个时代里,扮演"李白后身"本来就几乎是不切实际的幻想。尽管如此还要主动极其认真扮演的诗人,这就是郭祥正。"李白后身"的评价使年轻的他一举成名了,但是也许可以说,这又一直从反面成为他的巨大的苦恼和两难境地。

> 讷师今亦浮杯徒,问答言词泻秋水。脱去儒冠披坏衣,一生长在名山里。殷勤笑我骑鲸鱼,诗狂酒怪何时已。七言哦罢欲无言,坐看峰头片云起。

这是题为《和守讷上人五峰见寄之作》(七五五,7-8796)的诗的结尾部分。守讷①——曾经将士官作为目标,后来归依佛门——寄来诗作,这是对其唱和的作品。在这里,面对已经通过出家获得精神平静的僧人,郭祥正表现出了精神动摇的姿态。"殷勤"以下的两句是守讷发问的形式,也可以读着他对自己的自问。到底你打算扮演李白、在诗作里度过沉溺于狂酒的日子到何时呢? 在这里我们宛若看到一边自问一边苦恼的"李白后身"。

(作者单位:日本早稻田大学)

---

① 关于守讷,贺铸有题为《答僧讷》的诗,在其题下注(序)里,有"守讷,郑氏子,字敏中,三代第进士,讷亦两至礼部,既壮祝发,事师圆照本公"。文渊阁四库全书本《庆湖遗老诗集拾遗》。

从"清空"到"浑成"

——七百年词学审美理想的嬗变

朱崇才

从 1200 年前后的姜夔（1155？—1221？），到 1900 年前后的朱孝臧（1857—1931，号彊村），在这 700 年间，词学审美理想走过了从"清空"到"浑成"的心路历程。

一、词学审美理想的双重含义

词学审美理想具有双重含义。一方面，每一个词人，或多或少，或朦胧或清晰，都有自己的审美倾向和审美追求，都希望自己的词作能写得更好，能有更多的知音；从这一点来说，词学审美理想是一种对于个性特征的追求。另一方面，历代的词人，特别是那些在词的创作和研究两个领域都有一定成就地位的词人，又都希望自己所认可或偏爱的审美理想能够成为词坛的共同目标，他们不断地从许多与词学有关的概念中提炼出新的词学审美范畴，并力图使这些范畴既能在词坛普及又能成为某种规范或理想；从这一点来说，词学审美理想又是一种对于普遍性特征的追求。词学审美理想就在"个性"与"普遍性"的矛盾发展中走过了这 700 年的路程。

黑格尔对于艺术理想的个性特征曾有精彩描述："艺术理想的本质就在于这样使外在的事物还原到具有心灵性的事物，因而使外在的现象符合心灵，成为心灵的表现。但是这种到内在生活的还原却不是回到抽象形式的普遍性，不是回到抽象思考的极端，而是停留在中途的一个点上，在这个点上纯然外在的因素与纯然内在的因素能互相调和。因此理想就是从一大堆个别偶然的东西之中所拣回来的现实,因为内在因素在这种与抽象普遍性相对立的外在形象里显现为活的个性。"①艺术理想(Ideal),是"具体的理念显现于适合的具体形象",即"真正的艺术作品"②。它的本质特征,在黑格尔看来,即在于其外在因素与内在心灵的完美谐合,从而显现在具体作品中的具有"活的个性"的生命或灵魂。

　　但是,对于一门艺术来说,仅仅有"个性"是不够的。每一个作家或每一件艺术品,是活的生命,是个别的事物,艺术体现为"一个点",而不是"抽象形式的普遍性",但这并不意味着在艺术研究领域"普遍性"就失去了存在的意义。相反,在许多个别的事物中追求共性,树立一个"共同"的努力目标,使之至少在理念中成为某一种特定艺术形式的共同理想,正是诗学理论建构的一个通常步骤。在黑格尔的辩证逻辑体系中,"抽象存在(Sein)"和"具体存在(Dasein)"统一于"自为的存在(Fürsichsein)","具体存在"指事物的个别性,"抽象存在"指事物的普遍性,二者统摄于理念(Idee),个别之中有普遍性,而普遍性则通过个别事物体现出来。③ 黑格尔认为,艺术理想的本质在于从"抽象形式的普遍性"中"还原"到具体存在。这一观点虽然是一种"头足倒置"的哲学方法,但也从反面说明,在黑格尔看来,艺术理想本来即是以"抽象形式的普遍性"而存在的。诗学理论的建构,和黑格尔的"还原"在程序上正好相反,即从"活的个性"中抽象出具有普遍性的"概念",并从这些概念中进一步抽象出"范畴"。对于有着注重"统一性"和"古典性"文化背景的中国艺术来说,这一步骤尤为重要。中国诗学中有许多对于艺术理想的追求,诸如风雅、风骨、兴寄、韵味、兴趣、神韵、境界等等,不管这些理想在多大程度上切合诗歌发展的需要并得以实现,但这种以"口号"为抽象形式的"普遍理想",却一直被文学史和文论史作为描述中国诗学发展的主线;而在现实的诗坛词坛上,也不乏这样的大量事例:受"口号"鼓舞的作者试图用这些具有普遍性的艺术理想来指导创作,研究者则试图用这些艺术理想作为标准去衡量作品、引导初学。在中国的诗坛词坛上,坐满了以"理想"塑造的偶像,如诗三百、屈原、李白、杜甫、苏轼、李清照等等。

---

①　黑格尔《美学》,朱光潜译,商务印书馆 1979 年版,第一卷,第 201 页。
②　黑格尔《美学》,朱光潜译,商务印书馆 1979 年版,第一卷,第 92 页注释。
③　黑格尔《美学》,朱光潜译,商务印书馆 1979 年版,第一卷,第 155–157 页。

他们生前在自己的那个时代是"活的个性",死后却由后人尊崇为具有高度"抽象形式的普遍性"理想偶像。这些偶像化了的诗人词人是"个性"与"普遍性"的辩证统一,既是"艺术理想(Ideal)",也是"Idee(观念、理念、概念)"。后代诗人词人面对这些偶像,虽然也会有自己的个性追求,但如果偏离这些偶像所指引或代表的方向,虽然不一定就会被认为是"大逆不道",但至少也有被打入"二流"的危险。

二、词学审美理想的命运

词学审美理想的命运正是如此。对于词体这种艺术,其审美理想的嬗变,即主要表现在其"活的个性"与"抽象形式的普遍性"的矛盾之中:

一方面,词学的主体(曲词作者、歌曲接受者)用外在的话语及其结构形式,将这些理想"还原"到个别的心灵,还原为"活的个性"、"生气灌注"的"生命"①。从中唐至南宋中期的500年中,那些著名词人们不断地以自己的审美追求,努力"还原"着各各不同的"活的个性"。温庭筠"深美闳约"②,"酝酿最深","神理超越,不复可以迹象求矣"③;柳永"浅斟低唱",是"(宋)仁宗四十二年太平"的历史见证④;苏轼"以诗为词",追求将小词"上升"为具有言志寄托功能的诗体;周邦彦"浑然天成"、"富艳精工"⑤;李清照作为一个具有鲜明个性的女性艺术家,善于从独特的女性角度,将个人的生活体验用特殊的话语形式表现出来,创造了词中的"易安体",成为"本色当行"的样板。他们努力将这一形式"还原"为"活的个性",并各自通过这些不同的个性,达到了词这门艺术在某一方面的极致。但是,无论他们的主观上有着怎样的个性化的追求,他们的词作对于艺术本身来说,还没有完全脱离"词作为工具"这一格局的约束,词的创作对于他们来说,仍然有着程度不等的外在目的——他们为了生活、为了社会、为了应酬、为了所欢所爱、为了理想抱负而创作歌词,他

① 黑格尔《美学》语,朱光潜译,商务印书馆1979年版,第一卷,第189—190页。
② 张惠言《词选序》,唐圭璋《词话丛编》,中华书局1986年版,第1617页。
③ 周济《介存斋论词杂著》,唐圭璋《词话丛编》,中华书局1986年版,第1631页。
④ 南宋祝穆《方舆胜览》卷11 福建路建宁府人物引范镇语,上海古籍出版社1991年景上海图书馆藏宋刻本。
⑤ 陈振孙《直斋书录解题》卷21,上海古籍出版社1987年版,第618页。

们的歌词作为"外在的事物",作为多多少少还存留着的"功利"的工具,还没有完全"停留在中途的一个点上",还没有最后完成"还原"。

这一"还原",可以说到姜夔才最后完成。只有到了姜夔,词体才最后脱离了"乐教"和"诗教"工具的樊篱,脱离种种功利的考虑或羁绊。姜夔将词作为一种纯然的艺术来精益求精地"还原",一心一意、心无旁鹜地追求艺术、心灵和生命的最高境界。他不再有"教育化成"这类社会责任,也不仅仅是为了表达某种志意或情感。姜夔"为词而词"。词的存在本身、词艺本身,就是目的。姜夔以艺术为生命,不仅表现为他将艺术作为谋生的唯一手段,也表现为他将包括词在内的艺术作为自己生命的一个组成部分。姜夔已不再有主流社会文人对于科举功名的幻想,他也曾谢绝过朋友"欲输资以拜爵"的好意①。对于姜夔来说,艺术已经不再有其他的目的或功利,艺术本身就是这种目的及功利。艺术不仅仅是姜夔谋生的工具,也是他保持人格尊严的手段,更是他生活乃至生命本身。后人对姜夔有"词匠"之讥,但"词"而"匠"并没有什么不对或不好。艺术(art,Kunst)本来就有"技艺"、"人工"的含义②,艺术的极至,是通过人工的努力,达臻天然的境界;晚唐五代词的天籁如同蕴玉山石,而南宋的匠心则可将这玉石雕琢为精美的工艺品。上等的工艺品了无人工痕迹,虽经雕琢而如同天然,出自人工而胜于天籁。姜夔词正是这种工艺品,它有着纯然的"情感形态",是"为己"之作即为自己心灵的需要所作而不是应歌应景应酬的工具。词学审美理想在姜夔,是对于艺术的不懈追求,他以极高的天赋和精益求精的努力,终于"停留在中途的一个点上",形成了《白石道人歌曲》的独特个性。这个"点",这一个性,后来由张炎概括抽象为"清空"。清空,对于姜夔来说,正是他的"活的个性"。

另一方面,相对于整个词坛来说,这些大词人的艺术理想,无一例外地只是个人的追求而不是词坛普遍承认的审美标准。例如,唐五代北宋最著名的词人,除了周邦彦以外,无一例外都受到了李清照《词论》的尖锐批评,在李清照看来,他们的

---

① 周密《齐东野语》卷12引《姜尧章自叙》,中华书局1983年张茂鹏点校本,第211—212页。
② 牛津大学出版社《现代高级英汉双解辞典》1978年第10版对"art"的解释是:1.人工(与天工对照而言);美的事物的创造或表现;艺术。2.在知识之外,并且需要技巧与练习的事情。3.诡计;诈术;手段;巧计;策术。外语教学与研究出版社、德国 Langenscheidt 出版公司《朗氏德汉双解大辞典》2000年版对"Kunst"的解释是:1.艺术。……4.技能,本领,技巧,才能。5.人工制作,人造。

词尽管各有长处，但也各有自身的弱点。作为词学的最高标准，作为艺术的最高理想，他们的词作还有所欠缺。且不论李清照的批评是否公允，就这些被批评对象的"普遍性"这一点来说，他们确实还没有达到李清照心目中的理想化的境界。苏轼对于词学审美理想的追求，是"自是一家"①，面对"有井水饮处即能歌柳词"②的现实，尝试新变而尚未得到词坛普遍承认的苏轼就只能希望自己能在柳永之外另立理想，虽然苏轼可能也有取代柳永成为词坛新偶像的想法，但"自是一家"的言下之意，却是在承认柳永"也是一家"的前提下，希望自己也成为（与柳永不同的）一家。因此，我们可以说，苏轼的词学审美理想，仍然着眼于"个性"而不是"普遍性"，苏轼的那些"句读不葺之诗"③，在当年连他的学生如黄庭坚、陈师道都不甚看好，更不用说成为词坛的共同理想了。

三、"清空"作为词学审美理想

在词坛上第一次试图提出普遍审美理想的，是李清照《词论》。李清照提出词"别是一家"的口号，作为对于词这种体式的共同要求——所有的词作，如果它是词，就必须在体性上与一般的诗歌拉开距离。在李清照之前，苏轼的一个幕吏李之仪，曾在其《跋吴思道小词》中提出"长短句于遣词中最为难工，自有一种风格"④的观点。这一观点虽只是对于词体风格的要求，却是针对整个词坛的，可以说是李清照"别是一家"之说的先声。

不论"自有一种风格"还是"别是一家"，都没有从正面对于词学审美理想直接地提出具体要求。《跋吴思道小词》并没有将这"一种风格"抽象为一个能够概括整个词体的概念，而李清照《词论》也是从反面即"词语尘下"、"破碎"、"句读不葺之诗"等（后人将其概括为"高雅、浑成、协律"，但这很难判断是否符合李清照的本意）方面来论述词体究竟是怎样的"别是一家"。词坛风格多样，词人各有所长，要提出一个词坛共同接受的审美理想，确实是太难了。直到宋末元初，当词学已经成

---

① 苏轼《与鲜于子骏》（密州），《苏轼文集》卷53，中华书局1986年版，第1560页。
② 叶梦得《石林避暑录话》卷3，上海书店1990年景涵芬楼本。
③ 李清照《词论》评苏词语，见胡仔《苕溪渔隐丛话》后集卷33，人民文学出版社1962年版。
④ 《姑溪居士文集》卷40，日本中文出版社1983年《粤雅堂丛书·三编》本。

为最后一缕辉煌,新曲(元曲)即将取代旧曲(宋词)之时,张炎在其《词源》中才将"清空"作为一种"普遍理想"推荐给了词坛:"词要清空,不要质实。"①清空对于姜夔,是其"活的个性"之所在;但对于张炎来说,是"词要清空"而不仅仅是"白石词清空"。"清空"并非仅仅针对姜夔一家而言,而是对于词体这门艺术的一个普遍性的要求。

　　词之成"学",即达到较为系统的理论高度,就是从张炎《词源》开始的。《词源》的理论核心,是所谓"雅正"。但"雅正"只是对于词作的外在价值的一个评价,是对于词作在社会、历史和人生价值诸层面的一个衡量,而对于词这门艺术自身所能达到的境界,张炎词学审美理想的最高范畴,不是"雅正"而是"清空"——"清空则古雅峭拔","如野云孤飞,去留无迹"②。对于张炎来说,清空才是词体"内在的因素",才是词学的灵魂和最高理想。

　　"清空"一辞,原用于描述太空之清。如北宋黄伯思《东观余论》卷上:"我居清空表,君处红埃中。仙人持玉尺,度君多少才。玉尺不可尽,君才无时休。此上清宝典,李太白诗也。"南宋陈叔方《颖川语小》卷上用"清空精到"评孟子文法。张炎之前,话词者运用过不少语词,如婉、约、豪、放、丽、壮等等,不一而足,但大都可归结为风格论的范畴。张炎提出了"清空"这一概念,并加以简要界说,从而把词学从风格论拓展至境界论,这是词学史的一大飞跃。如果说,风格是现实的,境界则是虚拟的;风格是艺术阐释学,而境界则是一种艺术哲学;艺术之有境界,才最终摆脱"文章技艺"。③ 这一实用工具格局,成为一种真正自由的"纯艺术"。④

　　张炎的"清空"理想在当时产生了一定的影响。张炎的词集《山中白云词》和《词源》有舒岳祥、钱良祐、仇远、殷重、郑思肖、邓牧、陆文圭等人序跋题记为之鼓吹;张炎的学生陆辅之《词旨》则高度评价清空之说:"清空二字,亦一生受用不尽,指迷之妙,尽在是矣。"⑤

　　但对于词坛芸芸众生,"清空"却仅仅是一种"理想",它可以是追求的目标,却

---

① 《词源》卷下,唐圭璋《词话丛编》,中华书局1986年版,第259页。
② 张炎《词源》卷下,唐圭璋《词话丛编》,中华书局1986年版,第259页。
③ 《四库全书总目》卷198:"词曲二体,在文章技艺之间。"中华书局1965年景杭州本。
④ 参见拙著《词话学》,文津出版社1995年版,第401页。
⑤ 唐圭璋《词话丛编》,中华书局1986年版,第303页。

永远可望而不可及。张炎希望将其普及成为一种如同"雅正"那样的普遍性标准，希望大多数词人也"清空"起来，这当然注定要落空。"理想"之所以是理想，就在于它是"活的个性"，是生命，是"生气灌注"的灵魂；而生命或灵魂却是一种独一无二的物质存在形式，无可复制，也无从转移。清空对于姜夔是生命的一个体现，而对于其他人虽可赏可叹，却无法重复。因此，在张炎及其友朋门生过世之后，从元代中期（1330 年前后）直到清代中期（1730 年前后）这 400 年间，"清空"一说在词坛上并没有太大的影响。清王又华《古今词论》引明杨慎曰："玉田'清空'二字，词家三昧尽矣。学者必在心传耳传，以心会意，有悟入处。"① 杨慎此言不见于其话词专著《词品》，"清空"一辞亦不见于《四库全书》所收杨慎著作，即便杨慎有此一说，也没有成为当时词坛的主流看法。张炎《词源》在明代，其下卷被陈继儒题以《乐府指迷》的名称，刊于其所编《续秘籍》中，而清代前中期许多词学家所引《词源》之语，多称《乐府指迷》，可见《词源》及其清空之说，在明代及清代前期流传范围并不如后世那样广泛。明代词坛最流行的是所谓"花草之风"（特别是《草堂诗馀》所代表的词风），毛晋《草堂诗馀跋》对此有一段形象的描述："《草堂诗馀》一编，飞驰几百年来，凡歌栏酒榭丝而竹之者，无不拊髀雀跃；及至寒窗腐儒，挑灯闲看，亦未尝欠伸鱼睨，不知何以动人一至此也。"② 到了清代前期，浙西派领袖朱彝尊推出姜夔、张炎作为词坛偶像，但他所推崇的姜张词法，只标榜"醇雅"而不及"清空"，在其所编《词综》姜夔小传中，不知是有意还是无意地将《词源》"不惟清空，又且骚雅"一语，改成了"不惟清虚，又且骚雅"。③ 完全可以说，在这一时期，"清空"既不是某一家某一派的艺术理想，也不可能成为词坛共同的审美追求。直到清代中期，当厉鹗（1692—1752）成为浙西派领袖，才重新祭起"清空"的大旗，并在此后的一百年间才使姜张的"清空"这一审美理想成为词坛的共识之一。④

在创作实践中，厉鹗虽将周邦彦亦列入浙派宗主，但在实际创作上却因取清空

---

① 唐圭璋《词话丛编》，中华书局 1986 年版，第 595 页。
② 载《草堂诗馀》，《词苑英华》本。
③ 朱彝尊《词综》卷 5，上海古籍出版社 1978 年版，第 328 页。
④ 详见拙著《词话学》，文津出版社 1995 年版，第 402～405 页；拙著《词话史》，中华书局 2006 年版，第 253～256 页。

而专学姜张。厉之词作,后人评为"幽隽清绮,分席姜王"①、"声调高清,丰神摇曳"②;厉鹗论词,亦以"清"、"清空"为归,反复使用"清婉深秀"③、"清丽闲婉"、"深窈空凉"④。作为评论术语;在其《论词绝句》十二首中,厉鹗以"清歌"论小山,以"清妍"论白石,以"清空"论玉田。⑤

受厉鹗影响,清代中期以后,浙西派及倾向于浙西派的论词者,多以"清空"为最高审美理想。如江春《白石道人集序》(作于乾隆辛卯即 1771 年秋七月):"其词则一屏靡曼之习,清空精妙,夐绝前后。"⑥郑文焯《清真词校后录要》(作于光绪年间,1875—1908):"要之词原于比兴,体贵清空,夐取典博。"⑦

四、"浑成":从一般概念到审美理想

但清代中期以后,浙西派的词坛主流地位,渐由常州派所取代。"清空"这一审美理想的崇高地位,也随着浙西派偶像姜夔、张炎的淡出,常州派新偶像温庭筠、周邦彦的登场,而逐渐地为"浑成"⑧这一新的审美理想所取代。

"浑成"一辞,又作"混成",见于《老子》二十五章"有物混成,先天地生"。王弼注:"混然不可得而知,而万物由之以成,故曰混成也。"魏源《老子本义》注:"有物即前章道之为物也。混、浑同。""浑成"在宋代原是一般的诗学概念。如朱熹论诗:"诗须是平易不费力,句法混成。如唐人玉川子辈,句语虽险怪,意思亦自有混成气象。因举陆务观诗:'春寒催唤客尝酒,夜静卧听儿读书。'不费力,好。"⑨

从一般的诗学概念到词坛普遍接受的审美理想,"浑成"经历了四个阶段:

第一阶段,仅针对个别词人的个别方面而言。以"浑成"论词,起先只是针对周邦彦词作的个别方面而言。陈振孙《直斋书录解题》卷 21:"《清真词》……多用唐

---

① 王煜《樊榭山房词钞序》,王煜编《樊榭山房词钞》卷首,上海正中书局 1947 年《清十一家词钞》本。
② 《续修四库提要·秋林琴雅》,台湾商务印书馆 1971 年起印行。
③ 《红兰阁词序》,《樊榭山房集》文卷 4,四部丛刊本。
④ 《白蕉词序》,《樊榭山房集》文卷 4,四部丛刊本。
⑤ 《樊榭山房集》诗卷 7,四部丛刊本。
⑥ 施蛰存主编《词籍序跋萃编》,中国社会科学出版社 1994 年版,第 234 页。
⑦ 施蛰存主编《词籍序跋萃编》,中国社会科学出版社 1994 年版,第 106 页。
⑧ 有关"浑成"一辞的的来源及发展,详见拙著《词话学》,文津出版社 1995 年版,第 431~444 页。
⑨ 黎靖德编《朱子语类》卷 140,四库全书本。

人诗语隐括入律,浑然天成。"①这似乎仅仅针对修辞炼意而言。南宋修内司刊有《混成集》(又名《乐府大全》、《乐府浑成》)百馀帙,古今歌词之谱,靡不备具,其中半数有谱有辞。② 歌曲集而取名"浑成",大约是针对声律而言。张炎《词源》是可能是最早以"浑成"一辞作为词学概念来使用的:"美成词只当看他浑成处,于软媚中有气魄,采唐诗融化如自己者。"③但张炎所言,仍是就清真"融化诗句"之句法而言,而未及其气格意境,比之朱熹以"浑成"兼论诗之句法、气象,尚未将"浑成"作为概括词体的一个重要概念。

直到清初,浑成仍然是描述词体个别特征的一般概念。如清毛先舒云:"词家意欲层深,语欲浑成。……'泪眼问花花不语,乱红飞过秋千去',此可谓层深而浑成。……作者初非措意,直如化工生物,笋未出而苞节已具,非寸寸为之也。"④"意"、"语"二句虽可目为互文,但论"浑"之重心,仍在"语",似仍未超出修辞学范围。

第二阶段:作为理想词体之一。

清代中期,浙西词派领袖郭麐开始将"浑成"列为与"姜张清绮"并列的一体:"词之为体,大略有四:风流华美,浑然天成,如美人临妆,却扇一顾,花间诸人是也,晏元献、欧阳永叔诸人继之。"⑤这一论述与陈振孙、张炎所论清真词之浑成,大为不同。陈、张意中之"浑成",主要是指周邦彦一家"善于融化诗句",而郭麐则用以形容花间晏欧,并将其列为四体之首。这虽然尚未将其作为词坛共同的审美理想,但至少已是理想的一体。对此"浑成"之说,清代词学家或以之为一体,或以之为极诣。贺裳《皱水轩词筌》(《词话丛编》711 页)、先著等《词洁辑评》卷一(《词话丛编》1343 页)、黄苏《蓼园词评》(《词话丛编》3075 页)、刘熙载《词概》(《词话丛编》3696 页)、陈廷焯《白雨斋词话》卷六(《词话丛编》3921 页)、沈祥龙《论词随笔》(《词话丛编》4049、4059 页)、徐珂《近词丛话》(《词话丛编》4227 页)、陈洵《海绡说词》(《词话丛编》4847 页)等,对"浑"、"浑成"、"浑涵"、"浑厚"、"浑化"等均有所

---

① 　上海古籍出版社 1987 年版,第 618 页。
② 　周密《齐东野语》卷 10,中华书局 1983 年张茂鹏点校本,第 187 页。
③ 　《词源》卷下,唐圭璋《词话丛编》,中华书局 1986 年版,第 266 页。
④ 　王又华《古今词论》引,唐圭璋《词话丛编》,中华书局 1986 年版,第 608 页。
⑤ 　郭麐《灵芬馆词话》卷一,唐圭璋《词话丛编》,中华书局 1986 年版,第 1503 页。

论述。由此可见"浑"在清代词学中的地位。

第三阶段:作为词体的最高理想。

常州派中期领袖人物周济(1781—1839),即不再仅仅以"浑"为词之一体,而将其推举为词体的最高标准。其《介存斋论词杂著》云:"北宋词,下者在南宋下,以其不能空,且不知寄托也;高者在南宋上,以其能实,且能无寄托也。南宋则下不犯北宋拙率之病,高不到北宋浑融之诣。"其《宋四家词选目录序论》云:"清真浑厚,正于钩勒处见。他人一钩勒便刻削,清真愈钩勒愈浑厚。"又述学词途径云:"问涂碧山,历梦窗、稼轩以还清真之浑化。"①什么是"浑厚、浑融、浑化"?龙沐勋《选词标准论》:"所谓'浑成',料即周济所称之'浑化'。"②可见"浑厚、浑融、浑化"亦即"浑成"。常州派以"浑"论周邦彦,既不再局限于用典修辞,亦不再仅为"一体",而成为一种比较高级、比较普遍的论词标准。如冯煦《蒿庵论词》即云:"周之胜史,则又在'浑'之一字。词至于浑,而无可复进矣。"③所谓"无可复进"之境,其意即以"浑"为词学最高之境。冯氏而外,近代各家词论,于"浑"亦或多或少有所论及。如刘熙载《词概》评北宋词"用密亦疏,用隐亦亮,用沈亦快,用细亦阔,用精亦浑"(《词话丛编》,3696 页。);谭献《复堂词话》评张炎词为"运掉虚浑"(《词话丛编》,3992页。);郑文焯《郑大鹤先生论词手简》认为柳永"高浑处不减清真"(《词话丛编》,4329 页。);况周颐《蕙风词话》卷 3 评"南宋佳词能浑至"(《词话丛编》,4456 页。);徐珂《近词丛话》、朱祖谋《半塘定稿序》以周止庵语评王鹏运词"导源碧山,复历稼轩、梦窗,以还清真之浑化"④;王易《词曲史·析派第五》论东坡词"高亮处,得诗中渊明之清,太白之逸,老杜之浑"⑤;凡此种种,龙榆生《清真词叙论》则概而言之曰:"近人论词之最高标准,为一'浑'字。"⑥直至晚近《中国大百科全书·中国文学卷》"朱孝臧"条评朱晚年"词境更趋高简浑成",似仍以"浑成"为词之最佳境界。

词坛既以周邦彦等人的"浑成"为极至,即有以浑成作为词坛共同审美理想的

---

① 唐圭璋《词话丛编》,中华书局 1986 年版,第 1630、1643 页。
② 《龙榆生词学论文集》,上海古籍出版社年 1997 版,第 84 页。
③ 唐圭璋《词话丛编》,中华书局 1986 年版,第 3589 页。
④ 《词话丛编》,4227 页;《半塘定稿序》,见《半塘定稿》,上海开明书店 1937 年《清名家词》本。
⑤ 上海书店 1989 年景中国文化服务社 1946 年本,第 174 页。
⑥ 《龙榆生词学论文集》,上海古籍出版社 1997 年版,第 316 页。

尝试。孙麟趾《词迳》有作词"十六字诀",其最后最高一诀,即为"浑":"何谓浑?如'泪眼问花花不语,乱红飞过秋千去。''江上柳如烟,雁飞残月天。''西风残照,汉家陵阙。'皆以浑厚见长者也。词至浑,功候十分矣。"①这十六字诀,并非针对周邦彦一人而言,而是对于整个词体而言。

到了民国初朱彊村先生编选《宋词三百首》,即以"浑成"为主旨。该选本经况周颐、龙沐勋等鼓吹发扬,又经先师唐圭璋教授笺注点化,遂成为近代宋词的第一选本,而"浑成"遂为近代词坛之共同理想。况周颐《宋词三百首原序》:"《宋词三百首》……大要求之体格、神致,以浑成为主旨。"②龙沐勋《选词标准论》:"彊村先生之《宋词三百首》……疏密兼收,情辞并重,其目的固一以'度人'为本,而兼崇体制;然不偏不颇,信能舍浙常二派之所短,而取其所长,更从而恢张之,为学词者之正鹄矣。况周颐序云:'大要求之体格、神致,以浑成为主旨。'所谓'浑成',料即周济所称之'浑化';衍常州之绪,以别开一宗;晚近词坛,盖悉奉此为圭臬;而以'尊体'诱导来学之词选,至此殆已臻于尽善尽美之境;後来者无以复加矣。"③

确实如此。对于1900年前后的词坛来说,"浑成"这一最高审美理想,不但是操选政者的圭臬,也是词作者在创作中为之努力攀登的最高之境。晚近那些第一流的大词人如王鹏运、朱祖谋、王国维,其极诣之作,无不可以"浑成"一语推崇之。而"清空",则成为词学研究者无数论文专著所津津乐道之语,成为对于词学历史的一个理想化的选择性回忆。

(作者单位:南京师范大学文学院)

---

① 唐圭璋《词话丛编》,中华书局1986年版,第2556页。
② 载《宋词三百首笺》卷首,神州国光社1947年版。
③ 《龙榆生词学论文集》,上海古籍出版社年1997版,第84页。

情爱描写与词体的兴起

诸葛忆兵

一种新文体的出现乃至兴盛,必定是由诸多复杂交错的内外因素促成。这些因素中,某几项是主要的,是对这种新文体之形成、发展、繁荣发生决定性影响的。具体到隋唐之际萌芽、唐末五代得到长足发展、两宋时期走向鼎盛的歌词,其决定性的因素有两项:从词体内在角度分析,新的燕乐体系的形成及其广为传播,使得附丽于燕乐的歌词以全新的面目出现在读者面前;从词体外部角度分析,人人都无法回避的人之自然本性——性爱心理问题,帮助歌词迅速找到自己的合适位置,使得自身很快就被广泛阶层的作者与读者所接受。自从清人开始关注燕乐研究,有关词之音乐本质问题已由许多论著问世,学界也有比较统一的看法。而促成词体兴盛的另外一项因素:性爱心理问题,却始终有意无意地被回避或遗忘。

一、唐宋词出现之前诗歌创作中的性爱心理表现

在中国古代文学创作中,性爱是一个被压抑被歪曲被遗忘被窒息的话题,是不得逾越的禁区。宋代以前,文人很少涉足男女情欲的描写。只有在民间创作中,才能找到坦率真诚、热烈沉挚、火暴大胆的男女情欲以及性爱之表现。《诗经》中有最健康最开朗最优美的写男女性爱的爱情诗篇,那还是一个性爱观念相对自由、男女情感交往没有过多受到不通人性的社会伦理道德规范时期的产物。《诗经》以后,爱情诗的创作传统只是保留在民间,从汉代的《上邪》、南朝民歌,一直到唐代的敦煌曲子词《菩萨蛮》(枕前发尽千般愿),都是如此。

　　孔子说:"《诗》三百,一言以蔽之,曰:思无邪。"(《论语·为政》)从孔子开始,已经按照自己的伦理价值观念,随心所欲地解释《诗经》。于是,《诗经》中的爱情诗在儒家的阐释中,都有了另外一副面目。如《关雎》篇,儒家学者解释说"周之文王生有圣德,又得圣女姒氏以为之配。宫中之人,于其始至,见其有幽闲贞静之德,故做是诗。"《汉广》篇,他们又别出心裁地解释说:"文王之化,自近而远,先及于江汉之间,而有以变其淫乱之俗。故其出游之女,人望而见之,而知其端庄静一,非复前日之可求矣。"这样的勉强歪曲解释,是很难令人信服的。《牡丹亭》中的村老夫子陈最良,面对处于性爱觉醒之中的杜丽娘的追问"窈窕淑女,君子好逑"之意,便左右支吾,无法自圆其说。对一些实在无法解说的爱情诗,儒家学者便直接加以拒斥。如斥《静女》篇为"淫奔期会之诗",《将仲子》篇为"淫奔者之辞",《溱洧》篇为"淫奔者自叙之辞"等等(以上所引,均见朱熹《诗集传》)。无法自圆其说的还是要牵强附会,或者是干脆的呵斥,儒家学派在这里传达出一种非常清晰的信息:不许谈论性爱! 在文学创作中不许涉及男女情欲!

　　至汉代,儒家获得"独尊"的地位。儒家的伦理道德价值观念,对古代所有的知识分子,都产生极其巨大的影响,基本上左右了他们一生的言与行,决定了他们思想的形成与发展。先秦之后宋代之前,在文人的诗歌创作中,爱情或性爱的题材被悄悄挤到了角落或干脆消失。翻检文学史,可以得出这样的结论:中国古代文人诗歌,没有描写爱情或男女性爱的传统,只有偶尔零星之作。

　　历数宋代以前许多著名诗人,曹操、陶渊明、谢灵运、左思、鲍照,以至唐代诸多大诗人,那些篇什是写男女情爱的? 与男女性爱相关的文人诗篇,真的如凤毛麟角,寥若晨星。

　　在这个漫长的诗歌发展过程中,诗人的性爱心理也有迂回曲折或难以自我控制的表现,主要表现为以下四种方式:其一,南朝写艳情一类的宫体诗。这与南朝淫靡的世风相适应,是诗人失去政治理想之后的自我放荡,不登大雅之堂。其二,模仿民歌的创作。民间有许多脍炙人口的爱情诗,高雅的文人、达官、贵族也倾心迷恋,他们便以戏谑的态度模仿创作,借以宣泄自己的情欲,如南朝文人喜欢写作《采莲曲》等等①。其三,游子思妇或闺妇思边之作。诗人在这类题材的描写中可以

① 参见拙著《"采莲"杂考》,《文学遗产》2003 年第 5 期。

比较尽情地抒发男女相思相恋的情感。夫妇睽离，征人服役，有悖人伦，甚至导致社会经济生产衰退、民生凋敝，也可以说是一个严重的社会问题。诗人依然可以用诗歌服务现实或"诗言志"的口号为这类诗歌做遮掩，与儒家"思无邪"的诗教不矛盾。其四，悼亡诗。一旦妻子去世，特别是在依然年轻美丽的时候撒手人寰，失去的才是可贵的，于是就有了一些真挚动人的思念篇什。然而，将这四类作品合计起来，在古代文人诗歌创作中，所占比例依然不大，不是创作的主流，甚至不是重要的创作倾向之一。

　　而对于一些后人容易将之作为抒写男女情爱的诗歌之具体阅读理解，还须打上一个问号。如王维的《相思》（红豆生南国，秋来发几枝？愿君多采撷，此物最相思），在诗中所说的"君"之性别未认定之前，就很难说这是否是一首写男女情爱的情诗。诗人所思念的，很可能就是同性的朋友。王维另有七绝《送沈子福归江东》说："杨柳渡头行客稀，罟师荡桨向临圻。惟有相思似春色，江南江北送君归。"诗意与《相思》类似，根据诗题却知道是赠送给男性友人的。同理，李商隐的《夜雨寄北》（君问归期未有期，巴山夜雨涨秋池。何当共剪西窗烛？却话巴山夜雨时），也有可能是寄给北方男性友人的。杜甫的《月夜》，用"香雾云鬟湿，清辉玉臂寒"之句表现了对妻子的牵挂之情，但前面已有"遥怜小儿女，未解忆长安"的诗句，说明这首诗主要是抒发对家人的想念牵挂之情怀，而非专写给妻子的情诗。将这些诗歌一一加以辨别，宋以前能拿得出来的写男女情欲的文人诗，少而又少。

　　一直到了晚唐李商隐等诗人出现在诗坛的时代，文人的性爱心理才更多地在诗歌中得以表现。李商隐的大量"无题"诗，无论后人对其做何种诠释，然这些诗歌中渗透了诗人的性爱体验，应该是没有疑问的。否则，这些诗歌就无法如此深深地打动后代为情所苦所困的千千万万痴男怨女了。可是，李商隐却不敢明确表达，遮遮掩掩，甚至连题目都不敢取，统统冠之以"无题"。后代读者，便可以用"比兴法"诠释李商隐的"无题"诗，得出政治寓意、身世感伤之类的结论，仿佛诗人没有在诗歌里流露了自己的性爱心理。

　　凡此种种，都说明在唐宋词出现之前，文人不可能很好地在诗歌中表现自我的性爱心理，即使要表现，也是遮蔽的含糊的晦涩的躲躲闪闪的。

　　诗歌中很少表达自己的性爱心理，并不意味着古代文人实践中缺乏性爱体验。"食色，性也。"这是连孟老夫子也不敢否认的颠扑不破的道理。魏晋名士风流，"越名教而任自然"，言行举止上便有点惊世骇俗，以至出现荀奉倩忘情妻子的故事①。荀奉倩的作为，说明古人同样有很深挚的男女情感体验，只不过不允许光明正大地在文学创作中表现而已。优秀的文学创作，是作家真情的自然流露。而人类情感体验中的最重要的一部分却不允许在创作中表现，这对古代作家是多么大的一种外来扭曲、人为压抑！诗人虽然也通过上面归纳的四种方式迂回或零星表达，但是终究不能酣畅淋漓，畅所欲言，舒眉一搏。

唐宋词出现之前，古代文人在文学创作中之性压抑由来已久。

二、词为艳科：文人性爱心理的表现方式

词，在文学史上又被称之为"艳词"。"词为艳科"，"诗言志词言情"，这些定义人们耳熟能详。唐宋词的题材集中在伤春悲秋、离愁别绪、风花雪月、男欢女爱等方面，与"艳情"有着直接或间接的关系。即使是在词的题材开拓方面做出相当大贡献的苏轼，留存至今三百五十余首作品中，与艳情相关的近三百一十首，仍然是其作品中的绝大多数。张炎说："簸弄风月，陶写性情，词婉于诗。盖声出于莺吭燕舌间，稍近乎情可也。"（《词源》卷下）隋唐之际，人们在歌舞酒宴娱乐之时，厌倦了旧的音乐，对新传入中原的各种新鲜活泼的外来音乐发生浓厚兴趣，于是纷纷带着一种娱情、享乐的心理期待转向这些新的音乐，听"十七八女孩儿，执红牙板"，曼声细唱，莺娇燕柔。那么，在这样灯红酒绿、歌舞寻欢的娱乐场所，让歌妓舞女们演唱一些什么样内容的歌曲呢？是否可以让这些歌儿舞女板着面孔唱道："朱门酒肉臭，路有冻死骨"？或者让她们扯开喉咙唱道："天生我才必有用，千金散尽还复来"？这一切显然都是与眼前寻欢作乐的歌舞场面不谐调的，是大煞风景的。于是，歌唱一些男女相恋相思的"艳词"，歌妓们装做出娇媚慵懒的情态，那是最吻合眼前情景的。"艳词"的内容取向是由其流传的场所和所发挥的娱乐功能决定的。

后人或以为敦煌发现的"曲子词"，题材更为广泛，不专写艳情。但是，人们同样应注意到另外一点，即：在敦煌曲子词中，言闺情花柳乃是最为频繁的。如果将

---

① 《世说新语·惑溺》载："荀奉倩与妇至笃。冬月，妇病热，乃出中庭自取冷，还，以身熨之。妇亡，奉倩后少时亦卒。"

《敦煌曲子词集》做一次分类归纳，就能发现言闺情花柳的作品占三分之一以上，所占比例最大。这类作品在敦煌曲子词中也写得最为生动活泼，艺术成就最高。如《抛球乐》（珠泪纷纷湿罗绮，少年公子负恩多。当初姊妹分明道，莫把真心过于他。子细思量着，淡薄知闻解好么）、《望江南》（天上月，遥望似一团银。夜久更阑风渐紧，为奴吹散月边云，照见负心人）之类，深受后人喜爱。至《云谣集》，创作主体已经转移为乐工歌妓，作品的题材也就集中到"艳情"之上。"除了第二十四首《拜新月》（国泰时清晏）系歌颂唐王朝海内升平天子万岁，第十三首《喜秋天》感慨人生短促、大自然更替无情之外，余二十八首词都与女性有关，或者出于女性之口吻，或者直接以女性为描写对象。"①这些"艳情"之作大体有三种类型："征妇之怨"，"女性姿色"，"求欢与失恋"②。

　　到了"花间派"手中，男女艳情几乎成为惟一的话题。"春梦正关情，镜中蝉鬓轻"，"门外草萋萋，送君闻马嘶"（温庭筠《菩萨蛮》）之送别相思，"深夜归来长酩酊，扶入流苏犹未醒"（韦庄《天仙子》），"眼看惟恐化，魂荡欲相随"（牛峤《女冠子》）之宿妓放荡，几乎构成一部《花间集》。词中女子在性爱方面甚至大胆到"妾拟将身嫁与、一生休。纵被无情弃，不能羞"（韦庄《思帝乡》）的地步。而后，"艳词"永远是歌词创作的主流，苏轼、辛弃疾等等的开拓，只能算作歌词创作的支流，数量上远远不能与艳词抗衡。学者归纳说：唐宋词"在作品的题材内容方面，非但不忌讳'艳事'、'艳情'，而且反以它们作为自己所津津乐道和乐而不疲的咏写对象"；"在作品的风容色泽方面，又努力追求一种与其题材内容相协调的香艳味。"③宋人也是这样总结的："唐宋以来词人多矣，其词主乎淫，谓不淫非词也。"（汪莘《方壶诗余自序》）

　　一旦辨明"艳词"是歌词创作的主流，就已经接触到性爱心理与词体兴起之本题了。也就是说，文人们备受压抑不得公开表达的性爱体验、无法言说的性爱心理，终于在歌词中找到合适的宣泄机会。歌舞色情娱乐场所，逢场作戏，文人们尽可放下平日"治国平天下"的严肃面孔，纵情欢乐。心神迷醉、兴高采烈之余，自己

---

① 　萧鹏《群体的选择—唐宋人选词与词选通论》第 71 页，台湾文津出版社 1992 年 12 月版。

② 　同前。

③ 　杨海明《试论唐宋词的"以艳为美"及其香艳味》，《齐鲁学刊》1996 年第 5 期。

也不妨当场填写艳词,付歌儿舞女,博宴前一笑。

　　大量艳词的创作,文人肆无忌惮地在歌词中言说自己的性爱体验,不仅仅是题材方面的重大突破,也冲击着人们以往的道德价值观念。对道德价值观念的冲击,才是更为艰苦卓绝的努力,这需要寻找合适的时机与社会环境。只有在一个社会享乐成风、道德价值体系相对崩溃的时代,歌词才能找到适宜的土壤,迅速滋生、蕃衍。学者们一直忽略这样一个问题:盛唐时期燕乐已经走向繁荣,却没有带动歌词创作,歌词一直无声无息流转于民间,一直到晚唐五代才第一次显示出其勃勃生机。燕乐的繁荣与歌词创作高潮的到来之间为什么存在着一个"时间差"? 这个"时间差"的出现,就非常有说服力地证明,燕乐不是词体兴起的惟一重要因素。只有等到一个纸醉金迷的社会环境形成,文人可以相对自由地暴露自己的性爱心理,歌词才会迎来真正的创作高潮。

　　上层社会、文人士大夫的生活享乐,在唐代各个时期都普遍存在,但这不会成为他们的主要生存方式。而且,他们受到社会道德价值观念的束缚,也不敢在创作中敞开心扉。中唐以来文人的寥寥的几首歌词创作,多数歌唱风光、隐逸,如韦应物的《调笑》、白居易的《忆江南》、张志和的《渔歌子》等等,民歌风味十足,却与艳情无关。

　　然而,中唐自宪宗暴卒之后,帝王的废立之权掌握在宦官的手中,穆、敬、文、武、宣、懿、僖、昭八帝,都是经宦官拥立而继帝位的。宦官为了控制帝王和朝政,故意拥立平庸者继承帝位,并且引导他们嬉戏游乐,纵情享受。唐穆宗就是因为与宦官击马球游戏,惊吓得病去世。其子敬宗在位三年,同样游戏无度,狎昵群小,最后,因与宦官刘克明、击球将军苏佐明等饮酒,酒酣被弑。唐武宗则"数幸教坊作乐,优倡杂进,酒酣作技,谐谑如民间宴席。上甚悦。"(《唐语林》卷三)唐宣宗也"妙于音律。每赐宴前,必制新曲,俾宫婢习之。"(《唐语林》卷七)生活更加骄奢无度的是唐懿宗,史言"李氏之亡,于兹决矣。"懿宗喜欢音乐宴游,"殿前供奉乐工常近五百人,每月宴设不减十余,水陆皆备,听乐观优,不知厌倦,赐与动及千缗。"(《资治通鉴》卷二百五十)懿宗少子继位,为僖宗,在宦官田令孜的引诱下,于音律、赌博无所不精,又好蹴鞠、斗鸡、击球,他甚至对优伶石野猪说:"朕若应击球进士举,须为状元。"(《资治通鉴》卷二百五十三)

　　帝王和朝廷的自我放纵,诱导着社会风气的转移。从中央到地方,追逐声色宴饮已经成为一种普遍的行为。同时,随着唐帝国的没落,广大知识分子政治理想幻灭,他们看不到仕途上的前景,"夕阳无限好,只是近黄昏",文人群体笼罩在世纪末的绝望哀伤之中。这就进一步促使他们退缩到自我生活的狭小圈子中,及时行乐,自我陶醉,以醇酒美女消磨时光。如温庭筠"初从乡里举,客游江淮间,扬子留后姚勖厚遗之。庭筠少年,其所得钱帛,所为狭邪所费。"[①]"杜牧少登第,恃才,喜酒色。初辟淮南牛僧孺幕,夜即游妓舍,厢虞候不敢禁。"(《唐语林》卷七)"落魄江湖载酒行,楚腰纤细掌中轻。十年一觉扬州梦,赢得青楼薄倖名。"(杜牧《遣怀》)是当时文人的典型生活方式。"正是在这种都市享乐文化的肥厚土壤里,通过艳丽女性——歌妓演唱的以女性、女色为中心内容的曲子词,恰好充分地适应和满足了广大接受者的消费需要。创作者——都市各阶层文人需要通过描写女色来麻醉自己和宣泄内心的性要求,接受者——都市广大市民更需要欣赏女音女色来满足自己的享乐之欲。"[②]

所以,晚唐诗风趋于秾丽凄艳,表现出与晚唐词近似的艺术风格。与李商隐并称的著名诗人温庭筠同时又是香艳"花间词"的开山鼻祖。这一系列具有时代特征性的审美现象,都与中晚唐以来的社会环境的变更密切相关。也就是说,中晚唐以来骄奢华靡的世风,为"曲子词"的创作高潮的到来提供了大好时机,并最终促使词的委婉言情的文体特征的形成。

五代十国,"你方唱罢我登场"。在这乱哄哄的历史闹剧中,各个短命小朝廷的君主大都目光短浅,无政治远见,在狠斗勇战之余,只图声色感官享受,沉湎于歌舞酒色。后唐庄宗宠幸宫廷伶官,乃至粉墨登场,最后落得身败名裂的结局。前蜀后主王衍与后蜀后主孟昶,都是历史上有名的荒淫无耻、昏庸无能的帝王,王衍有《醉妆词》津津夸耀自己酒色无度的生活,说:"者边走,那边走,只是寻花柳。那边走,者边走,莫厌金杯酒。"另外一位在词的发展史上做出突出贡献的十国小君主李煜,登基时南唐国势已日趋衰微,风雨飘摇。李煜不思振作,日夜沉醉于醇酒美女的温柔乡中,以声色自我麻痹。他的词也透露出一股华丽糜烂的生活气息,《浣溪沙》说:"红日已高三丈透,金炉次第添香兽。红锦地衣随步皱。佳人舞点金钗溜,酒恶

① 《太平广记》四八九·杂录六"温庭筠"条,中华书局1961年版。
② 刘扬忠《北宋时期的文化冲突与词人的审美选择》,《湖北大学学报》1998年第3期。

时拈花蕊嗅。别殿遥闻箫鼓奏。"《玉楼春》说："晚妆初了明肌雪,春殿嫔娥鱼贯列。笙箫吹断水云间,重按《霓裳》歌遍彻。临春谁更飘香屑?醉拍阑干情味切。归时休放烛花红,待踏马蹄清夜月。"这些醉生梦死的小帝王已经将他们的文学创作与纵欲生活紧密地连为一体。

而且,唐末五代的诸多帝王,毫无道德廉耻感。篡唐自立的后梁太祖朱全忠,政治上先背叛黄巢,再颠覆唐朝,朝三暮四,惟利是图。生活上,与多名儿媳乱伦淫乱,恬不知耻。其他五代小朝廷帝王,作风也相类似。前蜀高祖王建,也曾强占手下宰相韦庄"姿质艳丽"的宠姬,据说韦庄的《荷叶杯》(绝代佳人难得)、《小重山》(一闭昭阳春又春)、《谒金门》(空相忆)等,都为此女子而作①。富可比国的帝王,供其淫乱的女子还少吗?却要与儿媳行苟且之事或强占臣下宠姬,无耻荒淫,无以复加。上梁不正下梁歪,社会道德之败坏,可想而知。

上述的社会享乐、道德价值体系崩溃这两个方面条件,在晚唐五代都已经具备。文人们在纵情享乐之时,又解除了道德规范的束缚,艳词创作,如雨后春笋,遍地生长,艳词迎来了第一个黄金创作期。"自南朝之宫体,扇北里之倡风",词人们在这种全新的文体中尽情叙说自己的性爱体验,表露自己的性爱欲望,"花间"创作风气,弥漫了整个时代。在这种淫乐放纵风气弥漫的社会里,文人们还有一种从众心理,大家都在逢场作戏,都填写香艳小词,那就谁也不必对谁进行道德谴责。

三、宋词表现性爱心理的文化背景

宋代,是歌词创作的黄金时代。与男女情欲相关的一切话题,在宋人手中都有酣畅淋漓的表现。那么,宋代又为歌词之创作提供了怎样的环境?

入宋以后,社会道德价值体系得以重建,但是,享乐之风依然盛行。宋王朝在建立了自己的政权以后,汲取唐代藩镇割据、臣僚结党、君权式微的经验教训,努力确立君主集权,削弱臣下势力。宋太祖赵匡胤不愿意通过杀戮功臣、激化矛盾的残暴手段来达到集权的目的,而是通过一种类似于金帛赎买的缓和手段,换取臣下手中的权力。宋太祖曾与石守信等军中重要将帅夜宴,劝他们自动解除兵权,"多积

① 详见叶申芗《本事词》卷上,《词话丛编》第三册第 2301 页,中华书局 1986 年 1 月版。

金帛田宅以遗子孙,歌儿舞女以终天年。"(《宋史·石守信传》)这就是历史上著名的"杯酒释兵权"故事。所以,赵宋统治者不但不抑制反而鼓励臣下追逐声色、宴饮寻乐的奢靡生活。对待文臣,皇帝也采取类似手段,待遇格外优厚。仅就官俸而言,据考证,宋代比汉代增加近十倍,比清代仍高出二到六倍(详见彭信威《中国货币史》)。生活环境的优越,就使得这些文人士大夫有了充裕的追逐声色享受的经济实力。与历代相比,宋人是最公开讲究生活享受的。文武大臣家养声伎,婢妾成群,已经成为社会风气。甚至在官场中、在上下级之间,也并不避讳。据《邵氏闻见录》卷八载:钱惟演留守西京,欧阳修等皆为其属僚。一日,欧阳修等游嵩山,薄暮时分才回到龙门香山,天已经开始下雪,钱惟演特地送来厨师与歌妓,并传话说:"山行良劳,当少留龙门赏雪,府事简,勿遽归也。"这种享乐的风气,就是宋词滋生繁衍的温床。

而且,为了通过娱乐来消弭被解除兵权的贵族官僚的反抗,赵宋帝王主动把五代十国留下来的歌伎乐工集中到汴京,并注意搜求流散在民间的"俗乐",甚至自制"新声"。据《宋史·乐志》载:"太宗(赵炅,即赵光义)洞晓音律,前后亲制大小曲及因旧制创新声者三百九十。"又说:"仁宗(赵祯)洞晓音律,每禁中度曲,以赐教坊。"当时,许多达官显贵,或流连坊曲,或竞蓄声伎,在宴会及其他场合竞相填写新词。一时间,君臣上下均以能词为荣。宋人记载里以能词而得官爵、以能词而受赏赐的佳话,比比皆是,广为流传。如宋祁因在街上看见宫中车队内一女子,写了一首《鹧鸪天》,宋仁宗知道他曾与宫女相遇之事,便有内人之赐(详见《唐宋诸贤绝妙词选》卷三)。又,宋神宗时蔡挺在平凉写了一首《喜迁莺》,其中有这样几句:"谁念玉关人老。太平也,且欢娱,莫惜金樽倾倒。"神宗(赵顼)读此词后,批曰:"玉关人老,朕甚念之。枢管有缺,留以待汝。"不久,调蔡为枢密副使(详见《挥麈余话》卷一)。

就是说,到了宋代,道德价值体系虽然得以重建,但是唐末五代以来以歌词写艳情的创作传统已经形成,千百年来文人被压抑被扭曲的性爱心理在这里找到比较自由的表现天地。缺口一经打开,便是"青山遮不住,毕竟东流去。"宋代社会的享乐风气,继续为歌词的繁荣提供适宜的环境。虽然部分词人成名之后要"自扫其迹",以为表现性爱为主的小词终究玷污了自己的名声。但是,多数文人已经不太在乎这一点。他们公然享受醇酒美女,公然描述自己的性爱体验,公然宣泄自己的性爱心理。连始终板着面孔做人正经得不能再正经的理学家程颐,听到晏几道《鹧鸪天》"梦魂惯得无拘检,又踏杨花过谢桥",也"笑曰:'鬼语也!'意亦赏之。"①翻检两宋词,"执手相看泪眼,竟无语凝噎"(柳永《雨霖铃》)之送别,"弄笔偎人久,描花试手初"(欧阳修《南歌子》)之相聚,"两情若是久长时,又岂在朝朝暮暮"(秦观《鹊桥仙》)之誓言,"锦幄初温,兽香不断,相对坐调笙"(周邦彦《少年游》)之寻欢,"花自飘零水自流,一种相思,两处闲愁"(李清照《一剪梅》)之思念,"韦郎去也,怎忘得、玉环分付"(姜夔《长亭怨慢》)之嘱托,触目皆是,成为歌词创作的主流倾向。

　　而后,元曲、明清小说等等文体,也就承接唐宋词之后,公然表现男女情欲。所以,唐宋词体的兴起,不仅仅是文坛上出现了一种全新抒情诗体式,而且还为表现人们的性爱心理拓展出一片新天地。从这个角度来说,唐宋词对陈腐呆板的封建礼教,是一次猛烈的撞击。学者因此认定:"'以艳为美'乃是唐宋词所提供给读者的一种最摄人心魂的最沁人心脾的审美新感受"②。词体的独特魅力,以及对古代抒情诗所做出的全新贡献,也体现在这里。

　　　　　　　　　　　　　　　　　　　　　　(作者单位:中国人民大学国学院)

---

① 　邵博《邵氏闻见后录》卷十九,中华书局 1983 年 8 月版。
② 　杨海明《试论唐宋词的"以艳为美"及其香艳味》,《齐鲁学刊》1996 年第 5 期。

宋词的生命意识

孙　立

　　所谓生命意识,即是人类对自我存在价值的反思与认识。人类的存在价值不仅有着社会规定,而且自身的生活方式、思想意识,也是价值实现的必备因素。故人类在改造自然的同时,也要不断地认识自我、调整自我的生存方式。文学创作作为个性化的精神创造活动,一方面受时代感发,"志思蓄愤,而吟咏情性,以讽其上"①,充分发挥出文学的社会功能。但另一方面,人类生命本身往往也构成为创作意识的内省对象,从自然、生命、人生等方面,展现出个体的探求与悲欢,唐诗、宋词,在一定程度上正体现出此两类审美意识的创作典范。宋人对"人″——个体的生存与宇宙生命的联系有着极自觉的思考,其词作的思理深度也并不逊于前人的诗歌创作。因而我们评词,就不应局限于词作表层结构的情感会应,而必须以更为深入的审美观照,从词的深层意蕴层次,探究出宋人的人生感悟与对生命存在形式的认知。

一

　　从总体而言,在艺术风格上,宋词与唐诗有着明确的区别。奋发、高亢的"盛唐气象",形成了唐诗创作的主旋律,这充分体现出时人抱负满怀、渴望建功的强烈进取心。但宋人词中却极少或几乎没有"盛唐气象"出现,更多的是对功名、事业的迷

---

① 刘勰《文心雕龙·情采》。

恫、慨叹。人的生存道路显得十分艰难,个体的苦痛感受也尤为强烈。因而,宋词弥漫着较为浓郁的悲凉气息,感伤情调也甚沉郁。这体现出时人生命价值观念的更换,内省意识的加强。

北宋词,功名意识表现得并不十分突出,立德、立功、立言——儒家传统的“三不朽”思想明显弱化。这表面看来是情爱意识强烈冲击的缘故,而实质更重要的是因为人们对自我生存方式、生命终极意义的思考更为专注,认识也更为透彻。人们在词中极少言及自我的事业追求、理想抱负,相反对“功名”流露出极为厌倦的情绪。如曾因变新法而显赫一时,慨然有矫世变俗之志的王安石,竟然在词中吟道:“无奈被些名利缚,无奈被他情耽搁,可惜风流总闲却,当初漫留华表语,而今误我青楼约。梦阑时,酒醒后,思量著。”(《千秋岁引》)词人在这里所叹息的人生空漠感,乃为“可惜风流总闲却”,“而今误我秦楼月”,名利之心在词人眼里犹如绳缚。“无奈”语,即表白出词人内心颇有“异化”味的感受。功利“异化”,实则是与情爱生活的相互对照而切身领悟的。“无奈”意识,在柳永诸辈下层落拓文人词中,表现得尤为突出。柳永聪明睿智,深谙音律而又勤奋好学。他曾说自己“唱新词,改难令”(《传花枝》)。叶梦得《避暑录话》说:“教坊乐工,每得新腔,必求永为辞,始行于世。”柳永举止洒脱,行为不检,长期出入歌楼楚馆。他也曾试图步入官场,但因出言不慎,冒犯了宋朝皇帝。传说柳永因作《鹤冲天》,词中有“忍把浮名,换了浅酌低唱”,被统治阶级驱出黄榜,而他却自嘲为“奉旨填词”①。虽然“换了浅酌低唱”,是出于“无奈”,但从中也可见出宋人人生价值观念的转变。柳永时常嘲笑那些“奔名竞利”之徒,认为“利牵名……红颜成白发,极品何为”(《定风波》)。他自己虽然也考取了进士,做了官,但他并不屑一顾:“这巧宦,不须多取”(《思归乐》)、“干名利禄终无益”(《轮台子》)。他甚至说:“名缰利锁,虚费光阴”(《夏云峰》),将名利比作缰锁,认为只是虚度光阴,这是何等的清逸脱俗。他在《凤归云》中更为爽直地表白自己的人生态度与趣向,“驱驱行役,苒苒光阴,蝇头利禄,蜗角功名,毕竟成何事,漫相高。抛掷云泉,狎玩尘土,壮节等闲消。幸有五湖烟浪,一船风月,会须归去老渔樵。”他视利禄为“蝇头”,功名为“蜗角”,皆是不齿于口,流露出极为鄙夷、敌视的心怀,但作者又似乎不屑于士大夫那种狎妓酣饮、寻欢作乐的腐化生活。歇

---

① 吴曾《能改斋漫录》卷十六。

拍三句,作者把粼粼湖光、一叶扁舟视为自己最理想的生活归宿。从柳永身上可以看到,宋人对生活的认识,更多地体现为对个体生存方式的关注,理想生活的追求。所以,他们能极真切地感受到:"愿天上人间,暂得欢娱,年年今夜"(柳永《二郎神》)。

如果说柳永对"功名"的好恶,主观倾向、情感成分较重的话,那么苏轼对人生的审视,则要冷静得多。苏轼的人生思考,带有哲理性的思辨。他不只是根据生活的遭遇去看待功名,而是从生命的存在价值及意义去解剖人生,认识自我。他早年曾有过"功成名遂"的志向。如熙宁十年(1023),他自杭州改知密州,在途中写过一首《沁园春》。词中写到自己离蜀后赴长安应考时的心境,"似二陆初来俱少年,有笔头千字,胸中万卷,致君尧舜,此事何难。用舍由时,行藏在我,袖手何妨闲处看。身长健,但优游卒岁,且斗尊前。"想当年,与父、弟同赴长安。兄弟俩笔震京城,恰似二陆当年。以"胸中万卷,致君尧舜",进而济世,退而保身,生活抉择在于自身,那种"袖手何妨闲处看"的潇洒情怀,显得十分自得自在。词中充满了极度的自信,且有着超人的志向。然而以后历经仕途沧桑,饱受了人世纠葛的磨难,尤其是步入不惑之年后,他便很注重加强自身修养,提高抵御外界压迫的能力,很快地便以一种淡泊的心境"直面惨淡的人生"。"浮名浮利,虚苦劳神"(《行香子》)。他不仅视名利为虚无,而且也认识到纠缠于此种名利得失损伤心神。对追名逐利,他似乎甚为淡薄,总是以轻蔑的口吻言及:"蜗角虚名,蝇头微利,算来著甚干忙。事皆前定,谁弱又谁强。且趁闲身未老,尽放我些子疏狂。百年里,浑教是醉,三万六千场"(《满庭芳》)。虚名,微利,在他看来皆微不足道,也无甚操忙的必要。此类得失皆命中注定,也无法由主观定夺。故词人不愿为人世利欲所用心费时,甘愿及早狂放自任,酣饮昏醉,随其自然地了却生涯。这其中隐含着前世因缘的宿命观念,确实可致词人消极放纵地对待人生。但"事皆前定,谁弱谁强",出自一个非凡抱负的人之口,不能不说这其中包容了深重的人生感痛。

总体说北宋时人生忧患主要表现为出与入个体生活方式的抉择困惑,那么,南宋词较为突出地反映了个体力量与国家危难无法相统一的矛盾。清人王昶曾云:"南宋词多黍离麦秀之悲,北宋词多北风雨雪之感。"[①]所谓"北风雨雪之感",乃为

---

① 谢章铤《赌棋山庄集·词话》卷一。

词人对国朝大厦将倾、民生艰危的感叹;"黍离麦秀之悲",当指国破家亡所引起的心灵悲患。

宋南渡以后,半壁河山沦陷。这对于很注重大一统的中华民族来说,不啻是一灭顶之灾。此一时期,一些士大夫文人已深切感受到"平戎破虏","补天裂"的迫切性,因而北宋时被压抑的个体精神向上力也得到加强。但南宋时国势的强盛远不如盛唐,再加上民心涣散,朝廷内外只知享乐,"但习歌舞,不识干戈"①,个别文人的从武立功之志,在这一时代氛围中如石沉大海,也难掀起巨澜。这样,南宋词人虽然时而表现出亢奋、激昂的救国豪情,如"谈笑里,平齐鲁"(刘克庄《贺新郎》);"拥精兵十万,横扫沙漠,奉迎天表"(李纲《苏武令》)。然而一旦落实到现实,尤其是涉及到自我身世,人们也不免感到个体力量极为有限,由此对人生价值的实现自然也产生了疑惑。如辛弃疾因官场倾轧,屡遭贬官、落职。再加上他执守官职期间,也是"聚散匆匆不偶然,二年遍历楚山川"(《鹧鸪天》)。南渡以后,稼轩"朝夜以思,求所以安揖之计。"②并且策划军事,训练军队,创建飞虎军,"雄镇一方,为江上诸军之冠。"③但总的说来,他一生并不能尽展其才,用之恢复大业。因此,稼轩"负管乐之才",徒有"一世之豪"的气魄,却坐视山河破碎而一筹莫展。长期闲置,使他不得不正视自身的处境。在稼轩集中,对现实也表现出一定的参与意识。但词作给人印象更为深刻的仍然还是那沉痛、哀怨的人生失落,即对实现人生价值极为迷惘所产生的心理压抑。例如他在《满江红》(过眼溪山)词中言道:"笑尘埃。三十九年非,长为客。"此为自我慨叹一生四海为客,事业难成,一"笑"字,充满了苦涩的辛酸。词人由眼前场景再遥想古人功业,则又是"吴楚地,东南坼,英雄事,曹刘敌。被西风吹尽,了无陈迹"。苍茫吴楚之地,昔时曾是兵家相争,英雄建功的要地。如今却是西风荡尽,陈迹杳然,真可谓功业似水,往事如烟。接下词人回观自身,"楼观才成人已去,旌旗未卷头先白",借外在物象的变化,隐蕴了事业难成、岁月无情的人世悲痛。故歇拍,"叹人间,哀乐转相寻,今犹昔",也是以一种"无奈"之情,正视人世哀乐。所以,辛词虽然也渗透了激昂、愤激的爱国豪情,确实令人感受到"马

---

① 孟元老《东京梦华录》序。
② 《官教集》。
③ 《宋史·辛稼轩传》。

革裹尸当自誓"（《贺新郎》）的人格品质。但是词人只要冷静地审察社会现实与主观企求的距离间隔，便会从心底油然生起一股强烈的悲伤情调。因而他或是表现出沉痛的失落感，"都将万字平戎策，换得东家种树书"（《鹧鸪天》）；或是对功名的人生意义极为困惑，"赢得生前身后名，可怜白发生"（《破阵子》）。

此时，姜夔这些清衣闲客，则是以另外一种生活方式对待人生。白石少即失去双亲，寄居姐姐家，度过了青少年时期。他早年即显露出书法、音乐和文学的卓越天赋。然而这一颗敏感而多情的心灵，在成熟的过程中，即超前地经受了种种重负，以致内心总是难以解脱与激奋。"少小知名翰墨场，十年心事只凄凉"（《除夕自石湖归苕溪》）。或许是早熟使他悟透了人生，从而选择了一条常人并不想步入的道路。尽管他所结交的有诸多名人、贵臣，如范成大、杨万里、辛弃疾、京镗等，而且似乎也有攀援权门的机缘，但他却是那般鲜明地表示："浮云安在？我自爱，绿香红舞，容与，看世间，几度今古"（《石湖仙》）。北宋词人柳永，乃为"忍把浮名，换了浅酌低唱"。而白石"看世间，几度今古"，思理显得更深一层，似乎有着更为明确的自主意识。这既不是完全的逃避，也不是积极地参与，而是冷静地观察社会人生。因而，他虽处国事衰微，民生聊苦之时，却未能如稼轩、放翁辈积极地挺身站出，为国为民大声疾呼，而是"酒祓清愁，花销英气"（《翠楼吟》）。这是否是对自我无力"兼济"的识见，抑或是明哲保身，只求寻乐之举，恐怕不能简单地定论。尽管在白石词中也偶尔反映出由战乱所造成的满目苍夷的衰败景象，且透露出些许恢宏之气（如《永遇乐·北固楼次稼轩韵》）。但总观《白石道人歌曲》，我们所能见到的仍多是"岑寂"和"清苦"的情调。如《探春慢》（衰草愁烟），此词明写离别之"恨"，然从词作构化的场景，吐露的心声来看，却包蕴了极为深刻的人生体验，"谁念飘零久，漫赢得、幽怀难写"；"长恨离多会少，重访问竹西，珠泪盈把"；"老去不堪游冶。无奈苕溪月，又照我、扁舟东下，甚日归来"？"飘零久"，"长恨"，"老去"，皆表明长期的生活颠簸，已经有深重的忧患积沉于词人心头。故"幽怀难写"，"离多会少"，"不堪游"，此已不是一般的就事论事，而是词人对人生反思后所发出的感喟。

总之，宋人在词中对功名、利禄、地位的关注并不十分地执著。对他们来说，唯一要紧的反倒是个体情感的愉悦与满足（如柳、姜），自我身心的舒畅与率真（如苏、辛）。外在获取并不能使自我充分满足，内在心理的调节才尤为重要。人生价值的实现不是依据对人生的征服，而是自我身心求得相对自由与安宁。

二

　　以上我们已经初步了解到宋代人们思考人生的基本内容。宋人对功名追求所体现出的时代个性,从根本而言,乃是根源于人们对人生较之前代有着更深沉、更自觉自主的认识。在此,我们尚有必要专门考察宋人生命忧患的具体思维形式及表现特征。

　　生命意识的形成,取因于人对自身存在方式及价值的反思与解悟。反思意识,是将个体生命放置在理性审视的区域,予以价值的衡定与评价。人的本质,"应当是不断探究他自身的存在物——一个在他生存的每时每刻的必须查问和审视他自身的生存状况的存在物。人类生活的真正价值恰恰就存在于这种审视中,存于这种对人类生活的批判中。"①生命意识的反思活动,首先体现为个体生命的自我观照。宋人对时光的感受尤为锐敏,岁月的无形流动,在宋人心头惹生起无限的感慨,且由此对人的自身存在价值也有更为清醒的认识。如晏殊的《浣溪沙》:

　　　　一曲新词酒一杯,去年天气旧亭台,夕阳西下几时回?　　无可奈何花落去,似曾相识燕归来,小园香径独徘徊。

此词感发极为深远,"小园香径独徘徊",生动勾画出一个踽踽而行、沉思冥想的孤独者形象。赋词饮酒,这一具体的生活方式是在"去年天气旧亭台"的环境气氛中进行的。因而,"新"、"旧"对比,蕴含了词人对生命递变的感受。"夕阳西下几时回"?明言夕阳,暗指个体生命的消减。一设问,语气极沉重。"无可奈何"两句,是以"花落"表明韶华难驻;"燕归来"则隐蕴了风物依旧,人事已非的生活哲理。此词众多意象的铺设,旨在反覆强调人生虽好、岁月短暂的无情客观规律。"无可奈何"此一叹喟,充分展露了词人内心反思极深的人生忧患。不只是晏殊,同时的许多文人也具备耽于沉思,反躬自省,对个体生命存在形式极为关注的思维特点。如欧阳修的《浪淘沙》:"聚散苦匆匆,此恨无穷。今年花胜去年红,可惜明年花更好,知与

---

① 　(德)恩斯特·卡西尔《人论》　上海译文出版社 1985 年版第 8 页。

谁同?"此词由亲友的聚散而展开联想。花谢花开,年年常有。然而同是赏花人却难以常聚相会,这显示出自然与人生审美距离的巨大反差。其他如:"帝里风光好,当年少日,暮宴朝欢,况有狂朋怪侣,遇当歌,对酒竟留连。别来迅景如梭,旧游似梦,烟水程何限"(柳永《戚氏》)。"韶华不为少年留,恨悠悠,几时休?飞絮落花时候一登楼,便做春江都是泪,流不尽,许多愁"(秦观《江城子》)。皆流露出好景难再、岁月如水的苦痛情绪。综观宋词的历史发展,此一"叹时"、"伤景"的生命意识在绝大部分作家作品中皆有自然流露。人生光阴的岁月变化在宋人心头烙下了深深的伤痕,时不时便由外物的触动而自觉地感发。

对生命时光的思考,如联系到自我身世遭际,则使这一"叹时"的思维方式更添著了"沉郁"的情感成分。当人们从生命本体去反思人生历程时,思维的焦点就必然不局限于某一事一物的具体发现,而是由外在事件的变化而审定自身生活,从事物表层现象而体会出人生意义。如苏轼的《减字木兰花》:

> 春光亭下,流水如今何在也。岁月如梭,白首相看拟奈何。 故人重见,世事年来千万变。官况阑珊,惭愧青松守岁寒。

词以流水长逝难返的发问,隐喻时光运动的不可逆转性。"白首"句,则直指题意,点化出人生苦难的意识成分。下片则由光阴流转联想到人事。"青松"有自喻之意,世态炎凉,官场萧条,"青松"只能孤寂独处,苦捱严寒。此词作者由生命短暂,感受到时不我待、出路难觅的生存迷惘。辛弃疾的《鹧鸪天》(壮岁旌旗拥万夫),词上片追念少年时跃马战场、率兵突击敌营的往事,场面颇为壮观。但下片转而面对词人眼前处境,则因岁月兴叹而联系到功业的渺茫,一腔爱国热情终不过"换得"向东边邻居学栽花种树罢了。宋代词人谈功名、谈生活,常自觉不自觉地与个体生命形式相为联系,因而心境显得极为郁闷,词中情感的抒发就不似盛唐人那般畅快、激昂。

宋词中很少触及到生死,与生命形式的反思相关,"叹老"也构成了宋人思维意识的主要成分。宋词的结构形式,在文意、词情的表现方面有一突出特征。宋人对人生的反思,审美思维常常由昔至今,最终以"白发"、"叹老"的嗟叹结句。在有些宋人词作中,"老"字出现的频率颇高。如苏轼五十九次,黄庭坚三十三次。晁补之三十八次,朱敦儒五十四次,辛弃疾一百四十九次,张炎九十五次①。"老"字的使用,可以说大部分与"叹老"意识有关。"叹老"是人生反思后的情感流露,也可以认为是词人退避现世的解脱方式。如黄庭坚的《南乡子》:

> 诸将说封侯,短笛长歌独倚楼。万事皆随风雨去,休休。戏马台南金络头。　催酒莫迟留。酒味今秋似去秋。花向老人头上笑,羞羞。白发簪花不解愁。

别人津津乐道封侯迁官事,词人却在"短笛长歌"的声乐中独自凭倚楼栏,似乎与世甚为隔膜。"万事皆随风雨去",冷漠的叹息饱含了词人多年风风雨雨的艰辛,也体现出词人悟透人生的理性超脱。下片换头,词人借助饮酒方式,表明自我任凭外物变迁,身心依然如故。歇拍三句,调侃的口吻,含蕴了因年华逝去而难解愁绪的心怀。此词主人公坐视人世间的是非利害,显得十分老成。虽然词中反思成分并不十分具体,但所包容的身世感叹却极深广。在稼轩词中,此一"老人"心态表现得最为突出。如《鹧鸪天》:

> 有甚闲愁可皱眉,老怀无绪自伤悲。百年旋逐花阴转,万事长看鬓发知。溪上枕,竹间棋。怕寻酒伴懒吟诗。十分筋力夸强健,只比午时病起时。

起首一设问句,字面问"有",词意实指"无"。"老怀无绪自伤悲",老来心绪无凭,只能自吟自悲。"百年"、"万事"句,则是立足于较高的视点,俯瞰个体身世与人世沧桑的变幻与得失。百年岁月随着花下阴影的流动而消逝,看看苍苍鬓发即可明白人生经历了诸多的波折。下片则转而表现词人此时所醉心企求的理想生活模式:溪边斜卧,竹间弈棋,甚而连邀伴饮酒也无心力。即便有时自夸精力强健,也只是与年时病弱躯体相较而言。从下片可见出,词人心力是何等的疲乏。尤其我们须注意的是,"叹老"意识不只是出现于晚年,有时在生活各个时期的词作中,也能见到此类情绪的流露。只要词人在现实人生的苦难中无法解脱,对个体生命形式

---

① 本文统计数字根据南京师范大学《全宋词》计算机检索系统。

及人生价值实现有较为清醒的识解,此种"叹老"意识就会不由自主地宣泄出。如苏轼的《浣溪沙》:"白发相对故依然,西湖知有几同年。"《卜算子》:"还与去年人,共藉西湖草。莫惜尊前仔细看,应是容颜老。"此两首词作于杭州通判任,作者三十八岁时,而词中所吟咏的情调,则似乎是垂暮老人的心态。

对人生的反思,还体现在宋人对古代人事的追怀与感慨方面。在宋词中,咏古题材虽然不很多,但有的也较为精到地表现出宋人的生命价值观念。而且,在一些不是专门将咏古作为题材的作品中,思古感叹之情有时也吐露得很为强烈。宋人咏古词作,并不注重从古人功业的成败中得出什么经验教训,更不是仅仅倾诉一种怀念之情,而是通过纵观人世变迁,力求认识自我,解悟人生。如王安石《桂枝香》:

> 登临送目,正故国晚秋,天气初肃。千里澄江似练,翠峰如簇。归帆去棹残阳里,背西风,酒旗斜矗。彩舟云淡,星河鹭起,画图难足。　念往昔,繁华竞逐。叹门外楼台,悲恨相续。千古凭高对此,漫嗟荣辱。六朝旧事随流水,但寒烟芳草凝绿,至今商女,时时犹唱,《后庭》遗曲。

词上片侧重写金陵一带的山水气象,场面阔大高远,以之显示出词人博大的胸怀。下片转写古代人事,昔时此地曾是"繁华竞逐",热闹非常。"门外楼台",也曾有过"悲恨相续"的一段往事。千古以来,人们常凭高登临,空叹荣辱兴亡。然而"六朝旧事"如流水而逝,只剩下寒烟笼罩的一片芳草渐就枯黄。如今人们已淡忘了这段历史故事,只知高歌吟唱《后庭》遗曲。此词不定如一些学者所言为针对北宋现实有感而发,即告诫统治者要汲取六朝兴亡教训,励精图治,强盛国力。笔者以为从词中情调而言,恐怕感情成分更多的是个人对古今人事无情变化的感慨。即昔日王霸之业如流水烟云一般,人世纷争也徒令后人兴叹而已。故词人对现实、人生虽未明确表明心迹,但是言古察今,个中意味足让人充分领悟。此一生命意识在王安石另一首词中也表现得较为分明:

> 自古帝王州,郁郁葱葱佳气浮。四百年来成一梦,堪愁。晋代衣冠成古丘。　绕水恣行游。上尽层楼更上楼,往事悠悠君莫问,回头。槛外长江空自流。(《南乡子》)

词中"四百年来成一梦"超越时空的间隔,将昔日帝王称盛与今日"古丘"荒墓作了直接的对比。"堪愁",此一反思足令人生发出无限忧愁。"往事悠悠君莫问",正是《桂枝香》"千古凭高对此,漫嗟荣辱"的极好脚注。"长江空流",冲刷的不正是"六朝旧事"、"繁华竞逐"的往事陈迹吗?对此思古之幽情,并不能绝对地视之为消极,因为咏古形式的实质,乃是从中试图探求出人类生命价值的真谛,借而调整自我的处世观念、生活方式。再比如苏轼的千古名作《念奴娇》(大江东去),此词也是借反思三国争雄的历史事件,引发出"人间如梦,一樽还酹江月"的慨叹。尽管词作起处气势澎湃,情调激昂,但感情发展到高潮跌落下来,则不免颇为消沉。这是对人生进取精神的反省,是试图超脱却又无法摆脱人世纠葛的内心苦痛。咏古这一反思意识,与前面所言的个人身世之叹相比较,格调上要显得更为沉痛,含义也更为深广。因为这不是针对某一个体,而是泛指人类生命本身的存在价值,因而更具有超越时代性的永恒意义。

从上所述可以明了,反思意识使宋代词人能较为清醒地观照自我,洞察社会人生的风云变幻,从而以极为冷静的心境处理个体与群体、存在与永恒的矛盾。这一带有理性成分的情感表现,使词作审美意蕴更为丰厚,格调也尤为深重。

三

与反思意识相为联系的则是超脱意识。正是从纵向鸟瞰人生历程、社会发展,对个体自身的生命存在形式有着较为透彻的了悟,因而一旦落实到具体的人事,宋人有时也显得很是豁达、洒脱。本来中国古代文人很早就形成了"出"与"入"的人格精神。"入"则参与政事、"兼济天下","出"则逃避官场,弃绝功名,"独善其身"。在盛唐,"入"的风气极为兴盛,文人们以极大的热情投身政治,整个时代精神蓬勃向上,奋发进取。"出"的人生观念在魏晋时期极为流行。此时文人名士口不臧否人事,逍遥山林,狂放自任,寻仙访道,以求个体身心的相对自由。与魏晋名士迫于人命如草的残酷现实而求出世不同,宋人"超脱"意识的滋生多因于生存烦忧的无法消解。现实虽然时不入意,但并不十分险恶,还不致于威逼人隐遁到山林的地步。反倒是人生的反思促使宋人极力调整生存方式,社会人事的种种纠葛激发起宋人解脱意识的高涨。因而,魏晋人情感表现显得甚为激切,宋人则相对平和。朱敦儒的《念奴娇》："洗尽凡心,相忘尘事,梦想都销歇。胸中云海,浩然犹浸明月。"
超凡脱俗,澄怀净思,以博大的胸怀吞吐纳放外物变化,气魄极为放旷。苏轼的《哨
遍》,乃为檃括陶渊明《归去来辞》就声律而作。词中"口体交相累",实是人生艰
辛、身心疲乏的感触。"觉从前皆非今是",则表现出清醒的反省意识。"我念忘我
兼忘世","忘我忘世",即"物我两忘",显现出道家思想的影响。紧接着词人所发
出的四问:"念寓形宇内复几时? 不自觉皇皇欲何之? 委吾心,去留谁计? 神仙知
在何处?"首问,即指人生短促;次问我身不由己,为何图求? 三问,是去是留,我心
难断? 四问,即坦露出词人欲求归宿而又难以如愿的情怀。人世纷忧如此损心伤
神,故词人深发感喟:"富贵非吾志",于是乃"登山临水,引壶啸咏",显得极为超脱、
放旷。

　　超脱意识落实到现实人生,则以富有特征性的生活方式表现出来。首先,中国
文化的"饮酒"意识也构成了宋词内容的主要成分。酒与中国文化有不解之缘。魏
晋时期,文人雅士时常嗜酒助乐,以示狂放无羁。故在其时的文人诗文中,也常将
酒与人物个性相为联系予以表现。嵇康曰:"旨酒盈樽,莫与交欢。鸣琴在御,谁与
鼓弹"(《赠秀才入军》)。《古诗十九首》曰:"服食求神仙,多为药所误。不如饮美
酒,被服纨与素。"胡仔《苕溪渔隐丛话》引《石林诗话》云:"晋人多言饮酒,有至沉
酣者。此未必真意在酒,盖时方艰难,人名惧祸,惟托于酒,可以相远世故……如是
饮者未必剧饮,醉者未必真醉也。"胡语点明了魏晋人饮酒的旨趣所在。以"酒"为
表现对象,也已成为宋人表达情志的重要方式之一。如"人生何处似尊前"(欧阳修
《浣溪沙》);"人生莫放酒杯干"(黄庭坚《鹧鸪天》);"光阴须得酒消磨"(苏轼《浣
溪沙》),皆将"酒"与社会人生密切地结合起来。

　　宋人饮酒吟酒,有着极现实的思想基础。他们常结合自身的具体生活实践,来
确定"饮酒"对个体生活所起的作用。以"酒"解愁,这成了宋人解脱心灵苦痛的主
要生活方式。如欧阳修《圣无忧》:

　　　　世路风波险,十年一别须臾。人生聚散长如此,相见且欢娱。　　好酒能消
　　光景,春风不染髭须。为公一醉花前倒。红袖莫来扶。

人世艰险,长久别离,内心忧苦可想而知。但有"美酒"消磨光景,则"为公一醉花前

倒"，聊且也能求得一时欢乐。他也明确地意识到，"闲愁多仗酒消除"（《玉楼春》）。然而，过于现实性地对待饮酒方式往往并不能沉浸其中。"拟把疏狂图一醉，对酒当歌，强乐还无味"（柳永《凤栖梧》）、"把酒遣愁愁已去，风摧酒力愁还聚"（欧阳修《渔家傲》）、"漫道愁须殢酒，酒未醒，愁已先回"（秦观《满庭芳》），等等。以酒浇愁，只是把"酒"作为解除胸中郁闷的寄托之物，终究只能"借酒浇愁愁更愁"。但对于悟透人生，有着强烈超脱意识的词人却不是如此。他们则将饮酒人生视之为生命本身，是人格精神的体现。苏轼常自言"生平有三不如人，谓著棋、吃酒、唱曲"①。但是中、晚年以后，他却"把盏为乐，往往颓然坐睡"②。因而，实际上饮酒与苏轼的人生观念密不可分。如"天气乍凉人寂寞，光阴须得酒消磨"（《浣溪沙》）；"惟酒可忘忧"（《水调歌头》）。此已将"酒"视为诚可依托的生活凭藉，以"酒"来化解内心烦忧，快乐地度却人生。他甚而认为"百年里，浑教是醉，三万六千场"（《满庭芳》）。这即是将整个人生视为饮酒一场，酣饮昏醉。他在《木兰花令》中言道："坐中有客最多情，不惜玉山拼醉倒。""坐中有客"为自指，"最多情"点明心态。"不惜玉山拼醉倒"，则是"醉倒"忘却而不顾惜自己的身体，这与他早期"少年多病怯杯觞"（《次韵乐著作送酒诗》）相较，真有天壤之别。苏轼在《行香子》下阕较为真切地表白了自己的心愿："朝来庭下，光阴如箭，似无言，有意伤侬。都将万事，付与千钟。任酒花白，眼花乱，烛花红。"对似箭光阴的思考，使词人心境极为郁闷，故将人间万事皆化入杯中之物，任随眼前的一切成为梦幻。苏轼还有一组《渔父》词，其中三首与酒有关。作者写渔父，实为自况。词中言道：

> 渔父饮，谁家去。鱼蟹一时分付。酒无多少醉为期，彼此不论钱数。
>
> 渔父醉，蓑衣舞。醉里却寻旧路。轻舟短棹任斜横，醒后不知何处。
>
> 渔父醒，春江舞。梦断落花飞絮。酒醒还醉醉还酒，一笑人间千古。

由饮、醉、醒三种行为方式，较好地袒露出词人任意逍遥，澄怀弃世，啸傲今古的洒脱胸怀。不仅是苏轼，其门下之士黄庭坚、晁补之，也对饮酒的人生意义有着极清

---

① 彭乘《墨客挥犀》卷四。

② 《和渊明饮酒诗序》。

醒的认识。黄庭坚在《鹧鸪天》一词中言道："休说弹冠与挂冠,甘酒命,病朝餐,何人得以醉中欢。"功名之事已无言说之必要,惟有嗜酒如病,尽醉而欢,方为精神的主要寄托。晁补之面对大千世界,更是注重掘幽探微究明人生真谛,其词颇承东坡衣钵,有着较为深重的人生悲患感。故清人冯煦云:"晁无咎为苏门四士之一,所为诗余,无子瞻之高华,而沉咽则过之。"[1]其《行香子》词曰:

> 前发载桃,今岁成蹊。更黄鹂,久住相知。微行清露,细履斜晖。对林中侣。闲中我,醉中谁。　何妨到老,常闲常醉,任功名,生事俱非。衰颜难求,拙语多迟。但酒同行,月同坐,影同嬉。

词上片勾画出清静的自然境界。主人公在清冷露莹的早晨,或是沐浴着夕阳晚照的余晖,信步于树林中,神态十分悠闲自在。下片抒发心怀:身心俱老,闲中常醉,人世功名、尘事皆尽忘却。自己与酒结伴,闲中观影取乐。故"酒"实已成了词人远离尘世、抚慰心灵的重要"伴侣"。此类"酒神"精神,在辛弃疾身上得到更为完美的体现。在《稼轩长短句》中,"酒"字出现一百十七次,"醉"字出现一百四十二次,饮酒彷佛成了稼轩一生主要的生活方式。与苏轼相仿,稼轩也将一生的经历、抱负与饮酒联系起来,试图通过杯中之物,将沉积于心的幽闷释放出来。"但觉平生湖海,除了醉吟风月,此外百无功"(《水调歌头》)。这一放怀酒杯、超然物外的无限感叹,内在不能不说包蕴了巨大的人世悲辛。但也正是通过这一释放形式,显示出词人的哲理睿智、超人气魄。他能自觉地意识到摆脱世俗干扰的必要性,也对实现这一目标充满了自信。在他看来,"身後功名,古来不换生前醉"(《点绛唇》)。与其劳神苦心,历经风险求得虚名,不如及时纵情享受人生。"若解尊前痛饮,精神便是神仙"(《清平乐》)。词人以"饮酒"求得相对自由,以"醉"而处理自我与社会的关系。所以,"醉酒"已成为词人精神对人生现实苦难的一种超脱手段。

　　虽然饮酒能使躁动的心灵得到短暂的平静,能使扰乱的精神暂时忘却人世的纠纷,然而在"夜来酒醒清无梦"(黄庭坚《丑奴儿》)的时候,宋人仍会感到"愁"情难遣,忧绪萦怀。因而他们势必要以一种较为实在而持久的生活方式,消除人生的

---

① 《宋六十一家词词选例言》。

空虚感。这样,自然山水的佳致美景,无限情趣,便成了宋人精神慰藉的补充内容。

北宋早期,文人们大都生活在繁华闹市,出入于歌楼楚馆,因而男女交欢成了人们所熟衷、醉心的吟唱内容。虽然在一些表现游子飘泊生活的词作中,外物景观也有较为优美的表现,但毕竟只是作为触动情怀的媒介,客体本身并未能构成人物人生理想的寄托方式。当然,其时一些识见较深的文人,也能在远离官场、闲置山林之时,表现出一定的"归隐"意识。

如王安石一度曾叱咤社会政坛,位极人臣。然而政界风云,也使王安石生平几度跌宕,最终被放于江宁。出与入两种生活方式的矛盾纠结,使王安石个体精神世界也具有双重性,一方面,他在诗文中对投身政事表现出极大热心;另一方面其词又对闲居生活的宁静十分倾心:

数家茅屋闲临水,轻衫短帽垂杨里。今日是何朝?看余度石桥。　梢梢新月偃,午醉醒来晚。何物最关情,黄鹂三两声。(《菩萨蛮》)

平岸小桥千嶂抱,揉蓝一水萦花草。茅屋数间窗窈窕。尘不到,时时自有春风扫。　午枕觉来闻语鸟,欹眠似听朝鸡早。忽忆故人今总老,贪梦好,茫然忘了邯郸道。(《渔家傲》)

数间茅屋,流水潺潺,身着轻衫短帽,闲步在袅绕飘动的柳条间。饮酒酣睡,醒来天色已晚,澄澈的夜空,一轮新月高挂。四周一片宁静,只有远处一两声清脆的黄莺啼叫微微触动心怀。身处在这恬静、悠然的自然环境中,词人的心灵显得十分满足、自在,昔日那扰乱心头的功名事似乎也尽忘却("茫然忘了邯郸道")。王安石词"归隐"意识并不十分强烈,词人表现田园山水之乐,只是仕途受挫而权且"退隐"的精神需求,心境并不十分快慰。此时的苏轼,则明显表现出远避人世、依附自然的"归隐"心愿。的确,苏轼一生并未真正地隐退。他对自然山水的醉心向往,也大都产生于贬谪流放,委任地方官时。但正是因为苏轼内心始终对个体生命的存在方式极为关注,自主意识也相对强烈。所以,虽然行为上并未真正实践,但思想上却极力想创造一个属于"自我"的个体生活模式。前人曾言,苏轼词"使人甘心淡泊,而有种菊东篱之兴"①。苏轼在词中数次言及渊明,其词思想实质也渗透了"南山"精神。从南朝而至唐代,陶诗并未受到人们真正地重视,这主要是"独善其身"的退隐生活,显然与盛唐时期如日中天的国势发展不相合拍,自然也就不能适应人们建功立业的心理需求。苏轼在词中却对陶渊明的生活态度极力赞赏。"梦中了了醉中醒,只渊明,是前身。走遍人间,依旧却躬耕"(《江神子》)。此词作于东坡贬谪黄州之时。初次遭受官场倾轧的迫害,心境肯定十分不快。从他在黄州的所作所为,如访僧寻道,耕耦"东坡",且开始大量创作词作,皆可以视为词人积极调节自我身心,抗御外界的磨难与压迫。因而他从陶渊明身上,也感受到人格力量。苏轼的《临江仙》(夜饮东坡醒复醉),据说传出后在当地引起慌乱。"翌日喧传子瞻夜作此辞,挂冠服江边,拏舟长啸去矣。郡守徐君猷闻之,惊且惧,以为州失罪人,急命驾往谒,则子瞻鼻鼾如雷,犹未兴也"②。此为时人仅从东坡词字面理解而引出的笑话。词作上片,"夜饮东坡醒复醉,归来仿佛三更。家童鼻息已雷鸣,敲门都不应,倚杖听江声"。似为人物夜游的实写记录,但词意所指也应从更深层次,即词人现实不遇来理解,否则换头文意便无法相连。下片,"长恨此身非我有,何时忘却营营",隐蕴了词人反省人生后较为清醒的自主意识。歇拍两句,"小舟从此逝,江海寄余生",抒发了词人欲以击楫荡舟、寄迹江海的萧疏情怀。词中人物所探求的实践活动,其意义并不在行为本身,而是作者思想境界对个体生存烦忧的解脱。与魏晋人不同,苏轼在作品中所表现出的已不是对政治的畏惧,而是寻求自我独立人格的实现。故苏轼的"隐退"意识,植根在深刻的生活反思基础之上,有着强烈的理性成分,显示出"诗人哲学家"的气质。在苏轼以后,寻求清静无为的山林之乐,汇成了一股时代思潮。如黄庭坚的《拨棹子》:

> 归去来,归去来,携手旧山归去来,有人共,月对尊罍。横一琴,甚处不消遥自在。　闲世界,无利害。何必向,世间甘幻爱。与君钓,晚烟寒濑。蒸白鱼稻饭,溪童供笋菜。

---

① 陈鬵《燕喜词序》。
② 叶梦得《避暑录话》。

晁补之的《梁州令叠韵》：

> 田野闲来惯,睡起初惊晓燕。樵青走挂小帘钩。南园昨夜,细雨红芳遍。平芜一带烟光浅。过尽南归雁。俱远。凭栏送目空肠断。　好景难常占。过眼韶华如箭。莫教鹍鴂送韶华,多情杨柳,为把长条绊。清樽满酌谁为伴。花下提壶劝。何妨醉卧花底,愁容不上春风面。

叶梦得的《临江仙》：

> 自笑天涯无定准,飘然到处迟留。兴阑却上五湖舟,鲈莼新有味,碧树已惊秋。　台上微凉初过雨,一尊聊记同游,寄声时为到沧州。遥知欹枕处,万壑看交流。

陆游的《鹧鸪天》：

> 家住苍烟落照间,丝毫尘事不相关。斟酌玉瀣行穿竹,卷罢《黄庭》卧看山。　贪啸傲,任衰残,不妨随处一开颜。元知造物心肠别,老却英雄似等闲。

"隐退"意识感触最深的乃属辛稼轩。与东坡仅是在精神世界领悟隐退山林之趣不同。稼轩不仅心会,而且还身体力行,通过自我的生活实践,切身体验这一生活方式的内在意义。如前所言,稼轩早年曾有过一段金戈铁马式的生活,然南渡以后长期闲置,放之鹅湖等地二十年,这对胸有恢复大志的稼轩来说,清闲无为的生活无疑是精神折磨。面对此种人生遭际,稼轩心灵极力试图化解现实与理想的矛盾,觅求适意的生活方式。如此,陶潜的人格典范,自然便成为他所效法的对象。"须信采菊东篱,高情千载。只有陶彭泽"(《念奴娇》),"东篱多种菊,待学渊明,酒与诗情不相似"(《洞仙歌》),"千古黄花,自有渊明比"(《蝶恋花》)。言语之中,毫不掩饰对渊明的敬仰之情。他在《水龙吟》词中,更是缩短了时间上的间隔,将渊明视之为心心相印的知己：

　　老来曾识渊明,梦中一见参差是。觉来幽恨,停觞不御,欲歌还止。白发
西风,折腰五斗,不应堪此。问北窗高卧,东篱自醉,应别有,归来意。　须信
此翁未死,到如今,凛然生气。吾侪心事,古今长在,高山流水。富贵他年,直
饶未免,也应无味。甚东山何事,当时也道,为苍生起。

　　"梦中"相见渊明,"老来"方识"渊明"真面目。胸中"幽恨"深重,也难以有兴饮酒、
吟诗。"白发"人似已不能忍受为五斗米而折腰。闲卧"北窗",在丛林中自斟自饮,
昏然酣醉,似乎如此方能回归自然,实现"自我"。由此词人感叹"此翁(陶渊明)未
死",至今凛然而有生气。"南山"精神也如高山流水一般,"古今长在"。即便他年
"富贵",词人也实感无味。甚而谢安的惊世壮业,也甚为微薄无谓。由此可见,词
人心底所滋生出的"隐退"意识并非是出于沽名钓誉、"终南"捷径的功利考虑,而实
为心灵解悟人生后的生活抉择。当然,寻求解脱而能否实现,这乃为问题的两个方
面。但宋人对个体生活的理性思考,且自觉地予以价值衡定,这显示出主体意识在
更高层次的超越。

四

　　那么,对宋词中生命意识的表现如何看待? 这涉及到时代创作的评价问题。
在此,有必要结合中国古代文化发展的分析,来确定宋词艺术创作的历史地位。本
来,"认识自我,乃是哲学探究的最高目标。"[①]但是在中国,自汉代独尊儒术,将中国
文化哲学纳入帝王政治统治的结构系统中后,对"自我"的认识,实际上被社会秩序
的道德规范所制约。个体的生存欲望、生命形式的反思,不是被视之为异端学说,
就是被放在绝对服从的位置。苏联学者瓦西里耶夫认为,中国古代文化"存在和意
识的问题一般来说,不是结合个人和个人知觉提出和解决的……在传统的中国人
道主义中,义务感必须按照一定的社会与伦理规距行事居于主要地位。这里最主
要的不是某个个人的精神潜力、智力丰富和全面发展,而是一切个人不论其个体素

---

① 　(德)恩斯特·卡西尔《人论》 上海译文出版社 1985 年版第 1 页。

质和特点如何,都必须符合一定的社会角色。"①指导思想的失误,必然导致个体精神的压抑。释道思想虽然也能使人们的心灵得到一时的解脱,但毕竟因其学说极为空泛而不能给人们的生活实践提供充实的内容。这样,当人们内在的欲望与困扰无法在纯思辨的领域自由展露时,文学——这一交融感觉、情感、理性等多种意识成分的精神创造,个体意志却常常能充分抒展。在词的艺术天地,传统的名教礼数和忠君奉上等观念失去了强大的约束力,社会的等级差别也在一定程度消除,而人性的闪光却赋予这一艺术生命以勃勃生机、无穷活力。所以,对词审美意蕴的认识把握,就不能仅以传统的社会政治观念作为衡定的尺码,而应以个体生命的存在形式及对自我的认识这一角度,去分析宋词的生命意识。可以不夸张地说,宋词所表现出的生命意识,正体现了中国古代文人所意欲超越自然生存、追求身心相对自由的人生终极目标。在宋词中,个体的生存方式被置于审美思维的观照中心,人类的种种忧虑、烦恼也构成了艺术情感的主要成分。"自我"意识得到一定的升华,虽然在当时的时代背景下,此一人格精神还不可能有完美的塑造,但从历史角度而言,这已极大限度地实现了人性的完善。因而,尽管宋代文人所咏之情,似乎多为个体心灵的喜怒哀乐,有着鲜明的主观色彩,但"所写者,非个人之性质",而是"人类全体之性质"②。当然,宋词的生命意识也包蕴了人生空漠虚幻感。不过,此正是人类自身苦恼所常无法化释而寄求于宗教的思想根源。虽消极却又有一定的合理性。

(作者单位:凤凰出版传媒集团江苏人民出版社)

---

① 　伊·谢·科恩《自我论》　三联书店 1986 年版第 83 页。

② 　王国维《红楼梦评论·余论》。

历代词人次韵周邦彦词的定量分析

刘尊明

在宋代词坛上,周邦彦就获得了如潮的好评,如"二百年来,以乐府独步,贵人学士,市儇妓女,知美成词为可爱"①;如"周美成以旁搜远绍之才,寄情长短句,缜密典丽,流风可仰"②;又如"美成负一代词名,所作之词,浑厚和雅"③;又如"凡作词当以清真为主,盖清真最为知音,且无一点市井气,下字运意,皆有法度"④。在宋代以后的词学批评中,周邦彦及其清真词更被推上"词之正宗"的巅峰地位⑤,如"清真,集大成者也"⑥;如"美成真千古词坛领袖"⑦;甚至被誉为"词中老杜"⑧,"词中之圣"⑨。应该说,这些评价和定位多是为历代论者和读者所首肯的公论。在我们对宋代词人历史地位所做的定量分析中,周邦彦在存词数量、词集版本数量、历代词话品评次数、历代词选选录作品篇数、当代词学研究成果数量、当代词选选录作品篇数共六项数据的统计中,分列第 21 位、第 4 位、第 3 位、第 1 位、第 7 位、第 2 位,最终以综合名次而高居两宋词人历史地位综合排行榜的第 2 位,仅次于辛弃疾而

① 宋陈郁《藏一话腴》外编,引自吴熊和主编《唐宋词汇评》(两宋卷),第二册,浙江教育出版社 2004 年版,第 873 页。
② 宋刘肃《片玉集序》,引自《唐宋词汇评》(两宋卷),第二册,第 873 页。
③ 宋张炎《词源》,引自《唐宋词汇评》(两宋卷),第二册,第 874 页。
④ 宋沈义父《乐府指迷》,引自《唐宋词汇评》(两宋卷),第二册,第 874 页。
⑤ 明王世贞《弇州山人词评》,引自《唐宋词汇评》(两宋卷),第二册,第 875 页。
⑥ 清周济《宋四家词选目录序论》,引自《唐宋词汇评》(两宋卷),第二册,第 877 页。
⑦ 清陈廷焯《词坛丛话》,引自《唐宋词汇评》(两宋卷),第二册,第 878 页。
⑧ 王国维《清真先生遗事》,引自《唐宋词汇评》(两宋卷),第二册,第 880 页。
⑨ 蒋兆兰《词说》,引自《唐宋词汇评》(两宋卷),第二册,第 881 页。

与苏轼并驾齐驱①。我们的定量分析也有力地印证了历代读者和论者对周邦彦词史地位的认识和评价。

　　然而,无论是历代论者对周邦彦词所做的定性化的评价也好,还是我们在十多年前尝试所做的定量化的分析也好,都忽略了历代词人对周邦彦词的追和次韵这个重要层面和独特视角。而事实上,这种依原唱之作的用韵规则和格律形式而仿作或再创作的所谓"和韵""次韵",不仅是中国古代韵文创作中一种很普遍而又颇特殊的方法和形式,而且也是我们透视和观照中国古代文学尤其是诗词这种韵文形式的传播接受和文学影响的一扇重要的窗口。一般而言,除了同代唱和中和韵者一方可能带有一些应酬性质之外,异代的追和者一般都会选择前代的名家大家的名篇佳作来次韵。换言之,能得到同代或后世追和次韵者,大多应该属于名篇佳作之列,其原作者也多为大家或名家。这样,当我们考察一个作家的创作及其作品对后代文学究竟产生了怎样的影响效果的时候,"次韵""和韵"实在是我们值得去关注和考察的一个重要而切实的途径和窗口。作为两宋最著名的词人之一,周邦彦的词是否得到了历代词人的追和次韵呢? 具体的数据和情形又如何呢? 我们从历代词人的追和次韵中又能得到怎样的认识和启示呢? 这既是笔者考察历代词人次韵周邦彦词的出发点,也是本文尝试运用定量分析的方法需要解决和回答的问题,同时也是希望能籍此弥补周邦彦研究的一个薄弱环节,为新世纪的词学研究提供一点方法论的启示和数据资料的铺垫。

一、历代词人次韵清真词的数据统计

　　我们首先需要做的一项最基础性的工作,就是对历代词人次韵清真词的作品进行检索和统计。这个工作涉及的词人较多,时间跨度也很大,困难是不言而喻的。但是,就我们目前所具备的学术条件和科技手段而言,完成这项工作已经不是不可能的事情。这是因为,第一,从二十世纪以来,有关唐五代、宋代、金元、明代、清代(顺康朝)等历代词总集的整理编纂,已经取得了丰硕的成果,各断代词总集已先后陆续出版面世;第二,有关唐五代词、宋词和金元词等断代词总集文献,已有学

---

① 　王兆鹏、刘尊明撰《历史的选择:宋代词人历史地位的定量分析》,《文学遗产》1995 年第 4 期。

者研制出电脑检索软件,可具备对作者、词调、首句、词题、词序甚至全文等进行多项检索的功能。

笔者对历代词人次韵清真词的检索统计,主要依据了以下各种纸质文献和检索软件:

唐圭璋编《全宋词》,中华书局 1965 年第 1 版,1986 年重印本;

孔凡礼辑《全宋词补辑》,中华书局 1981 年版;

唐圭璋编《全金元词》,中华书局 1994 年版;

饶宗颐、张璋编《全明词》,中华书局 2004 年版;

周明初、叶晔编《全明词补编》,浙江大学出版社 2007 年版;

南京大学中国语言文学系全清词编纂研究室编《全清词·顺康卷》,中华书局 2002 年版;

张宏生编《全清词顺康卷补编》,南京大学出版社 2008 年版;

张成等研制《全宋词计算机检索系统》、《唐宋金元词索引》(电脑检索软件及光盘)等。

正是依据以上所述历代词总集及相关的电脑检索软件,再辅之人工检阅,笔者也就获得了从南宋初期至清代康熙朝止约 600 年间历代词人次韵清真词的作品统计数据,兹分时代列表如下:

表 1:宋元词人次韵清真词一览表

(共 20 人 334 首:宋 19 人,333 首;元 1 人,1 首)

作者／词调	扬无咎	袁去华	卢炳	朱用之	方千里	吴潜	赵崇嶓	楼枍	杨泽民	叶隆礼	陈允平	萧元之	周密	王奕	刘埙	赵必王象	蒋捷	王从叔	萧允之	张翥	合计
齐天乐	1				1		1				1					1					5
兰陵王		1			1				1	1	1										5
玉团儿			1																		1
少年游		1			3				3		4										11
菩萨蛮		1			1	．					1										4
意难忘				1							1				1	1					4

作者 词调	扬无咎	袁去华	卢炳	朱用之	方千里	吴潜	赵崇嶓	楼枎	杨泽民	叶隆礼	陈允平	萧元之	周密	王奕	刘壎	赵必王象	蒋捷	王从叔	萧允之	张翥	合计
瑞龙吟					1				1		1									1	4
锁窗寒					1				1		1					1					4
风流子					2				2		2					2					8
渡江云					1				1	1	1								1		5
应天长					1				1		1				1						4
荔枝香近					2				2		2										6
还京乐					1				1		1										3
扫地花					1				1		1	1									4
解连环					1				1		1										3
玲珑四犯					1				1		1										3
丹凤吟					1				1		1										3
满江红					1				1		1										3
瑞鹤仙					1				1		1										3
西平乐					1				1		1										3
浪淘沙					1				1		1										3
忆旧游					1				1		1										3
蓦山溪					1				1												2
秋蕊香					1				1		1							1			4
渔家傲					2				2		2										6
南乡子					1				1		1										3
望江南					1				1		2										4
浣溪沙					7				7		10										24
迎春乐					2				2		3										7
点绛唇					3				3		4										10
一落索					2				2		2										6
垂丝钓					1						1										2

续表

作者 词调	扬无咎	袁去华	卢炳	朱用之	方千里	吴潜	赵崇嶓	楼扶	杨泽民	叶隆礼	陈允平	萧元之	周密	王奕	刘壎	赵必王象	蒋捷	王从叔	萧允之	张翥	合计
满庭芳					1				1		1										3
隔浦莲					1	1			1		1					1					5
法曲献仙音					1				1		1										3
过秦楼					1		1		1		2										5
侧犯					1				1		1										3
塞翁吟					1				1		1										3
苏幕遮					1				1							1					3
诉衷情					2				2		2										6
华胥引					1				1		1					1					4
宴清都					1				1		1					1					4
四园竹					1				1		1										3
玉楼春					2				2		6										10
霜叶飞					1				1		1										3
蕙兰芳引					1				1		1										3
塞垣春					1				1		1										3
丁香结					1				1		1										3
氏州第一					1				1		1										3
解蹀躞					1				1		1										3
庆春宫					1				1		1										3
醉桃源					2				2		2										6
夜游宫					2				2		2										6
伤情怨					1				1		1										3
红林檎近					2				2		2										6
满路花					2				2		2										6
解语花									1		1										3
六么令					1				1		1										3

续表

作者 ＼ 词调	扬无咎	袁去华	卢炳	朱用之	方千里	吴潜	赵崇嶓	楼杕	杨泽民	叶隆礼	陈允平	萧元之	周密	王奕	刘埙	赵必王象	蒋捷	王从叔	萧允之	张翥	合计
倒犯					1				1		1										3
大酺					1				1		1										3
玉烛新					1				1												2
花犯					1				1		1										3
丑奴儿					1				1		1										3
水龙吟					1			1	1		1										4
六丑					1				1		1										3
虞美人					2				2		3										7
蝶恋花					4				4		5										13
西河					1	1			1		1				1						5
三部乐					1				1												2
品令					1				1		1										3
早梅芳											2										2
夜飞鹊											1										1
感皇恩											1										1
月中行											1										1
定风波											1										1
红罗袄											1										1
绮寮怨											1										1
拜星月											1										1
尉迟杯											1										1
绕佛阁											1										1
一寸金											1										1
凤来朝											1										1
芳草渡											1										1
相思引											1										1
合计	1	1	3	1	93	2	1	1	92	1	121	1	1	1	1	9	1	1	1	1	334

表 2：明代词人次韵清真词一览表

（共 16 人，54 首）

作者 词调	陈铎	陈霆	夏言	孙楼	茅维	周兰秀	王屋	朱让栩	彭孙贻*	金堡*	卞氏	吕希周	周履靖	梁云构*	陆埜*	沈谦*	合计
满路花	1					1	1		1					1			5
浣溪沙	4														1		5
隔浦莲	1							1						1			3
瑞龙吟	1	1															2
丹凤吟	1		1														2
氏州第一	1								1								2
早梅芳	1				1												2
花犯					1				1								2
庆春宫	1											1					2
法曲献仙音	1											1					2
满庭芳	1												1				2
西河									1							1	2
浪淘沙	1																1
忆旧游	1																1
渡江云	1																1
应天长	1																1
塞翁吟	1																1
侧犯	1																1
过秦楼	1																1
拜星月	1																1
宴清都	1																1
霜叶飞	1																1
少年游	1																1
红林檎近	1																1
菩萨蛮	1																1

续表

作者／词调	陈铎	陈霆	夏言	孙楼	茅维	周兰秀	王屋	朱让栩	彭孙贻*	金堡*	卞氏	吕希周	周履靖	梁云构*	陆埜*	沈谦*	合计
水龙吟		1															1
玉楼春			1														1
解连环				1													1
红窗迥								1									1
兰陵王								1									1
六丑									1								1
玉烛新										1							1
蕙兰芳引												1					1
渔家傲													1				1
归去难																1	1
合计	26	2	2	1	2	1	1	6	1	1	1	3	2	2	1	2	54

表3:清代词人次韵清真词一览表(1)

(共33人,57首)

作者／词调	玉烛新	瑞龙吟	凤来朝	粉蝶儿	蓦山溪	兰陵王	一落索	满庭芳	扫地花	锁窗寒	应天长	过秦楼	月下笛	花犯	霜叶飞	塞垣春	长相思	看花回	西平乐	六丑	氏州第一	六幺令	烛影摇红	华胥引	拜星月	合计
方梦钰	1																									1
王庭		1																								1
李雯			1																							1
刘壮国				1																						1
龚鼎孳						1	1	2	1	1	1															7
曹尔堪												1														1
何五云	1																									1
梁清标													1													1
白铭														1												1
魏学渠									1						1	1										3

作者＼词调	玉烛新	瑞龙吟	凤来朝	粉蝶儿	蓦山溪	兰陵王	一落索	满庭芳	扫地花	锁窗寒	应天长	过秦楼	月下笛	花犯	霜叶飞	塞垣春	长相思	看花回	西平乐	六丑	氏州第一	六幺令	烛影摇红	华胥引	拜星月	合计
邹祗谟															1	1	1	1	1	1						6
朱中楣															1											1
丁　澎																					1					1
赵宪斌																							1			1
陈维崧								1						1				1			1					4
陆进						1																				1
佟世南						1																				1
何采																								1		1
方炳		1				1																				2
彭孙遹														1												1
曹贞吉										1																1
徐釚														1												1
周斯盛																									1	1
梁允植							1	1	1	1																4
钱芳标		1				1												1								3
汪懋麟											1															1
程正萃																						2				2
龚翔麟												1														1
丁介												1														1
周廷谔						1								1												2
叶光耀												1														1
吴陈琰		1																								1
孔传誌													1													1
合计	2	4	1	1	1	6	3	3	5	4	1	3	1	4	4	1	1	3	1	1	2	2	1	1	1	57

表4:清代词人次韵清真词一览表(2)

（共28人,46首）

词调＼作者	月中行	侧犯	满路花	霜叶飞	丹凤吟	大酺	渡江云	四园竹	大有	解连环	瑞龙吟	红林檎近	瑞鹤仙	蕙兰芳引	浣溪沙	塞翁吟	绕佛阁	万里春	浪淘沙	意难忘	一寸金	法曲献仙音	南乡子	塞垣春	玉楼春	合计
董元恺	1	1	1	1	1																					5
王 倩						1																				1
史唯圆							1																			1
陈维崧						1		1	1	1	1															5
王士禄												1														1
仲 恒												1														1
沈尔璟													1													1
董 俞												1														1
丁 炜															1											1
王士禛													1	1	1											3
曹亮武											1					1										2
钱芳标												1							1	1						3
周在浚			1	1																						2
徐吴昇																			1							1
钱肇修			3																							3
郑景会																					1					1
蒋景祁																						1				1
李兴祖				1							1															2
李 莲							1																			1
华文炳							1																			1
陈祥裔																		1								1
谈九叙																							1			1
释大权																		1								1
吴应莲																								1		1

续表

词调＼作者	月中行	侧犯	满路花	霜叶飞	丹凤吟	大酺	渡江云	四园竹	大有	解连环	瑞龙吟	红林檎近	瑞鹤仙	蕙兰芳引	浣溪沙	塞翁吟	绕佛阁	万里春	浪淘沙	意难忘	一寸金	法曲献仙音	南乡子	塞垣春	玉楼春	合计
姚之骃																							1			1
姚炳																							1			1
程梦星																								1		1
侯嘉璠															1										1	2
合计	1	1	5	2	2	2	3	1	2	2	2	3	1	3	3	1	1	1	2	1	1	2	2	1	1	46

需要对以上统计表格做以下几点说明：

1、以上统计一览 4 表，乃依据已整理出版的各代词的总集，按时代依次分列。因为金代无次韵清真词，而元代只有寥寥 1 人 1 首，故将宋元合为一表；于清代词人分列两表，主要是因为清代次韵清真词的词人既夥，所用词调亦多，于一张表格容纳不下的缘故。

2、各表于词人的排列先后，主要依据各代词总集的编排顺序，只是明、清两代词人略有变化而已。"表 2"自陈铎至卞氏凡 11 人，乃据《全明词》正编统计；自吕希周至梁云构凡 3 人，乃据《全明词补编》统计；陆埜、沈谦 2 人，《全明词》所录不全（仅录沈谦《归去难》"离情，用周美成韵"一首），兹据《全清词》各补录 1 首。总计明代次韵清真词共 16 人凡 54 首。"表 3"、"表 4"乃合《全清词》顺康卷正编及《全清词顺康卷补编》统计而成。"表 3"末尾叶光耀以下 3 人，"表 4"末尾释大权以下 6 人，共 9 人 10 首，乃据《全清词顺康卷补编》统计所得，其余 50 人（陈维崧、钱芳标 2 人重出未计）93 首，皆据《全清词》顺康卷正编统计所得，总计清代顺、康两朝次韵清真词共 59 人凡 103 首。

3、明、清易代之际的词人，往往于《全明词》（含《全明词补编》）和《全清词》顺康卷（含《全清词顺康卷补编》）重出互见。由于界划不清，为避免麻烦和繁琐，兹做这样的处理：先见于《全明词》（含《全明词补编》）者，即归入明代词人中统计，见"表 2"姓名后带"＊"号者，共计 5 人。

4、以上各表对历代词人次韵清真词的检索统计，一部分据电脑检索软件，一部分靠人工翻检阅读,主要依据词题、词序中标示"用(和、次、借)周邦彦(周美成、美成、清真)韵"、"追和(次韵)周邦彦(清真、美成)"等语词,同时辅之以词调格律和用韵的比对来确定的。对于部分题序中未予标明或无题序的作品,如果与清真的名篇杰作属于同一词调,或者因与前面标示"和美成韵"一类题序的作品属于同调并前后相续,也通过人工阅读和用韵比对等方法来加以判别。对于部分题序中误题次韵他人词韵的作品,经判读比对无疑后也归入次韵清真词之列。又,南宋词人方千里、杨泽民、陈允平3人各有追和次韵清真词的专集,于每首词中并未一一加题序说明,亦通过阅读和比对来加以确定和统计。

二、历代词人次韵清真词的定量分析

以上我们将检索统计所得历代词人次韵清真词的具体数据按时代列出4份一览表,当我们把4份统计表中的数据加起来,我们便获得了历代词人次韵清真词的一系列的总数据:即从南宋前期始至清康熙朝止约600年间,历代词人共有95人创作次韵清真词凡491首,其追和次韵所涉及的清真词原作共计93调凡135首。

仅仅是孤立地看待以上这串统计数字,我们对其数量的巨大已是感到十分惊讶了;当我们把这些数字放在一个整体或坐标系中去比较的时候,我们也非常强烈地感受到了这些数字所具有的意义和力量。据笔者近几年来对历代词人次韵唐宋词的作品数据所进行的较全面完整的检索统计,宋代共有243位词人受到历代词人的追和次韵,历代词人共有1734人次参与对宋词的追和次韵,共创作次韵词凡3450首。在被历代词人追和次韵的243位宋代词人中,次韵作品数量排名前4位的词人依次是苏轼、周邦彦、辛弃疾、李清照。其中,苏轼以三项数据皆排列第一而高居排行榜的首位:即历代次韵词作品总数(531首)位居第一,历代次韵词作者总数(230人)位居第一,而《念奴娇·赤壁怀古》一词亦以共109人凡247首次韵词的巨大数量,成为唐宋词中单篇作品被追和次韵数量最多的第一名作①;辛弃疾以共

---

① 参见拙文《历代词人次韵苏轼词的定量分析》,2009年12月参加在澳门举行的"第二届中华词学国际学术研讨会"提交论文,后载《深圳大学学报》2010年第3期。

50 调 103 首原作、历代词人共 135 人凡 384 首次韵词的数量而位居第三名①；李清照以共 13 调 16 首原作、历代词人共 64 人凡 136 首次韵词的数量而名列第四位②；周邦彦则以历代词人共 95 人、次韵作品总数达 491 首而位居第二名。也就是说，单从历代词人追和次韵这个层面来看，周邦彦的影响和地位仅次于苏轼，却超出了辛弃疾和李清照。即使与苏轼相比，除了在历代次韵词人的总数和次韵作品的总数这两项数据上苏轼略占或较占优势之外，在原作被次韵的词调数量和作品数量这两项指标上却是周邦彦大大领先。周邦彦与苏轼比肩并辔的词史地位，既在我们十多年前通过多种数据的统计所做"宋代词人历史地位的定量分析"中得到体现，现在又在我们所做历代词人次韵唐宋词的定量分析中得到印证，应该不是偶然和孤立的现象和事例了。此外，也还有其他一些数据值得我们关注和思考。

下面，我们即尝试对以上表格中历代词人次韵清真词的统计数据加以考察和分析，以发掘这些数据背后所潜藏的意义和价值，并由此视角来进一步观照清真词的文学影响，更深切地体认周邦彦的词史地位。

（一）、历代次韵清真词的作者队伍与创作数量

首先，我们需要关注和考察的是，历代追和次韵清真词的作者队伍及其时代分布。

将"表 1"至"表 4"中作者栏里的数据相加起来，我们便获得了从宋、元至明、清（顺、康两朝）历代次韵清真词的作者总数，即 95 人。在唐宋词被历代词人次韵作品数量最多的四大词人中，就次韵词的作者总数而言，尤以次韵东坡词的作者队伍最为庞大（230 人），其次是辛弃疾（135 人），周邦彦则位居第三。虽然略逊于东坡和稼轩，但从拥有近百人的和韵词作者队伍来看，周邦彦依然是历代词人最喜爱、最崇拜的大家之一；换言之，就对后世词坛和词史的影响而言，周邦彦及其清真词也依然排列在很前沿、很重要的位置。

考察历代次韵清真词的 95 位词人，其时代分布如下：宋代 19 人，元代 1 人，明

---

① 参见拙文《历代词人次韵辛弃疾词的定量分析》，2007 年 10 月参加在江西上饶召开的"纪念辛弃疾逝世八百周年学术研讨会"提交论文，后经修订，载《黄冈师范学院学报》2010 年第 2 期。

② 参见拙文《历代词人追和李清照词的定量分析》，2007 年 4 月参加在浙江金华召开的"全国李清照及南渡词人学术研讨会"提交论文，后载《合肥师范学院学报》2008 年第 4 期。此文后有修订，数据略有变化。

代 16 人,清代 59 人。可以看出,对清真词的次韵在宋代就出现了一支很可观的创作队伍。据笔者对宋人次韵宋词的检索统计,以拥有次韵人数的多少来排行,苏轼居第一位,共有 40 位次韵者;贺铸居第二位,共有 20 位次韵者;周邦彦则以拥有 19 位次韵者而位居第三名;第四名为辛弃疾,有 15 位次韵者;第五名为秦观,有 10 位次韵者;以下排名靠前的词人依次为:叶梦得(8 人),朱敦儒、吕本中(皆 7 人),李邴、向子諲、范成大、吴潜、刘克庄(皆 6 人),欧阳修(5 人),黄庭坚、张孝祥、韩元吉(皆 4 首),晏几道、章楶、晁端礼、张孝祥、陆游、刘过、周密、王清惠(皆 3 首)等。可见在宋代词人的次韵创作中,苏轼仍然是他们的最爱,因而拥有最多的次韵者,而贺铸和周邦彦则紧随东坡之后,也都是宋代词人次韵最多的大家之一。比较而言,贺铸虽然比周邦彦多出一位次韵者,但宋人对东山词的次韵多集中在《青玉案》"凌波不过横塘路"一首名作上(18 人 22 首),而对清真词的次韵则不仅是范围广(依词集而次韵),而且是数量多(创宋人次韵宋词的最高纪录,参见下文)。考察 19 位宋代次韵作者,虽然并没有见到姜夔、吴文英、王沂孙、张炎等一向被视为继承清真衣钵的所谓格律词派的作品,也许他们对清真词的继承已摒弃了次韵的形式而进入了神韵的境界,但我们却发现了几位周邦彦的铁杆"粉丝",这就是方千里、杨泽民、陈允平,还有赵必王象。方、杨二人各有《和清真词》一卷,乃依清真词集逐首次韵,各达 93 首、92 首之多,后人因将二人和词与清真原作合编为《三英集》①。陈允平亦有《西麓继周集》一卷,收词 123 首,其中 121 首皆和韵清真词,其以"继周"名集,取意追崇和继承周邦彦之意亦甚明确,而其和韵的清真词集既与方、杨所据版本不同,而和韵数量也增加了数十首②。至于赵必王象,虽然不像上述三人那样依集和韵,但他也写出了 9 首次韵之作,而且每首都明确标示"用美成韵",亦可见其

---

① 明毛晋《和清真词跋》:"美成当徽庙时提举大晟乐府,每制一词,名流辄依律赓唱,独东楚方千里、乐安杨泽民,有《和清真全词》各一卷,或合为《三英集》行世。"引自《唐宋词汇评》(两宋卷),第四册,第 3032 页。

② 明毛晋《跋片玉词》云:"余家藏凡三本,一名《清真集》,一名《美成长短句》,皆不满百阕,最后得宋刻《片玉集》二卷。"方千里和清真词凡 93 首,杨泽民和清真词凡 92 首,皆不足百首,所据清真词集当即毛晋所见"不满百阕"的宋刻本。陈允平所和清真词凡 121 首,数量既比方、杨所和多出 28 首和 29 首,且所和作品次序亦不相同,其所和清真词集当别有所本。参见吴则虞校《清真集》所附《清真集参考资料》"四、版本考辨",中华书局 1981 年版,第 169—182 页。

"取法清真"、"瓣香清真"的艺术追求①。

金代没有出现一位次韵清真词的作者,元代也只有一位次韵者,次韵清真词的创作队伍一度出现极为寥落的景象。到了明代,次韵清真词的作者又慢慢多起来,16人的数量虽然还没有复苏到宋代的作者规模,但毕竟是金元低谷后的一个振起,其中陈铎、陈霆、夏言、彭孙贻等,皆为较有名气的词人。至清代顺、康两朝,次韵清真词的创作队伍则达到了59人之多,堪称是历代次韵清真词的最大阵容。我们发现,在顺、康两朝次韵清真词的清代词人中,除了前期浙西词派的代表人物龚翔麟之外,还有其他多个流派的代表作家,如王士禛、邹祗谟、彭孙遹,为清初广陵词坛的代表作家;如董元恺,为毗陵词人群的领袖人物;如曹尔堪,乃柳州词派最有影响的词人;又如龚鼎孳、梁清标,乃清初京师词坛之首领与名家;又如陈维崧、史惟圆、曹亮武等,皆为阳羡词派的领袖与中坚;此外如曹贞吉、王士禄、方炳等,亦皆为清初词坛上各具风采的名家。可见在清初词坛上对清真词的次韵创作并非只是前期浙派的专利,而表现出更多元更普遍的倾向与特色。

其次,我们需要考察和分析的是,历代词人次韵清真词的创作数量及其分布情况。

就一般情形而言,次韵的作者多,次韵词的数量也会多。但是我们却发现历代次韵清真词的作者人数与作品数量并不完全对应。具体数据如下:宋代:19人,333首;元代:1人,1首;明代:16人,54首;清代(顺、康朝):59人,103首。以作者论,清代最多,其次是宋代,再次是明代,元代居末位;而以数量论,则以宋代居第一,清代列第二,明代第三,元代第四。元、明两代在次韵作者与次韵作品两个数据上是相对应的,其排名没有变化,明显的变化主要集中在宋代与清代。也就是说,清代以最多的次韵作者所创作的次韵词的数量却位居第二,而宋代则以排名第二的次韵作者却创作出了位居第一的次韵词作品,而且其数量已远远超出了清代和明代。以历代次韵清真词的数量所占次韵清真词总数的比例来看,宋代占67.8%;清代占21%;明代占11%;元代占0.2%。可见,历代次韵清真词的最高潮是在宋代(南宋),这不仅与历代次韵苏轼、辛弃疾、李清照、欧阳修、史达祖、秦观、张炎、柳永、姜

① 清潘飞声《粤词雅》:"秋晓先生……词则绮思丽句,取法清真。""秋晓词瓣香清真,集中多用美成韵。《锁窗寒·春暮用美成韵》……词中意匠经营,节拍流利,逼肖清真。"引自《唐宋词汇评》(两宋卷),第五册,第4048、4052页。

夔等宋词大家,多以清代或明代的数量为最多的情形不同,而且在宋人次韵宋代词人中也是最特出的一个例子。就宋代词人被宋人次韵的作品数量的多少来排名,位置在前的词人依次是:周邦彦(333 首)、苏轼(102 首)、范成大(77 首)、辛弃疾(28 首)、贺铸(27 首)、秦观、叶梦得、向子諲(皆 12 首)、姜夔、刘克庄(皆 10 首)等。可见,宋人次韵作品最多的词人是周邦彦,333 首的数字不仅是次韵东坡词的 3 倍有余,而且更是远远超出了其他宋词大家和名家。造成这种创作奇观的,正如上文所述,主要是由方千里、杨泽民、陈允平这三位词人共同合力完成的。但是,我们必须看到两点,一者,三人在不同时期皆共同致力于对清真词的大力次韵,说明这并非是一种单一的、偶发的创作现象,应该反映了一定的时代风气和词坛倾向;二者,即使排除 3 人共 306 首作品,也仍然还有 16 人共 27 首次韵清真词,与宋人次韵辛弃疾、贺铸词的数量大体相当,依然排在宋人次韵宋词作品数量排行榜的前列,也同样说明了宋人次韵清真词的普遍性。因此,我们完全有理由认为,历代次韵清真词的创作之所以会在宋代形成一个最高峰,应该是与宋人所认识到的清真词"缜密典丽"、"最为知音"、"皆有法度"的艺术成就相联系的(参见本文开头部分),清真词的典范地位也由宋人的次韵词创作得到了最有力的印证。

下面,让我们进一步分析历代词人次韵清真词的数量分布情况。从 95 人共 491 首的总量来看,历来词人次韵清真词的创作达到了人均约 5.2 首的高比例,比历代词人次韵东坡词人均 2.3 首的比例要高出一倍多,也同样超出了历代词人次韵辛弃疾人均 2.8 首、次韵李清照人均 2.1 首的比例。历代次韵清真词的人均作品比例的提高,也同样说明了次韵清真词创作的自觉意识和普遍程度在加强和提高。从具体数据来看,次韵清真词 1 首的词人共 64 人,即宋 13 人,元 1 人,明 7 人,清 43 人,主要以清人为多,他们虽然占据了历代次韵清真词作者总数的 67.3%,但他们所作次韵词的数量却只占到历代次韵清真词总数的 13%,另外 31 人则创作了 427 首次韵清真词,占历代次韵清真词总数的 87%,他们才是次韵清真词的主力军。兹列表如下:

表5:历代次韵清真词2首以上的词人及作品一览表

(按数量多少排序,共31人凡427首)

序号	姓 名	朝代	首数	次韵词调及数量
1	陈允平	宋	121	共79调(具体调名及数量从略,参见表1)
2	方千里	宋	93	共68调(具体调名及数量从略,参见表1)
3	杨泽民	宋	92	共67调(具体调名及数量从略,参见表1)
4	陈铎	明	26	浣溪沙4;满路花、隔浦莲、瑞龙吟等22调各1首(参见表2)
5	赵必王象	宋	9	风流子2;兰陵王1;华胥引1;意难忘1;宴清都1;锁窗寒1;隔浦莲1;苏幕遮1
6	陈维崧	清	9	扫地花1;花犯1;看花回1;氐州第一1;大酺1;大有1;四园竹1;解连环1;瑞龙吟1
7	龚鼎孳	清	7	一落索2;兰陵王1;满庭芳1;锁窗寒1;蓦山溪1;扫地花1
8	彭孙贻	明	6	满路花1;氐州第一1;花犯1;西河1;兰陵王1;红窗迥1
9	邹祗谟	清	6	霜叶飞1;长相思1;塞垣春1;看花回1;西平乐1;六丑1
10	钱芳标	清	6	瑞龙吟1;兰陵王1;看花回1;大有1;万里春1;浪淘沙1
11	董元恺	清	5	月中行1;侧犯1;满路花1;霜叶飞1;丹凤吟1
12	梁允植	清	4	一落索1;满庭芳1;扫地花1;锁窗寒1
13	卢炳	宋	3	玉团儿1;少年游1;菩萨蛮1
14	吕希周	明	3	庆春宫1;法曲献仙音1;蕙兰芳引1
15	魏学渠	清	3	扫地花1;花犯1;霜叶飞1
16	王士祯	清	3	蕙兰芳引1;浣溪沙1;塞翁吟1
17	钱肇修	清	3	满路花3
18	吴潜	宋	2	隔浦莲1;西河1
19	陈霆	明	2	瑞龙吟1;水龙吟1
20	夏言	明	2	丹凤吟1;玉楼春1
21	茅维	明	2	早梅芳1;花犯1
22	周履靖	明	2	满庭芳1;渔家傲1
23	梁云构	明	2	满路花1;隔浦莲1
24	沈谦	明	2	西河1;归去难1
25	方炳	清	2	瑞龙吟1;兰陵王1
26	程正萃	清	2	六幺令2

续表

序号	姓　名	朝代	首数	次韵词调及数量
27	周廷谔	清	2	兰陵王 1;花犯 1
28	曹亮武	清	2	解连环 1;绕佛阁 1
29	周在浚	清	2	满路花 1;霜叶飞 1
30	李兴祖	清	2	丹凤吟 1;瑞龙吟 1
31	侯嘉繙	清	2	浣溪沙 1;玉楼春 1
总计				31 人,427 首

以上 31 人中,次韵清真词 2 首者共 14 人,次韵清真词 3 首者共 5 人,次韵清真词 4 首以上者共 12 人,而南宋的陈允平、方千里、杨泽民 3 人则各以 121 首、93 首、92 首的惊人数量高居榜首,他们堪称是次韵清真词的三大名家。至于三人次韵清真词的创作动因以及成败得失,是非常值得我们加以进一步的考察和探讨的。除此之外,我们还发现,宋代的赵必瓛、明代的陈铎、彭孙贻、清代的陈维崧、龚鼎孳、邹祗谟、钱芳标、董元恺等,也都是次韵清真词的代表作家,他们既非南宋格律词派的代表,也不是清代浙西词派的成员,而是分属于不同的风格流派,尤其是陈维崧本是清初阳羡词派的领袖,其创作主要师法稼轩,以“沉雄壮阔”的词风为擅胜①,与“缜密典丽”的清真词风有着较大的不同,则可见他们对清真词的次韵并非是出于继承清真词艺术风格和审美特征的需要,而更多的可能是对清真词体所具有的法度典范的认同和学习。这些现象也是很值得我们去做进一步思考与阐释的。

(二)、历代次韵清真词的原作情况及意义探寻

在考察了历代次韵清真词的作者数量及创作数量的分布与构成等方面的内容之后,我们还需要进一步分析历代词人次韵清真词所涉及到的清真原作方面的数据和情形。具体而言,我们需要弄清楚的是:历代词人对清真词的次韵追和,究竟涉及到周邦彦的哪些词调?哪些篇章?各有多少数量?在此基础上,我们要做的工作就是通过数据分析,来挖掘其中所隐含的有关清真词影响与接受方面的信息

---

① 清王煜《迦陵词钞》评曰:“沉雄壮阔,秾丽苍凉,合称转世青兕。清初词家,断为巨擘。”转引自严迪昌《清词史》,江苏古籍出版社 2001 年版,第 210 页。

和意义,并由此获取对清真词的艺术成就和历史地位进行更深入的观照和印证的新视角与新启示。

下面,我们试以清真词原作为考察对象,按历代词人次韵作品数量的多少为序,分词调和词作统计列表如下:

表6:历代词人次韵清真词分词调统计一览表

(原作:凡93调,135首;和词:共95人/487人次,491首)

原作			历代次韵词数量(人次/首数)				小计	总计
序号	词调/首数	首句	宋	金元	明	清		
1	浣溪沙/10	争挽桐花两鬓垂	3/3				3/3	32/32
		雨过残红湿未飞	3/3		1/1		4/4	
		楼上晴天碧四垂	3/3		1/1	4/4	8/8	
		日射欹红蜡蒂香	3/3		1/1		4/4	
		翠葆参差竹径成	3/3		1/1		4/4	
		薄薄纱厨望似空	3/3				3/3	
		宝扇轻圆浅画缯	3/3				3/3	
		不为萧娘旧约寒	1/1				1/1	
		日薄尘飞官路平	1/1				1/1	
		贪向津亭拥去车	1/1				1/1	
2	满路花/2	金花落烬灯	3/3		2/2	2/2	7/7	14/16
		帘烘泪雨干	3/3		3/3	1/3	7/9	
3	兰陵王/1	柳阴直	6/6		1/1	6/6	13/13	13/13
4	蝶恋花/5	爱日清明新雪后	3/3				3/3	13/13
		桃萼新香梅落后	3/3				3/3	
		蠢蠢黄金初脱后	3/3				3/3	
		小阁阴阴人寂后	3/3				3/3	
		月皎惊乌栖不定	1/1				1/1	
5	瑞龙吟/1	章台路	3/3	1/1	2/2	6/6	12/12	12/12

续表

序号	词调/首数	首句	宋	金元	明	清	小计	总计
			历代次韵词数量（人次/首数）					
6	少年游/4	朝云漠漠散轻丝	4/4				4/4	12/12
		并刀如水	3/3		1/1		4/4	
		南都石黛扫晴山	3/3				3/3	
		簪牙缥缈小倡楼	1/1				1/1	
7	玉楼春/6（木兰花/1）	玉琴虚下伤心泪	3/3				3/3	12/12
		当时携手城东道	1/1		1/1		2/2	
		大堤花艳惊郎目	1/1				1/1	
		玉奁收起新妆了	1/1				1/1	
		桃溪不作从容住	1/1			1/1	2/2	
		郊原雨过金英秀	3/3				3/3	
8	霜叶飞/1	露迷衰草	3/3		1/1	6/6	10/10	10/10
9	红林檎近/2	高柳春才软	3/3		1/1	2/2	6/6	10/10
		风雪惊初霁	3/3			1/1	4/4	
10	点绛唇/4	孤馆迢迢	3/3				3/3	10/10
		征骑初停	3/3				3/3	
		台上披襟	3/3				3/3	
		辽鹤归来	1/1				1/1	
11	渡江云/1	晴岚低楚甸	5/5		1/1	3/3	9/9	9/9
12	过秦楼/1	水浴清蟾	4/5		1/1	3/3	8/9	8/9
13	扫地花/1	晓阴翳日	4/4			5/5	9/9	9/9
14	花犯/1	粉墙低	3/3		2/2	4/4	9/9	9/9
15	一落索/2	眉共春山争秀	3/3			2/2	5/5	9/9
		杜宇思归声苦	3/3			1/1	4/4	
16	虞美人/5	廉纤小雨池塘遍	3/3				3/3	9/9
		金闺平帖春云暖	3/3				3/3	
		灯前欲去仍留恋	1/1				1/1	
		疏篱曲径田家小	1/1				1/1	
		玉觞才掩朱弦悄	1/1				1/1	

原作			历代次韵词数量(人次/首数)				小计	总计
序号	词调/首数	首句	宋	金元	明	清		
17	隔浦莲/1	新篁摇动翠葆	5/5		3/3		8/8	8/8
18	锁窗寒/1	暗柳啼鸦	4/4			4/4	8/8	8/8
19	满庭芳/2	风老莺雏	3/3		2/2	1/1	6/6	8/8
		山崦笼春				2/2	2/2	
20	风流子/2	新绿小池塘	4/4				4/4	8/8
		枫林凋落晚叶	4/4				4/4	
21	西河/1	佳丽地	5/5		1/1	1/1	7/7	7/7
22	丹凤吟/1	迤逦春光无赖	3/3		2/2	2/2	7/7	7/7
23	法曲献仙音/1	蝉咽凉柯	3/3		2/2	2/2	7/7	7/7
24	蕙兰芳引/1	寒莹晚空	3/3		1/1	3/3	7/7	7/7
25	氐州第一/1	波落寒汀	3/3		2/2	2/2	7/7	7/7
26	渔家傲/2	灰暖香融销永昼	3/3				3/3	7/7
		几日轻阴寒侧侧	3/3		1/1		4/4	
27	迎春乐/3	清池小圃开云屋	3/3				3/3	7/7
		桃蹊柳曲闲踪迹	3/3				3/3	
		人人花艳明春柳	1/1				1/1	
28	应天长/1	条风布暖	4/4		1/1	1/1	6/6	6/6
29	解连环/1	怨怀无托	3/3		1/1	2/2	6/6	6/6
30	浪淘沙/1	昼阴重	3/3		1/1	2/2	6/6	6/6
31	荔枝香近/2	照水残红零乱	3/3				3/3	6/6
		夜来寒侵酒席	3/3				3/3	
32	诉衷情/2	出林杏子落金盘	3/3				3/3	6/6
		堤前亭午未融霜	3/3				3/3	
33	醉桃源/2	冬衣初染远山青	3/3				3/3	6/6
		菖蒲叶老水平沙	3/3				3/3	
34	夜游宫/2	叶下斜阳照水	3/3				3/3	6/6
		客去车尘未敛	3/3				3/3	

续表

序号	词调/首数	首句	宋	金元	明	清	小计	总计
		原作		历代次韵词数量（人次/首数）			小计	总计
35	菩萨蛮/1	银河宛转三千曲	4/4		1/1		5/5	5/5
36	意难忘/1	衣染莺黄	4/4			1/1	5/5	5/5
37	水龙吟/1	素肌应怯余寒	4/4		1/1		5/5	5/5
38	华胥引/1	川原澄映	4/4			1/1	5/5	5/5
39	宴清都/1	地僻无钟鼓	4/4		1/1		5/5	5/5
40	南乡子/1	晨色动妆楼	3/3			2/2	5/5	5/5
41	侧犯/1	暮霞霁雨	3/3		1/1	1/1	5/5	5/5
42	塞翁吟/1	暗叶啼风雨	3/3		1/1	1/1	5/5	5/5
43	塞垣春/1	暮色分平野	3/3			2/2	5/5	5/5
44	庆春宫/1	云接平冈	3/3		2/2		5/5	5/5
45	六么令/1	快风收雨	3/3			1/2	4/5	4/5
46	大酺/1	对宿烟收	3/3			2/2	5/5	5/5
47	六丑/1	正单衣试酒	3/3		1/1	1/1	5/5	5/5
48	玉烛新/1	溪源新腊后	2/2		1/1	2/2	5/5	5/5
49	齐天乐/1	绿芜凋尽台城路	4/4				4/4	4/4
50	秋蕊香/1	乳鸭池塘水暖	4/4				4/4	4/4
51	瑞鹤仙/1	悄郊原带郭	3/3			1/1	4/4	4/4
52	西平乐/1	稚柳苏晴	3/3			1/1	4/4	4/4
53	忆旧游/1	记愁横浅黛	3/3		1/1		4/4	4/4
54	四园竹/1	浮云护月	3/3			1/1	4/4	4/4
55	望江南/2	游妓散	3/3				3/3	4/4
		歌席上	1/1				1/1	
56	早梅芳/2	花竹深	1/1		2/2		3/3	4/4
		缭墙深	1/1				1/1	
57	苏幕遮/1	燎沉香	3/3				3/3	3/3
58	还京乐/1	禁烟近	3/3				3/3	3/3
59	玲珑四犯/1	秾李夭桃	3/3				3/3	3/3

原作			历代次韵词数量（人次/首数）				小计	总计
序号	词调/首数	首句	宋	金元	明	清		
60	满江红/1	昼日移阴	3/3				3/3	3/3
61	丁香结/1	苍藓沿阶	3/3				3/3	3/3
62	解蹀躞/1	候馆丹枫吹尽	3/3				3/3	3/3
63	伤情怨/1	枝头风势渐小	3/3				3/3	3/3
64	解语花/1	风销焰蜡	3/3				3/3	3/3
65	倒犯/1	霁景	3/3				3/3	3/3
66	丑奴儿/1	肌肤绰约真仙子	3/3				3/3	3/3
67	品令/1	夜阑人静	3/3				3/3	3/3
68	蓦山溪/1	湖平春水	2/2			1/1	3/3	3/3
69	拜星月/1	月色催更	1/1		1/1	1/1	3/3	3/3
70	看花回/1	惠风初散轻暖				3/3	3/3	3/3
71	垂丝钓/1	缕金翠羽	2/2				2/2	2/2
72	三部乐/1	浮玉飞琼	2/2				2/2	2/2
73	月中行/1	蜀丝趁日染乾红	1/1			1/1	2/2	2/2
74	绕佛阁/1	暗尘四敛	1/1			1/1	2/2	2/2
75	一寸金/1	州夹苍崖	1/1			1/1	2/2	2/2
76	凤来朝/1	逗晓看娇面	1/1			1/1	2/2	2/2
77	大有/1	仙骨清赢				2/2	2/2	2/2
78	玉团儿/1	铅华淡伫新妆束	1/1				1/1	1/1
79	夜飞鹊/1	河桥送人处	1/1				1/1	1/1
80	感皇恩/1	露柳好风标	1/1				1/1	1/1
81	定风波/1	莫倚能歌敛黛眉	1/1				1/1	1/1
82	红罗袄/1	画烛寻欢去	1/1				1/1	1/1
83	绮寮怨/1	上马人扶残醉	1/1				1/1	1/1
84	尉迟杯/1	隋堤路	1/1				1/1	1/1
85	芳草渡/1	昨夜里	1/1				1/1	1/1
86	相思引/1	生碧香罗粉兰香	1/1				1/1	1/1

续表

原作			历代次韵词数量(人次/首数)				小计	总计
序号	词调/首数	首句	宋	金元	明	清		
87	红窗迥/1	几日来			1/1		1/1	1/1
88	粉蝶儿慢/1	宿雾藏春				1/1	1/1	1/1
89	归去难/1	佳约人未知				1/1	1/1	1/1
90	月下笛/1	小雨收尘				1/1	1/1	1/1
91	长相思/1	夜色澄明				1/1	1/1	1/1
92	烛影摇红/1	芳脸匀红				1/1	1/1	1/1
93	万里春/1	千红万翠				1/1	1/1	1/1
总计	93 调/135 首		487 人次(95 人)/491 首					

　　从所用词调来看,历代词人次韵清真词多达 93 调,占清真所用词调总数(111 调)的 83.8%,是历代词人次韵宋词大家名家中所用词调的最高比例。据笔者对历代词人次韵苏轼、周邦彦、李清照、辛弃疾四大家词的检索统计,从用调来看,次韵辛弃疾词凡用 50 调,占稼轩所用词调总数(104 调)的 48%,排名第二位;次韵苏轼词凡用调 36 个,占东坡用调总数(77 调)的 46.7%,排名第三位;次韵李清照词凡用 13 调,占易安用调总数(33 调)的 39.4%,排名第四位;而周邦彦则以被次韵 93 调、占清真用调总数(111 调)的 83.8% 的比例而排名第一。也就是说,在周邦彦所用全部 111 个词调中,只有 18 调没有被次韵,只占其用调总数 16.2% 的微弱比例。历代词人次韵清真词之所以在用调上达到如此的高比例,固然与南宋方千里、杨泽民、陈允平三家对清真词依集和韵的大力创作有关(达 79 调之多),但更主要的因素还应该归结为清真词创调之多、格律之精与技巧之工。王国维尝论曰:"美成深远之致,不及欧、秦。唯言情体物,穷极工巧,故不失为第一流之作者。但恨创调之才多,创意之才少耳。"[1]所谓"创调之才多",历代文献已多有记载和描述,今人亦不乏考证与论述,而我们于历代词人次韵清真词在用调上所达到的最高比例,也可

---

①　王国维《人间词话》第三十三则,人民文学出版社 1984 年版,第 206 页。

获得一种更有力的体认与印证①。

就各调被次韵的作品数量来分析,只有 1 首次韵词的词调只有 16 个,即"表 6"序号 78 以下至序号 93 的 16 个词调。在这 16 个词调中虽然也有像《烛影摇红》这类翻旧调为新声的名曲佳制②,其中有 6 调为清真所首创,另外如《夜飞鹊》、《绮寮怨》、《月下笛》等篇也较有特色,但更多的词调和词作却并非清真词的精华所在,历代次韵之作仅为单篇零章,也就不足为奇了。但是令我们甚为关注的是,历代次韵清真词在 2 首以上的词调则多达 77 个,也就是说清真的绝大多数词调都有 2 首以上的次韵频率,极有力地说明了历代次韵清真词在选调上的覆盖面之广,这是两宋其他词人所无法比拟的。被次韵作品最多的词调,取其前 10 名,依次为:《浣溪沙》(32 首)、《满路花》(16 首)、《兰陵王》(13 首)、《蝶恋花》(13 首)、《瑞龙吟》(12 首)、《少年游》(12 首)、《玉楼春》(12 首)、《霜叶飞》(10 首)、《红林檎近》(10 首)、《点绛唇》(10 首)。以上 10 调的次韵之作皆在 10 首以上,为历代次韵清真词的 10 大高频词调。以下,《渡江云》、《过秦楼》、《扫地花》、《花犯》、《一落索》、《虞美人》6 调,各有 9 首次韵词;《隔浦莲》、《锁窗寒》、《满庭芳》、《风流子》4 调,各有 8 首次韵词;《西河》、《丹凤吟》、《法曲献仙音》、《蕙兰芳引》、《氐州第一》、《渔家傲》、《迎春乐》7 调,各有 7 首次韵词。其他被次韵 6 首、5 首、4 首、3 首、2 首的词调,分别为 7 调、14 调、8 调、14 调、7 调。清真词的创调之作和名篇佳作,大多包含在以上词调之中。

从被次韵的原作来看,历代词人所次韵的清真词原作达到 135 首之多,占清真词现存总数(186 首)的 72.58%,这也是历代次韵宋词大家名家中次韵原作最多的数字和最高的比例。据笔者对历代词人次韵苏轼、周邦彦、李清照、辛弃疾四大家词的检索统计,从次韵所涉及的原作数量来看,次韵李清照词原作共 16 首,占易安词总数(52 首)的 30.76%,排名第二位;次韵苏轼词原作共 67 首,占东坡词总数(362 首)的 18.5%,排名第三位;次韵辛弃疾词原作共 103 首,占稼轩词总数(629

---

① 据笔者考察和统计,在周邦彦所用 111 个词调中,除沿用前代的约 40 余调及清真有所翻新的约 10 余调外,属清真首用其名或为清真首创的词调亦达约 50 调之多,几占其用调总数的一半。在"表 6"所列清真词被历代次韵的 93 调中,即有约 44 调首见于清真,绝大多数应为清真所创调。

② 宋吴曾《能改斋漫录》卷十七:"王都尉有《忆故人》词云(略)。徽宗喜其词意,犹以不丰容宛转为恨,遂令大晟府别撰腔。周美成增损其词,而以首句为名,谓之《烛影摇红》云(略)。"上海古籍出版社 1984 年版,第 496 页。

首)的 16.37%,排名第四位;而周邦彦则以被次韵原作达 135 首、占清真词总数 72.58% 的最高比例而名列榜首。与被次韵的词调数量名列第一相呼应,周邦彦也以其原作被次韵的最多数量,再次显示了清真词在形体、音律和技巧方面被奉为典范的历史地位。

就清真被历代次韵的具体作品来看,按被次韵数量的多少来排行,名次靠前的作品依次如下:《兰陵王》"柳阴直",13 首;《瑞龙吟》"章台柳",12 首;《霜叶飞》"露迷衰草",10 首;《满路花》"帘烘泪雨干"、《渡江云》"晴岚低楚甸"、《过秦楼》"水浴清蟾"、《扫地花》"晓阴翳日"、《花犯》"粉墙低",皆 9 首;《浣溪沙》"楼上晴天碧四垂"、《隔浦莲》"新篁摇动翠葆"、《锁窗寒》"暗柳啼鸦",皆 8 首;《满路花》"金花落烬灯"、《西河》"佳丽地"、《丹凤吟》"迤逦春光无赖"、《法曲献仙音》"蝉咽凉柯"、《蕙兰芳引》"寒莹晚空"、《氏州第一》"波落寒汀",皆 7 首;《红林檎近》"高柳春才软"、《满庭芳》"风老莺雏"、《应天长》"条风布暖"、《解连环》"怨怀无托"、《浪淘沙》"昼阴重",皆 6 首。以下被次韵 5 首、4 首、3 首、2 首的单篇词作,限于篇幅,兹不一一列举其篇名,详情可参阅"表6"。我们发现,证之以历代选本及品评鉴赏,举凡清真所有的名篇佳作,几乎都被历代次韵词囊括其中,由这一现象和特点再次显示出历代词人以清真词为格律典范进行模仿学习的普遍倾向。当然,我们也得以从历代次韵词的视角,获取了一份颇有意义的清真词经典之作的排行榜,而名列榜首的就是《兰陵王》"柳阴直"、《瑞龙吟》"章台柳"、《霜叶飞》"露迷衰草"三首,堪称是历代次韵清真词的三大名篇!

至于历代次韵清真词的动因探析、文本比较、审美体悟以及得失评判等内容,已非本文所能容纳,待另文撰述。

(作者单位:深圳大学文学院)

拟话本概念的理论缺失

傅承洲

拟话本是二十世纪五十年代以来学术界广泛使用的一个小说文体概念,它的定义与指称对象,六十年代编写的两种影响很大的《中国文学史》教材作过这样的解释:"由于受到宋、元时期流行的讲述故事风气的影响,到了明代便出现了大量文人模拟这种故事形式而编写的作品,现在一般叫做'拟话本'。"①"话本在明代,因群众的爱好,书商的大量刊行,逐渐引起文人的注意。他们由对话本的编辑、加工,进而模拟话本写作,这就出现了主要供案头阅读的文人模拟的话本,通常称为拟话本。"②拟话本就是明清时期文人模拟话本创作的白话短篇小说,这种解释实际上是学术界的一种普遍看法。我们仔细考察这一概念的产生与演变过程,发现拟话本是一个没有经过科学论证、且不能说明明清文人创作的白话短篇小说的本质特征的概念。

一

拟话本这一概念最早是鲁迅先生在《中国小说史略》中提出来的,该书第十三篇的标题为"宋元之拟话本",该篇论列了《青琐高议》、《大唐三藏法师取经记》、《大宋宣和遗事》等宋元作品。《青琐高议》"文辞虽拙俗,然尚非话本,而文题之

---

① 中国科学院文学研究所《中国文学史》三,人民文学出版社 1962 年版,第 964 页。
② 游国恩等主编《中国文学史》四,人民文学出版社 1964 年版,第 114 页。

下,已各系以七言……皆一题一解,甚类元人剧本结末之题目与正名,因疑汴京说话标题、体裁或亦如是,习俗浸润,乃及文章。"①《大唐三藏法师取经记》及《大宋宣和遗事》,"皆首尾与诗相始终,中间以诗词为点缀,词句多俚,顾与话本又不同,近史而非口谈,似小说而无捏合。"②因而将它们称之为"拟话本"。鲁迅先生最初提出拟话本,并不是作为一个文体概念使用的,而是用以说明宋元时期的一些著作与话本的关系,"说话既盛行,则当时若干著作,自亦蒙话本之影响。"③就和"明之拟宋市人小说"、"清之拟晋唐小说"一样,是对不同时期小说之间关系的一种描述,后人并没有将"拟宋市人小说"和"拟晋唐小说"作为文体概念使用。

明代文人创作的白话短篇小说,鲁迅称之为"拟宋市人小说",《中国小说史略》第二十一篇标题为"明之拟宋市人小说及后来选本",该篇论列了"三言"、《拍案惊奇》、《西湖二集》、《醉醒石》等白话短篇小说。他这样解释将这些白话短篇小说称之为拟宋市人小说的理由,"惟至明末,则宋市人小说之流复起,或存旧文,或出新制,顿又广行世间,但旧名湮昧,不复称市人小说也。"④在相当长一段时间里,学术界并没有用"拟话本"和"拟宋市人小说"指称明清文人创作的白话短篇小说,马隅卿先生称"三言"、"二拍"为"白话短篇小说"⑤。郑振铎先生则将明清文人创作的白话短篇小说叫做"平话"⑥。最早用拟话本称明清文人创作的白话短篇小说是孙楷第先生,他在1951年撰写的《中国短篇白话小说的发展与艺术上的特点》一文中说:"明末人作短篇小说,是学宋元话本的。因此。明末人作的短篇小说,从体裁上看,与现存的宋元话本相去甚微。但论造作的动机,则明末人作短篇小说,与宋元人编话本不同,宋元人编话本,是预备讲唱的。明末人作短篇小说,并不预备讲唱,而是供给人看。所以,鲁迅先生作《中国小说史略》,称明末人作的短篇小说为'拟话本',不称话本,甚有道理。"⑦孙楷第先生用拟话本指称文人创作的白话短篇小

①　鲁迅《中国小说史略》,《鲁迅全集》第九卷,人民文学出版社1981年版,第119页。

②　鲁迅《中国小说史略》,《鲁迅全集》第九卷,人民文学出版社1981年版,第119页。

③　鲁迅《中国小说史略》,《鲁迅全集》第九卷,人民文学出版社1981年版,第119页。

④　鲁迅《中国小说史略》,《鲁迅全集》第九卷,人民文学出版社1981年版,第197页。

⑤　马廉《关于白话短篇小说"三言"、"二拍"》,《马隅卿小说戏曲论集》中华书局2006年版。

⑥　郑振铎《明清二代的平话集》,《中国文学研究》,人民文学出版社2000年版。

⑦　原载1951年《文艺报》四卷三期。后收入《论中国短篇白话小说》一书,棠棣出版社1953年出版。又删节改题《中国短篇白话小说的发展》,收入《沧州集》,中华书局1965年。

说,并没有进行严密论证,只是说是鲁迅先生提出来的,而事实上鲁迅先生并没有将拟话本作为一个文体概念使用过,更没有用以指明清文人创作的白话短篇小说,我们不认为孙楷第先生是有意曲解鲁迅原意,很可能是孙先生记忆失误所致。此后,人们以讹传讹,误认为这一概念经过鲁迅先生的科学论证,可以放心地使用。人民文学出版社整理出版的《警世通言》《出版说明》云:"所谓'话本'和'拟话本',其实都是短篇小说。'话本'起源于宋代(特别是南宋)'说话人'(即说书人)所用的底本,更确切地说,是专说'小说'的'说话人'所用的底本。'拟话本'则是后代(主要是明代)文人摹拟'小说'话本的体制,继承'小说'话本的传统而写出来的作品。"①范宁先生为《话本选》所作序言中说:元明时期,"出现了一些不能讲唱的小说,鲁迅先生曾称这种小说叫做拟话本。""宋元人编'话本',目的是预备讲唱用的,但到后来有些人模仿话本的形式做起小说来,不预备讲唱用,只供人们阅读。这些'拟话本'有冯梦龙的《三言》、凌濛初的《二拍》、佚名的《石点头》、《醉醒石》、《照世杯》、《幻影》、《豆棚闲话》等。"②从表述语言可以看出,范宁先生的解释明显源于孙楷第先生。直到现在,拟话本概念还经常出现在一些文学史、小说史的论著中,内涵与外延没有发生任何变化。

二

　　拟话本概念没有经过科学论证,是否可以进行补充论证后继续使用呢? 也就是说,拟话本是否具备存在和使用的依据和价值? 回答是否定的。

　　作为文体概念的拟话本是建立在话本是说话艺人的底本的基础上的。现代学者经过深入研究发现,将话本解释为说话艺人的底本本身就不科学。

　　在现存文献中,"话本"一词,最早出现在南宋时期,灌圃耐得翁《都城纪胜》"瓦舍众伎"条载:

　　凡傀儡敷演烟粉灵怪故事、铁骑公案之类,其话本或如杂剧,或如崖词,大抵多虚少实,如巨灵神朱姬大仙之类是也。影戏,凡影戏乃京师人初以素纸雕镞,后用

---

① 　冯梦龙《警世通言》,人民文学出版社 1956 年版。
② 　范宁《话本选》,人民文学出版社 1959 年版,第 3 页,第 10 页。

彩色装皮为之,其话本与讲史书者颇同,大抵真假相半,公忠者雕以正貌,奸邪者与之丑貌,盖亦寓褒贬于市俗之眼戏也①。

到元代,"话本"出现在白话小说中,元刻本《新编红白蜘蛛小说》残叶结尾处有"话本说彻,权做散场。"②

明代嘉靖刊本《六十家小说》残本(即《清平山堂话本》)中,《简帖和尚》结尾有:"话本说彻,且作散场。"《合同文字记》、《陈巡检梅岭失妻记》末尾有:"话本说彻,权作散场。"明代文人创作的白话短篇小说中,大量出现"话本"一词,如:"这段话本叫做'汪信之一死救全家'。"③"今日说一段话本,正与王奉相反,唤做'两县令竞义婚孤女'"④。"如今待小子再宣一段话本,叫做'包龙图智赚合同文'。你道这话本出在哪里?"⑤"而今说一个做夫妻的被拆散了,死后精灵还归一处,到底不磨灭的话本。"⑥

从上述"话本"的使用来看,话本与白话短篇小说关系最为密切。

鲁迅先生在《中国小说史略》中将话本作为一个文体概念,用以指《新编五代史平话》和《京本通俗小说》中所收白话小说,该书第十二篇标题为"宋之话本",并对话本作了这样的解释:"说话之事,虽在说话人各运匠心,随事生发,而仍有底本作为凭据,是为话本。"⑦这一解释,为现代小说研究者所广泛接受,在二十世纪八十年代以前中国大陆学者编撰出版的各种文学史、小说史都把话本释为说话艺人或者说话艺术的底本。游国恩等先生主编的《中国文学史》云:"话本原是说话艺人的底本,是随着民间说话伎艺发展起来的一种文学形式。"⑧胡士莹先生说:"话本,在严格的科学的意义上说来,应该是、并且仅仅是说话艺人的底本。"⑨这些论著所论列的话本包括《新编五代史平话》、《全相平话五种》等讲史话本和《清平山堂话本》、"三言"等小说选集中保存的小说话本。

①　灌圃耐得翁《都城纪胜》,中国商业出版社 1982 年版,第 11 页。
②　程毅中《宋元小说家话本集》,齐鲁书社 2000 年版,第 3 页。
③　冯梦龙《古今小说》第三十九卷,人民文学出版社 1958 年版,第 650 页。
④　冯梦龙《醒世恒言》卷一,人民文学出版社 1956 年版,第 3 页。
⑤　凌濛初《拍案惊奇》卷三十三,上海古籍出版社 1982 年版,第 583 页。
⑥　凌濛初《二刻拍案惊奇》卷之六,上海古籍出版社 1983 年版,第 124 页。
⑦　鲁迅《中国小说史略》,《鲁迅全集》第九卷,人民文学出版社 1981 年版,第 112 页。
⑧　游国恩等主编《中国文学史》三,人民文学出版社 1964 年版,第 144 页。
⑨　胡士莹《话本小说概论》,中华书局 1980 年版,第 155 页。

　　1965年，日本学者增田涉发表了《论"话本"一词的定义》，对鲁迅先生关于话本的解释提出了异议，他说，话本一词，"从字面来看是'说话之本'或者是'说话人之本'的意思，这个是很容易被接受的解释，谁也不至于怀疑。但是再详细考察它的惯例用法时，我们发现'话本'有'故事'，但是却没有'说话（人）的底本'的意思。"他列举大量例证来证明，"'话本'一词根本没有'说话人的底本'的意思"。"在清平山堂的《简帖和尚》、《合同文字》、《陈巡检梅岭失妻记》等白话小说的末尾有：'话本说彻，且作散场。'（或者'话本说彻，权作散场。'）的话（另外，熊龙峰四种小说的《张生彩鸾灯传》末尾也有同样的话）。这儿用的'话本'一词，怎么说也跟'说话人的底本'之意有所不同。如把'话本说彻'解释为'据底本全部讲完'未免不通，如把'话本'解释为故事，这句话的意思就是'故事说到此为止'，这不但容易了解，而且可以接受。"①增田涉的论文在海外学术界引起很大反响，在上个世纪六、七十年代，中国大陆学术界与海外很少交流，增田涉的论文直到八十年代才介绍到中国大陆，并引发学术界的讨论。这一问题与拟话本关系密切，"话本"一词是说话艺人的底本还是故事的意思？说话艺人是否有底本？

　　"话本"一词在古代文献中，尤其在白话小说中，应该是故事的意思。"话本说彻，权做散场。""话本说彻，且作散场。"只有作故事解才通畅。"今日说一段话本，正与王奉相反，唤做'两县令竞义婚孤女'"②。"如今待小子再宣一段话本，叫做'包龙图智赚合同文'。你道这话本出在哪里？"③"而今说一个做夫妻的被拆散了，死后精灵还归一处，到底不磨灭的话本。"④这几处"话本"，前面都有"说"、"宣"等动词，就是讲的意思，只能是讲故事，而不能是讲底本。"从来说鬼神难欺，无如此一段话本，最为真实骇听。"⑤"这个话本好听，看官容小子慢慢敷衍。"⑥这两处将"话本"与"听"搭配，也只能是听故事，而不会是听说话艺人的底本。灌圃耐得翁《都城纪胜》"瓦舍众伎"条所说的"话本"，联系上下文看，"其话本或如杂剧，或如

①　增田涉《论"话本"一词的定义》，《中国古典小说研究专集》（三），台湾经联出版事业公司1981年版，第50—52页。
②　冯梦龙《醒世恒言》卷一，人民文学出版社1956年版，第3页。
③　凌濛初《拍案惊奇》卷三十三，上海古籍出版社1982年版，第583页。
④　凌濛初《二刻拍案惊奇》卷之六，上海古籍出版社1983年版，第124页。
⑤　凌濛初《拍案惊奇》卷十四，上海古籍出版社1982年，第239页。
⑥　凌濛初《拍案惊奇》卷二十七，上海古籍出版社1982年，第466页。

崖词,大抵多虚少实","其话本与讲史书者颇同,大抵真假相半","大抵多虚少实","大抵真假相半",显然是指傀儡戏、影戏所表演的故事。

说话艺人是否有底本?因人而异。王秋桂先生《论"话本"一词的定义校后记》云:"近来的田野调查说书人之间有用所谓秘本者。秘本记载师承,故事主角的姓名字号,人物赞,武器的描述和其他包括对话的套语等;这些记载并没有什么连贯性。另有所谓脚本,只记载故事大纲、高潮或插科打诨处及韵文的套语等。这些记载和实际的演出相差很远。"①周兆新先生《"话本"释义》云:"说书艺人主要用口传心授的方法带徒弟。徒弟未说书之前必须听书,并且接受师傅的指点。不识字的徒弟无法作笔记,全凭脑子记忆。识字的徒弟在听书之后,把师傅所讲的内容扼要地记下来,作为秘本保存。师傅也往往把自己的秘本传给徒弟。如果我们认为说书艺人有底本,那么这种秘本就是底本。秘本的内容大致包括两部分,一是某一书目的故事梗概,二是常用的诗词赋赞或其它参考资料。"②宋元说话艺人也是如此,不识字的艺人和盲艺人不可能有底本,陆游《小舟游近村舍舟步归》诗云:"斜阳古柳赵家庄,负鼓盲翁正作场。死后是非谁管得?满村听说蔡中郎。"③这位负鼓盲翁只能凭大脑记忆。徐梦莘《三朝北盟会编》卷一四九云:"杜充守健康时,又秉义郎赵祥者,监水门。金人渡江,邵青聚众,而祥为青所得。青受招安,祥始得脱身归,乃依于内侍纲。纲善小说,上喜听之。纲思得新事编小说,乃令祥具说青自聚众以后踪迹,并其徒党忠诈及强弱战斗之将,本末甚详,编缀次序,侍上则说之。故上知青可用,而喜单德忠之忠义。"④这位内侍纲是先搜集素材编写小说,再根据小说为皇帝讲述,他所编写的小说可以称之为底本。负鼓盲翁和内侍纲情况特殊,应该是少数,多数艺人只有记载故事梗概和诗词赋赞的秘本。

既然话本不能释为说话艺人的底本,拟话本概念的根基也随之动摇。话本是故事的意思,拟话本即模拟故事,模拟故事仍旧是故事,拟话本概念便没有任何意义。说话艺人的底本只是记载故事梗概和诗词赋赞的秘本,没有阅读欣赏价值,文

---

① 王秋桂《论"话本"一词的定义校后记》,《中国古典小说研究专集》(三),台湾经联出版事业公司1981年,第65页。
② 周兆新《"话本"释义》,《国学研究》第二卷,北京大学出版社1994年版。
③ 陆游《剑南诗稿校注》卷三十三,上海古籍出版社2005年新1版,第2193页。
④ 徐梦莘《三朝北盟会编》丙,台北大化书局1979年版,第246页。

人作家写小说也就不可能模仿说话艺人的底本。

三

如果一定要说明清文人创作的白话短篇小说是对某种艺术形式的模拟,那也不是模拟说话艺人的底本,而是模拟说话艺术。

明清白话短篇小说最鲜明的文体特征就是有入话,入话包括开篇的诗词、议论和头回。关于入话的产生及其作用,郑振铎先生指出:"我们就说书先生的实际情形一观看,便知他不能不预备好那么一套或短或长的'入话',以为'开场之用'。一来是,借此以迁延正文开讲的时间,免得后至的听众,从中途听起,摸不着头脑;再者,'入话'多用诗词,也许实际上便是用来'弹唱',以肃静场面,怡悦听众的。"①所以,当明代文人与书坊开始记录整理艺人讲述的故事以供案头阅读时,大多将入话删除。以《清平山堂话本》为例,该书流传话本二十九篇,残七篇,全篇传世的共二十二篇,这些话本只有《简帖和尚》、《刎颈鸳鸯会》和残篇《李元吴江救朱蛇》有头回。《刎颈鸳鸯会》、《李元吴江救朱蛇》有议论。《花灯轿莲女成佛记》有很短的两句议论。其它话本均无议论和头回。如果说明清文人创作话本是模拟所谓说话艺人的底本,那么明清话本就应该和这些所谓说话艺人的底本一样,不写入话,尤其是议论和头回,而事实是明清文人创作的白话短篇小说大多有入话,包括议论和头回。"三言"、"二拍"、《石点头》都是如此。这说明明清文人创作话本,不是模拟所谓说话艺人的底本,而是模拟说话艺术,文人作家为了还原瓦舍勾栏说话的真实情境,大多编写了入话,尽管入话已经失去了它原有的功能。

说话是一种说唱艺术,表演方式是有说有唱,以说为主,说的部分用散文,唱的部分用韵文。开篇和末尾的诗词,正话中描写环境与人物肖像的韵文,说话艺人作场时显然是要唱的。这种说唱结合的表演方式不仅可以丰富艺人的表现手段,活跃场上气氛,也符合观众的欣赏习惯,在一段或紧张、或惊险、或刺激的故事之后,来一段音乐演唱,舒缓紧张情绪。这种适应观众场上欣赏需求的演唱,在案头阅读的文学作品中已经失去意义,文人作家在写小说时完全可以不写韵文,而我们看到

---

①　郑振铎《明清二代的平话集》,《中国文学研究》,人民文学出版社 2000 年版,第 332 页。

的文人创作的白话短篇小说,仍然有大量的诗词韵文,翻开"二拍"、《石点头》、《西湖二集》等文人创作的话本集,篇篇都有诗词韵文。这也是文人作家模仿说话艺术的有力的证据。

明清白话短篇小说的基本叙事模式就是作家扮演说话人向观众讲故事,这一特点,几乎不需要多加论证,随便翻开一部话本集,便可以找到作者以说话人的身份与拟想观众对话的段落。《拍案惊奇》卷之一:"说话的,依你说来,不须能文善武,懒惰的也只消天掉下前程;不须经商立业,败坏的也只消天挣与家缘。却不把人间向上的心都冷了? 看官有所不知,假如人家出了懒惰的人,也就是命中该贱;出了败坏的人,也就是命中该穷。"①《拍案惊奇》卷之十:"说话的,你又差了。天下好人也有穷到底的,难道一个个为官不成? 俗语说得好:'赊得不如现得。'何如把女儿嫁了一个富翁,且享此目前的快活? 看官有所不知,就是会择婿的,也都要跟着命走。"②"说话的"与"看官"的虚拟对话,实际上就是模拟瓦舍勾栏说话艺人与观众的对话。

话本作家以说话人自居,向拟想听众讲述故事,他就必须遵守说话规则。说话人在瓦舍勾栏向观众讲述故事时一说即逝,观众不可能像读者阅读小说那样可以掩卷沉思,甚至翻回去重读。因此,说话人就得用通俗浅显的语言把故事讲得清楚明白,听众可能不懂的地方,说话人还要加以解释。作家创作话本小说时,对一些生疏的名物、制度、习俗和读者可能产生疑问的情节,亦如说话人一样,出面加以解释和说明。《拍案惊奇》卷之五写元宵节观灯,贵族人家捧着帷幕。这是什么东西? 有何用处? 读者可能不明白。作者解释道:"看官,你道如何用着帷幕? 盖因官宦人家女眷,恐怕街市人挨挨擦擦,不成体面,所以或用布匹等类,扯着长圈围着,只要隔绝外边人,他在里头走的人,原自四边看得见。晋时叫他做步障,故有紫丝步障、锦步障之称。这是大人家规范如此。"③凌濛初解释"帷幕",主要是为了方便市民读者阅读,而在讲述故事中穿插解释的方法,明显是源于说话艺术。

综上所述,明清白话短篇小说不是模拟所谓说话艺人底本的话本,而是模拟说

---

① 　凌濛初《拍案惊奇》卷之一,上海古籍出版社 1982 年,第 2 页。
② 　凌濛初《拍案惊奇》卷之十,上海古籍出版社 1982 年,第 161 页。
③ 　凌濛初《二刻拍案惊奇》卷之五,上海古籍出版社 1983 年版,第 102 页。

话艺术,因此,明清时期文人创作的白话短篇小说也就不能称之为拟话本。

四

作为文体概念的拟话本缺乏科学依据,理应弃用。弃用拟话本,我们用什么术语来指称明清文人创作的白话短篇小说?我提出一个新的概念:文人话本。而宋元时期说话艺人讲述、文人记录整理的白话短篇小说可以称之为艺人话本。

话本一词尽管在古人的笔下不是一个文体概念,但在具体的语言环境中,还是代指某一个故事,在《红白蜘蛛》中,"话本说彻,且作散场。"这里的话本就是指这篇小说所讲的故事。"如今待小子再宣一段话本,叫做'包龙图智赚合同文'。你道这话本出在哪里?"①凌濛初说得很清楚,这里的话本指包龙图智赚合同文这个故事。也就是说,在古代的白话小说中,话本既可以指说话艺人讲述的故事,也可以指文人作家编写的故事。在话本的前面加上限定词,艺人话本用来指称说话艺人讲述、文人记录整理的故事,文人话本则用来指称文人模拟说话艺术创作的案头读物。这样既可表明两者之间的联系,即它们都是话本,又能说明两者之间的差异,作者身份与创作方式不同。

文人话本这一概念揭示了明清白话短篇小说的重要特性,即文人性。明清话本作家都是科场失意的下层文人,他们从小读四书五经,十几岁便开始参加科举考试,在科场屡战屡败之后,转而选择编刻话本作为谋生的手段之一。这种教育背景与人生经历,使他们受儒家思想影响甚深,满怀治国平天下的人生理想,即使不能走上仕途,一样关注国计民生,而他们所生活的时代,国难当头,世风日下,官贪吏虐,民不聊生,这些具有深沉的忧患意识与强烈的社会责任感的文人作家,希望用他们的小说来警醒世人,改变现状。冯梦龙将自己编纂的三本话本小说集分别命名为"喻世明言"、"警世通言"、"醒世恒言",就是要用文学唤醒沉醉的世人。席浪仙的《石点头》用生公说法、顽石点头的典故来说明自己的良苦用心。陆人龙的《型世言》书名三字就有两字与"三言"书名相同。薇园主人的《清夜钟》"将以鸣忠孝

---

① 凌濛初《拍案惊奇》卷三十三,上海古籍出版社1982年版,第583页。

之铎,唤醒奸回;振贤哲之铃,惊回顽薄。"①酌元亭主人的《照世杯》命名意图也非常明确。笔炼阁主人撰《五色石》以补"天道之阙"②。尽管这些文人作家略显迂腐,但他们对世道的关注、对现实的忧虑,表现出文人作家以天下为己任的社会责任感。

　　写自己熟悉的生活是文学创作的规律,文人作家模仿说话艺术编写小说的时候,更多的只能是形式上的模仿,而题材和内容却发生了很大变化。他们在小说中描写文人的生活,表现文人的思想感情。科举作为明清文人生活中的一件大事,被作家写进话本中,"三言"中唯一能断定出自冯梦龙之手的《老门生三世报恩》(《警世通言》第十八卷)便写这一题材。冯梦龙作这篇小说的本意是要用鲜于同成功的事例来抨击贱老爱少的试官,小说中所暴露出来的问题,如官场上进士官与科贡官的不平等,考场上试官的有眼无珠,老秀才考科举的辛酸遭遇等等,客观上是对科举制度的揭露与批判。《西湖二集》的作者周清源"怀才不遇,蹭蹬厄穷,"③他对科举制度的弊端认识非常深刻,在《巧妓佐夫成名》(《西湖二集》第二十卷)中,作者通过不学无术的吴尔知中进士的故事揭示了明代科场贿赂公行、有钱通神的黑暗现实。在明清话本中出现了众多的文人形象,他们满腹经纶、怀才不遇、蔑视权贵、桀骜不驯,小说家笔下的李白才华横溢、诗酒风流,到长安应试,被杨国忠、高力士当面侮辱,唐朝接到番使国书,只有李白能够翻译、回复,李白让杨国忠捧砚磨墨、高力士脱靴结袜。在文人与官吏的冲突中,文人成了赢家④。"卢学诗酒傲王侯",作者有意识将高雅脱俗、轻世傲物卢楠作为"王侯"的对立面来处理的,贪婪鄙俗、附庸风雅的汪知县成了卢楠的陪衬人⑤。这些形象不妨看作文人的自画像。

　　文人创作的话本在艺术形式上也渗透了文人的审美趣味与文化素养,话本的题目,从冯梦龙编纂"三言"开始,都用工整的对偶命名,有的两个题目一联,如"三言"、《石点头》、《欢喜冤家》、《西湖二集》、《无声戏》等话本集中的小说。有的则采用每篇小说一联的命题方式,如"二拍"、《型世言》、《醉醒石》、《娱目醒心编》等话

---

① 薇园主人《清夜钟序》,《京本通俗小说等五种》,江苏古籍出版社 1991 年版,第 139 页。
② 笔炼阁主人《五色石序》,《五色石》,江苏古籍出版社 1993 年版,第 212 页。
③ 湖海士《西湖二集序》,《西湖二集》,浙江文艺出版社 1985 年版,第 12 页。
④ 冯梦龙《警世通言》第九卷,人民文学出版社 1956 年版。
⑤ 冯梦龙《醒世恒言》第二十九卷,人民文学出版社 1956 年版。

本集中的小说。文人话本的语言已失去了艺人话本的朴实与自然,趋于典雅。明清文人从小习八股,读诗文,对骈俪文非常熟悉,这种阅读和写作习惯也影响到他们的话本创作。在李渔的话本中,经常可以读到近似骈文的语句,如《十二楼》第一篇话本《合影楼》正话开篇对人物的介绍,便有这样一段:"广东韶州府曲江县有两个闲住的缙绅,一姓屠,一姓管。姓屠的由黄甲起家,官至观察之职;姓管的由乡贡起家,官至提举之职。……管提举古板执拘,是个道学先生;屠观察跌荡豪华,是个风流才子。……听过道学的,就怕讲风情;说惯风情的,又厌闻道学。"①这段文字每两句的字数、结构相同,内容前后对照,和骈文相似,只是用白话,偶有词语相同。还有一些话本语言有如优美的散文一般,《灌园叟晚逢仙女》(《醒世恒言》第四卷)、《卢太学诗酒傲王侯》,都有大段的景物描写,语言典雅华美,和历代文人所写的山水游记没什么区别,作者完全陶醉在自己创造的诗一般的意境之中,似乎忘记了市民读者的欣赏趣味与阅读水平。

文人话本这一概念其实就是前人对明清时期文人创作的白话短篇小说进行描述的简称,胡士莹先生说明清白话短篇小说是"文人模拟话本形式的书面文学"②。游国恩先生等主编的《中国文学史》称明清白话短篇小说为"供案头阅读的文人模拟的话本"③。文人话本不用解释,人们都会明白它的指称对象。

(作者单位:中央民族大学文学院)

---

① 李渔《十二楼》,人民文学出版社 1986 年版,第 2、3 页。
② 胡士莹《话本小说概论》,中华书局 1980 年版,第 399 页。
③ 游国恩等主编《中国文学史》四,人民文学出版社 1964 年版,第 114 页。

康熙和唐诗

张浩逊

清圣祖爱新觉罗·玄烨(康熙皇帝)不仅是一个雄才大略的皇帝,而且是知识渊博的学者和富有才情的诗人。作为诗人,他创作了古今体诗一千一百多首,题材涵盖了边塞军旅、咏史怀古、山水景物、咏物、节令、读书、赠答、抒怀等各个方面,风格也有豪迈雄放、清丽自然、质朴直率、通俗平易的不同。康熙酷爱学习,他读书的主要目的是为了"知古人事",以取得治理天下的镜鉴,但于古代诗歌也颇留意,每有闲暇便常吟诵。他认为,"古今治乱兴亡之迹,无不可见之于诗"①。康熙读诗,于《诗经》、楚辞、汉魏古诗等皆有涉猎,但尤以唐诗特别是唐太宗、王维、李白、杜甫诗为最爱。其诗歌评论,多赞扬唐诗之语;其诗歌创作,也不乏受到唐诗影响的显例。下面展论之。

一

康熙对唐诗的推重,或者说他对唐诗的贡献,首先表现在他组织力量编纂了直到今天仍在发挥作用的《全唐诗》。他鉴于有唐一代诗歌尚未有收罗完备的总集,于康熙四十四年(公元 1705 年)三月,命江宁织造曹寅着手准备刊刻《全唐诗》。翌年,又命曹寅在扬州天宁寺设立编刻《全唐诗》的书局,并派多位饱学之士从事校订编辑工作。至康熙四十五年十月,全书告竣。四十六年四月,康熙又亲为《全唐诗》

---

① 《康熙诗说》,《四库全书》第 1298 册,上海:上海古籍出版社,1987,页 198。

作序。序文开篇即云:"诗至唐而众体悉备,亦诸法毕该。故称诗者,必视唐人为标准,如射之就彀率,治器之就规矩焉。"①这段话,非常明确地肯定了唐诗在中国古代诗歌史上至高无上的地位和它的典范性价值。在序文的后半部分,他又说:"夫(唐)诗盈数万,格调各殊,溯其学问本原,虽悉有师承指授,而其精思独悟,不屑为苟同者,皆能殚其才力所至,沿寻风雅,以卓然自成其家。又其甚者,宁为幽僻奇谲,杂出于变风变雅之外,而绝不致有蹈袭剽窃之弊。是则唐人深造极诣之能事也。"康熙认为,唐诗之所以能成为古代诗歌的巅峰,是由于唐代诗人学习、创作非常刻苦,力求标新立异,超越他人,而不屑于步趋名家。这样,就形成了唐代诗坛的百花齐放。这番论述,应该说是切合唐诗实况的。

唐诗之所以能凌跨各朝,成为"一代之文学",康熙认为唐太宗的首倡之功有极端重要的意义。他在康熙四十五年三月,为翰林侍读徐倬进呈《全唐诗录》所作序文云:"唐之太宗,致治几于三代之隆,躬自撰著,一时文人才士,将相名臣,咏吟递发,藻采缤纷,踵袭雅骚之迹,光昭正始之音,而歌行律绝,独创兼能,自邃古以来,未尝有也。"②这段话既高度评价了唐太宗的政治功业,又充分肯定其在诗歌创作方面的带头作用。从"自邃古以来,未尝有也"一句看,直是把唐太宗视为古今帝王第一人了。紧接着,康熙又写道:"爰及盛唐,逮乎中晚,或与运会为高下,而凡缘时托志,触物摅怀,形诸翰简者,皆卓然成一家之言,弗可废也。"尽管康熙未曾明言,但字里行间的蕴意是清楚的,即盛、中、晚唐诗家名流的层出不穷,概与太宗"躬自撰著"的首倡密切相关。正因为康熙对唐太宗的政绩和诗绩有极高的评价,故他在写诗时会很自然地论其人,学其诗。如长达二十句的五言古诗《览〈贞观政要〉》,便充分肯定了唐太宗以"仁义"治国所取得的煌煌功绩。

康熙赏爱唐太宗的诗,突出表现在他写了四首步唐太宗原韵的诗。这四首诗的题目是:《和唐太宗咏桃花即用原韵》(康熙二十年作)、《驻跸辽阳,夜深对月,用唐太宗〈辽城望月〉诗原韵》(康熙二十一年作)、《玉泉山晚景,用唐太宗〈秋日〉韵》(康熙二十一年作)、《康熙四十四年元旦,用唐太宗〈元日〉旧韵》。在康熙的一千

①　《御制全唐诗序》,《四库全书》第1299册,上海:上海古籍出版社,1987,页163。
②　王志民等《康熙诗词集注》,呼和浩特:内蒙古人民出版社,1994,页162;以下引康熙诗皆出此书,不再出注。

多首诗里,有二十多首是以前人诗句为题的"赋得"诗,其中以唐人诗句为题的有十多首,但步前人诗韵写作的,仅有这四首诗。比照这四首诗,可以发现两者在艺术描写方面差异不大,而思想内涵则以康熙为胜。

譬如唐太宗的五言《元日》诗共十六句,主要是描写宫殿景色之美、仪仗之盛以及帝王君临天下的威势,其中两联"继文遵后轨,循古鉴前王"、"巨川思欲济,终以寄舟航",体现了政治方面的内容。而康熙的用韵诗仅用开头四句"午夜占天象,平明忆岁光。旌旗旋转动,钟鼓奏丁当"照应题目,以下十二句均为治国方面的思考:"临下开诚信,守身勿自荒。履端将宝历,正始勉岩廊。圣道原无远,仁慈渐得昌。位高仰五帝,责重仿三王。惜物由心俭,去华莫喜妆。常怀兢惕诚,遐迩愿梯航。"①康熙作此诗时登帝位已四十四年,年逾天命,在发展生产、平定内乱、抵御外侮、维护统一等方面都取得了显著成绩,但仍能保持兢惕之心,要求自己常思责任之重,做到"诚信"、"仁慈"、"节俭",从而实现远近悦服、天下太平的理想,这在封建帝王中实属罕见。尽管此作几乎都是议论,诗味寡淡,但对我们了解晚年康熙的思想很有价值,也可看出康熙虽极度尊崇唐太宗,但写诗时还是能抒发己意,不步趋前人。

康熙最喜欢的唐太宗诗句,大概是"恭己临四极,垂衣驭八荒"(《元日》)。其诗集中第一首诗《元日》(作于康熙十七年前)云:"广廷扬九奏,玉帛丽朝光。恭己临四表,垂衣驭八荒",后两句即搬用了唐太宗成句(仅将"极"字换为"表"字,意思未变)。确实,这联诗大有"圣君"气象:"恭己",是严格要求自己,恭敬认真地处理政事;"垂衣",语本《易·系辞下》:"黄帝、尧、舜垂衣裳而天下治",也就是以德化行,无为而治。能够"恭己",那么离"垂衣而治"也就不远了。康熙认为唐太宗已做到了"恭己临四极,垂衣驭八荒",自己作为人主,也应该仿效唐太宗的做法,同样达到他治平天下的效果。这就是他收纳唐太宗成句于己诗的内在动因。

二

康熙最喜爱的王维诗,或许是五律《观猎》。该诗描写将军打猎的全过程,豪情奔放,气势强盛,第二联"草枯鹰眼疾,雪尽马蹄轻","疾"、"轻"两字,想象新奇又

---

① 康熙《南巡诗序》,《四库全书》第1298册,上海:上海古籍出版社,1987,页520。

合乎物理,向被视为名句。康熙本人娴熟弓马,曾三次深入漠北,亲征割据分裂者噶尔丹,还多次巡行塞外,所以他对《观猎》诗所描绘的场面,所刻画的境界非常熟悉,有很强的认同感。他在诗中曾两次借用其诗意、语汇。如咏物诗《海东青》是咏一种产于黑龙江下游及附近海岛的猛禽(雕类),其中"原头草枯眼愈疾"一句,即是化用了王维名句。其晚年所作《五月上旬,避暑热河,途中喜麦秋盈野,雨旸得时,赋七言一律》中的第六句"道无峻岭马蹄轻","马蹄轻"一语直接取自王维诗。对王维所写的其他边塞军旅诗,康熙也甚熟悉,如王维《少年行四首》(其三)首两句:"一身能擘两雕弧,虏骑千重只似无",康熙诗"筹边正欲劳筋骨,时控雕弧左右弦"(《鄂尔多斯行围,雉兔甚多》),显然受到王维诗的影响。

　　王维写得最好的是山水田园诗,被推为唐代山水田园诗派的翘楚。康熙在理政之暇,也颇喜山水游赏,其诗集中,山水景物诗占了相当大的比重。读这类诗,时能发现他接受王维的痕迹。如"万壑来秋色,千岩散落晖"(《山中获野禽恭进太皇太后》),仿王维"万壑树参天,千山响杜鹃"(《送梓州李使君》);"野花罗槛外,山鸟满林中"(《夏日山庄》其二),仿王维"江流天地外,山色有无中"(《汉江临泛》);"临高一骋望,积翠霭重重"(《龙泉寺》),出王维"商山包楚邓,积翠霭沉沉"(《送李太守赴上洛》);"可爱缤纷含宿雨,最宜潇洒动新烟"(《南方青竹丛林,不乏观玩……故赋七言一律记之》),出王维"桃红复含宿雨,柳绿更带春烟"(《田园乐七首》其六)。王维的名句"漠漠水田飞白鹭,阴阴夏木啭黄鹂"(《积雨辋川庄作》),善用叠字,情景活现,清人方东树认为是"万古不磨之句"(《昭昧詹言》)。康熙对它同样十分欣赏,曾以"漠漠"一句为题作"赋得"诗(诗题为《歊蒸暑气,赋得"漠漠水田飞白鹭"》)。康熙另一些诗句如"祈年正喜逢长至,澡德非同玩物华"(《季冬汤泉》),"青山绿水谁能识,怀古登临玩物华"(《驻跸石景山》),"玩物华"一语,本王维"为乘阳气行时令,不是宸游玩物华"(《奉和圣制从蓬莱向兴庆阁道中……应制》);"绛帻休催晓"(《咏自鸣钟》),本王维"绛帻鸡人报晓筹"(《和贾舍人早朝大明宫之作》);"芙蓉未赐千官会,寝庙春残早荐新"(《樱桃》),本王维"芙蓉阙下会千官,紫禁朱樱出上兰。才是寝园春荐后,非关御苑鸟衔残"(《敕赐百官樱桃》)。

　　再来看康熙对李白诗的接受。

　　由于康熙写诗的本旨是"时以民生风化惓惓为念,即间于眺览之际,抒写景物,指顾河山,要其寄托,则自有在也",其诗风的基本特征是以写实为主,并在写实基础上抒情言怀,故而他虽然说:"李杜并诗豪"《览〈皇清文颖〉内大学士陈廷敬作各体诗……以表风度》),但实际上对杜甫的评价更高一些,对杜诗的接受也更多一些。不过,他对李白因永王李璘事件之牵连而被贬夜郎一事深怀同情,曾以李白诗句"江城五月落梅花"为题作"赋得"诗。李白原诗题为《与史郎中钦听黄鹤楼上吹笛》,诗云:"一为迁客去长沙,西望长安不见家。黄鹤楼中吹玉笛,江城五月落梅花。"该诗借笛声中的落花意象来抒发自己作为"迁客"的愁情,悲切感人。康熙读诗后引发感慨,故作"赋得"诗抒怀:"梅花一调楚江干,吹彻潇湘五月寒。地北天南无谪叟,不教羁思入毫端。"前两句就李白诗中的"笛声"展开想象。后两句抒写怀抱:不让天下贤才如李白者被谪,也不再有抒写贬谪愁情的诗歌出现。

　　在康熙的诗歌中,也颇多接受李诗的例子。譬如:《次上都河》第二联:"长风吹海月,一夜照关山",形象再现了边地寥廓夜景,其意象、境界、词汇,乃是从李诗"明月出天山,苍茫云海间。长风几万里,吹度玉门关"(《关山月》)化出。其《班师至拖陵》中的束句"照彻边山五月寒",很可能受到李白"五月天山雪,无花只有寒"(《塞下曲》)的影响。李白的七律《登金陵凤凰台》是一首凭吊六朝兴亡、描写金陵形胜的杰作,康熙对它十分熟悉,曾在诗文中两次引用。其《过金陵论》中"存者睹此兴怀,能不有吴宫花草、晋代衣冠之叹耶"①一句,"吴宫花草"、"晋代衣冠"两词,即直接从李白诗"吴宫花草埋幽径,晋代衣冠成古丘"拈出。他在康熙三十八年第二次南巡北归途中作七律《巡幸江宁》,中有"二水三山半画图"句,便是取李诗颈联"三山半落青天外,二水中分白鹭洲"的词汇。李白擅长描画奇山秀水,康熙写景诗对它也有取鉴。如《十三山》前两句"迤逦峰连大道间,凭空青削十三山",《过广宁望医巫闾山》前两句"名山插霄汉,朵朵青芙蓉",我们比照李白《登庐山五老峰》的前两句"庐山东南五老峰,青天削出金芙蓉",便可明白康熙诗的来源了。此外,康熙的诗句"钟鼎功名悬日月"(《赐抚远大将军图海二首》其一)、"相去邈河汉"(《览〈贞观政要〉》),乃是化自李诗"屈平词赋悬日月"(《江上吟》)和"相期邈云汉"(《月下独酌四首》)(其一);"调丝坐石上,宛若松风吟"(《琴》),本于李诗"忽闻悲风调,宛若寒松吟"(《月夜听卢子顺弹琴》)。康熙四十二年,他作《冬至日抵西安遥祝皇太后万寿》,后两句云:"愿将唐句南山寿,遥捧蓬莱万里觞",诗中的"唐句",很可能

---

① 　康熙《过金陵论》,《四库全书》第1298册,上海:上海古籍出版社,1987,页180。

是指李白诗。李诗《春日行》有句："小臣拜献南山寿，陛下万古垂鸿名。"

上文已说过，康熙于唐代诗人中，对杜甫评价最高，取鉴尤多，因另有专文论述康熙与杜诗之关系，故这里仅述其大要。康熙有首诗题曰《赋得山林引兴长》，"山林引兴长"，出自杜甫《秋野五首》之三。杜诗的主旨，是写野居之适，山林兴长。康熙诗并不以杜诗成句为中心内容作扩展、推衍，而是对杜甫、杜诗作总结性的评论。诗云："曾读杜诗解，纷纷议论多。遇时非泰运，行道至蹉跎。托迹山林趣，披怀水石歌。千年赋比兴，后世岂能过。"于首联可知，康熙对杜诗十分用心，阅读过不止一种注本。颔联为杜甫之"不遇"深致悲悼。尾联对杜诗下一总评，称其诗千年流芳，无人能够超越，评价之高可以说是无以复加了。对于杜诗对宋人的影响，康熙也至为清楚，他说："若夫宋人为诗，大率宗师杜甫，其卓然骚坛者，洵能树帜一代。"杜甫诗集中，有大量篇幅是描写农夫贫妇之苦，抨击战争给人民带来的巨大灾难；而康熙之诗，同样有许多抒写"悯农"情怀和渴望消灭战争的作品，两者在思想内容、感情基调、表现手法诸方面颇多相似之处。至于康熙诗歌借用杜诗语汇和意象、仿用杜诗句式和修辞技巧方面的例子，这里就不例举了。

三

康熙固然十分重视向唐诗大家学习，对唐代其他诗人的作品也注意诵习，从中撷取艺术营养。他清醒地看到，唐代不同历史时期的众多诗人都能竭尽心智，力图写出独具风貌的作品，即使普通诗人也不乏佳篇名句。这是康熙能广泛地向唐代诗人学习的认识基础。翻阅其诗集，可以发现被康熙赏爱学习的唐代诗人不下数十家。如他的"赋得"诗，除了以王维、李白、杜甫的诗句为题外，还选取了王勃、高骈、杜牧、贾至、宋之问、贺知章的诗句。其借用、化用、仿用唐诗语汇、句式、诗意的例子就更多了。现举若干例说明之（每位诗人仅举一例）。

康熙诗题	诗句	唐人诗题	诗句
春夜	夜静百花香	王昌龄　西宫春怨	西宫夜静百花香
春日	雪消树底花争发，冰泮池头草欲生。	白居易　叹春风兼赠李二十侍郎二绝	树根雪尽催花发，池岸冰消放草生。

续表

康熙诗题	诗句	唐人诗题	诗句
船猎	万人齐指处,一鸟落晴空。	张祐　观徐州李司空猎	万人齐指处,一雁落寒空。
郯州河道	帆悬风正处	王湾　次北固山下	风正一帆悬
赐宁古塔将军巴海诗并序	凤简威名将略雄	刘禹锡　韩信庙	将略兵机命世雄
咏潭柘寺竹	凌霜抱节无人见,终日虚心与凤期	韩溉　竹	凌霜尽节无人见,终日虚心待凤来。
中秋望月	无私普照八荒外	曹松　中秋对月	直到天头天尽处,不曾私照一人家。
大将军报……恢复封疆	万里欢声动地开	李商隐　瑶池	黄竹歌声动地哀
吕翁山是……擒洪承畴处	十万健儿皆解甲	花蕊夫人徐氏　述国亡诗	十四万人齐解甲
登澄海楼观海	危楼千尺压洪荒	薛涛　筹边楼	壮压西川四十州
景州观开福寺塔	涌塔高凌汉	岑参　与高适薛据登慈恩寺浮图	塔势如涌出,孤高耸天宫
虎丘	霸业销沉在此中	杜牧　登乐游原	万古消沉向此中
将游华山以欲雨未往	春云又变晓阴轻	张旭　山中留客	莫为轻阴便拟归
题耕织图·织·第十七图·织	夜寒犹自未停梭	处默　织妇	夜阑灯下不停梭
驻跸归化城	一片孤城古塞西	王之涣　凉州词	一片孤城万仞山
咏各色牡丹	天香自有情	李正封(《唐诗纪事》卷四十"李正封"条)	天香夜染衣
西京偶作	山河辅帝京	王勃送杜少府任蜀川	城阙辅三秦
总兵刘汉业补授肃州	此去阳关路八千	韩愈　左迁至蓝关示侄孙湘	夕贬潮州路八千
热河三十六景诗·澄泉绕石	每存高静意,至此结衡茅。	朱庆余　秋园寄兴	谁言高静意,不异在衡茅。

　　比照康熙诗句与他所取鉴的唐诗,不难发现他对许多唐诗已到了烂熟于心的程度,故能信手拈来,灵活用之。如他的咏月诗句"无私普照八荒外",尽管字面与唐诗无涉,但立意毫无疑问是取自曹松的《中秋对月》。又如他描写瀑布的诗句,"想得雨馀悬瀑布,飞流界破数峰青"(《支硎山》),"飞流",出自李白"飞流直下三千尺"(《望庐山瀑布》);"界破",见徐凝《庐山瀑布》:"千古长如白练飞,一条界破

青山色";"数峰青",源于钱起《湘灵鼓瑟》:"曲终人不见,江上数峰青"。一句而三用唐诗,堪称奇绝了。而且,康熙似乎并不回避他对唐诗的喜好,故在写作时多直接借用唐诗成句或句式,更极端的例子是他的一首七律,题目就叫《仿唐人戏作》。他还套用唐诗写作,其《春晓》云:"夜短正宜眠,又闻天色晓。临门亲政务,岂厌事多少",从诗题到韵字,均同于孟浩然。

此外,康熙还喜书唐诗于扇面赐大臣。据王士禛《带经堂诗话》卷首"御笔类"记载,他书于扇面的唐诗有朱庆馀、方干、王适、卢纶诸人的作品。

以上介绍了康熙对唐诗的喜爱、评价以及他在诗歌创作方面对唐诗的借鉴、吸纳情况。从其对唐诗的借鉴、吸纳情况看,康熙对唐诗大家和一般诗人的名篇佳句都很熟悉,不时撷其菁华,融入自己的创作。同时还可发现,康熙对唐诗中格调清新、形象鲜明、语言明朗的作品或写景名句特别欣赏,而对奇崛险怪、措辞生涩、旨意深婉的诗歌弃置不顾。我们看他取自唐诗的"赋得"诗,均是明畅清丽之句,如王勃的"雨去花光湿,风归叶影疏",高骈的"绿树荫浓夏日长",杜牧的"霜叶红于二月花",贾至的"禁城春色晓苍苍",宋之问的"帐殿郁崔嵬",贺知章的"二月春风似剪刀",便可知晓康熙审美情趣之所在。

康熙的诗歌创作,以儒家诗学思想为依归。《毛诗序》云:"诗者,志之所之也,在心为志,发言为诗。情动于中而形于言",康熙则说:"诗者,心之声也,原于性而发于情,触于境而宣于言",两者在本质上是一致的。故其诗歌创作能从具体的场境、心境出发,风格多样,表达方式灵活,或通篇写景,或通篇抒怀,或先景后情,或叙事中夹以议论,不拘一格。对唐诗,他喜爱有加,称之为"渊海"、"邓林",随时诵习,但他坚持"博收约守,而不自失其性情之正"的原则。他认为只有这样做了,才是"真能善学唐人者矣。"我们读康熙的诗,也确实可以感觉到其中虽有唐诗的某些痕迹,但更多体现的是他的见闻、感触、性情,与那些"泛求优孟之形似者"是截然不同的。

(作者单位:常熟理工学院人文学院)

异乡相逢

——王韬、港督与日妓

王晋光

一 王韬歌颂港督燕桌斯

王韬(1828-1897),清道光八年生于苏州甫里(今甪直镇),"少承庭训,自九岁迄成童,毕读群经,旁涉诸史,维说无不该贯"①,可谓博通古今,文思敏捷。王韬涉嫌上书太平天国苏福省长官刘肇钧,遭清廷通缉,遂被迫南逃,于 1862 年 10 月 11 日抵达香港,滞留二十余年。其间应译经伙伴理雅各布(James Legge)之邀,于 1868 年 12 月出发至欧洲游历两年零四个月。② 光绪五年(1879),王韬获日本友人之邀,游览日本 125 天。光绪十年(1884)三月,获得清廷当权者李鸿章默许,王韬乃正式返回上海定居。

王韬《遁窟谰言》卷十《素馨》③,记日本女子素馨遭歹徒拐骗,转辗流落香港娼家。一日应客招,于途中感怀身世,啼哭不止,为巡丁发现,代禀于黄堂,遂交日本驻港领事,乃觅邮船遣送回神户。王韬论曰:

> 呜呼! 素馨绮龄堕劫,万里随人,移来阆苑之桃花,几作落藩之柳絮。幸

---

① 王韬:《弢园老民自传》,(南京:江苏人民出版社,1999 年),页 7。
② 张海林:《王韬评传》第四章,页 105-120。(南京:南京大学出版社,1993 年)
③ 王韬:《遁窟谰言》卷十《素馨》,页 249-251。(石家庄:河北人民出版社,1991 年)

得贤太守广系十万金铃,为护花使者,使之遄返故乡,不致飘零异域。想素馨归国之后,丝绣平原,金铸范蠡,而于十洲三岛间,遍颂使君德政也。后素馨卒嫁一日本文士,伉俪间甚相得云。(页249)

"十万金铃,为护花使者",其语典出自袁枚《随园诗话》卷九第五十九条:"他生愿作司香尉,十万金铃护落花。"[1]其中涉及一个与人私奔而遭捕、最后为匪所卖的女子的凄厉动人的爱情故事。素馨之命途,与袁枚笔下之宦家女子比较,实在幸运得多。王韬一方面庆幸素馨脱离困厄,另一方面却是借机歌颂香港总督(贤太守/使君)之德政。自古以来,华夷之辨明确。中外各地,由于文化差异,或因历史上曾发生纠纷,种族仇恨和种族歧视是经常发生或存在的事实。圣者如孔子,于《论语·八佾》亦云"夷狄之有君,不如诸夏之亡也。"[2]此虽就文化程度而言,批评夷狄即使有君长亦不懂推行礼义,周召共和时代即使无君主、却于礼义不废,但这样一比较,就民族平等而言,亦容易令人怀疑他带着歧视的眼光。更甚者则曰"非我族类,其心必异。"[3]何况侵我华夏、害我同胞之远方蛮夷,传统华人对之仇恨自必更深。可香港于道光二十二年(1842)"中英南京条约"割与不列颠帝国,"红须绿眼"之"番酋",自是我汉唐礼仪之邦不共戴天之仇。即使远至南洋,华人移民之地如新加坡,有"宏茂桥 Ang Mo Kiu"之名,其语源应是"红毛桥",估计乃汉族移民对西方人(红毛鬼、红番)住地之贬称。在广州与王韬认识的福建侯官(今属福州市)人林昌彝(1803-1876),因其故里之居所附近有侵华英军驻地,即号其室为"射鹰楼"(谐音射英楼),可见仇视侵略者情怀之切。

当初,香港被割让的消息传到首都,举朝为之震惊。据说道光皇帝颁旨曰:

---

① 袁枚(1716-1798):《随园诗话》页311(北京:人民文学出版社,1982年)。袁枚原文如下:余宰沭阳,有宦家女依祖母居,私其甥陈某,逃获,讯时值六月,跪烈日中,汗雨下;而肤理玉映。陈貌寝,以缝皮为业。余念燕婉之求,得此戚施,殊不可解。问女何供。女垂泪云:"一念之差,玷辱先人,自是前生宿孽。"其祖母怒甚,欲置之死。余以卓茂语,再三谕之。笞甥,而以女交还其家。搜其箧,有〈闺词〉云:"蕉心死后犹全卷,莲子生时便倒舍。"亦诗谶也。隔数月,闻被戚匪胡丰卖往山东矣。予至今惜之。尝为人题画册云:"他生愿作司香尉,十万金铃护落花。"王韬《素馨》所述,亦是一位可怜女子被人拐卖之故事,但素馨最终获救,却以团圆收场。
② 《论语·八佾》,释义参考程树德:《论语集释》(北京:中华书局,1990年)卷五〈八佾上〉,页147-148。
③ 《左传·成公四年》、《晋书·江统传》,皆曾引述此语。

　　　　览奏殊堪痛恨！朕君临天下，尺土一民，莫非国家所有。琦善擅与香港，擅准通商，胆敢乞朕恩施格外，是直代逆乞恩。……如此辜恩误国，实属丧尽天良。琦善着即革职锁拿，派副教统英隆，并着怡良拣派同知知州一员，一同押解来京，严行讯问。所有琦善家产，即行查抄入官。①

　　但在洋人武力压境下，道光皇帝后来只好不再吭声，乖乖割出香港。那么，该如何评价统治香港的英国人，到现在恐怕还是一个可争议的问题。

　　王韬生活于一百多年前，无法预见今日种种盛况，但他大肆歌颂侵略者，亦应使时人侧目。其歌颂燕使君（"燕制军"，又译轩尼诗，John Pope Hennessy），实不止于此篇。案光绪五年（1879），王韬应日本友人之邀请，往长崎、神户、京都、大阪、东京等地游览。行程所至，皆有文字记载。游毕，有《扶桑游记》②结集。其中，尝记其与港督燕臬斯同船：农历七月九日（阳历8月26日），在神户至长崎之船上，王韬见香港总督"燕制军"燕臬斯③于柁楼。后乃同船至上海。于7月15日（阳历9月1日）夜，陪"燕制军"观剧。④ 案王韬《重刻〈遁窟谰言〉书后》注明撰于光绪六年（1880）九月，云："每卷多有所附益，较诸前刻，略增二十余则，余皆悉如其旧。"⑤该书由香港中华印务总局出版，其中《素馨》一篇，明确涉及港督轩尼诗。由是推测，〈素馨〉故事之成篇，当在光绪三年（1877）年四月至六年（1880）九月之间。

　　案香港第八任总督，官方之正式译名是轩尼诗（John Pope Hennessy），1877年4月至1882年3月在任。王韬游日本，回程与轩尼诗同船，在1879年，其所撰《记香港总督燕制军东游》云：

---

① 转引自季压西（1958-）、陈伟民（1956-）《中国近代通事》"语言障碍与晚清近代化进程（一）"（北京：学苑出版社，2007年），页160。原材料出处为（清）文庆等编、齐思和等整理：《筹办夷务始末（道光朝）》第二册，页805。（北京：中华书局，1964年）。

② 《扶桑游记》最初由栗本鲍庵在日本东京报知社（便邮报知新闻社）刻印出版。其中有关日本海防、兵政、军舰、营垒处，悉被删去，王韬大为不满。见张志春：《王韬年谱》，页140。今流行版本为王韬：《扶桑游记》（长沙：湖南人民出版社，1982年）。

③ "燕制军"即轩尼诗（John Pope Hennessy），香港第八任总督，官方之正式译名是轩尼诗，1877年4月至1882年3月在任。轩尼诗是爱尔兰人，身份较特殊，是第一位容许华人在中区兴建商店及楼宇的总督，于其任内，首次容许华人伍廷芳进入立法局出任议员，又废除公开笞刑，1878年创建保良局以遏止逼良为娼之风气。他在任期间，港英政府对华人管治较前宽松。

④ 王韬：《扶桑游记》卷下，页308及310。

⑤ 王韬：《遁窟谰言》，页5。

今总督燕公枭斯,位崇于朝而誉孚于世,国中学士大夫皆仰其言论风采,得一语以为荣。屡任兼圻,所至皆有政声。其为治也,以爱民为本,其视中外之民,无畸重轻,不分畛域。莅港十有八月,而治绩卓然,民誉翕然。事简而刑清,乃以政治之暇,挈其眷属来游东国。①

英人统治香港初期,对华人颇有戒心,遂对华人设置种种限制,以高压手段统治。例如薄扶林半山以上,华人不准居住,甚至不准踏足。本人在九十年代游览太平山,曾于半山亲眼看到一块界碑。燕枭斯(轩尼诗)是第一位容许华人在中区兴建商店及楼宇的总督。这位英国统治者对华人管治较前宽松,由此而导致"1878 年10 月 7 日,英商赖星等数十人集会,决议上书英国殖民地部,要求撤销轩尼诗港督职务。"②燕枭斯总督于其任内,还首次容许华人出任立法局议员:1880 年 1 月 9 日,委任伍廷芳博士③暂代吉布出任立法局议员。王韬对之颂扬,即在此时。

二 拐卖妇女与保良局之创设

王韬此小说之第二个意义,是反映当时在轩尼诗(燕枭斯)管治下,港英当局回应民情,以相关措施遏止逼良为娼之风。1878 年底,轩尼诗同意设立"保良局",以

---

① 王韬《记香港总督燕制军东游》云燕制军因大藏大辅松方正义之邀游日本。松方正义任大藏大辅乃1875–1880 年间事。盖"松方衔命出使,自法言旋,途经港中,固与燕制军相识,燕制军待之有加礼",疑其获邀回访。见王韬:《弢园文录外编》页 243–244(上海:上海书店,2002 年)。据陈湛颐、杨咏贤:《香港日本关系年表》页 20。(香港:香港教育图书公司,2004 年),松方正义往返法国两次经港,时间在 1878 年2 月及 12 月。

② 张连兴:《香港二十八总督》(北京:朝华出版社,2007 年),"第八任轩尼诗",页 108。

③ 伍廷芳(1842–1922),近代著名外交家、法学家。原名叙,字文爵,又名伍才,号秩庸,祖籍广东新会。生于马六甲,三岁时随父回广州定居。十四岁至香港,就读圣保罗书院。1874 年赴英国留学,在伦敦学院(University College,University of London)攻读法律。两年后在林肯律师学院考获大律师资格。返港后执业律师,为香港首名华人大状。香港总督轩尼诗于 1878 年委任他为首名华人太平绅士,又于 1880 年委任为定例局(即立法局前身)首位华人非官守议员。伍廷芳积极支持轩尼诗的政策,反对歧视华人,要求废除公开笞刑及遏止贩卖女童等。后期追随孙中山。孙中山 1921 年于广州就任非常大总统,任命伍廷芳为外交部长,兼财政部部长及广东省省长。当代学者出版多部记载及评论伍廷芳生平及功过之历史书,可供有兴趣者进一步参考,如张云樵:《伍廷芳与清末政治改革》(台北:联经,1987 年)、张礼恒:《从西方到东方——伍廷芳与中国近代社会的演进》(北京:商务印书馆,2002 年)、丁贤俊喻作风:《伍廷芳评传》(北京:人民出版社,2005 年)、张富强:《近代法制改革者:伍廷芳》(广州:广东人民出版社,2008 年)。

保护被逼为娼的良家妇女。① 此事应溯源至 1872 年 9 月 24 日,香港的华籍绅商多人联名上书总督坚尼地(Arthur Edward Kennedy,1872.4–1877.3 任港督)要求当局禁止迫良为娼,港英政府乃于 1873 年 5 月 8 日颁布《保护中国妇女及取缔买良为娼条例》。至 1878 年 11 月,再有商人卢赓扬等联名上书,揭露重大拐卖妇女案件。当时骗匪"诱良家妇女到港,初诡骗为佣,继则逼勒为妓,或转贩外洋,或分售各地,童男则卖作蜑蛉,童女则鬻作娼婢。"该年年底,由东华医院绅商协助筹组"香港保良公局"以"保赤安良",至 1879 年 5 月获港英政府批准注册,成为合法慈善团体。港府协助保良局设订章程,第三条规定:

> 此局之设,特为保护妇女及幼童起见。一、为查禁拐匪及被拐之人。二、凡有男女被拐到港,或为娼婢,或贩卖出洋,公局必须设法挽救,使之各回原籍。三、凡遇此等被拐妇孺,系要待官讯断,方能发落。如未送原籍之前,公局必要收留抚养。四、若被拐之人无家可归,公局须要代择配偶,或设法以安其身,故要建造房宇一所,使无家可归之妇女幼童,得以驻止安身。所捐款项,专为筹此事件而用。②

此一节章程内容,与《素馨》内容对勘,若合符契,推测王韬此故事情节乃是借东洋女子写社会现实。据说轩尼诗初时热心襄助,答允拨地,并答应拨款四万港元资助兴建会馆,后来迫于种种压力没有兑现。③ 但自 1878 年至 1891 年,十三年间竟从拐匪手中救出数千妇孺,可见当时逼良为娼风气之严重。一百三十年后,今天的保良局仍是香港第二大慈善机构。

三　《素馨》故事与日妓南流史实之关系

素馨之遭遇,与日本女妓输出、或日妓流落东南亚之史实有关。王韬笔下所关

---

① 张连兴:《香港二十八总督》,"第八任轩尼诗",页 113。
② 张连兴:《香港二十八总督》,"第八任轩尼诗",页 114。
③ 张连兴:《香港二十八总督》,"第八任轩尼诗",页 114

注之素馨,可以作为早期东南亚日妓史人物之参照。

　　据陈碧纯《"山打根的八番娼馆"之读后心得》①所介绍,澳洲 James Warren 教授(Murdoch University)在"2001 台湾的东南亚区域研究年度研讨会"上作专题讲演②,讲述他在新加坡花半年时间做田野调查,在一个老旧的法院中,寻找堆积如山的法院判例;依据判例,他拼凑出一个日本娼妓在新加坡的生活和命运,亦牵涉新加坡华人社会的下层阶级,以及 1870 至 1940 年作为商业中心及转口港的新加坡的城市发展。他先前已完成了 *Ah Ku and Karayuki-San* (1993)(《阿驹与唐行小姐》)一书,书中描述新加坡"社会底层的历史",借着新加坡的特殊的港口文化,说明来自中国南方贫困的苦力及妓女,以及大量来自日本九州穷乡的妓女,他们在新加坡所形成的社会底层的特殊文化,由此检视了孕育娼妓行业的社会条件,娼妓为适应亚洲及殖民地新加坡在发展中所发生的巨变而采取的谋生方式。③

　　陈碧纯同时亦指出,日本女作家兼女性主义史研究者山崎朋子④,为了研究"Karayuki-San"的世界,只身往长崎天草,与一位过去在婆罗洲山打根当娼妓的老妇人同住三个多星期。老妇人向她细述过往历史。山崎朋子详实记录她的听闻,并且写下了《サンダカンの八番娼館-底辺女性史序章》(山打根的八号娼馆)

---

① 《亚太研究论坛》第二十八期,页 309–315,2005.06。

② Warren, James Francis. 2001. *Singapore's Avant-Garde Theatre: New Ways of Viewing the History of Japanese Women in Southeast Asia: A Video Performance of Broken Birds.* (《折翼之鸟:由新加坡影艺尖兵看东南亚的日籍娼妓》)发表于"2001 年台湾的东南亚区域研究年度研讨会",国立暨南国际大学主办,2001 年 5 月 3–4 日。尚有 Warren, James Francis. 1993. *Ah Ku and Karayuki-san: Prostitution in Singapore, 1870–1940.* Singapore: Oxford University Press.

③ 以上材料均转引自陈碧纯的文章。《亚太研究论坛》第二十八期,2005.06,页 309。

④ 以下据陈碧纯介绍:山崎朋子女士是日本著名的女性史研究家、写实文学作家。1932 年出生,福井大学学艺部肄业。曾任小学老师,并与一位在日韩国民族运动青年结婚。而后,与一位儿童文学作家结婚后,从自身的生活出发开始思考女性问题,1960 年代中期创立"亚洲女性交流史研究会",致力于同亚洲各国关系密切的日本底层女性史研究。三十余年来,她始终站在广大底层妇女一边,对日本近代史上曾经出现的"karayuki-san"、"大陆新娘"(嫁到中国满洲的日本女人)和"日鲜结婚"(日韩通婚)等历史问题,进行了广泛而深入的调查研究,透过大量无可反驳的事实资料,深刻地揭露和批判了近百年来日本帝国主义对亚洲的侵略行为,以及在此过程中将日本国内广大底层妇女作为肉体资本加以利用的卑鄙行径,呼吁同样曾沦为日本侵略亚洲政策牺牲品的日本底层妇女和亚洲妇女联合起来,为世界和平和妇女自身的解放而奋斗。至今,著作除了《サンダカン八番娼館》外,尚有《サンダカンの墓》(1977),山崎女士还陆续出版了以满洲开拓民和大陆新娘为题材的《引き裂かれた人生》(被撕裂的人生)(1987)等写实文学作品和《愛と鮮血—アジア女性交流史》(爱与鲜血:亚洲女性交流史)(1985)、《アジアの女 アジアの声》(亚洲的女性 亚洲的声音)(1985)等有关底层女性史和妇女解放的论述及随笔集多部。陈碧纯,原注 2 之注文,页 310。

（1972）一书。

山崎朋子《サンダカンの八番娼馆—底边女性史序章》于1972出版后,至1974年,在日本拍成电影"望乡"（田中绢代、栗原小卷演出）。时代背景为明治四十年（1907）,讲日本妇女被卖往山打根当妓女的悲惨故事。结合王韬所写《素馨》与山崎朋子原著之"望乡"故事内容思考,从1879年计起,至1907年,近三十年间,日本妇女被拐骗南流之事件一直持续不断,情况亦可谓严重。而王韬之小说题材,比起山崎朋子的《山打根的八号娼馆》,早了近百年（1879–1972）。仿文学母题而言,王韬有始发先声之义。

四　小说《素馨》之历史意义

日本妇女被人骗至香港以至南洋一带卖淫,甚至终老异国之史实,有兴趣研究之学者并不多。近三十年来,关注者亦以历史学或社会学之研究为多①。王韬小说《素馨》,以日本妇女被拐卖至香港获救并遣送回日本为题材,相信是此类题材文学作品之第一篇。

王韬故事所写的内容,牵涉慈善机关"保良局"保赤安良之成立背景。文学作品涉及治安、福利诸问题,其中脉络,还牵涉港日交流、香港社会风气及港英统治手段等等细节。这些情况,若史料仍存世上,实可继续深入细致研究。

王韬笔下人物素馨之遭遇,表面上是文学素材,因整个过程脉络清楚,我估计取材于真人真事改写,可以作为日妓输送东南亚史实研究之参照。

有趣的是,无论王韬、港督或素馨,三个都是异乡人。他们能够在香港相见,也许是一种缘份。

（作者单位：香港中文大学中文系）

---

① 据陈碧纯自己介绍,她是台湾"国立暨南国际大学东南亚研究所硕士、亚太研究计划九十一年度硕士论文奖助得奖人"；Prof James Warren 是澳洲 Murdoch University 教授,山崎朋子是女性史研究家,实质上应该是女权研究学者。

文化表象的规范信息阐释

——中国传统社会价值取向论析

沈利华

　　文化是人类创造的一个复杂的整体,深层的文化内核,总要借助于一定的感性形式表现出来。那些用以表现文化内核的各种各样的感性形式,我们统称为文化表象。国民的价值取向是民族文化心理中最深层的内核,对它进行描述归纳,很难做到精确科学地判明就是什么。但是我们可以在传统社会生活的外化物中搜寻出某些线索,从而加以近似地界定,虽不中亦不远矣。

　　传统社会生活中最常见的五种乡土神祇,恰好可以作为国民价值取向的五种表征。这五种神祇为:"福"、"禄"、"寿"、"土"、"灶"。其中,福、禄、寿是著名的三星;土为土地爷、土地奶奶,灶则为灶王爷、灶王奶奶,两者皆为配偶神。这五神在民间信仰风俗中地位十分特殊,虽然名列神仙谱系,但在民俗运作中很少具有宗教意味。老百姓有事情一般不去祈祷这五神,日常生活中又与它们须臾不可离。诸种文化表象并没有对国民发号施令,但却通过潜移默化的特殊机制深刻地影响规范着他们的情感状态和思想行为。即便在现代工业和商业风暴中进入了高度流动和完全生疏的社会,其影响仍然根深蒂固。这种特殊机制的有效运作,与文化表象中所潜藏的规范信息密切相关。

一

　　"福"是民间最常见的符号。所谓"福"就是生活幸福,俗话说的"福运"、"福气。《韩非子》中讲"全寿富贵之为福"。《尚书·洪范》载"五福"为"一曰寿,二曰富,三曰康宁,四曰攸好德,五曰考终命。"攸好德"意为所好者德,"考终命"是指善终、不横夭。后世"五福"又指福、禄、寿、喜、财。可以说"福"无所不包,举凡吉祥如意、福善喜庆、事事顺遂皆可以福为表征。

正因为"福"比较笼统抽象,因此在民间信仰中将其落实到"福星"加以崇拜。相传福星本为木星,古称木星为岁星,谓其所在有福,因此奉为福星。后世又将福星附会于人事。《三教源流搜神大全》载:"福神者,本道州刺史杨公,讳成字。昔汉武爱道州矮民,以为官奴玩戏。其道州民生男,选拣侏儒好者,每岁不下贡数百人,使公孙父母与子生别。有刺史杨公守郡,以表奏闻天子云:'臣按五典,本土只有矮民,无矮奴也。'武帝感悟省之。自后更不复取。其郡人立祠绘像供应,以为本州福神也。后天下士庶黎民皆绘像敬之,以为福禄神也。"杨成因不忍贫民骨肉分离,上奏皇帝,皇帝遂停侏儒之贡。当地人感其恩德,立祠祀之,奉为福神。然而在民间流传最广的福神则是天官。据《三教源流搜神大全》载,从前有个叫陈子祷的人,温文尔雅,俊美绝伦,与龙王的三公主一见钟情,结为夫妇。后来分别在正月十五日、七月十五日和十月十五日,生了天官、地官、水官三兄弟。三官中以天官为尊,为道教的紫徽帝君,职掌赐福,因此民间奉为福星,与禄星、寿星并列。吉祥图案有"天官赐福",绘天官手持展开的"天官赐福"或"受天福禄"的一轴诰命,赐福万姓。

国民奉"福星"为吉祥之神,旧时各地的"三官庙"香火旺盛,人们虔诚敬祀,希望得到福神庇佑,福星高照。日常生活中也形成了种种求福的礼俗,如民间戏班子开场必演"天官赐福"戏。女子行礼要屈膝弯腰,双手按住右腹,口称"万福"。亲友分别要恭手相送,祝其"一路福星"。造房上梁要挂一块红布,上写"紫徽高照"字样。逢年过节,家家户户在大门、房门上贴起四角方方写有"福"字的红纸,有的还故意将"福"倒贴,意为"福到门庭"等等。

民间祈福的理念有两重含义:一是机遇运气,即俗所谓"福运"、"时来福凑"。中国封建经济是生产力水平极其低下的小农经济,岁美则穰,岁凶则恶,"靠天吃饭"这种想法就自然形成,此其一;其二,中国封建政治是一种高度发达的专制政治,在这种政治体制下,贫富带有明显的偶然性。勤勤恳恳地从事农耕或工商,却很难成为富人,相反各种机遇如政治提拔、商业垄断、科举道路、裙带关系等,却能让人腰缠万贯,权倾一时。而机遇并不具规律性,人们觉得有一种客观存在的玄妙而虚幻的力量在左右这一切,这就是天命①。几千年来,中国人赖以生存和发展基本上就是"靠天吃饭"借助天力维系的小农业经济和"皇权天授"借助天威维系的封建专制政治。在弘扬天力、天威社会氛围下,不要说平民百姓下里巴人就连帝王将相达官贵人也显得微不足道,个人的力量十分渺小,只有敬天事神,顺从天意,等待天定命运的安排,才能维系个人及家族的生存和发展。有福就意味着运气好,所谓"奉天承运",方能诸事顺达。民间流传甚广的"福将"(程咬金、牛皋之辈)就是总也死不了,历经劫难还能凭侥幸获胜之人。"福"的第二层含义是和合,即和谐团圆。旧时将天庭饱满、地角方圆、体态肥硕之人称为有"福相";家庭和美、子孙贤孝之家称为有"福气"。富贵积善之家自称为"福门"、"福地"。民间流行的"福神"也是圆头大耳,怀抱婴儿呈"团圆"之相。吴越等地,旧时有年终祝福之俗,清范祖述《杭俗遗风》载:"岁终,家家必祀年神,俗谓之烧年纸。送神而后,合家团聚饮食,名曰散福。"散福即祝福,福乃一家和美、团圆喜气的象征。

二

禄星为职掌文运禄位的星神。在封建社会,统治者通过科举制度,以高官厚禄笼络天下读书人。禄位引人如饵钓鱼,世称"禄饵"。十年寒窗,读书做官,光宗耀祖,这是士子的唯一出路,因此形成了民间对禄星的崇拜。"禄"实际表征着国民对权力富贵的追逐。中国人是从来不避讳求财逐富的。所谓"人为财死,鸟为食亡",说明财富在人们心目中占有何等重要的地位。即使是儒家圣人孔夫子也曾说过,财富如果能凭自己的努力获得,那么即使为人赶马车他也愿意干。在民间,关于摇钱树、聚宝盆的传说满足了国人求取财富的愿望,因此百姓是宁可信其有不愿信其无,以致图绘其形,或张贴于门户,或陈列于中堂,以祈好运临门、发家致富。

财神是最受国人欢迎的神祇之一。旧时,敬祀财神为新年要务,家家户户烧香挂像,求取大吉大利。传统的财神像有二类:一为复合型,中为关公,左右两侧为文武财神,前为财富堆积如山的聚宝盆。俗传关公曾为兵马站驿长,长于数算,设簿

---

① 参见欧阳卫民《儒家文化对中国经济的负面影响》,《教育艺术》1997 年第 3 期。

记法,并发明日清簿,又因他守信重义,故为商家崇祀,奉为守护神,进而成为招财进宝的财神爷。另一为单一型的武财神。俗传武财神赵公明头戴铁冠,手执铁鞭,面黑色而胡须,身跨黑虎,驱雷役电,唤雨呼风。赵公明神能颇广,"降瘟剪疟,保命禳灾,至如公诉冤抑,买卖求财,可对神祷,无不如意"①,因此民间奉为武财神。又属领四名部下:"招宝天尊萧升"、"纳珍天尊曹宝"、"招财使者陈九公"、"利市仙官姚少司",合称"五路财神"。旧时,每届春节,全国各地均敬祀财神,祭法虽有所不同,但其虔敬之心却如出一辙。北方地区,除夕供财神像,烧香上贡品,正月初二晨祭化。祭祀时,边行礼祷告边诵:"香红灯明,尊神驾临,体察苦难,赐福百姓,穷魔远离,财运亨通,日积月累,金满门庭"或"招财童子至,利市仙官来,穷神永离去,富贵花常开"等吉语。南方地区敬祀财神则重接神仪式。俗传正月初五是五路财神的生日,为抢先接到财神,商家多于初四晚举行迎神仪式。清顾铁卿《清嘉录》中有"竹枝词"记苏州人迎财神的情形:"五日财源五日示,一年心愿一时酬。提防别处迎神早,隔夜匆匆抢路头。"所谓"抢路头"即抢接路头财神,一个"抢"字生动形象地反映出人们迎神纳福、发财致富的急迫心情。其实,所谓"五福"多与财有关,有财是福,得财为喜,财禄一体,求财纳福至今仍为人们根深蒂固的思想观念。

　　敬祀财神只是国人求取富贵的一厢情愿,获取功名才是求富逐贵的正途。"十年寒窗无人问,一朝成名天下闻",读书中举,升官发财,荣宗耀祖,是士人一生最大的愿望,幸福的源泉,奋发的动力,因此形成了民间对禄星的崇拜。禄星亦称"文昌"、"文曲星",本为文昌宫六星,传说为主文运兴衰的星宿,进而演化为职掌文运禄位的司禄神。明清之时,禄星又演变为魁星,其形象为鬼立于鳌头之上,举足起斗,反顾以笔点之,称为"魁星点斗,独占鳌头",为科举中试的吉兆,各地读书人临考之前都要拜祭。在科第颇盛的江浙地区,一些偏僻的山乡也都设有义塾,甚至建有魁星阁。据外国学者研究,明清两代,科举出身的人有一种趋向,世家子弟减少,贫寒书生增多②。"白衣致卿相"对于一个个出身贫寒的读书人来说,并非全是梦幻,改变身份跳龙门,自有层出榜样在。旧时以功名禄位为题材的吉祥图案如"马上封侯"、"平升三级"、"加官进爵"、"荣华富贵"等十分风行,广泛见文具、什器、家

---

① 引自《三教源流搜神大全》。
② 参见张鸣《乡土心路八十年》,第38页,上海三联书店1997年。

具、建筑之上,非常直率地表达了人们求取功名富贵的愿望。

财富和功名作为中国文化中两个很有影响的价值观念从来就是不可分的。儒家文化虽然提倡重义轻利,"不义而富且贵,于我如浮云"。但秉承儒家文化传统的士大夫或读书人却从来都是义利兼得。儒家学说从根本上来说是入世的,它从来就不是纯粹的道德教条,而是实践性、经验性都很强的治国方略,一切以维护封建政治秩序为终极目标。儒学告诫国人,"学也禄在其中矣,耕也馁在其中矣",在这种观念的刺激和激励下,数千年来具有一流头脑的中国人都走上了读书、做官、食禄这条路。受儒家文化影响,政治世俗化、生活政治化的趋向愈甚,政治权力对社会各个层面的渗透、笼罩、控制也愈加严密,拥有政治权力的官僚不仅享受厚禄,实际上也拥有贪污、受贿的种种便利条件。这也是中国历史上富贵合一、不可分割的根本原因。权势地位与金钱财富往往是共生的,富则贵,贵则富。"自古衙门朝南开,有理无钱莫进来",社会中上上下下都把贪污腐败、索贿行贿当作顺理成章之事,形成我国特有的"腐败民俗学"。"它容易使人民认为掌握权力的每一个人都可以为了自己的利益,他家庭的利益或他觉得应忠于社会集团的利益来利用权力。"①功名可以致富,富又可以成就功名,二者共同把"富贵"刻写上中国人及中国文化的灵魂之上,成为集体无意识,渗透在人们的观念、行为、习俗、信仰、思维方式及情感状态中,自觉不自觉地成为他们生活的基本准则。

三

寿星初为星名,《尔雅·释天》:"寿星,角亢也。"郭璞注云:"数起角亢,列宿之长,故曰寿。"可知寿星最初为二十八宿中的角、亢二星,后又演化为南极老人星。《史记·封禅书》索引称:"寿星,盖南极老人星也,见则天下理安,故祀之以祈福寿也。"南极老人星就是后世奉祀的寿星,戏曲小说中又附会为神仙名,称为南极仙翁。民间传说中也将彭祖、老子、东方朔等奉为寿星。旧时画像中寿星多为白发长眉的老翁,手持龙头拐杖,头部长而隆起,俗称"寿星头"。

---

① 〔瑞典〕冈纳·缪尔达尔《亚洲的戏剧:对一些国家贫困问题的研究》,第144页,北京经济学院出版社1992年。

　　"寿"星崇拜具有生命崇拜的意义。寿所代表的生命崇拜有两层含义。一是个体生命的延续，即个人的长寿，直至成仙。中国传统吉祥观念以"寿"字最为发达，《尚书·洪范》首倡"五福"之说，其中"康宁"、"考终命"可以说是寿的同义反复，"富"是指粮食充足、生活无忧，"攸好德"意为所好者德，能达成人事的和谐，此两者实际上也是长寿的必要条件。后世"五福"之中，寿亦居首位，所谓"五福之中寿为先"。传统吉祥图案有"五福捧寿"，绘五只蝙蝠围绕寿字的纹图，寿占中心。民间也有"人在一切在"、"留得青山在，不怕没柴烧"、"好死不如赖活着"的俗谚。与西方基督教徒、天主教徒不同，中国人抱持的是一种现世的人生观，无论封建帝王还是芸芸众生，长寿都是一个永恒的主题，人生的一切享受都建筑在生命的基础上。他们不寻求超脱而执着于现世，不懈地追求个体生命的长久、恒寿。

　　中国人对自己身体和生命的执著与关注，表现在哲学上便是"养"。中国人是不怎么相信灵魂不朽和精神长存的。孔子说，"未知生，焉知死，未能事人，焉能事鬼"，不主张去研究思考死和死后之事。"灵魂转世"和"投胎"的说法是后来受佛教的影响才产生的，但并不深入人心。在这方面中国人受道教的影响远甚于佛教。道家的养身、全生及道教的肉体成仙直指个体生命，非常重视身体之养，将长生不老作为身体的终极目标。追求个人肉体生命的自然小宇宙融入天地自然大宇宙，从而达到自然涵摄人生、人类化入自然的天人合一的"道"的境界。普通民众注重身体之养则主要体现在饮食上。"凡饮，养气也"，"凡食，养阴气也"[①]。中国人以饮食的方式把自己所能攫取的财富彻底地消耗掉了。中国饮食中的工具之一筷子，以前上面常刻有"人生一乐"，把维护生命的物质行为当成了人生的极大快乐与享受，而这种快乐与享受，除了单纯的功利即生理满足外，更多的是一种精神上的满足，即源于人生充实、口腹之欲的满足及由此而来的心情愉悦。

　　生命崇拜的第二层含义是血脉的传续，即通过"子子孙孙无穷尽焉"的生命传衍，使自己获得永生的意义，从而光大生命的价值。多子多福的观念与祈求长寿也是分不开的。中国传统的小农经济需要足够的劳动力，尤其是男劳力。同时，这种观念更深植于传统的家族观和人生观。中国传统社会是一个以父系制血缘家族为本位的社会，父系血统的延续至关重要。个人的一切都与家庭、家族不可分割，个

---

① 　引自《礼记·郊特牲》。

体的生命既不可能长久、恒寿,个人愿望的实现也不能仅求之于一己之身。"不孝有三,无后为大",绝"香火"是最不能原谅的罪孽,"断子绝孙"也为最恶毒的咒语,"满门抄斩"更是封建社会最严酷的刑罚。中国传统婚姻的本质就是传宗接代、永继香火。因此在中国人的心目中,家业的发达从属于家族的兴旺。一个人奋斗一生积聚万贯家财却后继无人,对自己来说,悲莫大焉;对世人而言,怜莫深焉。人生成功幸福更多地表现为人丁兴旺、子孙有为、光宗耀祖。守住一块土地,世代相传,四世同堂是传统家庭理想的模式,也为国人最重要的精神归宿。传统吉祥文化中十分常见的长青之松柏、延年之龟鹤、恒久之奇石、不老之仙人都为表意"益寿延年"的吉祥物。同样,瓜果葫芦藤蔓绵长、子实累累;模拟绳线编结而成的吉祥符"盘长",盘绕不绝、无头无尾;不断头万字纹样绵延不绝、无休无止等,也多为子孙繁盛、家族兴旺的象征。

四

对土地的崇拜一直可以追溯到上古时代。把大地作为神秘的超自然力量加以崇拜,曾是人类原始信仰的普遍形式。进入农业社会以后,对土地的信仰又与农业生产的丰歉联系起来,土地神往往和五谷神合在一起奉祀。在我国古代,土地神称为"社",五谷神叫作"稷",土地谷物是人类的衣食生存之本,所以"社稷"作为土地谷物神,进而具有了国家保护神的地位。

商周以来,社稷之祭一直是一种普遍而隆重的礼俗,有时是社、稷合祀,有时则是单祀;单祀则以社为主,而奉祀社神的日子即为"社日"。古代以立春后第五个戊日为"春社",立秋后第五个戊日为"秋社"。春社祈神,秋社谢神,所谓"春祈秋报"。这个"神"就是社神,也称"田祖"。《风俗通义·祀典》曰:"社者,土地之主。土地广博,不可遍敬,故封土以为社而祀之,报功也。"《诗经·小雅·甫田》有"琴瑟击鼓,以御田祖,以祈甘雨,以介我稷黍,以谷我士女"句,即以娱乐的方式祭奉土地神,以祈风调雨顺、五谷丰登。

后世的土地神逐渐人格化,并且形成了一对配偶神,叫社公、社母,俗称田公、田婆或土地爷、土地奶奶。清赵懿《名山县志》卷九引《觉轩杂录》云:"土地,乡神也,村巷处处奉之,或石室或木房。有不塑像者,以木板长尺许,宽二寸,题其主曰某土地;(塑)像者其须发皓然,曰土地公,妆髻者曰土地婆,祀之纸烛肴酒或雄鸡一。俗言土地灵则虎豹不入境,又言乡村之老而公直者死为之。""土"的具象是村村都有的土地爷爷和土地奶奶,属于乡村的枝末小神,与乡民也最为熟稔亲切,士大夫则常在笔记里拿他们开心。明清时期,到了二月二日,俗所谓土地神的生日,人们都要到土地庙中去祭拜一番,并有赛会及各种游艺活动,娱神更以娱人。清袁景澜《吴郡岁华纪胜》记苏州此俗曰:

> 二月二日为土神诞日。城中庙宇,各有专祠,牲乐以酬。乡村土谷神祠,农民亦家具壶浆以祝,神厘俗称田公、田婆,古称社公、社母。社公不食宿水,故社日必有雨,曰社公雨。醵钱作会,曰社钱。叠鼓祈年,曰社鼓。饮酒治聋,曰社酒。以肉杂调和饭,曰社饭。……农事将兴,特祀社以祈农祥。

土地神象征着国民对乡土的执着与依恋。俗语云"万物土中生"、"地是刮金板"、"细米白面,土中提炼",土地是人们意念中财富的来源、生活的保障与生命的依托。"黄土生金",国民特别是农民把土地看得比黄金还要重,往往上升到生命价值的高度,在更多的情况下,农民宁愿卖儿卖女,也不愿出卖土地,失去土地就意味着失去一切。纵观历史上历次农民起义,往往是以"人人有其田"为口号,从而具有非凡的号召力。农民对土地的执着一方面是出于情感,他们生于斯,长于斯,老死于斯,乡土意味着祖祖辈辈生活的一切,对生活的信念只有在乡土的烘托下才油然而生。另一方面,守土重迁也是农耕文明的产物。农业生产的丰歉,收成的好坏,与人们对土地的情感和投入密切相关。"一分耕耘,一分收获"、"人不亏地皮,地不亏肚皮",有关农田的基本建设不是一蹴而就的,开垦荒地、改良土壤、培育良种、兴修水利都需要花费很长时间,甚至是几代人的努力。这就意味着,人们要选定一片土地,固定在那里,农耕定居才有家族体制的完整和延续。"父母在,不远游",即便游了,也有"乡土之链"紧紧相连,时时生发出"游子悲乡"的伤感情怀和"落叶归根"的回迁冲动,显示出祖居地的强大磁吸作用,诸多心态与行为都指向家园——这个农耕文明所特有的价值重心[1]。

---

[1]　参见韩少功《人情超级大国》,《读书》2001 年第 12 期。

相比较而言,"马背上的民族"就难有家园,逐水草而居,趋时令而迁,习惯于浪迹天涯。而对于一个不用长途迁徙四处漂泊的民族,世界是相对狭小的,三分土地一头牛,老婆孩子热炕头,足以让人感到自慰幸福和满足。人们长期居住在一个地方,对这一方山水草木也产生了深厚的感情。"穷家难舍,热土难离",益发增强了人们对乡土的执著、桑梓的依恋。

五

国人恋家情结最形象的表征就是"灶神"。在中国民间诸神中,灶神的资格是很老的,周天子的"五祀"中就有"灶",当时平民百姓,也允许立一祀,"或立户,或立灶"。远在周代,灶神已经是人们所尊奉的一位大神了。虽然灶神的信仰早就产生,但灶神是谁却有许多不同的说法。较早的文献记载中提到的灶神是炎帝和祝融。《礼记·月令》载:"孟夏之月,其帝炎帝,其神祝融,其祀灶,祭先师。"把炎帝、祝融说成是祭灶的主神;《淮南子·氾论训》亦载:"炎帝作火,死为灶(神)。"其实,在中国远古的神话传说中,炎帝和祝融首先是火神,祭灶源于对火的原始自然崇拜是无疑的。

后世的记载复合了各种传说便渐渐淹没了这一祭祀原始的意义。如汉应劭《风俗通》中认为灶神是一位"老妪"。《庄子·达生》篇中说"灶有髻"。司马彪注云:"髻音结,灶神名,着赤衣,状如美女。"于是传说灶神又为女性。在道教的神谱中,灶神也是一位女神,她的尊号是"九天东厨司命九天元皇灶君感应天尊",又叫"南天护福星君利济真卿东厨司命万化天尊"。此外,民间对于灶神是谁,还有许多不同的说法:或说叫宋无忌,或说叫苏吉利,最为流行的是张单之说。唐段成式《酉阳杂俎》载:"灶神名隗,状如美女,又姓张,名单,字子郭,夫人字卿忌。有六女皆名察洽,常以月晦日上天,白人罪状。"

最初灶神职责只是职掌灶火、管理饮食,但在传承过程中,灶神信仰不断添进迷信的色彩,其权力范围也逐渐扩大,到后来其职责除灶火之外,主要是考察人间的所作所为,上告天帝。这时的灶神已经是天帝派驻人间的全权监督代表,即《敬灶全书》所谓"受一家香火,保一家康泰,察一家善恶,奏一家功过"。灶王爷成为受"天宫"之命,监视每家每户言谈举止,司察人间是非善恶的"一家之主",与百姓朝夕相处的"驻家特务神"。关于灶神的神能,张奎的《经说》说得最为详细:"此老母是火种之母,能上通天界,下统五行,达于神明,观乎二气;在天则天帝,在人间为司命,又为北斗之七元使者,又为五帝灶君,管人住宅,十二时辰,善知人间之事,每月朔旦,记人间造诸善恶及其功德,录其轻重,夜半奏上天曹,定其簿书,悉是此母也。"这里的灶神竟是一位不知姓名却神通广大的老太太,但民间灶神信仰的基础由此得到确定,有关灶神作为监督人家是非善恶监护神的地位也已确立。

灶神的奉祭在我国民间最为持久和广泛。旧时,差不多家家灶间都供有"灶王爷"的神位,人们称这尊神为"灶君"、"灶王菩萨"或"东厨司命"、"家主司命"、"护宅天尊"、"定福神君"等,视为掌管一家祸福的家神。相传,每年腊月二十三或二十四,灶神要回天宫,向玉帝述职,面奏所管之户的一切事项,天帝凭其所奏,以降祸福于其家。百姓日常生活中免不了家长里短、磕磕碰碰,人们担心灶神年底上天向天帝打小报告,于是就跟灶神套近乎,巴结贿赂灶神,俗称"媚灶"。宋范成大《祭灶词》描写民间祭灶情形十分生动有趣:

古传腊月二十四,灶君朝天欲言事。云车风马小流连,家有杯盘丰典祀。猪头烂熟双鱼鲜,豆沙甘松粉饵圆。男儿酌献女儿避,酹酒烧钱灶君喜。婢子斗争君莫闻,猫犬触秽君莫嗔,送君醉饱登天门。杓长杓短勿复云,乞取利市归来分。

请灶君吃吃喝喝,让他醉饱上天,不要议论人间短长,回来时最好能带点利钱来分。祭灶不仅是为了免灾,更重要的是为了祈福。民间祭灶又称"送灶",为使他向玉帝"白一岁事"时说好话,不说坏话,人们多供奉果糖和各类食物。明代刘侗的《帝京景物略》载曰:"十二月二十四日,以糖剂饼、黍糕、枣、栗、胡桃、沙豆奉灶君。以槽草秣灶君马,祝曰:好多说,不好少说。"不仅要向灶君供奉各类食物,还要以草秣其马,以求他"上天言好事,下界保平安"。

民以食为天,灶是烹饪食物的专门场所,如《释名》所说:"灶,造也,创食物也。"生冷的食料要变成香浓的食品,离不开灶火的煎煮熏烤。我国很早就发明了炊事灶具,古史中"黄帝作釜甑"的传说在考古上也得到证实,乡村沿用至今的炊灶形制在汉代即已定型①。事实上，国民对锅灶的看重是无以伦比的。南方农村，新屋落成，升灶仪式须由族中尊长主持，第一把火要由家长点燃。国人下的最大决断就是"砸锅卖铁"，意同于"破釜沉舟"。旧时索债最忌拔人锅灶，而两家械斗，最解气的就是平了人家的炉灶。咒人"倒灶"是一种毒咒，不能轻易施用。"灶"作为家的象征，上关民以为天的"食"，下处家之核心，地位之隆，非他物可比。因此灶神也从居家火神逐渐成为家崇拜的化身。近代灶君纸马上往往还配有福神、财神、喜神、贵神之像，国民通过对灶神的信仰，将福、禄、寿、土诸项价值取向，全都凝结在"家"里，"家"亦成为国民价值观的最后归宿。家庭及家族的繁衍与繁荣，是中国人最为基本最为持久的生活欲望，是许多人魂牵梦绕、念念不忘的生存目的。"这种浓厚的家族意识经世代相传且不断演化而成为民族性格的一部分，构成了国民精神内核的一个方面，成为一种介于有意识信念与无意识本能之间的东西，即沉淀为一种'集体无意识'的东西。"②

文化有其复杂的构成，而其核心就是价值体系。福、禄、寿、土、灶这些文化表象及其隐含的信息是中国传统社会中居主导地位的价值取向，不仅表现为在社会组织及国民心理、生理结构中有强大的生命力和影响力，而且业已积淀为人们普遍的心理、生理因素并时刻规范支配着人们的思想行为。正是因为共同价值体系的建立，才使人们对本民族文化的内在精神有深切的领悟和认同。而如果价值体系出现某种缺损和紊乱，必将导致社会目标体系的模糊和混乱，从而出现社会行为主体的隔阂、抵触甚至冲突。因此，我们应在分析和总结传统社会价值取向的基础上，建立一种既符合我国传统，又顺应时代潮流的现代意义的价值体系，谋求文化深层价值取向和基本精神的相对统一，这正是目前我国文化界的当务之急。本文的写作亦希望有助于这一目标的实现。

（作者单位：中共江苏省委党校、江苏省行政学院）

---

① 参见萧放《醉司命》,《文史知识》2001 年第 2 期。
② 单少杰《中国民风:家族意识的古今变奏》,《中国青年研究》1996 年第 4 期。

"知人论世""以意逆志"考论

吕华明

我国古典文学作品评论,传统的方法有两种:知人论世和以意逆志。在作品评论中我们通常强调知人论世,而在实际评论中我们所使用的方法又多为以意逆志。实际上古典文学作品评论的学术规范应该是知人论世基础上的以意逆志,应该是回归基础上的拓展。这种回归与拓展主要表现为主体研究与客体研究两个方面。主体研究是指对作者本人与他创作作品本义的研究。研究方法为知人论世,具体运作为文献和材料介绍与发掘,对作者行踪、交游和创作思想的考探。客体研究是从读者角度的探讨,研究方法为以意逆志;具体运作为结合现实进行评述,让读者在现实生活的基础上与作者产生跨越历史的共鸣。

知人论世最早见于《孟子·万章下》。孟子说:"颂其诗、读其书,不知其人,可乎?是以论其世也,是尚友也。"知人论世的定格应该是清人章学诚。章学诚在《文史通义·文德》中说:"不知古人之世,不可妄论古人之辞也。知其世也,不知古人之身处,亦不可以遽论其文也。"章学诚把知人论世分成两个部分:了解作者所处的时代背景;了解作者的个人际遇。实际上知人论世就是对作品本体的客观研究。它包含作者和作品两个方面的研究。

知人就是作者研究。作者研究包括作者生平、交游和整体思想与局部思想的研究。思想内容是我们作品评论的一个重要环节。事实上,作品的思想内容是建立在作者自身思想的基础上的,而作者的思想又是他生平、交游以及局部思想的反映。作者研究是知人论世的基础。作者的生平、交游是作者研究的重要环节。我们现在关于作者生平、交游的研究往往局限于参考资料。这是不对的。在研究中,有的学者由于历史条件的限制和材料的局限,其研究往往难免偏颇和歧误。因此,在古典文学作品中对于作者的研究应该从祖本材料入手。

据唐·张固《幽闲鼓吹》载:白居易初入长安向顾况献诗,在没看诗之前,顾况问白居易的名字,白居易说叫白居易,顾况开玩笑说:“长安米贵,居之不易。”当他看了白居易诗之后正色言道:“有诗如此,居之亦易。”如果我们不知道白居易当时的行踪在长安,目的是求仕,那么,我们就无法掌握他早年的儒家思想,也就无法了解他作品所表达的入仕的思想内涵。

白居易在长安的故实是众所周知的。然而,在我们的实际评论中往往会遇到一些前人考证的歧误。譬如,李白《黄鹤楼送孟浩然之广陵》,前人当时多认为此诗作于开元十六年,而实际上这首诗应该是作于开元十五年的。

刘文刚先生《孟浩然年谱》开元十五年丁卯三十九岁:“附考:世人多以两唐书孟浩然本传‘年四十,来(乃)游京师’,推定浩然开元十六年入京。如此推算,似误。两唐书言四十岁游京师,即四十岁在长安之意,并非说四十岁才动身往长安。如浩然开元十六年冬入京,其四十岁便未在长安,与本传之意不合。以孟浩然生平核之,浩然亦应在开元十五年而非开元十六年入京。孟浩然有《赴京途中遇雪》诗,初春在长安作《长安早春》诗(此诗《文苑英华》作张子容诗),看来孟浩然是冬天赴京,春天已经在长安了。”我认为刘文刚先生关于孟浩然开元十五年冬赴京,开元十六年春已经在长安的附考,是非常正确的。徐松《登科记考序》云:“李唐承隋,法制大备。冬集之例,旁课律、书;春关以来,兼试宏拔。”《登科记考凡例》云:“唐主司自改制后,以礼部侍郎任者曰知贡举,他官任者曰权知贡举,皆于上年之秋冬简任,次年正月入闱。”开元十六年孟浩然四十岁,开元十六年的科考没有什么特殊变动。科考时间为:正月科考,二月放榜。也就是说,孟浩然开元十五年冬赴京应开元十六年初之考科,开元十六年春,孟浩然在长安。李白《送孟浩然之广陵》不可能作于开元十六年冬以后。那么,我们为什么会认为它作于开元十五年呢? 这就要从李白的行踪和交游来查考了。

李白《黄鹤楼送孟浩然之广陵》诗云:“故人西辞黄鹤楼,”诗称故人,也就是说他们初识于开元十五年之前。

开元十二年秋李白出蜀,届时他二十二岁左右(从唐人李白生于神龙元年说)。出蜀后寓家江陵他父亲设置的第一个生意庄口。开元十二年秋至开元十四年春,他商游于夔州、江陵一带,并结束了他们李家在这一带的生意。开元十四年春离开江陵,前往他们李家生意的第二个庄口,湖北安陆。他寓家安陆北寿山,开始了他以安陆为中心,商游于襄樊、巴陵一带的生涯。

这期间他北游到汝州探望众从弟,途经襄阳结识了孟浩然。孟浩然在年龄上和诗名上都是李白的长辈,李白对他敬仰有加。初识时他还作了《春日归山寄孟浩然》赠寄。因其与孟浩然初识在开元十五年前,故其《黄鹤楼送孟浩然之广陵》诗云:"故人西辞黄鹤楼"。在诗中,李白称孟浩然为故人。

我们从孟浩然和李白的行踪与交游中查考到了李白《黄鹤楼送孟浩然之广陵》诗新系年,知道李白的这首诗作于孟浩然科考之前的开元十五年。那么,我们就绝不再会单纯地从诗中的景物和他们情谊来理解这首诗了;我们自然会从诗中感悟到一种向上的未来憧憬和希望。

在知人的基础上还必须坚持论世。不了解大背景,作品评论往往也会产生歧义。

杨万里《过扬子江》二首是很有名的。其一曰:"只有清霜冻太空,更无半点狄花风。天开云雾东南碧,日射波涛上下红。千载英雄鸿外去,六朝形胜雪晴中。携瓶自汲江心水,要试煎茶第一功。"诗是好诗,可是不少人认为这首诗的结尾是败笔。就连清代的大学者纪昀在理解结尾两句时也出现了歧误。他说:"结乃谓人代不留,江山空豪,悟纷纷扰扰之无益。且汲水煎茶。领略现在耳。"如此超脱,绝不是愤激的诚斋,绝不是诚斋的人格。这首诗是作者第一次奉命渡长江往北迎接金使时所作的。一渡扬子江望见金山,诗人感慨羞愤。当时金山绝顶建有一座亭,名叫"吞海亭",亭名甚壮,登望尤胜。可是这座亭是用来做什么的呢? 是"每北使来聘,例延至此亭烹茶"的。诗人是迎金使者,过了扬子江登上金山,便得为敌使延至烹茶,对于耿介孤直,"脊梁如铁心如石,不曾屈膝不皱眉"的他来说,还有比这更屈辱的吗? 但是,朝廷有命,形势所迫,为了国家的利益他又不得不如此。诗人的羞愤之情是可想而知的。诗人正是借吞海亭烹茶这一史实执着地表达了自己的羞愤之情。诗人临终前不久自理诗卷时写道:"南窗两横卷,一读一沾襟。只有三更月,知予万古心。"只看诗,不了解当时的社会,不了解诗人的人格,是很难理解诗人的万古之心的,是很容易产生歧误的。因此,论世也是我们进行作品评论的一个重要环节。

在作品评论中,除了知人论世外,我们还必须坚持以意逆志。以意逆志是指读者对作品的自我理解。

以意逆志也是孟子提出来的。孟子针对咸丘蒙对《诗·小雅·北山》的错误理解,提出了以意逆志的说诗方法。

咸丘蒙曰:"舜之不臣尧,则吾既得闻命矣。《诗》云:'普天之下,莫非王土,率土之滨,莫非王臣。'而舜既为天子矣,敢问瞽瞍之非臣,如何?"曰:"是诗也,非是之谓也;劳于王事而不得养父母也。"曰:'此莫非王事,我独贤劳也。'故说诗者,不以文害辞,不以辞害志,以意逆志,是为得之。如以辞而已矣,《云汉》之诗曰:'周余黎民,靡有孑遗。'信斯言也,是周无遗民也。"

孟子认为说诗"不以文害辞,不以辞害志"。以意逆志,才能把握诗的真正意义。对于以意逆志"意"的理解,历代不同。汉代赵岐认为:"人情不远,以己意逆诗人之志,是为得其实矣。"(《孟子注疏》)赵岐认为"意"是说诗者之意,志是作者之志。宋代则更重说诗者的主观作用。程颐说:"善学者要不为文字所梏,故文义虽解错而道理可通行者,不害也"。(《河南程氏外书》第六卷)可以说,以意逆志到了宋代已经发展为望文生义。

以意逆志是我们目前评论所使用的一种普遍的方法。在一些人眼里这种方法是错误的,是不踏实的。因此,一些人在有意无意中使用了也不愿意承认,另一些人则坚决反对这种评论方法。事实上,这是我国古代一种源远流长的传统的评论方法,对于加深人们的记忆,开拓人们的思维是很有作用的。

加深人们的记忆,主要是因为在评论过程中我们进行了古今转换。我们用现代的生活和现代人的眼光来理解和解说作品,使人们在现实的基础上加深与古人的沟通,让他们对作品产生一个自以为是的印象型记忆。

以意逆志除了能加深人们的记忆之外,在学术研究中还具有着拓展的意义。在李白研究中有两个人的以意逆志就给我们带来了突破性的飞跃。这两个人一个是郭沫若先生,另一个是程千帆先生。

李白的《早发白帝城》是一首脍炙人口的好诗,郭沫若先生在《李白与杜甫》中说:"这首诗,有人说是开元十三年李白初出夔门时所作,也有人说是乾元二年遇赦离白帝城东下时所作,都没有说准确。他们忽略了第二句的一个'还'字和第四句的'已过'两个字。那明明是遇赦东下,过了三峡,回到了荆州时做的。"郭沫若先生从品评中发现了"还"字,他拓展了此诗作于乾元二年的观点。程千帆先生则更胜一筹。他直接从自我赏析中感悟到这是一首年青的诗歌,诗中充满了青春的活力。两位先生虽然没有进行具体论述,但他们的感悟就像歌德巴赫猜想一样,为我们的研究带来了突破性的拓展。

关于此诗系年众说纷纭。然而,在这众说纷纭之中,有一点却是共同的,那就是这首诗作于春天。从各方面的材料来看,这首诗不可能作于乾元二年春天。

李白长流夜郎,据两唐书《肃宗纪》所载:其间有四次大赦:乾元元年二月丁末,以改元大赦。四月乙卯以有事南郊大赦。十月甲辰,以册立太子大赦。二年三月丁亥,以旱降死罪,流以下原之。一般我们都认为,李白遇赦,当是乾元二年三月的这次。

据《全唐文》卷四四肃宗的这次赦文可知:这次赦免手续特别繁琐。首先,无论是死罪降流或是流罪放免的,罪犯的档案材料都是经由中书、门下二省所分往府县的官员与罪犯所在的地方官共同处分,然后送往长安,经由大理寺及御史台复查按问之后,再具状奏闻肃宗。只有肃宗亲自审批之后,真正的赦令才可能送到罪犯的所在地。据《元和郡县图志》卷二八:"(寻阳)西北至上都二千七百六十里"可知,消息从长安送到寻阳,以公文传送的最快速度,"马日七十里"计算,途中毫不耽误、需要四十天。又李白被长流夜郎,其流放地为三千里之外,以三千里计算,消息从寻阳送到夜郎亦需四十多天。加上途中的耽误、三峡不通航等等自然因素。李白在得到消息的时间,大约是在乾元二年夏季或秋季。得到消息之后,李白立即返回浔阳。因此,李白顺流下三峡的诗,绝不可能作于乾元二年的春天。也就是说,李白《早发白帝城》绝不可能作于乾元二年。

同样,李白此诗也不作于其初出夔门时。我们都知道,李白出蜀在秋天。其《峨眉山月歌》和《初下荆门》描写的季节都是秋季。开元十二年秋李白出蜀,他怎么可能滞留于开元十三年春再出三峡呢? 再看,诗中的"还"字,以此诗作于开元十二年秋,确实也难以交代清楚。因此,李白此诗是很难让人信其为初出夔门之作的。

李白此诗的真正写作时间是开元十三年春,但不是其初出夔门之作。

开元十二年秋,李白作《峨眉山月歌》出蜀,作《初下荆门》直奔江陵。江陵是他们李家生意的第一个庄口。在江陵安顿之后,他便往返于巴东一带打点生意。其

《江上寄巴东故人》诗云："汉水波浪远,巫山云雨飞。东风吹客梦,西落此中时。觉后思白帝,佳人与我违。瞿塘饶贾客,音信莫令稀。"诗题曰"寄巴东故人"。以"故人"称,可知交情非浅。故人者谁? 诗云"饶贾客"。李白与贾客的交往,很可能是由生意上的交往,发展为感情上的交流。如果不是经商,他怎么可能与"贾客"扯上关系,并建立那样深厚的感情呢? 他与"贾客"的交往之地,已是其"觉后"所思的"白帝城"。由此可知,李白曾商贾于白帝,而《早发白帝城》,正是他商贾返回江陵之作。

再者,从诗歌的内容和情感来看,此诗表达的是李白第一次春水盛时顺流出峡的感受。全诗一气呵成,毫无滞碍,充满着青春的激情,迸发出一股未经浊世,对未来充满希望和力量。这种情绪是属于青年的。莫说乾元二年李白已是五十六七岁的老人,就是二十五六岁的青年也很难具备。以李白生于神龙元年计算,开元十三年春,他二十一二岁,正好是具备这种功力和创作激情的时候。因此,此诗乃李白出蜀后由江陵商贾于白帝,又于开元十三年春返回江陵后,于春水盛时由白帝返回江陵的追忆之作。

如果没有郭沫若和程千帆两位先生的感悟我们是不会有这样的研究成果的。他们的感悟就像歌德巴赫猜想一样,为我们的研究带来了突破性的拓展。

有的人会认为:你的论述是考证,不是评论。我认为这正是古典作品评论与一般作品赏析的区别。古典作品评论除了自我感受之外,很重要的任务就是勘正歧误,给一般赏析以正确的引导。古典作品评论的学术规范就是由资料、考证和辨析理解构成的。古典文学作品评论的学术规范应该是知人论世基础上的以意逆志,应该是回归基础上的拓展。

(作者单位:吉首大学文学与新闻传播学院)

郁贤皓先生学述

　　郁贤皓教授是在海内外学术界享有盛誉的唐代文史研究专家,迄今已出版学术著作20余种,涵盖文学与史学的诸多方面。文学研究的代表作是李白研究的系列著作;史学研究的代表作有《唐刺史考全编》;文献研究的著作有《元和姓纂》及四校记的整理。在半个世纪的教学与研究中,郁先生以其坦诚的胸襟、崇高的境界与勤奋的精神,辛勤耕耘,取得了学术界公认的成就,也形成了鲜明的学术个性。他还先后培养了5名硕士生,28名博士生,4名博士后。他以其身体力行,影响不止一代的学子,使得学术薪火,传承不断。他的学生大多已成为当今学术界的中坚力量,其中不乏教授与博士生导师。我在大学求学阶段即学习过郁先生的《李白丛考》等著作,虽心所向往,然读其书未能见其人。直到1999年一个特殊的机缘,我从浙江大学博士毕业,始至南京师范大学中国语言文学博士后流动站,师从郁先生,得以亲炙教诲,对于先生的学术个性和学术成就,有了一定的体会和了解。而先生学术,博大精深,我亲炙时间甚短,未能长期随侍左右,述其学而难得其深厚底蕴,未免愧为及门。然又自思,对于郁贤皓先生的学术成就与治学方法进行总结,也是我们后辈学者应尽的责任,故虽不免挂一漏万,仍书愚见,以请前辈师长以及学界同仁指正。

一　两入长安说的证定与李白的综合研究

　　著名唐代文学研究专家余恕诚先生在《论20世纪李杜研究及其差异》中指出,

李白生平研究,有出生地、种族、几入长安等重大问题,杜甫生平研究中涉及的问题则比较一般。李诗思想与艺术研究,有李白与浪漫主义、李白与盛唐气象、李白与唐代文化等新开拓,杜甫研究在现实主义、人民性的视角下平稳展开,但平稳中也就难得激发大的开拓与创新。若以时段论,比较20世纪这一段研究成果,李白不只是研究成果数量上升,改变了前代千家注杜、数家注李的情况,而且在一些重大问题上,成就也更为突出。①

余先生的这一段概括与比较,非常切合20世纪李杜研究的实际情况。如果撇开前代李杜研究所留下的基础不等的情况,李白研究在20世纪的推进程度确实比杜甫研究要大得多。这种推进是由标志性的成果和里程碑式的研究专家体现的。20世纪,尤其是新时期以来,郁贤皓先生无疑是李白研究的里程碑式的人物。其李白研究的成果不仅是研究实力的昭示,更在多方面具有开拓性意义。

郁贤皓先生迄今已出版李白研究的著作8部,研究论文60余篇。他研究李白,是从李白的事迹与交游考证入手的,起初发表的一组文章是有关李白两入长安之说的论证。最早的文章是1978年发表的《李白与张垍交游新证》②,同年又发表了《李白诗〈江夏别宋之悌〉系年辨误》③、《李白两入长安及有关交游考辨》④。接着,在短短的两年间,连续发表了《李白诗中崔侍御考辨》⑤、《李白初入长安事迹探索》⑥等重要论文十余篇。这一系列成果,迅速引起学术界的震动。作者将这些文章结集为《李白丛考》,1982年由陕西人民出版社作为《唐代文学研究丛书》的第一种出版。郁先生在《后记》中说:"弄清李白的事迹和交游,已成为李白研究工作中一个十分重要的课题。"⑦郁先生有关李白研究的新创获,得到了同行专家的高度评价。如朱金城评论其《李白诗中崔侍御考辨》一文:"从稀见唐代墓志拓片中,考证出李白诗中的'崔侍御'、'崔成甫'、'崔宗之'三者不能混为一人,从而弄清了崔成甫的家世和生平,纠正了历来李白研究者所没有搞清楚的问题。这些都足以说明,

① 余恕诚:《论20世纪李杜研究及其差异》,《文学遗产》2006年第2期,第42页。

② 《南京师院学报》1978年第1期,第64—66页。

③ 《南京师院学报》1978年第3期,第65—67页。

④ 《南京师院学报》1978年第4期,第62—71页。

⑤ 《文史哲》1979年1期,第50—56页。

⑥ 《中国古典文学研究论丛》第1辑,吉林人民出版社1980年版,第108—121页。

⑦ 郁贤皓:《李白丛考》,陕西人民出版社1982年版,第180页。

我国对李白的学术研究,通过不断的刻苦钻研,不断深入,后来居上,在某些方面突破旧说,取得了十分可喜的成就。"①《李白丛考》的出版,之所以在学术界产生巨大的影响,在于其总体上将李白研究向上提升了一步,"为李白生平勾勒了一个新的轮廓","为李白诗歌研究提出了新的见解","作者擅长从细致坚实的考证中得出结论"②,其核心则是对李白二入长安之说提出了强有力的新证。

20 世纪 60 年代以前,历代研究李白的学者都认为李白一生只有一次到过长安,也就是天宝元年(752)秋奉诏入京待诏翰林,至天宝三载春离开长安。直至 1962 年,稗山先生发表了《李白两入长安辨》③,首次揭出李白二入长安之说。作者在阅读李白关内诸诗时,从思想感情的矛盾和时间先后的抵牾方面提出了疑问,而这些疑问是李白一入长安所无法解决的,故而提出两入长安之说。但在这篇文章发表后十年间,并没有产生影响。直至 1971 年,郭沫若《李白与杜甫》一书,才采用李白"两入长安说",他认为:"李白在开元十八年(730)的春夏之交,便曾经经由南阳到长安去进行过政治活动。……天宝元年的季夏,李白与道士吴筠同隐居于浙江曹娥江上游的剡中。吴筠首先受到唐玄宗的征召,由于他的直接推荐,更由于贺知章与持盈法师等的间接支持,因而唐玄宗也派人征召李白入京。"④但由于《李白与杜甫》一书,出版于特定的年代,加以错误较多,尽管采用两入长安说,但仍没有引起学术界的重视,二入长安说尚处于沉寂的状态。当然,稗山与郭沫若的说法没有引起学术界的重视,与其虽提出新说,而证据不足,加以论证方法的粗略也是密切相关的。

郁先生在 20 世纪 70 年代以后接连发表的《李白与张垍交游新证》、《李白两入长安及有关交游考辨》、《李白初入长安事迹探索》等论文,证明李白在开元时期确实到过长安,加上已被确认的天宝初年受诏入长安,则有两次入长安。郁先生使两入长安之说由怀疑发展到实证。其证据主要有五条:(一)李白《上安州裴长史书》有"西入秦海,一观国风"语,表明李白欲离安陆而赴长安。其时李白三十岁。(二)李白有《玉真公主别馆苦雨赠卫尉张卿二首》诗所表现的情怀,再与张九龄所撰《张

① 朱金城:《李白集校注后记》,《李白集校注》,上海古籍出版社 1980 年版,第 1966 页。
② 孙望:《李白丛考序》,《李白丛考》第 1—4 页。
③ 稗山:《李白两入长安辨》,《中华文史论丛》第 2 辑,中华书局上海编辑所 1962 年版,第 125—136 页。
④ 郭沫若:《李白与杜甫》,人民文学出版社 1971 年版,第 36 页。

说墓志》参证,此诗为李白开元中入长安之作,而不是天宝初应诏入长安所作。
(三)由李白诗作为内证,天宝元年,李白奉诏入长安的时令在季秋,是从南陵启程
的,而开元年间入长安的时令却在夏季。再从离长安后的路线考察,两次也是不一
样的:一次是浮黄河,一次是经商州。(四)以李白与好友元丹丘的赠答诗《以诗代
书答元丹丘》"三见秦草绿",证明李白开元年间第一次在长安住了三年。而李白天
宝初应诏入长安仅有一年多时间,且当时元丹丘也在长安,不得云"三见秦草绿"。
(五)现存李白诗篇中有隐居终南山之作,还有秋冬至春在邠州、坊州应酬之作,而
天宝元年入京即供奉翰林,不可能产生以上作品。

两次入长安的经历中,第二次是天宝初年应诏入长安的,古今学者颇为注意,
其活动情况也较清楚,而第一次即开元中入长安的活动就很难了解。郁先生在证
明李白开元十八年第一次入长安后,则进一步考证了李白在长安的活动,使问题进
一步引向深入。这一次入长安在开元十八年或稍后一年的夏季,入京的目的是为
求取功名,入京路线是从安陆启程。入京以后,一方面隐居于终南山,希望得到皇
帝的青睐,即《赠裴十四》诗所谓"金高南山买君顾"[1]。另一方面则出入于王公大
人之门,以盼其引荐,即《玉真公主别馆苦雨赠卫尉张卿》诗所谓"丹徒布衣者,慷慨
未可量。何时黄金盘,一斛荐槟榔。功成拂衣去,摇裔沧洲旁"[2]。但尽管如此,却
因难得知己引荐而入仕无门,只好再下终南山,以抵邠州、坊州。这一段时间,写了
《下终南山过斛斯山人宿置酒》、《登太白峰》、《登新平楼》、《赠新平少年》、《幽歌行
赠新平长史兄粲》、《酬坊州王司马与阎正字对雪见赠》、《留别王司马嵩》等作。因
为没有找到出路,故而在第二年春天,又回到了终南山。有《春归终南山松龙旧隐》
及《书情寄从弟邠州长史昭》诗可证。据其《以诗代书答元丹丘》诗有"离居在咸
阳,三见秦草绿"句,可确定其在长安居住了三年,大约在开元二十一年或二十二年
春夏之交离开长安,浮河南下,有诗《梁园吟》咏其事。

对于发现李白两入长安的意义,郁贤皓先生自己曾经作过概括:"李白两入长
安的发现与被普遍承认,不仅解决了李白生平事迹中的一个难题,而且对李白许多

---

[1] 《李太白全集》卷九,中华书局 1977 年版,第 487 页。
[2] 《李太白全集》卷九,第 475 页。

重要代表作品的系年必须重新研究,乃至李白的创作道路也必须为之改写。"①过去的研究者,以李白一入长安为基础,故认为李白的代表作《蜀道难》、《梁甫吟》、《将进酒》、《行路难》、《梁园吟》等诗,都作于天宝三载(744)赐金还山后抒发忧愤之作。于是认为李白的创作道路,是到了后期才辉煌的。但两入长安说发现并被证实之后,情况就不同了,他的这些代表作品,都被证明为开元年间第一次入长安时所作。而这时的很多诗虽然是在长安未被所用而离开后发出的感慨,但因为不是像第二次入长安遭谗而忧愤离京,故情调则迥然不同。即如郁先生所说:"李白开元年间第一次到长安不遇而归以后所写诗歌有一个显著特点:既有悲愤的情绪,但又深信自己终有一天会出山济世,君臣遇合,施展自己的抱负,做一番大事业。"②基于这种认识,有关文学史长期以来对李白创作道路的定论就必须改写:"李白在奉诏入京以前的开元年间,即写下了许多著名的诗篇,尤其是乐府诗,挥洒自如,如行云流水,艺术成就极高。因此,前人认为李白创作道路以天宝三载(744)被赐金还山为界,分前后两期,主要成就在后一时期的说法是不正确的。现在我们的看法是:如果一定要以天宝三载为界将李白创作道路分前后两期的话,那末,李白前一时期的创作道路已经十分辉煌,尤其是一些旧题乐府诗的代表作,《蜀道难》、《梁甫吟》、《将进酒》、《行路难》等,集中代表了李白前期创作道路的重要成就。"③

　　李白两入长安说被确定以后,使得20世纪80年代的李白研究呈现出新的局面。安旗先生曾发表《李白两入长安始末》④、《李白〈将进酒〉系年》⑤,安旗说:"李白一生曾经两次入长安。除了人所共知的天宝元年奉诏入朝那一次外,早在开元年间还有一次。这是当代李白研究工作中的最新成果之一。稗山《李白两入长安辨》一文首倡其说;郭沫若《李白与杜甫》一书也有所发现;近年郁贤皓又作了进一步的考证,益臻明确;我与薛天纬在编写《李白年谱》过程中亦略有所得。兹采众说,酌以己见,试述李白两入长安始末如下。"⑥安旗与薛天纬教授合著的《李白年谱》即以此说为基础,对李白两入长安的诗作按年编次,对于李白诗文作年的研究

①　郁贤皓:《李白两入长安的发现及其意义》,《唐风馆杂稿》,辽宁大学出版社1999年版,第245页。

②　郁贤皓:《李白两入长安的发现及其意义》,《唐风馆杂稿》,第247页。

③　郁贤皓:《李白两入长安的发现及其意义》,《唐风馆杂稿》,第247页。

④　安旗:《李白两入长安始末》,《人文杂志》1981年第3期,第54—59页。

⑤　安旗:《李白〈将进酒〉系年》,《西北大学学报》1981年第4期,第19—23页。

⑥　《人文杂志》1981年第3期,第54—59页。

取得了较大的进展。但安旗先生的观点后来又有所改变,这将在下文述及。朱金城先生在校注李白集时,对这一成果加以肯定与引用,而两入长安说的提出,与朱金城先生也有一定的关系。朱先生曾说:《李白集校注》在一些诗的笺释中,"对传统的论点提出了疑问,当时得到稗山同志的赞同。他不久就发表了《李白两入长安辨》,最先系统地提出了李白两次进长安的主张,初步解决了李白生平和作品编年中的重要关键问题,并把第一次入长安的时间拟定在开元二十六年与二十八年之间。这个发现逐渐为学术界所接受,如郭沫若《李白与杜甫》中,不仅承认李白开元年间到过长安,而且还推定他第一次入长安在开元十八年,比稗山的说法还提早了约十年左右。近年郁贤皓《李白两入长安及有关交游考辨》一文,又肯定、补充了稗山和郭沫若'李白两次入长安'的论点。"[1]

"两入长安说"的意义还在于 20 世纪 80 年代以后所引起的李白入长安的争论。在两入长安说的基础上,李从军先生发表了《李白三入长安考》一文[2],提出李白在开元中、天宝初两次入京外,还在天宝十一、二载间第三次入长安,并有邠岐之游。随后,安旗先生修订补充了两入长安的说法,写了《李白三入长安别考》一文[3],在李从军考证的基础上,提出另外一些诗篇作为三入长安的证据。但对于"三入长安"的说法,郁贤皓先生持否定态度,发表了《李白三入长安质疑》一文,对天宝后期李白行踪进行考索,认为"李白自幽燕之行到宣州之游,其间根本不可能有西入长安、游历邠岐的时间"[4]。此后,郁先生还撰写了一些论文,对"李白两入长安说"进行补充与完善,如《再谈李白两入长安及其作品系年》[5]。李白入长安的次数与过程,学者们虽尚有歧见,但两入长安说迄今为止,仍为学术界的主流观点,则是不争的事实。

在对于李白的生平事迹、诗文作品、著作版本进行考证并取得了很大成就之后,郁贤皓先生又从事李白作品的理论探讨与综合研究。有关李白的理论研究论文也有近 30 篇。这些论文都是新时期李白研究的重要创获。

---

① 朱金城:《李白集校注后记》,《李白集校注》上海古籍出版社 1980 年版,第 1965–1966 页。
② 李从军:《李白三入长安考》,《中华文史论丛》1983 年第 2 期,第 245–258 页。
③ 安旗:《李白三入长安别考》,《人文杂志》1984 年第 4 期,第 102–107 页。
④ 郁贤皓:《李白三入长安质疑》,《中华文史论丛》1984 年第 1 期,第 101–102 页。
⑤ 《文学研究》第 5 辑,第 167–179 页。

(一) 诗体研究

历代公认李白擅长乐府诗,但李白乐府诗究竟有多少,歌吟体诗是否都可以归入乐府诗,古今说法不一。郁先生《李白乐府与歌吟异同论》对此作了比较研究,并对历代颇为混淆的说法作了澄清。以为李白的新题歌吟诗不必归入乐府类,还是称歌吟诗为好。换句话说,李白的乐府诗以《乐府诗集》所收和宋本《李太白全集》标明"乐府"者为限,不宜随意扩大李白乐府的范围。《李白绝句漫谈》以为李白绝句之妙,可以用四个字来概括:"藏"、"常"、"畅"、"长"。所谓"藏",就是指含蓄,话不要说透、说尽,要留有余地,让读者自己思考。所谓"常",就是写平常事,说平常话,李白的绝句基本上不用典故,都明白如话,一看就懂的。所谓"畅",就是句子、文字流畅,读起来琅琅上口。所谓"长",就是韵味深长,言尽意远,一唱三叹,余味无穷。《论李白古风五十九首》,是专门探讨李白古风体的论文。作者认为李白《古风》无论从体制、内容、风格等各个方面看,正是汉魏晋到初唐五言咏怀诗的集大成者。从此以后,古风体式作为与古诗同义的诗体名,一直流传了下来。这组诗或用比兴手法,或用游仙、咏史形式,都是抒写抱负、指言时事、感伤己遭的咏怀诗。其主旨较阮籍的《咏怀》、陈子昂的《感遇》等更为明朗,其所以用比兴手法,咏史和游仙形式,是为使题旨表达得更为丰富深刻。这些论文,都从不同的层面对于李白擅长的诗体进行阐发,或发人所未发,或言人所未尽,皆切中肯綮。

(二) 诗集研究

李白诗集的流传过程,是李白研究的重要内容。郁贤皓先生对于李白集古本的传承与亡佚都作了较为系统的研究。《咸淳本〈李翰林集〉源流和名称简论》在考察宋咸淳本《李翰林集》早已亡佚、咸淳本《李翰林集》与当涂本《太白集》关系、咸淳本《李翰林集》与蜀刻本《李太白文集》之异同的基础上,认为宋代咸淳本《李翰林集》虽源出宋代当涂本《太白集》,但必须注意宋当涂本不称《李翰林集》,只有咸淳本才称《李翰林集》,现在宋《太白集》已亡佚,咸淳刻本《李翰林集》也已经亡佚,今所存明正德八年刊本《李翰林集》三十卷,其面貌比较接近宋代咸淳本《李翰林集》,明清影刻的仿宋咸淳本《李翰林集》,也都较好地保存了宋咸淳本《李翰林集》的面貌。《宋蜀本〈李太白文集〉提要》、《〈李翰林集三十卷〉提要》,也对各自版本源流作了条分缕析的探讨。《胡振龙〈李白诗古注本研究〉序》、《马鞍山市影印〈李翰林集〉序》,更阐明了李白诗传本、注本研究的重要意义与研究路径。

(三)诗学研究

李白研究自唐代开始以迄今,人才辈出,成果卓著,形成了千年之久的李白诗学。对汗牛充栋的研究成果进行宏观的把握与细致的梳理,是学术史研究的重要任务。郁贤皓先生对于李白的诗学研究甚为关注且颇为致力。他的成就包括以下几个方面:第一,百年研究的评述。《近百年来李白生平研究述评》以为二十世纪对于李白研究的重大突破在于:出生地问题,出蜀年代,两入长安,天宝元年行踪,在山东的寓居地,安史乱起时的行踪。尤其是对于两入长安的意义,郁先生专门写了《李白两入长安的发现及其意义》一文,以论述这一发现对于二十世纪后期李白研究的重大推进。在对李白研究总体把握的基础上,对于亟待解决的问题,也提出来以供研究者探讨。如《李白研究中的几个问题》,就提出了李白的出生地问题,李白到长安的次数及有关问题,李白诗中的比兴寄托问题,李白诗歌的编年问题等等,都亟待解决与完善。第二,异域研究的关注。对于异域的李白研究,郁贤皓先生也比较注意。他与国外著名的学者日本的松浦友久、中岛敏夫、市川桃子,美国的宇文所安、艾龙、梅维恒等都有密切的联系。《松浦友久李白研究述评》对于松浦的一系列著作加以评述,突出他在理论探讨、意境阐发、渊源追溯、思想探源、诗体发微、生平考证等诸多方面取得的成就,以论定他对于国际学术研究所作的重大贡献。《松浦先生与我在学术交流中不断增进友谊》则从个人交往的角度,记录了从1981年至2002年作者与松浦友久先生长达二十余年的李白研究交流史。实质上也是二十世纪后期具有国际视野的李白研究学术史。第三,研究前景的展示。《李白研究的回顾和展望》则以为新世纪的李白研究应该提高研究的层次;对于李白家世的研究要重视地下发掘的数据,使结论完全建立在令人信服的充分证据之上;对李白作品的研究必须在坚实的微观研究基础上有理论深度,多视角多侧面地深入探讨,注意时代和社会各种因素对李白创作的影响。

二　从李白研究看郁贤皓教授的学术思想与治学方法

　　李白研究,在 20 世纪之前,基本处于停滞不前的状态,尽管有杨齐贤、萧士赟、胡震亨、王琦四家著名注本,但对李白生平与作品的综合研究,还处于简单粗略的状态,与其同等地位的杜甫研究无法比拟。20 世纪 30 年代开始,陈寅恪先生首先对其家世和出生地提出新的看法,发表了《李太白氏族之疑问》等重要论文,拓开了李白研究的新局面。后来,詹锳先生专门致力于李白研究,并于 1957 年出版了《李白诗论丛》①,1958 年出版了《李白诗文系年》②,标志着李白生平与作品综合研究的新进展。至 1962 年,稗山发表了《李白两入长安辨》,亦开拓了李白生平研究的新领域。随着学术研究总体环境的不断改善与新时期的到来,李白研究推陈出新的局面也随之打开。郁贤皓教授就是新时期打开新局面的重要学者之一。他研究李白的成就是多方面的,有"二入长安说"的新证,发表了一系列文章;有家世和生平的新探讨,如《李白出川前后事迹考辨》③、《李白洛阳行踪新探索》④、《李白后嗣考》⑤、《安史之乱初期李白行踪新考订》⑥等;有李白交游的新考订,如《李白与张垍交游新证》⑦、《李白暮年若干交游考索》⑧、《李白与元丹丘交游考》⑨、《李白与孟浩然交游考》⑩、《李白交游杂考》⑪、《李白与玉真公主过从新探》⑫等;有李白作品的系年、辑佚与辨伪,如《李白诗〈江夏别宋之梯〉系年辨误》⑬、《黄锡珪〈李太白年谱

①　詹锳:《李白诗论丛》,人民文学出版社 1957 年版。
②　詹锳:《李白诗文系年》,人民文学出版社 1958 年版。
③　《苏州大学学报》1982 年第 2 期,第 37－43 页。
④　《南京师大学报》1986 年第 3 期,第 2－6 页。
⑤　《中国李白研究》1990 年集下,江苏古籍出版社 1991 年版,第 243－252 页。
⑥　《文史》第 55 辑,2001 年第 2 期,第 155－160 页。
⑦　《南京师院学报》1978 年第 1 期,第 64－66 页。
⑧　《南京师院学报》1980 年第 2 期,第 55－59 页。
⑨　《河南师大学报》1981 年第 2 期,第 103－109 页。
⑩　《唐代文学》第 1 期,《西北大学学报丛刊》1981 年 4 月版,第 275－285 页。
⑪　《南京师院学报》1982 年第 1 期,第 30－35 页。
⑫　《文学遗产》1994 年第 1 期,第 34－40 页。
⑬　《南京师院学报》1978 年第 3 期,第 65－67 页。

附录三文辨伪》①、《李白诗的辑佚与辨伪》②、《〈夜泊牛渚怀古〉与〈横江词六首〉考释》③等;有李白思想内涵的认识,如《论李白思想的形成与发展》④等;有李白作品艺术特质的探讨,如《论李白乐府的特质》⑤、《李白〈古风五十九首〉刍议》⑥、《论李白作品的时代特征及艺术特点》⑦、《李白乐府与歌吟异同论》⑧等;有李白诗文的选注与译释,如《李白选集》⑨、《新编李白の文:书・颂の译注考证》⑩等。对于郁贤皓教授的一系列成果加以概括与总结,探讨其中的治学特点与学术范式,对于李白研究的进一步深入,也有着重要意义。

一,以小学为基础,进入李白研究领域。

与大多数研究中国古代文学的学者不同,郁贤皓先生的前期学术背景是小学研究。只要我们翻开《辞海》就知道,郁先生是《辞海》编委及语词分册的主编之一。郁先生的前期学术经历是这样的。1957 年考入南京师范学院中文系,1961 年留校任教。从事古代汉语教学,师从著名语言学家徐复先生,钻研训诂学名著,打下了较深的训诂学功底,并逐渐养成了严谨求实的学风。1963 年在上海浦江饭店参加《辞海》修订工作,并撰著《建安七子诗笺注》。是年 8 月,郁先生回校即被调向中国古典文学的教学。1973 年国务院要求恢复修订《辞海》,郁先生作为语词分册主编之一,又承担"示部"全"羊部"约 60 万字的撰写修订工作。在此以后,郁先生就入手在李白研究方面打开了崭新的局面。这一方面得力于修订《辞海》时对于中国古代的文史哲典籍有了较为全面的掌握和系统的运用,另一方面则是从事训诂学研究重证据、重溯源的精神在古典文学研究中也得到了用武之地,而学术研究的转向,研究对象的由博返约,李白专题研究的选择与确立,都是郁先生学术研究取得

---

① 《学林漫录》初集,中华书局 1982 年版,第 84–91 页。
② 《唐研究》第 3 卷,北京大学出版社 1997 版,第 81–92 页。
③ 《南京师大学报》1988 年第 1 期,第 93–96 页。
④ 《中国李白研究》1991 年集,江苏古籍出版社 1991 年版,第 1–19 页。
⑤ 《李白学刊》1 辑,上海三联书店 1989 年版,第 41–52 页。
⑥ 《中国文学研究》1989 年第 4 期,第 3–11 页。
⑦ 《天府新论》1990 年第 5 期,第 66–72 页。
⑧ 《中国李白研究》1994 年集,安徽文艺出版社 1996 年版,第 130–144 页。
⑨ 《李白选集》,上海古籍出版社 1990 年版。
⑩ 《新编李白の文:书・颂の译注考证》,日本汲古书社 2003 年版。

成功的关键因素,也是他学术个性得以发挥重要契机。古典文学研究与训诂学结合的特点,不仅在先生的著作《李白选集》、《李杜诗选》、《李白集:历代名家精选集》中体现出来,而且也渗透在他指导的学生的过程中。如先生 70 岁时指导的博士后阎艳的出站报告就是文学与训诂学结合的选题《全唐诗名物词研究》,并于2004 年由巴蜀书社出版。

二,从考证入手与交游着眼,探讨李白研究的新问题。

郁先生曾谈到自己研究经历时说:"70 年代初我就将李白研究作为研究课题之一,并决定从对李白生平及其交游进行深入的考证研究着手,以期逐步解决李白研究中长期存在的疑难问题。"①建国以后至 70 年代初期的李白研究,虽然取得了较大的进展,但对于相关成果进行检讨,也发现有不少缺憾:对李白生平事迹中的许多疑点仍然未能解决;对两入长安的叙述也缺乏足够的依据;对李白的交游大多缺乏考证。因而留下了不少问题,也有较大的研究空间。究其原因,"都是由于对李白及其交游的各种史料缺乏认真深入的稽考",故而郁先生从 20 世纪 70 年代初期,"就将李白作为我的研究课题之一,并决定从对李白生平及其交游进行深入的考证研究入手,以期逐步解决李白研究中长期存在的疑点和老大难问题。"②在深入细致地阅读李白作品与相关史料中寻找问题与解决问题。郁先生还曾谈到自己的读书经过:"研究李白,当然首先要熟读李白的诗文作品,在这过程中,我对每篇诗文都做了一些札记。同时,将李白诗文中提到的人物,全部制成卡片,并将姓名按四角号码排列编制成索引,将卡片装订成活页册。然后认真地阅读各种资料,从唐人别集到各种笔记,从姓氏书到宋元方志。从佛藏、道藏到石刻拓片,一旦发现有关李白及其交游的材料,立即写进卡片中去。……边读书,边研究,有了心得就写文章,这是我的基本研究方法。"③有了问题意识,然后进一步发现问题,竭泽而渔地搜罗相关问题的材料,寻找彻底解决复杂问题的方法,就是郁先生进一步致力的方向。孙望先生在《李白丛考序》中谈到李白研究时说:"诸事不追究也罢,一追究则

---

① 　《李白研究的回顾与展望》,《唐风馆杂稿》第 249 页。
② 　郁贤皓:《我与李白研究》,《古典文学知识》1991 年第 3 期,第 3—4 页。
③ 　郁贤皓:《我与李白研究》,《古典文学知识》1991 年第 3 期,第 4 页。

必枝节横生,问题层出;而且往往彼此连锁,要解决此一端,必先搞清彼一端,而要搞清彼一端,就又得牵扯到另外一些事上去。难题一连串,终于令我望而却步了。贤皓同志的读书态度却非常认真,他曾几次和我谈过他的主张:有问题,必追究。"①久而久之,求实求新就成为郁先生李白研究的一贯追求。他说:"几十年来,研究李白的学者常喜欢从诗歌的风格和情调来确定写作的年代,其实这是靠不住的。我在研究过程中力求避免这种情况,尽量找到充足的根据给作品系年。"

三,全方位地利用文献与文物资料,以坐实自己的学术结论。

郁先生说:"考据是一项艰苦的工作,犹如大海捞针,有时翻遍典籍也找不到所需的材料,那就得从石刻拓片等多方面去寻找线索。"②他考证李白诗中的"崔侍御"、"崔四侍御",就是典型的例子。《李太白全集》中存有酬赠崔侍御之诗十首,郭沫若将"崔侍御"定为是崔宗之,并言其名成辅,所据为《旧唐书·李白传》言崔宗之由左司郎中贬为侍御史。郁先生从中发现了问题,即唐人称"侍御史"为"端公",殿中侍御史、监察御史才称"侍御",二是郭氏称崔宗之名成辅无据。因而怀疑"崔侍御"即《李太白集》中附于《酬崔侍御》诗前的《赠李十二》一诗的作者"摄监察御史崔成甫"。但这在文献当中,找不到更多的材料,故郁先生就在石刻拓片当中寻觅证据,所得两条:首先在《千唐志斋藏石》拓片中找到了崔宗之四兄崔宜之墓志,证明崔宗之名宗之,不名成辅,排行非第四而是第五,以确证李白诗中"崔四侍御"非崔宗之。其次,从北京图书馆藏墓志目录和拓片中找到崔成甫之祖父、父母、伯母、弟妹、两位同祖从兄的墓志,弄清了崔成甫的家世和生平。因而写成了《李白诗中崔侍御考辨》,以断定李白诗中的"崔侍御"、"崔四侍御"为崔成甫,而非崔宗之。"李白集中酬赠崔侍御的诗,绝大部分内容与崔成甫的经历遭遇相吻合。可以肯定都是给崔成甫的。从这些诗文中可以看到李白与崔成甫交谊很深,是李白一生交游中重要人物之一。李白对他受权奸迫害的遭遇十分同情,这也正是我们考察李白生平思想很重要的方面。过去的研究者忽略了这个人物,应该说是李白研究中的重大损失。现在我们弄清了这个人物,可以进一步了解李白的生活态度,对朋友

① 孙望:《李白丛考序》,陕西人民出版社1982年版,第1页。
② 郁贤皓:《我与李白研究》,《古典文学知识》1991年第3期,第6页。

的深情,对权奸的愤恨,对受害者的同情等等。这都应该是研究李白的重要材料。"①对于郁贤皓先生运用材料的特点,孙望先生曾说过:"凭借碑志以考核人事,自是很好的办法,但这只是贤皓同志资以考证的一个方面。此外,随着问题性质的不同和资料情况的不同,他还采取多种途径去求得疑难的解决:从诗文中去寻找内在关系,从历史背景上去找外缘关系,或从时间、地点、官衔的异同上去找线索,或从亲朋交游、离合聚散上去作推敲,也有的时候从版本校勘上去寻求旁助,等等,途径是多方面的。"②

四,微观综合研究的具体实践。

郁贤皓先生在总结多年的研究经验时,提出"微观综合研究"的方法,撰写了《论唐代文史的微观综合研究》③一文,成为唐代文史研究的行之有效的途径。笔者在为《唐刺史考全编》撰写的评论中曾对此有过论述:"最近十余年来,学术界对于方法论的探讨成为长时间的热门话题。从大的方面看,又不外有两种,一种是宏观研究,一种是微观研究。宏观研究侧重于理论问题的探索,微观研究侧重于文献资料的考据。且二者一直处于对立的态势。从事宏观研究者认为微观研究劳而无功,从事微观研究者又认为宏观研究大而无当。其实,我们如果站在旁观者的角度对于近十余年的学术研究作一番审视,就会觉得这两种研究方法各有偏向。……《唐刺史考全编》在研究方法上的一个重要特点,就是开辟了微观综合研究的新途径。"④本文下面还将谈到,郁先生包括《唐刺史考全编》在内的整个学术研究,都是与李白研究相关的,故而其李白研究也是这种研究方法的具体实践。对于李白每一首诗的系年,每一交游人物的考证,每一首诗真伪的辨别,可谓微观研究,但从事微观研究时,有着一种开阔的视野与宏观的眼光,故每解决一个问题,都具有宏观研究的意义。这由他1982年结集出版的《李白丛考》可以看出来。本书收录的13篇文章,看起来都属于微观研究,但却解决了李白研究中关乎全局的问题,有力地

---

① 郁贤皓:《李白诗中崔侍御考辨》,《文史哲》1979年第1期,第50-56页。

② 孙望:《李白丛考序》,《李白丛考》第5-6页。

③ 郁贤皓:《论唐代文史的微观综合研究》,《周秦汉唐考古与文化国际学术会议文集》,《西北大学学报》1988年增刊第18卷,第201-214页。

④ 胡可先:《移一时之风气,示来者以轨则:评郁贤皓著〈唐刺史考全编〉》,《书目季刊》第35卷第2期,书目季刊社2001年9月版,第51页。

推动了新时期的李白研究进程。正如孙望先生所说："此书是一部考证性著作,其中所收论文,各自独立成篇,每篇又是各拈一题的。但当我读完以后,把各篇的内容排比一下,沟通起来,李白生平的梗概,便似乎清晰地浮现在我的脑际了。"①又说："有关李白的行事及其与朋从交游的考证,《丛考》都有与人不同或不尽相同的结论。如果根据这些结论来勾勒李白事迹的轮廓,显然会不同于根据前时学者们的结论所勾勒出来的轮廓,所以我说这是'新的轮廓',自然,我认为这也是比较可靠的轮廓。"②

三　李白与唐代文史研究

以李白研究为中心,进一步拓展学术研究的空间,是郁先生学术研究的重要特色。郁贤皓先生的治学范围非常广阔,学科领域不限文学,而旁及文字学、文献学与史学,时代方面也不限于唐代,而对唐以前文学都有所研究,其重要成果除李白研究外,还有《唐刺史考全编》、《唐九卿考》、《元和姓纂》(整理)、《建安七子诗笺注》等。郁先生在谈到研究李白过程时说:"当时我的读书并不是单纯寻找有关李白的材料,而是带着多项研究任务的。例如,我发现唐人诗篇中提到的交游常有某州某使君、某郡某太守,而不知其名,因此不知诗的写作年代,很难深入理解诗意,我就想到如果有部唐代地方长官的工具书该有多好! 唐代职官的工具书已有《宰相表》、《仆尚丞郎表》、《方镇年表》、《郎官石柱题名考》、《御史台精舍题名考》等等,唯独没有今天研究工作者最需要的州郡地方长官的工具书,于是我决定承担起撰写《唐刺史考》的任务。所以,我在读书时,是将有关李白的材料和唐代刺史的材料以及拟在今后研究的项目所需的材料全部都制成卡片的。"③

《唐刺史考》是郁贤皓先生在唐代文史研究领域取得突出成就的标志之作。郁先生在《唐刺史考自序》中也说:"70年代中期,我在从事李白、李商隐等唐代诗人生平事迹及其交游的考证工作时,感到最困难的是:经常遇到诗文和其他各种典籍

---

① 孙望:《李白丛考序》,《李白丛考》第1页。
② 孙望:《李白丛考序》,《李白丛考》第3页。
③ 郁贤皓:《我与李白研究》,《古典文学知识》1991年第3期,第4—5页。

中出现某州某使君、某郡某太守等,却不知道他们的名字和仕历,因此无法确定作品的年代,从而难以理清作者的行踪。当时我思考这样一个问题,……诗文和各种典籍中出现得最多的,也是唐代文史研究工作者最迫切需要知道的地方行政长官:刺史(太守、尹),却无人考订撰述成书。……出于对此研究的浓厚兴趣,我当时竟不自量力,不揣谫陋,暗下决心,以承担此项工程为己任。……经过近十年的努力,终于撰成了一部有关唐代地方行政长官的著作:《唐刺史考》。"①《唐刺史考》1987年由中华书局香港分局和江苏古籍出版社刊行海外版和国内版以后,立即受到海内外的重视,赞美之词,评价文章接连不断。但郁先生并没有止步,还在不断搜集资料,进行订补,于是又经过了十余年的全面修改与补充,于2000年由安徽大学出版社出版《唐刺史考全编》。该书是一部兼有文献、资料与工具价值的学术著作。从《唐刺史考》到《唐刺史考全编》,体现了作者十余年的学术进程。该书至少体现出三个方面的价值:其一是史学研究价值。首先从宏观方面对于唐代州郡的沿革作了较为清晰的梳理。其次对州郡长官的任职情况,特别是年限作了缜密的考证。其二是文献研究价值。举凡唐代州郡长官任职的众多资料都汇聚其中,从事学术研究者,无论研究历史,还是研究文学,或者唐代其他领域,阅读这部书,都会得到很多能够进一步研究的资料线索。其三是文学研究价值。唐代诗人中,有不少人做过州郡的长官,他们的这一段仕历,在本书中都有详尽的考证。唐人的交往诗中,有不少是与州郡长官往还的,而且只言官衔,不称名字,本书对于这些诗作做了认真的研究,对于诗中的人名尽量坐实。也正因为这几方面的学术价值,该书一问世,就受到了海内外学术界的关注,中国大陆、台湾、香港地区,以及日本国、韩国、美国,都有不少学者专门撰文予以评介,并给予极高的评价。

　　与《唐刺史考》堪称姊妹篇的,则是《唐九卿考》。该书2003年由中国社会科学出版社出版,列入《唐研究基金会丛书》。该书广搜博取历史文献、金石拓片、佛道二藏、诗文集部、方志别乘等各方面的资料,对唐代近300年的九寺正卿与少卿详加考证,对九卿的沿革、职能、品级、编制、职权、属官、别称及其与中书门下、尚书六部的关系也进行梳理阐发,成为唐代文史研究填补空白之作,具有重大的学术价值。郁先生在该书《后记》中叙述撰写过程时说:早在20世纪70年代后期,为了考证李

---

① 　郁贤皓:《自序》,载《唐刺史考全编》,第23页。

白《玉真公主别馆苦雨赠卫尉张卿二首》中的"卫尉张卿"是谁,曾遍稽典籍,终于在《曲江集》卷十八《张说墓志》中找到一段话:"长子均,中书舍人;次子垍,驸马都尉,卫尉卿。"张九龄此文写于开元二十年,可证张垍开元十八年至二十年时正在卫尉卿任。于是写了《李白与张垍交游新证》。"当时我就想:唐代职官的工具书已有《新唐书·宰相表》、《唐仆尚丞郎表》、《唐尚书省郎官石柱题名考》、《唐方镇年表》,当时笔者已在从事《唐刺史考》的工作,如果有一部《唐九卿考》的工具书,岂不是给学人查稽九卿带来极大的方便,可以免除遍稽典籍之苦。于是自此以后,我就对唐代九卿的资料加以留意,在从事《唐刺史考》工作的同时,凡在史书、集部、野史、杂录、金石、方志当中,遇到唐代九卿的资料,都做成卡片。"①

郁贤皓教授另一部著作是《元和姓纂》的整理与校订。《元和姓纂》是唐林宝所撰的大型姓氏书,对研究唐代人物,极为有用。然原书散逸已久,清四库馆臣从《永乐大典》中辑出,近人岑仲勉又作《元和姓纂四校记》,颇有益于学界。然二书分刊,利用不便。时任中华书局副总编辑的傅璇琮先生约请郁贤皓先生担任整理的重任,郁先生又与陶敏教授合作,并由著名学者孙望先生审订,经过多年努力才告完成。据该书合作者陶敏先生撰写的《后记》:"1982 年 3 月,当时任中华书局副总编的傅璇琮先生函约南京师大郁贤皓先生对《元和姓纂》一书进行整理。由于在研究工作中深感《姓纂》及《姓纂四校记》对研治唐代文史的重要性,郁兄欣然接受了这个任务。"②傅璇琮先生之所以约请郁先生担任这一工作,主要原因应该在于对郁先生李白研究的了解而确认其适合担任整理工作,因为傅先生在《唐刺史考全编序》中有这样一段话:"我与郁贤皓先生初次相见是 1982 年 4 月在西安举行的中国唐代文学学会成立大会期间。但在这之前,我们已有文字之交,早在 1980 年即已开始通信,那时我对他的李白研究之创新见解就甚为钦佩。"③本书的整理,旨在完全保存《元和姓纂》和《四校记》的原貌,不作增删改正,这样在文字句读标点方面就异常困难。而著者在如何保存两书原貌、如何标点、如何分段、如何校勘、如何处理岑校的错误五个方面都作了不懈的努力,成为迄今为止,将《元和姓纂》和《元和姓纂四

---

① 郁贤皓、胡可先:《唐九卿考》,中国社会科学出版社 2003 年版,第 581–582 页。
② 陶敏:《后记》,载《元和姓纂》,第 1753 页。
③ 傅璇琮:《序一》,载《唐刺史考全编》,第 7 页。

校记》合而为一且很方便研究者使用的极为精审的定本,洵为唐代文史研究者案头必备的资料书与工具书。

四　郁贤皓教授对新世纪学术研究的影响

上文已经论述李白研究在 20 世纪取得了较杜甫研究更为重大的成就,尤其是新时期之后更取得了突破性进展。瞿蜕园、朱金城的《李白集校注》,上海古籍出版社 1980 年出版;安旗主编的《李白全集编年注释》,巴蜀书社 1990 年出版;詹锳主编的《李白全集校注汇释集评》,百花文艺出版社 1996 年出版,作为李白集整理的三大标志性成果;而郁先生《李白丛考》、《天上谪仙人的秘密:李白考论集》及李白研究的一系列论文,则是新时期以来李白研究的标志性成果。在这些标志性成果的带动下,李白研究在新时期可谓大放异彩。但是,由于 20 世纪以前,李白与杜甫研究所留下的基础悬殊较大,故而 20 世纪的李白研究虽取得较杜甫研究更大的进展,但就客观情况而言,李白研究在总体上,还没有推进到杜甫那样详细与精深的程度,这也为 21 世纪的李白研究留下了广阔的学术空间。因此,沿着郁贤皓先生等老一辈学者开创的学术途径进一步开展李白的研究,并努力达到推陈出新的境界,是 21 世纪研究李白的学者义不容辞的重任。

像李白这样伟大的诗人,无论是其作品艺术,还是生平事迹、思想背景,需要研究的问题太多了。如李白交游的考证,是郁贤皓先生研究李白过程中最为致力,也是创获最多的方面,但是,"李白一生中结识的数以百计的人物,《丛考》里论及的也才只四十来人。如果能把这些人物及其与李白交往的情况摸清,那末,对李白生平的了解必能拓宽一步,而对李白诗歌内容的理解也必能更为深入一步。"[1]即使是已经提出的问题,其结论也有待于补充、修正与完善。如李白二入长安说,得到新时期以后学术界多数学者的接受与认同,但后来三入长安说的推出,虽然结论的可靠性尚有进一步商榷的余地,但学术以争辨愈明,这对进一步打开了学术研究的空间的作用也是很大的。这种说法也促使我们不断地对有关李白生平事迹的材料与问题进行进一步审视与检讨。即如上面所提及李白二入长安说的五条证据中,第一

---

① 　孙望:《李白丛考序》,《李白丛考》第 6 页。

条证据说李白三十岁时写的《上安州裴长史书》表明,当时李白在安陆受毁谤,所以上书裴长史想当面申辩雪谤,如裴长史不肯接见,则最后决定:"再拜而去,西入秦海,一观国风,永辞君侯,黄鹄举矣。何王公大人之门,不可以弹长剑乎!"①文中"西入秦海,一观国风"显然是李白想离开安陆,到长安去出入王公大人之门。"在此后几年,没有李白在安陆活动的迹象,完全有理由说明当时裴长史没有理睬李白,李白不得已而离开安陆到长安去。"②按,根据这条证据,只能说明李白想去长安,而是否成行,则不得而知。

郁贤皓先生不仅在李白的生平考证与交游的探讨方面达到了推陈出新的境界,取得了举世瞩目的成就,而且在文本研究与艺术探讨方面也一定程度上开了风气,如李白思想形成过程研究,李白乐府诗特点及其与歌行的区别研究,李白诗的时代特征与艺术个性研究等,都有重要的成果。加以 20 世纪 80、90 年代对李白与"盛唐气象"的讨论,带动了很多从文化学与美学层面阐述李白诗歌的论著,成为李白研究的世纪热点,也是 21 世李白研究的新的起点。但尽管如此,新时期以来,对于李白诗歌,就其艺术本身的研究,较之文献整理与生平交游考证的开拓方面,仍显得非常薄弱。因而重视李白诗歌艺术的研究,强调李白诗歌的抒情个性,以探讨其创作过程及作品的本质特征,揭示其中主体性与人性化质素,也是 21 世纪李白研究可以开拓新局面的途径之一。

"李白的诗歌偏于主观抒情而少反映其生平活动的纪事。清代王琦辑注的《李太白全集》,是李诗最详备的注本,但在作者生平与诗歌创作背景考订上,其清晰具体的程度,仍远不能与其同时代学者注杜相比。不仅给后人治李诗留下巨大空间,且因其不足,也促使学界产生对于新注本的迫切需求。"③不仅注释如此,其研究也是如此。因为杜甫诗多叙事,对于生活和经历的记述较多,因而有关杜诗的文史结合研究就甚为详备,而李白诗的研究则重在思想的阐发与艺术的探讨。即使是作品系年与交游考证,其推理猜测的成分也较杜甫研究多得多。因为李白研究还留下了很多问题与很大的学术空间,故而如何在传统优势的基础上,吸收杜甫研究的

① 《李太白全集》卷二六,第 1250 页。
② 郁贤皓:《李白两入长安的发现及其意义》,《唐风馆杂稿》,第 239 页。
③ 余恕诚:《论 20 世纪李杜研究及其差异》,《文学遗产》2006 年第 2 期,第 42 页。

长处,并在理念与方法上不断更新,则是今后李白研究所要面临的重要课题。

　　一个学术名家地位与影响的形成,不仅在于自己在前人已有成果的基础上对特定学术领域的新开拓,尤其在于对后来者的学术影响。郁贤皓先生以李白研究为中心的唐代文史研究,更值得称道的方面还在于薪火传承,绵延不断。首先表现在郁先生的28名博士生和4名博士后在郁先生的影响下在李白与唐代文史研究方面辛勤耕耘,不断取得新的成果;其次是世纪之交以郁先生为会长的中国李白学会,正在进一步凝聚李白研究的力量,不断推出新的成果,开拓新的境界,成为新世纪最有活力的学术研究机构之一;再次,郁先生有关唐代文史方面的带有工具性和资料性的著作如《唐刺史考全编》、《唐九卿考》、《元和姓纂》(整理),已成为唐代文史研究者不可或缺的著作,因而21世纪成长起来的一代学人,都会不同程度地受到郁先生学术精神的熏陶;最后,郁先生目前正在进行的新校注本李太白全集,已经引起学术界、出版界的极大关注,相信其完成出版之后,成为李白研究最前沿的代表著作,从而进一步打开新世纪学术研究守正创新的新局面。

（作者单位:浙江大学中文系）